Adam Czirak
Partizipation der Blicke

Theater | Band 44

Adam Czirak (Dr. phil.) lehrt Theaterwissenschaft an der Freien Universität Berlin. Seine Arbeitsschwerpunkte liegen in Theorie und Ästhetik des Gegenwartstheaters, Visual Culture, Psychoanalyse, Performativität und Intermedialität.

Adam Czirak

Partizipation der Blicke

Szenerien des Sehens und Gesehenwerdens in Theater und Performance

[transcript]

Gedruckt mit der Unterstützung der Geschwister Boehringer Ingelheim Stiftung für Geisteswissenschaften in Ingelheim am Rhein und des Sfb »Kulturen des Performativen« der Freien Universität Berlin.

Diese Arbeit wurde als Dissertation an der Freien Universität Berlin angefertigt und eingereicht.

Bibliografische Information der Deutschen Nationalbibliothek
Die Deutsche Nationalbibliothek verzeichnet diese Publikation in der Deutschen Nationalbibliografie; detaillierte bibliografische Daten sind im Internet über http://dnb.d-nb.de abrufbar.

Umschlaggestaltung: Adam Czirak
Umschlagabbildung: »You are here« von Dries Verhoeven,
Foto: Anna van Kooij
Satz: Mark-Sebastian Schneider, Bielefeld
Druck: Majuskel Medienproduktion GmbH, Wetzlar
ISBN 978-3-8376-1956-0

Gedruckt auf alterungsbeständigem Papier mit chlorfrei gebleichtem Zellstoff.
Besuchen Sie uns im Internet: *http://www.transcript-verlag.de*
Bitte fordern Sie unser Gesamtverzeichnis und andere Broschüren an unter: *info@transcript-verlag.de*

Inhalt

Vorwort

Dieses Buch wäre ohne die Hilfe von Institutionen und Kollegen nicht geschrieben worden. In erster Linie jedoch geht es zurück auf zahlreiche eindrucksvolle Blickerlebnisse, die mich während meiner Theater- und Performancebesuche der vergangenen Jahre fasziniert, nicht selten auch irritiert, mich dennoch aber oder gerade deshalb zum Nachdenken herausgefordert haben. Für alle inspirierenden Blick-Begegnungen geht ein erster Dank daher an Schauspieler und Performer.

Mein besonderer Dank gilt Erika Fischer-Lichte für die Möglichkeit, in ihrem theaterwissenschaftlichen Teilprojekt »Ästhetik des Performativen« promovieren und in einem anregenden Forschungskontext arbeiten zu dürfen. Ihr Vertrauen hat für die Entstehung dieser Arbeit überhaupt erst die Weichen gestellt. Des Weiteren bedanke ich mich bei den Kolleginnen und Kollegen des Sonderforschungsbereichs »Kulturen des Performativen« und des Instituts für Theaterwissenschaft an der Freien Universität Berlin für die intensive Kooperation und die persönliche Unterstützung. Zu großem Dank bin ich Doris Kolesch und Matthias Warstat für zahlreiche anregende und richtungsweisende Diskussionen verpflichtet.

Für die sorgfältige und kritische Lektüre der ersten Fassung, die unverzichtbaren Gespräche und wertvollen Hinweise gilt mein aufrichtiger Dank Leena Crasemann, Gerko Egert, Barbara Gronau, Torsten Jost, Joy Kristin Kalu, Gabriella Kiss, Anna Papenburg, Sarah Ralfs, Frank Richarz, Jenny Schrödl, Nina Tecklenburg und Benjamin Wihstutz. Als Korrektorin hat Kati Kroß den Text auf eine mir bis dahin unvorstellbar konstruktive Weise betreut. Für ihre nie versiegende Geduld und Aufmerksamkeit ist ihr nicht genug zu danken.

Dafür dass sie mich stets gefördert hat, bedanke ich mich herzlichst bei meiner Familie.

Astrid Hackel, Dóra Somogyi und Sandra Umathum haben meine Arbeit von Anfang an kontinuierlich und auf vielfältige Art begleitet. Ohne ihr inhaltliches Engagement, ihren emotionalen Beistand und ihre Freundschaft in all der Zeit hätten die Zweifelsmomente des Schreibens keine produktiven Wendungen gefunden. Ich danke ihnen deshalb außerordentlich.

»ich weiß, ich kann meinen fokus von meiner handgeste noch weiter entfernen [...] der blick erzählt nun, mein fokus wurde zum blick. ich bin außer mir, und der sich artikulierende körper erscheint nur als besitzer dieses blicks, der sich so wiederum von meinem körper absetzt.«

Philipp Gehmacher, »vom ich«

I. Man blickt nicht nur, um zu sehen

Eine Einleitung

Der holländische Regisseur Dries Verhoeven entlarvt in seinem Interaktionsspiel *dein reich komme*[1] (2007) die Idealvorstellungen eines bindenden, vereinigenden und dialogischen Blickwechsels und macht den Moment gegenseitiger Wahrnehmung als einen aktiven und unvorhersehbaren Partizipationsakt von Blicken erfahrbar. Die Aktion beginnt damit, dass eine Zuschauerin und ein Zuschauer, die zu einem vorgegebenen Zeitpunkt in verschiedenen Cafés des Wiener Museumsquartiers sitzen, abgeholt und zu einem Metallcontainer mit zwei Türöffnungen begleitet werden. Nachdem sie den fensterlosen Container barfuß betreten haben, sehen sie, dass der Innenraum mittels einer durchsichtigen Glasscheibe in zwei Bereiche geteilt ist. Mann und Frau befinden sich jeweils auf einer Seite der gläsernen Trennwand, die eine gegenseitige Kommunikation nahezu ausschließlich auf den Austausch von Blicken beschränkt. Die beiden können sich weder verbal verständigen noch einander berühren. Sie sind im engen, niedrigen Begegnungsraum dazu gezwungen, auf zwei gegenüberstehenden Stühlen Platz zu nehmen und ihre Aufmerksamkeit aufeinander zu richten. In den jeweiligen Eigensphären hört man nicht die bzw. den andere(n)[2] sprechen, sondern eine ihr bzw. ihm zu-

---

1 | Dries Verhoevens szenische Installation *dein reich komme* hatte am 06. Dezember 2007 vor dem Berliner HAU 2 ihre deutschsprachige Premiere und war anschließend im Mai 2008 im Rahmen der Wiener Festwochen zu sehen.

2 | Im Rekurs auf die Schreibweise Jacques Lacans werden wir im Folgenden die ›kleingeschriebene Form‹ des ›anderen‹ präferieren, weil Lacans Theorie über Fremd- und Selbstwahrnehmung, die er auf der bildlich verfassten Ausdruckskategorie des Imaginären fundiert, in unserer weiteren Argumentation von Gewicht sein wird. Lacan unterscheidet zwischen dem (großgeschriebenen) ›Anderen‹ [*Autre*], mit dem er das autoritäre Gegenüber des Selbst, namentlich die symbolische Ordnung bezeichnet, und dem (kleingeschriebenen) ›anderen‹ [*autre*], der für eine menschliche Gestalt steht und eine intersubjektive Beziehung etabliert. Vgl. Dylan Evans, »andere/Andere«, in: ders., *Wörterbuch der Lacanschen Psychoanalyse*, Wien: Turia und Kant 2002, S. 38-40.

zuordnende weibliche bzw. männliche Schauspielerstimme aus dem Off. Diese Stimmen versuchen, Sympathie zwischen den Blickenden zu stiften und erzählen Fragmente einer fiktionalen Liebesgeschichte aus männlich bzw. weiblich kodierten Perspektiven. Die Äußerungen »Ich war mir sicher, dass du es sein wirst; ich habe dich draußen gesehen« bzw. »Was ich dir sage, sollte unser Geheimnis bleiben« evozieren den Eindruck gegenseitigen Vertrauens und münden in Aussagen, die ein erotisierendes Begehren erzielen: »Ich will dich berühren.« »Ich möchte, dass du mich umarmst.«

Die stimmliche und verbale Adressierung der/des anderen mit Fragen, Impressionen, Geheimnissen und Ängsten thematisiert immer auch die äußerliche Erscheinung und physisch-körperlichen Merkmale des Gegenübersitzenden und lenkt die Blicke jeweils auf einzelne Körperteile – etwa auf die Hände, Fingernägel, Zehen oder Lippen. Dies hat zur Folge, dass die visuelle Aufmerksamkeit zwischen Wirklichkeiten oszilliert, d.h., sie schwebt zwischen dem imaginativen Nachvollzug des akustisch Erzählten und dem unmittelbar Gesehenen, zwischen einem idealisierten und einem leiblich anwesenden anderen, zwischen Fiktion und Phänomenalität. Die kohärenz- und sinnevozierenden Dimensionen des Erzähltextes erweisen sich somit immer wieder als unstimmig bzw. brüchig und generieren Spannungen, Inkongruenzen und Dislokationen im Blickdialog. Diese Diskrepanzen münden sogar in Momente, in denen die Stimmen Verhaltensinstruktionen offerieren und an die individuelle Handlungskreativität der Teilnehmer appellieren: »Siehst du den Türknauf? Wenn du Angst vor mir hast, kannst du ihn offen lassen. Aber wenn du glaubst, du kannst mir vertrauen, dann wäre es gemütlicher, wenn du ihn schließt.«

Obwohl die Stimmen eine projektive und assoziative Grundlage für die Bezugstiftung der Blickenden begründen, vermögen sie die Blickhandlungen nie vollkommen zu bestimmen. Die tatsächlichen Blickwechsel können sich nicht an die vorgegebene Narration anpassen, weil sie sich durch eine Dynamik auszeichnen, welche die Ordnungen der Inszenierbarkeit überschreitet. Die Kopräsenz der Teilnehmer macht ihre Kommunikation unberechenbar und lässt auch die Frage sekundär werden, *was man sieht*. Entscheidender wird hingegen, *wohin man schaut*, ja *wie*, *wo* und *wie lange* man jemanden anblickt. Der Blick, der sich vom anderen abwendet und frei im Raum schwebt oder den Körper des Gegenübersitzenden aus intimer Wahrnehmungsnähe fixiert, füllt den Kontakt mit Leerstellen, Spannungen und Kontingenzen. Die Blickenden in *dein reich komme* befinden sich in einer ambivalenten Beziehung zueinander, weil sie in den Aushandlungsprozess zweier individueller Perspektiven eines Blickregimes involviert sind.

Diese Begegnungsszene provoziert die tradierten Definitionen des Sehens und thematisiert überdies die Verbindung von visueller Erfahrung und sozialer Partizipation. Nicht nur zeigt die Aktion nämlich Aspekte der Theateraufführung[3]

---

3 | Verhoevens szenische Installation unterläuft zwar die Konventionen abendländischer Theaterkunst konsequent, indem sie eine Unterscheidung zwischen Akteur(en) und Zu-

als performatives Ereignis auf, das mittels hermeneutischer Herangehensweisen nicht mehr auszuloten ist.[4] Sie demonstriert auch, dass das Blicken als theatral verfasste Handlung die enge Definition des Sehens als visuelle Wahrnehmungsleistung sprengt und eine Weitung des Analysehorizonts von Blickaktivitäten erfordert. Die Performance *dein reich komme* macht bewusst, dass sich beim Blicken ein Kurzschluss von körperlichen und mentalen Vorgängen, visuellen und diskursiven Sinnbildungen sowie individuellen und heteronomen Handlungsperspektiven ereignet – und eröffnet damit eine Reihe weiterer Fragen, welche die Rolle des Blickens in der zwischenmenschlichen Kommunikation beleuchten.

Wenn jeder Blick nicht nur Bilder schafft, sondern gleichsam identifikatorische, d.h. identitätsbildende Beziehungen zwischen Individuen etabliert, so erscheint der Blicktausch als eine Form von Sozialpraxis, in der Aspekte des Eigen- und Fremdbezugs zur selben Zeit virulent werden. Für die psychische Disposition sowie das Verhalten und Handeln der Blickenden ist allerdings nicht nur das ausschlaggebend, was sie sehen und mit welchen Bildern sie sich identifizieren. Die Tatsache, dass sie in den Augen des anderen ihrerseits zum Bild werden können, ist ebenfalls von Bedeutung. Bis dato ist nur bedingt erforscht worden, worin die emotionalen und körperlichen Reaktionen des Angeblicktseins bestehen bzw. inwiefern sie beschrieben werden können. Und mehr noch: Über die leiblichen und affektiven Wirkungen des Gesehenwerdens hinaus wurde nur unzureichend untersucht, inwieweit die Gerichtetheit des Blicks mit der Erzeugung von Erfahrungsräumen korreliert, die zwischen Blickenden und Angeblickten entstehen: Welche Qualitäten kommen einem Raum zu, der sich zwischen zwei (Blick-)Perspektiven prozessual entfaltet und dessen Genese mit keiner architektonischen oder geome-

---

schauer(n) bzw. Bühne und Zuschauerraum sowie die konsistente Darstellung und Wahrnehmung einer dramatisch strukturierten Geschichte *de facto* verunmöglicht. Dennoch stellt die Performance *dein reich komme* eine Auseinandersetzung mit theatralen Konstellationen insofern dar, als sie an die Institution Theater und die theatrale Disposition des gleichzeitigen Zeigens und Wahrnehmens gebunden ist. Vgl. Matthias Warstat, »Theatralität«, in: ders./Erika Fischer-Lichte/Doris Kolesch (Hg.), *Metzler Lexikon Theatertheorie*, Stuttgart, Weimar: J. B. Metzler 2005, S. 358-364. In der vorliegenden Arbeit wird ein weit gefasster Theaterbegriff herangezogen, um jenen Blick(inter)aktionen auf die Spur zu kommen, die sowohl in Guckkastensituationen als auch in Performances, Rauminstallationen oder ortspezifischen Inszenierungen ihre ästhetischen, sozialen und kommunikativen Potenziale entfalten. Unter Theateraufführungen werden vorab installierte Konfigurationen verstanden, die auf einen Kunstrahmen rekurrieren und (Seh-)Relationen zwischen körperlich Anwesenden ermöglichen.

4 | Zu den Thesen, mit denen Erika Fischer-Lichte gegen die rein hermeneutischen, semiotischen und repräsentationsästhetischen Fragestellungen der Aufführungsanalyse argumentiert, vgl. v.a. Erika Fischer-Lichte, *Ästhetik des Performativen*, Frankfurt a.M.: Suhrkamp 2004, S. 270-280.

trischen Regel synchronisierbar ist? Wie können diese intersubjektiven, aber lediglich subjektiv wahrnehmbaren Blickräume beschrieben und qualifiziert werden?

Bieten Theateraufführungen Gelegenheit für *face-to-face*-Interaktionen, so werden die Zuschauererwartungen und Idealvorstellungen über solche Begegnungssituationen mit Blick auf die Illusionen einer symmetrischen Reziprozität schnell enttäuscht. Die Idee einer dialogischen, unmittelbaren und persönlichen Kommunikation entpuppt sich auch in *dein reich komme* als utopisch, da die symmetrische Wahrnehmbarkeit und die wechselwirksame Konzentration zwischen Ich und anderem notwendig von Differenzen, Störungen und ethisch-politischen Konflikten durchkreuzt werden. Hinsichtlich der kulturellen Koordinaten der ›Blick-Begegnung‹ wird diskussionswürdig, welche Macht- und Begehrensrelationen den Blickbeziehungen inhärent sind und welche Rolle der Blick bei der Konstituierung von Geschlecht spielt. Hat man es in *dein reich komme* lediglich mit der Reproduktion einer heterosexuellen Matrix zu tun, wenn man die Relationalität der weiblichen und männlichen Teilnehmer und ihre inszenatorische Einbettung in einen heterosexuell besetzten Liebesdiskurs betrachtet? Oder inwiefern werden die ›szenisch‹ festgelegten Rollen in der interdependenten Kontingenz des Blickwechsels überschritten und transformiert?

Die ernüchternde These des Medientheoretikers John Durham Peters, der zufolge »Kommunikation dann zu einem Problem wird, wenn man mit einer Person in Kontakt tritt, die gleich nebenan sitzt«[5], behält nachgerade im Falle von Blickinteraktionen ihre Gültigkeit, sofern den wechselwirksamen Akten des Sehens und Gesehenwerdens ein eigentümliches Potenzial der Destabilisierung tradierter Identitätsbilder und gesellschaftlicher Rollen eignet. Indem diese Studie Sehen als soziale Praxis untersucht, gilt es im Folgenden diesen Fragen und Hypothesen systematisch nachzugehen und das breit gefächerte Feld der Blicktheorien aus theaterwissenschaftlicher Perspektive zu beleuchten. Im Anschluss an die Analysen einzelner Aspekte der Blickkommunikation werden wir abschließend noch einmal auf die Blickhandlungen in der Performance *dein reich komme* eingehen, und die Eigenschaften interaktiver Blickerfahrungen mithilfe eines vorderhand auszuarbeitenden Begriffs- und Analyseinstrumentariums differenzierter darlegen.

Definiert man die Theateraufführung als eine genuin transmediale und mit intermodalen Sinneseindrücken operierende Kunstform, dann scheint eine theaterwissenschaftliche Annäherung an den Vorgang des Sehens zunächst ein kontraintuitives oder reduktionistisches Unterfangen zu sein. Doch wenn der analytische Fokus nicht auf das Gesehene, sondern auf den Betrachtungsprozess selbst und somit auf die performativen ›Blickakte‹ gelegt wird, kann das ›Sehen‹ nicht

---

5 | »The problem of communication becomes [...] one of making contact with the person sitting next to you.« John Durham Peters, *Speaking into the Air. A History of the Idea of Communication*, Chicago, London: University of Chicago Press 1999, S. 178. Dt. Übersetzung von A.C.

mehr als ein rein optischer Vorgang und das ›Sichtbare‹ nicht als ein unisensorisches Objekt in Betracht gezogen werden. Die theaterwissenschaftliche Erwägung von Blickerfahrungen macht vielmehr darauf aufmerksam, dass der Vorgang des Sehens gleichzeitig mit anderen Sinnesregistern verschaltet ist, und dies verleitet entsprechend dazu, den Blick nicht nur als Instanz der optischen Wahrnehmung zu definieren, sondern ihn in seinem dialogischen Verhältnis zu anderen Wahrnehmungsordnungen zu fokussieren und hinsichtlich seiner identitäts- und wirklichkeitskonstituierenden Kraft bzw. seiner kultur- und kommunikationsstiftenden Macht zu erkunden.[6]

Da der Gesichtssinn nicht selten von akustischen oder olfaktorischen Signalen angezogen und affiziert wird, ist umso unerklärlicher, warum die sozialen und subjektkonstituierenden Aspekte des Sehens in der Theaterwissenschaft bisher noch nicht systematisch erforscht worden sind. Obwohl jede Aufführungsanalyse tendenziell mit der Beschreibung des Szenischen, ja des Gesehenen ansetzt, blieb das theaterwissenschaftliche Interesse am Prozess des Blickens und seiner Wirkung auf die beständige Konstituierung des Zuschauenden als kulturell geprägtes Subjekt bisher aus.[7] Der Grund für eine blicktheoretische Perspektivierung der Theateraufführung liegt nämlich nicht allein in den etymologischen Ursprüngen des Theaterbegriffs (gr. *théatron*; lat. *theatrum*), der ein Derivat der Verben ›schauen‹, ›anschauen‹ (gr. *theãsthai*) sowie der Substantive ›Schau‹, ›Schauspiel‹ (gr. *théa*) darstellt. Im zeitgenössischen Theater kondensiert sich zugleich eine qualitative Vielfalt visueller Wirkungseffekte, die von der Sichtbarmachung des realpräsentischen Körpers bis zu Formen der technischen oder digital-technischen Bildübertragung reichen, sodass das intermediale Zusammenspiel von phänomenalen und virtuellen Darstellungen in der ästhetisch wie sozial geprägten Theateraufführung als eine unbedingte Besonderheit betrachtet werden kann. Das transmediale Dispositiv des Theaters bietet demgemäß die Gelegenheit für eine umfassende Ausei-

6 | Diesem Verständnis vom ›Sehen‹ sind weit verbreitete Forschungsansätze gegenüberzustellen, denen Mieke Bal einen visuellen Essenzialismus vorwirft. Bal zufolge fokussieren diese essenzialistischen Ansätze die Bildobjekte und ihre Betrachtung als »rein« visuelle Phänomene, d.h., sie proklamieren nicht nur das Primat des Visuellen, sondern grenzen auch seine Vorherrschaft gegenüber den »restlichen« kulturellen Erscheinungsmodalitäten und anderen semiotischen Systemen radikal ab. Vgl. Mieke Bal, »Visual Essentialism and the Object of Visual Culture«, in: *Journal of Visual Culture* 2.1 (2003), S. 5-32, hier: S. 6.

7 | Die Registrierung und bisher nur begrenzte Problematisierung der Forschungslücke zwischen Theaterwissenschaft und *Visual Culture Studies* ist jüngeren Datums: Vgl. Alexander Jackob/Kati Röttger, »Theater, Bild und Vorstellung. Zur Inszenierung des Sehens«, in: dies. (Hg.), *Theater und Bild. Inszenierungen des Sehens*, Bielefeld: transcript 2009, S. 7-39; Maaike Bleeker, »Visualität als Ereignis«, in: ebd., S. 77-91; David Román, »Editor's Comment: Theatre and Visual Culture«, in: *Theatre Journal* 53.1 (2001), S. iv–viii. Auf die Möglichkeiten eines produktiven Austauschs zwischen Theaterwissenschaft und *Visual Culture Studies* werden wir in Kapitel VII/3.2 ausführlich eingehen.

nandersetzung mit den prägnanten visuellen Wirkungsstrukturen und Wahrnehmungstechniken der Gegenwart auf eine medienreflexive Weise. Doch nicht nur das: Die Dringlichkeit und Relevanz einer theaterwissenschaftlichen Analyse von Blickinteraktionen liegt auch darin, dass Blickwechsel für diese Disziplin in der Reziprozität des Sehens und Gesehenwerdens untersucht werden können. D.h., die aufführungsanalytische Annäherung hilft jene kopräsentische Erfahrung des Blickwechsels genauer zu fassen, die bei der ›Begegnung‹ mit bildlich tradierbaren – filmisch oder fotografisch verfassten – Figuren und deren Blicken regelrecht *evoziert*, aber medial keineswegs konfiguriert werden kann.

Die Bedeutsamkeit des Blickens besteht in Aufführungssituationen darin, dass der Blick nicht nur für die individuelle visuelle Rezeption konstitutiv ist. Er erzielt gleichsam soziale Effekte und bringt intersubjektive Relationen hervor. Die Anwesenheit mehrerer Subjekte im Zeitraum der Aufführung hat zur Folge, dass jeder Teilnehmer den anderen anzublicken vermag, aber gleichzeitig auch angeblickt wird oder sich zumindest angeblickt fühlen kann. Blickinteraktionen verhandeln also sowohl die Grenzen von Eigenem und Fremdem, als auch deren Überschreitungen stets neu, indem sie in der Begegnung von Ich und anderem objektivierende[8] oder aktivierende, bindende oder distanzierende Impulse auslösen.

Menschliche Blicke, die eine Aufführungssituation etablieren und Wahrnehmungs- oder Verhaltensweisen aller Teilnehmenden weitgehend beeinflussen, sind immer verkörperte Blicke. Sie verweisen auf die physische Anwesenheit des Blickenden. Die Aktion des Blickens setzt entsprechend einen *embodied mind* in Szene und macht die Aktivität des Blickenden als verkörpertes Bewusstsein geltend, wie Vivian Sobchack dies mit der pointierten Formel »I see, therfore I am embodied«[9] formuliert hat. Das Theater erfordert bzw. konfiguriert somit – im Gegensatz zu anderen Kunstformen – stets eine soziale Konstellation, in der über die kognitiven und interpretatorischen Akte der Sinngebung hinaus auch zwischenmenschliche Aspekte des Zusammenseins fundamentale Signifikanz erhalten, und zwar derart, dass mit der theaterästhetischen Erfahrung notwendigerweise die Frage nach den Kategorien von ›Ich‹ und ›anderem‹ aufs Spiel gerät. Folglich ist neben der Beobachtung der eigenen Wahrnehmung gleichsam die Reflexion des anderen mitzuberücksichtigen.

Indem der Blick imstande ist, soziale Praktiken auszuhandeln, ermöglicht er die Extension des eigenen Körpervolumens. Er avanciert zum transformativen Impuls, insofern er nicht auf Artefakte, sondern auf körperlich Anwesende fällt. In der skopischen Aneignung der sozialen Umwelt hinterlässt der Blick zwangsläufig

8 | Unter einem objektivierenden Blick wird im Rekurs auf Jean-Paul Sartres Theorie des Angeblicktseins ein verdinglichender, mortifizierender Blick verstanden, der den Angeblickten einem unhintergehbaren Urteil unterwirft und ihn zum Bild werden lässt. Vgl. dazu Kapitel II/3.1 im vorliegenden Buch.

9 | Vivian Sobchack, *The Address of the Eye: A Phenomenology of the Film Experience*, Princeton: Princeton University Press 1992, S. 304.

Spuren, d.h., er partizipiert an der Realität, greift in sie ein und wird gleichsam von ihr gesteuert. Der Blick erschafft Bilder durch die visuelle Erfassung der Welt ebenso wie durch sein Vermögen, den anderen zu animieren, ihn zur Verstellung oder zur Anpassung zu motivieren. Theatrale Situationen etablieren in diesem Sinne immer eine intersubjektive Konstellation, in der es für die physisch häufig immobilen Zuschauer möglich wird, qua Blicke einander wahrzunehmen und aufeinander einzuwirken.

Blicke vermitteln und empfangen ihre Impulse unabhängig von einer gegenseitigen ›Auge-in-Auge‹-Fixierung, denn sie werden nicht ausschließlich empirisch wahrgenommen, sondern auch imaginiert und leiblich gespürt. Durch den Eindruck des Observiertwerdens können sie ihre Wirkungspotenziale entfalten. Es ist somit von einem atmosphärischen Spüren menschlicher Blicke auszugehen, weil ihre Gerichtetheit von diversen Sinnesorganen registriert werden kann. Genauer: Auditive, taktile, olfaktorische Reize oder deren je spezifische Verschränkungen vermögen über das Faktum des Angeblicktseins Zeugnis abzulegen und auf alle Anwesenden der Aufführung entsprechende Wirkungen auszuüben. Die Analyse der synästhetischen Wirkung von Aufführungssituationen wirft dabei die theoretische Frage auf, inwieweit Blickmechanismen im Theater von der Rezeption visueller Artefakte differieren und welche Erfahrungs- und Sinngenerierungspotenziale eine Integration des Subjekts in das von Blicken verflochtene Sozialgefüge der Theateraufführung birgt. Welche Charaktereigenschaften haben Blickmanöver mit den Prozessen visueller Wahrnehmung gemein? Lässt sich die Aktivität des ›Blickens‹ überhaupt von der Operation des ›Sehens‹ unterscheiden? Und inwiefern läge eine begriffliche Trennung heuristischen bzw. empirischen Argumenten zugrunde? Ist es schließlich adäquat, all die Erfahrungsdimensionen, die wir bezüglich der Partizipation an der Aufführung *dein reich komme* ausgefiltert haben – wie etwa körperliche, räumliche und emotionale Dispositionen sowie repräsentations-, macht- und genderpolitische Handlungspraktiken –, ausgerechnet in Hinsicht auf das Blicken zu problematisieren und zu beschreiben? Insofern diese Fragen die Legitimation und Zweckmäßigkeit der vorliegenden Arbeit tangieren, muss ihnen nachfolgend auf den Grund gegangen werden.

›Sehen‹ ist einer der grundlegendsten Organisationsvorgänge der Welt: Die skopische Perzeption stellt eine performative Handlung dar, die Wirklichkeiten schafft, indem sie – so die Definition Christoph Wulfs – durch Zu- und Abwendungsverfahren, »eine Auswahl aus dem visuellen Umfeld«[10] trifft und die Objekte der Wahrnehmung selektiert bzw. ausdifferenziert. Visuelle Perzeption ist nicht allein mit anderen menschlichen Sinnesaktivitäten verknüpft.[11] Sie interferiert gleichsam mit kognitiven Vorgängen, wie denen des Erinnerns, Fantasierens,

10 | Christoph Wulf, »Auge«, in: ders. (Hg.), *Vom Menschen. Handbuch Historische Anthropologie*, Weinheim, Basel: Beltz 1997, S. 446-458, hier: S. 446.

11 | Vgl. u.a. Maurice Merleau-Ponty, *Phänomenologie der Wahrnehmung*, Berlin: Walter de Gruyter 1966, S. 264-269.

Erwartens und (Vor-)Wissens. Die visuelle Erfassung der Welt ist daher als ein subjektiver Vorgang zu betrachten, der an zeitliche, räumliche und körperliche Koordinaten gebunden ist und eine betrachterspezifische Wahrnehmung von Welt leistet. Im Prozess des Sehens kooperieren somit physische und mentale Prozesse qua Augenbewegung und Augenfixierung.

In der abendländischen Denktradition erlangte das Sinnesorgan ›Auge‹ regelrecht zusätzliche metaphorische bzw. epistemologische Bedeutungsappendixe. Entweder modellierte man es als ein ›Fenster zur Welt‹ und verband es entsprechend mit dem Index der objektiven Welterfassung oder man kennzeichnete es als ›Spiegel der Seele‹ und verlieh ihm so die Signatur menschlicher ›Authentizität‹. Darüber hinaus wurde dem Auge eine Fülle von symbolischen Merkmalen zugeschrieben, insofern es mit den Instanzen wie Licht,[12] Geist und Bewusstsein,[13] Erkenntnisfähigkeit[14] und Allwissenheit, göttlicher Omnipräsenz[15] oder magischer Wirkungsmächtigkeit[16] assoziiert werden konnte. Nach wie vor repräsentiert das Auge überdies die weibliche oder männliche Genitale, d.h., es verweist auf das Vorhandensein oder die Absenz des Penis.[17]

Konsequenterweise unterlag die Bedeutung des Sehens immer schon diskursiven Modulierungen, welche die jeweiligen philosophischen, kulturtheoretischen sowie fiktiv-literarischen Reflexionen über visuelle Wahrnehmung stets mitgeprägt haben. Die diskursanalytischen Abhandlungen über die vielfältigen, mitunter widersprüchlichen Auffassungen des Sehens füllen längst Bibliotheken, da sie von den zentralen Interessen medienhistorischer, anthropologischer und kulturwissenschaftlicher Forschungen untrennbar geworden sind. Eine Theorie des Sehens

---

12 | »Das Auge ist das Licht des Leibes.« *Lutherbibel*, Matthäus, 6:22.

13 | Diese Konnotation basiert auf der cartesianischen Gleichsetzung des selbstbewussten Ichs mit dem wahrnehmenden Auge, ja der Koinzidenz von ›I‹ und ›Eye‹.

14 | Vgl. Martin Jays tiefgreifende und bahnbrechende Abhandlung: Martin Jay, *Downcast Eyes: The Denigration of Vision in Twentieth-Century French Thought*, Berkeley: University of California Press 1993. Jay legt sein kritisches Augenmerk auf die weitreichende Tradition dieses Verständnisses und dessen Modulierungen von der Antike bis zur Gegenwart.

15 | Während in der ägyptischen Mythologie die Sonne als ein Auge aufgefasst wird, das die Allgegenwärtigkeit des Sonnengottes Hor (Horus) bezeugt, symbolisiert das Auge in der christlichen Glaubenstradition die transzendentale Gegenwärtigkeit der göttlichen Dreifaltigkeit. Vgl. Hans Biedermann, »Auge«, in: ders., *Knaurs Lexikon der Symbole*, München: Droemer Knaur 1989, S. 42-44, insbesondere: S. 42-43.

16 | Vgl. Gert Mattenklott, *Der übersinnliche Leib. Beiträge zur Metaphysik des Körpers*, Reinbek b.H.: Rowohlt 1982, S. 51-58.

17 | Vgl. Rudolf Reitler, »Zur Augensymbolik«, in: *Internationale Zeitschrift für Psychoanalyse* 1 (1913), S. 159-161, insbesondere: S. 160. Sándor Ferenczi konstatiert außerdem, dass sexuelle Wünsche und Befürchtungen, die sich auf die Genitalien richten, auf die Augen als Substitute verschoben werden können. Vgl. Sándor Ferenczi, »Zur Augensymbolik«, in: ebd., S. 161-164, insbesondere: S. 162-164.

hängt demgemäß von disziplinären Fragestellungen, historisch-diskursiven Koordinaten und methodischen Untersuchungsoperationen ab – genauso wie eine Geschichte des Sehens stets mit dem Wandel medialer Dispositive, mit kulturellen und gesellschaftlichen Praktiken sowie mit den Dimensionen epistemologischer Sinnproduktion verschränkt ist.[18]

Die Verwendung des Begriffs ›Blick‹ (engl. *gaze*, fr. *regard*) konnotiert im Gegensatz zum ›Sehen‹ zunächst eine Relationalität von Sehendem und Gesehenem, indem er die Position des Sehenden dezentralisiert und ihn nicht nur mit seiner Umwelt in Beziehung setzt, sondern ihn gleichsam in ein Gewebe von Dependenzen einbettet. Infolgedessen etabliert der Blick einen transitorischen Konnex, der Auswirkungen auf das Ich und die Welt bzw. auf das Ich und den anderen entfaltet. Doch weil der Blick die physische Reichweite des Körpers auszudehnen vermag, schafft er – wie zahlreiche Theoretiker des Blicks betonen – immer einen paradoxen »Kontakt auf Distanz«[19], denn die etablierte Nähe zwischen den Blickenden wird stets mit der Erfahrung der Ferne verschränkt. Geht man davon aus, dass die Blickbeziehung ein Spannungsverhältnis von Unmittelbarkeit und Entfernung birgt, dann korrelieren Blickwechsel mit körperlichen, räumlichen, affektiven, begehrensstrukturellen und machtpolitischen Dimensionen des Selbstbezugs und der Beziehung zu anderen. Diese Ansicht illustrieren auch die vielen Erzählungen aus der abendländischen Mythen- und Legendentradition, in denen Blicke über Leben und Tod entschieden haben, und deren Blickszenerien in zahlreichen westlichen Kunstdarstellungen reproduziert werden: Die Sujets von Narziss, Ödipus, Orpheus und Pygmalion sprechen von Blicken emotionaler und existenzieller Betroffenheit, von Episoden, in denen sich die physischen und mentalen Dispositionen der Helden in ihren Sehrelationen kondensieren.

Blicke führen qua Gerichtetheit, Bewegungsrhythmus und Fixierungsdauer die Sehaktivität des Blickenden in der Öffentlichkeit auf: Sie können flüchtig oder

---

18 | Eine umfassende Zusammenfassung abendländischer Konzeptualisierungen des Sehvorgangs hat Eva Schürmann im ersten Kapitel ihres einschlägigen Buchs *Sehen als Praxis* vorgelegt. Schürmann führt die Aporien dualistischer – strickt empirisch bzw. konstruktivistisch konzipierter – Theorieentwürfe des Sehens in der westlichen Kultur- und Wissenschaftsgeschichte aus. Diese grundsätzlich inkommensurablen Diskurse bringt sie einander mit der Perspektivierung des Sehvorgangs als einer performativen Praxis näher. Vgl. Eva Schürmann, *Sehen als Praxis. Ethisch-ästhetische Studien zum Verhältnis von Sicht und Einsicht*, Frankfurt a.M.: Suhrkamp 2008, S. 29-61.

19 | Christoph Wulf, »Das gefährdete Auge. Ein Kaleidoskop der Geschichte des Sehens«, in: ders./Dietmar Kamper (Hg.), *Das Schwinden der Sinne*, Frankfurt a.M.: Suhrkamp 1984, S. 21-45, hier: S. 21. Zu einer ähnlichen Schlussfolgerung kommt Bernhard Waldenfels: »Das Auge scheint uns ähnliche Verlegenheiten zu bereiten wie der Leib insgesamt, der uns nahe rückt bis zur Ununterscheidbarkeit und uns in dieser Nähe dennoch fern bleibt.« Bernhard Waldenfels, *Sinnesschwellen. Studien zur Phänomenologie des Fremden Bd. 3*, Frankfurt a.M.: Suhrkamp 1999, S. 150.

starrend sein, etwas kursorisch, scannend oder kontemplativ betrachten, können eine andere Person erhaschend, inspizierend oder animierend erfassen. Blicke sind deshalb nie neutrale Epiphänomene des Sehens. Je nach ihrer Aushandlung erlangen sie – um es mit Roland Barthes zu sagen – eine »Signifikanz«[20], d.h. eine spezifische Bedeutsamkeit, die sich einer Symbolisierung teilweise widersetzt. Indem Blicke jedwede Neutralität suspendieren, gelten sie stets als aktiv oder aktivierend und erhalten Attribute wie ›begehrend‹, ›irritierend‹ oder ›böse‹[21], wenn sie entsprechende Wirkungen im Angeblickten auslösen.

Ein Rekurs auf den etymologischen Bedeutungsursprung des Wortes lässt exakt diese Relationalität des Blicks hervortreten: Im althochdeutschen Sprachgebrauch waren die Bedeutungen von ›Blick‹ und ›Blitz‹ noch miteinander verschmolzen[22] und deuteten auf eine aktivierende Instanz mit einer Appellkompetenz hin, die den Betreffenden bedrohen oder zum Handeln treiben konnte. »Das deutsche Wort ›Blick‹«, so resümiert Bernhard Waldenfels, meint »ursprünglich einen ›Strahl‹ [...], der aus den Augen hervordringt, bezeichnet ein Geschehen, das sich zwischen Sehendem und Gesehenem abspielt, ohne daß es sich in die engen Gesetze einer Optik pressen ließe.«[23]

Wenn der Blick die Gesetze einer Optik sprengt und die Matrix der rein visuellen Erkenntnisproduktion überschreitet, so muss das Blicken als eine soziale Handlung konzeptualisiert werden, als eine Performanz, die körperliche, mentale bzw. affektive Transformationsprozesse innerhalb eines kulturellen sowie gesellschaftlichen Gefüges generiert. Ein Blickakt ist also keineswegs als eine subjek-

---

20 | Roland Barthes, »Auge in Auge«, in: ders., *Der entgegenkommende und der stumpfe Sinn*, Frankfurt a.M.: Suhrkamp 1990, S. 315-319, hier: S. 315.

21 | In der Kulturgeschichte hat sich die abergläubische Idee des ›bösen Blicks‹, mithin einer personifizierten Verkörperung des Unglücks, sowohl im Westen als auch im Orient nachhaltig etabliert. Zur Analyse dieses kulturwissenschaftlichen Topos, dem wir im Folgenden nicht nachgehen werden können, vgl. u.a. Siegfried Seligmann, *Der Böse Blick und Verwandtes. Ein Beitrag zur Geschichte des Aberglaubens aller Zeiten und Völker. 2 Bde.*, Berlin: Hermann Barsdorf 1910; Thomas Hauschild, *Der böse Blick. Ideengeschichtliche und sozialpsychologische Untersuchungen*, Berlin: Mensch und Leben 1982; Emilio Servadio, »Die Angst vor dem bösen Blick«, in: *Imago* 22 (1936), S. 396-407; Alexander Schuller, »Der böse Blick«, in: ders./Wolfert von Rahden (Hg.), *Die andere Kraft. Zur Renaissance des Bösen*, Berlin: Akademie 1993, S. 288-302.

22 | »Wie das Grimm'sche Wörterbuch ausführt, ist ›blich‹ zunächst, wie ›fulgur‹, ein schneller Lichtstrahl, ein leuchtender Schein am Himmel und ganz Naturerscheinung, die erblickt wird, bevor sie sich an den Blickenden heftet. Wir erinnern noch heute an diesen Kontext, wenn wir davon sprechen, dass uns etwas wie ein *Blitz* trifft, denn wir sagen auch, dass uns ein *Blick* trifft.« Hans Belting, »Zur Ikonologie des Blicks«, in: Christoph Wulf/Jörg Zirfas (Hg.), *Ikonologie des Performativen*, München: Wilhelm Fink 2005, S. 50-58, hier: S. 53. Kursivierung im Original.

23 | Waldenfels, *Sinnesschwellen*, a.a.O., S. 124-125.

tiv-individuelle Operation zu begreifen. Vielmehr nimmt er sich als relationale Handlung, als Index sozialer Existenz und Ausdruck intersubjektiver Teilhabe aus. Blicke sind somit nicht nur soziale Konstrukte, sie konstituieren immer auch soziale Strukturen mit. »Der Blick ist Handlung, Intervention, Ausdruck, Performanz«,[24] argumentiert Hans Belting und weist mit diesen Worten auf die doppelte performative Eigenschaft des Blicks hin: Der Blick etabliert eine Verquickung von intersubjektiven Aktionen und Reaktionen; er vermag Zeichen wahrzunehmen und zugleich Bedeutungen kundzugeben, indem er Appell- und Responsefunktionen miteinander verbindet und einen Konnex zwischen Ich und anderem stiftet.

Die Bestimmung des Blicks als rezeptive Operation mit sozialem Surplus, dessen Funktionalität über die individuellen Sehmechanismen hinausweist, impliziert eine Fülle theatertheoretisch relevanter und bis dato unausgeloteter Fragestellungen: Inwieweit sind Blicke normativ reglementiert? Wenn man sie als konventionalisiert oder sanktioniert betrachtet, inwiefern vermag dann der Blickende, bestehende visuelle und soziale Ordnungen potenziell zu destabilisieren? Welche qualitativen Verschiebungen lassen sich für die Partizipationsökonomie von Blickwechseln registrieren, wenn Blicke durch technische oder elektronische Medieneinsätze entkörperlicht und entfremdet, digitalisiert und reproduziert werden? Welche blicktheoretische Modellierung trägt all den körperlichen, affektiven und sozialen Resonanzen des Blickens Rechnung? Lässt sich überhaupt eine klare theoretische Tradition des Blickens konturieren? Oder sollte man vielmehr von einer Pluralität wissenschaftlicher ›Blick-Diskurse‹ ausgehen?

Eine Bestandsaufnahme von Blickbegriffen in den geistes- und kulturwissenschaftlichen Disziplinen enthüllt definitorische Divergenzen sowie unausdifferenzierte Verwendungskontexte und Analyseterrains dieses Terms. In der Film-, Foto- und Bildtheorie, in der Philosophie, Anthropologie und Psychologie wird der Blick (und sein englischsprachiges Begriffspendant ›gaze‹) je unterschiedlich konzeptualisiert und angewendet, ohne dass ein systematisches Nachdenken über die soziale Erfahrungsdimension von Blick*interaktionen*[25] erfolgt. Selbst wenn die Analysekategorie des ›Blicks‹ in den phänomenologischen, erkenntnistheoretischen, psychoanalytischen und feministischen Forschungsansätzen für Furore sorgt und als Interpretationsinstrument für die ästhetischen und sozialen Dimensionen visuellen Wahrnehmens fungiert, ist davon auszugehen, dass die etablierten Analyseszenarien ihre Akzente auf verschiedene Phänomene des Blickens setzen und

24 | Hans Belting, »Zur Ikonologie des Blicks«, a.a.O., S. 50.

25 | Interaktion wird im Rahmen der gesamten vorliegenden Arbeit im ursprünglich lateinischen Sinne als Wechselwirkung zwischen mehreren handelnden Personen verstanden und nicht als ein Term verwendet, der den Rezeptionsvorgang im Umgang mit jedwedem Medium bezeichnet. Zu einer Klassifikation der Interaktionsdiskurse in den verschiedenen Sozialtheorien vgl. Carl F. Gethmann, »Interaktion«, in: Jürgen Mittelstraß (Hg.), *Enzyklopädie Philosophie und Wissenschaftstheorie. Bd. 2,* Stuttgart, Weimar: J. B. Metzler 1995, S. 264-266.

andere signifikante Faktoren dabei stets ausklammern. Um die Problematik der konzeptuellen Vielfalt der Blickanalyse nachzuzeichnen, seien hier die prägnantesten und umfassendsten Versuche der Theoretisierung des Blickens im Geschwindschritt vorgestellt.

Im Terrain der Bildwissenschaft liefert Norman Brysons Unterscheidung zwischen ›gaze‹ und ›glance‹ weitgehende Erkenntnisse über temporale und körperliche Aspekte des Sehens.[26] *Gaze* bezeichnet einen kontemplativen und distanzierten Rezeptionsvorgang, der die Dauer der Betrachtung ausblendet bzw. den Körper des Betrachters im Akt des Sehens zum Verschwinden bringt. Im Kontrast dazu zeichnet sich die Sehform des *glance* als eine subversive, unkontrollierbare und flüchtige Sehoperation aus, die das Begehren und den Körper des Betrachters sowie die zeitliche Dimension der Perzeption erfahrbar bzw. thematisch werden lässt. Das Begriffspaar von *gaze* und *glance* unterliegt jedoch einer starken historischen Verankerung und fand bisher ausschließlich in der Beschreibung der Malerei Verwendung.[27] Ein weiteres Analyseparadigma der Blickerfahrung hat der Kunsthistoriker Hans Belting vorgelegt. Er begründet sein bildwissenschaftliches Konzept seit einigen Jahren mit einer Theorie des Blicks. Belting erweitert seine terminologische Trias der Bildwahrnehmung – Bild, Medium und Körper[28] – um den Begriff des Blicks und versucht, die performativen Aspekte seiner anthropologisch verankerten Bildtheorie neu zu denken.[29] Bei dem Kunsthistoriker Georges Didi-Huberman erlangt der Blickbegriff hingegen eine psychoanalytische Grund-

26 | Vgl. Norman Bryson, *Das Sehen und die Malerei. Die Logik des Blicks*, München: Wilhelm Fink 2001, S. 117-162. Zu den politischen und sozialen Implikationen der Bryson'schen Blicktheorie vgl. Norman Bryson, »The Gaze in the Expanded Field«, in: Hal Foster (Hg.), *Vision and Visuality. Discussions in Contemporary Culture. Nr. 2*, Seattle: Bay Press 1988, S. 87-108.

27 | Hans Belting und Mieke Bal führen dieses Modell in der Kunstgeschichte weiter. Vgl. Mieke Bal, »Reading the Gaze: The Construction of Gender in ›Rembrandt‹«, in: Stephen Melville/Bill Readings (Hg.), *Vision & Textuality*, Durham: Duke University Press 1995, S. 147-173; Hans Belting, *Florenz und Bagdad. Eine westöstliche Geschichte des Blicks*, München: C. H. Beck 2008. Das Begriffspaar *gaze* und *glance* hat Peter Bolla zu einer Trias von ›gaze‹, ›glance‹ und ›look‹ erweitert. Vgl. Peter de Bolla, »The Visibility of Visuality: Vauxhall Gardens and the Siting of the Viewer«, in: Melcille/Readings, *Vision & Textuality*, a.a.O., S. 282-295, insbesondere: S. 285.

28 | Sein theoretisches Modell der Bilderzeugung und Bildwahrnehmung erläutert Hans Belting ausführlich in seiner Monografie *Bildanthropologie. Entwürfe für eine Bildwissenschaft*, München: Wilhelm Fink 2001.

29 | Vgl. Hans Belting, »Blickwechsel mit Bildern. Die Bilderfrage als Körperfrage«, in: ders. (Hg.), *Bilderfragen. Die Bildwissenschaften im Aufbruch*, München: Wilhelm Fink 2007, S. 49-75.

legung. Hier fusioniert die Sehrelation von Betrachter und Kunstwerk mit dem Lacan'schen Konzept der Mangelerfahrung.[30]

Während die Bildwissenschaft ihre Akzente auf die Rezeption von visuellen Artefakten legt, weitet die Phänomenologie die skopische Relation zwischen dem Ich und der visuellen Textur auf synästhetische Erfahrungen der Welt und des anderen aus.[31] Die diskursiven, d.h. kulturellen sowie sozialen Parameter des Blickens, die in den phänomenologischen Modellierungen des Sehens jedoch häufig unbeachtet bleiben, erlangen bei Medienhistorikern und Kulturwissenschaftlern eine fundamentale Relevanz. Entsprechend konzipiert zum einen Jonathan Crary seine Blicktheorie in Bezug auf die Geschichte der Medien seit dem 17. Jahrhundert und deren Transformationswirkungen auf die sozialen Prozesse des Sehens.[32] Zum anderen entfaltet Thomas Kleinspehn eine Geschichte des identitätskonstruierenden und sich gleichsam immer mehr verflüchtigenden Blicks aus dem engen Spannungsbezug zwischen den Prozessen der Selbstkonstituierung und dem Eingebettetsein in öffentliche Dependenzstrukturen seit der Renaissance.[33] Eine klare Historisierung liegt auch Michel Foucaults Blickanalysen zugrunde, in denen er den Blick im Rekurs auf Wissensproduktion[34] und Machtreproduktion[35] diskutiert.

In den aktuellen Foto- und Filmtheorien fungiert der Blick als »interpretatives Prinzip«[36], das die visuelle Wahrnehmung als eine permanente Reproduktion von hegemonialen Sehnormen zu beschreiben versteht. Die einschlägigen Theorien gehen davon aus, dass die Konstituierung von *sex, gender, race* und *class* in kulturellen Praktiken des Blickens und Angeblicktwerdens verfestigt wird und mehr oder weniger in diese eingeschrieben ist. Feministische Forschungsansätze heben ins-

30 | Vgl. Georges Didi-Huberman, *Was wir sehen blickt uns an. Zur Metapsychologie des Bildes*, München: Wilhelm Fink 1999.

31 | Vgl. u.a. Maurice Merleau-Ponty, *Das Sichtbare und das Unsichtbare*, München: Wilhelm Fink 1986; Waldenfels, *Sinnesschwellen*, a.a.O., S. 124-147. Auf die phänomenologischen Blicktheorien von Maurice Merleau-Ponty und Jean-Paul Sartre wird in Kapitel II/3 ausführlicher eingegangen.

32 | Vgl. Jonathan Crary, *Techniken des Betrachters. Sehen und Moderne im 19. Jahrhundert*, Dresden, Basel: Verlag der Kunst 1990.

33 | Vgl. Thomas Kleinspehn, *Der flüchtige Blick. Sehen und Identität in der Kultur der Neuzeit*, Reinbek b.H.: Rowohlt 1989.

34 | Vgl. Michel Foucault, *Die Geburt der Klinik. Eine Archäologie des ärztlichen Blicks*, Frankfurt a.M.: Fischer 1988.

35 | Vgl. Michel Foucault, *Überwachen und Strafen. Die Geburt des Gefängnisses*, Frankfurt a.M.: Suhrkamp 1994, insbesondere das Kapitel »Der Panoptismus«, S. 251-292.

36 | Michael Ann Holly, »Past Looking«, in: Melville/Readings, *Vision & Textuality*, a.a.O., S. 67-89, hier: S. 68. Zum Blick als Analysekategorie in den Kulturwissenschaften vgl. ebd. Zur Einführung in die Diskurse des Blicks in den Foto- und Filmtheorien vgl. Marita Sturken/Lisa Cartwright, *Practices of Looking: An Introduction to Visual Culture*, Oxford, New York: Oxford University Press 2001.

besondere hervor, dass das seit Georges Bataille[37] verbreitete Verständnis von der Macht des Blickens und der Ohnmacht des Angeblicktseins mit der klaren Konstellation von männlichen Subjekten und weiblichen Objekten des Blickens koinzidiere. Zu dieser Einsicht kam zunächst Laura Mulvey: Ihre epochale Abhandlung – *Visual Pleasure and Narrative Cinema* – über visuelle Lust im Kino kann als Meilenstein gendertheoretischer Diskussionen betrachtet werden, da ihr Aufsatz eine Reihe von feministischen Auseinandersetzungen mit den männlich geprägten Sehparadigmen der Moderne einerseits und deren phallozentrischen Theoretisierungen andererseits inspirierte.[38] Eine relativ junge und originelle Relativierung der festgeschriebenen Genderpositionen des Blickens legten Literaturwissenschaftler vor, die in der Immanenz der literarischen Fiktionalität die Subvertierung der weiblichen Objektposition bei Emily Brontë und J. W. Goethe aufzeigten.[39]

Im Kontrast zu der diachronen Betrachtung von Blicknormen in der Kunstgeschichte basiert ein Gutteil der Foto- und Filmtheorien auf dem »transhistorischen«[40] Blickmodell Jacques Lacans, das zwischen Blicken und Sehen differenziert, um die transindividuelle Erfahrung eines fremden Blicks (*gaze*) vom humanen Sehvorgang (*look*) zu unterscheiden.[41] Kaja Silverman, Rosalind Krauss und Slavoj Žižek gelten als Hauptvertreter der Lacan'schen Theorietradition des Blicks, obwohl sich ihre Forschungsergebnisse kaum auf einen gemeinsamen

37 | Vgl. Georges Bataille, »Die Geschichte des Auges«, in: ders., *Das obszöne Werk*, Reinbek b.H.: Rowohlt 1972, S. 6-53.

38 | Vgl. Laura Mulvey, »Visual Pleasure and Narrative Cinema«, in: Bill Nichols (Hg.), *Movies and Methods. Vol. 2*, Berkeley, Los Angeles: University of California Press 1985, S. 303-315. Zur Weiterführung des Mulvey'schen Gedankenkomplexes vgl. dies., »Afterthoughts on ›Visual Pleasure and Narrative Cinema‹ inspired by *Duel in the Sun*«, in: E. Ann Kaplan (Hg.), *Psychoanalysis & Cinema*, New York: Routledge 1990, S. 24-35; Mary Ann Doane, *The Desire to Desire: The Woman's Film of the 1940s*, Houndmills: Macmillan Press 1987; dies., »Film und Maskerade: Zur Theorie des weiblichen Zuschauers«, in: Liliane Weissberg (Hg.), *Weiblichkeit als Maskerade*, Frankfurt a.M.: Fischer 1994, S. 66-89; Constance Penley, *The Future of an Illusion: Film, Feminism, and Psychoanalysis*, London: Routledge 1989.

39 | Vgl. Beth Newman, »›The Situation of the Looker-On‹: Gender, Narration, and Gaze in Wuthering Heights«, in: *PMLA* 105 (1990), S. 1029-1041; Thomas Lehmann, *Augen zeugen. Zur Artikulation von Blickbezügen in der Fiktion. Mit Analysen zum Sehen in J. W. Goethes Roman »Die Wahlverwandtschaften« (1809) und in Peter Greenaways Film »The Draughtsman Contract« (1982)*, Tübingen, Basel: A. Francke 2003.

40 | Kaja Silverman, *The Threshold of the Visible World*, New York: Routledge 1996, S. 131. Ob Lacans Blickkonzept transhistorisch zu denken ist oder doch an spezifische historische und kulturelle Parameter gebunden werden muss, stellt eine Kontroverse dar. Vgl. ebd., sowie Mieke Bal, »Looking at Love: An Ethics of Vision«, in: *Diacritics* 27.1 (1997), S. 59-72, insbesondere: S. 64.

41 | Zu Jacques Lacans Blicktheorie vgl. Kapitel II/3.

Nenner bringen lassen. Die Inkongruenzen und Widersprüchlichkeiten der psychoanalytischen Filmtheorie werden bereits bezüglich der Basisdefinition des Blicks unübersehbar: Während Žižek den Blick als einen »inhumanen«, »außersymbolischen« und »realen«[42] Kern des Subjekts definiert, fasst ihn Silverman als ein »soziales« und »strukturierendes«[43] Konstrukt, welches das Subjekt gesellschaftlich einrahme.

Diese schlaglichtartige Rekapitulation kanonisierter kulturwissenschaftlicher Blickkonzepte lässt zwei Schlussfolgerungen zu: Auf der einen Seite ist es unverkennbar, dass sie weitgehend die Aspekte des Sehens betonen und diese sogar implizit gegenüber der Erfahrung des Gesehenwerdens priorisieren, sodass eine systematische Erfassung des Verhältnisses von Blicken und Angeblicktwerden noch aussteht. Auf der anderen Seite geht aus diesem Überblick der Theoriediskurse hervor, dass Blickinteraktionen nicht ohne intersubjektive Bezugnahme bzw. soziale Fundierung konzeptualisiert werden können. Obgleich Bilder, Filme oder andere visuell kodierte Artefakte in den Blick treten, verwebt sich der Rezeptionsakt – und darauf verweisen sämtliche Theoretiker des Blicks – mit sozialen und diskursiven Dimensionen, die selbst im Umgang mit Objekten unsere Blickerfahrungen affizieren. Die Unzulänglichkeiten und Widersprüchlichkeiten der theoretischen Ansätze legen es jedoch nahe, die konzeptuelle Vielfalt zu systematisieren und diese im Kontext der Theaterwissenschaft auf ihre Tauglichkeit zu überprüfen, denn ihr Gegenstand, die Aufführung, ermöglicht die Erfahrung des Blicks in seiner intersubjektiven Reziprozität, ohne mediale Übertragungstechniken zu erfordern.

Die vorliegende Arbeit sucht nach Antworten, indem sie den Fokus auf zeitgenössische Aufführungen richtet, in denen Blickinteraktionen zwar inszeniert und reglementiert sein können, unter der Bedingung körperlicher Kopräsenz aber immer einer kontingenten Aushandlung unterliegen. In Anlehnung an den Aufführungsbegriff von Erika Fischer-Lichte[44] gilt, dass sich visuelle Wahrnehmung im Theater als Partizipation gestaltet und die Prozesse von Interpretation und ästhetischer Erfahrung in der Aufführung immer mit Interaktionen einhergehen.[45]

42 | Slavoj Žižek, *The Sublime Object of Ideology*, New York: Verso 1989, S. 132. Eine Zusammenfassung von Žižeks Blickkonzept bietet: Tom Cohen, »Beyond ›The Gaze‹: Žižek, Hitchcock, and the American Sublime«, in: *American Literary History* 7.2 (1995), S. 350-378.

43 | Kaja Silverman, *The Threshold of the Visible World*, a.a.O., S. 135.

44 | Zum Aufführungsbegriff vgl. Erika Fischer-Lichte, »Einleitende Thesen zum Aufführungsbegriff«, in: dies./Clemens Risi/Jens Roselt (Hg.), *Kunst der Aufführung – Aufführung der Kunst*, Berlin: Theater der Zeit 2004, S. 11-26.

45 | Fischer-Lichte betont, dass »[t]he path of the spectator's gaze, the points where it rests, and the length of these rests are decided by the interaction of the material presented onstage with the spectator's individual, subjective capacities to perceive, to memorize, and to fantasize, with the spectator's own particular structure of needs. [...] It allows indi-

Das Ziel ist es daher, die hervorstechenden Merkmale sowie die ästhetischen und sozialen Erfahrungsdimensionen der Blickwechsel aus einem vielfältigen Spektrum an Exempeln des Gegenwartstheaters[46] zu entfalten und im Spiegel der aktuellen Techniken visueller Aneignung zu reflektieren.

Bei der theoretischen Fundierung des Blicks wollen wir es vermeiden, eine Hierarchisierung der Sinne oder die essenzielle Aufwertung des Gesichtssinns zu suggerieren – wobei diese Vorgehensweisen für das historische Verständnis des Sehens durchaus charakteristisch waren. Die nachfolgende Argumentation will allerdings einer geradezu konträren Logik folgen: Sie nähert sich an die polyphon und intermedial organisierte Kommunikationsstruktur einer Aufführungssituation aus der Perspektive eines »dialogischen«[47] Sinns, um eine spezifische Analysekategorie für Interaktionsprozesse zu konturieren und die Mikrostruktur theatralen Kommunizierens im Bereich der visuellen Erfahrungsdimensionen und all ihrer sozialen Implikationen zu untersuchen. Anstatt Wahrnehmungs- und Partizipationsprozesse im Theater im komplexen, vielschichtigen Zusammenspiel der Sinnesregister zu thematisieren bzw. eine allumfassende Beschreibung der Aufführungskommunikation anzustreben, wollen wir jene *Möglichkeiten und Grenzen der Identitätskonstitution und sozialen Partizipation* erwägen, die im zeitgenössischen Theater auf der Ebene der Blickkommunikation virulent werden und durch ihre Konfigurationen neue, d.h. von den bisherigen Modellierungen des Sehens differierende Analysemethoden erfordern. Somit gilt das primäre Interesse weder dem Vorgang des Sehens selbst noch ausschließlich den Qualitäten des Angeschautseins. Stattdessen gilt es deren Relation, Interferenz und Prozesshaftigkeit in der Aufführungspartizipation, ohne dass dabei die Abhängigkeit der Blickkommunikation von anderen Sinnesreizen vollkommen ausgeklammert werden müsste.

Selbst wenn Blicke als Operatoren der Bildwahrnehmung und -erzeugung verstanden werden können, lässt sich die Blickerfahrung im Theater keineswegs mit dem Prozess der Bildbetrachtung in Analogie bringen und das Angeblickte auf ein

vidual subjective spaces and individual subjective times.« Erika Fischer-Lichte, *The Show and the Gaze of Theatre. A European Perspective*, Iowa City: University of Iowa Press 1997, S. 110.

46 | Es ist wichtig zu beachten, dass eine historische Untersuchung von theatralen Blickpraktiken eine grundverschiedene methodologische Analysepraxis erfordert als die hier bevorzugte Methode der Aufführungsanalyse, sofern erstere eine theaterhistoriografische Annäherung mit diskursanalytischen, technik- und mediengeschichtlichen Forschungsansätzen zu verbinden hätte.

47 | Alexander Schuller, »Der böse Blick«, a.a.O., S. 289. Es gibt Kompetenzen des Auges, die anderen Sinnesorganen nicht eignen, wie etwa der Öffentlichkeitsanspruch des Blickens im Gegensatz zum Tast- und zum Geschmackssinn oder die dialogische Qualität des Gesichtssinns gegenüber dem Ohr, dessen Kompetenz auf die Wahrnehmung ohne Signalfunktion beschränkt ist.

theatrales ›Bild‹ reduzieren. Das Ästhetische einer Aufführung kann gerade im medialen Überschuss von körperlicher Anwesenheit und Ephemeralität bestehen, der mit der Ausweitung des Bildbegriffs für das Theater zu suspendieren wäre. Obwohl in jüngster Zeit theater- und tanzwissenschaftliche Überlegungen expandieren, die das Szenische bzw. dessen posenhafte oder gerahmte Darstellungsstruktur mit einem erweiterten Bildbegriff zu analysieren versuchen, so verfolgen sie – insbesondere im Rekurs auf Aufführungen seit der Theateravantgarde[48] – doch mehr oder weniger einen theoretischen Umweg, der, sei er auch originell und fruchtbar, immer zu dem aporetischen Schluss führt, der *Live*-Charakter einer Theateraufführung müsse deren eigene Bildstruktur zwangsläufig überschreiten oder konterkarieren. Wir werden anders argumentieren und visuelle Wahrnehmung weniger als einen Vorgang der Bildrezeption, sondern von vornherein als einen intersubjektiven und körperlichen Akt definieren, um gleichsam die Kommunikationsökonomien der physischen Kopräsenz etwas differenzierter zu beschreiben.

Die vorliegende Arbeit versucht weder eine umfassende Theorie noch eine systematische Typologie von Blickverhalten und -interaktionen zu bieten, vielmehr stellt sie die Effekte und Funktionalitäten des Sehens als zwischenmenschlichen Handlungsmodus in den Vordergrund. Der Fokus der Untersuchung wird auf ausgewählte Aspekte von Blickinteraktionen gelegt, die das verkörperte Sehen in

---

48 | Vgl. u.a. Helge Meyer, *Schmerz als Bild. Leiden und Selbstverletzung in der Performance Art*, Bielefeld: transcript 2008. Helge Meyers Versuch, Performances und die phänomenalen Qualitäten einer Aufführung mittels eines Bildbegriffs zu fassen, scheint trotz einer starken Visualitätswirkung der Darstellungsebene noch lange nicht plausibel zu sein. Eine Auffassung des »Künstler[s] als eine Bildinstanz« (S. 182) klammert nämlich m.E. exakt jenen Überschuss des Körperlichkeitseffekts aus, der im Gegensatz zur Bildhaftigkeit des leblosen Körpers in der durch *Liveness* sich auszeichnenden Aufführung akzentuiert wird. Diese in der zeitgenössischen Kunstkritik zunehmende, aber nicht unproblematische Überblendung von Bild und Performance erörtert auch Christian Janecke in seinem ausführlichen diskursgeschichtlichen Abriss des ›lebenden Bildes‹. Vgl. Christian Janecke, »Performance *und* Bild/Performance *als* Bild«, in: ders. (Hg.), *Performance und Bild/Performance als Bild*, Berlin: Philo Fine Arts 2004, S. 11-113. Historisch betrachtet sieht Janecke die Gültigkeit eines metaphorisch auf das Theater angewandten Bildbegriffs in der Diderot'schen Theatertheorie und der damit verbundenen Idealisierung des Tableau-Charakters der Darstellung begründet. Er unterstreicht nicht zuletzt den Bildcharakter von VALIE EXPORTs, Vito Acconcis oder Yves Kleins Fotoperformances, deren Bilder der Performance Art zugerechnet werden müssen, weil sie nicht als Dokumente einer Aufführung gelten, sondern »*selbst* das Werk« sind (S. 78. Kursivierung im Original). Nichtsdestotrotz hebt Janecke gleichsam die spannungsgeladene Beziehung von Bildhaftigkeit und Theaterkunst beständig hervor. Auf die Problematiken ebendieser Relation werden wir in Kapitel V/2.1 zurückkommen und Regieästhetiken des Gegenwartstheaters dahingehend analysieren, wie sie die Reduktion des Szenischen auf ein Bild gerade dezidiert *ad absurdum* führen.

kopräsentischen Situationen charakterisieren und die in mannigfachen Blicktheorien relevant sind. In Anlehnung an aktuelle Theater- und Performanceinszenierungen werden heuristisch herausdestillierte Themen wie *Körperlichkeit, Emotionalität, Räumlichkeit, Macht* und *Begehren* in Bezug auf Blickwechsel diskutiert. Auffällig ist hierbei die thematische Suspendierung sowohl des *gender*-Aspekts als auch der Frage nach der technisch-medialen Visualisierung, welche die aktuellen Blickdiskurse und -praktiken weitgehend mitprägen. Diese Theoriefelder, die mit den gesellschaftlichen und soziokulturellen Implikationen des Blickens in allgemeinem Zusammenhang stehen, sind in allen Kapiteln von Relevanz.

Im folgenden Kapitel wird zunächst versucht, den Blickbegriff vom herrschenden Sehparadigma abzulösen und ihn nicht nur in Akten des Sehens, sondern vielmehr in Situationen des ›Sehens und Gesehenwerdens‹ zu theoretisieren. Die anschließenden Kapitel folgen einem analogen Gliederungsprinzip: Eingewoben zwischen einer kurzen Einführung in das jeweilige Thema (1. Teilkapitel) und den resümierenden Gedanken (4. Teilkapitel) spannen sich je zwei umfangreichere Analysekapitel, von denen das erste vorwiegend den Erfahrungen des Blickens, das zweite maßgeblich den Erfahrungen des Angeblicktseins gewidmet ist. Diese gliederungslogische Trennung liegt einer Differenzierung zwischen Sehen und Gesehenwerden zugrunde und leitet sich zugleich von der starken qualitativen Diversität zeitgenössischer Partizipationsformen in Aufführungen ab. Sie orientiert sich einerseits an der Rolle des Blickens im Regie- oder Guckkastentheater, in dem die Blickkommunikation einer rezeptiven und mehr oder weniger einseitigen Sehhaltung unterliegt, und andererseits an der Bedeutung des Blickens in Performances, in denen Sehhandlungen Momente des Angeblicktseins nach sich ziehen können. Diese heuristische und außerdem empirische Trennung soll nicht suggerieren, dass die Reziprozität im Theater nicht immer gegeben sei; sie soll lediglich dazu verhelfen, zwei aufmerksamkeitsökonomisch und partizipationspolitisch unterschiedliche Konstellationen der Blickkommunikation analytisch zu differenzieren und zu spezifizieren.

Das Hauptanliegen der gesamten Analysearbeit wird darin bestehen, die einschlägigen Theorien der Blickwechsel in Aktion treten zu lassen und die theaterwissenschaftliche Tragweite eines Blickbegriffs als aufführungstheoretische Beschreibungskategorie in einzelnen Falluntersuchungen zu erwägen. Anstatt zum Ziel zu setzen, ausführliche Aufführungsanalysen zu entfalten, werden disparate Situationen und vielzählige Aufführungs*momente* beschrieben und interpretiert, die allesamt den fundamentalen Intersubjektivitätsaspekt des Blickens exponieren. Bei der Ermittlung der Blickwechsel wird von individuellen Erfahrungen ausgegangen, die zur Grundlage der jeweiligen theoretischen Reflexionen dienen. Diese Vorgehensweise sowie der Verzicht auf nachweisbare empirische Befunde könnten zwar den Eindruck suggerieren, unsere Argumentation transformiere einen singulären in einen exemplarischen bzw. idealen Betrachter. Doch weil wir eine gewisse Metaperspektivierung anstreben, rekurrieren wir jeweils auch auf Diskussionen mit anderen Zuschauern, auf die Abstrahierung eigener Teilnehmerschaft bzw. auf die Wahrnehmung anderer Wahrnehmender in der Aufführung.[49]

Indem wir die flexible Methodik der Aufführungsanalyse mit gezielten Fragestellungen und einem theoretisierenden Beschreibungsmodus kombinieren, zielen wir auf eine Untersuchungspraxis von Blickwechseln ab, die sich zur Reflexion subjektiver Wahrnehmung in ephemeren Rezeptionssituationen eignet. Im Unterschied zur Beschreibung von Bild- oder Filmerfahrungen, deren Gegenstände allgemein zugänglich und tradierbar sind, wird beim Umgang mit Aufführungsbeispielen die Rezeption durch ein einmaliges partikulares Erlebnis gefiltert, das ebenso flüchtig ist wie das Objekt der Betrachtung selbst. Die Aufdeckung und Beschreibung von Prozessen des Blickens und des Angeblicktwerdens sind auf besondere Weise der Transitorik und der Individualität der Wahrnehmung ausgeliefert und können lediglich durch aufführungsanalytische Techniken erfasst werden, welche die Reflexion von Phänomenen möglich machen, die jeglicher Fixierung widerstehen. Insoweit diese elastische Methode es erlaubt, wollen wir nun versuchen, Blickerfahrungen und Blickwechsel auf diese Weise ins Auge und in Worte zu fassen.

49 | Schöpfen die Analysen nicht aus eigener Erfahrung, so wird der Rückgriff auf das jeweilige Quellenmaterial in den Fußnoten gekennzeichnet.

II. Blick-Akt-Theorien

1. Zur Medialität der Blickwechsel

Einer von den vitalsten und aktivsten Blickstrahlen, die in tradierbaren Artefakten festgehalten wurden, ›schaute‹ vermutlich aus dem Selbstporträt von Rogier van der Weyden, das sich im Brüssler Rathaus befand und heute nicht mehr erhalten ist.[1] Den ausdrucksstarken Blick dieser Bildgestalt hat der Philosoph und Theologe Nikolaus von Kues im Jahre 1453 als einen entsprechend beweglichen und omnipotenten beschrieben: »Schaut es an«, fordert von Kues die Mönche vom Tegernsee, seine damaligen Adressaten auf, und »jeder von Euch, von welcher Stelle er es auch betrachtet, wird erfahren, daß jenes Bild ihn gleichsam allein anblickt. Dem Bruder, der im Osten steht, scheint das Antlitz in östlicher Richtung zu blicken, dem im Süden, in südlicher und dem im Westen, in westlicher. Zuerst werdet ihr euch darüber wundern, wie es geschehen kann, daß es alle und jeden einzelnen zugleich ansieht. Denn derjenige, welcher im Osten steht, kann sich in keiner Weise vorstellen, dass der Blick des Bildes auch in eine andere Richtung, nach Westen oder Süden, gerichtet ist. Nun mag der Bruder, der im Osten steht, sich nach Westen begeben und erfahren, daß der Blick hier ebenso auf ihn gerichtet ist wie vordem im Osten. *Und da er weiß, daß das Bild fest hängt und unbeweglich ist, wird es sich über die Wandlung des unwandelbaren Blickes wundern.* Auch wenn er seinen Blick fest auf das Bild heftet und von Osten nach Westen geht, wird er erfahren, daß der Blick des Bildes ununterbrochen mit ihm geht und, kehrt er von Westen nach Osten zurück, ihn auch dann nicht verläßt. [...] Und noch weniger wird sein Vorstellungsvermögen es fassen können, daß er sich mit einem anderen, der ihm selbst aus entgegengesetzter Richtung begegnet, in derselben Weise bewegt.«[2]

---

1 | Vgl. Holger Simon, »Bildtheoretische Grundlagen des neuzeitlichen Bildes bei Nikolaus von Kues«, in: *Concilium medii aevi. Zeitschrift für Geschichte, Kunst und Kultur des Mittelalters und der Frühen Neuzeit* 7 (2004), S. 45-76, insbesondere: S. 58-59.

2 | Nikolaus von Kues, »Die Gottes-Schau (De visione Dei)«, in: ders., *Philosophisch-theologische Schriften, Bd. 3*, Wien: Herder 1967, S. 93-219, hier: S. 97. Kursivierung von A.C.

In seinem *choreo*-grafischen Bericht widmet sich Nikolaus von Kues einer performativen Bilderfahrung, die in der Begegnung mit einer Porträtgestalt zur Entfaltung kommt, im Blickwechsel mit einer Bildfigur, deren starre Objekthaftigkeit zwar außer Frage steht, die aber dennoch den paradoxen Eindruck zu wecken vermag, vor jedem Betrachter die dynamische und transzendentale Bewegungskompetenz ihrer Augen zu bezeugen. Da die Bildbetrachtung immer mit Effekten der Immersion und der Einbildung einhergeht, ist es für von Kues möglich, in seiner Argumentation eine Analogie zwischen dem multiperspektivisch wirkenden Blick einer Bildgestalt und dem omnipräsenten Antlitz Gottes zu ziehen. Anschließend differenziert er zwischen einem empirischen und einem absoluten Sehmodus und beschreibt die asymmetrische Begegnung vom humanen Betrachterblick mit einem tradierbaren bzw. ›omnipotenten‹ Bilderblick am Beispiel einer Bildmeditation.[3] Von Kues' Beweisführung über sein Bilderlebnis läuft darauf hinaus, dass van der Weydens Porträt sowohl Züge des aktiven Sehens aufweise als auch über ein intelligibles, von »Augen und Organen abgelöst[es]«[4] und auf *jeden* Betrachter synchron einwirkendes Sehvermögen verfüge.

Unterzieht man die Erfahrungsparadoxie des innerbildlich festgehaltenen Blicks einer Reflexion, so erweisen sich als diskussionswürdig weniger von Kues' Ausführungen über die multiperspektivische Sehkompetenz eines absoluten Blicks[5] als vielmehr die performative Wirkkraft des Bildes selbst, die den Betrachter in Stellung zu bringen und bei ihm eine Verwunderung und Verunsicherung über die tatsächliche Medialität des Porträtbildes auszulösen vermag. Diese vitale Wirksamkeit von Artefakten, die wir im Weiteren als einen ›kopräsentischen Effekt‹ bezeichnen wollen, kommt nicht nur aufgrund der akribischen Ausarbeitung einer figurativen Darstellung zur Geltung, die den Betrachter optisch täuschen kann. Hingegen ist sie das Ergebnis von Immersions- und Imaginationsleistungen[6] des Rezipienten, die ihn für einen Moment in soziale Verlegenheit und Un-

---

3 | Vgl. von Kues' ›Koinzidenzlehre‹ in seiner Schrift »Die Gottes-Schau«, a.a.O., S. 98-101, sowie Simon, »Bildtheoretische Grundlagen des neuzeitlichen Bildes bei Nikolaus von Kues«, a.a.O., S. 60-63.

4 | Von Kues, »Die Gottes-Schau«, a.a.O., S. 99.

5 | Zu den Differenzen zwischen Albertis Theorie des perspektivischen Blicks und von Kues' metaphysischem und multiperspektivischem Blickkonzept vgl. Belting, *Florenz und Bagdad*, a.a.O., S. 240-243; Gottfried Boehm, *Studien zur Perspektivität. Philosophie und Kunst in der frühen Neuzeit*, Heidelberg: Carl Winter 1969, S. 137-171.

6 | Unter Imagination wird nach Nikolaus Müller-Schöll das humane Vermögen verstanden, das »es dem Menschen erlaubt, zu erfinden oder zu phantasieren und so mehr als das sinnlich Wahrnehmbare oder das real Gegebene zu sehen, sich Abwesendes vorzustellen.« Nikolaus Müller-Schöll, »Imagination«, in: Fischer-Lichte u.a., *Metzler Lexikon Theatertheorie*, a.a.O., S. 142-144, hier: S. 142. Zur systematischen und interdisziplinären Behandlung des Themas vgl. Bernd Hüppauf/Christoph Wulf (Hg.), *Bild und Einbildungskraft*, München: Wilhelm Fink 2006. Zur explizit theaterwissenschaftlichen Anwendung des Be-

gewissheit über die tatsächliche – gegenständliche oder humane – Seinsqualität des Gegenübers treiben. Wohlgemerkt, im Moment der Erfahrung eines koprä-sentischen Effekts wird die Frage der Medialität virulent, denn die Leblosigkeit eines Bildes mag im Vollzug der Betrachtung ›übersehen‹ werden, sodass die trügerische Präsenzwirkung einer Bildfigur darauf zu zielen imstande ist, dass sich die Bildwahrnehmung qualitativ nur mit Mühe von der Erfahrung der reziproken Intersubjektivität trennen lässt. Obwohl das Bild von van der Weyden, ebenso wie mannigfache Täuschungseffekte und Blickfallen in der zeitgenössischen Kunst-[7] und alltäglichen Medienbetrachtung, über einen »Appellcharakter«[8] verfügt, der den Rezipienten auffordert, sich mit der bildlichen Darstellung in Beziehung zu setzten, sich auf dessen Ansprache zu beziehen und sich in seinem Handeln und Verhalten gegenüber dem Bild in Stellung zu bringen, können wir die Evidenz der Objekthaftigkeit des Bildmediums nicht in Zweifel ziehen. Sein Vitalitätseffekt liegt darin, dass seine Materialität, d.h. seine zweidimensionale, konstante Gegenstandsqualität und somit seine tatsächliche mediale Verfasstheit, sich im störungsfreien Betrachtungsprozess der Wahrnehmbarkeit entzieht. Dieser Entzug ermöglicht es dem Betrachter, in der Begegnung mit der leblosen Materialität des Bildes den Objektbezug gegen ein Ereignis einzutauschen, das im Sinne seiner performativen Fundierung in der Lage ist, eine intersubjektive Beziehung zwischen Betrachter und Bildgestalt vorzutäuschen, und zwar, wie die Philosophin Sybille Krämer es formuliert hat, in der »flüchtigen und prozessualen Gegenwärtigkeit des Medienumgangs«[9].

Die Analyse von Bildeffekten, die Blick- und Lebendigkeitswirkungen erwecken, stellt das Anliegen zahlreicher Bildbeschreibungen von Kunsthistorikern dar,[10] welche die reine Repräsentationsqualität visueller Darstellung verabschiedet und den *hic et nunc* rezipierten Bildfigurationen eine Kompetenz zugesprochen haben, sinnliche, affektive und motorische Impulse hervorzubringen.[11] Dass Bilder

griffs vgl. Benjamin Wihstutz, *Theater der Einbildung. Zur Wahrnehmung und Imagination des Zuschauers*, Berlin: Theater der Zeit 2007.

7 | Als eine der prägnantesten Kunstinstallationen gilt Gary Hills Videoarbeit *Viewer* (1996), die eine quasi-reziproke Wahrnehmungsszenerie zwischen projizierten Figuren und leibhaftigen Museumsbesuchern konstituiert und somit einen Blicktausch suggeriert.

8 | Waldenfels, *Sinnesschwellen*, a.a.O., S. 137.

9 | Sybille Krämer, »Was haben ›Performativität‹ und ›Medialität‹ miteinander zu tun? Plädoyer für eine in der ›Aisthetisierung‹ gründende Konzeption des Performativen. Zur Einführung in diesen Band«, in: dies. (Hg.), *Performativität und Medialität*, München: Wilhelm Fink 2004, S. 13-32, hier: S. 25.

10 | »Eine Ikonologie des Blicks handelt davon, dass Blicke nicht nur von Bildern angezogen, sondern von ihnen abgebildet werden, als besäßen sie selbst einen Blick oder könnten unsere Blicke erwidern.« Belting, »Blickwechsel mit Bildern«, a.a.O., S. 49.

11 | Zur performativen sowie transformativen Kompetenz von Bildern vgl. Hans Belting, »Die Herausforderung der Bilder. Ein Plädoyer und eine Einführung«, in: ders. *Bilderfra-*

uns zu verbalen, körperlichen und ›inner‹-psychischen Resonanzen treiben[12] bzw. in ein körperliches, soziales und politisches Gefüge integrieren,[13] ist ein Effekt, der Hans Belting zufolge mit einer Wechselwirkung zwischen Betrachter und Artefakt einhergehen kann und im Akt der Aisthesis sogar einen Tausch zwischen Betrachterblick und einem suggestiven, *in effigie* festgehaltenen Blick zu evozieren vermag.[14] Diese Kompetenz der Belebung einer objekthaft fixierten Darstellung erweist sich zwangsläufig also als eine Fähigkeit, die auch dem betrachtenden Subjekt und nicht nur dem Bildmedium zugesprochen werden muss. Ihm nämlich eignet »eine geborene [und erlernbare]« Animierungsfähigkeit, die darin bestehe, »in unbelebten Bildern ein Leben zu entdecken, das *wir ihnen doch erst selbst geben.*«[15] »Denn«, so lässt sich mit Belting resümieren, »Bilder sind immer nur das, was *wir* mit ihnen machen oder an ihnen wahrnehmen.«[16]

Selbst wenn Kunstobjekte einen kopräsentischen Effekt auslösen können und dadurch imstande sind, Bild-, Fernseh- und Filmgestalten zu aktiven Gegenübern des Blickenden zu erheben oder ihm geradezu ein Gefühl sozialer Verankerung zu vermitteln, sind sie aus einem signifikanten Grund nicht als hinreichende Grundlage für eine kopräsentische Interaktion zu begreifen: Die zunächst als interaktiv erscheinende Kommunikationsökonomie zwischen Betrachter und Artefakt muss zweifelsohne zum *status quo*, ja zu einem kalkulierbaren und medienreflexiven Akt werden, ohne dass sich eine wechselwirksame soziale Interaktion etablieren könnte. Die »artifizielle Präsenz«[17] von Bildern differiert nämlich von der wechsel-

---

gen, a.a.O., S. 11-21, insbesondere: S. 14-16. Im Bezug auf das Handlungsvermögen von Bildern vgl. auch den Begriff des ›Bildakts‹, der in Anlehnung an Henri Lefebvres, Philippe Dubois' und Jan Assmanns Wortprägung von Horst Bredekamp und seiner Kolleg-Forschergruppe (http://bildakt-verkoerperung.de) konzeptualisiert wird und der weniger den Prozess der Bildbetrachtung, als vielmehr eine ›autonome‹ Kraft des Bildes selbst akzentuiert. Vgl. Horst Bredekamp, *Theorie des Bildakts. Frankfurter Adorno-Vorlesungen 2007*, Berlin: Suhrkamp 2010; Jan Konrad Schröder, *Handlungskräfte des Bildes*, Berlin: Akademie 2011.

12 | Vgl. Serge Tisseron, »Unser Umgang mit Bildern. Ein psychoanalytischer Zugang«, in: Belting, *Bilderfragen*, a.a.O., S. 307-315, insbesondere: S. 310-311.

13 | Vgl. Belting, »Blickwechsel mit Bildern«, a.a.O., S. 49-50.

14 | Vgl. ebd., S. 66, 70.

15 | Ebd., S. 50. Kursivierung von A.C. Zum transgressiven Vorgang der Animation als Überschreitung der Bildgrenze und als eine Art Beseelung oder Verlebendigung des Bildes vgl. Birgit Mersmann, »Das Bild als Spur. Transgressionen und Animationen«, in: Belting, *Bilderfragen*, a.a.O., S. 195-215, insbesondere: S. 200.

16 | Hans Belting, »Echte Bilder und falsche Körper – Irrtümer über die Zukunft des Menschen«, in: Christa Maar/Hubert Burda (Hg.), *Iconic Turn. Die neue Macht der Bilder*, Köln: DuMont 2004, S. 350-364, hier: S. 355. Kursivierung im Original.

17 | Lambert Wiesing, *Artifizielle Präsenz. Studien zur Philosophie des Bildes*, Frankfurt a.M.: Suhrkamp 2005, S. 70.

wirksamen Kopräsenz in einer zentralen Hinsicht: Basiert die Bildwahrnehmung auf ›einfacher‹ Kontingenz und hängt ihre Dauer lediglich vom Betrachter ab, so zeichnet sich soziale Interaktion – um es mit Niklas Luhmann zu definieren – durch eine doppelte Kontingenz aus.

Während der Begriff der Kontingenz eine Operation bezeichnet, die »weder notwendig [...] noch unmöglich« ist, die »also so, wie es ist, [...] sein kann, aber auch anders möglich ist«[18], und somit unseren Umgang mit der Umwelt zu einem subjektiven Akt macht, setzen reziproke Intersubjektivitätsverhältnisse eine doppelte Kontingenz voraus, die ausschließlich zwischen Personen (»psychischen Systemen«) etabliert werden kann, weil diese füreinander in ihrer Intentionalität keineswegs transparent oder kalkulierbar sind. Obwohl die Interaktionsteilnehmer nie ohne Erwartungen aufeinander treffen,[19] werden ihre Handlungen gegenseitig nicht vollständig berechenbar und kontrollierbar sein. Die verdoppelte Kontingenz birgt nicht nur Risiken des Missverstehens oder des Dissens. Sie etabliert eine Situation, in der jede Art von Partizipation mit der beständigen Abhängigkeit von anderen einhergeht. In diesem Sinne vermag keiner der Interaktionsteilnehmer die Aktionen und Reaktionen vollkommen zu bestimmen, denn, um es in der Luhmann'schen Terminologie zu formulieren, »jeder Mensch [fungiert] immer« gleichzeitig als Alter und Ego, »wenn [und nur wenn] er sich an Kommunikation beteiligt«[20].

Intersubjektiv ausgetauschte Blicke machen immer eine doppelte Kontingenz erfahrbar, weil die leibliche Anwesenheit von Ich und anderem nicht auf eine stabile Rollendifferenzierung von Sendern und Empfängern bzw. Blickenden und Angeblickten reduziert werden kann. Jeder, der im sozialen Feld seine Blicke ›aufführt‹ und somit *hic et nunc* seine körperliche Präsenz bezeugt, ist als ein Partizipierender zu begreifen, der im selben Zeitmoment als Aktant und Rezipient, Wahrnehmender und Reagierender aktiv wird. Die Frage, wie es dazu kommt, »den anderen als anderen zu erkennen und von einfacher Kontingenz (im Sinne von Umweltabhängigkeit) zu doppelter Kontingenz überzugehen«[21], lässt sich am Beispiel des Blickens im sozialen Interaktionsfeld definitiv beantworten, wenn man die doppelte Logik des Blickens – seine rezeptiven und appellierenden Modi

---

18 | Niklas Luhmann, *Soziale Systeme. Grundriß einer allgemeinen Theorie*, Frankfurt a.M.: Suhrkamp 1984, S. 152.

19 | Vgl. ebd., S. 186.

20 | Niklas Luhmann, *Die Gesellschaft der Gesellschaft, Bd. 1*, Frankfurt a.M.: Suhrkamp 1997, S. 333. »Aufgrund dieser Voraussetzungen bedeutet doppelte Kontingenz nicht zweimal einfache Kontingenz, sondern eine spezifisch soziale Qualität von Kontingenz: Sie bedeutet, daß der Aufbau der sozialen Welt durch einen doppelten Perspektivenhorizont (Egos und Alters Perspektiven) entsteht.« Claudio Baraldi, »Doppelte Kontingenz«, in: ders./Giancarlo Corsi/Elena Esposito (Hg.), *GLU. Glossar zu Niklas Luhmanns Theorie sozialer Systeme*, Frankfurt a.M.: Suhrkamp 1998, S. 37-39, hier: S. 38.

21 | Niklas Luhmann, *Die Kunst der Gesellschaft*, Frankfurt a.M.: Suhrkamp 1997, S. 25.

– als Indikator wechselseitigen sozialen Agierens begreift. Im Gegensatz zu artifiziell generierten Blicken, die keinesfalls affiziert oder zu kontingenten Reaktionen getrieben werden können, *lassen sich die leiblich Interagierenden gegenseitig in ihrer aktuellen und aufeinandergerichteten Wahrnehmung wahrnehmen.*[22]

Der Betrachter von van der Weydens blickendem Selbstporträt würde vergeblich versuchen, auf die Qualität des Gegenstandes oder die Existenz der Bildfigur einzuwirken, ihm widerfährt eine Unmöglichkeit – und nicht nur ein bloßes Scheitern – wechselseitiger Partizipation. Die Katalyse der Autopoiesis resultiert bei der Bildbetrachtung aus den Operationen des Betrachters, sodass der Wahrnehmungsprozess schließlich in einen Akt mündet, der anstatt sozialer Interaktion lediglich soziale Erfahrung inkarniert, und dessen zeitliche Dauer ausschließlich vom Betrachter selbst determiniert wird.[23]

Blickwirkungen von bildlichen Gestalten und ihre Kompetenz, einen kopräsentischen Effekt im Betrachter hervorzurufen, basieren unserer Hypothese zufolge auf der Iterativität zwischenmenschlicher Sozialpraxis, da Imaginations- und Animierungsleistungen auf Erfahrungen rekurrieren, die man in Interaktionen

---

22 | »Wahrnehmung ist zunächst psychische Informationsgewinnung, sie wird jedoch zu einem sozialen Phänomen, das heißt, zu einer Artikulation doppelter Kontingenz, wenn wahrgenommen werden kann, daß wahrgenommen wird. In sozialen Situationen kann Ego sehen, daß Alter sieht [...].« Luhmann, *Soziale Systeme*, a.a.O., S. 560.

23 | Einen qualitativ anderen Wahrnehmungsmodus erfordern Übertragungsprozesse, die durch audiovisuelle Techniken eine Gleichzeitigkeit von Kommunikationsoperationen zwischen Ich und dem anderen generieren und trotz räumlicher Abwesenheit der Interagierenden eine kopräsentische Wirkung zu induzieren vermögen. Audiovisuelle Kommunikation per Internet oder per Simulation kann zwar der körperlichen Interaktionsform ähnliche Austauschmöglichkeiten realisieren, aber im ersteren Fall sind technische Medien unentbehrlich, um eine räumliche oder zeitliche Entfernung kraft medialer Vermittlung zu überbrücken. Diese Arbeit setzt den Akzent auf zwischenmenschliche Blickinteraktionen, lässt aber technisch vermittelte Blicke, die selbst in Aufführungen des Gegenwartstheaters expandieren, nicht unbeachtet und unreflektiert. Zum aktuellen Bedeutungswandel des Interaktionsbegriffs sowie zu den neuen Kulturtechniken zu Zeiten der Digitalisierung vgl. die Erörterungen Sybille Krämers, die hervorhebt, dass die Interaktion mit Zeichen und Ein-Weg-Medien unmöglich ist, weil die technisch übertragenen Äußerungen weder kontingent sind noch transformiert werden können: »Das Gespräch ist die Urszene einer interaktiven Bezugnahme, bei der, was der eine sagt und tut, auf eine kontingente und vorab nicht berechenbare Weise abhängt von dem, was der andere sagt und tut. [...] Wir können zwar mit Personen, nicht aber mit Zeichen in eine interaktive Bezugnahme treten. [...] Die mit den digitalisierten Medien eröffnete neue Kulturtechnik läuft dann darauf hinaus, mit Symbolen interagieren zu können.« Sybille Krämer, »Subjektivität und Neue Medien. Ein Kommentar zur ›Interaktivität‹«, in: Mike Sandbothe/Winfried Marotzki (Hg.), *Subjektivität und Öffentlichkeit. Kulturwissenschaftliche Grundlagenprobleme virtueller Welten*, Köln: Herbert von Halem 2000, S. 102-116, hier: S. 104.

wechselseitiger Aktivität und Kontingenz gemacht hat, und eben dadurch vermögen sie bei der Betrachtung von mimetisch abgebildeten Foto- und Bildgestalten eine Präsenzwirkung auszulösen.[24] Wenn die Behauptung zutrifft, dass die Bildbetrachtung nicht von der Erfahrung zwischenmenschlicher Interaktionen zu trennen ist, d.h., wenn die Evokation sozialer bzw. präsentischer Bildeffekte auf der ursprungslosen Wiederholung intersubjektiver Praktiken basiert, dann scheinen Beschreibungen bildlicher oder filmischer Blicke keineswegs ohne die Erwägung von reziproken Blickinteraktionen ausreichend analysierbar zu sein.

Somit kommt einer aufführungsanalytisch orientierten Theaterwissenschaft, deren Gegenstand die Kopräsenz von Akteuren und Zuschauern zur Prämisse hat, eine Möglichkeit zu, Blickinteraktionen als soziale respektive ästhetische Vorgänge zu analysieren und Blickkonzepte zu entwickeln, die zugleich für Foto-, Film- und Bildtheorien belangreiche Ergebnisse bieten werden. Denn solange die Reflexion auf interaktive Blickerfahrungen ein wissenschaftliches Desiderat bleibt, können auch die Beschreibungen von Blickerfahrungen, die auf dem Umgang mit Artefakten basieren, als problematisch, unzulänglich oder kritikwürdig erscheinen. In diesem Sinne wird unsere Aufmerksamkeit zunächst auf die intersubjektive Dimension des Blickens gerichtet, die in der Theateraufführung jeden Anwesenden in ein flüchtiges Interaktionsgewebe integriert.

2. Die Rolle des Blickens in der zwischenmenschlichen und theatralen Kommunikation

»Alle Sinnesorgane sind monologisch, das Auge allein ist dialogisch.«, argumentiert der Soziologe Alexander Schuller, denn, »[d]as Auge«, so fährt er in seiner Darlegung fort, »verfügt im Unterschied zu allen anderen Organen über ein Spezifikum, ein Wunder der Natur: den Blick. Alle Sinnesorgane sind rezeptive Organe [sic!]. Sie nehmen Reize aus der Umwelt auf – Wärme und Gerüche, Farbe und Schall – und leiten sie weiter an das zentrale Nervensystem, das diese Daten dann organisiert. Das alles kann das Auge auch. Der Unterschied ist qualitativ, und er liegt in der Tatsache, daß das Auge mit dem Blick über ein offensives Organ verfügt [...]. Das Auge nimmt nämlich nicht nur wahr und auf, sondern es handelt und erschafft.«[25] Die eigentümliche Handlungskompetenz des Auges, die jedoch, in Erweiterung zu Schullers These, auch einer tastenden Hand und dem spürenden Leib zugesprochen werden muss, appelliert durch die Gerichtetheit des Blicks zwangsläufig an Rezipienten oder Adressaten. Die ununterbrochene Bewegungsaktivität

24 | Bernd Hüppauf und Christoph Wulf vertreten sogar die These, dass jedwede Bildbetrachtung eine aktive Beteiligung von Einbildungskraft erfordert. Vgl. Bernd Hüppauf/Christoph Wulf, »Einleitung. Warum Bilder die Einbildungskraft brauchen«, in: dies., *Bild und Einbildungskraft*, a.a.O., S. 9-44.

25 | Schuller, »Der böse Blick«, a.a.O., S. 289.

menschlicher Augen, die nicht einmal im Schlaf aussetzt,[26] gibt im sozialen Feld ein permanent verfolgbares Signal kund, welches auf räumliche Positionierung und körperliche Anwesenheit, auf partikularen Machtbezug bzw. die Bewegungspotenziale und Bewegungsdependenzen des Blickenden hindeutet. Der Blick wird zum Motor und Indikator von Intersubjektivität, insofern er soziale und kulturelle Normen aktualisiert und die Sozialisation jedes Einzelnen mitbestimmt.

Sozialisation macht einen kontinuierlichen Prozess zwischenmenschlichen Handelns und Seins aus, der von Geburt an bis zum Moment des Sterbens andauert und keineswegs von prägnanten Blickerfahrungen wie Staunen, Entsetzen, Kontemplation oder Auge-in-Auge-Fixierungen getrennt werden kann. Solange sprachliche Setzungen noch nicht oder sobald stimmliche Ausdrücke nur bedingt imstande sind, eine verbale Kommunikation zu initiieren bzw. in Gang zu halten, kann der Blick vom ersten Augenkontakt mit der Mutter bis zur letzten Verschließung der Augenlider als eine ebenso fragile wie wirkungsmächtige Instanz zwischenmenschlicher Bezugstiftung fungieren. Dieses paradoxe Wesensmerkmal des Blicks – ein immaterielles und sich einer konsensuellen symbolischen Kodierung widersetzendes, gleichzeitig aber ein greif- und wahrnehmbare Effekte auslösendes und semiotisch relevantes Mittel der Kommunikation zu sein – wurde durch die reale Einbindung der schwerkranken Angela Jansen zum zentralen Thema von Christoph Schlingensiefs Theaterinszenierung *Kunst und Gemüse, A. Hipler. Theater ALS Krankheit* (2004).[27] Die an der ALS-Krankheit[28] leidende Protagonistin vermochte ausschließlich ihre Augen zu bewegen. Obwohl die Interaktion mit ihrer Umgebung auf diesen einzigen Kanal reduziert war, brach die Wechselwirkung kommunikativen Handelns zu keiner Zeit ab. Jansen bediente ein augengesteuertes Kommunikationssystem namens ›EyeGaze‹, das mithilfe von Lasertechnologie die Bewegungen ihrer Augen erfasste. Ihr Blick glitt über die Buchstaben einer elektronischen Tastatur und wählte auf diese Weise Buchstaben aus, die sich zu Wörtern zusammenfügten. »Durch den ›Augenklick‹«, so beschrieb Christoph Schlingensief Jansens Blickkommunikation, »entstehen Worte, Sätze und Anweisungen in Projektion auf die Bühne. Bewegungslos erzeugt sie Aktionen. Eine stimmlose Person initiiert Dialoge.«[29]

---

26 | Vgl. Jay, *Downcast Eyes*, a.a.O., S. 7.

27 | Christoph Schlingensiefs Produktion *Kunst und Gemüse, A. Hipler. Theater ALS Krankheit* hatte am 18. November 2004 in der Berliner Volksbühne am Rosa-Luxemburg-Platz Premiere.

28 | ›ALS‹ ist die Abkürzung von Amyotrophe Lateralsklerose, einer unheilbaren Nervenkrankheit, die die irreversible Schädigung der motorischen Nervenzellen verursacht und zur Lähmung der Körpermuskulatur führt.

29 | Christoph Schlingensief, »Kunst & Gemüse, A. Hipler [Informationstext auf der Internetseite der Produktion]«, in: www.schlingensief-als.de/index2.html, 07. August 2011, o.S.

Auf der Besetzungsliste wurde Angela Jansen als Akteurin und zugleich als Dramaturgin der Aufführung angeführt. Abend für Abend übernahm sie eine Schlüsselrolle bei der Realisierung der Produktion. Inmitten des Zuschauerraums liegend organisierte sie das Bühnengeschehen aus einer Zuschauerperspektive und stimulierte theatrale Kommunikation allein durch Augenbewegungen. Trotz der Bewegungslosigkeit ihres Gesichts brachte sie instruktive und kommentierende Äußerungen hervor, die in Form von Computerschrift samt ihrem medial vermittelten Gesichtsbild auf zwei Leinwände projiziert wurden. Angela Jansen fungierte während der gesamten Aufführung als ein Wesen des Blicks, als eine omnipotente Zuschauerin, die zwar körperlich eingeschränkt, aber kommunikativ und performativ betrachtet über das Privileg einer agierenden und reagierenden Partizipierenden verfügte, deren Gesicht und sprachliche Äußerungen für alle Akteure und Zuschauer sichtbar waren.

Schlingensief erkundete in seiner *Kunst und Gemüse*-Inszenierung Blicke als Mittel der Kommunikation und machte dabei gleichsam die mediale Differenz bzw. Interferenz von Visualität und Akustik thematisch und erfahrbar. Im Sinne einer kritischen Bezugnahme auf die von Adorno als ›funktionalistisch‹[30] gebrandmarkte Musik Richard Wagners setzte Schlingensief Arnold Schönbergs erste Zwölfton-Oper *Von heute auf morgen* musikalisch und gesanglich in Szene und übertrug die Logik der Zwölftonmusik zugleich auf visuelle Darstellungsstrukturen, indem er das Prinzip der Gleichrangigkeit und ausnahmslosen Berücksichtigung aller zwölf Töne einer Oktave auf die schauspielerische Inszenierungsordnung der zwölf Bühnenakteure anwendete. Schlingensief transferierte somit den Grundsatz der auditiven Ebene auf die statische Bildhaftigkeit und chaotische Bewegungsfreiheit der Szenen. Er ließ von allen Darstellern einen musikalischen Ton repräsentieren und die Logiken klanglicher Komposition auf räumliche, körperliche und bewegungsstrukturelle Koordinaten ausweiten. Der Dramaturg Carl Hegemann beschrieb die Bühnenaktion wie folgt: »Die Figuren des Kaleidoskops betreten die Bühne, sie bewegen sich funktionslos und in einer völligen Freiheit, die nur durch die Form begrenzt ist, die selbst frei gewählt und letztlich willkürlich ist – wie die Zwölftonreihe bei Schönberg. [...] Auf der Bühne entsteht so eine ›zweite Musik‹, die man nicht hören, aber sehen kann.«[31]

Das Schauspiel emergierte aus der Spontaneität und unkoordinierbaren Bewegungsautonomie von hauptsächlich stumm agierenden Personen sowie aus der

30 | Die Zwölftontechnik rechnet nach Adorno »endgültig mit dem fließenden, funktionellen Wagner-Klang ab, so wie die harmonisch-polyphonische Struktur, die der Klang realisiert, erstmals in vollständigem Sinne ›funktionslos‹ erscheint [...]«. Theodor W. Adorno, »Schönberg: Von heute auf morgen, op. 32 (I)«, in: ders., *Gesammelte Schriften. Bd. 18. Musikalische Schriften V*, Frankfurt a.M.: Suhrkamp 1984, S. 376-381, hier: S. 379.

31 | Carl Hegemann, »Kunst und Gemüse, A. Hipler – Theater ALS Krankheit. Eine Christoph-Schlingensief-Produktion«, in: www.volksbuehne-berlin.de/praxis/kunst_und_gemuese_a_hipler__theater_als_krankheit, 08. August 2011, o.S.

Umsetzung der lautlos hervorgebrachten Instruktionen von Angela Jansen, die kraft ihres Blicks zwar nicht unmittelbar in den Verlauf der Aktionen eingriff, dennoch aber die dramaturgischen Wendepunkte und vorab festgelegten Dialogszenen ankündigte und initiierte. In diesem Sinne untersuchte Schlingensief nicht nur die Vielschichtigkeit und Interferenz theatraler Ausdrucksebenen. Er stellte derart auch ein eigentümliches Wesensmerkmal der Aufführungskommunikation exemplarisch aus: Diese kennzeichnet nämlich, dass sie zwar alle Kanäle der Sinneswahrnehmung und des Sinnesausdrucks legitimiert, doch lediglich eine selektive Beachtung der individuellen Artikulationen und Wahrnehmungsreaktionen ermöglicht. Da jedes Publikum eine heterogene Einheit bildet und stets vielfältige Reaktionen zusammenschließt, sind die Akte des Verstehens und des kohärenten Signaltransfers in Aufführungen zwangsläufig mit Übertragungsstörungen und Momenten des Miss- oder Nicht-Verstehens verknüpft. Angesichts der ›Vielstimmigkeit‹ von Theaterereignissen kommt wohl kein Kommunikationsmodell dem Anspruch nahe, die Erzeugung, Transferierung und Wahrnehmung kommunikativer Signale in einer Aufführung nach einem Muster zu konzeptualisieren. Aktionen und Reaktionen lassen sich hier kaum adäquat durch Sender-Empfänger-Modelle beschreiben, weil sie ›polyphon‹ organisiert sind und über divergente Signalqualitäten verfügen. Die Medialität der Aufführung gestattet es den Teilnehmern, durch vieldimensionale Artikulationsmodalitäten aufeinander einzuwirken: Sie bringen sowohl »rein ›innere‹, d.h. imaginative oder kognitive«[32], als auch »psychologische, affektive, volitionale, energetische und motorische Reaktionen«[33] hervor.

Was Schlingensiefs *Kunst und Gemüse*-Inszenierung darüber hinaus zeigt, ist die Signifikanz des Blickens, jener Operation, die durch ihre zeitliche und räumliche Gebundenheit für die Genese von Intersubjektivität ebenso konstitutiv ist wie sie zur Rezeption und Adressierung von sinnlichen Expressionen und Zeichen beiträgt. Um uns der Frage nach der Modellierbarkeit theatraler Kommunikation aus entgegengesetzter Richtung zu nähern, d.h., sie weniger in ihrer Ganzheit, als vielmehr in einem einzigen Register ihrer Konstituierung zu fokussieren, wollen wir die Aktivität des Blickens als zwischenmenschliche Handlung reflektieren und die Sozialpraxis der Blickwechsel näher analysieren. Die Annäherung an eine aufführungsanalytische Blick-Akt-Theorie verspricht, dass sich gleichsam die Ökonomie der körperlichen Kopräsenz etwas differenzierter beschreiben lässt. Es wird zu klären sein, inwieweit das temporäre Beisammensein in einer Aufführung mit dem Konzept der jedem Blickwechsel zugrunde liegenden Intersubjektivität analysierbar ist.

32 | Erika Fischer-Lichte, »Einleitung. Theatralität als kulturelles Modell«, in: dies./Christian Horn/Sandra Umathum/Matthias Warstat (Hg.), *Theatralität als Modell in den Kulturwissenschaften*, Tübingen, Basel: A. Francke 2004, S. 7-26, hier: S. 11.

33 | Fischer-Lichte, *Ästhetik des Performativen*, a.a.O., S. 20.

Den Ausgangspunkt der Untersuchung bildet die Hypothese, dass Blickrelationen immer von einer Asymmetrie geprägt sind, die das Verhalten der Blickenden permanent affiziert. Diese Asymmetrie scheint irreduzibel zu sein und resultiert aus der doppelten Handlungsvalenz menschlicher Blick-Akte, d.h. ihrer rezeptiven und appellativen Vektorrichtungen, die nie zur Deckung kommen, weil die physischen und wahrnehmungslogischen Differenzen zwischen eigenen und fremden Blickperspektiven unüberwindbar bleiben. Da die gegenseitige Asymmetrie zwischen Blickenden und Angeblickten[34] weder nivelliert noch aufgehoben werden kann, scheint sie sogar imstande zu sein, die Dynamik einer Aufführung beständig aufrecht zu erhalten.

3. EINE AUFFÜHRUNGSANALYTISCHE PERSPEKTIVIERUNG VON BLICKINTERAKTIONSMODELLEN

Durch Blicke geben wir unsere räumlichen und (inter)subjektiven Perspektiven in der Öffentlichkeit kund und registrieren gleichzeitig die Blickbewegungen bzw. Körperreaktionen von anderen, die wiederum unsere sozialen Erscheinungs- und Verhaltensweisen betreffen können. Empirische Forschungsansätze sind zwar um die Dechiffrierung nonverbaler Kommunikationszeichen bemüht und zeugen von dem Glauben an die Deskriptivität einer Blicksemantik,[35] doch die zweifellos große

34 | Reinhart Meyer-Kalkus fasst diese doppelte Asymmetrie des Blickens und des Angeblicktwerdens mit einer Lacan-Paraphrase treffend zusammen: »Das Subjekt stellt sich als etwas anderes dar, als es ist, und was man ihm zu sehen gibt, ist nicht das, was es zu sehen wünscht.« Reinhart Meyer-Kalkus, »Blick und Stimme bei Jacques Lacan«, in: Belting, *Bilderfragen*, a.a.O., S. 217-235, hier: S. 227.

35 | Vgl. Michael Argyle/Mark Cook, *Gaze and mutual gaze*, Cambridge: Cambridge University Press 1976; Michael Argyle, *Körpersprache & Kommunikation*, Paderborn: Junfermann 1987, S. 217-233. Ein Forschungsfazit von Konrad Ehlich und Jochen Rehbein lautet beispielsweise: »Es ergab sich, daß Keramiker häufiger Aufwärtsbewegungen ihrer Augen zeigten als Juristen.« Konrad Ehlich/Jochen Rehbein, *Augenkommunikation. Methodenreflexion und Beispielanalyse*, Amsterdam: Benjamins 1982, S. 112. Eine kurze Passage aus Nancy M. Henleys Studie, die dazu neigt, empirischen Beobachtungen einen allgemeingültigen Status zuzusprechen, veranschaulicht darüber hinaus nicht nur die Problematik der Fragestellung empirischer Untersuchungen, sondern auch die Bestreitbarkeit kausal geprägter Argumentationslogiken. Henley universalisiert ein Forschungsergebnis von Rita Mae Brown mit den folgenden Worten: »Feministinnen blicken ihrem Gegenüber beständiger in die Augen als Nicht-Feministinnen; und lesbische Feministinnen blicken ihren Gesprächspartnern manchmal so unentwegt in die Augen, daß es anderen, vor allem nicht-lesbischen Frauen, ganz unbehaglich wird; denn diese Art von Augenkontakt wird als Domäne Heterosexueller aufgefaßt.« Nancy M. Henley, *Körperstrategien. Geschlecht, Macht und nonverbale Kommunikation*, Frankfurt a.M.: Fischer 1988, S. 233. Die zitierten

Anzahl misslungener und missverstandener Blickaktionen sowie die Häufigkeit unbewusster Blickmechanismen deuten auf eine permanente Untergrabung der ausbuchstabierten Taxonomie von Blicksignalen. Empiristische Situationsanalysen zielen vor allem darauf ab, alltägliche Blickmanöver minutiös in Augenschein zu nehmen und ihnen exakte kommunikative Absichten und symbolische Kodierungen zuzuordnen. Des Weiteren korrelieren sie mit einer engen Definition des Blickbegriffs, die soziale Aspekte des Überwachens, Begehrens, Animierens etc. außer Acht lässt. Um eine Abkehr von dieser positivistischen Forschungsspur zu vollziehen, verschieben wir den Fokus auf Aspekte, die Blickakte weniger als Übertragungsprozesse von diskursivem Sinn beleuchten, sondern diese als Auslöser und Indikatoren sozialer Begegnungen zu beschreiben helfen. Eine Rekapitulation einschlägiger Blicktheorien aus dem 20. Jahrhundert ist dabei von Belang, weil so die signifikanten Merkmale der interagierenden Blickakte eruiert und anschließend systematisiert werden können.

Georg Simmel

Dem geläufigen Verständnis von Augenkontakten liegt eine Vorstellung zugrunde, die gegenseitiges Anblicken als eine körperlich unmittelbare und von ›reiner Sinnlichkeit‹ geprägte Beziehung stilisiert, in der, im Gegensatz zu sachbezogenen Sprechakten, eine öffentliche Artikulation des ›Innerlichen‹ und des ›Authentischen‹ erfolgen kann. Der Philosoph und Soziologe Georg Simmel vertritt in seiner systematischen Darlegung »Soziologie der Sinne« das sozialtheoretische Pendant zu dieser Einsicht und spricht den Blickinteraktionen eine »einzigartige[...] soziologische[...] Leistung« zu, die darin bestehe, »die vollkommenste Gegenseitigkeit«[36] sozialen Agierens und Kommunizierens zu etablieren. Er räumt dem Blick einen besonderen Stellenwert ein, indem er dem Gesichtssinn Rezeptions- und zugleich Ausdrucksfunktionen zuordnet. Das Auge wird als eine soziale Instanz definiert, die, anders als die an verschiedene Sinne gebundenen Sprech- und Hörvorgänge, einen wechselwirksamen Kontaktbezug zwischen den einander Anblickenden generiere.[37]

Der Blickwechsel erschafft nach Simmel nicht nur eine »Brücke« zur Welt. Er bringt auch die »unmittelbarste und reinste Wechselbeziehung«[38] zwischen Menschen hervor: »In dem Blick, der den anderen in sich aufnimmt, offenbart man

---

Arbeiten konturieren eine Analytik der Blickinteraktionen, von der sich diese Arbeit radikal abgrenzt.

36 | Georg Simmel, »Soziologie der Sinne«, in: ders., *Soziologische Ästhetik*, Darmstadt: Wissenschaftliche Buchgesellschaft 1988, S. 135-149, hier: S. 138-139.

37 | Simmel bezeichnet in seiner Hierarchisierung der Sinnesorgane das Ohr als »das schlechthin egoistische Organ«, das nur nehmen und nicht geben kann und konstatiert, »[...] daß man nicht recht sprechen kann, wenn man hört, nicht recht hören, wenn man spricht, während das Auge beides in dem Wunder des ›Blickes‹ verschmilzt.« Ebd., S. 143-144.

38 | Ebd., S. 137-138.

sich selbst; mit demselben Akt, in dem das Subjekt sein Objekt zu erkennen sucht, gibt es sich hier dem Objekt preis. Man kann nicht durch das Auge nehmen, ohne zugleich zu geben.«[39] Insofern Simmel Blickinteraktionen als Prozesse gegenseitigen Aufnehmens und Informierens fundiert, begrenzt er den Blickkontakt auf Situationen des Einander-in-die-Augen-Schauens, die für ihn Merkmale der »Verknüpfung«, der »Wechselwirkung« und der »vollkommenste[n] Gegenseitigkeit«[40] implizieren. Die doppelte Logik visueller Wahrnehmung zeichnet sich in seiner Blicktheorie also durch eine definitive Symmetrie aus, die jede Blickinteraktion als einen Dialog ohne Interaktionsgefälle programmiert. Diese Symmetrie nimmt Simmel zum Anlass, den Blickkontakt mit einem epistemologischen Potenzial aufzuladen, das es jedem Blickenden ermögliche, den anderen in seinen Augen zu »erkennen« und seine »Seele« zu »entschleiern«[41].

Simmel konzeptualisiert den Sehprozess als einen »interindividuellen«[42] Blickvorgang und arbeitet die sozialen Effekte der visuellen Perzeption aus. Gleichzeitig idealisiert er den Blickwechsel als reziproken, jede Art von Asymmetrien suspendierenden Informationstausch. Obwohl Blickmanöver in kopräsentischen Situationen, empirisch betrachtet, häufiger ohne eine Auge-in-Auge-Fixierung vorkommen, stellt Simmel im Fall der Senkung eines Blicks bereits den Abbruch des Blickkontakts fest. Nicht in Betracht zieht er somit das Phänomen des unilateralen Blickens, das beispielsweise für einen Theaterzuschauer im verdunkelten Auditorium vielfach erfahrbar wird, sowie die intersubjektiven Machtimplikationen und ›negativen‹ Affektionskorrelate der Blickwechsel. Aufgrund von Simmels Bemühung um eine alltagskulturelle Systematik der Blickwechsel eignet sich sein Konzept für die analytische Beschreibung unseres Performancebeispiels *dein reich komme* nur bedingt. Dies ist vor allem darin begründet, dass der Simmel'sche Lehrsatz von der Blickinteraktion in Situationen der Einschüchterung, der Abwendung oder der Einseitigkeit der Beobachtung wesentlich zu kurz greift. Inwieweit der Blick in asymmetrischen Partizipationsverhältnissen zur Erfahrung einer sozialen Eingebundenheit führt, werden die folgenden Ausführungen zeigen.

Maurice Merleau-Ponty

Zu einem mit Simmels soziologischem Blickkonzept korrespondierenden Ansatz gelangt auch der Phänomenologe Maurice Merleau-Ponty, der in seinem Spätwerk die Idee der Welt als Fleisch (*chair*) entwickelt und ebenfalls der Nivellierung von Asymmetrien und der diskursiven Marginalisierung von Differenzerfahrungen Vorschub leistet. Da sein letzter Band *Das Sichtbare und das Unsichtbare* Fragment geblieben ist, kann Merleau-Pontys Projekt über die soziale Dimension der skopischen Wahrnehmung nur anhand eines bruchhaften und von holpriger Rhetorik

39 | Ebd., S. 139.

40 | Ebd., S. 138-139.

41 | Ebd., S. 139.

42 | Ebd., S. 140.

geprägten Textes rekapituliert werden. Um seine Annahme chiastischer Verbindungen zwischen Betrachter und Welt bzw. Ich und anderem kritisch betrachten zu können, muss seine Theorie über visuelle Wahrnehmung zunächst in ihren ursprünglich leibphilosophischen Koordinaten erkundet werden.

Indem Merleau-Ponty den Sehvorgang als ein Primat der Weltwahrnehmung etabliert und taktile sowie auditive Apperzeption erst in Anlehnung an Blickmechanismen diskutiert, räumt er den Blick-Akten eine zentrale Rolle der gegenseitigen Erfahrung zwischen Ich und anderem ein. In methodischer Perspektive kritisiert er zum einen die empirischen Ansätze wegen der Unzulänglichkeiten ihrer einseitigen Objektbezüge und zeigt zum anderen die Engpässe des subjektzentrierten Intellektualismus auf,[43] um sodann einen dritten Mittelweg einzuschlagen: Er geht von der sinnlichen Fundierung jedes Wahrnehmungssubjekts aus und proklamiert die genuine Verkörperung des Bewusstseins, d.h. die sinnlichen Implikationen jedweder Sinnproduktion. Die Wahrnehmung der Welt sowie die Begegnung mit dem anderen setzen für Merleau-Ponty eine sinnliche Erfahrungsbasis voraus, die das wahrnehmende Subjekt dezentralisiert und zu einem raumzeitlich verankerten und sensomotorisch mit der Umgebung verbundenen Partizipierenden macht.

Die soziale Dimension des Sehens ist dem Phänomenologen zufolge unhintergehbar, weil der »Körper zugleich sehend und sichtbar ist«[44]. Die Idee des In-der-Welt-Seins lässt Innen und Außen, Eigenes und Fremdes, Sinnliches und Diskursives ineinander übergehen, ohne dass diese heterogene Komplexität aus einer Außenposition betrachtet werden könnte.[45] Die Verflechtung von Ich und Welt in der Existenz aller Wahrnehmenden ist nach Merleau-Ponty maßgeblich mittels Sehvorgängen erfahrbar, die durch den beweglichen Blick die Welt in Schwingung bringen und zugleich zum Sichtbaren sowie zum Unsichtbaren Zugang verschaffen, insofern sie mit dem »Finger des Handschuhs, der sich umkehrt«[46], vergleichbar sind. Der Blick exemplifiziert anders gesagt die Denkfigur des Chiasmus,[47] die Idee einer Kreuzung, welche die Verbindung von sehendem Subjekt

43 | Vgl. Merleau-Ponty, *Phänomenologie der Wahrnehmung*, a.a.O., insbesondere: S. 239-243.

44 | Maurice Merleau-Ponty, *Das Auge und der Geist. Philosophische Essays*, Hamburg: Felix Meiner 2003, S. 16.

45 | Vgl. Merleau-Ponty, *Das Sichtbare und das Unsichtbare*, a.a.O., S. 21-25.

46 | Ebd., S. 331.

47 | Der Chiasmus ist ursprünglich eine rhetorische Figur, die eine Überkreuzstellung nach der Form des griechischen Buchstabens ›chi‹ markiert und zwei oft semantisch antithetische Glieder zusammenführt. Vgl. Markus Fauser, »Chiasmus«, in: Gert Ueding (Hg.), *Historisches Wörterbuch der Rhetorik*, Tübingen: Max Niemeyer 1994, S. 171-173. Zum Begriff des Chiasmus bei Merleau-Ponty vgl. Petra Herkerts Monografie *Das Chiasma*, in der diese Denkfigur als symmetrisch und reziprok interpretiert wird: Petra Herkert, *Das Chiasma. Zur Problematik von Sprache, Bewußtsein und Unbewußtem bei Maurice Merleau-Ponty*, Würzburg: Königshausen & Neumann 1987, insbesondere: S. 125-129. Bernhard Waldenfels

und gesehenem Objekt als eine symmetrische und reversible, alle Inkongruenzen transzendierende Relation modelliert: »[D]as Chiasma* der Augen [bewirkt], daß wir zu derselben Welt gehören«[48], und indem diese chiastische Relation Für-sich-Sein und Für-andere-Sein miteinander verschränkt, vollzieht sie gleichsam eine »Übertragung [zwischen] Ich [und] Andere[m] [bzw.] Andere[m] [und] Ich«[49].

Für Merleau-Ponty ist das Blicken eine Permanenz des Seins, weil es Wahrnehmungsprozesse ermöglicht und jedem Bewusstseinsakt vorausgehend die sinnliche Integration des Subjekts in die Welt organisiert.[50] Sehen zeichnet sich in diesem Konzept analog zur Berührung durch eine Umhüllungsfunktion aus, die den wahrnehmenden Leib zum Kontenpunkt eines »universelle[n] Fleisch[es]« der Welt erhebt und den Empfindenden mit dem »Empfindbaren«[51] verbindet. Für Merleau-Ponty geht jeder Differenzialität eine »tiefgreifende Verbindung durch *Nicht-Differenz*«[52] voraus, die jedwede Intersubjektivität bedingt und konstituiert.[53] Die fundamentale Funktion des Blickens besteht demnach in der Etablierung eines Zwischens, das die Basis für Blickinteraktionen darstellt und als Möglichkeitssphäre von Existenz und Sinn fungiert.

Mit der dezidierten Abkehr von einem subjektiven Essenzialismus bricht Merleau-Pontys Konzeption vom Blick mit der Descartes'schen Denktradition und der Gleichsetzung von Auge und Bewusstsein auf radikale Weise. Seine phänomenologische Modellierung des Sehens zeigt zwangsläufig aber auch ihre Grenzen auf, wenn asymmetrische Blickerfahrungen in eine analytische Betrachtung gezogen werden. Die Schwäche des leibphilosophischen Blickmodells besteht in der mangelhaften Ausarbeitung des Intersubjektivitätsaspekts, in der Vernachlässigung der Frage nach der genauen Relationalität zwischen Sehendem und Gesehenem sowie der Genese von Identitäten und Differenzen. Diese Unzulänglichkeit von Merleau-Pontys Theorem tritt nicht nur in der Reflexion körperloser Blicke zutage, die im Panopticon-Modell Jeremy Benthams oder in Situationen des Fotografiert- oder

---

spricht ebenfalls über eine lediglich »relative Differenzierung« im Chiasmus. Bernhard Waldenfels, *Das leibliche Selbst. Vorlesungen zur Phänomenologie des Leibes*, Frankfurt a.M.: Suhrkamp 2000, S. 287.

48 | Merleau-Ponty, *Das Sichtbare und das Unsichtbare*, a.a.O., S. 274.

49 | Ebd., S. 331.

50 | Vgl. ebd., S. 27.

51 | Ebd., S. 181.

52 | Ebd., S. 329. Kursivierung im Original.

53 | »Hier [im Konzept über das Fleisch der Welt] gibt es kein Problem des *alter ego*, weil nicht *ich* sehe, und nicht *er* sieht, sondern weil uns beiden eine anonyme Sichtbarkeit und ein Sehen im allgemeinen innewohnt, und zwar dank dieser/ursprünglichen Eigenschaft, die dem Fleisch eigen ist, das zwar hier und jetzt ist, und doch in alle Räume und Zeiten ausstrahlt, das zwar Individuum ist, aber auch Dimension und Universelles.« Ebd., S. 187. Kursivierung im Original.

Gefilmtwerdens erfahrbar werden, sondern ebenfalls in der Beschreibung asymmetrisch programmierter Konstellationen der zwischenleiblichen Blickerfahrung.

Blickkonstellationen, die eine Differenz- und Fremderfahrung des Blickenden hervortreten lassen und Merleau-Pontys Setting der Blickwechsel als ein Idealkonzept entlarven, erkundeten die Performancekünstler Marina Abramović und Ulay in ihrer Arbeit *Imponderabilia*: Die 90 Minuten dauernde Performance fand 1977 in der Galleria Comunale d'Arte Moderna in Bologna statt; dort ›stellten‹ sich die entblößte Performerin und der ebenfalls nackte Performer in einer Positionierung ›aus‹, die viele Galeriebesucher in Verlegenheit brachte. Beide standen in einer engen Türöffnung zwischen zwei Ausstellungssälen einander gegenüber und zwangen die Besucher dazu, beim Überqueren der Schwelle ihre nackten Körper zu berühren. Das Blickverhalten der Zuschauer wurde in der Situation der destabilisierten »Dichotomie von Öffentlichkeit und Privatheit«[54] zu einem kardinalen Indikator der Abwehrreaktionen: »Die Augen der Passanten blieben gesenkt, jeglicher Blickkontakt mit den Performern wurde vermieden.«[55] Die Museumsbesucher versuchten sich durch die Vermeidung des Blickkontakts gerade von einem befremdenden ›Einssein‹ mit den berührten ›Fremdkörpern‹ zu emanzipieren und inszenierten durch die Senkung des Blicks eine Abwendung bzw. eine Aufhebung der intimen Nähe, sodass die ›leibliche Verschränkung‹ zwischen den Künstlern und Besuchern mit einer blicklosen Distanznahme kooperierte.

Weder scheint daher die Blickerfahrung der Museumsbesucher in der Performance *Imponderabilia* mit den Begriffen der ›Kreuzung‹ oder der ›Verflechtung‹ adäquat erfassbar zu sein, noch lässt sich die Begegnung der Körper als Berührung zweier »konzentrischer Kreise«[56] charakterisieren. Die Konzepte des Chiasmus und des Fleisches schlagen fehl, wenn Erfahrungen der Ablehnung, der radikalen Distanzierung, der irreduziblen Alterität, der Irritation oder Empfindungen des Nicht-Komplementären sowie des Irreversiblen thematisch werden, wenn mit anderen Worten der Partizipationsprozess einhergeht mit der Etablierung einer asymmetrischen Intersubjektivitätsrelation.

Die Rolle des Zuschauers im Theater, die in der Regel darin besteht, im verdunkelten Zuschauerraum die Bühne zu fokussieren, lässt ebenfalls eine Asymmetrie erfahrbar werden, die über räumliche und körperliche Reglementierungen hinaus politische und ethische Machtstrukturen impliziert. Partizipation an einer Aufführ-

---

54 | Fischer-Lichte, *Ästhetik des Performativen*, a.a.O., S. 110.

55 | Ebd. Fischer-Lichte rekurriert auf das reiche Dokumentationsmaterial dieser Aktion. Vgl. Marina Abramović, *Artist Body. Performances 1969-1997*, Milano: Charta 1998, S. 154-161; Klaus Biesenbach (Hg.), *Marina Abramović: The Artist is Present*, New York: Museum of Modern Art 2010, S. 100-105. Über das Foto- und Textmaterial hinaus wurde für die folgende Analyse eine Videodokumentation als Quelle herangezogen: *Marina Abramović/Ulay: Performance Anthology (1975-1980), Volume 1, Part 3* (DVD), Amsterdam: MonteVideo/TBA, A&U production, 9 min., 1996.

56 | Merleau-Ponty, *Das Sichtbare und das Unsichtbare*, a.a.O., S. 182.

rung kommt keineswegs durch symmetrische oder ideale Austauschbedingungen zwischen Ich und anderem zustande, vielmehr setzt sie Defizite und kommunikative Gefälle voraus, um sich überhaupt ereignen zu können.[57]

Der Rekurs auf die Arbeit *Imponderabilia* zeigt somit exemplarisch, dass die Reflexion auf Blickinteraktionen eine differenziertere Analysebasis erfordert als Merleau-Pontys Schlussfolgerung über die chiastische Verschränkung von Sehendem und Gesehenem, weil in Blickakten immer auch Konflikte bzw. distanzgeladene oder antagonistische Handlungen manifest werden können. Folglich ist die kritische Abgrenzung von Merleau-Pontys Blickkonzeption obligat, und zwar nicht nur hinsichtlich der Problematik der komplementären Konzeptionalisierung von Blickpositionen,[58] sondern ebenfalls bezüglich der Vernachlässigung historischer und kultureller Dimensionen[59] bzw. der genderspezifischen Mängel[60] des Konzepts. Diese Distanzierung von Merleau-Pontys Gedankensystem gründet vor allem darin, dass die besonders intensiven und nachhaltigen Blickerfahrungen – wie zum Beispiel die ambivalent disponierten Blickwechsel in *dein reich komme* – gerade in jenen Momenten die Zuschauerwahrnehmung prägen, in denen die Erfahrung einer Differenz die intersubjektive ›Abhängigkeit‹ thematisch werden lässt. Merleau-Pontys theoretisches Verdienst besteht allerdings in der Konzeptua-

57 | Zu der Einsicht, dass Asymmetrie keine Begleiterscheinung, sondern geradezu die Basis von Kommunikation ist vgl. Sybille Krämer, *Medium, Bote, Übertragung. Kleine Metaphysik der Medialität*, Frankfurt a.M.: Suhrkamp 2008, S. 22.

58 | Martin Jay apostrophiert Merleau-Pontys Blickmodell als eine »cooperative, complementary world of intersubjectivity«, weil sich der Phänomenologe konsequent von der Thematisierung und Konzeptualisierung unreziproker Blickinteraktionen distanziert. Vgl. Jay, *Downcast Eyes*, a.a.O., S. 298-327, hier: S. 312.

59 | Die Ausklammerung einer historisch-kulturellen Kodierung von Körperlichkeit werfen Merleau-Ponty u.a. Rabinow und Dreyfus vor. Vgl. Hubert L. Dreyfus/Paul Rabinow, *Michel Foucault: Beyond Structuralism and Hermeneutics*, Brighton, Sussex: Harvester Press 1982, S. 166. Andrea Roedig nennt als Desiderate der phänomenologischen Methode lakonisch »Linguistik, Psychoanalyse und Geschichte« und geht diesen in ihrer Monografie nach: Andrea Roedig, *Foucault und Sartre. Die Kritik des modernen Denkens*, Freiburg i.Br.; München: Karl Alber 1997, S. 60.

60 | Luce Irigaray hat in ihrer von Scharfsinn und eleganter Argumentationsstruktur geleiteten dekonstruktivistischen Lektüre von Merleau-Pontys Werk *Das Sichtbare und das Unsichtbare* diesem eine solipsistische Positionierung vorgeworfen und sein Konzept der Reversibilität zwischen Sehendem und Sichtbarem, das ohne die Reflexion einer Differenzerfahrung des anderen auskommt, kritisch beleuchtet: »Wenn ich den anderen in seiner Andersheit nicht sehen kann und wenn er mich nicht sehen kann, dann sieht mein Körper nichts mehr in der Differenz.« Luce Irigaray, *Ethik der sexuellen Differenz*, Frankfurt a.M.: Suhrkamp 1991, S. 177-216, hier: S. 196-197.

lisierung des Blicks als sinnliche Instanz,[61] deren Einsatz primär mit körperlichen Empfindungen und erst sekundär mit Bewusstseins- und Kognitionsprozessen assoziiert ist.

Die Denkfigur des Fleisches beschreibt notwendige, aber nicht hinreichende Merkmale sozialer Blickakte; sie kann als die unentbehrliche Basis für Differenz angesehen werden, doch sie wird von Merleau-Ponty nicht als eine Formation entworfen, die für intersubjektive Alteritäts- und Identitätsbildung konstitutiv zu werden verspricht. Damit aber das ›Universum‹ des Fleisches nicht zu einem Container von Selbigkeit verkommt und sich schließlich jedwede Erfahrung im Meer des Identischen auflöst, muss es – und diese Einsicht verschweigt Merleau-Ponty – seinen ontologischen Status immer wieder dispensieren, damit die wahrnehmungskonstitutive Dichotomie von ›Sehendem‹ und ›Gesehenem‹ bestehen bleiben kann. Der Chiasmus von Sehendem und Gesehenem sollte also nicht darauf beschränkt werden, einen voraussetzenden Kontext der Bezugnahme und der Vermittlung zu eröffnen, allem voran sollte er als Aushandlungsterrain für differente Existenzweisen von Sehenden und Seienden fungieren.

Die Aktivität und Wirksamkeit des Blickens müssen wir demgemäß weiter fassen als eine schlicht phänomenologisch konzipierte Instanz der Integration, die ein ontologisches In-der-Welt-Sein begründet. Entsprechend gilt es, dem Blick einen Stellenwert in asymmetrischen und antagonistischen Interaktionen einzuräumen und ihn als Indikator von Begehrens- und Machtartikulationen zu konzeptualisieren. Eine derartige Perspektivierung des Blickbegriffs lenkt das Augenmerk auf die psychoanalytische Theorie des Blicks, wie sie Jacques Lacan in seinem XI. Seminar entfaltete. Seine Blicklehre geht auf Jean-Paul Sartres Phänomenologie des Blicks zurück[62] und stellt eine zu Merleau-Pontys Konzept diametral entgegengesetzte Auffassung des Sehens dar. Lacan verschiebt den Fokus auf das Phänomen des Angeblicktwerdens, insofern er nicht den Sehenden, sondern den ihn von außen treffenden Blick ins Zentrum seiner Reflexionen rückt.

Jacques Lacan

In seinem *Seminarbuch XI. Die vier Grundbegriffe der Psychoanalyse* geht Jacques Lacan von einer »Spaltung von Auge und Blick«[63] aus. Er lokalisiert das Auge auf Seiten des Sehenden und den Blick außerhalb seiner Reichweite. Im Sinne einer kritischen Abgrenzung zur okularzentristischen Tradition der abendländischen

---

61 | Vgl. Suzannah Biernoffs einschlägige Studie: Suzannah Biernoff, »Carnal Relations: Embodied Sight in Merleau-Ponty, Roger Bacon and St Francis«, in: *Journal of Visual Culture* 4.1 (2005), S. 39-52.

62 | Vgl. Jay, *Downcast Eyes*, a.a.O., S. 321-322.

63 | Jacques Lacan, *Das Seminar. Buch XI (1964). Die vier Grundbegriffe der Psychoanalyse*, Olten, Freiburg i.Br.: Walter 1980, S. 73.

Philosophie[64] definiert er den Blick als ein Phänomen, das nicht mit dem Bewusstsein eines sehenden Subjekts korrespondiert, sondern das Subjekt vielmehr vor jedweder Sehoperation trifft und aktiviert: »[I]ch sehe nur von einem Punkt aus, bin aber in meiner Existenz von überall her erblickt.«[65] Die Präexistenz eines externen Blicks im Feld des Sichtbaren wird in diesem Verständnis zur Prämisse des Sehens, da jener »uns zeigt, daß vor dem Gesehenen ein Zu-sehen-Gegebenes/un donné-à-voir existiert«[66]. Der Blick, der den Sehenden von einer ihm verschlossenen Außenperspektive erfasst, exponiert mithin eine »befremdliche Kontingenz«[67] des Fixiertseins, die ihn sowohl zum Schutz, ja zu bewussten oder unbewussten Verstellungsmechanismen treibt, als auch zum Sehen einlädt. Lacan bezeichnet die externen Blicke, die ihre unassimilierbare Befremdlichkeit aus der Allusion der Kastrationsdrohung beziehen, *per definitionem* als »böse Blicke«[68], ohne dabei das Attribut »böse« mit einem schlicht negativen Vorzeichen zu versehen. Der Blick ist ein *punctum*haftes Phänomen, das zugleich fasziniert und befremdet, er *»photographiert«*[69] den Sehenden, bettet ihn in Begehrensstrukturen ein und stimuliert seine Sehaktivitäten.

Lacan reformuliert Merleau-Pontys reziprok und symmetrisch konzipierten Chiasmus von Sehendem und Gesehenem als ein radikal asymmetrisches Verhältnis von Auge und Blick, als ein Sehverhältnis, das der Programmatik eines »bereits angeschauten Sehenden« unterliegt, der »im Schauspiel der Welt« immer schon als ein visuell Erfasster, als ein »angeschaute[s] Wesen«[70] fungiert. Nach diesem psychoanalytischen Verständnis setzt Blicken immer schon Angeblicktsein voraus, keineswegs aber im Sinne einer wechselseitigen Verflechtung von Sehendem und Gesehenem: Jedes Sehverhalten resultiert hingegen aus einer multiperspek-

64 | Martin Jay konstatiert die Existenz einer »pervasive and deeply-rooted rejection of the ocularcentric bias of Western culture on the part of a wide variety of French intellectuals in the twentieth century. Whereas our dominant philosophical, scientific and aesthetic traditions have generally celebrated the ›nobility of sight‹ […]«. Martin Jay, »Photo-unrealism: The Contribution of the Camera to the Crisis of Ocularcentrism«, in: Melville/Readings, *Vision & Textuality*, a.a.O., S. 344-360, hier: S. 345. Wie Jay ausführt, weisen Lacan und mehrere französische Denker seit Bergson eine Gleichsetzung von Subjekt und Sehen, ja von ›I‹ and ›Eye‹ im Sinne René Descartes' erkenntnistheoretischer Tradition zurück: »[They] have come increasingly to distrust [the] hegemonic role [of a ›nobility of sight‹] in modern epistemology, aesthetics and even social life.« Ebd.

65 | Lacan, *Die vier Grundbegriffe der Psychoanalyse*, a.a.O., S. 78.

66 | Ebd., S. 80.

67 | Ebd., S. 79.

68 | Vgl. ebd., S. 112-126.

69 | Ebd., S. 113. Kursivierung im Original.

70 | Ebd., S. 81.

tivischen, sich den Gesetzen der euklidischen Optik[71] widersetzenden Blick-Interpellation des Sehenden, deren Appellcharakter zwangsläufig eine unaufhebbare Asymmetrie impliziert. Dieses nicht annulierbare Gefälle zwischen einem aktivierenden Blick von außen und dem angeblickten Individuum liegt für Lacan in der Existenz des Anderen[72] begründet, der keine menschlich verkörperten oder individualisierbaren Blicke exponiert, sondern dem Angeblickten durch seine Adressierung »eine nie da gewesene Fülle wieder herzustellen *verspricht*«[73]. Der Blick des Anderen stellt somit ein Triebobjekt dar,[74] ein unerreichbares und ununterbrochen zirkulierendes Gegenüber, das den Angeblickten mit dem unwiederholbaren Verlust seiner ›ursprünglichen Totalität‹ konfrontiert, die mit dem Eintritt in die ›symbolische Ordnung‹[75] unwiederholbar verloren gegangen ist. Allerdings

---

71 | Euklids Optik basiert auf der Vorstellung eines homo- und egozentrischen Universums, dessen dreidimensionale Ausdehnung als unendlich gilt und in dessen ›Zentrum‹ immer der jeweilige Betrachter lokalisiert ist. Dieses Optikkonzept korrespondiert mit dem geometrischen Denksystem des griechischen Mathematikers Euklid, das aufgrund seiner allgemeinen Verbreitung im Mathematikunterricht als eine hegemonialisierte Geometrietheorie gilt und unsere visuellen und räumlichen Vorstellungen weitgehend prägt. Wie die Verbreitung der euklidischen Optik mit der Diskursgeschichte des Raums korreliert und welchen empirischen und theoretischen Problemen sie dennoch verhaftet bleibt, diskutiert Victor Burgin ausführlich. Vgl. Victor Burgin, »Geometry and Abjection«, in: John Fletcher/Andrew Benjamin (Hg.), *Abjection, Melancholia, and Love: The Work of Julia Kristeva*, New York: Routledge 1990, S. 104-123, insbesondere: S. 106-115.

72 | Der (großgeschriebene) Andere bezeichnet die symbolische Ordnung im Sinne eines anderen ›Subjekts‹, das in seiner »radikalen Alterität und unassimilierbaren Einzigartigkeit« in Erscheinung tritt. Vgl. Evans, »andere/Andere«, a.a.O., S. 39, sowie Fußnote 75 auf dieser Seite.

73 | Gabriele Schabacher, »›Das Auge voll Gefräßigkeit‹. Zum Verhältnis von Photographie und Voyeurismus«, in: Lydia Hartl/Yasmin Hoffmann/Walburga Hülk/Volker Roloff (Hg.), *Die Ästhetik des Voyeur*, Heidelberg: Winter 2003, S. 32-39, hier: S. 36. Kursivierung von A.C.

74 | Lacan erweitert Freuds Triebtheorie, indem er den Freud'schen Triebobjekten, dem Kot und der weiblichen Brust, zwei weitere, nämlich Stimme und Blick, hinzufügt. Diese Triebobjekte seien an Körperöffnungen gebunden, die nicht von menschlicher Haut geschützt sind und somit eine Verbindung zum ›Ursprünglich‹-Körperlichen versprechen: Die Brust befinde sich in einem Konnex mit dem Mund, während der Kot mit dem Anus, der Blick mit dem Auge und die Stimme mit den Ohren (verlorene) Beziehungen unterhalten. Zum Konzept und zur Funktion der Triebobjekte vgl. v.a. Lacan, *Die vier Grundbegriffe der Psychoanalyse*, a.a.O., S. 204.

75 | Der Begriff der symbolischen Ordnung entstammt der Lacan'schen Psychoanalyse und bezeichnet jene diskursive Struktur, die nicht auf einen Ursprung zurückgeführt werden kann, sondern kulturellen, gesellschaftlichen und ideologischen Wandlungsprozessen unterliegt. Die symbolische Ordnung konstituiert die Subjektivität des Menschen, ohne dass

ist das sehende Ich auf den Wunsch fixiert, den Grund der Symbolisierungen zu enthüllen und zu seiner verlorenen Identität zurückzufinden. Der immer schon auf ihn gerichtete Blick lässt jenen Rest der Signifikation aufscheinen, der auf das ursprüngliche Körper-Sein des Kindes im Mutterleib verweist, im Koordinatensystem der sprachlichen und gesellschaftlichen Reglementierungen für das sozialisierte Ich aber nicht mehr intentional verfügbar ist.

Der Lacan'sche Blick verfügt über keine materiellen Merkmale, er ist nicht fetischisierbar und kann weder dem Subjekt noch dem Anderen zugeordnet werden. Er nimmt einen Ort der Widersprüche ein und ist, wie Peter Widmer es pointiert zusammenfasst, »einerseits nicht symbolisierbar und andererseits doch Quelle von Symbolisierungen, einerseits Objekt und andererseits doch das Herz des Subjekts, einerseits überall und andererseits nirgends«[76]. Er emergiert gewissermaßen bevor die Gesetze der Physik und der Optik, bevor die Regeln der Kommunikation, die Ansprüche sozialer Geltung und die Anpassung an symbolische Bedeutungsstrukturen greifen und ist für die Formierung der Subjektivität konstitutiv. Die Erscheinung des Blicks als Triebobjekt ruft konsequenterweise eine ambivalente Haltung des Sehenden hervor: Er konfrontiert ihn mit seiner verlorenen Ideal-Existenz und untergräbt zugleich die Wiederherstellung dieser vorsozialen Integrität permanent. Der Blick, der im Lacan'schen Verständnis das empirische Sehen und den individuellen Weltbezug motiviert, stellt eine vordiskursive Instanz dar, deren unhintergehbare Appellintention für den Sehenden nie zu kompensieren ist. Diese Instanz des Blicks ist für Lacan als die Manifestation des *objet petit a* zu denken,[77] das keiner empirisch vernehmbaren Verkörperung bedarf, um den Sehenden in Stellung zu bringen. Dieses ›unmögliche‹ Objekt ist jenseits des Sichtbaren zu lokalisieren, es kann aber nicht mit metaphysischen Vorstellungen *sensu* Platon oder mit den Konzepten eines omnipotenten Gottesauges im Sinne von von Kues in Analogie gebracht werden, sofern es den verlorenen Kern körperlichen Daseins vertritt. Der Lacan'sche Blickbegriff nimmt also kritisch Bezug auf das abendländische Denken des Innen und Außen und fungiert als ein ortloses und immaterielles Supplement des Logos, das durch menschliche Augen, aber auch durch blinde Menschen, Gegenstände oder Bilder[78] zum Vorschein gebracht wer-

sie für einzelne Individuen verfügbar bzw. in ihrer Totalität zu erfassen wäre. Sie offenbart vielmehr in den Prozessen sozialer Subjektwerdung immer wieder ihre brüchige und inkonsistente Beschaffenheit.

76 | Peter Widmer, *Angst. Erläuterungen zu Lacans Seminar X*, Bielefeld: transcript, S. 144.

77 | Vgl. Lacan, *Die vier Grundbegriffe der Psychoanalyse*, a.a.O., S. 83.

78 | Lacan bringt ein eklatantes Beispiel für den Blick ›toter‹ Gegenstände, wenn er behauptet, dass sich ein von der Industrialisierung bedrohter Fischer auf offener See von einer Sardinienbüchse angeblickt und zugleich in seiner Existenz betroffen fühle. Die Koinzidenz von Angeblicktsein und existenzieller Betroffenheit liegt in der Semantik des französischen Begriffs *regard* begründet, der aufgrund seiner Polysemie ein Sprachspiel

den kann, sodass der auf den Sehenden fallende Blick gerade keine symmetrischen und vereinigenden Blickwechsel stiftet, vielmehr eine regelrechte Asymmetrie bereits vor dem eigentlichen Sehen etabliert.

Für die Veranschaulichung des Lacan'schen Blicks bietet sich die Schlussszene von Luk Percevals *Maria Stuart*-Inszenierung[79] (2006) als eklatantes Beispiel an: Nach der Hinrichtung von Maria Stuart bleibt Elisabeth (Jule Böwe) verlassen von Männern, die sie vertrieben oder begehrt hat, allein auf der tiefschwarz verdunkelten Bühne zurück und zündet sich eine letzte Zigarette an. Dadurch dass sich in der Verdunkelung alles der Sichtbarkeit entzieht, ist für mehrere hundert Zuschauer die rote Feuerglut im Theatersaal das einzige Objekt der Fokussierung, bis sie nach einer langen Minute erlischt. Der brennende Punkt an der Bühnenrampe transzendiert seine Dinghaftigkeit, insofern er nicht mehr als etwas Konkretes, als eine Zigarette oder ein Zeugnis der körperlichen Anwesenheit Elisabeths wahrnehmbar wird. Er gibt etwas zu sehen, was nicht nur da ist, sondern auch ›zurückblickt‹ und den Sehenden betrifft, ohne phänomenale Qualitäten sichtbar zu machen. Es ist der Lacan'sche Blick, der mit seiner unauslotbaren Erscheinungsqualität das Sehen des Zuschauers blendet, weil er sich weder mit dem individuellen Blick der Schauspielerin in kausale Verbindung bringen lässt noch optisch erfassbar wird. In der vollkommenen Dunkelheit, die eine visuelle Wahrnehmung für alle Anwesenden untergräbt, wird ein Blick exponiert, der in Erscheinung tritt, ohne etwas zu sehen zu geben, und er erhebt dennoch den Sehenden zum Sehenden bzw. das Sehen selbst zu einem unerfüllbaren und asymmetrischen Vorgang.

Obgleich es Versuche gegeben hat, das Lacan'sche Blickmodell auf intersubjektive Beziehungen zu übertragen,[80] warnte Lacan selbst mehrfach davor, seine Kernthese vom präexistenten Blick als ein intersubjektives Modell zu reformulie-

---

erlaubt. Vgl. ebd., S. 101-102. Zur Weiterführung der Lacan'schen Blick- und Bildtheorie vgl. Nicola Suthor, »›Triumph, über das Auge, des Blicks‹. Der opake Schleier in Jacques Lacans Bildtheorie«, in: Johannes Endres/Barbara Wittmann/Gerhard Wolf (Hg.), *Ikonologie des Zwischenraums. Der Schleier als Medium und Metapher*, München: Wilhelm Fink 2005, S. 35-58, sowie den Sammelband von Claudia Blümle/Anna von der Heiden (Hg.), *Blickzähmung und Augentäuschung. Zu Jacques Lacans Bildtheorie*, Zürich, Berlin: diaphanes 2005. Zur Wahrnehmbarkeit und Wirkung des Lacan'schen Blicks vgl. Antonio Quinet, »The Gaze as an Object«, in: Richard Feldstein/Bruce Fink/Marie Jaanus (Hg.), *Reading Seminar XI: Lacan's Four Fundamental Concepts of Psychoanalysis: The Paris Seminars in English*, New York: State University of New York Press 1995, S. 139-147.

79 | Luk Percevals *Maria Stuart*-Inszenierung hatte am 11. Februar 2006 in der Berliner Schaubühne Premiere.

80 | Meyer-Kalkus deutet eine Analogie zwischen dem Lacan'schen Blick und dem blendenden Observierungsverhalten sich fremder Personen in Alltagssituationen an. Vgl. Meyer-Kalkus, »Blick und Stimme bei Jacques Lacan«, a.a.O., S. 226. Peter Widmer stellt in Rekurs auf Lacan fest, dass der Blick eines Fremden als Ausdruck des eigenen Unbewussten aufgefasst werden kann. Vgl. Peter Widmer, »Das unbewusste Begehren des Voyeurs«,

ren.[81] Lacans Blicktheorie liegt im Herz seiner psychoanalytischen Theorie der Subjektkonstitution und widersetzt sich deshalb der Applikation auf die *Relation* zwischen Individuen, die sich gegenseitig anblicken. Dennoch legt Lacan signifikante Parameter des Erblicktwerdens dar, die für eine Konzeption wechselseitiger Blickinteraktionen von zentraler Bedeutung sind: Er verabschiedet die idealistische Auffassung des zentralperspektivischen Sehens und wertet das Supplement des Angeblicktwerdens gegenüber dem bis dato als souverän und erkenntniskonstituierend geltenden Sehvorgang auf. Er plädiert für eine Asymmetrie, die jeder Sehaktion genuin eingeschrieben ist, und begründet den Blick geradezu als die Keimzelle von Sehvorgängen, welche mit emotionalen Effekten (»böser Blick«), sozialen Konsequenzen (»Verkleidung«, ja Verstellung) und animierenden Wirkungen Hand in Hand gehen.

Die für die Kulturwissenschaften maßstabsetzenden Blicktheorien von Georg Simmel, Maurice Merleau-Ponty und Jacques Lacan offerieren fruchtbare Grundlagen für die Konzeptualisierung eines aufführungsanalytischen Blickmodells, wenn auch die Eins-zu-eins-Übertragung und Anwendung ihrer Prinzipien auf kopräsentische Blickbeziehungen nicht möglich ist. Aus der kritischen Betrachtung der rekapitulierten Theorien lassen sich aber vier fundamentale Thesen herausfiltern, die wir für unsere Analysen festhalten können: *Erstens* sind lebendige Körper nicht auf bildlich fixierte Figurationen zu reduzieren, d.h., Blickinteraktionen setzen eine doppelte Kontingenz voraus, um als wechselwirksame soziale Prozesse gelten zu können. *Zweitens* ist Blicken keineswegs als ein Prozess der Verständigung, sondern vielmehr als ein Animierungs- und Affizierungsmechanismus zu denken. Der Blick vollzieht keinen symbolischen Austausch, stattdessen *initiiert und aktiviert* er Handlungs- und Austauschprozesse, indem er zwischenmenschliche Kontakte generiert und aufrechterhält. *Drittens* sind es jeweils die Asymmetrien, Distanzen, Differenzen und Konfliktpotenziale, die einen Blickkontakt motivieren bzw. begleiten. *Viertens* kann die Begegnung mit dem anderen qua Blicke keineswegs auf eine Erkenntnisleistung reduziert werden. Vielmehr ist diese als eine sinnliche Erfahrung von Intersubjektivität, Individuierung und Welterfahrung zu verstehen.

Die ausbuchstabierten Kriterien der Blickinteraktion werden im Folgenden als Fundament für zwei Interaktionskonzepte dienen, welche für eine (Aufführungs-) Analyse der Partizipation durch Blicke zwei Beschreibungs- und Reflexionsmodelle zu bieten versprechen: *Objektivierung des anderen* bzw. *Objektiviert-Werden durch den anderen* sowie *Identifizierung mit dem anderen* bzw. *Bewusstwerdung über die Grenzen der Identifikation mit dem anderen* stellen zwei Umgangsformen sozialen Agierens dar, welche die Konstituierung von Selbst und anderem erst auf der Ebe-

in: Ulrich Stadler/Karl Wagner (Hg.), *Schaulust. Heimliche und verpönte Blicke in Literatur und Kunst*, München: Wilhelm Fink 2005, S. 141-159, insbesondere: S. 144.

81 | Vgl. Lacan, *Die vier Grundbegriffe der Psychoanalyse*, a.a.O., S. 96, 106.

ne der Blickhandlungen erzielen. Sie akzentuieren verschiedene Intensitäten der Wechselwirkung, während sie sich ausnahmslos sowohl von den Prinzipien des Sender-Empfänger-Modells als auch von der symmetrischen Kommunikationsvorstellung emanzipieren.

3.1 Partizipation der Blicke I: Die Objektivierung

Dass der Blick nicht nur Anwesende miteinander in Beziehung setzt, sondern dessen Abwendung auch Distanzen und Konflikte intersubjektiver Begegnungen exponiert, haben die Reaktionen während der Aktion *Imponderabilia* bestätigt. Das konsequente Ausweichen vor einer ›Auge-in-Auge-Fixierung‹ zwischen Performern und Ausstellungsbesuchern zeigte sich darin, dass sich Marina Abramović und Ulay vorwiegend gegenseitig in die Augen schauten und eine provozierende Fixierung der passierenden Besucher unterließen. Die Betrachter tendierten hingegen dazu, die Körperszenerie auf der Schwelle lediglich aus der Ferne zu betrachten, oder sie senkten im Prozess der physischen Annäherung an die Türschwelle strikt ihre Blicke. Die Türöffnung war nicht nur ein Übergangsort, sie fungierte als eine wahrhaftig ›liminale Sphäre‹[82], deren Überschreitung Qualitäten wahrnehmbar machte, die den Erfahrungen eines herkömmlichen Museumsbesuchers diametral entgegengesetzt waren: Anstatt zu schauen, kam man in Berührung, man war mit lebenden Körpern und nicht mit Artefakten konfrontiert und man partizipierte an der Aktion, ohne die Wahrnehmungslenkung frei zu bestimmen. Warum in der Performance Blickvermeidungen stattfanden und weshalb die Observation der Performer ausschließlich aus der Entfernung präferiert wurde – diese Fragen lassen sich luzid von den phänomenologischen Beobachtungen Jean-Paul Sartres herleiten. Sartre versteht den Blickwechsel nicht als Verschränkung von Ich und anderem bzw. von Eigenem und Fremdem; stattdessen interpretiert er die visuelle Fixierung und Inblicknahme des anderen als Mechanismen der Objektivierung.

In seinem Werk *Das Sein und das Nichts* entwirft Sartre weit mehr als nur eine analytische Konzeptualisierung des Sehens und Gesehenwerdens. Er gründet seine Theorie der Intersubjektivität geradewegs auf dem Phänomen des Blickens und dem Gefühl des Angeblicktseins. Dabei geht er von Hegels Annahme aus, der zufolge die Verfügbarkeit eines Selbstbewusstseins die Anerkennung eines anderen Selbstbewusstseins voraussetze.[83] Sartre rückt die Wahrnehmung des anderen

82 | Zur Liminalitätserfahrung in der Performancekunst und insbesondere bei Marina Abramović sowie zur kontextuellen Einbettung der Aktion *Imponderabilia* in die Geschichte der Performancekunst als theaterästhetische Kunstgattung vgl. Erika Fischer-Lichte, »Performance Art – Experiencing Liminality«, in: Marina Abramović (Hg.), *Seven Easy Pieces*, Mailand: Charta 2007, S. 33-45.

83 | »Das Selbstbewußtsein ist *an* und *für sich*, indem, und dadurch, daß es für ein Anderes an und für sich ist [...]. Es ist für das Selbstbewußtsein ein anderes Selbstbewußtsein; es ist *außer sich* gekommen. Dies hat die gedoppelte Bedeutung: *erstlich*, es hat

und die körperliche Erfahrungsdimension der Fremd- und Selbstexistenz in den Mittelpunkt seiner Argumentation. Seine Intersubjektivitätstheorie basiert auf der Infragestellung von Martin Heideggers Prinzip des »Mitseins«, das als präintentionaler Seinsmodus der Indifferenz und der gegenseitigen »Fürsorge« konzeptualisiert wurde,[84] und grenzt sich weiterhin von den Intersubjektivitätstheorien Fichtes[85] oder Husserls[86] ab, in denen der Bezug zum anderen als ein subjektiver Erkenntnisvollzug interpretiert wird. Inspiriert von Alexandre Kojéves Hegel-Interpretation[87] basiert Sartres Interpersonalitätskonzept auf der objektivierenden Wirkung eines fremden Blicks, die Alterität und Unverfügbarkeit als zentrale Signaturen der Fremdheit erfahrbar macht.

Die Entwicklung einer intersubjektiven (Blick-)Beziehung veranschaulicht Sartre anhand der Drehmomente einer voyeuristischen Situation, in welcher der durch ein Schlüsselloch Schauende ertappt wird. In der Ausgangskonstellation verfügt der Voyeur über ein »nicht-thetische[s] Bewußtsein«[88], d.h., er rezipiert ein »Schauspiel« hinter der Tür, ohne in die ›Szene‹ involviert zu sein und sich »als in [s]einer Situation *seiend* definieren«[89] zu können. Die Gefahr, in den Fokus eines fremden Blicks zu geraten, das unilaterale Wahrnehmungsprivileg zu ver-

sich selbst verloren, denn es findet sich als ein *anderes* Wesen; *zweitens*, es hat damit das andere aufgehoben, denn es sieht auch nicht das Andere als Wesen, sondern *sich selbst* im Anderen.« Georg Wilhelm Friedrich Hegel, *Phänomenologie des Geistes*, Frankfurt a.M.: Suhrkamp 1973, S. 145-146. Kursivierung im Original.

84 | Zu Sartres Kritik an Heideggers ›Mitsein‹-Terminus vgl. Axel Honneth, *Unsichtbarkeit. Stationen einer Theorie der Intersubjektivität*, Frankfurt a.M.: Suhrkamp 2003, S. 84-86.

85 | Vgl. Johann Gottlieb Fichte, *Grundlage des Naturrechts nach Prinzipien der Wissenschaftslehre*, Hamburg: Felix Meiner 1979, insbesondere: § 3, S. 30-40.

86 | »So konstituiert sich auf dem reinen Grund der transzendentalen Subjektivität als Intersubjektivität eine Welt für jedermann, und zwar [...] ausschliesslich aus konstitutiven [...] Synthesen, die allen und jeden Sinn aus den selbst synthetisch [...] verflochtenen Monaden schöpfen.« Edmund Husserl, *Zur Phänomenologie der Intersubjektivität. Texte aus dem Nachlass. Dritter Teil 1929-1935*, Den Haag: Martinus Nijhoff 1973, S. 20.

87 | Alexandre Kojéve, der das Verhältnis von Herr und Knecht als eine Dialektik von Begehren und Gewalt paraphrasierte, inspirierte zeitgenössische Philosophen wie Sartre, Bataille, Lacan u.a. Zu Kojèves seinerzeit vielfach rezipierter Hegel-Lesart vgl. Alexandre Kojéve, *Hegel. Eine Vergegenwärtigung seines Denkens. Kommentar zur Phänomenologie des Geistes*, Frankfurt a.M.: Suhrkamp 1975.

88 | Jean-Paul Sartre, *Das Sein und das Nichts. Versuch einer phänomenologischen Ontologie*, Reinbek b.H.: Rowohlt 2006, S. 467. Ob Sartres Werk *Das Sein und das Nichts* eine phänomenologische Fundierung zugrunde liegt bzw. inwieweit Sartres Subjektbegriff mit dem Michel Foucaults korrespondiert, sind häufig gestellte und diskutierte Fragen, denen Andrea Roedigs eine Monografie gewidmet hat. Vgl. Roedig, *Foucault und Sartre*, a.a.O., insbesondere: S. 61-123.

89 | Sartre, *Das Sein und das Nichts*, a.a.O., S. 469. Kursivierung im Original.

lieren und zum Bild der Betrachtung zu avancieren, mithin das Aufscheinen eines fremden Blicks, bringt den Voyeur in einen reflexiven Bewusstseinszustand. Die Angst vor der Enthüllung ist jedoch nicht unbedingt auf die Wahrnehmung zweier auf den Körper gerichteter Augen rückführbar, denn sie kann ebenso von Empfindungen hervorgerufen sein, die durch andere Sinneskanäle vermittelt werden: Geräusche, Gerüche oder auch visuelle Erscheinungsqualitäten von Schatten- oder Lichteffekten sind imstande, das Gefühl zu erzielen, dass man, so Sartre, »verletzlich [ist], daß [man] einen Körper [hat], der verwundet werden kann, [...] und daß [man] in keinem Fall aus dem Raum entkommen kann, wo [man] wehrlos [ist], kurz, daß [man] *gesehen* [wird]«[90].

Das Gefühl des Gesehenwerdens resultiert hier aus der Bewusstwerdung über einen Fremdbezug, der den Angeblickten ›dezentralisiert‹ und objektiviert. Es sind nicht die Augen, die einen Effekt des Objekt-für-andere-Seins ausüben, sondern bereits die Erfahrung eines Blicks, der von Schrittgeräuschen oder Fensterscheiben antizipiert werden kann, weil diese phänomenalen Verweise, im Gegensatz zum Lacan'schen Blickphänomen, auf die Präsenz eines körperlich anwesenden anderen hindeuten: »Das Gebüsch, das Bauernhaus sind ja nicht der Blick: sie repräsentieren nur das *Auge*, denn das Auge wird zunächst nicht als Sinnesorgan des Sehens erfaßt, sondern als Träger des Blicks.«[91] Der Blick, der Sartres Voyeur in seinem In-der-Welt-Sein trifft, erfasst und mit Scham erfüllt, verweist immer auf einen physisch anwesenden anderen, weil die Erfahrung der Objektwerdung von keinem gegenständlichen Objekt, sondern ausschließlich von der Wahrscheinlichkeit eines verkörperten Selbstbewusstseins stimuliert werden kann: »[I]ch [kann] nicht Objekt für ein Objekt sein [...]«[92], behauptet Sartre, auch wenn er den fremden Blick mit einer auf das Selbst gerichteten Waffe in Analogie bringt.

Der Einsatz des Blicks, der für Sartre immer auf Objektivierung zielt, zieht paradoxe Konsequenzen nach sich: Er versetzt den Angeblickten in ein Interdependenzverhältnis einerseits, da er, ihm die ursprüngliche »Freiheit«[93] entreißend, seinen intrinsischen Seinsmodus in einen exzentrischen Abhängigkeitsbezug transformiert. Andererseits integriert er den Betroffenen in ein Sozialgefüge, in dem Macht- und Abhängigkeitsbeziehungen vorherrschen. Auf paradoxe Weise ist es gerade die Eingrenzung der Operationsmöglichkeiten, die dem Angeblickten seine soziale Existenz bewusst macht. Sartre zufolge zielt erst der fremde Blick darauf, die soziale Verankerung des Ichs »erfahrbar«[94] – und nicht auf epistemologische Weise erkennbar – zu machen. Im Blick des anderen gewinnt das Dasein Zeit- und Raumkoordinaten, während der Blickende als eine Transzendenz in Erscheinung tritt, die den Angeblickten distanzlos erfassen, ihn aber gleichzeitig

90 | Ebd., S. 467. Kursivierung im Original.

91 | Ebd., S. 466. Kursivierung im Original.

92 | Ebd., S. 464.

93 | Ebd., S. 487.

94 | Ebd., S. 471.

auf Distanz halten kann. Es ist keineswegs ausreichend, Betrachter von Welt zu sein, um die Dimension des reflexiven Bewusstseins zu erfahren. Sartre formuliert pointiert: »[...] das Erscheinen eines Menschen als Objekt im Feld meiner Erfahrung ist nicht das, was mich lehrt, daß es Menschen gibt«[95].

Ich und anderer nehmen in diesem asymmetrischen Seinsverhältnis zwangsläufig die Rollen von Herr und Knecht ein, indem sie in ein soziales Wechselverhältnis eintreten. In der von Sartre definierten Konstellation kann keiner als Sehender und Gesehener in gleichem Maße beteiligt sein: Der Blickende löst durch seine blickfundierte Anwesenheit einen Blendungseffekt aus. Sein Subjektstatus zeichnet sich durch die opake Unhintergehbarkeit einer transzendentalen Freiheit aus, die ihm die Möglichkeit gewährt, über den anderen zu urteilen, ihn zur Passivität zu treiben oder sogar potenziell zu verletzen. Der Angeblickte fungiert wiederum als Zielscheibe von Werturteilen, er kann den Blickenden nur bedingt erfassen und fühlt sich ohnmächtig.

Die Prinzipien der Gleichzeitigkeit und der räumlichen Unmittelbarkeit von Blick und Blickwirkung dienen für Sartre folglich nicht dazu, eine phänomenologische Maxime der Verflechtung und Auswechslung von Einstellungen, Emotionen und Absichten zwischen Ich und anderem zu modellieren. Diese temporalen und lokalen Bedingungen definieren sich viel eher als Auslöser von Abhängigkeitsrelationen, in denen Intersubjektivität aus einem gegenseitigen Anspruch auf Kontrolle und Qualifikation des anderen resultiert.[96]

In seinem Interaktionsmodell geht es Sartre keineswegs darum, den Gegenständen eine objektivierende Kompetenz abzusprechen. Die Begegnung mit bildlich (re-)produzierten Augen kann für ihn aber nie die selbstkonstitutive Erfahrung der Objektivierung ins Spiel bringen, weil Bilder und Puppen eine hervorstechende Gemeinsamkeit mit den Toten teilen: Diese besteht darin, dass sie »ständig Objekte [sind], ohne jemals Subjekte zu werden«[97]. Bildbetrachtung bricht also mit der doppelten Kontingenz des Intersubjektivitätsverhältnisses, und Bildfiguren können lediglich einen kopräsentischen Effekt erzielen, ohne eine Wechselwirksamkeit sozialen Handelns zu etablieren. Die Objektivierung, die einen durchaus sadistischen Kern birgt,[98] vollzieht sich erst dann, wenn der andere nicht bereits

95 | Ebd., S, 502.

96 | Auf welche Weise die Wechsel der Handlungsdispositionen zu denken sind, wird im Weiteren anhand von Aufführungsbeispielen näher analysiert und theoretisiert. Vgl. v.a. Kapitel III/3.1 im vorliegenden Buch.

97 | Sartre, *Das Sein und das Nichts*, a.a.O., S. 530.

98 | Im Gegensatz zu Simmel, dem zufolge die sinnliche Wahrnehmung der Liebe als eine vereinende Auge-in-Auge-Fixierung der Liebenden exemplifiziert werden kann, polemisiert Sartre gegen jedwede Konzeptionalisierung einer Symmetrie in intersubjektiven Relationen. Am Beispiel von Prousts Romanhelden Marcel und seiner unglücklichen Liebesbeziehung zu Albertine veranschaulicht er, dass es »in der Beziehung [...] kein Gleichgewicht der Kräfte« gebe und »die Essenz der menschlichen Beziehungen [...] der Konflikt« sei. Arthur

über den Status eines Objekts verfügt und der Blickende tatsächlich auf die kontingente Seinsweise des anderen einzuwirken vermag.

Trifft Martin Jays Sartre-Interpretation zu, der zufolge das Telos des Blicks die Objektivierung ausmacht,[99] dann kam den Museumsbesuchern in Marina Abramovićs und Ulays Performance eine eigentümliche Aufgabe zu. Sie mussten mit Objektivierungsmechanismen in Situationen doppelter Kontingenz umgehen, d.h., wechselseitige Seinsansprüche unter den Anwesenden verhandeln. Das Verhalten der Besucher, das bei der Annäherung an die Akteure in der Senkung der Blicke bestand, lässt sich als Effekt der Angst vor objektivierender Blickwirkungen interpretieren, deren Konsequenzen unvorhersehbar waren, weil die unmittelbar-körperliche Begegnung zwischen Ich und anderem die Gefahr potenzierte, den anderen in seiner Intimität und Selbstintegrität zu stören. Der aufgezwungene Gang des Besuchers vorbei an intimen Körperzonen unterdrückte penetrierende und objektivierende Blicke, denn in der direkten Berührung wären die Effekte des Blicks denjenigen einer Waffe gleichgekommen, die den anderen provoziert und dadurch für einen selbst riskant wird. Aus der reichhaltigen Foto- und Videodokumentation[100] der Aktion geht hervor, dass jeder Blickende die nackten Akteure zunächst lediglich aus räumlicher Distanz zu fokussieren wagte und sich bei der Annäherung an die Performer vor den Konsequenzen der unmittelbaren Observation zu schützen schien. Somit wurde gerade durch die Vermeidung des gegenseitigen Anblickens die Logik der Sartre'schen Argumentation affirmativ bezeugt. Insofern die sich durch die Türöffnung zwängenden Besucher die Aufmerksamkeit der Akteure und aller anderen Zuschauer auf sich zogen, ließen sie sich auf eine konfliktgeladene Situation ein, in der sich die Wahrnehmungsdistanz, die für das Sehen unabdingbar ist, weitgehend minimierte. Im Entzug des Augenkontakts bestätigte sich, dass der Blick eine Instanz ist, dem eine appellative und konfliktgenerierende Eigenschaft zukommt, insofern er »den anderen beobachtet, überwacht, kontrolliert, in seiner Identität fixiert und verdinglicht«[101].

Macht die Performance die ästhetischen und sozialen Dimensionen der Intersubjektivität erfahrbar, indem sie sich durch Blickinteraktionen zu konstituieren vermag, dann lassen sich aus Sartres Überlegungen bedeutungsvolle Schlüsse für die Aufführungsanalyse ziehen. Hierbei handelt es sich um belangreiche Konsequenzen, die nicht nur über die diffuse Idee hinausweisen, die Teilnahme an einer

C. Danto, *Jean-Paul Sartre*, Göttingen: Steidl 1997, S. 135-139. Zu Sartres Analyse der Proust'schen *Recherche* vgl. Sartre, *Das Sein und das Nichts*, a.a.O., S. 642-643.

99 | Vgl. Jay, *Downcast Eyes*, a.a.O., S. 288.

100 | Vgl. Fußnote 55 auf S. 46.

101 | Erika Fischer-Lichte, »*Rite de passage* im Spiel der Blicke«, in: Kerstin Gernig (Hg.), *Fremde Körper. Zur Konstruktion des Anderen im europäischen Diskurs*, Berlin: dahlem university press 2001, S. 296-315.

Aufführung kooperiere stets mit der Integration in eine Gemeinschaft.[102] Vielmehr kann die Inblicknahme der Mikrostruktur zwischenmenschlicher Partizipation dazu beitragen, die soziale Dimension der Teilnahme aufführungsanalytisch differenzierter zu beschreiben. Zwar ist der These zuzustimmen, dass Theater imstande ist, ein ›Miteinander‹, ja ein Kollektiv von Individuen zu etablieren, die durch geteilte Räumlichkeit und Zeitlichkeit eine Sozialität erfahren und erfahrbar machen. Dennoch können theatrale Gemeinschaften paradoxerweise eigentlich nur dann als homogen, kohärent und symmetrisch begriffen werden, wenn sie aus einer Außenperspektive wahrgenommen werden bzw. wenn man eine Aufführung nicht selbst miterlebt (hat). Mit anderen Worten, die Anwesenheit in einer theatralen Situation schließt die Erfahrung von Gleichheit aus und entlarvt die Idee einer gegenwärtigen Gemeinschaftlichkeit und Gemeinsamkeit als einen uneinholbaren Horizont. Die Vermutung, dass die Theateraufführung ihre Teilnehmer zu einem Kollektiv formt und Unterschiede zu transzendieren vermag, ist eine Annahme, die es nicht nur erschwert, differenzierte Aussagen über die Relationalität der Partizipierenden zu treffen. Sie verschweigt auch, dass die Teilhabe, die partikulare Positionierung im Hier und Jetzt der kopräsentischen Situation, nie in Prozessen der Assimilierung oder der gemeinschaftlichen Identitätsbildung aufgeht. Entsprechend sind Begriffe wie Distanz und Differenz vonnöten, um die Aktionen von Einzelnen jenseits der vermeintlichen Erfahrung des ›Wir‹ analytisch betrachten zu können. Alteritäten innerhalb eines Kollektivs begründen die Grundlagen der Existenz von Ich und anderem und machen dadurch allererst Kommunikation und iterative, modulierende Wiederkehr der Andersheit möglich.

Erweitern wir Sartres Objektivierungsthese über die ›konflikthaften‹ Effekte der Selbst- und Fremdwahrnehmung zu einer Beschreibungskategorie der Aufführungspartizipation, so ist allerdings lediglich die ›halbe Wahrheit‹ theatraler Kommunikationsökonomie behauptet, unabhängig davon, ob man Blickwechsel oder Interaktionsakte allgemein fokussiert. Bei der Rezeption von Theateraufführungen Robert Wilsons, Dimiter Gotscheffs, Michael Thalheimers – um nur einige prominente Vertreter des zeitgenössischen Regietheaters zu nennen – wäre es ebenso problematisch wie abwegig, eine virulente Geltungskraft von doppelter Kontingenz zu behaupten. Die theatrale Kommunikationsökonomie zwischen Zu-

102 | Die folgende Argumentation distanziert sich von einem emphatischen Gemeinschaftsbegriff, wie ihn Erika Fischer-Lichte und Jens Roselt im theaterwissenschaftlichen Diskurs in Gebrauch nehmen, und setzt den Fokus auf die intersubjektive Mikrostruktur theatraler Kollektive. Vgl. Fischer-Lichte, *Ästhetik des Performativen*, a.a.O., S. 82-100; Jens Roselt, *Phänomenologie des Theaters*, München: Wilhelm Fink 2008, S. 53-54, 321-362. Mit dem theatertheoretischen Konzept von Gemeinschaft setzte sich Kai van Eikels in einem umfassenden Kapitel (»Von der starken Gemeinschaft zur guten Verteilung: Wie Performance Kollektive organisiert«) seiner Monografie *Die Kunst des Kollektiven* kritisch auseinander. Vgl. Kai van Eikels, *Die Kunst des Kollektiven. Performance zwischen Theater, Politik und Sozio-Ökonomie*, München: Wilhelm Fink 2012.

schauern und Beschauten zeichnet sich nicht immer durch ein wechselseitiges Interdependenzverhältnis aus. Der Blick des Publikums kann im verdunkelten Zuschauerraum in eine unilaterale Position visuellen Partizipierens ›zurückgedrängt‹ werden. Wird dem Theaterbesucher etwas zu sehen gegeben, erschöpft sich seine Teilhabe häufig in Akten der Identifizierung oder der Einfühlung, mithin in Partizipationsformen, die gleichsam durch Blicke etabliert werden und eine ebenfalls asymmetrische, dennoch in ihrer Wechselseitigkeit eingeschränkte und relativierte Kommunikationsintensität darstellen.

Der Betrachterblick wird in einem Großteil der theatralen Aufführungskommunikation primär für die Rezeption konstitutiv. Aus diesem Grund bliebe man einer romantizistischen Idealvorstellung verhaftet, wenn man behauptete, der Zuschauerblick im Regietheater wäre als konstitutiver Impuls für schauspielerisches Zeigen und Handeln einsetzbar und könnte als kausaler Auslöser von Verstellungsmechanismen auf der Bühne aktiv werden. Theaterperformanzen vermögen hingegen, verschiedene Ökonomiemodelle der Partizipation zu verschalten, und machen stetige Wechsel von objektivierenden und identifizierenden Blickstrategien möglich.

3.2 Partizipation der Blicke II: Die Identifizierung

Die Anwendung des Sartre'schen Intersubjektivitätstheorems für die Analyse der Zuschauerblicke in der Performance *Imponderabilia* hat bereits die basalen Wesensmerkmale kopräsentischer Partizipation offengelegt. Demnach lässt sich die Kommunikation in einer Performance als asymmetrisch, reziprok und, über die sprachliche Denotationsstruktur hinaus, als ein affektiv-sinnliches Erfahrungsgeschehen charakterisieren, in dem die Teilnahme eine Koexistenz mit einem bzw. mehreren anderen voraussetzt. In Anlehnung an diese Prämissen der Partizipation gilt es nun aber zu beweisen, dass nicht nur das wechselseitige Interdependenzverhältnis von Blickenden und Angeblickten imstande ist, zwischenmenschliche Bindungen und soziale Verhältnisse hervorzubringen, sondern auch Erscheinungsformen der Massenkommunikation, in denen die Dissemination schauspielerischen Agierens an viele gerichtet ist.[103]

Es bedarf keiner konkreten Beispielanalyse, um die nicht seltene Erfahrung der dominanten Einseitigkeit theatraler Kommunikation in den zeitgenössischen Ausprägungsformen des Regie- bzw. Guckkastentheaters aufzuzeigen. Dies machen zweifelsohne die Merkmale der hierarchischen Raumtrennung zwischen Bühne und Zuschauerraum, die regelrechte Unterbindung der Betrachterreaktionen durch licht-, text- und zeitdramaturgische Regelungen offenkundig. Gleicherma-

103 | Sybille Krämer folgert im Rekurs auf die Kommunikationstheorie von John Durham Peters, dass »[n]icht nur die Reziprozität der dialogischen Rede [...] Bindung und Gemeinschaft stiftet, sondern auch die disseminative Rede an viele«. Krämer, *Medium, Bote, Übertragung*, a.a.O., S. 101.

ßen axiomatisch ist die Einsicht, dass Partizipation in der Aufführung keine ideale Form der Kommunikation darstellt, wie sie im Jakobson'schen Kommunikationsmodell[104] dargelegt wurde. Hinsichtlich des gegenseitigen Transfers von Bedeutungen funktionieren sie mindestens aus drei Gründen nie reibungslos: *Erstens* widerfährt dem Zuschauer immer eine Beeinträchtigung seiner Kommunikationsmöglichkeiten, wenn er an einer inszenierten Performance teilnimmt, sodass die politischen und ethischen Aufführungsnormen häufig eine Einnahme der ›Senderposition‹ erschweren. *Zweitens* hängt die Übertragung von ›Informationen‹ nicht von der Kommunikationskompetenz einzelner Aufführungsteilnehmer ab. Denn obwohl sich die Anwesenden im Theater in einer räumlichen Nähe befinden, wird hier Massenkommunikation betrieben, die zwar reziprok und unmittelbar organisiert ist, gleichzeitig jedoch multiple, disparate Kommunikationsrelationen zusammenschließt, die eine Durchsetzung individueller Handlungsmacht unterwandern können. *Drittens* lässt sich kein Rezipient auf den von Jakobson als passiven Empfänger bezeichneten Betrachter reduzieren, da Zuschauen immer eine grundsätzlich aktive Dimension der Sinngebung und der sinnlichen Teilhabe impliziert, selbst wenn diese Aktivität nicht öffentlich kenntlich gemacht wird.

All diese Merkmale legen die Schlussfolgerung nahe, dass das theatrale Kommunizieren eine radikal asymmetrische Angelegenheit ist. Um den Preis der Normierung konfiguriert das Theater, wie jedes andere Dispositiv, radikale Gefälle und immunisiert seinen Verlauf gegen spontane Konflikte. Die unilaterale Organisation der Kommunikationsökonomie in der Theateraufführung zielt darauf ab, die offensiven Handlungen bestimmter Partizipierender dergestalt zu unterdrücken, dass den Schauspielern die Position der Angeblickten und den Zuschauern die Rolle der Blickenden zugewiesen wird. Im Gegensatz zu technisch-medialen Übertragungsprozessen birgt diese Ökonomie jedoch immer ein latent vorhandenes Potenzial der Subversion und Störung der normativen Ordnung, sodass die Dissemination zu jeder Zeit hypothetisch in eine Interaktion zwischen Zuschauern und Akteuren wechseln und die Kommunikationsökonomie der Aufführung reorganisieren kann. Um der Frage nachzugehen, inwieweit die scheinbar unidirektional funktionierende Aufführungskommunikation intersubjektiv und kontingent zu betrachten ist, muss die individuell bedingte Aktivität des Blickens, die auf der optischen Ebene mit dem Vorgang der identifikatorischen Aneignung des Gesehenen einhergeht, als ein grundlegender Mechanismus der Zuschauerpartizipation konzeptualisiert werden.

Der in der psychoanalytischen Forschungsliteratur als Identifikation bezeichnete Prozess ist auf der Ebene des Visuellen entfaltet worden und setzt den Blick

104 | Zur Kritik am Jakobson'schen Modell, die hier nur kurz zusammengefasst und in Bezug auf die Aufführungssituation reformuliert wurde, vgl. Bal, »Reading the Gaze«, a.a.O., S. 147-149. Zur Kommunikationsvorstellung Jakobsons vgl. Roman Jakobson, »Linguistik und Poetik«, in: ders., *Poetik. Ausgewählte Aufsätze 1921-1971*, Frankfurt a.M.: Suhrkamp 1993, S. 83-121.

als konstitutiven Faktor der sozialen Involviertheit voraus.[105] Die Identifizierung bildet das Fundament für den Bezug des Subjekts zur Welt und zu sich selbst.[106] Identifikatorische Akte beruhen auf Bindungen an externalisierte oder delegierte Ich-Ideale und kommen in der Entwicklung von zwischenmenschlichen Beziehungen des Ichs am signifikantesten zum Ausdruck. Freud hat die Identifizierung nicht nur als einen konstitutiven Prozess des Ödipuskomplexes konzeptualisiert, sondern als seine permanente Reminiszenz, d.h. als einen potenziell zu jeder Zeit eintretenden, Bezug stiftenden Mechanismus, der von der visuellen Wahrnehmung geleitet wird und den Otto Fenichel geradezu als Prämisse des Sehens überhaupt interpretiert.[107] Kraft ihrer Medialität ermöglicht es die Theateraufführung, Identifizierung als kopräsentische Beziehung zu erfahren. Sie macht den anderen visuell verfügbar und exponiert die Inszeniertheit der Schauspieler sowie deren körperliche Ganzheit. Freud argumentiert sogar in seiner Abhandlung »Psychopathische Personen auf der Bühne«, dass die Theateraufführung den Zuschauer zum Helden dieser Wirklichkeitsgenerierung zu erheben vermag, weil dieser durch Identifizierung mit dem Schauspieler in den »Mittelpunkt des Weltgetriebes« treten kann: »Der Zuschauer [...] hat seinen Ehrgeiz, als Ich im Mittelpunkt des Weltgetriebes zu stehen, [...] er will fühlen, wirken, alles so gestalten, wie er möch-

---

105 | Die Identifizierung kann jedoch, wie zahlreiche Theorieansätze aufgezeigt haben, auch durch akustische oder haptische Reize initiiert werden. Anhand der psychoanalytischen Identifikationstheorie Lacans, die von der visuellen Erfassung des anderen ausgeht und Blicken als Basisaktivität der Ichwerdung akzentuiert, hat Mladen Dolar erst in jüngster Zeit ein akustisches Modell der Identifikation vorgelegt, das analog zur Logik des Spiegelstadiums funktioniert und dem der Autor einen zeitlichen Vorrang zuspricht: »[Lacan's] early theory has given an unquestionable privilege to the gaze as the paradigmatic instance of the Imaginary, elevating it into a model. Yet the voice can be seen as in some sense even more striking and more elementary – for isn't the voice the first manifestation of life and, thus, isn't hearing oneself, and recognizing one's voice, an experience that precedes the recognition in the mirror? And isn't the mothers voice the first problematic connection to the Other [...]? Doesn't the recognition of one's voice produce the same jubilatory effects in the infant as those accompanying the recognition in the mirror?« Mladen Dolar, »The Object Voice«, in: Renata Salecl/Slavoj Žižek (Hg.), *Gaze and Voice As Love Objects*, Durham, London: Duke University Press 1996, S. 7-31, hier: S. 13. Kaja Silverman stellt des Weiteren unter Beweis, dass das Kind bereits vor seiner Geburt die Stimme der Mutter identifizieren kann. Diese gestalte für das Kind einen sogenannten »sonorous envelope«, in dem es sich zu ›reflektieren‹ vermöge wie in einem akustischen Spiegel. Vgl. Kaja Silverman, *The Acoustic Mirror. The Female Voice in Psychoanalysis and Cinema*, Bloomington, Indianapolis: Indiana University Press 1988, hier: S. 72.

106 | Vgl. Jean Laplanche/Jean-Bertrand Pontalis, »Identifizierung«, in: dies, *Das Vokabular der Psychoanalyse*, Frankfurt a.M.: Suhrkamp 1973, S. 219-223, insbesondere: S. 222.

107 | Vgl. Otto Fenichel, »Schautrieb und Identifizierung«, in: *Internationale Zeitschrift für Psychoanalyse* 21.4 (1935), S. 561-583, insbesondere: S. 568.

te, kurz Held sein, und die Dichter-Schauspieler ermöglichen ihm das, indem sie ihm die *Identifizierung* mit einem Helden gestatten.«[108] Mieke Bal bezeichnet den Wahrnehmungsvorgang des Theaterzuschauers genau in diesem psychoanalytischen Sinn als eine »heterophatische Identifikation«, die das Subjekt »dazu bringt, den anderen bei sich zu treffen«[109].

Wenn Freud behauptet, dass »die Identifikation danach [strebt], das eigene Ich ähnlich zu gestalten wie das andere, zum ›Vorbild‹ genommene«[110], dann weicht seine Denkfigur jedoch einer zentralen menschlichen Erfahrung aus, nämlich der Erfahrung der Differenz. Freud begreift Fremdbezug und Ich-Konstituierung in einer immensen Schleife von Tautologien und proklamiert das Prinzip der »Nachahmung einer Nachahmung«[111] als Bildung menschlichen Charakters.[112] Damit tilgt, nivelliert und negiert er die Differenz als Bedingung sozialer Selbstartikulation und jedweder Performanz.

Im Unterschied zu Freud hat Jacques Lacan seine psychoanalytische Identifikationstheorie in seinem kanonisierten Lehrkapitel über das Spiegelstadium in der doppelten Logik von Selbsterkennung und Selbstverkennung dargelegt. Die Quintessenz dieses Identifikationsmodells besteht gerade in der Paradoxie, dass Entsprechungen und Kongruenzen nicht ohne Abweichungen zu denken sind und somit alle Formen von Autonomie und selbstreflexiver Bewusstwerdung erst durch die Beziehung zum anderen erreicht werden.[113] Lacans Doktrin basiert auf

---

108 | Sigmund Freud, »Psychopathische Personen auf der Bühne«, in: ders., *Studienausgabe. Bd. X. Bildende Kunst und Literatur*, Frankfurt a.M.: Fischer 1982, S. 161-168, hier: S. 163. Kursivierung im Original.

109 | Mieke Bal, »*Mise en scène*: Zur Inszenierung von Subjektivität«, in: Josef Früchtl/Jörg Zimmermann (Hg.), *Ästhetik der Inszenierung. Dimensionen eines künstlerischen, kulturellen und gesellschaftlichen Phänomens*, Frankfurt a.M.: Suhrkamp 2001, S. 198-221, hier: S. 218. Zum Begriff der heterophatischen Identifikation vgl. Silverman, *The Threshold of the Visible World*, a.a.O., S. 26-30.

110 | Sigmund Freud, »Massenpsychologie und Ich-Analyse«, in: ders., *Studienausgabe. Bd. IX. Fragen der Gesellschaft; Ursprünge der Religion*, Frankfurt a.M.: Fischer 1982, S. 61-134, hier: S. 99-100.

111 | Adam Phillips, »Die Sache in Gang halten. Kommentar zu Judith Butlers ›Melancholisches Geschlecht/Verweigerte Identifizierung‹«, in: Judith Butler, *Psyche der Macht. Das Subjekt der Unterwerfung*, Frankfurt a.M.: Suhrkamp 2001, S. 143-150, hier: S. 143.

112 | Zur Kritik an Freuds gewaltigem und tautologischem Konzept der Identifikation vgl. v.a. Mikkel Borch-Jacobsen, *The Emotional Tie. Psychoanalysis, Mimesis, and Affect*, Stanford: Stanford University Press 1993; Anne Friedberg, »A Denial of Difference: Theories of Cinematic Identification«, in: Kaplan, *Psychoanalysis & Cinema*, a.a.O., S. 36-45; Leo Bersani, *The Freudian Body: Psychoanalysis and Art*, Columbia: Columbia University Press 1986.

113 | Die in jeder Identifizierung nistende Differenz macht Lacan mit dem Aspekt der Verkennung stark: »Verkennung ist nicht Unwissenheit. Die Verkennung stellt eine bestimm-

den empirisch-psychologischen Beobachtungen James M. Baldwins,[114] der die These entwickelte, dass das Menschenjunge im Gegensatz zum Schimpansen sein Ebenbild im Spiegel als sein eigenes erkennt. Dieses Moment stellt nach Lacan eine Beziehung »[...] zwischen dem Organismus und seiner Realität – oder, wie man zu sagen pflegt, zwischen der *Innenwelt* und der *Umwelt* [...]«[115] her und trägt so zur Bildung des Ichs (*je*) bei. Trotz seiner ›motorischen Ohnmacht‹ und mangelnden Sprachkompetenz erblickt das Kind sein virtuelles Idealbild im Spiegel und identifiziert sich mit diesem Reflex, der Merkmale der Kohärenz und Ganzheit aufweist. In dieser ambivalenten Erfahrung des eigenen Scheinbildes koinzidieren Prozesse der Selbsterkennung und Selbstverkennung, die sodann Verwandlungsmechanismen auslösen.[116] Entsprechend fungiert der Reflex im Spiegel nicht als ein zum Bild ›herabgesetztes‹ Objekt, sondern weist durchaus aktivierende Züge auf. Er initiiert jene Selbstkonstitutionsprozesse, die sich auf der Ebene des Imaginären, d.h. im Register der ›illusorischen‹ und bildlichen Vorstellungen, vollziehen.[117] Der Säugling, der bis zu diesem Ereignis eine gewisse Einheit mit der Mutter zu bilden ›glaubt‹, nimmt seinen Körper als einen autonomen wahr und erfährt, dass er auch dann einen Leib hat, wenn er sich nicht vor dem Spiegel befindet.[118] Die Konfrontation mit dem Spiegelbild ist ein jubilatorisches und zugleich dramatisches Ereignis, das fundamentale Konsequenzen nach sich zieht: Es erfolgt der Eintritt in die symbolische Ordnung, in der jede Selbstäußerung von arbiträren Signifikanten regiert wird, welche einen Anspruch auf Kommunikation oder soziale Geltung erst durch Anpassung an ihre Gesetze und Reglementierungen erfüllen.

Die Geltung von Lacans Identifikationsmodell kann keineswegs nur auf die frühkindliche Phase beschränkt werden; die Identifizierung ist aktiv in jedem

te Organisation von Affirmationen und Negationen dar, denen das Subjekt verhaftet ist.« Jacques Lacan, *Das Seminar. Buch I (1953-1954). Freuds technische Schriften*, Olten, Freiburg i.Br.: Walter 1978, S. 214.

114 | Zur Kritik an Lacans Überblendung von Baldwins empirischem Experiment mit Säuglingen und dem allgemeinen Konzept der imaginären Organisation der Ich-Bildung vgl. Jay, *Downcast Eyes*, a.a.O., S. 344.

115 | Jacques Lacan, »Das Spiegelstadium als Bildner der Ichfunktion, wie sie uns in der psychoanalytischen Erfahrung erscheint«, in: ders., *Schriften I*, Olten, Freiburg i.Br.: Walter 1973, S. 61-70, hier: S. 66. Die Kursivierung im Original weist ihrerseits auf die deutschsprachige Verwendung der beiden Begriffe von Lacan hin.

116 | Vgl. ebd., S. 64.

117 | Vgl. Lacan, *Freuds technische Schriften*, a.a.O., S. 151.

118 | Auf die Entwicklung eines reflexiven Körperbewusstseins im Spiegelstadium geht Peter Widmer ausführlich ein. Vgl. Peter Widmer, *Subversion des Begehrens. Jacques Lacan oder Die zweite Revolution der Psychoanalyse*, Frankfurt a.M.: Fischer 1990, S. 29.

Transformationsakt, der durch Bildwahrnehmung initiiert wird.[119] Die affektiv fundierte – jubilatorische sowie frustrierende – Aneignung von Bildexpressionen bedarf weder einer biologischen Phase noch eines realen Spiegels,[120] um den Betrachter mit einem externen Bezugspunkt zu verbinden. Vielmehr werden Akte der Identifikation von Begegnungen mit Gesichtern und Körpern im sozialen Umfeld permanent begünstigt.[121] Entsprechend arbeitet auch die Kunst mit inszenierten Menschenbildern, die in der Begegnung mit dem Rezipienten ambivalente Identifizierungsmechanismen zu aktivieren vermögen und die jeweils in der doppelten Logik von Identifikation und Distanznahme, Einfühlung und Verfremdung, Selbstvergessenheit und Bewusstwerdung, Immersion und Reflexion zur Geltung kommen. Auf die Eigenschaft ästhetischer Erfahrung, den Betrachter in die Zweifelsmomente der eigenen Identität zu treiben, haben zahlreiche geisteswissenschaftliche Disziplinen abgehoben. In Anlehnung an Lacans Theorem hat man Konzepte der identifikatorischen Wahrnehmung vorgelegt. Wobei die Applikation des Spiegelungsmodells in jenen Disziplinen expandiert, die, wie etwa die Film- und Fototheorie[122] oder die Bild- und Medienwissenschaft, ihren Fokus auf die Untersuchung von Kunstwerken, also tradierbaren Artefakten legen. Theaterwissenschaftliche Diskurse zeugen hingegen von einem deutlichen Verzicht auf die Anwendung der Lacan'schen Identifikationsmatrix.[123] In der zwischenmensch-

119 | »Man kann das Spiegelstadium als eine Identifikation verstehen im vollen Sinne, den die Psychoanalyse diesem Terminus gibt: als eine beim Subjekt durch die Aufnahme eines Bildes ausgelöste Verwandlung.« Lacan, »Das Spiegelstadium als Bildner der Ichfunktion«, a.a.O., S. 64. Lacans Konzept des Spiegelstadiums überträgt er selbst auf intersubjektive Beziehungen, die – analog zur Entwicklung des Kleinkindes – eine Ich-bildende Funktion erfüllen. Vgl. Lacan, *Freuds technische Schriften*, a.a.O., S. 191.

120 | Vgl. Elisabeth Roudinesco, »The mirror stage: an obliterated archive«, in: Jean-Michel Rabaté (Hg.), *The Cambridge Companion to Lacan*, Cambridge: Cambridge University Press 2003, S. 25-34, insbesondere: S. 29.

121 | Peter Widmer weist auf das metaphorische Spiegelverständnis bei Lacan hin: »Auch eine Wasseroberfläche, eine Pfütze ist ein Spiegel, auch das Gesicht meines Gegenübers oder sogar das Auge, die Pupille.« Widmer, *Angst*, a.a.O., S. 12.

122 | Zu einer kritischen Auseinandersetzung mit den möglichen Gründen dieses theaterwissenschaftlichen Desiderats aus Sicht der Filmwissenschaft vgl. Kapitel IV/2.1.

123 | Das theaterwissenschaftliche Zögern, mentale, emotionale und physische Zuschauerreaktionen nach dem Modell des Spiegelstadiums zu interpretieren, mag darin liegen, dass die Reflexion psychoanalytischer Vorgänge im theaterwissenschaftlichen Diskurs lange Zeit keine Rolle spielte. Bisher begrenzt sich die Forschungsliteratur auf Gerald Siegmunds Monografien *Abwesenheit* und *Theater als Gedächtnis*, in denen das Lacan'sche Identifikationsmodell zur Grundlage für die Analyse des Tanz- bzw. Sprechtheaters dient, sowie auf André Eiermanns Dissertation *Postspektakuläres Theater*, in der Momente der Mittelbarkeit und des Entzugs aus psychoanalytischer Warte untersucht werden. Vgl. Gerald Siegmund, *Abwesenheit. Eine performative Ästhetik des Tanzes. Wil-*

lichen Begegnung im Theater entwickeln sich jedoch eklatante Identifizierungs*prozesse*, und zwar gerade im Hinblick auf die Sichtbarkeit körperlicher Integrität des Schauspielers und die realpräsentische Anwesenheit des anderen.

Wenn Lacan die Identifizierung als »die Transformation« definiert, »welche sich im Subjekt vollzieht, wenn es ein Bild annimmt«[124], so hat sie die Sichtbarkeit eines anderen zur Voraussetzung. Da man den eigenen Körper von Geburt an ausschließlich als fragmentiert wahrnimmt, seine Einheit also lediglich durch optische oder technische Instrumente bilden kann, wird das Subjekt kontinuierlich von dem phänomenalen Sein des anderen als illusorische Ganzheit fasziniert und zu identifikatorischen Bindungen getrieben. Dementsprechend mag auch der Zuschauer im Theater die betrachtete Figur anerkennen oder ablehnen, für sie Lust oder Unmut, Empathie oder Antipathie empfinden: Aufgrund des identifikatorischen Konnexes erfolgt eine partielle und begrenzte ›Einverleibung‹ von Charakteristiken und Merkmalen der »Objektperson«[125] und somit die Aneignung von fremden Identitäten. Die Identifikation mit einer szenischen Figur bedarf keines subjektiv präferierten oder geschlechtlich bedingten Ideals,[126] um zur Basis für Aneignungs- und Abgrenzungsmechanismen zu werden[127] und für den Zuschauer neue Erfahrungen von Eigenem und Fremdem zu ermöglichen.

---

liam Forsythe, Jérôme Bel, Xavier Le Roy, Meg Stuart, Bielefeld: transcript 2006; ders., *Theater als Gedächtnis. Semiotische und psychoanalytische Untersuchungen zur Funktion des Dramas*, Tübingen: Gunter Narr 1996; André Eiermann, *Postspektakuläres Theater. Die Alterität der Aufführung und die Entgrenzung der Künste*, Bielefeld: transcript 2009. Außerdem bemerkt Nikolaus Müller-Schöll, dass das Spiegelstadium als Modell für die theaterwissenschaftliche Analysepraxis produktiv sein könnte. Vgl. Müller-Schöll, »Imagination«, a.a.O., S. 143-144.

124 | Jacques Lacan zitiert nach Dylan Evans, »Identifizierung«, in: ders., *Wörterbuch der Lacanschen Psychoanalyse*, a.a.O., S. 143-146, hier: S. 144.

125 | Sigmund Freud, »Massenpsychologie und Ich-Analyse«, a.a.O., S. 100. In Bezug auf die qualitative Schichtung der Illusionseffekte im Theater behauptet Hans-Thies Lehmann, dass der Identifizierung selbst eine Geste der Verfremdung nicht vollends entgegenzuwirken vermag: »[A]uch das verfremdetste Theater vermag Staunen und sinnliche Identifizierung hervorzurufen.« Hans-Thies Lehmann, *Postdramatisches Theater*, Frankfurt a.M.: Verlag der Autoren 1999, S. 191-192.

126 | Auf eine Rekapitulation der lebhaften Diskussion über die patriarchale Vorstrukturiertheit von imaginären Ich-Idealen, die am virulentesten in der Filmwissenschaft geführt werden, muss hier verzichtet werden. Obwohl die symbolische Prägung des Imaginären selbst von Lacan nicht geleugnet wird, sei an dieser Stelle lediglich auf Judith Butlers Identifikationskonzept hingewiesen, dem zufolge *cross-gender*-Identifizierungen für beiderlei Geschlecht als möglich erachtet werden. Vgl. Judith Butler, *Körper von Gewicht. Die diskursiven Grenzen des Geschlechts*, Frankfurt a.M.: Suhrkamp 1997, insbesondere das Kapitel »Phantasmatische Identifizierung und die Annahme des Geschlechts«, S. 135-170.

127 | Zu dieser Einsicht vgl. u.a. Butler, *Psyche der Macht*, a.a.O., S. 140.

Die Identifizierung ist weder eine vollständig diskursivierte noch intendiert kontrollierbare Operation. Sie findet in dem Spannungsverhältnis von imaginären Illusionen und symbolischen Normierungen statt, deren inkommensurable Versuche, eine Identität des Subjekts zur Geltung zu bringen, in ambivalenten Affektwirkungen münden. Jedem Subjekt, das den anderen in einer illusorischen (Schein-) Autonomie erblickt, widerfährt sowohl eine narzisstische Verwunderung als auch eine aggressive Rivalisierung, ihm werden »Täuschung und Enttäuschung«[128] zuteil. Auf eine paradoxe Weise bleibt damit die Identifikation das Hindernis ihrer eigenen Vervollkommnung, ja einer sich absolut vollziehenden Auflösung des Ichs in einem Idealbild. Kurz: Die Identifizierung ist ein Mechanismus, der *notwendig*, d.h. für den Weltbezug des Subjekts unentbehrlich, gleichzeitig aber *unmöglich*, d.h. als Entwicklung einer finiten Identität utopisch ist.

Die Annullierung der Differenz zwischen Ich und externer Idealvorstellung erweist sich trotz der illusorischen Expressivität der (Bühnen-)Darstellung aus drei Gründen als genuin unerfüllbar: *Erstens* wird jede Identifizierung von einer Wahrnehmungsdistanz durchkreuzt, die jedwedem Sehakt inhärent ist und eine vollkommene Auflösung des Subjekts im anderen unterminiert.[129] *Zweitens* drängen sich im Vollzug der Identifizierung jene normativen Gesetze auf, die in der symbolischen Ordnung aktiv sind und eine rein imaginäre Relation zwischen Subjekt und anderem verwehren. *Drittens* – und dies wird sich in den folgenden Kapiteln als spezifisches Merkmal der Theaterkunst erweisen – kann der andere nie auf ein Bild reduziert werden, das erkannt, anerkannt und angeeignet werden könnte, da er auf seine realpräsentische Physizität und gleichzeitig auf Unsichtbares und Nicht-Repräsentierbares verweist. Dieses letzte Argument kommt insbesondere im Theater zum Tragen, insofern die Medialität der Aufführung keine Artikulation von vorbestimmten und ›rein illusorischen‹ Idealbildern zulässt, sondern immer auch einen sinnlich-materiellen Überschuss des (Schauspieler-)Körpers erfahrbar macht. *Entsprechend kooperiert in einer kopräsentischen Identifizierung die unvorhersehbare Realisierung des szenischen Geschehens mit der Unplanbarkeit der individuellen Fixierungsvorgänge im Sinne einer doppelten Kontingenz.*

In Situationen der Dissemination also, die handelnde Akteure exponiert und Zuschauer in eine Position der Rezeption drängt, erweist sich die Identifizierung als jene zentrale Operation, die das Zuschauen zu einem aktiven und kreativen Prozess erhebt. Die optische Bindung an den anderen wird zur Grundlage für Differenzen sowie für Dissens- und Konflikterfahrungen, die sich im Theater poten-

---

128 | Dylan Evans, »Das Imaginäre«, in: ders., *Wörterbuch der Lacanschen Psychoanalyse*, a.a.O., S. 146-148, hier: S. 146.

129 | »Der Blick wahrt, selbst wenn er fasziniert ist, Distanz [...].« Dieter Mersch, »Aisthetik und Responsivität. Zum Verhältnis von medialer und amedialer Wahrnehmung«, in: Erika Fischer-Lichte/Christian Horn/Matthias Warstat/Sandra Umathum (Hg.), *Wahrnehmung und Medialität*, Tübingen, Basel: A. Francke 2001, S. 273-299, hier: S. 292.

ziell zu jeder Zeit auch in der wechselseitigen Aushandlung der Positionen und Perspektiven entladen können.

4. ZWISCHENBILANZ

Der Grund für die Vielzahl und Vielfalt der allein im 20. Jahrhundert entwickelten Blickkonzepte besteht offenkundig in der ambivalenten Konditioniertheit von Blickwechseln sowie im sozialen Geltungsreichtum von Blickpraktiken. Die aus theaterwissenschaftlicher Perspektive entfaltete Kritik an den einzelnen Blicktheorien macht jedoch ihre jeweilige disziplinäre Relevanz und analytische Brauchbarkeit nicht obsolet. Deshalb wollen wir im Folgenden weniger eine umfassende Typologie oder zwei ausgewählte Modelle des Blickens verifizieren, für gültig erklären und mit einer Fülle von Beispielen illustrieren. Stattdessen werden heterogene Beispiele des Theaters und der Performance der Gegenwart aufgegriffen und die bereits herausdifferenzierten Blickmuster in der Beschreibungspraxis erprobt bzw. modifiziert, um auf diesem Wege die Diskurse der Aufführungsanalyse zu erweitern und der theaterwissenschaftlichen Forschung zu anwendbaren Konzepten und Theorien des Blickens zu verhelfen. In Anknüpfung an eine Bandbreite von Merkmalen und Wirkungskontexten zwischenmenschlicher Blickhandlungen – wie Fetischismus, Fokalisierung, Aufmerksamkeitslenkung, zentralperspektivisches Zeigen, Panoptismus, Maskerade und Voyeurismus beispielsweise – werden wir systematisch an Diskurse anknüpfen, die für die Analysepraxis des Gegenwartstheaters und gleichsam für eine Theorie des Sehens und Gesehenwerdens produktiv und inspirierend werden können.

Im Weiteren wollen wir einer einheitlichen Struktur der Beispielanalysen folgen und unsere fünf thematischen Aspekte – Körperlichkeit, Emotionalität, Räumlichkeit, Macht und Begehren – jeweils auf zwei markante Formen der Intersubjektivität hin analysieren, d.h., den Konnex zwischen Ich und anderem in den Matrizen der identifizierenden und objektivierenden Blickbeziehungen ins Auge fassen. Gleichwohl werden die beiden Modellierungen des Blickens mit jedem Beispiel brüchiger und erweiterungsbedürftiger erscheinen. Daher wird es in jedem Analyseschritt darum gehen, die in Frage stehenden Lacan'schen und Sartre'schen Ausgangsmodelle beständig zu überprüfen, zu erweitern und mit anderen Blickkonzepten in Dialog treten zu lassen, um ein immer differenzierteres Vokabular und Analyseinstrumentarium für jene Erfahrungen entfalten zu können, die aus den Wirkungen des eigenen bzw. fremden Blicks resultieren. Obwohl wir in jedem Kapitel mit der Analyse des *identifikatorischen Sehens* ansetzen und erst anschließend zur Erforschung des *objektivierenden Sehens bzw. Gesehenwerdens* kommen, wird die mediale Eigenschaft der Blickwechsel, d.h. ihre doppelt kontingente Konfiguriertheit, mehrfach deutlich hervortreten. Die Spezifizität der Blickinteraktionen im Theater liegt darin begründet, dass die Überschneidung bzw. der Wechsel von beiden elaborierten Blickinteraktionsmodellen möglich wird, sodass Blickwechsel in einer Aufführungssituation die Ökonomie der mehr oder weniger ›unilateralen‹ Rezeption in die Ökonomie der wechselwirksamen Interaktion transformieren können. Entsprechend wird der Blick in den folgenden Analysekapiteln als jene Instanz fokussiert, die nicht nur innerhalb eines der beiden Interaktionsmuster für die Wahrnehmung und Affizierung konstitutiv zu werden vermag. Er ist immer auch als ein sozialer Faktor der Partizipation zu denken, der bestehende Wahrnehmungsparadigmen zu reorganisieren oder zu subvertieren weiß und darüber hinaus für jeden Interagierenden derselben Aufführung individuell unterschiedliche Dimensionen der Partizipation erfahrbar machen kann.

Insofern Jacques Lacan die These zurückweist, der zufolge erst »die Funktion [...] das Organ« schaffe, und anschließend eine Reihe unterschiedlicher Funktionalitäten des Sehorgans thematisiert, betont er die multiple Wirksamkeit des Blickens in sozialen Interaktionen schlechthin: »Man sagt, die Funktion schaffe das Organ. Das ist eine völlige Absurdität [...]. Gerade beim Auge kommen die unterschiedlichsten Funktionen zusammen.«[130] Auch wenn die folgende Bestandsaufnahme von Blickerfahrungen einer heuristischen und gliederungslogischen Ausgrenzung von Aspekten folgt, werden die jeweiligen Analysebeispiele und Erfahrungsberichte dem Bekenntnis von Lacan nachdrücklich Recht geben.

130 | Lacan, *Die vier Grundbegriffe der Psychoanalyse*, a.a.O., S. 108.

III. Blick und Körperlichkeit

1. »ZWISCHEN BLICK UND BLICK«

Das Prosawerk *Bildbeschreibung* von Heiner Müller verdichtet bekanntlich visuelle Impressionen zu einem langen, zwischen Faktizität und Anschaulichkeit oszillierenden Satz, dessen Thema sich *in* einem bzw. *durch* einen auf eine Bildszenerie fallenden Betrachterblick entfaltet. Im interdisziplinären Forschungskanon gilt das Interesse an Müllers Notizen über eine Bildversenkung und Bilderschaffung dem Nachvollzug des auktorialen und schöpferischen Erzählerblicks und zugleich einer rekonstruktiven Analyse der innerbildlich fixierten Figurenblicke,[1] sodass *Bildbeschreibung* nicht nur als verbale Metaphorik der Bildrezeption, sondern auch als paradigmatische Schilderung filmischer und theatraler Sehmuster gelesen werden kann.[2] Diesen medienreflexiven Prosatext, der die Modalitäten des Sehens bzw. die Deutbarkeit und Diskursivierbarkeit von bildlicher Körperdarstellung sondiert, hat der Regisseur Laurent Chétouane im Jahr 2007 mit Frank Willens als einzigem Tänzer auf einer nahezu leeren Bühne in Szene gesetzt. Die Erkundung des Spannungsverhältnisses zwischen Bildhaftigkeit und Körperlichkeit, Sprachlichkeit und Akustik, gestischer Momenthaftigkeit und prozessualer Bewegtheit in der Gegenwartsdimension der Aufführung war das tragende Motiv dieser beeindruckenden Theaterarbeit.[3]

Chétouane mied eine illustrative, tableauhaft inkorporierte Bebilderung des Textes ebenso wie eine sinnevozierende Artikulation der Textsemantik. Körper

---

1 | Vgl. Ulrike Haß (Hg.), *Heiner Müller – Bildbeschreibung. Ende der Vorstellung*, Berlin: Theater der Zeit 2005.

2 | Vgl. Hans-Thies Lehmann, »Theater der Blicke. Zu Heiner Müllers *Bildbeschreibung*«, in: Haß, *Heiner Müller*, a.a.O., S. 63-78, insbesondere: S. 77-78. Zur Analyse der Blickrichtungen und Blickmodalitäten, die anhand der Textsemantik als eine ›dramatische‹ Figurenkonstellation aufgedeckt werden können, vgl. Theresia Birkenhauer, »Bild – Beschreibung. Das Auge der Sprache« in: Haß, *Heiner Müller*, a.a.O., S. 93-111.

3 | Die Uraufführung von Laurent Chétouanes *Tanzstück #1: Bildbeschreibung von Heiner Müller* fand am 09. Februar 2007 im Essener PACT Zollverein statt.

und Stimme des Tänzers wurden als selbstreferenzielle Materialität akzentuiert: Willens' Bewegungen abstrahierten die beschriebenen Körpergesten und -positionierungen, indem sie diese in holpriger, improvisatorisch wirkender Weise ausprobierten oder konterkarierten. Die Wörter, die er sprach, erklangen als singuläre, durch lange Pausen dekontextualisierte Fragmente und verliehen der ›Darstellung‹ eine mit dem Geräusch der Körperverwendung interferierende akustische Dimension. Bei der Betrachtung der flüchtigen Körperszenerien, die Ambivalenzen wie ›verkörperte Abstraktion‹ und ›konkrete Poesie‹ zum Ausdruck brachten, changierte das Hören zwischen Erklingen und Verklingen der Worte, während der Zuschauerblick von Wechseln zwischen Eingefrorenheit und Vitalität des Tänzerkörpers geleitet wurde. Willens, der alle Darstellungsmuster unter modulierender Intensität und räumlicher Umpositionierung wiederholte, dehnte hiermit den »Augenblick des Bildes«[4] in die exaltierte Bewegungsdynamik permanenter Neuversuche aus. Im Unterschied zur beschriebenen Bildfigur, deren Arm »am Handansatz vom Bildrand abgeschnitten«[5] ist, agierte Willens in seiner gänzlich sichtbaren Körperlichkeit, die während der tänzerischen Aktion mit ihren eigenen Grenzen und denen des Raumes konfrontiert wurde. Er tendierte sogar dazu, den Stillstand der Bildwerdung oder, wie Nikolaus Müller-Schöll schreibt, die »Totalität der tänzerischen Bewegung, [...] durch sein beständiges *In-Bewegung-Bleiben* [zu] verhindern oder [zu] unterlaufen«[6]. Willens Körperpräsenz ging mit der Absenz symbolischer Kodizes und dem Entzug der Repräsentationsebene einher und wurde darüber hinaus von jener rechteckigen schwarzen Tafel kontrapunktisch hervorgehoben, die der Tänzer auf der leeren Bühne aufstellte und mit dem riesigen Schriftbild »Himmel« bemalte. Diese, eine definitive Bildfläche exponierende Tafel stellte die einzig nicht zu betretende Sphäre im Raum dar, ein Terrain der Gerahmtheit, ein nicht zu nivellierendes Areal der Abgrenzung, das trotz der Zerstörungsversuche des Tänzers durch Hand- und Fußschläge bestehen blieb. Die Tafel als potenzielles Bildmedium verwehrte gleichsam jedes Bewegungsunternehmen, das auf den Eintritt in die Bildsphäre, die Bildwerdung des Körpers abzielte. Das Brett fungierte lediglich als die paradoxe Substanz eines räumlichen Platzhalters, als reine Projektionsfläche, die den Zugang des organischen Körpers verwehrte. Die Szene des buchstäblichen Bildwerdungsversuchs ließ mediale Differenzen zwischen Bildlichkeit und Körperlichkeit deutlich zutage treten, die in der Sequenz kulminierten, in welcher der auf dem Boden liegende Willens seinen bekleideten Körper mit weißer Kreide bemalte und den rechten Arm, der eigentlich »vom

4 | Heiner Müller, »Bildbeschreibung«, in: ders., *Shakespeare Factory 1*, Berlin: Rotbuch 1985, S. 7-14, hier: S. 11.

5 | Ebd., S. 8.

6 | Nikolaus Müller-Schöll, »Raisonner sur scène. Über zwei Arbeiten Laurent Chétouanes«, in: Karsten Lichau/Viktoria Tkaczyk/Rebecca Wolf (Hg.), *Resonanz. Potentiale einer akustischen Figur*, München: Wilhelm Fink 2009, S. 291-305, hier: S. 301. Kursivierung im Original.

Bildrand [hätte] abgeschnitten« sein sollen, mit weißer Farbe beschmierte. Seine Körperlichkeit widersetzte sich der Bildwerdung durch »Übermalung«[7] einerseits, weil sie keine Einschreibung und Fixierung von malerischen Strichen erlaubte, und sie ließ sich andererseits nicht mit Bildlichkeit in einer Synthese aufheben, da ihr Überschuss als lebendiger Organismus irreduzibel war.

Chétouanes choreografische Inszenierung thematisierte den menschlichen Körper, der hier insbesondere als ein blickender sichtbar wurde. Die sich »zwischen Blick und Blick«[8] der Anwesenden entfaltende Aufführung bekundete den *Live*-Körper als etwas, das durch den Blick den anderen adressieren kann. Dieses Zusammenspiel zwischen Körperlichkeit, Blick und Adressierung wurde in Chétouanes Inszenierung *Tanzstück #3: Doppel/Solo/Ein Abend*[9] (2009) mit dem Tänzer Matthieu Burner verbal und körperlich offenbart: »ich arbeite mit meinem körper und verhandle jede aussage in ihm. [...] mein fokus wurde zum blick. ich bin außer mir, und der sich artikulierende körper erscheint nur als besitzer dieses blicks [...].«[10] Während sich in *Tanzstück #3* die Tänzerin Sigal Zouk nach ihrem Solo dem Publikum näherte, an der ersten Zuschauerreihe langsam entlang schritt und *jedem* auf sie schauenden Zuschauer wenige Sekunden lang in die Augen blickte, mündete in *Bildbeschreibung* die intensive Observierung des Publikums in der physischen Annäherung des Tänzers an die Zuschauer. Willens beschränkte sich nicht auf den Blickwechsel mit Einzelnen, er betrat den Zuschauerraum, durchquerte die Reihen, stellte sich einzelnen Rezipienten gegenüber, griff nach ihrer Hand oder ließ seinen Körper von ihnen anfassen. Damit etablierte er eine Reziprozität zwischen Blicken, Berührungsgesten und akustischer Aufmerksamkeit der Teilnehmer: ihre Körper wurden zu sehenden und gesehenen, berührenden und berührten, hörenden und resonierenden Größen der Partizipation.

2. Der Körper im Blick

Obwohl im Theatersaal jeder Körper in seiner Ganzheit zum Objekt des Sehens werden kann, schränken dezidierte Konventionen und Inszenierungsstrategien den auf die Körperintegrität zielenden Zuschauerblick auch ein und versuchen, die Aufmerksamkeit des Betrachters auf einzelne Körperteile, Gesten bzw. deren technisch-mediale Repräsentationspendants zu lenken. Die signifikantesten Modi der visuellen Körperwahrnehmung und Identifizierung im zeitgenössischen Regie-

7 | Müller, »Bildbeschreibung«, a.a.O., S. 14.

8 | Ebd., S. 9.

9 | Im *Tanzstück #3: Doppel/Solo/Ein Abend*, das im Mai 2009 im Essener PACT Zollverein uraufgeführt wurde, setzte Laurent Chétouane Texte von Philipp Gehmacher und Friedrich Hölderlin in Szene.

10 | Philipp Gehmacher, »vom ich«, in: ders./Angela Glechner/Peter Stamer (Hg.), *Incubator*, Wien: Passagen 2006, S. 29-33, hier: S. 31 und 33.

theater werden wir auf den nächsten Seiten schrittweise erläutern. In einem ersten Schritt gilt es, inszenatorische Strategien des Gegenwartstheaters zu untersuchen, mit denen der Zuschauerblick als Indikator visueller Aufmerksamkeit aktiviert werden kann und der Fokus auf einzelne Körperteile bzw. auf die Körperintegrität gelenkt wird. In Bezug auf die technische Medialisierung der Schauspielerkörper durch *Live*-Übertragung steht die Relation zwischen physischer Präsenz und medialem Präsenzeffekt, d.h. zwischen zwei radikal differenten Erscheinungsqualitäten des Körpers, im Mittelpunkt der Analyse. Wie ist die häufige Oszillation der Blickfixierungen zwischen Körpern und Körperbildern genauer zu beschreiben? Als zweiter Schwerpunkt wird die Fetischisierung dann als eine prominente Inszenierungsstrategie untersucht, die auf die Betonung, Intensivierung oder Erotisierung des Körpers bzw. auf die Steuerung des Zuschauerblicks abzielt.

In dem darauf folgenden Teilkapitel richten wir das Augenmerk auf Blicke, die den Blickenden zum Angeblickten machen und seinen Körper durch visuelles Erfassen mit hervorbringen. Unser Interesse wird den zwischenleiblichen Interaktionen der Blicke gelten, um die Reziprozität des Sehens und Gesehenwerdens als eine Interferenz von Körperwahrnehmung und Körpereinsatz, Objektivierung und Subjektivierung zu beschreiben. Anschließend wird zu erörtern sein, worauf die animierende und zugleich verstörende Wirkung körperloser Blicke zurückgeführt werden kann, die uns beim Fotografiert- und Gefilmtwerden begegnen und zum Posieren treiben.

2.1 Ein Blick auf die mediatisierte Verdopplung des Schauspielerkörpers

Aufführungen sind intermediale Ereignisse, welche die uneingeschränkte Integration und Kombinierbarkeit von Medien[11] jeglicher Verfasstheit und Funktion erlauben und diese in ihrem Vollzug zu anästhetisieren, ausstellen oder reflektieren

11 | Der Terminus ›Medium‹ stellt im aktuellen wissenschaftlichen Diskurs eines der am meist inflationär gebrauchten Fachtermini dar. In Abgrenzung zu den weit gefassten Medienbegriffen von Marshall McLuhan oder Niklas Luhmann verwenden wir den Term ›Medium‹ in Rekurs auf Sybille Krämers Definition im Sinne eines Mittlers, der als eine fremdbestimmte Instanz gedacht werden muss, insofern er etwas zeigt, ohne das Gezeigte autonom und generativ selbst hervorzubringen: »[Z]um Medium kann [...] alles werden, was im Zwischenraum einer Differenz als Instanz einer Vermittlung durch Hybridisierung dient.« Sybille Krämer, »Kann eine performativ orientierte Medientheorie den ›Mediengenerativismus‹ vermeiden?«, in: Gerhard Johann Lischka/Peter Weibel (Hg.), *ACT! Handlungsformen in Kunst und Politik*, Bern: Benteli 2004, S. 66-83, hier: S. 80. Aus dieser Sicht besteht die Funktion des Mediums in seiner Übertragungsleistung, sofern es zwischen »äußerst heterogene[n] Welten, Systeme[n] oder Felder[n]« vermittle. Sybille Krämer, »Boten, Engel, Geld, Computerviren. Medien als Überträger«, in: *Paragrana. Internationale Zeitschrift für Historische Anthropologie* 14.2 (2005), S. 15-24, hier: S. 16. Krämer nimmt ein ›Außer-

imstande sind. Die performative Wende in den Künsten zog einen nachhaltigen Durchbruch und eine zunehmende Verwendung technischer und elektronischer Medien auf der Bühne nach sich. Diese fungierten von Anfang an nicht nur als integrale Bestandteile der Performances, sie avancierten geradewegs zu deren konstitutiven Elementen, zu Prämissen ihrer Ausführung und Beglaubigung.[12] Der verbreitete Einsatz ›Neuer Medien‹ in Aufführungen resultiert u.a. in der Pluralisierung der visuellen Darstellungsebenen und damit der Blickfixierungs- und Identifikationsmöglichkeiten. Konsequenterweise erfordert die Frage nach der visuellen Erfassung des Schauspielerkörpers eine Analyse von Verschränkungen, Schichtungen, Überlagerungen und Konkurrenzen qualitativ verschiedener Repräsentationsebenen einerseits sowie die Reflexion auf ihre je individuelle und kontingente Wahrnehmung andererseits – wobei letztere als eine komplexe Leistung gilt, die von den szenischen Bildkompositionen ebenso wie von den subjektiven Mechanismen der Aneignung, Projektion, Imagination und Assoziation bestimmt wird.

In Frank Castorfs *Kokain*-Inszenierung[13] (2004), die wir nachfolgend als ein Beispiel für medialisierte schauspielerische Darstellung behandeln wollen, wurden audiovisuell übertragene Bilderfolgen und szenische *Live*-Situationen dergestalt miteinander gekoppelt, dass sie in räumlicher Nachbarschaft und zeitlicher Simultaneität abliefen und auf diese Weise den Blick in ein permanentes Switchen trieben: Der Fantasy-Film *Zardoz* von John Boorman war auf das gesamte, von Jonathan Meese entworfene Bühnenbild projiziert, sodass der Bühnenhintergrund als eine gigantische Kinoleinwand für die Vorführung des Films diente. Drei weitere Monitore zeigten zwei Trash-Filme bzw. vorproduzierte Videodokumentationen aus der Probenphase der Inszenierung. Da das Bühnenbild aus einem sich immer wieder drehenden, abgegrenzten Innenraum sowie aus zahlreichen und unterschiedlich eingerichteten Außenräumen bestand, operierte Castorf gleichsam mit der *Live*-Übertragung von Szenen, die den Blicken der Zuschauer nur bedingt zugänglich oder sogar komplett unzugänglich waren. Ferner wurden die filmischen Einlagen durchgängig mit Filmstills oder Modefotografien überblendet, welche die populärkulturelle Relevanz menschlicher Körperrepräsentationen thematisierten. Castorf setzte gewissermaßen ein Konglomerat medial differenter

halb‹ des Mediums an, ohne dieses unzugängliche Jenseits des Medialen mit einer demiurgischen Kraft im Sinne Platons Metaphysik aufzuladen. Vgl. ebd.

12 | Dass es Videosequenzen und Fotografien sind, die nachträglich sogar eine ontologische Idee der ›ursprünglichen‹ Aufführung zu konstituieren vermögen, behauptet Philip Auslander in seinem Aufsatz »Zur Performativität der Performancedokumentation«, in: Barbara Clausen (Hg.), *After the Act. Die (Re)Präsentation der Performancekunst*, Wien: Museum Moderner Kunst Stiftung Ludwig 2005, S. 21-34.

13 | Die Inszenierung von *Kokain*, dem Roman des italienischen Journalisten Dino Segre alias Pitigrilli, hatte am 31. Januar 2004 in der Berliner Volksbühne am Rosa-Luxemburg-Platz Premiere.

Visualitätseffekte in Szene, die allesamt Körperbilder vor Augen führten und durch die Verschränkung von realem Schauspiel, dessen medialen Übertragungen und filmischen Zitaten den Aspekt der Körperlichkeit in unterschiedlichen Formaten und Szenarien bündelten und exponierten. Castorfs visuelle Körperkonfigurationen konterkarierten eine hermeneutische Rezeption und forderten darüber hinaus selbst die ›rein‹ assoziativen Interpretationsversuche der Zuschauer heraus.

Fragt man nach der visuellen Körperwahrnehmung in medialisierten Performanzen, so zielt man u.a. auf die Logik der Blickfixierung und -bewegung des Betrachters: Welche Ebenen der Repräsentation – Schauspiel, Film oder *Live*-Übertragung – erlangen die Aufmerksamkeit eines Blicks? Wie lange bleibt der Blick von einer Repräsentationsordnung angezogen, und welche Mechanismen motivieren bzw. forcieren einen Fokussierungswechsel? Um dieser Problemstellung nachzugehen, werden wir nun das darstellungslogische Zusammenspiel der medialen Repräsentationsebenen beschreiben.

In Castorfs Inszenierung stellt die Simultanübertragung des Schauspiels auf die Bühnenleinwände mithilfe von *Live*-Kameras ein komplexes Repräsentationsverfahren dar, das sich nicht auf eine (indexikalische) Referenzbeziehung zwischen zwei Medialitäten oder Wirklichkeiten reduzieren lässt. Wird das Spannungsverhältnis zwischen körperlicher Präsenz und deren technischer Medialisierung in der Aufführung wahrgenommen, dann scheint diese Spannung nicht auf eine hierarchische oder kausale Relation rückführbar zu sein. Vielmehr generiert sie gerade dadurch eine Oszillation des Blicks, dass sie eine referenzielle Verwirrung stiftet. Wenn Castorf die szenisch integrierten Nahaufnahmen der Schauspieler in Echtzeit auf eine Leinwand projiziert, demonstriert er die mediale Differenz zwischen Körperlichkeit und ihrer technischen Visualisierung auf pointierte Weise. Weniger werden die durch Zoomeffekte der aufnehmenden Kamera produzierten Körperbilder nämlich als Äquivalente der realen Körper vorgeführt. Eher handelt es sich hierbei um Bilderfolgen, die ansonsten verhüllt, für den Zuschauerblick nicht sichtbar und daher ›inexistent‹ blieben.[14]

Zwar scheint die Nahaufnahme die perfekte Wiederholung einer Körperpräsenz darzustellen, paradoxerweise ist sie aber eine Repräsentation dessen, was in Castorfs Inszenierungen wahrnehmungsstrukturell fehlt: was unzugänglich bleibt oder lediglich aus außerordentlicher Nähe zugänglich wäre, und dessen ›Original‹ erst durch die technische ›Wiederholung‹ sichtbar gemacht wird. Obwohl zwi-

14 | Zur psychoanalytisch fundierten Deutung von Darstellungsparadoxien im Theater und Film vgl. Alenka Zupancic, »Ein perfekter Platz zum Sterben. Theater in Hitchcocks Filmen«, in: dies./Slavoj Žižek/Mladen Dolar/Stojan Pelko/Miran Božovic/Renata Salecl (Hg.), *Was Sie immer schon über Lacan wissen wollten und Hitchcock nie zu fragen wagten*, Frankfurt a.M.: Suhrkamp 2002, S. 70-103. »[D]ie Möglichkeit der Kamera, nicht nur die Bühnenrampe zu überschreiten und sich den Schauspielern zu nähern, sondern darüber hinaus ihnen *zu nahe zu* kommen, [scheint] wiederum die Wirkung des Theaters hervorzubringen.« Ebd., S. 76. Kursivierung im Original.

schen dem Körper des Schauspielers und seinem medial vermittelten Gesichtsbild eine »ikonische«[15] oder ontologische Differenz behauptet werden könnte, lässt sich die Korrespondenz von Körperlichkeit und deren Digitalisierung im Vollzug der Performance nicht auf eine Polarität von Original und Kopie, Urbild und Nachbild, Authentizität und Reproduktion rückführen. Im Gegenteil, Castorf erschüttert konsequent alle kausalen Referenzialitätsbeziehungen.

Die im Großformat übertragenen Gesichter erzeugen einen illusionären Eindruck, da sie diese expressiven Körperregionen unter einem ›Vergrößerungsglas‹ zeigen und empirisch zugänglich machen. Die Großaufnahmen erheben den »Sitz des Blickes« zum »Gegenstand des Blickes«[16], wenngleich sie das Gesicht durch eine technische Fragmentierungsstrategie entkörperlichen und unabhängig vom Körper lebendig wirken lassen. Doch der von der Nahaufnahme eines Gesichts besetzte Bildschirm stimuliert trotz Fragmentierung immer auch identifikatorische Konnexe des Betrachters, indem er die Ästhetisierung und illusorische Vergrößerung des Gegenübers erzielt. Entsprechend gewähren Castorfs Gesichtsbilder einen voyeuristischen Blick auf die überdimensional preisgegebenen Persönlichkeitsfragmente der Schauspieler, die entweder hinter einer Tür oder neben der Leinwand präsent sind und mit ihren vergrößerten Selbstbildern um die Aufmerksamkeit der Blicke konkurrieren. Das Verhältnis zwischen Körperlichkeit und deren zweidimensionaler Visualität ist sowohl von Ähnlichkeitsbeziehungen als auch von Geltungsverschiebungen durchzogen, und dieser Umstand legt die Vermutung nahe, dass die Wechsel der Blickfixierungen zwischen physisch fundierten und medialisierten Körperbildern von *metaphorischen* bzw. *metonymischen* Übertragungslogiken ableitbar und als solche beschreibbar sind.

Unser analytischer Rekurs auf rhetorische Tropen dient im Weiteren keineswegs als Anlass, bildliche Logiken auf sprachliche Zeichenstrukturen zu transferieren. Vielmehr ist ins Auge zu fassen, dass mediale Übertragungsprozesse nicht nur qualitativ verschiedene Modi der Körpererfahrung generieren, sondern den Körper gleichzeitig in unterschiedliche Kontexte einbetten und in diesen wahrnehmbar machen können.

Rhetorische Figuren wie Metapher und Metonymie bezeichnen ihren tradierten antiken und mittelalterlichen Begriffsbestimmungen zufolge unterschiedliche Übertragungsoperationen: Während die Metapher ihre Verweisstruktur aufgrund von Ähnlichkeit oder Analogie etabliert, stiftet die Metonymie durch Referenzver-

15 | Zur ikonischen Differenz bildlicher Repräsentation, die etwas Abwesendes präsent macht, vgl. Gottfried Boehm, »Die Wiederkehr der Bilder«, in: ders. (Hg.), *Was ist ein Bild?*, München: Wilhelm Fink 1994, S. 11-38, insbesondere: S. 29-31.

16 | Gertrud Koch, »Nähe und Distanz: Face-to-Face-Kommunikation in der Moderne«, in: dies. (Hg.), *Auge und Affekt. Wahrnehmung und Interaktion*, Frankfurt a.M.: Fischer 1995, S. 272-291, hier: S. 272.

schiebung einen Konnex zwischen zwei Kontexten oder Frames.[17] Die Metapher präsentiert etwas Abwesendes, indem sie dieses, so Aristoteles, *in actu* »vor Augen führt«[18]. Sie leistet eine relationale Bindung zwischen zwei heterogenen Bereichen und bringt sich innerhalb ihres neuen Kontextes in Erscheinung. Die Relevanz der Metapher besteht daher nicht nur in ihrem Verweis auf ihren »enteigneten«[19] Zusammenhang. Vor allem ihr Vermögen, sich in dem neuen Rahmen zu zeigen, sich wahrnehmbar zu machen, d.h. Leerstellen einzunehmen, um überhaupt neue Sinn- und Bedeutungszusammenhänge zu bilden sowie Erkenntnis- bzw. Imaginationsprozesse zu motivieren, ist ihr wesentliches Charakteristikum. Die Metapher verfügt neben einem semiologischen also auch über einen performativen Stellenwert. Ihr kommt die Rolle zu, den Rezipienten in seiner Assoziations- und Interpretationspraxis zu fördern; zusätzlich eignet ihr die Kompetenz, sich dem Leser bzw. Betrachter zunächst als Widerfahrnis aufzudrängen. Diese deiktische Funktion der Metapher, sich selbst in neuen Kontexten zu zeigen, charakterisiert Dieter Mersch als die primäre Funktion metaphorischer Figurationen. Er konstatiert eine temporale und logische Präexistenz ihres Sich-Zeigens, die den Akten diskursiver Sinnproduktion zugrunde liegt und diese allererst ermöglicht: »Zwar spricht die Metapher«, so Mersch, »aber was sie *sagt*, tritt zugunsten dessen zurück, was sie zu *zeigen* vermag«.[20]

Im Falle einer *Live*-Übertragung konturieren Körperbild und Videobild, physische Präsenz und deren technisch-mediales Exponat die Zielscheiben des Zu-

17 | Vgl. Ekkehard Eggs, »Metapher«, in: Gert Ueding (Hg.), *Historisches Wörterbuch der Rhetorik*, Tübingen: Max Niemeyer 2001, S. 1099-1183, insbesondere: S. 1100.

18 | Vgl. Aristoteles, *Rhetorik*, Buch III, 10. Kapitel 7., 1411b. »Hiermit ist also dargelegt, daß der Esprit (der Rede) auf den analogisch gebildeten Metaphern und dem Vor-Augen-Führen basiert.« Ebd.

19 | Gerhard Kurz, *Metapher, Allegorie, Symbol*, Göttingen: Vandenhoeck & Ruprecht 1982, S. 9. Gerhard Kurz entfaltet eine Interaktionstheorie der Metapher und beschreibt den Akt des Verstehens als eine Interaktion zwischen der Metapher und dem von ihr besetzten Kontext.

20 | Dieter Mersch, *Was sich zeigt. Materialität, Präsenz, Ereignis*, München: Wilhelm Fink 2002, S. 41. Kursivierung im Original. »[D]ie Metapher erfüllt ihre Funktion weniger in bezug auf das, was sie jeweils zur Sprache bringt, als darin, daß sie auf etwas hinlenkt, was primär *kein Sagen* ist. Entscheidend ist [...] ihr Vollzugscharakter, ihre performative Stellung im Diskurs. Metaphern sind *Wege*; sie beschreiben *Annäherungen ans Ungesagte*. [...] Ihre Redeform ist das *Weisen*, die »Zeige« (Heidegger).« Ebd., S. 40. Kursivierung im Original. Von der Untersuchung der Tropen als Mittel semantischer Sinnproduktion kehrt nicht nur Mersch sich ab. Dieser Abkehr geht die psychoanalytische Lacan-Tradition voraus, in der die rhetorischen Figuren der Metapher und der Metonymie als Operatoren der Zeichenkörper (Signifikanten) in den Blick genommen werden. Vgl. Jacques Lacan, »Das Drängen des Buchstabens im Unbewußten oder die Vernunft seit Freud«, in: ders., *Schriften II*, Olten, Freiburg i.Br.: Walter 1975, S. 15-59.

schauerblicks. Der Rezipient kann sich jeweils nur auf eine Darstellung konzentrieren und innerhalb eines Wahrnehmungsmusters aktiv sein. Konsequenterweise fungiert auch das Videobild in Castorfs *Kokain*-Inszenierung nicht nur als eine alternierende Parallelwirklichkeit des realpräsentischen Körpers. Hingegen wird sie als eine Eigenwirklichkeit erfahrbar, die häufig sogar eine wahrnehmungsstrukturelle Lücke füllt, weil sie die im Nicht-Sichtbaren agierenden Realkörper auf einer Leinwand oder Hauswand sichtbar macht. Die Videoübertragung zeigt den Schauspielerkörper im Kontext eines *live* produzierten Films und passt ihn der filmischen Darstellungs- und Wahrnehmungslogik an. Ohne diese nach dem Prinzip der metaphorischen Übertragung funktionierende Visualisierung wäre der Körper in Castorfs Inszenierungen häufig schlicht nicht sichtbar.

In der Wahrnehmung erfolgt der Übertritt von der szenischen auf die filmische Ebene jedoch nie in eine einzige Richtung. Er mündet im Lauf einer Aufführung in ein permanentes Changieren zwischen zwei Kontexten der Körperwahrnehmung. Castorfs Strategie, den Schauspielerkörper für die Augen des Betrachters in verschiedenen Qualitäten und manchmal sogar synchron zugänglich zu machen, erzielt eine Hin- und Herbewegung des Blicks zwischen zwei Ordnungen, sodass jeder Wechsel die Konfrontation mit neuen Visualitätsmetaphern nach sich zieht. Die Gesichtsexpressionen, Körpergesten und -attribute der Schauspieler, die im Videobild vergrößert und intensiviert wahrnehmbar werden, können bei der anschließenden Inblicknahme der Körperintegrität als Supplemente von verkörperten Affekten erscheinen.

Die Oszillation des Blicks in Castorfs *Kokain* als eine permanente Konfrontation mit Metaphern zu interpretieren, hat zweierlei belangreiche Konsequenzen: Erstens enthüllt die Figur der Metapher die Iterabilität und Nicht-Totalisierbarkeit jedes Visualitätseffekts. Zweitens untergräbt sie jeden Versuch, eine ultimative Originalität des Wahrgenommenen ausfindig zu machen. Die Metapher – und Paul de Man zufolge auch jede andere rhetorische Figur – suspendiert die »Logik und eröffnet schwindelerregende Möglichkeiten referentieller Verirrung«[21]. Sie gestattet im Akt ihrer Wahrnehmung keine Dekodierung eines ursprünglichen Referenten oder die Differenzierung von Original vs. Kopie, Authentizität und Abbildung. Das Aufscheinen einer Metapher vermag allerdings ihren unermittelbaren Ursprung zu fingieren, so als ob ihre Erscheinungsintensität aus einem logisch nachweisbaren Rekurs auf einen Referenten resultiere. Diese Referenzialität ist als solche auf suggestive Weise vorgetäuscht: »Die Metapher ist ein Irrtum«, so folgert de Man, »weil sie an ihre eigene referentielle Bedeutung glaubt oder zu glauben vorgibt.«[22]

Der Blick befindet sich auf einer unerbittlich verzweifelten Recherche, wenn er in Castorfs Konglomerat von visuellen Repräsentationswelten nach einer Quelle der Körperlichkeitseffekte sucht. Die Wechsel der Fokussierung entlarven im Gefüge der Präsenzwirkungen eine paradoxe Natur jedes Körperbildes – sei es

21 | Paul de Man, *Allegorien des Lesens*, Frankfurt a.M.: Suhrkamp 1998, S. 40.

22 | Paul de Man, *Die Ideologie des Ästhetischen*, Frankfurt a.M.: Suhrkamp 1993, S. 248.

technisch-medial oder leiblich hervorgebracht –, denn jedes visuelle Phänomen wird lediglich in seiner Metaphorizität wahrnehmbar, die Hans Blumenberg zufolge jedem Ausdruck eine widersprüchliche Erscheinungsqualität verleiht: »[D]ie Metapher [ist] der *Schein* der Wahrheit mit der Doppeldeutigkeit von Schein als Abglanz, Ausstrahlung, Aura [...] einerseits, [und] von Schein als leere Prätention, irreführendes Trugbild, Vortäuschung [...] andererseits.«[23]

Die visuelle Vervielfältigung von Körperbildern liegt der Logik eines weiteren rhetorischen Tropus, namentlich der Metonymie, zugrunde, die die Fortbewegungen des Blicks motiviert. Während die Metapher Ähnlichkeitsbeziehungen stiftende Körperlichkeitseffekte wahrnehmbar macht, so wird eine Metonymie dadurch auffällig, dass sie räumliche oder zeitliche Verweise, Relationen und Verschiebungen nachvollziehbar werden lässt. In den historisch modulierenden Konzeptualisierungen der Rhetorik kristallisierte sich eine kanonische Taxonomie metonymischer Typologien – wie die relationalen Verschiebungen zwischen »Erfinder und Erfundenem«, »Ursache und Wirkung«, »Behälter und Inhalt«, »Materie und Form«, »Teil und dem Ganzen«[24] – heraus, an die sich weitere metonymische Beziehungstypen wie »Körperteile für Gefühle« oder »Raum für Bewohner«[25] angeschlossen haben. Die metonymische Logik des Visuellen ermöglicht dem Blick, sich in Zeit und Raum zu bewegen und der Erfassung einer Ganzheit Moment für Moment (scheinbar) näher zu kommen. Zahlreiche Verfahren Castorfs heben auf die Zerstückelung der visuellen Integrität der Darstellung ab und fordern die Totalität suchenden und Vollständigkeit begehrenden Blicke immer aufs Neue heraus. Die Pluralisierung medialer Darstellungsebenen und die Fragmentierung des Körpers konterkarieren somit eine bildliche Erfassung des Ganzen: Die Einspielung einer Probenaufnahme, die der simultan vorgeführten szenischen Sequenz entspricht, die Trennung gestischer und mimischer Ausdrücke von den agierenden Körpern, die Projektion eines innenräumlichen Geschehens auf die Außenwand des Gebäudes stellen allesamt zeitliche und räumliche Verschiebungstechniken der Übertragungen dar. Sie setzen den Blick in Bewegung und geben ihm etwas zu sehen, das lediglich in seiner Supplementarität thematisch wird.

Metaphorische wie metonymische Relationen des Visuellen stimulieren die Prozesse des Blickens insofern also, als sie Körperlichkeitseffekte iterativ wiederholen bzw. verschieben und diese immer auf neue Weise wahrnehmbar werden lassen. Doch bei den Wechseln des Wahrnehmungsfokus erweist sich weder die physische Leiblichkeit noch ihre audiovisuelle Exponierung als ein ontologisches Primat; ihre erfahrungslogischen Verbindungen sind ausschließlich durch rhetorische oder logische Figuren geschaffen. Aus performativitätstheoretischer Sicht

---

23 | Hans Blumenberg, »Paradigmen zu einer Metaphorologie«, in: *Archiv für Begriffsgeschichte* 6 (1960), S. 1-147, hier: S. 88. Kursivierung im Original.

24 | Ekkehard Eggs, »Metonymie«, in: Ueding, *Historisches Wörterbuch der Rhetorik*, a.a.O., S. 1196-1223, hier: S. 1205.

25 | Ebd., S. 1207, 1216.

ist es aber von elementarer Wichtigkeit zu betonen, dass die Ähnlichkeits- und Kontiguitätsrelationen zuallererst durch die kognitive Wahrnehmung des Rezipienten entdeckt oder unbewusst erfahrbar werden. Indem die metaphorischen und metonymischen Operationen Körperlichkeit zeigen und konstituieren, motivieren sie nicht zuletzt Akte der Identifizierung, die mit kognitiven Prozessen wie Assoziation oder Interpretation einhergehen. Der Sprachstruktur ähnlich erfordert der ›Nachvollzug‹ narrativer Bildsequenzen eine kognitive Registrierung von Metaphern und Metonymien, die Assoziationsketten generieren und Sinnproduktion in Gang setzen können.

Seit dem interdisziplinären Durchbruch kognitionswissenschaftlicher Theorien wird immer wieder darauf verwiesen, dass metaphorische und metonymische Verknüpfungen die mentale Verstehenskompetenz des Menschen organisieren.[26] Folglich überträgt die Kamera zwar das Bild, letztlich liegt es aber am Betrachter des Bildes, die Übertragung als solche zu interpretieren und mit zu produzieren. Da Bedeutungen nie gegeben, sondern subjektiv hervorgebracht werden, wird es vom Betrachter abhängig sein, welche visuellen Korrespondenzen er in Castorfs Inszenierung erkennt und inwieweit er seinen Blick als Mittel der Erkenntnis einzusetzen vermag.

Castorf arbeitet neben *Live*-Übertragungen ebenfalls mit ›Found Footage‹[27]. Er integriert vorderhand produzierte Bilder bzw. filmische Sequenzen in den diegetischen Raum des szenischen Geschehens und exponiert auf diese Weise eine breite Palette von Körperzitaten, deren Beziehbarkeit auf das *Live*-Geschehen jeweils von der individuellen Zuschauerwahrnehmung bzw. deren Aufmerksamkeitsgrad und Kreativität abhängt. Des Weiteren leistet der Regisseur jenen sinnkonterkarierenden Mechanismen Vorschub, die sich einer konventionalisierten oder intuitiven Sinnbildung widersetzen. In seiner *Kokain*-Inszenierung verknüpfte er beispielsweise die filmische Szenerie einer gebärenden Mutter mit dem Bild eines reitenden Westernhelden, dekontextualisierte Filmstills mit Modefotografien etc. Es handelt sich dabei um Bildzitate, die in der Castorf'schen Verkettung ihrer Genres und

26 | Vgl. Ekkehard Eggs, »Metapher«, a.a.O., S. 1157-1169. Inwieweit kognitive Leistungen, die von metaphorischen und metonymischen Figuren geleitet werden, gleichsam mit neurophysiologischen Mechanismen und phänomenologischen Wahrnehmungsprozessen verbunden sind und somit für die Akte der Verkörperung als konstitutiv gelten, vgl. Mark L. Johnson, »Embodied Reason«, in: Gail Weiss/Honi Fern Haber (Hg.), *Perspectives on Embodiment: The Intersections of Nature and Culture*, New York: Routledge 1999, S. 81-102. Zur umfassenden Behandlung dieses Themenfeldes vgl. Raymond W. Gibbs (Hg.), *The Cambridge Handbook of Metapher and Thought*, Cambridge: Cambridge University Press 2008.

27 | Zur ästhetischen Wirkung und Funktion des ›Found Footage‹, einer zum eigenständigen Genre avancierten künstlerischen Strategie, die auf die Aneignung und Re-Kontextualisierung von vorderhand produzierten Filmmaterialien abzielt, vgl. Annette Jael Lehmann, *Kunst und Neue Medien. Ästhetische Paradigmen seit den sechziger Jahren*, Tübingen, Basel: A. Francke 2008, S. 117-126.

Narrative suspendiert werden und sich sogar in der neuen Strukturierung einer sinnstiftenden Kongruenz regelrecht widersetzen. Die Häufung von Bildwirklichkeiten durch *Live*-Übertragung oder filmische und fotografische Allusionen erweist sich als ein strukturelles Merkmal der Castorf'schen Inszenierungsästhetik seit den ausgehenden 90er Jahren. Demgemäß avancieren die metaphorischen und metonymischen Blickeinstellungen in all seinen Arbeiten zu den zentralen Effekten der visuellen Rezeption. Doch offen bleibt die Frage – sie ist Thema des nächsten Kapitels –, wie jene visuellen Phänomene zu untersuchen wären, die sich nicht in die Matrix der metaphorischen und metonymischen Übertragungslogiken fügen und sämtlichen, von Wiedererkennung und ›zuverlässiger‹ Orientierung geleiteten Blickeinstellungen und Blickverhalten entgehen.

Schließlich ist in Bezug auf die Zuschaueridentifizierung zu betonen, dass die Expansion technisch vermittelter Körperbilder in einer Aufführung gravierende Folgen hat: Der Betrachter gleicht seinen Blick nicht selten nämlich demjenigen der Kamera an.[28] Die Identifizierung mit einer manipulierten Blickperspektive und mit Körperbildern, die durch diese vorab bestimmte Kamerasicht präsentiert werden, wird im medienwissenschaftlichen Diskurs als identitätskonstituierender Akt, ja als ›Monitorstadium‹[29] bezeichnet. Es ist unverkennbar, dass die filmischen

28 | Die Aneignung des filmischen *point-of-view* erzielt für den Betrachter eine eigentümliche Erfahrung, weil dieser zwar durch die Identifizierung mit dem Kamerablick die Grenzen seiner körperlichen Koordinaten hinter sich lassen kann. Die emotionalen und physischen Resonanzen, die durch die Identifizierung ausgelöst wurden, vermag er aber im eigenen Körper zu spüren. Dass die kinematografische Identifizierung eine Reglementierung der Blickperspektive impliziert und daher von den ideologischen Aspekten der Manipulation untrennbar ist, sei hier nur angedeutet: Christian Metz unterscheidet in diesem Zusammenhang zwischen primärer und sekundärer kinematografischer Identifizierung, d.h. zwischen der Aneignung des Kamerablicks und der potenziellen Einnahme eines filmdiegetisch etablierten Figurenblicks. Vgl. Christian Metz, *Der imaginäre Signifikant. Psychoanalyse und Kino*, Münster: Nodus Publikationen 2000, S. 54-55, sowie Kapitel V/2.2 im vorliegenden Buch. Neben der Virulenz der doppelten Identifizierung in Castorfs Inszenierungen erscheint bei der Analyse von medialisierten Aufführungen die Unterscheidung zwischen Einfach- und Mehrfachidentifikationen, welche die Möglichkeit von *cross-gender*-Identifizierungen mit Figuren unterschiedlichen Geschlechts meint, als fruchtbar. Vgl. Tania Modleski, *The Women Who Knew Too Much. Hitchcock and Feminist Theory*, New York: Routledge 2005, S. 5-7.

29 | Mit dem Begriff des ›Monitorstadiums‹ bezieht sich der Medienwissenschaftler Gerhard J. Lischka auf den ›Dialog‹ des Betrachters mit medial vermittelten Körperbildern. »Das Spiegelstadium wird von dem Monitorstadium ersetzt. Computer bieten keinen Spiegel, sondern ein Interface.« Gerhard J. Lischka, »Die Aktualität des Virtuellen«, in: www.artechock.de/kunst/magazin/re/aktvir.htm, 08. August 2010, o.S. Vgl. hierzu auch ders., *Über die Mediatisierung: Medien und Re-Medien*, Bern: Benteli 1988, S. 40. Im Rekurs auf Rosalind Krauss' Begriff des ›elektronischen Spiegels‹ spricht Michael Huebner von einem

bzw. virtuellen Körperbilder neue Logiken der Rezeption und der wissenschaftlichen Reflexion prätendieren. Auch die Medialisierung von Aufführungen zielt auf neue Spielmöglichkeiten der Ästhetisierung des Körpers und erfüllt – vor allem in Massenevents, in politischen Demonstrationen oder Popkonzerten – eine wichtige Funktion: Die Beglaubigung der Anwesenheit einer schaubegehrten Person, die mit bloßem Auge schlicht unerkennbar wäre und deren auratische Realpräsenz paradoxerweise erst durch die technisch-mediale Vermittlung ihres Körperbildes wirkungsmächtig wird.[30] Diese Paradoxie bekundet die existenzielle Verwobenheit körperlicher und medialer Präsenz in technisch mediatisierten Aufführungen – in Massenveranstaltungen ebenso wie in Castorfs Video-Theater. Geht man von einer Interdependenz zwischen bildlichen und realpräsentischen Körperbildern aus, so lässt sich auf Slavoj Žižeks provokante Frage »Wer von den beiden [visuell exponierten Figuren] realer [ist]?«[31] entgegnen, dass die Strategien der theatralen bzw. videotechnischen Körperdarstellung weniger in ein schlichtes Konkurrenzverhältnis treten, als einander bedingen und durch ihre gegenseitige Abhängigkeit neue Wege der Wahrnehmung und ästhetischen Körpererfahrung ermöglichen. Vor diesem Zusammenhang müssen wir auch Thomas Kleinspehns Behauptung die Gültigkeit absprechen, der zufolge in Zeiten des technisierten Blicks für den Betrachter nicht mehr bedeutend sei, »ob es sich um ein lebendiges Wesen handelt oder um ein Ding«[32], das betrachtet wird. Vielmehr scheint Horst Bredekamps pointierter Lehrsatz über die Medienentwicklung Recht zu behalten, dass »[d]ie

elektronischen Doppelgänger des Betrachters, dessen subjektbildende Funktion mit der des Spiegelstadiums korrespondiere. Vgl. Michael Huebner, »Der elektronische Doppelgänger«, in: Alexander Krafft/Günther Ortmann (Hg.), *Computer und Psyche. Angstlust am Computer*, Frankfurt a.M.: Nexus 1988, S. 217-235, sowie Rosalind Krauss, »Video: The Aesthetics of Narcissism«, in: Gregory Battcock (Hg.), *New artists video. A Critical Anthology*, New York: Dutton 1978, S. 43-64, insbesondere: S. 44.

30 | Philip Auslander faltet diese Paradoxie ausführlich aus. Vgl. Philip Auslander, *Liveness: Performance in a Mediatized Culture*, New York: Routledge 1999.

31 | Slavoj Žižek, *Die Furcht vor echten Tränen. Krzysztof Kieslowski und die »Nahtstelle«*, Berlin: Volk und Welt 2001, S. 21. Žižek zieht gleichsam eine fundamentale Konsequenz aus der audiovisuellen *Live*-Übertragung in Aufführungen und konstatiert eine mit der Medialisierung einhergehende Transformation schauspielerischer Darstellungstechniken: »Das Unheimliche [an der Simultaneität physischer und technisch-medialer Körperpräsenz] ist, daß der Vortragende (Politiker, Schauspieler, Sänger) bereits die Tatsache berücksichtigt, daß seine Mimik und Gestik auf die Leinwand übertragen wird.« Ebd., S. 20-21. Auf die Auswirkungen der *Live*-Übertragung auf den Schauspielerkörper und seiner Spieltechniken vgl. auch Carl Hegemann, »Was bewirkt die Kamera auf der Bühne bei den Schauspielern«, in: Sandra Umathum (Hg.), *Carl Hegemann: Plädoyer für die unglückliche Liebe. Texte über Paradoxien des Theaters 1980-2005*, Berlin: Theater der Zeit 2005, S. 234-237.

32 | Kleinspehn, *Der flüchtige Blick*, a.a.O., S. 308.

neuen Medien [...] die alten [...] in neuen Rahmenbestimmungen« bestätigen, ohne sie einfach nur zu »verabschieden«[33].

2.2 Fetischisierende Blicke

Zuschauer, die sich durch expressive Hand-, Fuß- und Fingerbewegungen im Theater Robert Wilsons in den Bann gezogen fühlen, oder Theaterbesucher, deren Blicke in den Inszenierungen Michael Thalheimers auf eine Waffe und einen Liebesbrief als die einzigen Requisiten auf ›leerer‹ Bühne fixiert sind, oder Betrachter, die im Theater Frank Castorfs von Perücken, Strümpfen, maskenhaften Frauengesichtern und der stereotypisierten Anhäufung weiblicher Merkmale erotisiert werden, sind regelrecht von stark präsentisch wirkenden Körperteilen und -attributen bzw. von Objekten mit ekstatischer Wirkmacht fasziniert, deren intensive Visualitätsexpressionen aus dem Zusammenspiel von inszenatorischen Techniken und einer fetischisierenden Blickeinstellung resultieren. Regisseure des Gegenwartstheaters, seien es Vertreter minimalistischer Regieästhetiken oder kritische Inspizienten des Warencharakters von Körpern, folgen häufig einer fetischisierenden Darstellungslogik, indem sie der Aufladung von sinnfälligen Details Vorschub leisten. In Michael Thalheimers Inszenierungen *Emilia Galotti* (2001) und *Die Wildente*[34] (2008) besetzen die auf der Bühnenrampe positionierten Requisiten – Waffe und Brief – den Raum und ziehen durch die Überschreitung ihrer rein objekthaften oder gar symbolisch-metaphorischen Qualitäten immer wieder die Blicke aller Figuren und Zuschauer auf sich. Obwohl sich zahlreiche Handlungen und narrative Ereignisse um die ausgestellten Objekte drehen, kommt ihnen während der gesamten Aufführung die Eigenschaft zu, nicht nur dramaturgisch sinnfällig zu sein, sondern auch ekstatisch und intensiv zu wirken, die Aufmerksamkeit zu bündeln und so als »Dinge mit *agency*«[35] zu erscheinen. Ein fetischisierender Blick wertet entsprechend gewisse Einzelheiten des Sichtbaren in einer Weise auf, dass er die kursorisch erkennenden oder das Visuelle systematisch ›abtastenden‹ Blickmanöver unterbindet und in der Rezeption des Schauspiels dazu tendiert, weniger die körperliche Ganzheit zu fokussieren, als vielmehr die Inblicknahme von Körperteilen zu präferieren.

Im Diskurs des Blicks gilt der Term des Fetischobjekts eher als Marginalie, obwohl der Fetischismus eine visuelle Lust tangiert, die im Sinne der psychoanalytischen Forschungsergebnisse Sigmund Freuds auf eine prägnante Blicker-

33 | Horst Bredekamp, »Drehmomente – Merkmale und Ansprüche des Iconic Turn«, in: Maar/Burda, *Iconic Turn*, a.a.O., S. 15-26, hier: S. 22.

34 | Michael Thalheimers Inszenierungen von Gotthold Ephraim Lessings *Emilia Galotti* (27. September 2001) und Henrik Ibsens *Die Wildente* (02. Februar 2008) hatten beide am Deutschen Theater Berlin Premiere.

35 | Hartmut Böhme, *Fetischismus und Kultur. Eine andere Theorie der Moderne*, Reinbek b.H.: Rowohlt 2006, S. 255. Kursivierung im Original.

fahrung des Kindes zurückgeführt werden kann. Inwieweit der Zuschauerblick als ein fetischisierender Sehmechanismus zu charakterisieren ist, wollen wir im Anschluss an die Rekapitulation des Freud'schen Konzepts der fetischistischen Körperwahrnehmung anhand von Sarah Kanes Theaterstück *Gesäubert* bzw. dessen Inszenierung von Benedict Andrews[36] aus dem Jahr 2004 ausloten und das psychoanalytische Theoriegerüst bezüglich seiner gendertheoretischen Gültigkeit problematisieren.

Freuds erste umfassende Bearbeitung des Fetischismus erweckt den Anschein, als entspreche die Relation zwischen Fetischist und Fetischobjekt einer zwischen Blick und Blick zu lokalisierenden Dependenzbeziehung: In seiner Abhandlung »Fetischismus« geht er von einem Fallbeispiel aus, in dem der Protagonist von einem gewissen »Glanz auf der Nase«[37] fasziniert ist. Doch während der Analyse stellt sich heraus, dass der Patient, der in seiner Kindheit im englischsprachigem Raum aufgewachsen ist, das Wort »*glance*« (Blick) mit dem deutschen Ausdruck Glanz übersetzt hat und durch diese Bedeutungsverschiebung einen (Nasen-)Fetisch kreierte, der allein ihn betrifft und keinem anderen auffällt.[38] Wenngleich der Patient seine Muttersprache bereits vergessen hat, verweist die englischsprachige Verdichtung seines Erlebnisses auf das frühkindliche Trauma einer Blickerfahrung, das Freud allerdings als ein biologistisches Axiom männlicher Psychologie generalisiert: Fetische sind Freud zufolge Effekte der »Neugierde des Knaben«[39], der seiner Mutter gegenüberstehend »von unten, von den Beinen her nach dem weiblichen Genitale gespäht hat«[40]. Im Gegensatz zum Warenfetischismus und zur religiösen Hochschätzung ›magischer‹ Objekte resultiert die psychoanalytische Fetischgenese *sensu* Freud aus der Geschichte des traumatisierten männlichen Blicks, der die Absenz des Penis am weiblichen Körper wahrgenommen und den der Blickende aus Angst vor der Kastration abgewendet hat. Der Kastrationsschreck, der »wahrscheinlich keinem männlichen Wesen erspart«[41] bleibt, wurzelt im Anblick des weiblichen Genitals, der dem zerstörerischen Medusenblick vergleichbar, den Knaben dazu treibt, eine andere Orientierung zu suchen: Strumpfband, Knie, Fuß, Schuh bzw. Hand, Haare, Augen, Nase, Kopftuch können für

---

36 | Sarah Kanes Theaterstück hatte am 28. Mai 2004 in der Regie von Benedict Andrews im Rahmen eines vollständigen Kane-Zyklus an der Berliner Schaubühne am Lehniner Platz Premiere.

37 | Sigmund Freud, »Fetischismus«, in: ders., *Studienausgabe. Bd. III. Psychologie des Unbewußten*, Frankfurt a.M.: Fischer 2000, S. 379-388, hier: S. 383.

38 | Zur ausführlichen Analyse dieses Fallbeispiels und zur Sinnverschiebung des Fetischisten mithilfe des Konzepts der Homonymie vgl. Guy Rosolato, »Der Fetischismus, dessen Objekt sich ›entzieht‹«, in: Jean-Bertrand Pontalis (Hg.), *Objekte des Fetischismus*, Frankfurt a.M.: Suhrkamp 1972, S. 62-75, insbesondere: S. 66-71.

39 | Freud, »Fetischismus«, a.a.O., S. 386.

40 | Ebd.

41 | Ebd., S. 385.

den blockierten, nach unten oder oben flüchtenden Blick Anhaltspunkte bieten. Deren Fokussierung stellt die letzte Gelegenheit dar, in der »man das Weib noch für phallisch halten«[42] darf.

Die fetischisierten Körperteile oder Gegenstände, die allerdings »völlig ungeeignet« sind, »dem normalen Sexualziel zu dienen«[43], substituieren nicht nur den Penis, sondern die ›anatomische Integrität‹ des weiblichen Körpers schlechthin. Daraus resultiert der enigmatische Mehrwert jedes Fetischobjekts: Da die Verschiebung des Blicks mit einer rhetorischen »Wertverschiebung«[44] und der unbewussten Verdrängung der erlebten Kastrationsdrohung Hand in Hand gehe, überführe die anschließende Fixierung eines benachbarten Objekts die traumatische Erfahrung des Kindes in eine Faszination über das scheinbar beliebig gewählte Penissubstitut. Der Ersatzeffekt des Fetischs rührt zwar von der Verleugnung der Realität her, doch er gilt als einziger Garant für die Kontinuität der Triebbefriedigung.[45]

Freuds biologistisches Konzept vom Fetischismus und Lacans heftig kritisierte Universalisierung des organischen Penis, den er Phallus nennt und zu einem Apriori sprachlicher Handlungskompetenz und Subjektwerdung erhebt,[46] sind anatomisch begründete Theorien der Körpererfahrung und des Begehrens. Diese

42 | Ebd., S. 386.

43 | Sigmund Freud, »Drei Abhandlungen zur Sexualtheorie«, in: ders., *Studienausgabe. Bd. V. Sexualleben*, Frankfurt a.M.: Fischer 2000, S. 37-145, hier: S. 63.

44 | Die Aufwertung des Fetischs ist Freud zufolge das Ergebnis der Bedeutungsübertragung des Penis auf einen anderen Körperteil. Vgl. Sigmund Freud, »Die Ichspaltung im Abwehrvorgang«, in: ders. *Studienausgabe. Bd. III.*, a.a.O., S. 389-394, S. 393. So werde der Fetisch, wie jedes andere Liebesobjekt auch, genuin überschätzt. Vgl. Victor N. Smirnoff, »Die fetischistische Transaktion«, in: Pontalis, *Objekte des Fetischismus*, a.a.O., S. 76-112.

45 | Freud beschreibt den visuellen Konflikt des Knaben wie folgt: »Es soll sich nun entscheiden: entweder die reale Gefahr anerkennen, sich vor ihr beugen und auf die Triebbefriedigung verzichten, oder die Realität verleugnen, sich glauben machen, daß kein Grund zum Fürchten besteht, damit es an der Befriedigung festhalten kann.« Freud, »Die Ichspaltung im Abwehrvorgang«, a.a.O., S. 391.

46 | Vgl. Jacques Lacan, »Die Bedeutung des Phallus«, in: ders., *Schriften II*, a.a.O., 119-132. »Man kann sagen, daß die Wahl auf diesen (phallischen) Signifikanten fällt, weil er am auffallendsten von alledem, was man in der Realität antrifft, die sexuelle Kopulation ausdrückt wie auch den Gipfel des Symbolischen im buchstäblichen (typographischen) Sinn dieses Begriffs, da er im sexuellen Bereich der (logischen) Kopula entspricht.« Ebd., S. 128. Bereits die Psychoanalytikerin Maria Torok, die eine Zeitgenossin Lacans war, hat jedoch die Idealisierung des Penis (sowie den Penisneid) auf eine symptomatische kulturelle Aufwertung – und keineswegs auf biologische Essenzen – zurückgeführt. Vgl. Maria Torok, »Die Bedeutung des ›Penisneides‹ bei der Frau«, in: Janine Chasseguet-Smirgel (Hg.), *Psychoanalyse der weiblichen Sexualität*, Frankfurt a.M.: Suhrkamp 1974, S. 192-232. Insofern das Konzept des Phallus nicht biologistisch begründet ist, muss davon ausgegangen

der Biologie verhafteten Denkansätze kehren selbst bei feministischen Theoretikerinnen wie Laura Mulvey wieder, die zunächst eine Subversion der phallozentrischen Konzepte durch deren Affirmation leistete und Schaulust ausschließlich in der Polarität der Geschlechterdifferenz dachte.[47] Diese theoretische, an einer weiblichen Erfahrung des Penisneids und einer männlichen Strategie der Fetischisierung festhaltende Stringenz evoziert die Frage, ob weiblicher Fetischismus überhaupt möglich ist. Inwieweit ist der weibliche Blick den ›Hierarchien‹ und Asymmetrien des visuellen Feldes verhaftet, d.h. den Überschätzungen und Präferenzen einzelner Substrate des Gesehenen gegenüber dem Ganzen? Und wie lässt sich das Blickverhalten von Zuschauerinnen, ihr visuelles Begehren und ihre Schaulust denken?

Sarah Kanes Theaterstück *Gesäubert* thematisiert die Anatomie des Menschen und die Grenzen körperlicher Verletzbarkeit und Transformierbarkeit. Da die Autorin eine Reihe von erotischen und orgastischen Perversionen in ihrem Text verdichtet und, wie es im Weiteren gezeigt wird, Intersubjektivität durch verwickelte Relationen zwischen Fetischisten und Fetischobjekten entfaltet, liegt die Überlegung nahe, ob und inwiefern Kane den psychoanalytischen Leitsatz revidiert, der den »Fetischismus [als] die männliche Perversion par excellence«[48] proklamiert. Dass ausgerechnet Sarah Kanes Text – und dessen Inszenierung von Benedict Andrews – den Ausgangspunkt unserer Relativierung sexistischer Fetischisierungsprivilegien markiert, ist mit der dramaturgischen Strategie der Autorin zu erklären, eine verquickte Logik fetischistischer Lüste zu entwerfen.

In *Gesäubert* funktionieren die Begehrensszenarien nach einem anomalen Muster, insofern die zu Fetischen erhobenen Objekte und Körperteile in traumatischen Momenten regelrecht vernichtet werden: Der Ring, den Carl von seinem Freund Rod erbettelt und letztlich statt des Schwurs der ewigen Liebe auch bekommt, substituiert für ihn als Zeichen die Idee des kontinuierlichen Geliebtseins. Dieses Fetischobjekt ermöglicht es Carl, Kontingenz gegen Permanenz, Vergänglichkeit der Liebe zu Rod gegen dauerhaften Besitz des der Zeit und Entfremdung gegenüber resistenten Objekts einzutauschen. Doch der in der Krankenanstalt gefolterte Carl wird von seinem ›Arzt‹ Tinker aufgefordert, den Ring zu schlucken und sich somit von seinem Fetisch, von dem Ersatz für die körperliche Anwesenheit seines Freundes, auf paradoxe Weise zu trennen. Indem er sich sein Lustobjekt wortwörtlich einverleibt, verliert er ihn zwar nicht, kann aber über ihn nicht

werden, dass sich der Phallus als Objekt der Begierde sowohl für den ›Mann‹ als auch für die ›Frau‹ immer ›anderswo‹ befindet. Vgl. Böhme, *Fetischismus und Kultur*, a.a.O., S. 381.

47 | Vgl. Mulvey, »Visual Pleasure and Narrative Cinema«, a.a.O., S. 6-18. Zur Kritik des Mulvey'schen Konzeptes vgl. Gaylyn Studlar, »Schaulust und masochistische Ästhetik«, in: *Frauen und Film* 39 (1985), S. 15-39.

48 | Naomi Schor, »Weiblicher Fetischismus: Der Fall George Sand«, in: Weissberg, *Weiblichkeit als Maskerade*, a.a.O., S. 217-230, hier: S. 219.

mehr eigenwillig verfügen, sodass die Aneignung des Fetischs gerade in dessen Verlust mündet.

Tinker, der vermeintliche Psychiater, übt seinerseits regelmäßig fetischistische Praktiken aus. Sein Begehren richtet sich nicht auf Geschlechtsakte, es gilt vielmehr der Schaulust auf bestimmte weibliche Körperteile in einer Peepshow. Er operiert darüber hinaus in seiner Krankenanstalt mit sadistischen ›Behandlungstechniken‹. Carls Marter beispielsweise, die das ganze Stück andauert und die ihn zum passiv Erleidenden degradiert, zielt auf die Eliminierung jener Körperteile, die in den psychoanalytischen Analysefällen zu signifikanten Fetischen erklärt worden sind: Nachdem Tinker den schwulen Carl sexuell gepeinigt und mit einem Pfahl penetriert hat, trennt er ihm Zunge, Hände und Füße vom Leib. Der dramatische Text evoziert damit ein Szenarium, in dem die Fetischisierung und die anschließende Amputation von Körpergliedern in eine homosexuelle Begehrensstruktur eingebettet sind und so die ursprünglich psychoanalytische Kausalitätslogik von penisersetzendem Fetischismus subvertieren. Die gleichzeitige Allusion und Inversion psychoanalytischer Begehrenslogik spiegelt sich auch in der Aufführung des Stücks in der Berliner Schaubühne wider, denn der australische Regisseur Benedict Andrews hat die Akte der körperlichen Destruktion mittels eines Spiels von Sichtbarkeit und gleichzeitiger Unsichtbarkeit in Szene gesetzt und somit den auf die ›abgetrennten‹ Körperteile fokussierenden Zuschauerblicken ein ambivalentes Bild der Körperdestruktion dargeboten: Tinker (Matthias Matschke) trennte nämlich in der Inszenierung die Glieder Carls (Mark Waschke) in einer Weise ab, dass er sie mit einer dicht-schwarzen Farbe bemalte und durch diese metaphorische Geste Hände und Füße unsichtbar machte. Die Abtrennung der Glieder wurde bei Andrews als eine negative Markierung fetischisierbarer Körperteile lesbar. Diese Darstellungsstrategie führte dazu, dass die bemalten Körperzonen die Blicke anzogen, ohne dem erwarteten oder begehrten Anblick dienlich zu werden.

Aber ist die Akzentuierung von Körpergliedern durch Auslöschung keine Fetischisierung im psychoanalytischen Sinne? Vermögen die Spuren dieser Verdrängung keine Anziehungskraft auf die Blicke auszuüben? Verliert schließlich Freuds Devise, die homosexuelle Schaulust und Fetischismus für unvereinbar erklärt, hier ihre Gültigkeit? Explizit macht Kane die Antworten auf diese Fragen durch die Einführung der weiblichen Protagonistin Grace, deren Geschichte den weiblichen Fetischismus thematisch werden lässt.

Grace erscheint in der Krankenanstalt, in der ihr Bruder Graham behandelt worden und gestorben ist, um die Kleidung des Verstorbenen zu »sehen«: »Ich muss seine Kleidung sehen.«, sagt sie, »Ich muss sie nur sehen«.[49] Graces Umgang mit der Kleidung ihres Bruders ist zunächst von klassischen Luststrategien psychoanalytischen Fetischismus geprägt. Sie entwickelt erst durch den Anblick, anschließend durch Tasten und in der Inszenierung auch durch Riechen, eine

49 | Sarah Kane, »Gesäubert«, in: dies., *Sämtliche Stücke*, Reinbek b.H.: Rowohlt 2008, S. 117-162, hier: S. 124-125.

emotionale, ja erotische Bindung zu den hinterlassenen peripheren Körperresiduen des Bruders, etwa zu seinem T-Shirt, zur Hose und Unterwäsche sowie zur Halskette, die sie sich dann allesamt anzieht. Die fetischistischen Aktionen von Grace scheinen ihr konkretistisches Begehren, d.h. das Verlangen nach dem männlichen Geschlechtsteil, zu maskieren. Sie imitiert nach und nach die Gestik und Körperhaltung Grahams, ist vom Penis ihres immer wieder zurückkehrenden Bruders fasziniert und lässt sich schließlich die Brüste abtrennen und in einem medizinischen Eingriff einen Penis konstruieren. Ihr Fetischismus mündet mithin in der buchstäblichen Aneignung des Penis, in der scheinbaren Realisierung des Wunsches, ›den Phallus zu haben‹. Auf die Frage, was sie an sich ändern würde, erwidert Grace: »Meinen Körper. Damit er aussieht, wie er sich fühlt.«[50] Graces unverhülltes Ersehnen und Erlangen des Penis subvertiert die Logik des männlichen Fetischismus einerseits, und bricht mit den Praktiken einer von Joan Riviere konzeptualisierten Strategie weiblicher Maskerade andererseits, welche im Dienste der Verheimlichung des weiblichen Mangels und des Begehrens der männlichen Genitale steht.[51]

Sarah Kane erschafft nicht nur textuell in Szene gesetzte Fetische, sie thematisiert Fetischismus auch als Movens und emotionale Resonanz zwischenmenschlicher Begegnungen. In diversen Figurationen entwickelt sie die Konstellationen von Fetischisten und begehrten Körperrequisiten bzw. Körperteilen, die eine Freud'sche Logik evozieren und ihr gleichzeitig zuwiderlaufen und somit die fetischisierenden Blicke der Figuren und der Zuschauer[52] destabilisieren. Die Einbettung von hand- und fußfetischistischen Szenerien in eine homosexuelle Konstellation, die wortwörtliche Einverleibung des Ringes sowie Graces vollkommene körperliche Anverwandlung ihres Bruders lösen sich von der Kausalität weiblicher Maskerade und männlicher Fetischisierung. Die Vermännlichung von Grace mündet auf der Bühne geradezu in eine Verdopplung der identisch gekleideten und sich gleich bewegenden Geschwister und lockt den Zuschauerblick unmittelbar in die Falle der geschlechtsunabhängigen Identifikationen. Dadurch dass Kane bzw. Andrews psychologisch verankerte Perversionen vor Augen führen, erklären sie gleichsam die psychoanalytischen Konzepte von Fetisch-Beziehungen als problematisch bzw. als hinfällig. Doch wie funktioniert Fetischismus jenseits der

50 | Ebd., S. 138.

51 | Vgl. Joan Riviere, »Weiblichkeit als Maskerade«, in: Weissberg, *Weiblichkeit als Maskerade*, a.a.O., S. 34-47, insbesondere: S. 38-39.

52 | Der Einwand, die Inszenierung fiktionalisiere lediglich die subversiven Formen des Fetischismus, kann keinesfalls aufrechterhalten werden, da theatrales Zeigen immer zugleich Wirklichkeit generiert. Die vorgeführten Fetische, die in der Aufführung in bestimmten Relationen zu einzelnen Figuren stehen, werden als solche inszeniert und gleichsam für die Zuschauerblicke als Objekte exponiert, sodass jeder Aufführungsteilnehmer an der Fetischisierung teilhaben kann.

Geschlechterdifferenz? Wie kann man ihn als eine Biologismen transzendierende Blickstrategie konzipieren?

Zunächst mag es kontraintuitiv klingen, dass wir die Psychoanalyse und deren phallozentrischen Diskurs zum Ausgangspunkt der Argumentation erhoben haben. Zumal andere Theorien des Fetischismus, wie z.B. die marxistische, eine explizite Geschlechts- oder Genderdifferenzierung des Fetischismus gar nicht in Angriff nehmen und somit als Konzepte gelten können, in denen anatomische Differenzen aufgehoben zu sein scheinen. Doch wenn man Fetischismus als visuelle und emotionale Lust der Blicke analysieren will, so ist, wie auch E. Ann Kaplan betont[53], die Inblicknahme des psychoanalytischen Diskurses nötig, um die unbewussten, zweifellos aber hegemonialisierten (patriarchalen) Strukturen des Begehrens zuallererst aufdecken zu können. Seit den neunziger Jahren haben feministische Theorienentwürfe den phallozentrischen Diskurs des Fetischismus ins Wanken gebracht: Judith Butlers Strategie, keine anti-phallozentrische Theorie zu entwickeln und stattdessen den ›männlich‹ geprägten Diskurs zu attackieren, die symbolische Ordnung zu verschieben, den »lesbischen Phallus«[54] als den »Fetisch des *queer*-Diskurses«[55] zu etablieren und somit die Freud'sche Urszene wie den Lacan'schen Phalluskult zu parodieren,[56] stellt zweifelsohne den Gipfel zahlreicher Schreibtaktiken dar, welche die binäre Logik von männlich Begehrenden und weiblich Objektivierten in Theorie und Praxis des Fetischismus unterwandern.[57]

53 | »The psychoanalytic methodology is thus justified as an essential first step in the feminist project of understanding our socialization in patriarchy.« E. Ann Kaplan, *Women and Film: Both Sides of the Camera*, New York: Methuen 1983, S. 34. Kaplan vertritt demnach eine Position, die der zweiten Welle feministischer Theoriebildung zugerechnet werden kann. Diese unterscheidet sich von der ersten Welle dadurch, dass sie die Freud'sche und Lacan'sche Psychoanalyse nicht mehr als eine Gefahr, sondern als produktive Grundlage und außerordentliches Potenzial für die theoretische Emanzipation erachtet. Vgl. Kirsten Campbell, *Jacques Lacan and Feminist Epistemology*, London, New York: Routledge 2004, insbesondere: S. 25-45.

54 | Vgl. Butler, *Körper von Gewicht*, a.a.O., S. 89-133.

55 | Böhme, *Fetischismus und Kultur*, a.a.O., S. 463. Kursivierung im Original.

56 | Vgl. ebd., S. 463.

57 | Die bedeutsamsten Stationen der Reformulierung des psychoanalytischen Fetischismusdiskurses seien an dieser Stelle nur schlaglichtartig dargestellt: Als Erste verwendet Naomi Schor den Begriff des »weiblichen Fetischismus«, nachdem sie darauf hingewiesen hat, dass sich Freud in seinen Fallstudien ausschließlich auf männliche Patienten bezieht, sich Mädchen jedoch gleichermaßen verweigern können, »die Tatsache ihrer Kastration anzunehmen«. Schor, »Weiblicher Fetischismus«, a.a.O., S. 223. Schor rekurriert hiermit auf Sarah Kofmans Behauptung, der zufolge die Beziehung des Mädchens zu ihrer Mutter von der Unentscheidbarkeit zwischen Leugnung und Affirmation des mütterlichen Penis begleitet wird und diese Erfahrung für jede Frau einen fetischistischen Kern des Fremdbezugs darstellt. Vgl. Sarah Kofman, *The Enigma of Woman. Woman in Freud's Writings*,

Vor dem Hintergrund der Neuschreibungsversuche des psychoanalytischen Fetischismusdiskurses ist es denkbar, fetischistisches Begehren als einen Indikator der Blickfixierung und als eine Quelle optischer Lust am Körper des anderen zu fassen bzw. als ein Konzept zu rehabilitieren, das Essenzialismen widersteht und für die Körperwahrnehmung im Theater und die erotisierten Blickbezüge der Zuschauer *und Zuschauerinnen* zum Gesehenen fruchtbare Erkenntnisse verspricht. Die Blickbewegung des Fetischisten wird nämlich von der eigentümlichen Koin-

Ithaca, London: Cornell University Press 1985. Marcia Ian betrachtet die Mutter ebenfalls als einen Fetisch beider Geschlechter und macht die Idee der phallischen Mutter stark. Diese These untermauert wiederum Robert C. Baks Beobachtung, die aufgrund klinischer Fallbeispiele eine Verknüpfung der frühkindlichen Fetische mit dem Körper der Mutter konstatiert. Vgl. Böhme, *Fetischismus und Kultur*, a.a.O., S. 458-460, sowie Robert C. Bak, »Fetischismus«, in: Pontalis, *Objekte des Fetischismus*, a.a.O., S. 113-129. Die Literaturwissenschaftlerin Gayatri Chakravorty Spivak plädiert nachgerade für eine Art Inversion der Freud'schen Fetischismuslogik, indem sie der Frage nachgeht, ob es nicht vielmehr der Mann sei, der *das Fehlen des Phallus* beneidet. Im Rekurs auf Nietzsche behauptet Spivak, dass nur die Frau imstande ist, den Orgasmus vorzutäuschen, wohingegen der Mann, dessen »Stift [entweder] schreiben oder sich als impotent erweisen« muss, diese Lust an der Täuschung beneiden kann. Gayatri Chakravorty Spivak, »Verschiebung und der Diskurs der Frau«, in: Barbara Vinken (Hg.), *Dekonstruktiver Feminismus. Literaturwissenschaft in Amerika*, Frankfurt a.M.: Suhrkamp 1992, S. 183-218, hier: S. 184. In der empirischen Forschung widmet sich Juliet Hopkins in den frühen 80er Jahren einem Fall von weiblichem Fetischismus und stellt bei einem sechsjährigen Mädchen fest, dass es Füße und Schuhe für sich als Fetische entdeckte, um ihre sexuelle Selbstbefriedigung zu unterstützen. Vgl. Juliet Hopkins, »The Probable Role of Trauma in a Case of Foot and Shoe Fetishism: Aspects of the Psychotherapy of a Six Year Old Girl«, in: *International Review of Psychoanalysis* 11 (1984), S. 79-91. Es ist schließlich Hopkins' Fallbeispiel, auf das Elizabeth Grosz rekurriert und die Frage nach einem lesbischen Fetischismus aufwirft. Elizabeth Grosz, »Lesbian Fetishism?«, in: Emily Apter/William Pietz (Hg.), *Fetishism as Cultural Discourse*, Ithaca, London: Cornell University Press 1993, S. 101-115. Verbreitung kommt dem feministischen Fetischdiskurs in der Filmtheorie zu: Gertrud Koch, E. Ann Kaplan, Mary Ann Doane, Kaja Silverman, Elizabeth Cowie und Tania Modleski haben sowohl die Fetischisierung der weiblichen Protagonistin im Film als auch die Möglichkeit der fetischisierenden Sehstrategien weiblicher Zuschauer auszuarbeiten versucht. Vgl. u.a. Kaplan, *Women and Film*, a.a.O.; Doane, »Film und Maskerade«, a.a.O.; Elizabeth Cowie, *Representing the Woman: Cinema and Psychoanalysis*, Minneapolis: University of Minnesota Press 1997; Modleski, *The Women Who Knew Too Much*, a.a.O. Des Weiteren sei hier auf den umfangreichen Sammelband *Fetishism as Cultural Discourse* hingewiesen, der weibliche und auch rassistische Formen des Fetischismus in der Bandbreite historischer Diskurse, von Salome über die fetischisierenden Patientinnen Jean-Martin Chacots bis hin zu »postfeministischen« Konzepten von fetischisierten Simulakren, zusammenfasst. Vgl. Apter/Pietz, *Fetishism as Cultural Discourse*, a.a.O.

zidenz metaphorischer und metonymischer Figuren geprägt, sofern der fetischisierende Blick seine Objekte nach der besonderen Logik der Synekdoché auswählt und vom *Zusammenfall* zweier semiotischer Sinnbildungsprozesse – von Analogiestiftung und Sinnverschiebung – fasziniert wird.[58] Hartmut Böhme beschreibt die Fixierungslogik des von partikularen Substraten des visuellen Feldes angezogenen Blicks exakt im Sinne einer von rhetorischen Figuren geleiteten Blicklektüre: »Das erotische Auge folgt keiner Linie (wie beim Buch), sondern tummelt sich, springt, wandert, verharrt, insistiert, huscht, versenkt sich etc. Man kann diese Augenbewegung graphisch aufzeichnen (*eye-tracking*-Verfahren). Es entstehen dann Stellen lockerer Lektüre, Häufungen und Verknäuelungen des Augenstrahls, die die Signifikanten des Blicks anzeigen.«[59]

Fetischisierende Blicke überschreiten sogar im Gegenwartstheater hermeneutisch ›geschlossene‹ Darstellungsebenen und nehmen den agierenden Körper in seinem ›fetischistischen Mehrwert‹ und Überschuss wahr: Im Gegensatz zu Theoretikerinnen, die, wie Marjorie Garber[60], Theater durch sein ›als-ob‹-Spezifikum mit dem Fetischismus verlinken, gehen wir hingegen davon aus, dass Fetischisierung im zeitgenössischen Theater jenseits von semiologisch geschlossenen Repräsentationsordnungen und Identifizierungsrelationen ›betrieben‹ wird und plädieren für ein Fetischkonzept, das sich mit der Aufwertung jener Singularität der Darstellung befasst, die sich nicht mehr in der Ordnung der Repräsentation bündeln lässt. Fetischisierende Blicke heften sich in der Tat nämlich auf die phänomenalen Eigenschaften des hier und jetzt präsenten Darstellerkörpers, der nicht nur in seiner Ganzheit, Referenzialität oder mimetisch-fiktionalen Konfiguration ›begehrenswert‹ ist, sondern durch ein sinnliches Detail gleichsam als organisches, fleischliches, sensuelles, rein physisches oder physiologisches Phänomen auffällig wird und sich somit als eine partikulare phänomenale Größe zum Faszinosum für die visuelle Aufmerksamkeit des Zuschauers erhebt.

Insofern eine der ästhetischen Besonderheiten der Aufführung darin besteht, dass die auf den Schauspielerkörper fallenden Betrachterblicke nur bedingt manipulierbar sind, wird die Fetischisierung beim Zuschauen zu einer primären Quelle visueller Lust, die auf jene Risse des Sichtbaren und jene Individualitäten des Kör-

---

58 | »[*D*]*er* Typ von Synekdoché, auf den es im Fetischismus ankommt (*pars-in-loco-totius*), vereinigt die Eigenschaften von Metapher *und* Metonymie, von Verdichtung *und* Verschiebung. [...] Die Analogie und Differenz, die der Fetischismus zu den drei Formen von Metapher, Metonymie und Synekdoché zeigt, weist ihn als eine rhetorische Figur *sui generis* aus. Der Fetischismus ist ein eigener Typ im Universum der symbolischen Formen.« Böhme, *Fetischismus und Kultur*, a.a.O., S. 393-394. Kursivierung im Original. Zur rhetorischen Form, der die Logik des Fetischismus folgt, vgl. ebd., S. 391-396, sowie Eggs, »Metapher«, a.a.O., S. 1174.

59 | Böhme, *Fetischismus und Kultur*, a.a.O., S. 392.

60 | Vgl. Marjorie Garber, »Fetisch-Neid«, in: Weissberg, *Weiblichkeit als Maskerade*, a.a.O., S. 231-248, insbesondere: S. 244-246.

perlichen gerichtet ist, welche nicht unbedingt symbolisch aufladbar sind. Diese Brüche im visuellen Feld verweisen vielmehr auf sich selbst und fallen aus den Gefügen der Narration oder den Strukturen des Zeigens heraus; ihre präsentischen bzw. ekstatischen Erscheinungsqualitäten gehen, wie wir dies im Bezug auf das Theater Robert Wilsons oder Michael Thalheimers konstatiert haben, mit konditionierten repräsentationalen oder fiktionalen Darstellungskontexten nicht konform.

3. Der angeblickte Körper

Die Begegnung zweier Individuen gleicht keinesfalls dem Zusammentreffen von zwei Betrachtern, die einander wahrnehmen und aufeinander reagieren. Der soziale Akt der Begegnung, der durchaus in einem kurzen Moment des Blickwechsels vollzogen oder initiiert werden kann, ist keine reine Abfolge gegenseitiger imaginärer Identifizierungen, keine Interferenz, Konkurrenz oder Aushandlung zweier Perspektiven und auch keine unvorhersehbare, unerklärbare Emergenz physischer Stimulierungen bzw. Resonanzen. Jeder sozial verhandelte Blick ruft immer eine dritte Perspektive wach, namentlich die normative Dimension symbolischer Konventionen und kultureller Verhaltensstandards, die sowohl die Koordinaten des Betrachtens als auch die Existenzkriterien des Betrachteten organisieren. Inwieweit körperliche, durch Blicke konstituierende Interaktionen von den kulturell geprägten symbolischen Strukturen und Gesetzen überlagert und reglementiert sind, und in welcher Weise sich Sozialität und Körperlichkeit im Akt der Blickwechsel existenziell bedingen, das werden im Folgenden unsere leitenden Fragestellungen sein.

Die doppelt kontingente Interaktionsökonomie, die wir in unserem Ausgangsbeispiel *dein reich komme* als den eigentlichen Gegenstand der szenischen Installation Dries Verhoevens betrachtet haben, eröffnete einen sozialen Horizont der Blickpartizipation und brachte eine Figuration der interdependenten Teilhabe hervor, die seit den 1960er Jahren geradezu zur konstitutiven Grundlage der Theater- und Performancekunst geworden ist.[61] In der intersubjektiven Bezugstiftung zeichnet sich das Zuschauen als ein dezentralisierter und wechselwirksam organisierter Körpereinsatz aus, zugleich potenzieren sich hier die Möglichkeiten der einnehmbaren Perspektiven, der physischen Positionierungen sowie deren permanente Neuordnungen. Im Kontrast zur Filmrezeption, zur Bildbetrachtung oder zu den unilateral angelegten Rezeptionsformen im Regietheater, die mit der Anpassung an eine (ideologisch) manipulierte,[62] vorstrukturierte und für alle An-

---

61 | Zu diesem paradigmatischen Wechsel der Zuschauerrolle vgl. den umfangreichen Sammelband von Erika Fischer-Lichte/Friedemann Kreuder/Isabel Pflug (Hg.), *Theater seit den 60er Jahren. Grenzgänge der Neo-Avantgarde*, Tübingen, Basel: A. Francke 1998.

62 | Hinsichtlich des uniformierten Blicks im Kino bemerkt Elizabeth Cowie, dass »the spectator's look is aligned with and made identical to another look, the camera's, which

wesenden offerierte Zuschauerperspektive einhergehen, intensiviert sich in der Reziprozität der Blickwechsel jene Erfahrung, die das zwischenmenschliche Sehen zu einem genuin körperlichen und kontingenten Akt erhebt.

Die Auffassung, das Sehen bedürfe stets der Verkörperung und sei nicht nur eine intelligible Operation, beruht auf einer modernen Erkenntnis. Diese fundamentale Einsicht, der zufolge jedem Blickakt – unabhängig von dessen sozialer Relevanz – eine ›körperliche Dichte‹[63] eigne, gilt als Resultat eines paradigmatischen Wandels der Sehpraxis im 19. Jahrhundert. In seiner epochalen Abhandlung *Die Techniken des Betrachters* hat der Historiker und Kulturtheoretiker Jonathan Crary bewiesen, dass das Camera-obscura-Modell der skopischen Wahrnehmung mit der Nobilitierung der modernen und avantgardistischen Kunst bzw. durch die Verbreitung optischer Spiele diskreditiert und verabschiedet wurde. Durch die Theoretisierung des modernen Sehens hat Crary des Weiteren nachdrücklich gezeigt, inwiefern der Akt des Sehens körpergebunden, dezentriert, relativ ist, mithin von physischen Empfindungen abhängt, und hat weiterhin auf die Unmöglichkeit hingewiesen, in der Seherfahrung zwischen Visualität und Haptik, Blicken und Berühren trennscharf zu differenzieren.[64] Während also die Camera obscura »den Betrachter *a priori* daran [gehindert hatte], seine eigene [Körper]Position als Teil

has gone before it, and already ›organised‹ the scene.« Cowie, *Representing the Woman*, a.a.O., S. 100. Merkwürdigerweise scheint die institutionelle Praxis des Regietheaters diese Uniformierung der Zuschauerblicke insofern zu begünstigen, als sie sowohl in der Architektonik als auch in der Preispolitik bestimmten Plätzen eine Prominenz beimisst. Somit bedient das Guckkastentheater weniger mannigfache Perspektiven, als dass es vielmehr zwischen mehreren Zuschauerpositionen qualitativ und graduell differenziert, je nachdem, wie diese die Aneignung der einzig adäquaten Sichtachse, nämlich die der Zentralperspektive, erlauben. Zum ideologischen Aspekt der zentralperspektivischen Prägung zeitgenössischer Inszenierungen vgl. Kapitel V/2.

63 | Vgl. Linda Williams, »Pornografische Bilder und die ›körperliche Dichte des Sehens‹«, in: Herta Wolf (Hg.), *Diskurse der Fotografie. Fotokritik am Ende des fotografischen Zeitalters*, Frankfurt a.M.: Suhrkamp 2003, S. 226-266.

64 | Jonathan Crarys bahnbrechende Argumentation besteht in der Revision der These, dass die Modalität des modernen und postmodernen, an Bildern der Fotografie und der Kamera geschulten Sehens mit dem Sehparadigma der Camera obscura in kausale Kontinuitätsrelation zu setzen sei. Crary tritt hingegen den Beweis an, dass der spätmodernen Sehpraxis ein von der modernen Malerei einerseits und der Verbreitung von optischen Geräten andererseits herausgeforderter Sehmodus zugrunde liegt. Somit löse das körperfundierte und mobile Sehen die zentrierte, universalisierte, entkörperlichte und auf einen verfügbaren Referenten fixierte Betrachtung ab. Vgl. Crary, *Techniken des Betrachters*, a.a.O. Zur Weiterführung und Kritik an Crarys Konzept, die dem Autor vorwirft, den *gender*-Aspekt des Sehmodells schuldig zu bleiben, vgl. Williams, »Pornografische Bilder und die ›körperliche Dichte des Sehens‹«, a.a.O.

der Darstellung zu betrachten«[65], wird im Zuge der Verbreitung neuer Diskurse und Praktiken der Optik seit dem ausgehenden 19. Jahrhundert der menschliche Körper zur zentralen Prämisse der visuellen Erfahrung.

Dass sich die geometrische Sichtweise auf die Welt weder mit der zeitgenössischen Theorie noch mit der empirischen Praxis der Körpererfahrung als kompatibel erweist bzw. der menschliche Leib aus diesem Grund gleichzeitig als »sehend und sichtbar, hörend und hörbar, berührend und berührbar«[66] zu denken ist, sind Erkenntnisse, die einer frühmodernen Vorstellung zugrunde liegen und nach wie vor als Devise phänomenologischer und leibphilosophischer Konzepte der Wahrnehmung gelten. Entsprechend bezeichnet Bernhard Waldenfels den menschlichen Blick geradezu als die »Verkörperung des Sehens«[67]. Dieser Kurzschluss von Körperlichkeit und Sehen, der im Akt des Blickens vollzogen wird, legt es nahe, über das Sehen als eine Integration des Individuums in das sinnliche Gefüge der Welt nachzudenken und den Blick als Stimulus zu perspektivieren, der von kulturellen und körperlichen Faktoren bedingt wird, diese aber stets auch aktualisiert.

3.1 Die Paradoxien der Pose

Die Performance *Don't leave me this way* von Franko B stellt exakt das kurze Moment des gegenseitigen Anblickens von Ich und anderem aus, indem sie den intersubjektiven Akt der Begegnung in einem reziproken Blick-Ereignis verdichtet. Der italienische Performancekünstler, der seit den ausgehenden 1970er Jahren mit dem eigenen Körper und Blut experimentierend den Leib zum Gegenstand und Thema seiner Kunst erhebt, präsentierte in der Arbeit *Don't leave me this way* aus dem Jahr 2007 seinen nackten Körper auf einem kreisförmigen Podest vor den Augen der Galerie- bzw. Theaterbesucher. Den vollkommen leeren Ausstellungsraum besetzten lediglich das runde Bühnenpodest samt Stuhl sowie die körperliche, aus

65 | Crary, *Techniken des Betrachters*, a.a.O., S. 51. Kursivierung im Original.

66 | Waldenfels, *Sinnesschwellen*, a.a.O., S. 34. Waldenfels paraphrasiert hier den leibphilosophischen Leitsatz von Maurice Merleau-Ponty.

67 | Ebd., S. 162. »Der erste Blick gleicht dem ersten Wort, das immer schon gesprochen ist, wenn wir das Wort ergreifen. Die Welt des Sichtbaren findet ihr Korrelat in einer dauerhaften Sehhaltung und Blickeinstellung, in der sich das Sehen verkörpert.« Ebd. Darüber hinaus ist der Blick nicht nur auf das Visuelle ›fixiert‹, sondern kann auf sämtliche Sinneseindrücke reagieren und von akustischen, olfaktorischen oder gustatorischen Reizen aktiviert werden. Entsprechend sind Stimmen, Gerüche oder physische Empfindungen von geringster Temperaturänderung in der Lage, als Indizien des Blickens zu gelten und den Blick zu aktivieren bzw. zu lenken. Diese den Blick stimulierenden Aufmerksamkeitsbewegungen vollziehen sich dem Neurobiologen Christof Koch zufolge jedoch schneller als die tatsächliche Augenbewegung. Vgl. Christof Koch, »Zu den neurobiologischen Grundlagen des Bewußtseins«, in: Uta Brandes (Hg.), *Sehsucht. Über die Veränderung der visuellen Wahrnehmung*, Göttingen: Steidl 1995, S. 182-195, insbesondere: S. 186.

der dunklen ›Absenz‹ hervorgehende Präsenz des Akteurs, die erst mittels einer blitzhaften Lichtflut sichtbar und erkennbar wurde.

Seit der Premiere führt Franko B seine Arbeit in zwei unterschiedlichen Theaterszenarien vor, die im Hinblick auf den Aspekt des Blickens elementar differente Zuschauererfahrungen stimulieren können. Ebenso wie er seine Verletzungsperformances entweder im Zentrum eines Zuschauerkollektivs oder in der *Face-to-face*-Begegnung mit einem einzigen Besucher aufführt und somit seine Beziehung zu den Betrachtern in diametral unterschiedlichen Partizipationsformen aushandelt, so realisierte er *Don't leave me this way* nach der ersten längeren und mit musikalischer Untermalung bzw. lichtdramaturgisch illustrierten Bühnenversion[68] regelmäßig in einem zweiten Darbietungsformat, in dem die Begegnung zwischen dem Künstler und einem einzigen Zuschauer angelegt war: Der Aufführungsbesucher wurde hier in einen gänzlich verdunkelten Raum begleitet und in der reizarmen Sphäre mit seinen Erwartungen alleine gelassen. Eine grelle Lichtflut, die den gesamten Raum mit Plötzlichkeit erfüllte (Lichtdesign: Kamal Ackarie), Franko Bs Körper sichtbar und den Wechsel der Blicke möglich machte, überführte die von vornherein existente Kopräsenz in eine tatsächlich intersubjektive Begegnungsszene. Das Blitzlicht, das sowohl den Körper des Performers als auch den des Betrachters visuell wahrnehmbar werden ließ, stiftete eine reziproke Konstellation von Blickenden, die eine klare Rollenaufteilung von Zuschauer und Akteur ausschloss und die miteinander Konfrontierten in ein Gefüge von Macht- und Dependenzbeziehungen einbettete. Nachdem der fotografische Effekt des blitzhaften Lichts vorbei war und die Blickenden wieder in die Dunkelheit eintauchten, wurde der Besucher abgeholt und ins Foyer begleitet. So ging die durch Zäsuren der Finsternis markierte Aufführung mit dem flüchtigen Blickwechsel gleichsam zu Ende.

Dadurch dass Franko B seinen robusten, von Kopf bis Fuß tätowierten Körper ausstellte und dessen phänomenale Qualitäten dem Besucherblick verfügbar machte, präsentierte er sich als eine bildhaft gestaltete Skulptur. Wie in seinen früheren Arbeiten suspendierte Franko B auch diesmal sprachliche bzw. stimmliche Artikulationen und stellte seine nackte Körperfülle, die er immer wieder als Leinwand seiner Kunst bezeichnet, zur Schau.[69] Seine Performance schien nun aber nicht nur einen Akt der Kunstbetrachtung zu inszenieren, indem der Körper als Objekt ausgestellt wurde; sie warf vor allem Fragen bezüglich einer Partizipation der Blicke auf: Wer betrachtet wen? Und wer posiert eigentlich wirklich?

---

68 | Zur ausführlichen Beschreibung der ursprünglichen Inszenierungsversion von *Don't leave me this way*, auf die hier nicht eingegangen werden kann, vgl. Tim Atack, »I Wanna Hold Your Hand«, in: www.liveartuk.org/writingfromliveart/index0c8e.html, 08. August 2011, o.S.

69 | »The body is a site for presentation, a canvas. In my performances I am not interested in story telling. I show things that are not possible to articulate with speaking. The image moves on all the time and the baggage that we all carry change the images that we see.« Zitiert nach Meyer, *Schmerz als Bild*, a.a.O., S. 230.

In *Don't leave me this way* war das individuelle Blickverhalten vom Gefühl des Angeblicktseins affiziert. Die Strategie des Posierens erwies sich weniger als Resultat inwendiger Vorgänge, eher ist sie als Ergebnis sozialer Anpassung (Mimikry) zu betrachten. In dieser Situation wurde für den Zuschauer erfahrbar, dass seine Lokalisierung und Haltung als Sehender nicht nur durch die eigene Perspektive und das von ihm wahrgenommene visuelle Feld konstituiert werden, sondern auch und vor allem durch das Erblicktwerden. Durch den Blick des Anderen, den Jean-Luc Nancy als ein »vom Auge [...] Herauskommende[s]«[70] charakterisiert, wird unser Körper erreicht und eingerahmt. Er lässt uns in einem partikularen Frame erscheinen, an den wir uns zunächst körperlich anpassen müssen. Diese Erfahrung des Angeblicktseins, die in Franko Bs Aktion zur selben Zeit sowohl Akteur als auch Besucher machen konnten, führt Sartre auf die objektivierende Wirkung des fremden Blicks zurück, der sein Objekt ins Bild verwandelt und es zu einer sozio-normativen Metamorphose treibt.

Im Moment der unerwartet grellen und unwiederbringlich kurzen Lichtflut erlangte der gegenseitige Blickwechsel eine Intensität, die verhinderte, den gesamten Raum visuell erfassen und nach eventuellen weiteren Beobachtern suchen zu können. In der körperlichen Nähe wurde die Gerichtetheit der Blicke zu einem ethischen Problem, weil die Blickrichtungen die visuelle Aufmerksamkeit der Partizipierenden offenbarten:[71] Der Zuschauer konnte sich verunsichert fühlen und nicht wissen, ob er den anderen anstarren darf, ob er beim Schauen das Gesicht des Akteurs bevorzugt oder er lieber auf den Körper blicken sollte, um ihn weniger zu fixieren, bzw. ob er gerade die Blicke auf die nackte Haut des Performers meiden müsste, um sich ›normgerecht‹ zu verhalten.

Diese Aufführungserfahrung demonstriert, dass sich unter dem ›Blitzlicht‹ des fremden Blicks Prozesse konflikthaften Selbstentwerfens ereignen, die als primär körperliche Akte erlebbar werden. Die Posen, mit denen der Angeschaute auf den fremden Blick reagiert, verfügen über eine paradoxe Qualität, denn sie gelten als die phänomenalen Konsequenzen einer unterwerfenden Objektivierung einerseits und gleichsam als Zeichen der (Selbst-)Aktivierung und Subjektivation andererseits. »Sich in Pose werfen«, heißt nicht nur eine Drohung akzeptiert und einen

70 | Jean-Luc Nancy, *Porträt und Blick*, Stuttgart: Jutta Legueil 2007, S. 51. »Der Blick ist das, was vom Auge ausgeht, was herauskommt, das Herauskommende – oder genauer gesagt, der Blick ist nichts phänomenal Gegebenes, er ist vielmehr die *Tatsache an sich* eines Heraustretens aus sich, durch die ein Subjekt erst Subjekt wird [...]«. Ebd. Kursivierung im Original.

71 | Die reziproke Aushandlung von Machtpositionen, die im Blicktausch vollzogen wird, darf jedoch nicht mit der Lévinas'schen Ethik des Antlitzes verwechselt werden. Vor der regelrechten Verquickung einer *face-to-face*-Begegnung mit der Ethik des Sehens warnt auch Mieke Bal. Vgl. Mieke Bal, »The Commitment to Look«, in: *Journal of Visual Culture* 4 (2005), S. 145-162, insbesondere: S. 151. Zum Lévinas'schen Antlitzbegriff vgl. Kapitel VI/3.1.

urteilenden bzw. ›mortifizierenden‹ Blick wahrgenommen zu haben. Es heißt zugleich, »eine Drohung darstellen« und »die Tatsache der Überwachung in die Lust des Beobachtet-Werdens«[72] zu verwandeln. Wie paradox dies auch klingt, das Posieren vermag eine unterworfene Seinsqualität mit einer exhibitionistischen Einstellung zu verbinden und Qual, Weigerung und Erstarrung bzw. obsessive Lust und Verstellung zu implizieren.

Franko Bs Blick vom Podest auf den Besucher implizierte eine Perspektive, die für den Angeschauten unzugänglich war und ihn sowohl seiner Betrachterautonomie beraubte als auch zur Anpassung an diese fremde Wahrnehmungsperspektive aufforderte. Die Performance zeigt, wie der Blick mit der Aktivierung diskursiver Konventionalitäten und machtstruktureller Gesetze kooperiert und den Angeschauten dazu motiviert, im Blick des anderen als ›anerkennenswert‹ zu erscheinen. Dieser Mechanismus körperlichen Selbstentwerfens, der im objektivierenden Blick des anderen vollzogen wird, kann dementsprechend mit der Theorie der ›Anrufung‹ in Analogie gebracht werden, denn in Louis Althussers Konzept der ›Interpellation‹ fallen die Momente der Objektivierung und Subjektwerdung dergestalt zusammen, wie dies auch für den Zuschauer in Franko Bs Performances erfahrbar werden kann.

Dass Sartre es unterlässt, die Theorie des Erblicktwerdens primär als Subjektivation und nicht als Objektivierung zu interpretieren, ist eine kritische Anmerkung Kaja Silvermans,[73] die uns nun zur Umschrift der Iterpellationstheorie Louis Althussers leitet und diese Umschrift für die Blickinteraktion fruchtbar macht. Der Leitsatz Althussers, dem zufolge die »Ideologie die konkreten Individuen als konkrete Subjekte an[ruft]«[74], wird am häufigsten mit jenem Beispiel veranschaulicht, in dem die Konstituierung eines Subjekts durch den stimmlichen Appell des anderen motiviert bzw. erzwungen wird: Im Anruf eines Passanten durch den Polizisten, der ihn mit dem Aufruf »He, Sie da!« erfasst und aus der Masse und

72 | Dick Hebdige, »Posing... Threats, Striking... Poses: Youth, Surveillance, and Display«, in: *SubStance* 37/38 (1982/1983), S. 86-88. Hebdiges These wird hier in der Übersetzung von Craig Owens zitiert. Vgl. Craig Owens, »Posieren«, in: Wolf, *Diskurse der Fotografie*, a.a.O., S. 92-114, hier: S. 94.

73 | »Finally, Sartre misses the crucial opportunity implicit in the concept of the looked-at look - the opportunity to theorize it in relation not to objectivity, but to subjectivity. He fails to understand that latent in the voyeur's apprehension of the exteriority of *le regard* is the possibility of both coming to an awareness of the lack upon which the look pivots, and - in accepting this lack, which not only limits, but opens the door to the infinitude of desire - emerging as a subject in the strongest sense of that word.« Silverman, *The Threshold of the Visible World*, a.a.O., S. 166-167. Kursivierung im Original.

74 | Louis Althusser, »Ideologie und ideologische Staatsapparate (Anmerkungen über eine Untersuchung)«, in: ders., *Ideologie und ideologische Staatsapparate. Aufsätze zur marxistischen Staatstheorie*, Hamburg, Westberlin: Verlag für das Studium der Arbeiterbewegung 1977, S. 108-153, hier: S. 142.

Anonymität herauslöst, manifestiert sich diejenige ›Ideologie‹, die sich Althusser zufolge in den konventionalisierten Praktiken von Institutionen wie Gericht, Gefängnis, Armee, Kirche oder Regierung materialisiert und dank ihres »evident[en]«[75] Charakters von den Individuen allgemein anerkannt wird. Die Ideologie, indem sie das Individuum betrifft, unterwirft es und weist ihm einen Ort innerhalb der Ordnung des Staatsapparates zu. Althussers Theorem über die ›Interpellation‹ versteht sich im figurativen Sinne also als ein Akt der »vorübergehende[n] Festnahme«[76] und verweist auf die These, dass intersubjektive Verhältnisse immer ein zentrales ›Subjekt‹, sprich: die diskursiven Normen der ›symbolischen Ordnung‹ voraussetzen, in dessen bzw. deren Namen empirische Subjekte überhaupt miteinander in Beziehung und Kommunikation gesetzt und als Subjekte allererst anerkannt werden können.[77] Während wir im Folgenden die kritische Modifikation der Althusser'schen Anrufungstheorie durch Judith Butler, Mladen Dolar und Slavoj Žižek zusammenfassen, werden wir die Interpellation gleichsam als körperliche Erfahrung eines fremden Blicks reformulieren.

Der fremde Blick ist Zeuge eines Außen, das das Individuum in eine fremdbezügliche Existenz einlässt und ihm die Koordinaten eines neuen Seinskontextes auferlegt. Sobald wir den Blick als eine auf unseren Körper gerichtete Aufmerksamkeit erfahren, reagieren wir durch körperliche Reaktionen wie Hin- und Abwendung, Posieren oder Erröten, sodass visuelle Objektivierung keineswegs von der körperlich-sozialen Subjektkonstitution des Angeblickten zu trennen ist. Der Blick des anderen bringt uns sowohl als Objekte wie auch als Subjekte des Sehens hervor. Eine intersubjektiv ausgehandelte Sehposition gilt somit als eine zwar durchaus eingeschränkte, aber aktiv eingenommene und reflektierte Perspektive, sofern sie in Bezug auf die Tatsache des Gesehenwerdens gewählt wird. Die Koinzidenz von Subjekt- und Objektpositionen differiert von der phänomenologischen Vorstellung eines Merleau-Ponty wesentlich, dem zufolge Blickende und Angeblickte im Akt der gegenseitigen Wahrnehmung ineinander verschränkt sind und die Perspektiven zwischen Eigenem und Fremdem beliebig wechseln können. Objekthaftigkeit und Subjektivität schwinden im Akt des Blickwechsels als Rollenkategorien jedoch nicht, sie bedingen vielmehr einander: Ohne Objektivierung ist keine Subjektivität zu denken, denn Selbstkonstitution und zwischenmenschliches Handeln setzen die ›Begrenzung der Freiheit‹ (Sartre) bzw. ›die Mobilisierung diskursiver Grenzen‹ (Butler) voraus.

Zwischen der Subjektivationsmacht des fremden Blicks und dem wirklichkeitskonstituierenden Effekt eines perlokutionären Sprechakts lassen sich Parallelen zeichnen, wenn man das Blicken als eine Handlung begreift, die »bestimmte Ef-

75 | Ebd., S. 141.

76 | Ebd., S. 153.

77 | Vgl. ebd., S. 146.

fekte bzw. Wirkungen als Folgeerscheinungen«[78] sozialen Agierens hervorruft. Franko Bs Aktion macht mithin evident, dass die konstitutive Kraft performativer Akte nicht allein auf der Semantik einer Äußerung bzw. auf Berührung oder vokalen Aktivitäten basiert, sondern auch durch den ›stummen‹ Wechsel der Blicke bewirkt wird. Der Blick ist genau in dem Sinne performativ, dass er *hic et nunc* die körperliche Präsenz und relationale Aufeinanderbezogenheit zweier Personen exponiert und diese in einem sozialen Kontext situiert. Der Blickende perspektiviert den Angeblickten und ›ruft‹ ihn innerhalb der Koordinaten eines konkreten sozialen Frames ›an‹. Die Kritiker der Althusser'schen Theorie der Interpellation betonen jedoch,[79] dass in der Konstellation der drei Faktoren, die als Prämissen des Blickwechsels fungieren – Blickender, Angeblickter und situativer Kontext des Blickens –, immer eine unaufhebbare Asymmetrie nistet: Diese verhindert, dass der Angeblickte eine finite und abgeschlossene Identität erlangt, dass der fremde Blick als etwas vollkommen Souveränes in Erscheinung tritt und die Konventionen des diskursiven Rahmens vollständig vorhersagbar und berechenbar sind. Darüber hinaus bestand die Asymmetrie der Blickwechsel in Franko Bs Performance darin, in der Erfahrung keine klare Rollendifferenzierung zwischen Blickendem und Angeblicktem, Anerkennendem und Anerkanntem bzw. visuell Unterwerfendem und Unterworfenem zu ermöglichen, weil diese Positionen zwar permanent

78 | Judith Butler, *Haß spricht. Zur Politik des Performativen*, Frankfurt a.M.: Suhrkamp 1998, S. 11.

79 | Der slowenische Psychoanalytiker Mladen Dolar bestreitet den Totalitätscharakter ›der Ideologie‹ und interpretiert die Subjektivation als einen brüchigen und permanent Reste produzierenden Vorgang. ›Das Subjekt‹ werde gerade dadurch hervorgebracht, dass es nie mit sich selbst identisch sein kann und immer etwas hinter sich lassen müsse, das in den Subjektstatus nicht aufnehmbar ist. Vgl. Mladen Dolar, »Jenseits der Anrufung«, in: Slavoj Žižek (Hg.), *Gestalten der Autorität. Seminar der Laibacher Lacan-Schule*, Wien: Hora 1991, S. 9-25, insbesondere: S. 10-12, sowie 22-25. Judith Butler konstatiert in der Argumentation Althussers sogar eine »leidenschaftliche Komplizenschaft« des Individuums mit dem Gesetz, die nicht nur mit der Akzeptanz einer Schuld einhergehe, sondern gleichsam die Kritik und Subvertierung der Ideologie verhindere. Vgl. Butler, *Psyche der Macht*, a.a.O., S. 101-103, sowie Butler, *Haß spricht*, a.a.O., S. 58-60. Slavoj Žižek affirmiert Dolars These, dass das Individuum nie in der Subjektivation aufgehe, und betont, dass sie einen unmöglichen und prozesshaften Akt darstelle, da weder die symbolische Ordnung noch das Subjekt als vollständige und totalisierbare Größen zu begreifen seien. Diese seien dementsprechend auf ein permanentes Interdependenzverhältnis angewiesen. Vgl. Slavoj Žižek, *Der erhabenste aller Hysteriker. Psychoanalyse und die Philosophie des deutschen Idealismus*, Wien, Berlin: Turia und Kant 1992, S. 154. Den hier nur in Kürze skizzierten Diskurs der Interpellation und der Subjektivationskraft der ›Ideologie‹ diskutiert ausführlich der Philosoph Reinhard Heil. Vgl. Reinhard Heil, *Subjekt und Ideologie. Althusser – Lacan – Žižek*, in: www.demokratietheorie.de/home/documents/ideologie_und_subjekt.pdf, 08. August 2010, o.S.

eingenommen, aber nicht in einer intersubjektiven Komplementarität verhandelt wurden.

Damit sich die Subjektivation im fremden Blick als ein doppelt kontingenter Akt vollzieht, bedarf es der physischen Anwesenheit von Ich und anderem. Der Blick lässt sich somit kaum von den körperlich-sinnlichen Eigenschaften des Blickenden trennen, d.h. von seiner phänomenalen, opaken, aber auch akustisch oder taktil wahrnehmbaren Präsenz als lebendiger Organismus. Im Falle von Franko Bs Performance könnte man sogar von einer ›auratischen Präsenz‹[80] des Performers sprechen, die ein Effekt seiner realpräsentischen Anwesenheit war, sich allerdings *zwischen* den Blickenden entfaltete, insofern die Aura nicht unabhängig von dem, der sie exponiert und dem, der sie wahrnimmt, in Erscheinung tritt. Wie Georges Didi-Huberman konstatiert, ist die Aura ein »*Vermögen des Blicks* [...], das der Blickende dem Angeblickten zuschreibt«[81], und von zwischenmenschlichen Begegnungen nicht trennbar.

Franko Bs Körperperformance ist, im Gegensatz zu den Aussagen des Künstlers, kaum auf eine Bildwirkung zu reduzieren, die in der anschließenden Dunkelheit vor dem inneren Auge des Zuschauers präsent bleibt und sich als visueller Rest in die Erinnerung dessen einschreibt.[82] Der Blick des Akteurs brachte hingegen den Angeblickten zum Posieren und exponierte geradezu eine Dimension von (Inter-)Subjektivität, die in der Wahrnehmung des anderen unverfügbar blieb und als Überschuss der Realpräsenz, ja als etwas Nicht-Repräsentierbares, Unauslotbares und Nicht-Tradierbares erfahrbar zu werden vermochte. Wenn Fischer-Lichte in ihrem Verkörperungskonzept behauptet, dass »der Körper in seiner Fleischlichkeit jede seiner instrumentellen und semiotischen Funktionen

80 | Die Aura wurde im Rekurs auf Walter Benjamin, der sie als eine »einmalige Erscheinung der Ferne, so nah sie sein mag« definierte, immer wieder mit dem Blick in Verbindung gebracht. Walter Benjamin, *Das Kunstwerk im Zeitalter seiner technischen Reproduzierbarkeit*, Frankfurt a.M.: Suhrkamp 1977, S. 15. Georges Didi-Huberman beschreibt die Aura als »so etwas wie eine gewirkte und ursprüngliche Distanzierung (*espacement*) von Blickendem und Angeblicktem, des Blickenden durch das Angeblickte«. Didi-Huberman, *Was wir sehen blickt uns an*, a.a.O., S. 135. Kursivierung im Original. Guy Hocquenghem und René Schérer zufolge vermag der andere, der zeitlich und räumlich anwesend ist, durch den Blick seine auratische und ephemere Existenz kundzugeben, denn die »Aura ist überall dort, wo der Körper aus seinen Grenzen entweicht und sich dagegen wehrt, Hülle für den Organismus zu sein«. Guy Hocquenghem/René Schérer, »Formen und Metamorphosen der Aura«, in: Dietmar Kamper/Christoph Wulf (Hg.), *Das Schwinden der Sinne*, Frankfurt a.M.: Suhrkamp 1984, S. 75-86, hier: S. 76.

81 | Didi-Huberman, *Was wir sehen blickt uns an*, a.a.O., S. 136. Kursivierung im Original.

82 | Diesen nachhaltigen Effekt des eingeprägten Körperbildes hebt der Künstler selbst als die performative Konsequenz der Aktion hervor: »The image is burned into the retina of the spectator. When the light changes, you hold on to the image in front of you.« Zitiert nach John Holmes, »A lighter perspective«, in: *Metro Life*, 22. Januar 2008, S. 23.

[übersteigt]«[83], dann macht sie genau auf jene Differenz zwischen der Wahrnehmung von Körperbildern und realpräsentischen Körpern aufmerksam, die in den Diskussionen über ›Medialisierung‹ und ›Simulakra‹ ausgeklammert ist: Wenn bildliche Repräsentationen sinnliche Reste implizieren, die sich einer Symbolisierung widersetzen, stellen diese keine Reste des Körperlichen dar, sie sind vielmehr lediglich Reste eines Bildmediums. Der unhintergehbare Horizont körperlicher Präsenz, den Gerald Siegmund paradoxerweise als »Abwesenheit«[84] des sinnfälligen Körpers bezeichnet, ist allein dem lebendigen, dem »nur hier und nur jetzt«[85] erscheinenden Körper unabdingbar inhärent. Er überlagert unsere sozialen Intentionen oder Identitätsentwürfe insofern, als dass wir in jedem Spiel der Blicke unwillentlich auf unseren Körper sowie auf eine präsentische Spur zurückverweisen, die selbst dann bestehen bleibt, »wenn alle Spuren verwischt werden«[86].

3.2 Körperlose Blicke

Im Zeitalter elektronischer Medien sind Menschen nicht nur von personifizierten, sondern auch von körperlosen Blicken besehen und verfolgt. Doch die Blicke der Überwachungs-, Foto- und Webkameras sind in Maschinenkörper inkarniert und handeln ihre Perspektiven nie leibhaftig aus. Sie erfassen den jeweils angeblickten Körper, ohne den Leib eines Blickenden sichtbar zu machen. Sie verdecken den phänomenalen ›Ursprung‹ und ›Zielpunkt‹ ihrer Blicke und verschleiern die genaue Gerichtetheit und Reichweite ihrer Perspektiven, indem sie das, was sie registrieren, gleichzeitig dekontextualisieren, in etliche Rezeptionskontexte übertragen und durch technische Verfahren endlos wiederholen können. Im Moment des Exponierens eines technischen Blicks wird bei der fokussierten Person die Angst hervorgerufen, für andere als manipuliertes Bild zur Schau gestellt zu werden, als visuelles Objekt also, das, wie dies Martin Schulz in Bezug auf die Wirkung der Telepräsenz erörterte, »von Apparaten konfiguriert, fokussiert, eingerahmt, aufgenommen, gespeichert, übertragen, vervielfältigt und vom Rest des Körpers isoliert werden«[87] kann.

---

83 | Erika Fischer-Lichte, »Verkörperung/Embodiment. Zum Wandel einer alten theaterwissenschaftlichen in eine neue kulturwissenschaftliche Kategorie«, in: dies./Christian Horn/Matthias Warstat (Hg.), *Verkörperung*, Tübingen, Basel: A. Francke 2001, S. 11-25, hier: S. 17.

84 | Vgl. Gerald Siegmund, »Abwesenheit: Eine performative Ästhetik des Tanzes«, in: Krassimira Kruschkova (Hg.), *OB?SCENE. Zur Präsenz der Absenz im zeitgenössischen Tanz, Theater und Film*, Wien: Böhlau 2005, S. 71-83.

85 | Martin Seel, *Ästhetik des Erscheinens*, München, Wien: Carl Hanser 2000, S. 62.

86 | Dieter Mersch, »Körper zeigen«, in: Fischer-Lichte u.a., *Verkörperung*, a.a.O., S. 75-89, hier: S. 85.

87 | Martin Schulz, »Blick und Anblick. Zur Ent-Larvung der TV-Gesichter«, in: Röttger/Jackob, *Theater und Bild*, a.a.O., S. 43-60, hier: S. 50.

Roland Barthes und Kaja Silverman haben den fremden Blick eines empirischen Subjekts und das gerichtete Objektiv der Kamera metaphorisch gleichgesetzt und deren wahrnehmungspsychologischen Effekte zueinander in Beziehung gesetzt:[88] »The camera is less a machine, or the representation of a machine, than a complex field of relations«[89], behauptet Silverman und weist auf die soziale Fundierung jedes Blicks hin, der im Hier und Jetzt das angeblickte Subjekt zu erfassen und zu konstituieren weiß, sei er durch technische Apparate oder durch leibhaftige Personen hervorgebracht. Wir wollen nun diese Analogie anhand einiger Theaterbeispiele eingehender diskutieren und genauer ermitteln, worin die – nur scheinbar so trivialen – Gemeinsamkeiten und Differenzen zwischen den Wirkungseffekten verkörperter und körperloser Blicke bestehen.

Der Umgang mit aufnehmenden oder *live* übertragenden Kameras sorgt auf der Theaterbühne seit dem Ende des 20. Jahrhunderts für Furore, weil die Installation audiovisueller Apparaturen innovative Visualisierungsstrategien, neue narrative Grundmuster, medienreflexive Gesten und schauspielerische Darbietungsweisen ermöglicht. Doch die von dem jungen darstellerischen Dispositiv der Videokamera geleistete mediale Bildübertragung erfordert neben den neuen Blickstrategien der Bildrezeption auch ungewohnte und komplexe Praktiken des Körpereinsatzes und der Selbstinszenierung. Diese Praktiken werden durch den Fixierungseffekt des Kameraauges stimuliert und erkunden die Performance und das Theater immer wieder als Austragungsorte von Verstörung, Einschüchterung, Frust oder einer exhibitionistischen Lust.

Die Abwehr des körperlosen Blicks hält Dietmar Kamper für sinnlos: »Man kann zwar gegen die Kamera kämpfen«, argumentiert er, »aber der Kampf ist bloß Inhalt des Films.«[90] Kameraobjektive bringen in diesem Sinne radikal asymmetrische Blickverhältnisse zwischen Subjekt und Kamerablick hervor, und die britisch-deutsche Performancegruppe Gob Squad gehört zu denjenigen, die die politischen und erfahrungspsychologischen Dimensionen solcher technischen Überwachungsverhältnisse in ihren Inszenierungen immer wieder aufs Neue befragen und dadurch dezidiert mit den medialen Grundkonventionen des Theaters brechen. Versteht man die Theateraufführung als eine Konstellation körperlicher Kopräsenz, dann lässt sich in Gob Squads Aufführungen ein medialer Bruch kon-

88 | Vgl. Roland Barthes, *Die helle Kammer. Bemerkungen zur Photographie*, Frankfurt a.M.: Suhrkamp 1989 und Silverman, *The Threshold of the Visible World*, a.a.O. Die von den Autoren gestiftete Analogie zwischen subjektiven und maschinellen Blicken zieht sich durch all ihre Analysen und Theoretisierungen. Der Leser gewinnt den Eindruck, dass ein sozial ›immer schon‹ existentes Phänomen, nämlich das Angeblicktsein, erst durch die Reflexion des fotografischen Blicks im 20. Jahrhundert eine theoretische Relevanz und Grundlage erhält.

89 | Silverman, *The Threshold of the Visible World*, a.a.O., S. 136.

90 | Dietmar Kamper, *Die Ästhetik der Abwesenheit. Die Entfernung der Körper*, München: Wilhelm Fink 1999, S. 75.

statieren. In ihren Arbeiten findet das eigentliche ›(Schau-)Spiel‹, ja die Interaktion zwischen den Akteuren und ihren Mitspielern – wie beispielsweise den von ihnen gecasteten Laien oder den Passanten im öffentlichen Raum – überwiegend außerhalb des zeitlichen und räumlichen Rahmens der tatsächlichen Theaterperformance und somit auch abseits einer Begegnungssituation mit den Zuschauern statt. *Super Night Shot* (2003) und *Saving the World*[91] (2008) stellen Theaterbeispiele dar, in denen die dramaturgisch geplanten und ästhetisch inszenierten ›Theaterszenen‹ lediglich medial vermittelt und als Spur einer Aufführung ausgestellt werden. Das eigentliche Spiel wird in diesen Produktionen ausschließlich durch die technisch-mediale Übertragung einer Aufzeichnung zugänglich, da das theatrale Geschehen schon vor der Aufführung in einer finiten und tradierbaren Form festgehalten wurde und den Zuschauern dann als fertiges Produkt zur Rezeption angeboten wird. Es ist jeweils die Kamera, die als Zeuge des Spiels fungiert und die aufgenommenen Situationen in Form eines Films im Theaterkontext zu präsentieren erlaubt. Dies ist nicht nur in den Performances *Super Night Shot* und *Saving the World* der Fall, die auf die Animierung und gleichzeitige visuelle Erfassung der Passanten im öffentlichen Raum abzielen, sondern auch in der Arbeit *Room Service*[92] (2003), in der die Akteure weitgehend in abgeschlossenen Hotelzimmern vor Kameras agieren und ihre Einsamkeit exhibitionistisch für ein ihnen nicht sichtbares Publikum inszenieren. Während die Performance *Super Night Shot* streng genommen eine Stunde vor dem angekündigten Auftakt der Aufführung beginnt und im Moment des Zuschauereinlasses schon zuende ist, mithin genau dann, wenn die antreffenden Akteure das vorderhand produzierte einstündige Videomaterial zurückspulen und im Kreis der Zuschauer abspielen, rekurriert die Videopräsentation *Saving the World* – wie ihr Titel bereits andeutet – auf eine durch Speicherung bewahrte und für die künftige Rezeption ›gerettete‹ Welt, die einige Tage vor der tatsächlichen Aufführung dokumentiert wurde und somit über die aktuelle Vorführungssituation hinaus potenziell für Ewigkeiten in beliebige diskursive Rezeptionskontexte übertragen werden kann. Obwohl die Filmpräsentationen jeweils durch das anschließende Erscheinen und Verbeugen der Akteure als indexikalische Spuren der nahen Vergangenheit authentifiziert werden, stellt sich die Frage, worin die konkrete theatrale Qualität dieser Filmpräsentationen besteht und warum die Arbeiten von Gob Squad dennoch nicht mit Konfigurationen der Filmvorführung im Kino identisch sind.

Die Performances *Super Night Shot* und *Saving the World* bestehen lediglich aus der Vorführung vorgefertigter Videomaterialien. Sie erhalten ihre ästhetische und theatrale Suggestionskraft jedoch durch die Effekte, die die aufnehmende Kamera

91 | *Super Night Shot* wurde am 05. Dezember 2003 im Prater der Volksbühne am Rosa-Luxemburg-Platz zum ersten Mal aufgeführt; *Saving the World* hatte am 12. Juni 2008 auf Kampnagel in Hamburg Premiere.

92 | *Room Service (Help Me Make It Through The Night)* war am 24. Januar 2003 auf Kampnagel in Hamburg zum ersten Mal zu sehen.

als Instrument des potenziellen Bildtransfers in den abgefilmten Personen ausgelöst hat. Jeder, der vor einer aufnehmenden Kamera agiert, ist sich mehr oder weniger darüber bewusst, dass seine singulären Aktionen den Augenblick der Speicherung überdauern bzw. vor der Wiedergabe modifiziert und manipuliert werden können. Und genau auf die Vorführung jenes objektivierenden Blickeffekts, dessen ›Opfer‹ die gefilmten Personen werden, legen es die anschließenden Aufführungen an. Es entsteht ein vorgesetzter oder durch die kontingente Anordnung der Filmsequenzen etablierter narrativer Rahmen, den die Akteure des Films nicht mehr bestimmen oder beeinflussen können. Da die Aussagen und Handlungen der Protagonisten bei der filmischen Wiederholung neu kontextualisiert, kombiniert und inszeniert werden, entsteht ein Effekt der Spontaneität, der kontingenten Aktualisierung eines bereits fixierten und abgeschlossenen Geschehens, das im Akt der narrativen Einbettung neue und unerwartete, bisweilen mehrdeutige und belustigende Bedeutungen hervorbringen kann. Woher rührt aber die intensive Animationskraft und die befremdliche Wirkung des Kamerablicks, der zum einen die gefilmten Passanten aktiviert und herausfordert und zum anderen die Zuschauer, die die vorgegebene Kameraperspektive anschließend einnehmen, fesselt und fasziniert?

Die Faszinationskraft der vorgeführten Filmsequenzen, mit denen Gob Squad eine Kopräsenz von Akteuren und Zuschauern substituiert, besteht darin, dass vornehmlich spontan abgefilmte Personen des öffentlichen Raums in den Fokus der Aufmerksamkeit geraten. Sprechen und blicken die Performer einzelne Fußgänger an, versetzen sie diese in qualitativ verschiedene Blickrelationen, indem sie stets auch die Kamera auf sie richten und dadurch eine für den Angeblickten unauslotbare Perspektive aufscheinen lassen. Ihre Bildwerdung entlädt sich in defensiven Verhaltensweisen und mitunter fast panischen Reaktionen. Jeder Dialog zwischen Akteuren und Passanten wird stark beeinträchtigt vom unhintergehbaren ›Jenseits‹ des technischen Apparats, der Anwesenheit eines inhumanen Wesens, das sieht, ohne selbst sichtbar zu sein, und das sich mit Jacques Derrida als »Gespenst«[93] kennzeichnen lässt. Die Derrida'sche Figur des Gespenstes wurde in der philosophischen und medientheoretischen Rezeption als funktionales Analogon zur Medialität interpretiert,[94] insofern Derrida dem Gespenst die paradoxen

93 | In seiner assoziativ voranschreitenden und sich jedweder systematischen Interpretation widersetzenden Argumentation geht Derrida in Rekurs auf das Zitat von Karl Marx und Friedrich Engels »Ein Gespenst geht um in Europa – das Gespenst des Kommunismus« der Frage nach, wie sich die Figurationen eines Gespenstes denken und deren mediale Erscheinungsformen beschreiben lassen. Vgl. Jacques Derrida, *Marx' Gespenster. Der Staat der Schuld, die Trauerarbeit und die neue Internationale*, Frankfurt a.M.: Suhrkamp 2004, sowie Karl Marx, »Manifest der Kommunistischen Partei«, in: ders., *Frühe Schriften. Bd. II.*, Darmstadt: Wissenschaftliche Buchgesellschaft 1971, S. 813-858, hier: S. 816.

94 | Vgl. u.a. Thomas Khurana, »Was ist ein Medium? Etappen einer Umarbeitung der Ontologie mit Luhmann und Derrida«, in: http://userpage.fu-berlin.de/~sybkram/medium/

Eigenschaften eines medialisierten Gedankens oder einer verkörperten Idee zuspricht, deren Erscheinungen sich jeweils von ihrem ›Wesen‹ getrennt haben und neu inkorporiert worden sind.[95] Die Kamera gilt ähnlicherweise als ›falscher‹ und ›uneigentlicher‹ Körper einer Blickperspektive, als »prothetischer Leib«[96] für abwesende Blicke, die in ihrer Inaktualität aktualisiert werden. Der Moment der kinematografischen Aufzeichnung ist gespenstisch deshalb, weil er auf die potenziellen Wiederholungen des ›Anblicks‹ verweist und den Angeblickten mit den künftigen, unbeherrschbaren Iterationen seines Angeblicktseins heimsucht. Dem Gespenst ist keine ontologische, sondern eine ›hantologische‹[97] Seinsqualität zuzusprechen; es kommt aus der Zukunft, ohne empirische Evidenz zu beweisen. Nähe und Distanz, Anwesenheit und Abwesenheit sind Attribute, welche die ambivalente Begegnung mit dem technischen Blick auszeichnen, dessen In-Erscheinung-Treten jedoch nicht mehr der Logik der Repräsentation folgt. Der Kamerablick tritt dem Angeblickten hier als ein »Dritter« entgegen, dessen Existenzqualität »die prägenden Binarismen des abendländischen Denkens unterläuft«[98]. In Rekurs auf die Arbeiten von Gob Squad lässt sich folgern, dass die audiovisuell dokumentierten Spielszenen auf der Straße Kommunikationsstörungen implizieren, da neben den Akteuren stets ein gespenstischer Kamerablick im Spiel ist. In diesem Sinne gilt der Zuschauer in Gob Squads Theater als der eigentlich Blickende, der seine Bilder mithilfe der audiovisuellen Bildübertragung zu sehen bekommt. Er ist als Appellierender unerkennbar, seine Existenz bleibt dem Angeblickten/›Handelnden‹ während seines Agierens vor dem Aufnahmegerät phänomenal unzugänglich.

Die Kamera versinnbildlicht die Effekte der technischen Medialität, indem sie zu blicken und anzublicken erlaubt, ohne eine Wechselseitigkeit zu etablieren. Ihr Blick und ihr Anblick bleiben immer der Partizipation bzw. Affizierung gegenüber resistent. Entsprechend besteht die Schaulust des Zuschauers, der die vorproduzierten Filme anschließend in den Aufführungen von *Super Night Shot* oder *Saving the World* betrachtet, gerade in der einseitigen Blickrelation. Ihm werden etliche zum szenischen Handeln getriebene Passanten vorgeführt, er selbst wiederum

khurana.html, 22. Juni 2009, o.S.; Boris Groys, *Unter Verdacht. Eine Phänomenologie der Medien*, München, Wien: Carl Hanser 2000, S. 82-87.

95 | Vgl. Derrida, *Marx' Gespenster*, a.a.O., S. 199.

96 | Khurana, »Was ist ein Medium?«, a.a.O., o.S.

97 | Engl. »haunt« bedeutet »spuken«, »heimsuchen«. Zum Begriff der Hantologie vgl. Derrida, *Marx' Gespenster*, a.a.O., S. 25.

98 | Moritz Baßler/Bettina Gruber/Martina Wagner-Egelhaaf, »Einleitung«, in: dies. (Hg.), *Gespenster. Erscheinungen – Medien – Theorien*, Würzburg: Königshausen & Neumann 2005, S. 9-21, hier: S. 20. Die Konfrontation des Subjekts mit dem Gespenst stimuliere unheimliche Wirkungen, da in diesem Kommunikationsakt die »Differenzierung zwischen Sprecher, Adressat und Botschaft«, ja »zwischen Subjekt, Adressat und Objekt nicht gelingt«. Reinhold Görling, »Kleist und der Cyberspace«, in: Baßler u.a., *Gespenster*, a.a.O., S. 189-200, hier: S. 193.

bleibt als soziales Wesen jedoch unangeblickt. Es ist die Leistung der Kamera, die beiden räumlich und zeitlich differierenden Situationen miteinander zu verbinden. Durch sie wird die objektivierende Augenlust des Zuschauers ausgeübt, ohne dass Letzterer im Akt der filmischen Aufzeichnung physisch anwesend sein muss. In den Inszenierungen von Gob Squad hat man es also auf der einen Seite mit zufälligen Passanten zu tun, die sich schüchtern oder exhibitionistisch verhalten, agieren und improvisieren, weil sie sowohl vom individuellen Blick des Performers als auch vom Objektiv seiner Kamera erfasst und aus einem unauslotbaren Sichtpunkt heraus ›ergriffen‹ werden. Auf der anderen Seite werden Zuschauer im abgedunkelten Theaterraum von den vorgeführten (Suspense-)Wirkungen des Kamerablicks gefesselt, der buchstäblich alles, was er fokussiert, in ein Bild verwandelt. Diese voyeuristische Lust an vorproduzierten Bildern resultiert, wie Elisabeth Bronfen erkannt hat,[99] aus der Garantie, dass die abgefilmten Körper bereits verdrängt sind und der Zuschauer ein einseitiges Wahrnehmungsprivileg inne hat.

Obwohl ›gespenstische Blicke‹ eine wechselwirksame Interaktion von Subjekten untergraben, weil sie, wie Boris Groys konstatiert, »bloß Signifikanten sind, die nicht in Kommunikation treten können«[100], stiften sie paradoxerweise trotzdem immer Kommunikation. Doch mit wem kommuniziert die unter dem Kamerablick agierende Person? Mit wem stellt das Gespenst, das uns im körperlosen Blick heimsucht, eine Beziehung her?

Interaktivität wird im Theater Gob Squads – so sehen wir in Kürze – als Ökonomie der Interpassivität[101] erfahrbar, weil die Einseitigkeit des Blickwechsels mit

---

99 | »[T]he image implies the absence of the body.« Elisabeth Bronfen, »Killing Gazes, Killing in the Gaze: On Michael Powell's *Peeping Tom*«, in: Salecl/Žižek, *Gaze and Voice as Love Objects*, a.a.O., S. 59-89, hier: S. 74.

100 | »Die Gespenster sind deswegen keine lebendigen Subjekte, weil sie bloß Signifikanten sind, die nicht in Kommunikation treten können – die dafür aber das tote Gesetz verkörpern, dem jede lebendige Kommunikation folgen muss.« Groys, *Unter Verdacht*, a.a.O., S. 85.

101 | Ich entlehne den Begriff der Interpassivität im Bewusstsein dessen, dass er bei Robert Pfaller und Slavoj Žižek im Zusammenhang mit der Delegierung von Genuss steht. Da die Autoren das Interpassivitätskonzept mit der psychoanalytischen Denkfigur der symbolischen Identifizierung verlinken bzw. der Logik der Interaktivität gegenüberstellen, ziehe ich den Interpassivitätsbegriff für meine weiteren Untersuchungen dennoch heran, um die handlungskonstitutive Dimension imaginierter Blicke zu konzeptualisieren. Der Aspekt der Interpassivität wird im Folgenden nicht nur in der Begegnung mit Kamerablicken eine signifikante Rolle spielen, sondern er wird auch als ein Strukturprinzip theatraler Kommunikation fundiert. Vgl. hierzu Kapitel VI/2.1. Zur philosophischen Verwendung des Interpassivitätsbegriffs vgl. Slavoj Žižek, »Class Struggle or Postmodernism? Yes, please!«, in: ders./Judith Butler/Ernesto Laclau (Hg.), *Contingency, Hegemony, Universality. Contemporary Dialogues on the Left*, London, New York: Verso 2000, S. 90-135; Robert Pfaller (Hg.), *Interpassivität. Studien über delegiertes Genießen*, Wien, New York: Springer 2000.

der Kamera dazu führt, dass sich die Imagination des Angeblickten aktiviert. Der Kamerablick droht, die aufgezeichneten Handlungen des Subjekts tradierbar werden zu lassen. Er macht dem Angeblickten bewusst, dass von dem Moment der Aufzeichnung an kaum zeitliche und situative Schranken existieren, die der Reproduktion seines Bildgewordenseins Einhalt gebieten. Für das Subjekt stellt nun diese Drohung eine unerträgliche, eine radikale Souveränitätsverlust anvisierende Situation dar, gegen die es sich nur durch die Subjektivation des körperlosen Blicks widersetzen kann. Der Angeblickte ordnet dem Kamerablick – der eigentlich keinem Subjekt angehört, doch potenziell von allen angeeignet werden könnte – eine ›Urheberschaft‹ zu: Das kann der Blick einer persönlich vertrauten Autoritätsperson oder eines beliebigen anderen Vertreters von Verhaltensnormen sein. *Das Subjekt agiert vor einem seinerseits imaginierten oder konstituierten Blick, von dessen Fokus es sich abhängig macht.* Dieser Mechanismus, kraft dessen ein personifizierter Blick ins opake Objektiv der Kamera projiziert wird, verhilft dem Subjekt dazu, sich zu einem normativen Wertesystem in Beziehung zu setzen, sich von außen zu sehen und durch die Subjektivierung der Kameraperspektive sich selbst zu objektivieren. Die Subjektivierung des körperlosen Auges, die imaginäre Präsenz des anderen sind merkwürdigerweise die Voraussetzungen dafür, dass die Objektivierung und somit die Subjektivierung des Angeblickten innerhalb einer sozio-symbolischen Konfiguration erfolgen können und er darüber hinaus handlungsfähig wird. Hierin liegt auch die Paradoxie des Exhibitionisten, der sich scheinbar souverän vor dem anonymen Blick der Kamera inszeniert, doch seine Handlungsautonomie wird immer von einem imaginären Punkt aus, von dem er sich abhängig macht, domestiziert und stimuliert.

In der psychoanalytischen Forschung wird die Einbildung dieses dritten subjektivierten Blicks, unter dessen Aufmerksamkeit und Kontrolle man handelt, als symbolische Identifizierung bezeichnet, die bei Hysterikern und Zwangsneurotikern sogar zu einer Verschiebung des »Fürsichseins« zum »Sein-für-Anderes«[102] führen kann. Der Begriff der Interpassivität,[103] wie er von Robert Pfaller und Slavoj Žižek entwickelt wurde, beleuchtet exakt diesen Akt der projektiven Erschaffung einer Zuhörer- oder Zuschauerschaft, die trotz ihrer realen Abwesenheit die Richtlinien für symbolische Handlungen festlegt. Analog hierzu wird in den Aufführungen von Gob Squad der undurchsichtige und ›passive‹ Blick der Kamera in ein subjektiv urteilendes Publikum verwandelt, das in seiner Abwesenheit für das

102 | »Der hysterisch Neurotische erlebt sich als jemand, der eine Rolle *für den anderen* spielt. Seine imaginäre Identifizierung ist sein ›Sein-für-Anderes‹, und der unumgängliche Bruch, den die Psychoanalyse vollziehen muß, besteht darin, ihn erkennen zu lassen, inwiefern er *selbst* dieser Andere ist, für den er eine Rolle spielt – kurz: Inwiefern sein ›Sein-für-Anderes‹ sein ›Fürsichsein‹ ist, da er selbst bereits symbolisch mit dem Blick identifiziert ist, *für welchen* er diese Rolle spielt.« Žižek, *Der erhabenste aller Hysteriker*, a.a.O., S. 223. Kursivierung im Original.

103 | Vgl. Fußnote 101 auf S. 107.

fixierte Subjekt konstitutiv wird. Slavoj Žižek bezeichnet die Kamera demnach als körperloses Organ. Er führt das Konzept des Lacan'schen Partialobjekts[104] mit dem Begriff des »Kino-Eyes«[105] von Dziga Vertov zusammen und verweist damit auf die aktivierende Kraft dieses passiven Objekts, das ohne von einem menschlichen Körper exponiert zu sein, soziale Relationen zu etablieren vermag. Die als Sozialisierungsstrategie des Subjekts funktionierende Interpassivität kann selbst die Einsamkeit eines Individuums in ein imaginäres ›Mit-Sein‹ transformieren. Sie ist »keine einfache symmetrische Umkehrung von Interaktivität«[106], sondern ein Organisationsprinzip, das in Situationen des Sich-beobachtet-Fühlens erfahrbar wird.

Kann man sich selbst nicht einmal in der zwischenmenschlichen Begegnung mit den Augen des anderen sehen, also nie die Perspektive einnehmen, von der aus man sich objektiviert fühlt, so ist Interpassivität als ein integraler Bestandteil jeder Form der Interaktivität zu begreifen. Jedoch – und so könnten die Analogien und Differenzen zwischen leibhaftigen und körperlosen Blicken herausdestilliert werden – wird die Wirkung des Sich-Beobachtet-Fühlens jeweils mit unterschiedlicher Intensität, Relevanz und Aktivierungskraft erfahrbar. Jedem Handlungsvollzug ist ein körperloser Kamerablick, eine dritte Perspektive inhärent, die das Individuum als kontrolliertes und sozialisiertes Subjekt hervorbringt, damit es vor diesem imaginären Blick und vor den Gesetzen der symbolischen Ordnung als gesellschaftlich anerkannter Akteur erscheinen kann. Die Kamera ist lediglich ein perfektionalisierter technischer Apparat, der über die Kompetenz des Aufzeichnens und der Übertragung verfügt. Ihr Blick ist nicht nur im Moment des Exponierens aktiv, er ist auch zeitlich bzw. räumlich ›übertragbar‹ und kann anschließend von konkreten Subjekten tatsächlich einverleibt werden. Doch das körperlose Kameraauge etabliert nur ›einfache‹ und keine ›doppelte‹ Kontingenz, seine Wirkung ist eindimensional und konstant. Oder anders gesagt: Es lässt sich nicht mit ihm interagieren.[107] Seine Appellkraft besteht darin, auf iterative Aneignungen in der Zukunft zu verweisen, auf Wirklichkeiten, die im Moment der Aufzeichnung phänomenal

104 | Vgl. Slavoj Žižek, *Körperlose Organe. Bausteine für eine Begegnung zwischen Deleuze und Lacan*, Frankfurt a.M.: Suhrkamp 2005, S. 239.

105 | Vgl. Dziga Vertov, »From Kino-Eye to Radio-Eye«, in: Annette Michelson (Hg.), *Kino-Eye: The Writings of Dziga Vertov*, London, Sydney: Pluto Press 1984, S. 85-92.

106 | »So interpassivity is not simply a symmetrical reversal of ›interactivity‹ [...]: it gives birth to a ›reflexive‹ structure in which the gaze is redoubled, in which I ›see myself being seen as likeable‹.« Žižek, »Class Struggle or Postmodernism? Yes, please!«, a.a.O., S. 117.

107 | Auf diese konstante und unhintergehbare Wirkungsintensität der Kamera macht auch Dietmar Kammerer aufmerksam: »Wer sich von einer Kamera beobachtet weiß, wird immer damit rechnen, dass die Technik funktionstüchtig ist und sein Verhalten aufzeichnet.« Dietmar Kammerer, *Bilder der Überwachung*, Frankfurt a.M.: Suhrkamp 2008, S. 71. Auf die Differenzen von Selbstinszenierungstechniken, die man sich im Fokus von körperlosen bzw. physisch exponierten Blicken aneignet, werden wir im Hinblick auf die Frage der sozialen Anerkennung in Kapitel VII/3.1 ausführlich eingehen.

unzugänglich sind, vom technischen Objektiv allerdings permanent verhüllt und zugleich offenbart, verschleiert und angekündigt werden.

4. RESÜMEE

In den Momenten des Blickens und Angeblicktseins ist unser Körper sehend und sichtbar, er fungiert als Austragungsort intersubjektiver Bezüge. Bereits durch die Untersuchung der körperlichen Aspekte des Sehens sind in diversen Figurationen Charaktereigenschaften des Blickens und Angeblicktseins zutage getreten. Sie haben allesamt die Hypothese bestätigt: Blicken, und zwar selbst im Fall der Einverleibung von Kameraperspektiven, ist nur als *embodiment*, als verkörpertes und sozial verhandeltes Sehen zu denken. Es hat sich gezeigt, dass jeder wahrgenommene Körper eine Grundlage für identifikatorische Akte bietet, die eine paradoxe Dopplung des Betrachterkörpers, ja ein transgressives Austreten aus sich selbst erzielen. Der Blickende vermag sich fremde Perspektiven, Körper und Psychen anzueignen, ohne seine physischen Koordinaten zu verlassen und auf die psychischen Resonanzen der Identifizierung zu verzichten. Im Blick-Akt ist es möglich, eine Identifizierung mit real oder medial präsentierten Körpern zu erzielen, zwischen verschiedenen medialen Visualitätsordnungen hin- und herzuspringen sowie unter diesen Repräsentationsebenen darstellungslogische oder dramaturgische bzw. narrative Verweis- und Bezugstrukturen nachzuvollziehen und zu konstituieren. Blicke können immer neue (Um-)Wege der Körperwahrnehmung und der eigenen und fremden Körperkonstituierung einschlagen. Bei der Analyse zeitgenössischer Aufführungen tritt jedoch die Erfahrung hervor, dass Blicke häufig von visuellen Details angezogen werden, deren Ekstase sich nicht durch ihre symbolische Kodiertheit erklären lässt und die somit an den Zuschauerblick als eine fixierende, besonders subjektive und kontingente Wahrnehmungsinstanz appellieren.

Im Kontrast zur bis dato dominierenden und privilegierten Vorstellung, der zufolge Blicken im Akt des Sehens relevant und subjektkonstituierend ist, haben die vorangegangenen Analysen verdeutlicht, dass es vor allem der fremde Blick ist, der über die Kompetenz verfügt, uns körperlich zu objektivieren und zu mortifizieren, aber gleichzeitig auch zu subjektivieren und zu aktivieren. Die Beschreibungen sowohl einer kopräsentischen Begegnung wie einer Konfrontation mit dem Kamerablick demonstrieren, dass das Gefühl des Angeblicktseins immer mit der Aktualisierung einer normativen Ordnung einhergeht, die das Verhalten der (Zurück-)Blickenden macht- und begehrensstrukturell regelt. Die Gesetze dieser Ordnung der Normierung werden von den Blickenden imaginiert, sodass jede Form von Interaktion mit dieser soziokulturellen Dimension der Interpassivität verschränkt ist. Sie aktiviert jeden Partizipierenden, sich als ›anerkennenswert‹ zu inszenieren bzw. sich entsprechend zu verhalten.

Dass man im Gegenwartstheater zwischen verschiedenen Modalitäten des Blickens bisweilen schlagartig wechseln muss, wurde für den Zuschauer in der

Aufführung *Rimuski*[108] (2008) vor Augen geführt. Der spanische Regisseur Roger Bernat experimentierte in dieser Inszenierung mit den Darstellungskonventionen alteritärer Menschenbilder und setzte die Begegnung mit dem Fremden als Interaktion zwischen physisch anwesender und technisch übertragener, sich nähernder und distanzierender, sichtbarer und berührbarer Körper in Szene. Die geringe Anzahl der etwa 30 Zuschauer, die im kleinen Studio des Wiener Konzerthauses Platz nahmen, bildeten zunächst einen Kreis von Filmzuschauern, deren Blicke auf die die ganze Bühne verhüllende Leinwand fixiert waren. Die Projektion verschaffte per *Live*-Schaltung einen Einblick in fünf Taxifahrten durch die Stadt Wien und machte die Zuschauer mit den jeweiligen Lebensgeschichten der einzelnen Taxifahrer afrikanischer Herkunft bekannt, die gerade ihren Nachtdienst leisteten. Die von den Afrikanern selbst erzählten Biografien evozierten ein typisiertes und das ›kollektive Imaginäre‹ reproduzierendes Bild über Ausländer, die ihre Probleme mit Visa und Arbeitserlaubnissen schilderten und von den Konflikten mit Kunden und Nachbarn berichteten. Die Kamera, die den Zuschauern die Bilder präsent machte, erwies sich somit keinesfalls als objektives Instrument der audiovisuellen Übertragung.[109] Ihre Bilder waren nur mit einem gesellschaftlich markierenden und hierarchisierenden Zuschauerblick kompatibel und interpretierbar. Neben den technisch übertragenen Körperbildern forderte auch eine weitere Darstellungsstrategie des Fremden einen ›westlich‹ bzw. ›weiß‹ geprägten Zuschauerblick heraus: Die Videoübertragung wurde immer wieder unterbrochen und mit einer Stadtkarte von Wien überblendet, auf der die jeweiligen Positionen der Taxifahrer markiert waren und die Sichtbarkeit ihrer Körper durch die Visualisierung ihrer geografischen Koordinaten substituiert wurden. Die Wahrnehmung des Fremden als zeichenhafte Markierung auf der Landkarte stellt eine festgesetzte Erfahrungskonvention dar, an der wir uns so lange orientieren müssen, so der Rezensent Helmut Ploebst, »bis es eine bessere oder auch andere Karte gibt«[110], *nota bene*, für deren Entwicklung der Regisseur Roger Bernat selbst im Laufe der Performance etliche Alternativen offeriert.

108 | Die deutschsprachige Version der dokumentarischen Inszenierung *Rimuski*, in der Wiener Taxifahrer schwarzafrikanischer Herkunft und Mitglieder der Wiener *African Taxi Association* auf die Bühne traten, erfuhr am 18. Mai 2008 in der Spielstätte brut im Künstlerhaus im Rahmen der Wiener Festwochen ihre Premiere.

109 | Zur ethnografischen Funktion des auf den Fremden gerichteten Kamerablicks vgl. den informativen, umfassenden und bibliografiereichen Aufsatz von Ilka Brändle, »Das Foto als Bildobjekt. Aspekte einer Medienanthropologie«, in: Belting, *Bilderfragen*, a.a.O., S. 83-100.

110 | Helmut Ploebst, »Per Taxi nach Wien. Roger Bernat bringt ›Rimuski‹ zu den *Festwochen* ins brut Konzerthaus«, in: *corpus. Internet Magazin für Tanz, Choreografie, Performance*, in: www.corpusweb.net/index.php?option=com_content&task=view&id=785&Itemid=35, 08. August 2010, o.S.

Die Videobilder weckten die Effekte einer im Fernsehen ausgestrahlten Doku-Soap und mobilisierten folglich sowohl die mehr oder weniger emphatische und mitfühlende Identifizierung mit den fremden Protagonisten als auch Abschweifung, Unruhe und Langeweile der miteinander flüsternden Zuschauer, die der Rezeption eines ›Einwegmediums‹ entsprechend miteinander Blicke wechselten und das Dargebotene verbal kommentierten. Die fast eine Stunde lang andauernde Situation der Filmbetrachtung etablierte eine stabile Wahrnehmungsordnung, die aber im Augenblick der plötzlichen Öffnung der Leinwand attackiert wurde: Die nur durch Bildsequenzen bekannten Akteure erschienen plötzlich leibhaftig auf der Bühne und fuhren nun in greifbarer Nähe fort, ihre Geschichten und Utopien mit dem Publikum zu teilen. Ihre holprig erzählten Monologe, die durchaus improvisiert zu sein schienen, konfrontierten weiterhin mit den kulturellen Differenzen und Dissensen, den Schwierigkeiten der Integration, der Kluft zwischen gesellschaftlichen und familiären Strukturen, dem Gefühl des permanenten Ausgestelltseins im öffentlichen Raum etc. Bernat stellte phänomenale und diskursive, phänotypische und kulturelle Differenzen einander gegenüber. Die Inszenierung der Taxifahrer war jedoch nicht durchgängig festgelegt. Immer wieder ereigneten sich kommunikative ›Gaps‹, Leerläufe und rhythmische Zäsuren, die aus den Sprachdefiziten, der Imperfektion und Spontaneität ihres ›Spiels‹ resultierten und dazu führten, dass die jeweils schweigenden Akteure sowohl sich gegenseitig als auch einzelne Zuschauer verzweifelt anblickten. Dadurch, dass ihre ›verbale Mimikry‹ häufig fehlschlug, bereiteten die Kommunikationsstörungen merkwürdigerweise gerade für die Akteure selbst Missverständnisse und kommunikative Fallen, Situationen also, in denen u.a. der Blickkontakt, sprich: die nonverbale Kommunikation, als einziger Kanal des Signaltransfers eingesetzt werden musste: In Momenten des sprachlichen Scheiterns suchte der verstummende Sprecher die Reaktionen der Zuschauer zu erfassen oder die Hilfe der anderen Akteure zu mobilisieren und darüber hinaus ständig auch an Verständnis und Anerkennung des anderen zu appellieren.

In der Reziprozität der Blicke schauten die Afrikaner auf das Publikum zurück, sie näherten sich immer wieder den Zuschauern an und reorganisierten die Interaktionsökonomie der Aufführung weitgehend neu, indem sie die Hegemonie der Schauenden störten und zum Teil erschütterten. Im kontingenten Wechselspiel der Blicke wurden die konsolidierten Gewohnheiten – *was wir zu sehen* bzw. *nicht zu sehen begehren* – von Angesicht zu Angesicht ins Bewusstsein geholt und kritisch beleuchtet.[111] Die szenische Ausstellung des Fremden als Faszinosum erweckte zwar eine Schaulust, die zur Folge hatte, dass die Zuschauerblicke an den fremden Körper hefteten. Ebenfalls machte sie aber die Trivialität so verstandener

111 | Die Paradoxien des kolonialisierenden Blicks, dessen Diskurs auch in *Rimuski* konnotiert wurde, haben die Performancekünstler Coco Fusco und Guillermo Gomez-Peña in ihrer Aktion *Two Undiscovered Amerindians Visit...* hinsichtlich der politischen Implikationen des Blickens erkundet. Vgl. Fischer-Lichte, »*Rite de passage* im Spiel der Blicke«, a.a.O.

Identitätsbildung bewusst und entlarvte jene Blicknormen, die in Hinsicht auf *sex, gender, race* und *class* zwischen Bekanntem und Exotisiertem, zwischen Normalität und Divergenz Unterschiede etablieren.

Das plötzliche Ende der Performance gipfelte in intimen Begegnungsszenen: Die Taxifahrer, die ohne Verbeugung in ihre Wagen verschwanden, fuhren die Zuschauer nach Hause. Obwohl dieser Gestus der Annäherung paradoxerweise nicht als Brechung zwischen Fiktion und Realität, Theater und Öffentlichkeit, Kunst und Leben erfahrbar wurde, sondern lediglich ein körpernahes Theatererlebnis war, in der *die Rollen weiter gespielt wurden*, verdichtete und verschaltete *Rimuski* die qualitativen Differenzen der Körperwahrnehmung permanent miteinander: Die anfängliche Wirkung des Kamerablicks, der die Akteure zu objektivieren vermochte ohne die Objektivierung der Zuschauer zu erlauben, wurde von der kontingent und reziprok angelegten physischen Kofrontation abgelöst. ›Die Fremden‹ traten miteinander in Kommunikation, wenngleich ihre Begegnung aus sozialpolitischer Hinsicht ambivalent ausfiel: Ihre Relationalität reproduzierte und zementierte zwangsläufig einen ›weißen Blick‹; mit den konsolidierten Zuschreibungen von Fremdheit wurde nicht gebrochen, die Trennung zwischen Sich-Zeigenden und Beschauenden nicht verunsichert.

Wie alle hier angeführten Beispiele zeigt auch *Rimuski*, dass der Theaterzuschauer bzw. sein Körper nie als Origo der Blickerfahrung betrachtet werden kann, da die Anwesenheit des anderen als Bezugs-, Annäherungs- oder Abgrenzungspunkt unentbehrlich ist, um sich selbst zu reflektieren. Der Blickende sieht also nicht nur und ist sichtbar, mit seinem Augenspiel mobilisiert und dezentriert er zugleich den eigenen und fremden Körper. Wie wir im Folgenden sehen werden, sind sowohl die Konstituierung von Raum, Begehren und Macht als auch die Registrierung von Emotionen ausschließlich auf den menschlichen Körper beziehbar, durch ihn generierbar und mit ihm erfahrbar.

IV. Blick und Emotionalität

1. Affektion durch Blicke

Alltäglicher Sprachgebrauch und literarische Praxis binden menschliche Gefühlsausdrücke immer wieder an Blickhandlungen und diskursivieren die subjektive Emotionalität einer Person durch die Beschreibung ihrer ›freundlichen‹ oder ›zornigen‹, ›liebevollen‹ oder ›erniedrigenden‹, ›einfühlsamen‹ oder ›spöttischen‹ Blicke. Diese metonymische Verschiebung affektiver Attribute auf die Blickakte eines Individuums erklärt sich keineswegs auf phänomenologische Weise. Blicke sind nicht als solche ›freundlich‹ oder ›zornig‹, vielmehr scheint jeweils deren Initiator selbst in einer leidenschaftlichen Gestimmtheit zu sein, oder seine Mimik, Gestik und Körperhaltung tendieren dazu, mit einem emotionalen Impuls zu korrelieren. Doch Blicke bieten zweifelsohne eine Möglichkeit der performativen Aushandlung von Emotionen. Sie sind imstande – wie dies auch die Doppelbedeutung des Blickbegriffs *regard* im Französischen kenntlich macht – Emotionalität vektorial zu richten und Gefühle zwischenmenschlich zu veranlassen bzw. hervorzurufen.

Emotionen sind körperlich-mentale Dispositionen, die als affektive Indikatoren sozialer Akte fungieren. Sie wirken auf Wahrnehmung und Verhalten von Ich und anderem ein und transformieren beständig deren psychologische und physische Seinsqualitäten in den Prozessen ihrer Bezugstiftung. Im Unterschied zu autogenen Empfindungen – wie Schmerz[1] oder biologische Bedürfnisse – sind in intersubjektiven Beziehungen sich entfaltende Emotionen »theatral verfaßt«, d.h.,

1 | Der körperliche Schmerz ist, wie Hannah Arendt darlegt, »die privateste aller Erfahrungen« und tendiert dazu, jedes andere Gefühl auszulöschen. Vgl. Hannah Arendt, *Vita Activa oder Vom tätigen Leben*, München, Zürich: R. Piper & co. 1987, S. 63. Der Schmerz als solcher stellt eine nicht-darstellbare und lediglich in ihren Wirkungen kommunizierbare Instanz dar. Er ist ein Phänomen, das, wie Gerald Siegmund aufzeigt, nicht zuletzt aus der Ordnung theatraler Repräsentation immer wieder exkludiert wird. Vgl. Siegmund, *Abwesenheit*, a.a.O., S. 212. In der Performancekunst hingegen stellt die Konfigurierung und Sichtbarmachung von Schmerz(-effekten) durch Körperverletzungen eine prominente Inszenierungsstrategie dar. Vgl. Doris Kolesch, »Die Schmerzen anderer betrachten«, in:

dass sie interaktiv »gezeigt, in Szene gesetzt und wahrgenommen werden müssen, um überhaupt zu existieren«[2]. Die Gefühlsimplikationen sozialen Handelns sind auf einer enorm breiten und facettenreichen Affektskala zu verorten. Ihre Vielfalt, so argumentiert Doris Kolesch, begleitet und befördert regelrecht »unser In-der-Welt-Sein und unsere soziale Einbindung, unsere Interaktion mit anderen Menschen und unsere Abhängigkeit von ihnen«[3]. Emotive Empfindungen treten darüber hinaus in ihrer Flüchtigkeit auf, wobei ihre Emergenzen und willentlichen Generierungen individueller Verfügungsgewalt ausweichen und somit ausschließlich partizipatorisch durch psychische, physiologische oder motorische Resonanzen registriert, stimuliert, wahrgenommen und übertragen werden können. Im Moment ihres Auftretens bezeugen Emotionen die soziale Involviertheit der affizierten Person und prägen ihre psychische und körperliche Einstellung. Im Prozess ihrer Bewusstwerdung tendieren sie allerdings dazu, gänzlich oder partiell zu verschwinden.

Bei der Betrachtung einer Theateraufführung entstehen und zirkulieren die Affekte dynamischer und unvorhersehbarer als in der Rezeption anderer medialer Dispositive. Sie werden nicht allein von der szenischen Darstellung evoziert und individuell durchlebt, vor allem entstehen sie kraft der sozialen Fundierung des Fühlenden, mithin in einem kontingenten Interaktionsgewebe von Akteuren und Zuschauern, agierenden und reagierenden Teilnehmern der Performance. Die Teilhabe an einer kopräsentischen Situation geht zwangsläufig mit affektivem Einwirken und Betroffensein einher. Diese doppelte Valenz von Dissemination und Affiziertsein lässt keine klare und festgesetzte Rollenzuordnung respektive Symmetrie zu, da die affektiven Dimensionen der Partizipation in jeder Aufführung kontinuierlich neu organisiert und von jedem Teilnehmer individuell unterschiedlich erfahren werden. Wenn auch die Affektproduktion im Theater oft einzelnen ästhetischen Mitteln – wie Sprachlichkeit, Musik, Stimmlichkeit, Körperexpression, Lichtdramaturgie, Atmosphäre etc. – zugeschrieben wird, ist es tatsächlich vielmehr ihre je individuelle Kombination in der Wahrnehmung, welche die emotionalen Qualitäten der Teilhabe an der multimodal ausgerichteten Aufführung tangiert.

Die Verbreitung von Affekten in der Aufführung wird im theaterwissenschaftlichen Diskurs mittels Begriffen wie Übertragung[4] oder Ansteckung[5] konzeptua-

---

Corina Caduff/Tan Wälchli (Hg.), *Schmerz in den Künsten*, Zürich: Zürcher Hochschule der Künste 2009, S. 88-101.

2 | Doris Kolesch, *Theater der Emotionen. Ästhetik und Politik zur Zeit Ludwigs XIV.*, Frankfurt a.M.: Campus 2006, S. 13.

3 | Ebd., S. 11.

4 | Vgl. u.a. Gabriele Brandstetter/Bettina Brandl-Risi/Kai van Eikels (Hg.), *Schwarm(E-)Motion. Bewegung zwischen Affekt und Masse*, Freiburg i.Br., Berlin, Wien: Rombach 2007.

5 | Zur Ansteckung als Konzept der Übertragung von Emotionen vgl. Mirjam Schaub/Nicola Suthor/Erika Fischer-Lichte (Hg.), *Ansteckung. Zur Körperlichkeit eines ästhetischen*

lisiert. Darüber hinaus hat sich in der einschlägigen Forschung ein Konsens über die synästhetische Aneignung von Emotionen etabliert. Da im sozialen Kontext kein einziger Reiz in einem diskreten menschlichen Sinnesregister ›dekodiert‹ werden kann, gilt auch das Sehen ausschließlich als eine Erfahrungsdimension unter anderen, die in der Aisthesis gleichzeitig mit weiteren Wahrnehmungskanälen interferiert. Dennoch erweist sich eine Perspektivierung der Affektproduktion im Theater auf der Ebene der Blickkommunikation als besonders aufschlussreich und instruktiv, eignet dem Blick doch eine Eigenlogik der Affekterzeugung, die darin besteht, Gefühle nicht nur durch die skopische Wahrnehmungsleistung zu registrieren, sondern sie ebenfalls zu transferieren und zu induzieren. Diese doppelte Logik des Blickens legt es nahe, Emotionen in der sozialen Begegnung zu untersuchen und jene Affektionsprozesse zu fokussieren, die unter der Bedingung körperlicher Kopräsenz entstehen.

Bevor wir das auf Reziprozität basierende Blickmodell Jean-Paul Sartres als eine Konzeption der wechselseitigen Gefühlsevokation rekapitulieren und die affektive Interdependenz von sehenden und gesehenen Personen im Kontext zeitgenössischer Aufführungen ermitteln, werden wir das Augenmerk auf Inszenierungen richten, in denen einseitig angelegte Konstellationen von Blickenden und Angeblickten intendiert sind und Emotionen nicht nach dem Prinzip der Objektivierung organisiert werden, weil hier Sehen und Gesehenwerden einer maßgebenden – räumlich oder lichtdramaturgisch bedingten – Ökonomie der Dissemination unterliegen. Aus diesem Grund gilt es in einem ersten Schritt zu erkunden, mit welchen Strategien das zeitgenössische Regietheater eine emotionale Involvierung von mehreren hundert Zuschauern erzielt. Das auf den nächsten Seiten reformulierte psychoanalytische Blickmodell der Identifizierung entfaltet als Theorie der Einfühlung eine Alternative zum Sartre'schen Emotionskonzept des Blickens, die dem Theaterwissenschaftler Jens Roselt zufolge eine differenzierte Auslegung jenes »Hineinversetzens [...] in einen anderen Menschen« ermöglicht, das sich »nie zu einer Wechselwirkung steigern kann«[6]. Unser Interesse gilt dabei der Aneignung verkörperter Gefühle sowie dem imaginativen Nachvollzug emotionalen Betroffenseins anhand verbaler Artikulationen, wie dies in zeitgenössischen Formen des Erzähltheaters durch Fokalisierung erzielt wird.

Prinzips, München: Wilhelm Fink 2005. »In der leiblichen Darstellung von Leidenschaften werden im Körper des Schauspielers Kräfte entbunden, die auf dem Wege über den sie wahrnehmenden Blick des Zuschauers auf dessen Körper einzuwirken und ihn zu verwandeln vermögen.« Erika Fischer-Lichte, »Zuschauen als Ansteckung«, in: ebd., S. 35-50, hier: S. 37-38.

6 | Jens Roselt, »Einfühlung«, in: Fischer-Lichte u.a., *Metzler Lexikon Theatertheorie*, a.a.O., S. 83-85, hier: S. 83.

2. Das Schauspiel als Spiegelung im Blick des Zuschauers

Betrachtet man die Heterogenität zeitgenössischer Regieästhetiken, so kristallisiert sich eine augenfällig propagierte schauspielerische Darstellungsform heraus, die in der letzten Dekade der abendländischen Theatergeschichte zu einem verbreiteten Modus des Agierens und somit zum schauspieltechnischen Mittel der Gefühlsevokation avancierte. Sie wird in der theaterwissenschaftlichen Diskussion mit dem Begriff des ›An-die-Rampe-Tretens‹[7] bezeichnet. Dieser darstellungsästhetische Topos, der weitgehend die Theaterästhetik Michael Thalheimers, Luk Percevals, Johan Simons', Dimiter Gotscheffs oder Jossi Wielers prägt, impliziert nicht nur neue räumliche und körperliche Reglementierungen des Spielens, er ist gleichsam mit neuen Logiken der affektiven Zuschauerinvolvierung verbunden.

Indem die Darsteller im Grenzbereich von Bühne und Zuschauerraum frontal agieren, führen sie Posen der Zuwendung vor und geben ihre ganze Körpergestalt der Wahrnehmbarkeit preis. Ohne die Bühnenrampe, die ›Schwelle der Illusionen‹, physisch zu überschreiten, richten sie ihre Blicke ins Publikum und suggerieren eine *face-to-face*-Kommunikation von Akteuren und Zuschauern, deren Konstellation jedoch von räumlicher Trennung geprägt und deren Reziprozität mit Spannung aufgeladen ist: Ein Blicktausch wird von der frontalen Positionierung der Darstellerkörper und dem dezidierten Ausstellen ihrer gestischen und mimischen Ausdrücke begünstigt, doch einer Begegnung zwischen Schauspielern und Zuschauern bleibt aufgrund der imaginär existenten vierten Wand zwischen Bühne und Zuschauerraum jegliche Symmetrie entzogen.[8] Trotz der Gegenseitigkeit des Blickens entstehen hier Fraktionen: die der Sehenden und die der Angeschauten. Diese asymmetrische Konstellation von voyeuristischen und exhibitionistischen Positionen wird vor allem von der Eingebundenheit der Figuren in eine dramaturgisch geprägte Fiktion hervorgerufen. Dadurch dass die Schauspieler sich selbst zu sehen geben, nehmen sie intendiert die Rolle der Beschauten ein.

Die Akteure führen ambivalente Posituren auf, insofern sie die Betrachter aus ungewöhnlicher Wahrnehmungsnähe adressieren, ohne die Perspektiven von Zuschauern und Darstellern umzukehren: Sie stellen ihre individuelle Körperlich-

7 | Vgl. Sonja Anders, »Mitte-Rampe-Vorn: Jedem sein Regietheater. Über Zuschauerreaktionen auf Thalheimer-Inszenierungen«, in: Otrud Gutjahr (Hg.), *Regietheater! Wie sich über Inszenierungen streiten lässt*, Würzburg: Königshausen & Neumann 2008, S. 115-122.

8 | Obwohl eine theaterhistoriografische Herleitung dieses Darstellungsmusters noch aussteht, lässt sich das frontale Agieren nicht nur mit der Praxis des Tableau vivants, sondern auch mit den Zuwendungsposen der Performancekünstler seit den ausgehenden 1960er Jahren in Analogie bringen. Der Unterschied besteht jedoch darin, dass die Figurationen in der aktuellen Theaterästhetik nicht mehr in einen reziproken Dialog zwischen Akteur und Zuschauer einzutreten versuchen, stattdessen in Koordinaten der Fiktionalität eingebunden werden.

keit, ihre Emotionen sowie geäußerte oder verschwiegene Gedanken zur Schau und scheinen sich dabei ihrer öffentlichen Präsentation aber nicht bewusst zu sein. Sie zeigen sich in der deiktischen Geste der Hinwendung, zur selben Zeit repräsentieren, verkörpern und figurieren sie allerdings Abwesende. Sie stellen sich aus und stellen etwas anderes dar, agieren in szenisch dekontextualisierten Szenarien, während ihre Mimiken und Gestiken situativ geprägte Züge aufweisen. Sie konstituieren ein artifizielles Tableau und sind dennoch psychologisch gesteuert. Sie kommen der ›vierten Wand‹ so nah wie möglich und scheinen doch hinter einem imaginativen Spiegel zu verweilen. Kurzum: Die Schauspieler werden zu intersubjektiven Bezugspunkten, zu ›Schau-Spiegeln‹ und bilden ideale Projektionsflächen für identifikatorische Bindungen der Zuschauer, ohne dabei ihre theatrale Gerahmtheit und konstruierte Ausgestelltheit zu verschleiern. Die zentrale Positionierung der Schauspieler und die Sichtbarkeit ihrer körperlichen Ganzheit erwecken eine Schaulust des Zuschauers, die gerade aufgrund der asymmetrischen Blickkonstellation zur Grundlage von Identifikationsakten und stabilen intersubjektiven Beziehungen werden kann.

Identifikation ist sowohl Basis als auch Effekt individueller Gefühlskonnexe zu anderen Personen, von denen sich der Betrachter Eigenschaften, wie etwa emotionale Dispositionen oder Charakterzüge, aneignet. Identifizierung deckt sich im psychoanalytischen Diskurs darüber hinaus mit Begriffen wie Einfühlung, Empathie, seelische Ansteckung oder Projektion,[9] die allesamt die Untrennbarkeit von sozialen Verbindungen und Affektübertragungen akzentuieren. Im Folgenden werden wir ausloten, inwieweit der Zuschauer durch die Aktivität des Blickens zum affektiv Betroffenen der szenischen Darstellung werden kann, und zwar in den zweigeteilten Räumen des zeitgenössischen Regietheaters, in denen Publikum und Akteure gleichzeitig miteinander konfrontiert und voneinander distanziert sind. Um die Problematik der Affektevokation identifikatorischer Konnexe zu umkreisen, führen wir den Terminus der ›Einfühlung‹ ein und legen das Augenmerk auf die zweipolige zwischenmenschliche Relation von Wahrnehmendem und Wahrgenommenem.

2.1 Einfühlung als visuelle Lust

Die Einfühlung, wie Julia Kristeva sie dargelegt hat, ist »[d]ie auf Liebe gegründete Identifizierung«[10], eine Lust an der teilnehmenden Beobachtung imaginärer Illusionsbilder. Diese für die Einfühlung konstitutive »Liebe maskiert die Tatsache,

9 | Vgl. Laplanche/Pontalis, »Identifizierung«, a.a.O., S. 220.

10 | Julia Kristeva, *Geschichten von der Liebe*, Frankfurt a.M.: Suhrkamp 1989, S. 29. Lacan sagt hierzu außerdem: »Die Liebe ist ein Phänomen, das sich auf der Ebene des Imaginären abspielt und eine wahrhafte Unterwanderung des Symbolischen, eine Art Annullierung, Verwirrung der Funktion des [symbolisierten] Ich-Ideals provoziert. Die Liebe eröffnet wieder [...] die Tür zur Vollkommenheit.« Lacan, *Freuds technische Schriften*, a.a.O., S. 182.

daß die Subjektivität von außen kommt«[11] und entfaltet einen affektiv-imaginären Bezug zum idealisierten Blickobjekt. Auch der Zuschauer kann sich aufgrund dieses Konnexes mit den erblickten Bühnenfiguren emotional verbinden: Er assimiliert die identitäts- und affektpsychologische Verfasstheit des Angeschauten und bindet sich an die idealisierten ›Menschenbilder‹, die in ihrer ›ganzen‹ Körperlichkeit zu sehen gegeben werden. Der Einfühlung inhärent ist allerdings eine affektive Spannung, da der sich identifizierende Zuschauer bei der Betrachtung zwischen Eigenem und Fremdem, Ich und Ideal-Ich oszilliert, d.h., ein Changieren zwischen Akten des ›Sich-im-anderen-Verlierens‹ bzw. des ›Zu-Sich-Findens‹ erlebt.

Bereits der Philosoph und Psychologe Theodor Lipps hat nachdrücklich betont, dass die Einfühlung aufgrund visueller Reize ausgelöst wird, aber regelrecht körperliche, physische bzw. motorische Resonanzen nach sich ziehen kann.[12] Die Optik gilt für ihn als Organisator von Kinästhetik, der Blick als Auslöser von Bewegung: Das Sehen vollzieht demgemäß eine zwischenmenschliche Bindung auf emotionaler Basis und vermag die wahrnehmende Person »virtuell in d[ie] Haut des Protagonisten zu stecken«[13], sodass der Akt der Einfühlung »ein automatisches Miterleben«[14] des visuell Wahrgenommenen etablieren kann. Wenn Lipps von einer überindividuellen Verbindungsrelation schreibt, so hebt er allerdings nur die eine Seite der Blickbeziehung hervor, weil die Einfühlung immer zugleich als ein instabiler und Differenzen stiftender Prozess erfahrbar ist. Dies hat zur Folge, dass die intersubjektive Resonanz einer affektiven Empfindung kein gleichfrequentes Mitschwingen bedeutet;[15] die individuelle Aneignung eines Gefühls ist immer auch an Abweichungen und Verschiebungen gebunden.

---

11 | Dolar, »Jenseits der Anrufung«, a.a.O., S. 21.

12 | »Ich fühle [...] mich in einem Wahrgenommenen strebend nach Ausführung einer Bewegung. Diese Tatsache bezeichnen wir wiederum mit dem Namen ›Einfühlung‹. In dieser besteht zugleich das ästhetische Verständnis der optisch Wahrgenommenen.« Theodor Lipps, *Grundlegung der Ästhetik*, Leipzig: Leopold Voss 1923, S. 120.

13 | Ed Tan, »Wenn wir uns so gut auf die Kunst des Einfühlens verstehen, praktizieren wir es dann nicht ständig?«, in: Robin Curtis/Gertrud Koch (Hg.), *Einfühlung. Zu Geschichte und Gegenwart eines ästhetischen Konzepts*, München: Wilhelm Fink 2009, S. 185-210, hier: S. 188.

14 | Robin Curtis, »Einführung in die Einfühlung«, in: ebd., S. 11-29, hier: S. 13. Kursivierung im Original.

15 | Vgl. Meike Adam, »Soziomotorische Resonanz. Spiegelneuronen und ihre mögliche Bedeutung für menschliche Kommunikation«, in: Lichau u.a., *Resonanz*, a.a.O., S. 325-338, insbesondere: S. 338. Ihre These leitet Adam von den jüngsten Forschungsergebnissen der Neurowissenschaften ab, die neuerdings nicht mehr auf monadischen Subjektkonzepten basieren, sondern von einer sozialen Eingebundenheit menschlicher Existenz ausgehen, sodass diese neurowissenschaftlichen Befunde sogar mit der Sozialtheorie George Herbert Meads über die Subjektentwicklung kombinierbar sind. Vgl. ebd., S. 325-338.

Die wahrnehmungstheoretisch fundierte Denkfigur der Spiegelung war ausschlaggebend für eine Intersubjektivitätstheorie, die am reichhaltigsten in der Filmwissenschaft für Inspirationen und kritische Auseinandersetzungen sorgte, indem sie die emotionale Involvierung des Filmrezipienten und die wahrnehmungspsychologischen und politischen Implikationen der Einfühlung zu beschreiben wusste. Die hier nicht nachzuzeichnende Expansion psychoanalytischer Filmtheorien liegt in dem paradoxen Realitätsgrad des Kinobildes begründet, namentlich in dem genuin imaginär verfassten, zwischen Präsenz und Absenz schwebenden, auf die Leinwand projizierten Signifikanten. Die dialektische Erfahrung von An- und Abwesenheit im Kino wurde am ausführlichsten von Christian Metz nach dem Lacan'schen Modell des Spiegelstadiums ausgearbeitet. Obwohl er sein Konzept in Abgrenzung zum Dispositiv der Theateraufführung entwickelte,[16] werden wir im Folgenden dafür argumentieren, dass sich die im Gegenwartstheater propagierten, konfrontativ inszenierten Figurationen an der Bühnenrampe – dem kinematografischen Bild ähnlich – nicht als symmetrische Begegnungsakte zwischen Akteuren und Zuschauern beschreiben lassen, sondern vielmehr unilateral geprägte intersubjektive Beziehungen zwischen ›Voyeuren‹ und ›Exhibitionisten‹ schaffen. Die Zuwendungsgeste der Schauspieler und die Ausdrucksintensität der dargestellten Figuren entfalten nämlich Schauspielertableaus, die mit den frontal inszenierten und herangezoomten Körperbildern des Illusionskinos korrespondieren und durch die Sichtbarmachung und ästhetische Exponiertheit der Protagonisten eine Augenlust, ja das einfühlsame ›Eindringen‹ des Betrachters in die Figurenszenerie motivieren. Es ist also die Suggestion einer gewissen Spiegelungsrelation, die die besondere Bühnenpräsenz der Akteure und die visuelle Aufmerksamkeit der Zuschauer evoziert und aufrechterhält. Wie sich gleich zeigen wird, weisen die Spiegelungseffekte der Theatersituation im Gegensatz zum totalisierenden Gestus des Illusionskinos jedoch radikale Brüche und Dissonanzen auf, die eine stabile Bezugsposition des einfühlenden Zuschauers unterwandern.

Der Spiegelungscharakter der Bühnentableaus zeichnet sich analog zum filmischen Bild durch eine Ambiguität aus. Auf der einen Seite vermag die frontale Anordnung der Schauspieler imaginär-sinnliche Expressionen zu ›reflektieren‹, deren Ausdrucksqualitäten die Sinnhaftigkeit der symbolischen Signifikation überschreiten. Das ›Spiegelbild‹ gilt nach Lacan als Ort der idealen Vorstellungen und Intentionen, die für das Subjekt die Hoffnung stimulieren, sich selbst in den Idealbildern zu finden und sich trotz der inkonsistenten Strukturiertheit der symbolischen Ordnung artikulieren zu können.[17] Doch auf der anderen Seite zeigt der Spiegel nicht nur Illusionen und die wahrgenommenen Gestalten koinzidieren nie mit dem Betrachter selbst. Die jedwedem Sehakt eingeschriebene unaufhebbare Distanz zwischen Zuschauer und Akteur sowie die Artifizialität der bildlichen Darstellung stellen zwei Parameter dar, die eine gänzliche Erfüllung der Zuschau-

16 | Vgl. Metz, *Der imaginäre Signifikant*, a.a.O.

17 | Vgl. Lacan, *Freuds technische Schriften*, a.a.O., S. 163.

ereinfühlung blockieren. Die szenischen Tableaux des Regietheaters konfrontieren den Betrachter kontinuierlich mit Illusionen und Täuschungen. Er oszilliert zwischen Identifikation und Distanznahme, zwischen Einfühlung und Verfremdung, Selbstvergessenheit und Bewusstwerdung, Immersion und Reflexion. Wie schon Bertolt Brecht für die Untrennbarkeit der Einfühlungs- und Verfremdungstechnik plädierte,[18] erachtet auch Lacan die beiden Erfahrunsdimensionen als voneinander abhängige Effekte des Sehens. Ihr Zusammenspiel führe eine ›reflektiert-kritische Betrachtung‹ oder, wie Lacan es bezeichnet, eine »bildnerische Wirkung«[19] des Sehens herbei, und zwar aufgrund des Übergangs von der einen Perspektive zur anderen. Dieses individuell je spezifisch organisierte Oszillieren des Zuschauers, das im Gegenwartstheater durch das ambivalente Zusammenspiel von psychologisch-realistischem Schauspiel und dekontextualisiertem Sich-Zeigen noch verstärkt wird, unterliegt einer Kontingenz des Werdens. Es fordert Perspektivwechsel heraus und bewirkt eine emotionale Transformation des Betrachters.[20]

Einer der prominentesten ›Choreografen‹ frontal inszenierter Figurentafeln ist der Regisseur Michael Thalheimer, auch wenn seine Tableaux immer einen augenfälligen Bruch aufweisen. Dieser besteht darin, dass Thalheimer die Schauspieler in konsistente Bildszenerien zu integrieren und gleichzeitig zu *des*integrieren scheint: Seine Figurenkonstellationen gehen nicht in der räumlichen Konfiguration und zeitlichen Ausdehnung von Posen im Sinne herkömmlicher Tableaux vivants auf,[21] hingegen sind sie in psychologisch verankerte Narrations- und Dialogstrukturen eingebettet. Die fiktionsimmanenten und dramaturgisch begründeten Figurenrollen und Figurenperspektiven werden untereinander ausgehandelt, ohne dass die Akteure sich gegenseitig anblickten oder sich einander zuwendeten. Weil sie ihr komplettes Ausdrucksrepertoire – Blicke, stimmliche Adressierungen, Mimik und Gestik – an das Publikum richten, unterlassen sie die körperliche Verhandlung ihrer innerszenischen Relationen und erheben dadurch den Zuschauer zum aktiven ›Mitspieler‹ der fragmentierten Szenerien. Auf diese Weise appellieren sie an dessen Interpretation und emotionale Involvierung.

---

18 | Vgl. Juliet Koss, »Über die Grenzen der Einfühlung«, in: Curtis/Koch, *Einfühlung*, a.a.O., S. 105-126, insbesondere: S. 124-126.

19 | »Daß eine *Gestalt* bildnerische Wirkungen auf den Organismus auszuüben vermag, ist durch ein biologisches Experimentieren bezeugt [...].« Lacan, »Das Spiegelstadium als Bildner der Ichfunktion«, a.a.O., S. 65.

20 | Vgl. Adam Czirak, »Das Paradox des Zuschauers. Argumente für eine rezeptionsästhetische Schauspieltheorie«, in: Jens Roselt/Christel Weiler (Hg.), *Schauspielen heute. Die Bildung des Menschen in den performativen Künsten*, Bielefeld: transcript 2011, S. 53-72.

21 | Vgl. Bettina Brandl-Risi, »Tableau vivant«, in: Fischer-Lichte u.a., *Metzler Lexikon Theatertheorie*, a.a.O., S. 325-327, insbesondere: S. 326.

In seiner *Liebelei*-Inszenierung[22] (2002) positioniert Thalheimer die vier Dialogteilnehmer des ersten Aktes – Christine (Maren Eggert), Fritz (Hans Löw), Mizi (Fritzi Haberland) und Theodor (Felix Knopp) – an der Bühnenrampe. Die Frontalstellung bzw. die simultan und gleichmäßig exponierte Realpräsenz der Figuren wird zur Grundlage aller schauspielerischen Handlungen und Affektevokationen in der Aufführung. Thalheimer verdichtet die Liebesverhältnisse der Protagonisten in einer Darstellung, die auf visuellen Logiken basiert: Er bringt die starren Posen und prägnanten Gesten der Akteure in einen Spannungsbezug zum gesprochenen Text, der durch das Visuelle sogar gewissermaßen verdrängt wird. Solange die Worte in Christines und Fritz' Dialog der Mehrdeutigkeit unterliegen, operiert die visuelle Ebene der schauspielerischen Darstellung mit stilistisch gestalteten Körperhaltungen und Körperbewegungen, welche die denotative Funktion des Verbalen übernehmen und durch eine ikonisch geprägte Zeichenhaftigkeit Intentionen und Gefühle der Figuren artikulieren. Der gleichzeitig in mehrere Liebschaften involvierte Fritz und die ihm ewige Liebe schwörende Christine verwickeln sich in eine dialogische Gedankenführung, in der jedes Wort für den anderen unbegreiflich oder vom anderen missverstanden wird. Wenn Fritz beispielsweise eine narzisstische Pose der Selbstbezogenheit einnimmt und sich während seines ganzen Auftritts mit den Fingern die eigene Brust über dem Herzen streichelt oder Christine ihn mit einer sanften Geste am Rücken berührt, dann entfaltet sich eine visuelle Expressivität der Figurenbeziehungen, die die Relevanz sprachlicher Äußerungen sekundär, wenn nicht belanglos werden lässt. Intonation und körperliche Positionierung der Akteure entsprechen also keinem psychologisch-realistischem Schauspielstil, der auf die definitive Synchronisierung von Verbalem und Körperlichem, Symbolischem und Sinnlichem abzielt. Thalheimer entfaltet vielmehr eine Ambiguität der szenischen Figuration; seine Protagonisten führen einen verbalen Dialog, ohne einander anzublicken bzw. ohne ihre mimisch und gestisch ausgedrückten Emotionen zu sehen. Dadurch also, dass Fritz' Ignoranz und Gleichgültigkeit bzw. Christines Verzweiflungen und Enttäuschungen nicht in einem psychologisch gestimmten Körperdialog verhandelt werden, sondern so gespielt werden, als seien sie ausschließlich dem Publikum zugänglich, suggerieren die Figurendarstellungen sogar einen höheren Grad an ›Authentizität‹. Die verkörperten Affekte und die semantisch kodierten Gesten entfalten eine visuelle Ebene der szenischen Repräsentation, die eine Dimension des Unbewussten eröffnet, weil sie sich sprachlich nicht äußert und allein dem Publikum, nicht aber dem jeweiligen Dialogpartner auf der Bühne zugänglich ist.

Die Einfühlung des Zuschauers wird somit zum Fundament der ästhetischen Erfahrung und der reflexiven Deutung szenischer Ereignisse, die sich erst in der Relationalität zwischen ihm und den frontal agierenden Akteuren beschreiben lassen. Die emotionale Beteiligung des Betrachters scheint also aufführungsana-

22 | Michael Thalheimers *Liebelei* hatte am 30. November 2002 im Hamburger Thalia Theater Premiere.

lytisch anhand folgender Fragen auslotbar zu sein: Wie verhalten sich die dargestellten Affekte der Schauspieler und die Gefühle der Betrachter zueinander? Hat man es hier mit Emotionen zu tun, die von den Bühnenfiguren dargestellt und verkörpert werden und somit den Betrachter zum *Mitfühlen* anstecken, oder wird durch die abstrahierten Posen und die stilisiert ausgeführten Gesten eine *Delegierung* der emotiven Dimension der Darstellung an den Zuschauer erzielt, im Sinne einer ›reinen‹ Evokation von Gefühlen?

Die oben geschilderte szenische Darstellung kulminiert in einer Figuration, die Thalheimers theatrale Affektproduktion pointiert: Der Fritz figurierende Hans Löw wiederholt seine narzisstische Fingerbewegung ohne Unterbrechung und stellt damit nicht nur eine eitle Figur dar, sondern verkörpert durch die anschauliche Geste der Selbstberührung seine Selbstgefälligkeit als solche. Während er seine Subjektivität in der imaginären Relation zu einem eigenen Idealbild ohne externen Bezugspunkt sucht, entfaltet sich Christines Identität aus dem Spannungsverhältnis zwischen ihrem Geliebten und sich selbst, wie dies z.B. in einer zeitlich ausgedehnten, unerfüllten Umarmung zum Ausdruck kommt. Diese Geste scheint allerdings auf der psychologischen Ebene des Spiels von beiden Figuren unbeachtet und unbemerkt zu bleiben. Die abstrahierten Körperhaltungen und Handbewegungen werden von den Schauspielern mit minutiöser Ausformung durchgeführt und mit ihrer psychologisch-realistisch fundierten Mimik kontrastiv verschränkt. Dementsprechend zeugt die Expressivität der Darstellerkörper von einer doppelten Ausdruckslogik, d.h. vom affektiven Betroffensein der Figuren einerseits, das durch psychologisch motivierte Intonation und Gesichtsausdrücke vermittelt wird und in keinem symbolischen Begriff aufgeht, sowie vom Vermittlungsvermögen symbolisch kodierter Zeichen andererseits, die auf stilisierten Gesten basierend, Affekte erst durch ihre interpretatorische Wahrnehmung erzeugen. Man hat bei Thalheimer so gesehen mit diversen Darstellungsebenen der Schauspielerkörper zu tun, die gleichsam Emotionen qua Verkörperung zeigen und Emotionen qua formalistischer Symbolik inszenieren und ausstellen. Die Schauspieler scheinen sowohl die diegetisch verankerten Figurenschicksale zu *psychologisieren* als aus einer darstellerischen Distanz heraus ihre Gefühle auch zu *abstrahieren*. Die Vielschichtigkeit der affektiven Ausdrucksebene resultiert aus der Verwobenheit von einfühlsamer und kommentierender Darstellung und kann gleichsam die affektive Betroffenheit des Zuschauers potenzieren.

Die Ökonomie der Gefühle unterliegt bei der Betrachtung des Thalheimer'schen Tableaus zweierlei Mechanismen: der visuellen bzw. akustischen *Aneignung* und der durch Interpretation hervorgerufenen *Entladung* von Affekten. Zum einen führt der Prozess der Einfühlung zu einer emotionalen Involvierung des Zuschauers, insofern der Betrachter sich die affektiven Signale der vor Augen geführten Körper durch imaginäre Identifizierung ›einverleibt‹. Zum anderen emergieren im Zuschauer Affekte, die durch die distanzierte Interpretation jener Gesten entstehen, die die psychologische Gestimmtheit der Figuren überschreiten und deren Ausführung für sie unbewusst zu bleiben scheint. Es ist der reflexive Nachvollzug, der Gefühle evoziert und diese ausschließlich den Zuschauer erleben lässt. Dessen emotionale Betroffenheit besteht somit in einem Changieren zwischen *identifikatorischer Einfühlung* anhand psychologisch gesteuerter ›Idealfiguren‹ und einem *reflexiven Fühlen*, das durch die prägnante Gestensymbolik hervorgerufen wird. ›Reflexives Fühlen‹ bezeichnet die Entladung von Affekten auf Seiten des Zuschauers, die von jenen stilisierten, mit geometrischer Mechanik ausgeführten Gesten generiert werden, welche die psychologisch-realistische Spielweise der Figuren begleiten, aber nicht in ihrer Gefühlsstimmung aufgehen. Indem der Zuschauer die abstrahierten Körperzeichen als Surplus des mimetischen Schauspiels wahrnimmt, kann er gewissermaßen zum Stellvertreter des Schauspielers werden. Er fühlt und durchlebt jene emotionale Dimension, die von den symbolisch kodierten Gesten angedeutet wird, aber für die Figur in der psychologisch-realistischen Matrix scheinbar nicht gilt.

Bei der Betrachtung der weiter oben vorgestellten Dialogszene zwischen Fritz und Christine wird die emotionale Bewegtheit des Zuschauers als ein immenser Wechsel der Blickpunkte erfahrbar. Da die Dialogpartner ihre Selbstdarstellung ans Publikum richten, wird der Zuschauer mit den aufeinanderbezogenen Aktionen der Schauspieler konfrontiert, mit einer Bühnenkonstellation, in der die Handlungen der Tableaufiguren nicht vollkommen synchronisiert sind. Dem Zuschauer wird neben dem einfühlsamen Nachvollzug von Emotionen einzelner Figuren auch und in erster Linie *die Kopplung* der frontal agierenden Personen und ihrer Gefühlsdispositionen zuteil. Er muss zwangsläufig jene (Blick-)Position einnehmen, in der die komplementären Emotionen der Figuren aufeinandertreffen und abgestimmt werden. Erst der außenstehende Betrachter stellt einen projizierten Zusammenhang zwischen Ursache und Wirkung innerhalb der dialogischen Sequenz her. Damit untergräbt Thalheimer ein durchgängiges Eintauchen des Zuschauers in das emotionale Gewebe des szenischen Dialogs qua Einfühlung dadurch, dass er die Zulänglichkeit jedweder Perspektive *ad absurdum* führt und, um es mit einem filmtheoretischen Begriff zu beschreiben, eine Blockierung der ›Suturierung‹ erzielt. Das permanente Hin- und Herschweifen des Betrachterblicks zwischen diskreten Akten der Figurenidentifizierung und einem distanzierten ›Metablick‹, der die Kluft der szenischen Inkohärenz aufzuheben sucht, lässt sich in Rekurs auf die elaborierten Theorien des *suture* differenziert beschreiben und reflektieren.

Der Lacanianer Jacques-Alain Miller importierte den ursprünglich in der medizinischen Chirurgie gebräuchlichen Begriff des *suture* in die Theorie der Signifikation und bezeichnete mit dessen Hilfe die Relation zwischen der Signifikantenstruktur und einem ihr genuin eingeschriebenen Mangel oder genauer gesagt: zwischen der Struktur des Diskurses und dem Subjekt der Signifikation.[23] In der

23 | »Suture names the relation of the subject to the chain of its discourse; we shall see that it figures there as the element which is lacking, in the form of a stand-in. For, while there lacking, it is not purely and simply absent. Suture, by extension – the general relation

Lacan'schen Psychoanalyse geht die Konstituierung des Subjekts zwangsläufig mit der Erfahrung eines Mangels einher, denn in der symbolischen Ordnung kann kein einziges Subjekt in seiner finiten Form artikuliert werden. Das Subjekt vermag – ähnlich der mathematischen Null – nur eine Platzhalterfunktion im Diskurs einzunehmen, um seine ultimative Abwesenheit zu substituieren; es tritt sozusagen als eine Leerstelle in Erscheinung. Durch die Suturierung erfolgt jedoch eine scheinbare Aufhebung dieser Lücke: Das Ich stellt in der Beziehung zur metonymisch geordneten Signifikantenkette einen Kurzschluss zwischen den symbolischen Signifikanten und einer imaginär-bildlichen Vorstellung her, also zwischen dem Mangel seiner mit sich selbst identischen Subjektposition und einer trügerischen Idealvorstellung.[24] Diese imaginäre Schließung erzielt nicht nur eine illusorische Exklusion des Mangels, sie eröffnet zugleich die Möglichkeit von Kohärenz, indem sie die Wunde der Signifikantenstruktur ›vernäht‹.

Da die Suturierung einen Mangel aufzuheben scheint, der von der sprachlichen Struktur nie behoben werden könnte,[25] erweist sich Jean-Pierre Oudarts Unterfangen als plausibel, die imaginäre ›Suturierung‹ des Diskurses für die Filmtheorie fruchtbar und populär zu machen. Oudart exemplifiziert in seinem Aufsatz »Cinema and Suture«[26] den Prozess der Suturierung als einen konstitutiven Akt der Filmbetrachtung. Er geht davon aus, dass das Auge zwar körper-, zeit- und ortgebunden ist, sich jedoch an die Perspektiven der beweglichen Kamera anzupassen vermag. In der sukzessiven Abfolge von Kameraeinstellungen konstituiere das Schuss-Gegenschuss-Verfahren eine Redundanz des kinematografischen Signifikats, wodurch das Betrachtersubjekt eine kohärente Identität in der filmischen Diegese erlange. Die Logik der illusorischen Identitätsbildung des Zuschauers bei der Rezeption im Erzählkino hat Slavoj Žižek pointiert zusammengefasst: »Erstens wird der Zuschauer mit einer Einstellung konfrontiert, die ihm auf unmittelbare imaginäre Weise Lust bereitet und von der er völlig vereinnahmt wird. Zweitens wird das vollständige Eintauchen des Zuschauers dadurch unterminiert, daß

of lack to the structure – of which it is an element, inasmuch as it implies the position of a taking-the-place-of.« Jacques-Alain Miller, »Suture. Elements of the Logic of the Signifier«, in: *Screen* 18.4 (1977/1978), S. 24-34, hier: S. 25-26.

24 | »Suture names not just a structure of lack but also an availability of the subject, a certain closure [...] a ›pseudo-identification‹, defines it as ›junction of the imaginary and the symbolic‹ [...].« Stephen Heath, »Notes on Suture«, in: ebd., S. 48-76, hier: S. 55-56.

25 | Vgl. Jay, *Downcast Eyes*, a.a.O., S. 474.

26 | Indem die Suture eine idealisierte und konsistente Fiktion schafft, animiert sie den Filmzuschauer, in eine geschlossene Personenkonstellation einzutreten, in der die Emotionen immer kausal begründet sind und in einer Reziprozität ausgehandelt werden. Die ideologischen und genderspezifischen Implikationen der filmischen Suturierung hat neben Jean-Pierre Oudart auch Kaja Silverman ausführlich ausgearbeitet. Vgl. Jean-Pierre Oudart, »Cinema and Suture«, in: *Screen* 18 (1977/1978), S. 35-47; Kaja Silverman, *The Subject of Semiotics*, New York: Oxford University Press 1983, S. 195-236.

er/sie sich des Bildes als [eines manipulierten] bewußt wird. [...] Hierauf folgt eine komplementäre Einstellung, die den Ort darstellt, von dem aus der Abwesende schaut und diesen Ort seinem fiktiven ›Inhaber‹, also einem der Darsteller, zuordnet. [...] Die zweite Einstellung folgt nicht einfach nur auf die erste, sondern diese bezeichnet jene.«[27] Durch die komplementären Einstellungen wird die Kamera innerszenisch subjektiviert und der Mangel der Identitätsfindung reduziert. Dem Betrachter wird sowohl das Subjekt als auch das Objekt des Sehakts vermittelt, und er glaubt aufgrund der Redundanz der Informationen eine Kohärenz seiner emotiven Identifikation zu erreichen.

Auf die kohärenzstiftende Technik des Illusionskinos haben nicht nur Filmregisseure wie Robert Bresson oder Jean-Luc Godard mit asynchronen Bildsequenzen kritischen Bezug genommen. In seiner *Liebelei*-Inszenierung desavouiert Michael Thalheimer mithilfe von theatralen Mitteln ebenfalls eine vollkommene emotionale und identifikatorische Integration des Betrachters in die diegetische Sequenz. Während das Schuss-Gegenschuss-Verfahren im Film mit psychologisch-realistischen Wirkungen operiert und dem Zuschauer jeweils kongruente Räume des einfühlsamen Eintauchens ermöglicht, exponiert Thalheimer eine simultane Präsenz mehrerer Figurenblickpunkte, die innerhalb der szenischen Darstellung zu keiner symmetrischen Konstellation von Subjektpositionen zusammengeschlossen werden können. Durch die Körperpositionierung der Schauspieler wird vielmehr ein Bruch innerhalb der psychologisierenden Darstellungslogik konfiguriert. Die einzelnen Figurenperspektiven sind zwar aufeinander beziehbar, aber lediglich um den Preis der Ausgeschlossenheit aus der psychologisch-realistisch organisierten Dimension des diegetischen Raums.

Obwohl Thalheimer die Aneignung von einzelnen illusorischen ›Spiegelbildern‹ anbietet und so die Einfühlung durch Identifizierung mit einzelnen Figuren erlaubt, konterkariert er gleichzeitig die Idealität der Bühnenfiguren durch ihre Separiertheit und ihre brüchige Eingebundenheit in das Fiktionsgefüge der szenischen Situation. Das Mitfühlen mit einer Figur, ja die imaginäre Übernahme ihres Blickpunktes schlägt immer wieder fehl, weil aus ihr heraus das szenische Bild nicht erschließbar und ›totalisierbar‹ ist. Übernimmt der Zuschauer die Position, von der aus er die szenische Situation zu einer Einheit bilden kann, wird er von den einzelnen Figurenperspektiven ausgeschlossen und muss zum externen Begegnungspunkt der miteinander korrespondierenden Figuren werden, d.h., er muss sich distanzieren, um mitfühlen zu können.

Thalheimer erbringt den Beweis, dass ein Wechsel der Betrachterperspektive nicht nur dem Medium des Films eigen ist.[28] Er bietet dem Zuschauer ein Spektrum von potenziellen Blickpunkten an, die eine diegetische Konstellation aus di-

27 | Žižek, *Die Furcht vor echten Tränen*, a.a.O., S. 12-13.

28 | »It is the place of the look that defines cinema, the possibility of varying it and exposing it. This is what makes cinema quite different in its voyeuristic potential from, say, striptease, theatre, shows etc.« Mulvey, »Visual Pleasure and Narrative Cinema«, a.a.O., S. 314.

vergenten emotionalen Warten zu entfalten gestatten. Trotz der immensen Wechsel der Perspektiven ist in Thalheimers Inszenierungen allerdings keine Position lokalisierbar, von der aus das nahtlose emotionale Eintauchen in die Fiktion möglich wäre. Der Betrachter erfährt einerseits ein stetiges Hin- und Herspringen zwischen den Blickwinkeln der Akteure qua Identifikation oder nimmt andererseits einen ausgegrenzten Fluchtpunkt ein, aus dem die Kluft der szenischen Konstellationen geschlossen und die affektiven Ebenen in Zusammenhang gebracht werden. Im ersten Fall geht es um den einfühlsamen Nachvollzug der Gefühlsbildung einzelner Figuren, im zweiten dagegen um das reflexive und distanzierte Erleben der delegierten Emotionen, sodass der Zuschauer in ein Oszillieren zwischen Blickpunkten gerät, die miteinander nie konvergieren können und verschiedene Qualitäten der emotionalen Partizipation erlauben.

2.2 Fokalisierung von Erzähltem, Dargestelltem und Imaginiertem

Die Strategie Michael Thalheimers, Schauspielerblicke auf das Publikum zu fokussieren, induziert einen Spiegelungseffekt und gibt die schauspielerische Aushandlung und Verkörperung von Gefühlen dem Publikum direkt preis. Dieses inszenatorische Mittel der emotionalen Zuschauerinvolvierung hat der ungarische Regisseur Sándor Zsótér in seiner *Jane Eyre*-Produktion[29] (2006) aufgegriffen und hinsichtlich des Wirkpotenzials radikalisiert: Er stellte dem Publikum fünf Schauspieler entgegen, die in statischen Posen den Romantext, Figurenrede samt Erzählpassagen, sitzend, liegend, hockend oder stehend auf eine Weise vortrugen, als hätten sie dabei das Buch Charlotte Brontës selbst in den Händen und vor Augen. Ihre Gesichter konsequent in den Zuschauerraum gerichtet, übermittelten die Akteure nicht nur die Geschichte Janes, vor allem brachten sie ihre eigenen intimen und subtil dargestellten Lektüreerfahrungen zum Ausdruck. Das auf starre Posen reduzierte Schauspiel entbehrte jeglicher Gestik, Berührung und Bewegung psychologischer Natur. Es war weitgehend von den distanzierten Attitüden des ›Vorlesens‹ geprägt. Indem sich die Darsteller, ähnlich wie in der Situation eines Lesakts, mit den sich vor ihren eigenen Augen entfaltenden Figuren zu identifizieren schienen, spiegelten sie eine Art minimalistischer Einfühlung in die einzelnen Rollen wider und adressierten das Publikum mit ihren Gefühlen. In der Aufführung waren nicht die ›toten‹ Buchstaben Zeugen jener Emotionen, die man im ›privaten‹ Akt des Lesens unwillkürlich hervorbringt; hier wurde die affektive Betroffenheit gleichsam in den Zuschauerraum projiziert.

Bei der Adaption des Romans *Jane Eyre* von Charlotte Brontë bediente sich Sándor Zsótér der Originaldialoge und der langen Erzählpassagen, um die szenen-

29 | Die dramatische Adaption von Charlotte Brontës *Jane Eyre* in der Regie von Sándor Zsótér wurde am 19. Dezember 2006 im Budapester Radnóti Színház uraufgeführt.

dramaturgische Entfaltung der *fabula*[30] nicht als klassisch-dialogisch organisierte Figurenrede zu präsentieren, sondern sie aus einem Tableau von Storytellern zu entfalten. Bei dieser eigentümlichen ›szenischen Lesung‹ verzichteten die Akteure auf ein kommentierendes oder den Text stimmlich sowie körperlich untermalendes Schauspiel, sodass der Fokus der Zuschauerwahrnehmung einem Changieren zwischen den anwesenden Erzählern ausgesetzt war, die den exakten Romantext vortrugen. Die Akteure übernahmen mehrere Rollen und entfalteten ein polyphones Konzert von Erzähl-, Figuren- und Schauspielerstimmen, die – ohne von einer psychologischen Darstellung begleitet zu sein – allesamt an die emotionale Zuschauerpartizipation appellierten und deren Rezeption wir im Folgenden als eine Verwicklung des Betrachters in vielfältige Fokalisierungen beschreiben und im Zusammenspiel von Visuellem und Verbalem analysieren werden.

Die These, die es zu beweisen gilt, lautet: *Emotionale Betroffenheit setzt immer einen lokalisierten Blickpunkt auf das jeweilige Erfahrungsobjekt voraus, von dem aus die emotionale Relation zum Wahrgenommenen konstituiert wird.*[31] Der angeeignete Blickwinkel legt dabei die aktuellen, individuell bedingten Koordinaten eines Sehfeldes fest und begründet eine zweipolige Relation zwischen Blickendem und Angeblicktem, die in der Narrationsforschung als Fokalisierung definiert wird. In ihrer *Narratologie*[32] geht Mieke Bal davon aus, dass diese genuin visuelle Relation jene emotionalen Bindungen des Sehakts begründet, die im Akt des Erzählens in der symbolischen Ordnung der Sprache zum Ausdruck gebracht werden bzw. zu diskursiven Handlungen führen. Bal bezeichnet die Fokalisierung – im Gegensatz zum Erzählakt, dem sie kausal vorausgeht – als eine bestimmte Sichtrelation, die vom Erzähler symbolisiert wird. Dies habe zur Folge, dass der Akt des verbalen Erzählens immer einen Fokalisator voraussetzt und nicht umgekehrt.[33]

Eine Gefühlsbindung entsteht bei der Betrachtung von Thalheimers expressiven Körpern, den suggestiv inszenierten Schauspielergesichtern und den seman-

---

30 | Unter dem Term der *fabula* versteht Mieke Bal in ihrer *Narratologie* jene Geschichte, die einer bestimmten Anordnung der Erzählung (*story*) zugrunde liegt. Vgl. Mieke Bal, *Kulturanalyse*, Frankfurt a.M.: Suhrkamp 2006, S. 56.

31 | Emotionen werden in Bezug auf Christiane Voss' affekttheoretische Ausführungen als »semantische Haltungen« verstanden, die eine relationale Konstellation zwischen einem subjektiven Bezugspunkt, der soziale Reglementierungen impliziert, und einem Objekt voraussetzen. Vgl. Christiane Voss, *Narrative Emotionen. Eine Untersuchung über Möglichkeiten und Grenzen philosophischer Emotionstheorien*, Berlin, New York: Walter de Gruyter 2004.

32 | Vgl. Mieke Bal, *Narratology: Introduction to the Theory of Narrative*, Toronto, Buffalo, London: University of Toronto Press 1985, S. 110-114.

33 | »[D]er vom Erzähler vorgetragene Bericht wird [...] unweigerlich von einem subjektiven Standpunkt fokussiert, von einem Akteur der Betrachtung, dessen Sicht der Ereignisse unsere Interpretation dieses Geschehens beeinflussen wird.« Bal, *Kulturanalyse*, a.a.O., S. 119.

tisch kodierten Gesten, doch zugleich in der Rezeption von sprachlich Geäußertem. Leser und Zuhörer etablieren erst dann eine Gefühlsbindung zum Erzählten, wenn sie aufgrund ihrer Imaginationsleistungen die der Symbolisierung zugrunde liegende Fokalisierung (re-)konstruieren. Entsprechend räumte Zsótér den Zuschauern in seiner Inszenierung eine äußerst aktive Rolle der Emotionsbildung dadurch ein, dass er die Schauspieler lediglich einzelne Figuren sprechen und diese mittels der Erzählpassagen kommentieren, nicht aber darstellen ließ. Das gesamte Ausdruckspotenzial der Schauspielerkörper war auf distanzgeladenes Sprechen und starre Posen reduziert. Im Zentrum der Inszenierung stand die Performanz der Stimmen, obwohl die Sprechintonation der Spieler eher einer sinnfälligen Vermittlung der Textsemantik diente und nicht auf die psychologisierende Untermalung und Betonung der Äußerungen abzielte. Der minimalistisch gestaltete Bühnenraum war von mit Comicfiguren beklebten Wänden umgeben. Ausgestattet war er mit verschiedenen Sitzgelegenheiten, mit einer Campingliege, einem Bügelbrett, einem Hocker, und veränderte sich in seiner Verfasstheit während der beinahe dreistündigen Performance nur gering. Die Stasis des Visuellen wurde jedoch vom gesprochenen Text beständig dynamisiert, denn dieser etablierte einen Zugang zu jener außerszenischen Darstellungsebene, von der mittels Figurenreden und Erzählpassagen referiert wurde und deren Erfassung eine visuelle Dimension der Einbildungen eröffnete. Die Dominanz des sprachlich-symbolischen Inputs aktivierte eine besonders durch kognitive Imaginationsleistungen geleitete Zuschauerwahrnehmung, die den verbal vermittelten Erzähltext in ›innere‹ Bilder transformierte und dem Zuschauer gleichsam emotionale Konnexe zum Erzählten und Imaginierten offerierte.

In Zsótérs *Jane Eyre* erfolgte trotz der minimalistischen Theatralik eine intensive emotive Involvierung des Zuschauers insofern, als der Regisseur starkes Vertrauen auf Worte setzte, deren Inhalte die Zuschauer affizierten. Der durch den gesprochenen Text erzeugte Sinn fungierte in dieser Inszenierung als konstitutives Element der Emotionalität.[34] Er zielte sogar darauf ab, die Schauspielerstimmen als eine Vermittlungsinstanz von Sprachlichkeit so einzusetzen, dass sie nicht im Gesagten aufging, nicht also mehr im Dienste einer redundanten und totalisierenden Betonung des Verbalen stand. Im Gegenteil, er rückte die in konstanter Lautstärke und gleich bleibender Klangintensität artikulierten Verlautbarungen in ihrer Sinnlichkeit in den Vordergrund. Diese Art des Vortrags lud die Zuhörenden dazu ein, sich das Erzählte vorzustellen, es in der Imagination selbst hervorzubringen und mitzugestalten. Die spezifische Inszenierung der Schauspielerstimmen demonstrierte, dass eine Form von distanziertem Sprechen möglich ist, die weder

34 | Vgl. zu dieser Sicht auf die Entstehung und Aushandlung von Emotionalität die These von Doris Kolesch, die die Autorin in Bezug auf sprachliche Äußerungen unter Rekurs auf Wittgensteins Sprachtheorie entwickelt: »Emotionen sind der sprachlichen Artikulation nicht vorgängig, sondern sie werden in der Artikulation zugleich in bestimmter Weise konstituiert und konturiert.« Kolesch, *Theater der Emotionen*, a.a.O., S. 25.

nur die Phänomenalität der Stimme akzentuiert noch dezidiert im Sinn aufgeht. Hier tat sich hingegen eine Dimension akustischer Sinnvermittlung auf, die sinnfällig *und* sinnlich an die Einbildungskraft des Hörenden appellierte und ihn allererst durch das Zuhören zum Zuschauer werden ließ.

Analog zur literarischen Vorlage nahm die Jane Eyre figurierende Schauspielerin (Kata Wéber) die Position der allwissenden Instanz ein, die ebenfalls den Erzähltext des Buchs mitsprach, ohne dass die anderen ›Bühnencharaktere‹ auf diese kommentierenden Äußerungen schauspielerisch reagierten. Auf diese Weise wurde der Zuschauer, durch den Zugang zur Blickperspektive der Fokalisatorin, zum Komplizen und Mitwissenden erhoben. Immer wieder wurde er animiert, sich den *point of view* Janes anzueignen und die starren Körper mit den imaginierten Charakteren zu koppeln. Die affektive Dimension der Aufführung bedurfte der Perspektivübernahme Janes, d.h. die Aneignung ihres Blickwinkels war Voraussetzung dafür, dass der Zuschauer eine Position innerhalb der diegetisch-narrativen Struktur etablieren konnte. Daher avancierte in dieser Inszenierung das Wort sowohl zum Manifest eines Blicks, der Fokalisierung Janes auf ihre Lebenswelt, als auch zur Basis des imaginativen Nachvollzugs des Erzählten durch die Zuschauerwahrnehmung. Zsótérs textuell geprägtes Theater stellte so unter Beweis, dass dem Sehen in sprachlich fundierter Kunst eine gravierende Bedeutung zukommt[35] und dass wiederum Wort und Stimme dazu beitragen, Einbildung und kreatives Sehen zu motivieren. Die materielle Eigenschaft der Stimme adressierte den Zuschauer bzw. Zuhörer körperlich und hielt durch die an ihn delegierte Symbolisierungsleistung seine Aufmerksamkeit aufrecht.

Wie der Roman, der bekanntlich dem Genre der Erzählung zugerechnet wird, ist somit auch Zsótérs Adaption dem Erzählgenre oder genauer: der Gattung des Erzähltheaters zuzuordnen, die nicht ohne ›innere Fokalisierung‹[36] auskommt. Ohne einen Blick, eine Perspektive, ja eine Fokalisierung ergeben weder Worte noch narrative Erzählungen, weder die Artikulation noch das Vernehmen von Stimmen einen (diskursiven) Sinn, wobei zwischen Sehen und Sprechen keine reibungslose Übertragung möglich ist. Die Translation zwischen Erzählen und Zuhören, Fokalisieren und Imaginieren unterliegt stets einer (inter-)subjektiv bedingten Verschiebung der Inhalte. Die Unmöglichkeit der Denotation ist trotzdem keine Unzulänglichkeit. Im Gegenteil, sie ist eine produktive Qualität jedes geschriebenen, gesprochenen oder in Szene gesetzten Textes, denn »[d]ie Erzählung sagt

35 | Diese These wird v.a. von Mike Bal im Kontext der *cultural studies* stark gemacht. Vgl. Bal, *Kulturanalyse*, a.a.O., S. 7-27.

36 | Die Produktion der textsemantischen Ebenen setzt in beiden Fällen einen Blickwinkel der Fokalisatorin voraus, der sowohl im Roman als auch in der Inszenierung mit der Perspektive der (Erzähl-)Figur Jane identisch ist. Zur Taxonomie der Fokalisierungstypen vgl. Gérard Genette, *Die Erzählung*, München: Wilhelm Fink 1994, S. 134-135, sowie Bal, *Narratology*, a.a.O., S. 110-114.

immer weniger, als sie weiß, aber sie lässt einen oft mehr wissen, als sie sagt«[37]. Entsprechend verdankt der Zuschauer sein Wissen im Theater Zsótérs einerseits dem Inhalt der gesprochenen Texte, andererseits aber den Dimensionen des Unsagbaren und Ungesagten, die von den Worten angedeutet und evoziert anstatt verdrängt werden.

Nicht unähnlich zu Zsótérs radikal durch Verbalität und Akustik organisierter Affektdarstellung und Affektproduktion lassen sich im Regietheater immer mehr Inszenierungen finden, in denen die Textsemantik nicht mehr eine permanent zu de(kon)struierende Instanz darstellt, sondern offenkundig als eine singuläre Sprech- und Subjektposition artikuliert wird, die durch die stimmliche Adressierung des Zuschauers zur Grundlage von Imaginarien und Assoziationen avanciert. Auf der zeitgenössischen Theaterbühne expandieren Techniken der Affektgenerierung, die literarische Erzählstimmen medial transformieren und als Sprechakte mit sinnlichem Surplus aufführen. Die ›adäquate‹ Darstellung des Erzählten wird nicht nur auf der visuellen Ebene erzielt, sie wird darüber hinaus durch ein Sehen hervorgebracht, das erst durch die Imaginationsleistungen eines Zuhörers möglich ist. In den Arbeiten von Dimiter Gotscheff (*Die Perser, Prometheus, Ödipus*), Luk Perceval (*Troilus und Cressida, The Truth about THE KENNEDYS, Kleiner Mann, was nun?*) oder Johan Simons (*Elementarteilchen, Die zehn Gebote, Drei Farben: Blau, Weiß, Rot*) ist der Zuschauer zwangsläufig mit subjektivierten Erzählpassagen konfrontiert, die Emotionen erst nachvollziehbar und assimilierbar machen durch die Rekonstruktion von der dem Erzähltext innewohnenden Wahrnehmungsrelation zwischen Sehsubjekt und Sehobjekt. Obwohl die hier angeführten Regisseure die Konsistenz und Geschlossenheit der stimmlich vermittelten Narrationsstrukturen immer wieder durch akustische oder visuelle Reize bzw. durch Entzugseffekte und nicht zuletzt durch fingierte, inkongruente Erzählpositionen und Perspektivwechsel stören, rekurrieren sie stets auch auf die sinn- und identitätsstiftende Leistung stimmlicher Artikulationen. Es ist jeweils die Interferenz dieser beiden Ordnungen, die eine ästhetische Wahrnehmung und emotionale Betroffenheit des Zuschauers eröffnet und die Erfassung sowie das gleichzeitige In-Frage-Stellen, die Assimilation und Relativierung der inszenierten Fokalisierungsrelationen nach sich zieht.

Zur Analyse der durch einen Erzähltext hervorgerufenen Bildlichkeit wird der Terminus der Fokalisierung dadurch produktiv und für eine interdisziplinäre Reflexion der Emotionalität unabdingbar, dass er Blickakte als diskrete Sinnestätigkeiten auf der visuellen Ebene zu untersuchen und in der Interferenz von Visuellem und Verbalem, Gezeigtem und Gesagtem zu erkunden erlaubt, mithin zwischen zwei Darstellungsmodalitäten, die im Gegenwartstheater miteinander regelmäßig in eine spannungsgeladene Beziehung treten.

37 | Genette, *Die Erzählung*, a.a.O., S. 140.

3. Affektwirkungen des Gesehenwerdens

Bei der Untersuchung körperlicher Erfahrungsdimensionen des Angeblicktseins hat sich gezeigt, dass jedem visuell erfassten Individuum paradoxe Erfahrungen des Objektiviert- und Unterworfenseins bzw. der gleichzeitigen Sozialisierung und Subjektivierung zuteil werden, die gleichsam ambivalente emotionale Resonanzen implizieren. In seinem Opus magnum *Das Sein und das Nichts* hat Jean-Paul Sartre diese Gefühlsmechanismen der Individuierung ausführlich diskutiert. Er gilt als einziger Blick-Theoretiker, der die affektive Ebene des Sehens und Gesehenwerdens aufgezeigt und ausgearbeitet hat. Sein auf affektpsychologische Argumente rekurrierendes Intersubjektivitätskonzept ist revolutionärerweise nicht auf erkenntnistheoretischer Basis begründet.[38] Sein Theorem, das den Moment des Angeblicktseins als eine Erfahrung von Scham konzeptualisiert, wollen wir zunächst im Zusammenhang zweier Aufführungsbeispiele problematisieren, um zu ergründen, inwieweit die doppelt kontingenten Konstellationen von Blickenden und Angeblickten eine von Sartre elaborierte, bipolare Beschämungslogik zu affirmieren bzw. zu subvertieren vermögen. Eine zusätzliche Erweiterung der Sartre'schen Schamtheorie wird anschließend vonnöten sein, um jene qualitative Verschiebung von Affektevokationen auszuloten, die aus Begegnungsszenarien mit körperlosen Blicken bzw. mit technisch-medialen Übertragungen menschlicher Blicke resultieren.

3.1 Bildwerdung und Schamgefühl

Im scheinbaren Rekurs auf Sartres Lehrsatz über die Selbstkonstituierung, dem zufolge Erblicktwerden als grundlegendes Moment für Ohnmachts- und Schamempfindungen gilt, exponierten drei Akteurinnen aus der Performancetheatergruppe She She Pop beim Auftakt ihrer Arbeit *Bad*[39] (2002) ein Tableau von körperlich ausgelieferten und zur Schau gestellten Personen, die sich den fremden Blicken der eintreffenden Zuschauer nackt präsentierten. Im Zentrum des Aufführungsraums, der von vornherein als Bühne und Sphäre asymmetrischer Begegnungen fungierte, warteten die Performerinnen Ilia Papatheodorou, Lisa Lucassen und Katharina Oberlik mit Mikrofonen in der Hand auf die rund sechzig Zuschauer, die durch den engen, zur Bühne führenden Flur langsam der Reihe nach eintraten und in einem ›demokratisch‹ arrangierten Stuhlkreis Platz nahmen. Im Vergleich zu der Maskenlosigkeit suggerierenden, entblößten Körperlichkeit der Akteurinnen schien das Publikum durch Kleidung bzw. soziokulturelle Inszenierung geschützt zu sein. Die Konstellation von Kostümierten und Entblößten implizierte aber nur

38 | Vgl. Honneth, *Unsichtbarkeit*, a.a.O., S. 76.

39 | Die Arbeit *Bad* des Performerkollektivs She She Pop wurde am 31. Januar 2002 auf Kampnagel in Hamburg uraufgeführt. Anschließend war sie u.a. im Berliner Podewil zu sehen.

auf den ersten Blick definitive Rollenzuweisungen, denn die kontingente Programmiertheit der Aufführung brachte die Relation von Subjekten und Objekten insoweit ins Wanken, dass die Positionen von Sehenden und Gesehenen im Prozess des Blickwechsels schlagartig umsprangen: Die Performerinnen kompensierten ihr nacktes Ausgeliefertsein mit akustischen und verbalen Signalen, durch die sie ihre Reaktionen auf die Erscheinungs- und Verhaltensweisen der den Theatersaal betretenden Zuschauer artikulierten. Sie ergriffen Macht durch kommentierende, teils komisch-schikanierende, teils persönlich beleidigende Bemerkungen und erhoben somit die Objekte ihrer Blicke zu Gegenständen der Aufmerksamkeit im Kreis aller Anwesenden. Analog zum Sartre'schen Modell des entdeckten Voyeurs, der seine Anwesenheit durch ein Geräusch kundtut, ermächtigten sich die Akteurinnen durch verbale Erniedrigung ihnen nicht bekannter Personen und entlarvten sich trotz ihrer masochistischen Entblößung zu den tatsächlichen Voyeuren der Situation. Irreversibel hielten sie ihre Machtposition durch die Objektivierung der bekleideten Zuschauer aufrecht. Indem sie die neugierigen Blicke der Anwesenden auf die Unvollkommenheiten der eintretenden Besucher fokussierten und die körperlichen Proportionen, die Gesichtszüge sowie die Kleidung der Antreffenden kritisch reklamierten, tauschten sie ihr Schamgefühl gegen die Dominanz der Interpellierenden ein. Der Zuschauer, der ahnungslos den Raum betrat und dessen Äußeres als Zielscheibe für Kommentare fungierte, wurde in die Hilflosigkeit getrieben, weil er weder sein individuelles Auftreten noch seine Auffälligkeiten zu ändern imstande war. Die Zuschauer erfuhren im sozialen Sog der Blicke eine unvorhersehbare und blitzschnelle Bildwerdung, eine Subjektbildung durch Unterwerfung, die die mehr oder weniger passive Rollenkonvention eines herkömmlichen Zuschauers ebenso subvertierte wie das kreisförmige Arrangement der absoluten Symmetrie.

Den Zuschauern, die zum Gegenstand der Kommentare wurden, widerfuhr eine Art der negativen Interpellation,[40] die sie körperlich und psychisch blockierte. Ihre Ohnmacht korrelierte mit einem Unwohlsein angesichts der negativen Beurteilung ihres In-Erscheinung-Tretens und löste Emotionen der Scham aus. Diese heftige affektive Empfindung, die Sartre zufolge als Anzeichen der schlagartig verlorenen »Freiheit«[41] zu denken ist, zog repressive Reaktionen der Besucher mit sich: Sie senkten nach Eintritt in den Saal ihre Blicke, wurden rot, ihre motorischen Bewegungen schienen unbewusst und unsicher, sie erlebten Handlungs-

40 | Bei der provokativen Interpellation der eintreffenden Zuschauer ging die Ausübung symbolischer Gewalt durch Sprache mit einer Art körperlicher ›Mortifizierung‹ durch Blicke Hand in Hand, sodass die symbolische Anrufung der Zuschauer durch die Stimme und ihre gleichzeitige visuelle Einrahmung durch den Blick voneinander nicht zu trennen waren. Zu der performativen Aushandlung von Gewalt durch Worte vgl. Butler, *Haß spricht*, a.a.O., sowie Steffen K. Herrmann/Sybille Krämer/Hannes Kuch (Hg.), *Verletzende Worte. Die Grammatik sprachlicher Missachtung*, Bielefeld: transcript 2007.

41 | Sartre, *Das Sein und das Nichts*, a.a.O., S. 487.

ohnmacht und den Drang zu verschwinden. Um sich vor den Kommentaren zu schützen, eilten die Eintretenden schnell auf ihre Plätze.

In dieser Anfangssituation von *Bad* nahmen die Künstlerinnen nicht nur ultimativ die Rolle der Blickenden ein, sie beraubten die ankommenden Zuschauer, die ihre Köpfe senkten und Blickkontakte mieden, auch ihrer eigenen Blicke. Sie verhüllten ihre Nacktheit durch einen ›Blendungseffekt‹, den sie mit ihren eigenen Blicken und Bemerkungen ausübten und wiesen alle Zuschauerblicke zurück, die sie selbst hätten objektivieren können. Die Rollendichotomie von Zuschauern und Akteuren kollabierte so gleich zu Beginn der Aufführung, und jeder Besucher erfuhr die unwillentliche Einnahme der Akteurposition bzw. eine damit verbundene Unterworfenheit. Der Grund für den frustrierenden Entzug von ›Souveränität‹ bestand darin, dass die Blicke der Performerinnen und der anwesenden Zuschauer auf die individuelle Körperlichkeit des Angeblickten fixiert waren.[42] Die den Raum betretende Person wurde zu einem introvertierten Verhalten getrieben. Die Verschiebung der Aufmerksamkeit auf Äußerlichkeiten löste im Angeblickten Schamempfindungen aus und vermochte nicht zuletzt auch Frustration, Selbstverachtung und Minderwertigkeitsgefühle zu evozieren.

Im Register der Affekte zeichnet sich die Scham durch besonders intensive Amplituden, verhältnismäßig kurze Dauerhaftigkeit und passive Agitation des Fühlenden aus. Viele Schamtheorien gehen davon aus, dass diese Emotion von Normverstößen hervorgerufen wird, die »nicht in voller Absicht geschehen«[43]. Die Schamerfahrung hat die »vom Individuum nicht willkürlich beeinflußbare Eigenart seines Selbst«[44] zur Ursache. Genau in dieser Hinsicht differiert das Schamempfinden von der aktiven Affektion der Schuld, die in der »Folge einer bösen Tat«[45] auftritt und als Konsequenz eines Scheiterns oder normwidrigen Tuns angesehen werden kann, definitiv aber mit aktiven Handlungen Hand in Hand geht.[46] Der Affekt des Sich-Schämens ist Anja Lietzmann zufolge hingegen ein

42 | In Anbetracht der Tatsache, dass Scham einen Effekt der unmöglichen Anpassung an soziale Normen darstellt, verwundert es nicht, dass Blicke, die auf marginalisierte Personen gerichtet sind, ebenfalls heftige Schamreaktionen auslösen können. Adrian Piper berichtet von ihrer Schamerfahrung als Schwarze und sie führt diese auf die degradierende Wirkung von Blicken bzw. verbalen Äußerungen zurück, »to mark you not as having *done* wrong but as *being* wrong«. Adrian Piper, »Passing for White, Passing for Black«, in: Nicholas Mirzoeff (Hg.), *The Visual Culture Reader*, London: Routledge 1998, S. 546-555, hier: S. 547.

43 | Hilge Landweer, *Scham und Macht. Phänomenologische Untersuchungen zur Sozialität eines Gefühls*, Tübingen: Mohr Siebeck 1999, S. 38.

44 | Till Bastian, *Der Blick, die Scham, das Gefühl. Eine Anthropologie des Verkannten*, Göttingen: Vandenhoeck & Ruprecht 1998, S. 50.

45 | Ebd., S. 49.

46 | Obwohl das Faktum, dass sich Schuld auf aktives Tun und Scham auf passives Sein beziehen, von allen Affekttheoretikern geteilt wird, konstatiert Léon Wurmser sogar eine

unausweichliches soziales »Ereignis«, das im Verlust der »Sicherheit über das, was [man] ist«[47], besteht. Doch die Scham ist keine ›rein‹ repressive Erfahrung, sie verfügt auch über eine aktive Schutzfunktion, die trotz der konfliktreichen Differenz zwischen Idealvorstellung und Selbstbild eine Ich-Integrität des Angeblickten bewahrt. Darüber hinaus kooperiert in der Schamempfindung die Selbstverunsicherung mit der Entwicklung der Selbstreflexivität und der Bewusstwerdung über Werte bzw. Ideale der eigenen Identität. Die durch die Scham verursachte motorische, kognitive und psychische Blockade kann anders gesagt zu Handlungsaktivitäten führen: In der Performance *Bad*, in der individuelle Schamempfindungen beinahe in kollektive Peinlichkeit umschlugen, reagierten die Zuschauer auf das Erblicktwerden mit beschleunigtem Schritttempo und Versuchen des Verschwindens.

In seiner Sartre-Interpretation erkennt Hans-Dieter Gondek den ertappenden Blick und die Scham als »Elemente der Urszene einer Quasi-Einpflanzung von Sozialität und Moralität«[48]. Exakt diese soziale Erfahrung alltäglicher Begegnungsprozesse, in denen Scham zum Preis für die Intersubjektivität wird, radikalisierte die Performancegruppe She She Pop. Im Hinblick auf Partizipationsprozesse kann sogar von einer »habitualisierte[n] Schamhaftigkeit« gesprochen werden, da »das Ich das Kollektiv der anderen als immerwachen argusäugigen Kontrolleur«[49] erfährt und befürchtet. Sartre betont, dass die Schamempfindung über eine dreifache Valenz verfügt, die eine Begegnung zwischen Ich und anderem voraussetzt: »*Ich* schäme mich über *mich* vor *Anderen*.«[50] Die Erfahrung der Bildwerdung und

---

Scham-Schuld-Dialektik, die auch in *Bad* zum Tragen kommt: »Entweder übt man seine Macht aus und greift dann in die Integrität, das Wohlbefinden, den Besitz oder die Rechte eines anderen ein [...], oder man fühlt sich stattdessen gezwungen, die eigene Schwäche und das eigene Versagen einzugestehen [...]. Der vorherrschende Affekt ist im ersten Fall Schuld, im zweiten Scham.« Léon Wurmser, *Die Maske der Scham. Die Psychoanalyse von Schamaffekten und Schamkonflikten*, Berlin, New York, Heidelberg: Springer 1993, S. 314. In diesem Sinne wäre am Beispiel von *Bad* das Schuldgefühl auf Seiten der Performerinnen und die Schamempfindung auf Seiten der Zuschauer zu lokalisieren.

47 | Anja Lietzmann, *Theorie der Scham. Eine anthropologische Perspektive auf ein menschliches Charakteristikum*, Hamburg: Dr. Kova 2007, S. 17.

48 | Hans-Dieter Gondek, »Der Blick – zwischen Sartre und Lacan. Ein Kommentar zum VII. Kapitel des *Seminar XI*«, in: *RISS. Zeitschrift für Psychoanalyse*, 37/38 (1997), S. 175-196, hier: S. 185.

49 | Hans-Thies Lehmann, »Das Welttheater der Scham. Dreißig Annäherungen an den Entzug der Darstellung«, in: ders., *Das Politische Schreiben. Essays zu Theatertexten*, Berlin: Theater der Zeit 2002, S. 39-58, hier: S. 41, 43.

50 | Sartre, *Das Sein und das Nichts*, a.a.O., S. 518. Kursivierung im Original. Die Bewusstwerdung über das ›Mit-Sein‹, ja die soziale Fundierung der eigenen Existenz bedarf Sartre zufolge also eines ›Publikums‹, das die räumliche bzw. zeitliche Seinsverankerung des Angeblickten sanktioniert. Vgl. ebd., S. 517-527.

die ihr innewohnende Schamevokation werden ausschließlich in einer kopräsentischen Situation virulent, sofern das Schamgefühl – im Gegensatz zu Affekten, die, wie Schreck oder Freude, von »an-sich-seienden« Gegenständen ausgelöst werden können – eine genuin intersubjektive Emotion ist.[51] Die gleichzeitige Anwesenheit von Aufführungsteilnehmern korreliert allerdings auch mit einem Kontingenzfaktor, der die Rollen von Blickenden und Angeblickten, Exhibitionisten und Sich-Schämenden immer neu zuschreibt. Wie *Bad* zeigt, lassen Blickinteraktionen keine komplementäre Zuordnung von Rollen des Sehens und Gesehenwerdens zu. Jeder Anwesende erlebt seine Partizipation an der Aufführungssituation vielmehr als einen permanenten und unvorhersehbaren Wechsel von aktiven und passiven Positionen bzw. von exhibitionistischer Lust und erniedrigenden Schamerfahrungen.

Diese Unvorhersehbarkeit von Momenten, in denen man zum Objekt der Betrachtung wird, begleitet immer wieder unsere Aufführungsbesuche. Mehr noch: Die unaufhebbare Potenzialität des Gesehenwerdens etabliert in aktuellen Theaterperformances sogar häufig eine latente Angst vor der Beschämung, ja eine dauer- und krisenhafte Verunsicherung des Zuschauers, die sich im Rekurs auf Matthias Warstat als ›Nervosität‹ bezeichnen lässt, als eine Emotion, die aus der Sorge resultiert, die Interaktion, an der man partizipiert, nicht souverän beeinflussen zu können. Warstat zufolge ist Nervosität ein Gefühl, das die Wahrnehmung des zeitgenössischen Theaterzuschauers immer wieder begleitet und die Teilnahme an Aufführungen – vor allem in Spiel und Interaktion begünstigenden Theaterformen – an die Erfahrung einer Prüfungssituation koppelt: »Tausend Augen begutachten«, so Warstat, »wie kläglich oder souverän man mit der situativen Herausforderung umgeht. Was resultiert, ist eine Art Prüfungsstress.«[52] Um nervös zu werden oder um Angst und Aufregung zu empfinden, genügt eine bestimmte räumliche bzw. körperliche Nähe zwischen Akteuren und Zuschauern: »Nervosität resultiert hier aus einer Erfahrung des Gesehenwerdens oder aus einem Sehen, das mit dem eigenen Gesehenwerden jederzeit rechnen muss. Der zum sichtbaren Akteur erhobene Besucher wird gezwungen, vor den Augen der Menge auf eine unvertraute Situation zu reagieren.«[53]

Nervosität entspringt entsprechend aus der Befürchtung, sich während der Aufführung vor anderen schämen zu müssen. Doch wer sich in der Aufführung

---

51 | Vgl. Jens León Tiedemanns Dissertation *Die intersubjektive Natur der Scham*, in der das Phänomen der Scham im Lichte aktueller Intersubjektivitätstheorien der Anerkennung reflektiert wird. Jens León Tiedemann: *Die intersubjektive Natur der Scham*, in: www.diss.fu-berlin.de/diss/receive/FUDISS_thesis_000000002943, 08. August 2011, o.S.

52 | Matthias Warstat, »Vom Lampenfieber des Zuschauers. Nervosität als Wahrnehmungserlebnis im Theater«, in: Erika Fischer-Lichte/Sabine Schouten/Barbara Gronau/Christel Weiler (Hg.), *Wege der Wahrnehmung. Authentizität, Reflexivität und Aufmerksamkeit im zeitgenössischen Theater*, Berlin: Theater der Zeit 2006, S. 86-97, S. 90.

53 | Ebd.

schämen wird und wer nicht bzw. wer sich schämen müsste und wer eigentlich nicht, sind Dynamiken, die potenziert kontingent sind. Wohlgemerkt, eine Theorie, der zufolge Scham der angeblickten Person widerfährt, wird bezüglich zeitgenössischer Aufführungen obsolet, weil hier, wie es im Weiteren zu beweisen gilt, die gesellschaftlichen Normen, die eine Schamempfindung als »Strategie zur Unterdrückung«[54] funktionalisieren, ausdrücklich hinterfragt werden. In Christoph Schlingensiefs Theaterinszenierungen – wie etwa in *Kunst und Gemüse. A. Hipler* (2004) oder *Atta Atta – Die Kunst ist ausgebrochen* (2003) – gerät der Zuschauer häufig in eine Voyeurposition und sieht sich beispielsweise mit Behinderten konfrontiert, die aufgrund ihrer selbstreferenziellen Ausstellung eine Eingebundenheit in eine Narration immer wieder unterlaufen und dazu tendieren, auf ihre individuelle Körperlichkeit und deren Einsatz zu verweisen. Indem sie der kontinuierlichen Integration in eine mimetische bzw. diegetische Sinnstruktur widerstehen, setzen sie die etablierten Normen des Sprechtheaters, namentlich die Gesetze der ›Darstellung‹ und die Logik der ›Repräsentation‹, geradezu außer Kraft. In Schlingensiefs Aufführungen wird die autoreferenzielle Darstellung häufig als etwas Inkommensurables, sich der hermeneutischen Sinnproduktion Widersetzendes erfahren und die Souveränität der Akteure, ihr obsessives und ›obszönes Sich-Darstellen‹[55] als normwidrig empfunden. Schlingensief verletzt aber nicht nur etablierte gesellschaftliche Machtrelationen oder festgesetzte ethische und soziale Konventionen, er unterminiert zugleich die Matrix der Repräsentation und erhebt die Normierungspraxis selbst sowie die Verordnung von Scham als solche zum Thema. Dies hat zur Folge, dass der Zuschauer in eine paradoxe Wahrnehmungssituation gerät: Die abweichende Körperlichkeit der Akteure bzw. ihr deviantes Verhalten ziehen einerseits die Blicke an, weil das Szenische dem Publikum als etwas Fremdes oder Normverletzendes erscheint. Andererseits versetzen die von Laien, körperlich und geistig behinderten Menschen, kleinwüchsigen oder sozial marginalisierten Personen ausgeführten Bühnenaktionen den Zuschauer gleichzeitig in Verlegenheit. Der Schauende wird unwillentlich in die Rolle eines Voyeurs getrieben, der dem Spiel von sich ungezähmt und eigensinnig verhaltenden, teilweise an ihren Handlungen sogar scheiternden Performern zuguckt. Durch Schlingensiefs Akteure, die die Grenzen des klassischen Schauspiels überschreiten und den Realitätsindex des Bühnengeschehens nicht verschleiern, erfährt der Zuschauer ein Scheitern der konsolidierten Schamorganisation, wie

54 | Judith Butler, *Gefährdetes Leben. Politische Essays*, Frankfurt a.M.: Suhrkamp 2005, S. 15.

55 | Die Überschreitung, Suspendierung oder Erschütterung mimetischer Darstellungsnormen analysiert Hans-Thies Lehmann bei Heiner Müller und Jennifer Lacey, deren künstlerische Arbeiten für ihn exemplarische Beispiele aus der Theatergeschichte darstellen, die auf den fortbestehenden Konnex zwischen Theater und Ritus, Obszönem, A-Symbolischem, A-Kausalem, A-Normalem hinweisen. Vgl. Hans-Thies Lehmann, »(Sich)Darstellen. Sechs Hinweise auf das Obszöne«, in: Kruschkova, *OB?SCENE*, a.a.O., S. 33-48.

sie in unserer Sozialpraxis allgemein vollzogen wird. Dies rührt daher, dass der Pakt des symbolischen Bedeutungstauschs verletzt wird und die Funktionalität des Theatralen als Projektionsfläche, Spiegelung bzw. Identifikationsbasis *ad absurdum* geführt wird: »Die Norm ist die Scham«[56], betont Hans-Thies Lehmann, und der Normverstoß vermag in Schlingensiefs Theater die Schamempfindung nicht selten auf die ›Komplizen‹ des Tuns, auf die Zuschauer zu delegieren.

Dadurch dass dem Blickenden in Situationen der Normaussetzung eine Schamerfahrung widerfahren kann, werden die Effekte der klassischen, von Sartre ausbuchstabierten Blickinteraktion umgekehrt. Schlingensiefs Akteure lassen sich kaum objektivieren und sie verweigern es, im Zielpunkt normierender Blicke in Stellung zu gehen. Der auf die Akteure geworfene Blick ›kehrt zum Blickenden zurück‹ und versetzt den Blickenden selbst in die reflexive Bewusstwerdung über die kulturell eingeübten Normstrukturen und Blickrelationen.

Nicht nur im Theater, auch in der sozialen Alltagspraxis kann die intersubjektive Verhandlung sozialer Normen dazu führen, dass der Blickende Scham empfindet. Ist der Betrachter mit einer Situation konfrontiert, in der jemand die konsolidierten Verhaltensnormen hinterfragt oder verletzt bzw. die Observierung als Blickappell ignoriert, wird es für seine Gefühlsdisposition entscheidend sein, dass »der andere ein Gefühl nach [s]einer Wahrnehmung *gerade nicht* [...] *hat*, das er aber nach [s]einem Situationsverständnis haben müßte oder sogar normativ haben sollte«[57]. Ob die Entwicklung der stellvertretenden Scham mit der Aktivierung von Spiegelneuronen zu tun hat, die im Gehirn nicht nur aufgrund individuellen Handelns oder Seins, sondern auch und vor allem bei der Beobachtung fremder Personen, ihrer Aktionen oder eben ihrer mangelnden Reaktionen Emotionen stimulieren, stellt ein wissenschaftliches Desiderat dar. Wohlgemerkt, die Erfahrung der stellvertretenden Scham, die im Dienste der Fortschreibung konditionierter ethisch-politischer Sozialpraxis steht, ließe sich auch als eine spezifische Form der Identifizierung auffassen, die eine Aufnahme des auf Seiten des anderen erwarteten, jedoch nicht eintretenden Gefühls vollzieht.

Die Delegierung der Scham lässt sich als eine »Scham über die Nicht-Scham des anderen«[58] charakterisieren, die sich konsequenterweise durch eine abgeschwächte Intensitätsfrequenz auszeichnet. Ob man sich also wegen seines eigenen Körpers oder der Überschreitung konventionalisierter Verhaltensnomen im

---

56 | Ebd., S. 33.

57 | Landweer, *Scham und Macht*, a.a.O., S. 128. Kursivierung im Original. Hilge Landweer diagnostiziert und konzeptualisiert Fälle, in denen Scham als Sympathiegefühl aktiv wird, und unterscheidet zwischen »stellvertretender Scham – wenn man sich für jemanden schämt, der sich selbst nicht schämt – und Mitscham, der Scham anläßlich der wahrgenommenen Scham eines anderen«. Landweer gilt als eine der wenigen Schamtheoretikerinnen, die das Delegieren dieses Gefühls in intersubjektiven Relationen reflektiert haben. Vgl. ebd., S. 216-135.

58 | Ebd., S. 130.

Kollektiv schämt bzw. inwieweit die Beschämung zu einer Reflexion auf die situative Reorganisation der Normstruktur führt, sind mit den jeweiligen Inszenierungen verknüpfte Fragen. Was unsere beiden Beispiele jedoch ersichtlich werden ließen, ist die kontingente Gestaltung der Organisation von Gefühlen in Aufführungen. Die idealtypische Programmatik eines Sartre'schen Blickkonzeptes, das auf einer komplementären Rollenstruktur und der festgesetzten Zuschreibung emotionaler Dispositionen basiert, hat sich dezidiert verkompliziert. In Theaterszenerien des Blickens und Angeblicktseins werden immer wieder gesellschaftliche Normen so aufs Spiel gesetzt, dass Scham, Bewusstwerdung und Subjektkonstituierung nicht mehr ultimativ an einer bestimmten Position der Sehrelation lokalisierbar sind.

3.2 Emotionale Wirkungen mediatisierter Blicke

Zeitgenössische Regisseure konfigurieren häufig Blickwechsel, in denen sich die sinnliche und affektive Dimension des Angeblicktseins keineswegs in Formen der Schamreaktion erschöpft. Wie wir im Folgenden sehen werden, kann die Begegnung mit technisch-medial evozierten Präsenzeffekten Situationen hervorbringen, in denen sowohl das Gefühl der *Irritation* als auch die Erfahrung des *Unheimlichen* akut werden. Diese Emotionen tauchen insofern als affektive Begleiterscheinungen des Angeblicktwerdens auf, als technisch-mediale Übertragungseffekte in die kopräsentische Blickrelation intervenieren, um somit die reziproke Aushandlung des Blickkontakts zu unterlaufen und die Erfahrung eines unauslotbaren Angeblicktseins zu radikalisieren.

Wenn die ›Norm‹ der standardisierten Zuschauerhaltung, die in den meisten Aufführungen des zeitgenössischen Regietheaters den Betrachter in eine regelrechte Voyeurposition versetzt, schlagartig *verletzt* wird und beispielsweise in dem überdimensionalen Saal der Berliner Volksbühne einzelne Zuschauer in den Mittelpunkt der Aufmerksamkeit gezwungen werden, kondensiert sich die Aufhebung der Rollenordnung von Akteuren und Zuschauern vor allem im Register der Emotionen. In seiner *Forever Young*-Inszenierung[59] (2003), die auf dem Theaterstück *Sweet Bird of Youth* von Tennessee Williams basiert, setzte Frank Castorf die konventionellen Blickrelationen zwischen Bühne und Zuschauerraum in folgender Weise außer Kraft: Er verdoppelte zunächst die Repräsentationsebene der Inszenierung durch die durchgängige Verwendung von *Live*-Kameras, die Nahansichten und Closeups erzeugten und das nuancierte Schauspiel wahrnehmbar machten. Im Unterschied zur Totalansicht, die einen Blick auf die nur bedingt einsehbaren Bühnenräume ermöglichte, bot die mediale Übertragung, die auf eine zum Publikum frontal arrangierte Leinwand projiziert war, gleichzeitig eine Sicht

59 | Bei *Forever Young* handelt es sich um Frank Castorfs Bearbeitung von Tennessee Williams' *Süßer Vogel Jugend*. Diese Produktion hatte am 15. Juni 2003 bei den Wiener Festwochen Premiere und war anschließend in der Berliner Volksbühne am Rosa-Luxemburg-Platz zu sehen.

auf die verborgenen Spielflächen. In einem unerwarteten Moment wurde die Kamera jedoch nicht länger auf die in den uneinsehbaren Sphären des Bühnensets agierenden Schauspieler gerichtet; mit einer Drehung von 180 Grad fokussierte sie nun den Zuschauerraum. Diese Kamerabewegung überschritt die Grenze der Repräsentation auf doppelte Weise: Sie subvertierte buchstäblich die Raumkoordinaten der Fiktion einerseits und überschritt die Immanenz der szenischen Repräsentationslogik andererseits. Im Gegensatz zu Castorfs herkömmlichen medienreflexiven Inszenierungsstrategien stellte dieses transgressive Moment eine qualitativ differente Erfahrung für die Betrachter dar, weil so die Beobachter und deren normalerweise nicht sichtbaren Blicke als konstitutive Instanzen der Darstellung erkennbar wurden.

Die auf einzelne Gesichter zoomende Kamera löste im Publikum allgemeine Beunruhigung darüber aus, wessen Gesicht in der nächsten Closeup-Einstellung gezeigt und somit ins Zentrum der Aufmerksamkeit erhoben würde. Die Begegnung mit dem spiegelbildlichen Selbst verursachte in der Anonymität des Kollektivs einschneidende Wirkungen. Die Nahaufnahme, die für hunderte von Zuschauern die Betrachtung eines einzigen Partizipierenden aus intimer Nähe ermöglichte, führte zur gleichen Zeit auch dem Angeblickten die Ansicht seiner eigenen verfremdeten Reflexion vor Augen. Die Schamerfahrung kooperierte in dieser Situation mit einer Irritation, weil der Angeschaute gleichsam die Perspektive der Beobachtenden einnehmen musste. Dadurch dass die Konfrontation mit dem eigenen Spiegelbild in einer anonymen Öffentlichkeit erfolgte, wurde der intime Akt der imaginären Selbstkonstituierung gleichsam verfremdet. Dieser Anblick löste Irritationseffekte aus, war der Angeschaute doch dazu gezwungen, sich selbst im normativen Modus der Fremdbetrachtung zu sehen. Der befremdliche Blick auf das Selbst im ›Video-Selbstportät‹[60] negierte jedwede Illusion einer imaginären Identifizierung, weil ihre narzisstische Dimension gegen eine normative Kontrollerfahrung eingetauscht wurde. Der Angeblickte avancierte im Akt seines Ertapptwerdens gleichsam zum Voyeur der eigenen Unterwerfung und erlebte seine Einschüchterung visuell mit. Dieser Irritationsmoment stimulierte im Publikum sowohl Aufregung und Nervosität als auch Mitgefühl mit den gefilmten Personen, da die Potenzialität der Bildwerdung alle Anwesenden bedrohte und somit eine Angst vor der drastischen Wirksamkeit der Selbstbegegnung aus einer heteronomen Perspektive verbreitete.[61]

60 | Martina Dobbe charakterisiert dieses Moment des Sich-selbst-beim-Sehen-Zusehens als ein Paradox, sofern der Voyeur zu seinem eigenen voyeuristischen Objekt avanciere. Vgl. Martina Dobbe, »Video – the aesthetics of voyeurism? Zur medialen Struktur des Blicks in der frühen Videokunst«, in: Hartl u.a., *Die Ästhetik des Voyeur*, a.a.O., S. 5-17, insbesondere: S. 14.

61 | Das Irritationsgefühl basierte in Castorfs *Forever Young*-Inszenierung auf dem direkten Eindringen der Kamera in den Zuschauerraum. Derselbe Effekt hätte in der medialen

In Castorfs *Forever Young*-Inszenierung gab es noch einen weiteren Moment, in dem das immersive Eintauchen des Zuschauers in das Videobild konterkariert wurde, und zwar durch die überdimensional vergrößerte Darstellung eines menschlichen Blicks, der Erfahrungen des Unheimlichen auslöste. Wie schon in Rekurs auf den Körperlichkeitsaspekt des Blickens angedeutet wurde, erzielt der Kameraeinsatz bei Castorf häufig eine Fragmentierung von Darstellerkörpern durch Zoom-Effekte. In *Forever Young* exponierte die Kamerasicht in einer extrem nahen Videoaufnahme das Auge von Kathrin Angerer, in dem sie – bzw. die von ihr dargestellte Figur – einen Splitter vermutet hatte. Durch den technischen Closeup auf das Auge wurde der Blick vom Blickenden abgetrennt und der Gesichtssinn erschien als ein autonomes Organ ohne körperliche Fundierung und Interdependenz. Wie bereits Freud den abgetrennten Körpergliedern, die weiterhin Vitalitäts- und Bewegungsqualitäten aufweisen, in der Wirklichkeit der literarischen Fiktion eine unheimliche Wirkung zusprach,[62] erweckte auch die theatrale Nahsicht eines Augapfels, ja eines dekontextualisierten Persönlichkeitsfragments, das mitten im Bühnenset auf einer Leinwand erschien, ein Gefühl des Unheimlichen. Diese Affektion resultierte aus der Ambivalenz von Vertrautheit und gleichzeitiger Fremdheit des Gesehenen, aus der quantitativen Vergrößerung eines wohlbekannten Bildes, das man in sozialen Begegnungsakten kontinuierlich antrifft. Die Wiedererkennung des Alltäglichen als Fremdes bewirkte Verunsicherung und Abscheu, weil die Konfrontation mit einem übergroßen Sehorgan die physiologische Betonung des Gesichtssinns erzielte und dessen sinnliche und erotische Konnotationen vertrieb.

Die emotionale Resonanz dieses phantasmatischen Anblicks verstärkte sich im Zuschauer, als Martin Wuttke die scharfkantige Scherbe eines Spiegels der Augenhaut näherte und den Augapfel berührend, den vermeintlichen Splitter zu entfernen versuchte. Diese *live* exponierte und videotechnisch übertragene Bildnarration spielt zweifelsohne auf die berühmte Szene aus Luis Buñuels und Salvador Dalís Filmklassiker *Ein andalusischer Hund* aus dem Jahre 1929 an, in der ein Mann mit dem Rasiermesser einer Frau durchs Auge schneidet. Castorf griff diese Filmszene als Zitat auf und präsentierte es in hundertfacher Vergrößerung. Als Wuttke den Splitter zu beseitigen begann, barg dieser ›Rettungsakt‹ eine erhebliche Beschädigungsgefahr, die die Repräsentationsebene auf einen Schlag überstieg und die Aufmerksamkeit auf die phänomenale Verletzlichkeit dieses äußerst empfindli-

Übertragung von Sportveranstaltungen oder Konzerten die Emotion der Freude, der Ekstase oder der Begeisterung über das medialisierte Gesehenwerden auslösen können.

62 | »Abgetrennte Glieder, ein abgehauener Kopf, eine vom Arm gelöste Hand, [...] Füße, die für sich allein tanzen [...], haben etwas ungemein Unheimliches an sich, besonders wenn ihnen wie im letzten Beispiele noch eine selbständige Tätigkeit zugestanden wird. Wir wissen schon, daß diese Unheimlichkeit von der Annäherung an den Kastrationskomplex herrührt.« Sigmund Freud, »Das Unheimliche«, in: ders., *Studienausgabe. Bd. IV. Psychologische Schriften*, Frankfurt a.M.: Fischer 2000, S. 241-274, hier: S. 266.

chen Körperteils verschob. Die Videokamera übertrug die Bilder einer möglichen Vernichtung des Blicks in Echtzeit und verstärkte gerade dadurch den Realitätseffekt des Bühnengeschehens. Die potenzielle Auslöschung des Augenlichts machte dem Publikum die Gefahr der Blendung bewusst und führte zu einer heftigen Irritation der Zuschauer, deren Abwehr sich in emotionalen und in physischen Reaktionen entlud.

Das Motiv des Erblindens, das in der besagten Szene thematisch wird, ist mehrfach mit der Erfahrung des Unheimlichen in Verbindung gebracht worden: Im Unterschied zu anderen Theoretikern wie Ernst Jentsch[63] konstatiert Freud in seiner psychoanalytischen Analyse von E.T.A. Hoffmanns *Der Sandmann*, dass »das Gefühl des Unheimlichen direkt an der Gestalt des Sandmannes, also an der Vorstellung, der Augen beraubt zu werden, haftet«[64]. In seinen Ausführungen über den Blick folgert Georges Didi-Huberman darüber hinaus, dass Freud aufzeige, »wie die Erfahrung des *Unheimlichen** auf die *visuelle Erfahrung der Gefahr, nichts mehr zu sehen*, hinausläuft«[65]. Die Erblindung stellt in dieser Denktradition nicht nur den Verlust eines »kostbare[n] Organ[s]«[66] dar. Sie impliziert auch die Bedrohung eines wiederkehrenden und psychisch verdrängten Zustands, »den Eingang zur alten Heimat des Menschenkindes«[67], ja die phantasmatische Rückkehr zur ursprünglichen Blindheit im Mutterleib.

Die von der destruktiven Gefährdung des Auges evozierte Irritation in *Forever Young* erhielt eine Affektionskomponente des Unheimlichen durch die imaginative Blendungsgefahr, in der – psychoanalytisch gesprochen – jener Ursprung menschlicher Existenz aufschien, den man bereits verdrängt hatte. Das Gefühl des Unheimlichen, das in unserem Fall vom potenziellen Verlust des Augenlichtes herrührte, ist eine ambivalente Emotion insofern, als sie sowohl den Eindruck des Unbegreiflichen und Unfassbaren als auch die Impressionen eines »Altbekannte[n]« und »Längsvertrauten«[68] erweckt. Der von Castorf entworfene manifeste Rekurs auf die Verletzlichkeit des menschlichen Blicks verwies auf die ›ursprüng-

---

63 | Jentsch ordnet die Erfahrung des Unheimlichen dem Akt der intellektuellen Verunsicherung über Leblosigkeit vs. Lebendigkeit eines Gegenstandes zu. Vgl. Ernst Jentsch, »Zur Psychologie des Unheimlichen«, in: *Psychiatrisch-Neurologische Wochenschrift* 22 (1906), S. 195-198.

64 | Freud, »Das Unheimliche«, a.a.O., S. 253. Freuds Verknüpfung der verlorenen Sehkompetenz mit der Kastration sei hier nur angedeutet. Demnach handelt es sich in Castorfs Szenerie um eine Inversion des tradierten Kastrationsschemas zwischen Mann und Frau, d.h. um eine *Art zweite oder doppelte Kastrierung der Frau durch die Inszenierung ihrer Blendung*.

65 | Didi-Huberman, *Was wir sehen blickt uns an*, a.a.O., S. 221. Kursivierung im Original.

66 | Freud, »Das Unheimliche«, a.a.O., S. 255.

67 | Ebd., S. 267.

68 | Ebd., S. 244. Die konträren Erfahrungsqualitäten des Unheimlichen liegen einer eigentümlichen semantischen Koinzidenz des Begriffs mit seinem Gegenteil (»heimlich« im

liche‹ und verdrängte Blindheit des Menschen und war in diesem Fall weniger für die intersubjektive Sozialisation des Selbst konstitutiv, vielmehr bewirkte er eine autoreflexive Bewusstwerdung des ›Angeblickten‹. Diese referenzielle Verschiebung, die in der Wahrnehmung der Szene erfolgte, machte dem Betrachter die Gefahr der blicklosen sozialen Existenz bewusst und löste eine Angst davor aus, dass die Blendung mit der Aufhebung der Partizipation an der weitgehend visuell organisierten Kultur einhergehe und die Intersubjektivität in soziale Autarkie zu transformieren drohe.

Die Beschreibungen von unterschiedlichen Blickwirkungen im Gegenwartstheater führen allesamt vor Augen, dass die Theorien von Georg Simmel und Maurice Merleau-Ponty, die von einer auf Symmetrie fundierten Zirkulation der Gefühle ausgehen und denen zufolge Blickende bzw. Angeblickte in eine innige und vereinende Beziehung versetzt sind, keineswegs ausreichen, um emotionale Erfahrungen des Blickens zu analysieren. Distanz und Differenzerfahrungen, die einer Begegnung mit dem anderen irreduzibel eingeschrieben sind und Angst- oder Schammechanismen sowie Irritations- oder Aversionsempfindungen stimulieren können, gelten als basale Konditionen für Blickwechsel und Kommunikation. Hinsichtlich der affektiven Dimension der Intersubjektivität sind für soziales Handeln nicht nur räumliche oder sozial-hierarchische Gefälle nötig. Es bedarf auch grundverschiedener affektiver Dispositionen der Situationsteilnehmer, um ein ›Mitsein‹ in Kommunikations- und Handlungsprozesse zu überführen.

4. Resümee

Im zweiten Teil unserer Analysen trat der Blick als eine Instanz in den Vordergrund, die uns zu einem sozialen Wesen macht, indem sie unser emotionales In-der-Welt-Sein intensiv beeinflusst. Blicke wirken im sozialen Feld normativ und vermögen Schameffekte auszulösen, da sie die Anwesenheit eines anderen sowie seine kontrollierende und beurteilende Einstellung bezeugen. Dieser selbstschützende Schammechanismus kann sich jedoch durch körperlose oder technisch-medial vermittelte Blicke in äußerst starke Affektionen, wie Irritationen und Angst vor dem Unheimlichen, verwandeln. Eine Ursache dafür ist ihre Fähigkeit, zu einer technisch manipulierten und radikal unberechenbaren Fremdperspektive Bezug zu stiften. Wohlgemerkt, in all unseren Beispielen trat die offenkundige Tatsache hervor, dass *es die Erfahrung des Angeblicktseins ist, die aufgrund eines emotionalen Betroffenseins schlagartig und auf akute Weise zur Selbst- und Fremderkenntnis führen kann.*

Die Hervorbringung von Momenten des Erblicktwerdens ist ein wesentliches Merkmal körperlicher Kopräsenz. Über dieses Potenzial verfügt die Medialität an-

---

Sinne von vertraut) zugrunde. Zur Herleitung und Reflexion dieses semantischen Zusammenfalls vgl. ebd., S. 244-250.

derer Formen der Kunstrezeption nicht. Jene können lediglich das ›Thema‹, nicht aber den ›Akt‹ des Ertapptwerdens konfigurieren. Die ästhetische Vielfalt, welche die Inszenierungen des Gesehenwerdens auszeichnet, ist allerdings bemerkenswert. Sie heben zum einen auf neue psychische Erfahrungen der Selbstapperzeption ab und machen zum anderen immer auch auf die notwendige Erweiterung, Differenzierung und Relativierung der einschlägigen Affekttheorien des Angeblicktwerdens aufmerksam. Denn die doppelte Kontingenz von Blickrelationen kann modellhaft konzipierte Prinzipien der Blickaffizierung subvertieren und die Rollenaufteilung zwischen Sehenden und Gesehenen kontinuierlich neu organisieren.

Über diese spezifisch-mediale Reziprozität von Blickperformanzen hinaus werden im zeitgenössischen Regietheater Emotionen dezidiert durch Mimik und Gestik verkörpert, durch Sprache und Stimme vermittelt, naturalistisch oder psychologisch, abstrakt oder stilisiert exponiert und der identifikatorischen Wahrnehmung dargeboten. Die skopische Registrierung des anderen und seiner Körperlichkeit kann mit einer emotionalen Lust einhergehen, die in den ›einseitigen‹ und asymmetrischen Prozessen des beobachtenden und voyeuristischen Sehens zur Entfaltung kommt. Der Terminus der ›Einfühlung‹ konnotiert exakt in diesem Sinne eine emotionale Aneignung von Gefühlen durch das kontemplative Blicken, weil hier der andere bereits objektiviert, idealisiert und situativ eingerahmt ist, d.h., er gibt seine Gefühle sprachlich oder körperlich preis, ohne von den Zuschauern normativ motiviert oder animiert zu sein. Überdies vermag der Begriff der ›Fokalisierung‹ das Konzept der Einfühlung zu erweitern und ermöglicht es, sogar jene Akte der imaginären Identifizierung zu interpretieren, die durch sprachlich vermittelte und imaginativ hervorgebrachte ›Bilder‹ stimuliert werden. Die Introjektion, d.h. der emotionale Nachvollzug des bildhaft oder verbal artikulierten Gefühlszustands eines Gegenübers, kann mannigfaltige Affekte auslösen, die weder konkretisierbar noch exakt definierbar oder beschreibbar sind.

In Aufführungen des Gegenwartstheaters gleicht das Blicken also einem unvorhersehbaren Spiel, das den Blickenden zwischen der Einnahme fremder Perspektiven und multipler Gefühlsdispositionen sowie der Rückkehr zu dem eigenen Blickpunkt changieren lässt, das immer aber auch das ›Risiko‹ des Angeblicktwerdens impliziert.

V. Blick und Räumlichkeit

1. Raumblicke und Blickräume

»Auf die Spitze des World Trade Centers emporgehoben zu sein«, so der französische Kulturphilosoph Michel de Certeau, »bedeutet, dem mächtigen Zugriff der Stadt entrissen zu werden. Der Körper ist nicht mehr von den Straßen umschlungen, die ihn nach einem anonymen Gesetz drehen und wenden; er ist nicht mehr Spieler oder Spielball und wird nicht mehr von dem Wirrwarr der vielen Gegensätze und von der Nervosität des New Yorker Verkehrs erfaßt. Wer dort hinaufsteigt, verläßt die Masse, die jede Identität von Produzenten oder Zuschauern mit sich fortreißt und verwischt. Als Ikarus dort oben über diesen Wassern kann er die Listen des Daedalus in jenen beweglichen und endlosen Labyrinthen vergessen. Seine erhöhte Stellung macht ihn zu einem Voyeur.«[1] Die von de Certeau entworfene Idee eines omnipotenten Betrachters ist eine illusorische Vorstellung, die seit dem Einsturz der nach wie vor emblematischen Zwillingstürme zwar nicht an Gültigkeit verloren hat, als solche jedoch (tatsächlich) utopisch (geworden) ist. Die Vorstellung einer Perspektive des Alles-Sehens korrespondiert mit der dominanten Logik des Zeigens im neuzeitlichen Theater, das mit der architektonischen Realisierung der Guckkastenbühne eine vergleichbar illusionäre Vision totalitären Sehens suggeriert(e). Die Entwicklung der Perspektivbühne seit dem ausgehenden 15. Jahrhundert ging einher mit der Konstituierung jener idealen Zuschauerposition, die den Wunsch einer auf Homogenität und Vollständigkeit abzielenden Betrachtung zu erfüllen versprach. Die Konstitution eines in sich abgeschlossenen und kohärenten Bildrahmens, der Distanz verschaffte und es dem Zuschauer ermöglichte, sich den »Blick eines Gottes«[2] anzueignen, kann auf die Erfindung der Zentralperspektive zurückgeführt werden. Bis dato gilt sie trotz der a-perspektivischen Inszenierungsexperimente der Avantgarden oder der physische Nähe etablierenden Theaterinszenierungen Max Reinhardts – um nur einige Ausnahmen zu nennen – als ein diskursiv gefestigter Modus des Darstellens und Wahrnehmens,

---

1 | Michel de Certeau, *Kunst des Handelns*, Berlin: Merve 1988, S. 180.

2 | Ebd.

der als Signum unzähliger psychologisch-realistischer Theaterinszenierungen immer noch Verbreitung findet.

Das Gegenwartstheater zeichnet sich allerdings durch vielfältige Inszenierungsstrategien aus, die einen zentralperspektivischen Darstellungsmodus konterkarieren und unterlaufen. Die spätmodernen Theaterästhetiken rücken zum Montageverfahren der Fotografie und zur a-kausalen, diskontinuierlichen Bildproduktion des Films in Verwandtschaft. Die These, die der folgenden Argumentation zugrunde liegt, besteht daher in der Annahme, dass theatrale Raumwahrnehmung seit der performativen Wende in den Künsten zunehmend als multiperspektivisch und kontingent gekennzeichnet werden kann. Dies zeigt sich in progressiveren Formen des Gegenwartstheaters in zweierlei Hinsicht: Einerseits ist die Pluralisierung und Inkonsistenz der Betrachterperspektiven auf die szenische Anordnung von Objekten und Schauspielern zurückzuführen, die eine singuläre und universalisierbare Blick- und Seheinstellung häufig untergraben und attackieren. Andererseits tritt die Multiperspektivität und Unvorhersehbarkeit des Blickens auch in zwischenmenschlichen Begegnungsräumen und deren Möglichkeitssphären in Erscheinung, die unmittelbare und unberechenbare Interaktionen zwischen Akteuren und Zuschauern zu vollziehen erlauben. Diesen Überlegungen wollen wir nun im Rekurs auf heterogene Aufführungsbeispiele nachgehen, um zu ermitteln, welche sozialen Praktiken sowie politischen und ideologischen Implikationen mit den räumlichen Konfigurationen des Sehens und Gesehenwerdens verbunden sind. Wie emanzipieren sich zeitgenössische Theaterregisseure von den Regeln der zentralperspektivischen Bildorganisation? Auf welche Weise wird die Identifizierung mit Bühnendarstellern oder das immersive Eintauchen in eine fiktive Raumszenerie möglich, wenn sich die (Blick-)Perspektiven mehren und viele gleichermaßen legitime und wissenproduzierende Weltbezüge offeriert werden? Und welches Raumverständnis vermag eine derartige Multiplizität von divergenten und einander teilweise ausschließenden Perspektiven zu erfassen?

Der Raum ist nie an sich gegeben, er wird von seinen Akteuren konstituiert. Dass Räumlichkeit materiell vorhanden bzw. an konkrete und festgesetzte Orte gebunden ist, sind Vorstellungen, die die Raumsoziologin Martina Löw unter dem ›absolutistischen‹ Raumbegriff[3] subsumiert und die erst seit der zweiten Hälfte des 20. Jahrhunderts einer soziologischen Kritik unterzogen werden.[4] Räumlichkeit jenseits von ontologischen und vorsozialen Prämissen zu denken, heißt,

3 | Löw zufolge ist ein Raumbegriff absolutistisch, »wenn dem Raum eine eigene Realität jenseits des Handelns, der Körper oder der Menschen zugeschrieben wird oder wenn der dreidimensionale euklidische Raum als unumgängliche Voraussetzung jeder Raumkonstitution angenommen wird«. Martina Löw, *Raumsoziologie*, Frankfurt a.M.: Suhrkamp 2001, S. 63.

4 | Vgl. Jörg Dünne, »Soziale Räume. Einleitung«, in: ders./Stephan Günzel (Hg.), *Raumtheorie. Grundlagentexte aus Philosophie und Kulturwissenschaften*, Frankfurt a.M.: Suhrkamp 2006, S. 289-303.

Raum als ephemere Entität von Handlungsvollzügen aufzufassen, die »›*relativ*‹ *zum Bezugssystem der Beobachterinnen* existier[t]«[5]. An der permanenten Konstituierung von Räumlichkeit, die sich sowohl zwischen Menschen und Objekten als auch zwischen Individuen prozessual und gegenwärtig vollzieht, ist der Blick in erheblichem Maße beteiligt, und zwar nicht nur, weil er den Sehenden in eine Beziehung zu seiner Umgebung setzt und den Raum erfasst, perspektiviert und erzeugt, sondern auch dadurch, dass er an der intersubjektiven Bezugstiftung beteiligt ist und Distanzen bzw. Nähen schafft sowie qualitativ vielfältige Räume der zwischenmenschlichen Existenz hervorbringt. In diesem Sinne ist Bernhard Waldenfels' These, der zufolge »Blicke [...] nicht nur im Raum vor[kommen]«, sondern immer auch einen Raum »eröffnen«[6], für die Analyse des Zusammenhangs von Räumlichkeit und Blick zentral. Denn unabhängig von architektonisch bedingten Raumkoordinaten ist der Blicktausch imstande, das partikulare Raumempfinden zu beeinflussen und dabei paradoxe Erfahrungen zu ermöglichen. Denkt man z.B. an die Zuschauerberichte über die Performance *Action Pants: Genital Panic* von Marina Abramović, die im riesigen und von unüberschaubaren Betrachterblicken durchwobenen Eingangsbereich der Rotunde im New Yorker Guggenheim Museum stattfand, wird deutlich, dass die Blickwechsel zwischen den Betrachtern und der Künstlerin ›intime‹ Begegnungen und eingegrenzte ›Konzentrationsräume‹ entstehen ließen.[7]

Weder das Theatergebäude noch der Theatersaal, weder die Architektonik des Zuschauerraums noch das inszenierungsgebundene Bühnenset machen die Räumlichkeit der Aufführung aus. Es sind vielmehr die subjektiv-körperlichen Existenz- und Handlungsweisen der Besucher und ihr je individueller Bezug auf die immer schon sozial vorstrukturierten Orte, die den ›performativen Raum‹ entstehen lassen. In der Theaterwissenschaft besteht mittlerweile Konsens darüber, dass »Räumlichkeit [...] flüchtig und transitorisch [ist]. Sie existiert nicht vor, jenseits oder nach der Aufführung, sondern wird – ebenso wie Körperlichkeit und Lautlichkeit – immer erst in der und durch die Aufführung hervorgebracht«[8]. Demgemäß konstituieren sich Räume weniger innerhalb von Grenzen oder Schwellen, Wänden oder Mauern. Es sind die ephemere Gegenwärtigkeit der erklingenden Stimmen,[9] die sich verbreitenden Gerüche, die Belichtung und Bewegung, die

5 | Löw, *Raumsoziologie*, a.a.O., S. 33. Kursivierung im Original.

6 | Waldenfels, *Sinnesschwellen*, a.a.O., S. 143.

7 | Vgl. Shinya Watanabe, »Marina Abramović: ›Seven Easy Pieces‹ at the Guggenheim Museum. Looking for Others Whom You've Never Seen«, in: www.shinyawatanabe.net/en/writings/content57.html, 08. August 2011, o.S. Auf die intimen und intensiven Blickerfahrungen, die die Zuschauer in dieser Performance gemacht haben, werden wir in Kapitel V/3.1 ausführlicher zu sprechen kommen.

8 | Fischer-Lichte, *Ästhetik des Performativen*, a.a.O., S. 187.

9 | Dass die Stimme und somit auch das Hören zentrale Rollen bei der Konstituierung von Räumen spielen, ist eine These von Doris Kolesch: »[Die Stimme] bringt Räume der

Räumlichkeit prägen. Nicht zuletzt sind hieran auch die Blicke beteiligt, die aus der lokalen Begrenztheit des Betrachters hinausreichen und ihm erlauben, aus seinem Standpunkt herauszutreten.[10] Mehr noch: Im Unterschied zur immersiven Betrachtung von Bildern und zur Rezeption filmischer Sequenzen, welche aufgrund ihrer medialen und materiellen Grenzen (Frames) den Blick durch eine manipulierende Perspektive oder durch eine vorgegebene Kameraeinstellung lenken und in seinen Bewegungspotenzialitäten begrenzen, wird den Zuschauerblicken im Theater ein größerer Freiraum für Bilckfixierungen möglich, sodass der ganze Theatersaal, der den Blickenden umgibt, sowie jeder anwesende Körper in seiner Ganzheit potenziell zu Objekten des Sehens werden können. Während der von der Leinwand abgewendete Blick im Kino eine Emanzipation von der filmischen Wirklichkeit – bzw. zumindest von deren visueller Dimension – zur Folge hat, kann der abschweifende Blick im Theater keineswegs als ein von der Räumlichkeit der Aufführung suspendierter Blick angesehen werden.

Um Räumlichkeit als Prozess der relationalen körperlichen Verortungspraxis von Blickenden definieren und untersuchen zu können, wird das Augenmerk nun in einem ersten Schritt auf die Fragen gerichtet, inwieweit die inszenatorisch eingesetzten Bühnenobjekte eine Raumwahrnehmung beeinflussen und auf welche Weise sie die Ausrichtung der Zuschauerperspektiven beeinträchtigen. Anschließend ist die Untersuchung der Interferenz von realen und filmischen, phänomenalen und virtuellen, physisch-materiellen und technisch-medialen Räumen im Gegenwartstheater vonnöten, um den vielzähligen Raumerfahrungen in zeitgenössischen Performances auf die Spur zu kommen. Im dritten Teilkapitel gilt unser Interesse dann der Räumlichkeit, die sich in zwischenmenschlichen Blickwechseln entfaltet, um Szenen eines installativen Hotelbesuchs einerseits und die Spielfelder der Blicke im öffentlichen Raum andererseits zu diskutieren. All dies wird nur möglich sein, wenn Konzepte des absolutistischen Raums, des phänomenal gegebenen Raums[11] ebenso wie die Begriffe der Heterotopie und der Utopie ge-

---

Wahrnehmung und des Erlebens ebenso wie Räume der Ko-Präsenz von Sprechendem und Hörendem überhaupt erst hervor, gibt ihnen Ausdehnung und Kontur.« Doris Kolesch, »Ästhetik der Präsenz: Theater-Stimmen«, in: Früchtl/Zimmermann, *Ästhetik der Inszenierung*, a.a.O., S. 260-275, hier: S. 264.

10 | Erwin Straus definiert das Auge als einen Fernsinn, der im Akt des Blickens eine räumliche Extension des Betrachterkörpers zu erzielen vermag: »Als körperliches Geschöpf bin ich jeweilig auf eine Stelle begrenzt; als sehendes Wesen aber kann ich über mich hinausreichen, die Distanz in ihrem Auseinander und Nebeneinander belassen und sie doch in die eine Entfernung zusammenfassen.« Erwin Straus, *Vom Sinn der Sinne*, Berlin, New York, Heidelberg: Springer 1956, S. 174.

11 | Löw kritisiert phänomenologische Raumtheorien und insbesondere Maurice Merleau-Pontys Raumverständnis, da sie all jene Erfahrungen nicht reflektierten, die die Konstruktion eines homogenen Raums unterlaufen. Vgl. Löw, *Raumsoziologie*, a.a.O., S. 88.

mieden[12] und jedwede apriorischen und ontologischen Raumvorstellungen verabschiedet werden. Stattdessen wollen wir die Relationalität der Raumwahrnehmung und Raumerzeugung untersuchen, ja die Genese des performativen Raumes in den Vordergrund rücken, indem wir die ästhetischen und sozialen Erfahrungsdimensionen von Räumlichkeit mit einer Theorie der Perspektive verbinden.

2. Das Symbol des Blicks: Die Perspektive

Die Zentralperspektive stellt eine der mächtigsten und nachhaltigsten Konstrukte der abendländischen Kultur dar. Ihre Hegemonie ist nicht nur in jeder Form von Bildkunst anzutreffen, die eine räumliche Tiefe auf zweidimensionaler Fläche zu arrangieren sucht. Auch in den darstellenden Künsten ist sie zum Organisationsprinzip des Szenischen und zum Reglement des Zuschauerblicks avanciert. Aus der Geschichte der Perspektive ist sogar bekannt, dass sie geradezu mit der Etablierung der Theaterkunst ansetzte, und zwar zur Zeit der antiken Theaterfeste. Vor der ›Erfindung der Perspektive‹ durch Alberti[13] ist die perspektivische Bildgestaltung als Raumevokation bereits im 5. Jh. v. Chr. in Athen belegt. Die früheste Realisierung perspektivisch organisierter Räume vollzog sich »weder [in der] Wandmalerei noch [in der] Tafelmalerei, sondern [im] Bühnenprospekt. [...] Die gemalten Hintergründe des griechischen Theaters«, so führt Bernhard Schweitzer aus, »stellten vorzugsweise eine Palastfassade oder Häuser dar, deren Säulen und Kapitelle, vorspringende Flügel oder Dächer, Türen, Fenster und Gesimse durch das Mittel der perspektivischen Darstellung Körperlichkeit und Raumvolumen vortäuschten«[14].

---

12 | Zur Kritik an der Referenzialität und Stasis des Foucault'schen Raumkonzepts, das mit den Begriffen der Heterotopie und der Utopie operiert, vgl. Beatrice von Bismarck, »Hoffnungsträger – Foucault und de Certeau«, in: *Texte zur Kunst* 12.3 (2002), S. 137-139, insbesondere: S. 137-138.

13 | Leon Battista Alberti setzte das perspektivische Bild mit einem offenen Fenster auf die Welt gleich, das trotz seiner Fläche Räume eröffnet. Albertis perspektivische Bilder resultierten bekanntermaßen aus einem ebenen Schnitt durch die Sehpyramide. Vgl. Leon Battista Alberti, *Kleinere kunsttheoretische Schriften*, Osnabrück: Otto Zeller 1970, S. 68-70. Analog zu den kunsttheoretischen Diskursen rekurrieren wir ebenfalls auf einen Begriff der Perspektive, der nicht nur zentral-, sondern u.a. auch relief-, vogel- oder froschperspektivische Darstellungen impliziert, die gleichermaßen auf einer symbolisch reglementierten und auf einen einzigen Betrachterstandpunkt hin organisierten Sichtbarmachung basieren.

14 | Bernhard Schweitzer, *Vom Sinn der Perspektive*, Tübingen: Niemeyer 1953, S. 15-16. Dass die Raumperspektive allererst in der Bühnendekoration entwickelt wurde, davon kündet Bernhard Schweitzer zufolge sogar »die griechische Sprache. Sie besitzt kein Wort

Der Siegeszug perspektivischer Illusionsräume in den Künsten erfolgte jedoch erst zur Zeit der Renaissance, wo die Zentralperspektive als »›korrekte‹ geometrische Konstruktion« eines »völlig rationalen, d.h. unendlichen, stetigen und homogenen Raumes«[15], favorisiert wurde und sich als jene ›symbolische Form‹[16] durchsetzen konnte, die für Realität und Erkenntnis *par excellence* strukturgebend und wirklichkeitskonstituierend galt. Dadurch dass die Zentralperspektive die Illusion einer zentrierten und totalisierten Weltsicht erweckte, übertraf sie die empirische Sehkompetenz des Betrachters und räumte diesem jenen starren Blickpunkt ein, von dem aus eine perfektere, weil mathematisch exakt definierte und geometrisch arrangierte Bildstruktur angeboten werden konnte. Die revolutionäre Leistung perspektivischer Darstellungen bestand im Entwerfen eines Blickpunkts außerhalb der Bildfläche. Da diese Darstellungen auf eine einzige Sehposition ausgerichtet waren, forderten sie alle potenziellen Betrachter mit einer ›deiktischen Geste‹ auf, den symbolisch vorstrukturierten Augenpunkt kompromisslos einzunehmen. Die

für Perspektive, sondern verwendet für sie eine charakteristische Umschreibung. Wo sie Perspektive meint, da spricht sie von Skenographia, ›Bühnenmalerei‹!« Ebd., S. 15.

15 | Erwin Panofsky, »Die Perspektive als ›symbolische Form‹ (1924/25)«, in: ders., *Deutschsprachige Aufsätze II*, Berlin: Akademie 1998, S. 664-757, hier: S. 665-666. Zur Weiterführung von Panofskys Gedanken vgl. Hubert Damisch, *The Origin of Perspective*, Cambridge, London: The MIT Press 1995. Karl Clausberg macht in seiner ›Enthüllung‹ des Mythos über die Perspektive darauf aufmerksam, dass Panofsky die Idee der Renaissanceperspektive kritiklos mit der zeitgenössischen Erkenntnisproduktion verbinde und sowohl konzeptionell als auch ideell in einem cartesianischen Koordinatensystem befangen bleibe. Im Rekurs auf Piero della Francescas Gemälde von der *Geißelung Christi* und aufbauend auf Pawel Florenskijs Kritik an Panofsky entwickelt Clausberg die These, dass Panofsky ein Idealbild der Renaissance entworfen habe und über das Faktum der Zweiäugigkeit hinaus signifikante Ergebnisse der seinerzeit so bedeutsamen sinnesphysiologischen Forschungen verdecke. Vgl. Karl Clausberg, »›Wozu hat der Mensch zwei Augen?‹ Der Mythos der Perspektive«, in: Wolfgang Müller-Funk/Hans-Ulrich Reck (Hg.), *Inszenierte Imagination. Beiträge zu einer historischen Anthropologie der Medien*, Wien, New York: Springer 1996, S. 163-183. Hatte Panofsky die Perspektive als symbolische Form der »korrekten« Wirklichkeitskonstituierung definiert, so konzipiert Hans Belting sie geradezu als das »Symbol des Blicks«. Beltings pointierter Definitionsformel liegt gleichsam der Titel dieses Teilkapitels zugrunde. Vgl. Belting, *Florenz und Bagdad*, a.a.O., S. 26.

16 | Panofsky reformuliert Ernst Cassirers Begriff der symbolischen Formen, um diesen »glücklich geprägten Terminus auch für die Kunstgeschichte nutzbar zu machen« und das optische Darstellungs- und Rezeptionssystem der Renaissancemalerei zu systematisieren. Vgl. Panofsky, »Die Perspektive als ›symbolische Form‹«, a.a.O., S. 689. Zu Ernst Cassirers Begriff der symbolischen Form vgl. Ernst Cassirer, *Philosophie der symbolischen Formen. Zweiter Teil: Das mythische Denken*, Darmstadt: Wissenschaftliche Buchgesellschaft 1969, insbesondere: S. 104-116.

Perspektive reglementierte und öffnete gleichzeitig die Blicke der Betrachter; sie engte das Sichtfeld ein und verlieh ihm im selben Moment eine virtuelle Integrität.

Die Fiktion der dreidimensional wirkenden Bildfläche blieb jedoch keine Errungenschaft der bildenden Künste. Sie wurde zur »Grundlage einer modernen Architektur des Sehens«[17], sodass sie sogar die Visualitätsgefüge der definitiv raumgebundenen Theaterkunst[18] zu reorganisieren wusste: Sie verwandelte die mittelalterliche Bühne, die »von einer Fülle uneinheitlich nebeneinander gestellter Örtlichkeiten gebildet«[19] war, in eine einheitliche, mit Kulissen ausgestattete Perspektivbühne und regelte schließlich Dekoration und Schauspiel, Bühnengestaltung und Zuschauerpositionierung nach jenem Grundprinzip, welches das Bühnengeschehen restlos in eine geschlossene, kongruente und tendenziell symmetrische *Bild*struktur transformierte bzw. körperliche Realpräsenz zu imaginärer Tableauhaftigkeit werden ließ. Neben der Verdunkelung des Zuschauerraums löste der Einsatz von Scheinwerfern eine »Mobilisierung« und »Mechanisierung«[20] des Blicks aus und lenkte die voyeuristische Aufmerksamkeit des beinahe unbeweg-

17 | Ulrike Haß, *Das Drama des Sehens. Auge, Blick und Bühnenform*, München: Wilhelm Fink 2005, S. 9. Haß geht in ihrer umfangreichen Monografie dem Verhältnis von Auge und Blick bzw. Sagbarem und Sichtbarem analytisch nach und unternimmt eine umfassende theoretische Reflexion auf jene historischen Wandel, die für die visuelle Gestaltung und Rezeption theatraler Repräsentationsräume als bedeutsam und für die Diskurse der modernen Subjektivität als prägend gelten. Zu ihren Ausführungen über die perspektivischen Darstellungsnormen in der historischen Theaterpraxis vgl. ebd., S. 60-67, sowie 83-108.

18 | Max Hermann hob sogar die Doktrin »Bühnenkunst ist Raumkunst« als ein Wesensmerkmal der Theaterkunst hervor. Vgl. Max Hermann, »Das theatralische Raumerlebnis«, in: Dünne/Günzel, *Raumtheorie*, a.a.O., S. 501-514, hier: S. 501.

19 | Günter Schöne, *Die Entwicklung der Perspektivbühne von Serlio bis Galli-Bibiena. Nach den Perspektivbüchern*, Leipzig: Leopold Voss 1933, S. 9. Günter Schöne verfolgt die Geschichte der Perspektivbühne seit ihrer Entstehung in den Fürstenhöfen Italiens Ende des 15. Jahrhunderts bis hin zur endgültigen Gestaltung der Kulissenbühne im 19. Jahrhundert. Für unsere Fragestellung erweist sich Schönes Bemerkung insofern als wichtig, als mit der Emanzipierung von den perspektivisch bemalten Kulissen und Suffiten bzw. mit der Verbreitung der Innenräume repräsentierenden Bühnenbilder das Prinzip der geschlossenen Repräsentationsstruktur des Bühnenarrangements weiter dominierend geblieben ist. Vgl. ebd., S. 87-88. Johannes Friedrich Lehmann diskutiert darüber hinaus ausführlich den Zusammenhang zwischen der Lokalisierung des Publikums diesseits der sogenannten ›vierten Wand‹ (Diderot) und der Etablierung des modernen Zuschauers. Vgl. Johannes Friedrich Lehmann, *Der Blick durch die Wand. Zur Geschichte des Theaterzuschauers und des Visuellen bei Diderot und Lessing*, Freiburg i.Br.: Rombach 2000.

20 | Friedrich Kittler, »Kurzgeschichte des Scheinwerfers...«, in: Michael Wetzel/Herta Wolf (Hg.), *Der Entzug der Bilder. Visuelle Realitäten*, München: Wilhelm Fink 1994, S. 183-189, hier: S. 183-184.

lich ›installierten‹ Zuschauers auf einen »beweglichen Raum«, den er als »sein[en] ›Innenraum‹, sein Traumbild«[21] wahrnehmen konnte.

Perspektivisches Sehen ist allerdings nicht auf eine Kulturtechnik der Renaissance zu reduzieren, da es die neuzeitlichen Ordnungen der Repräsentation mitprägte[22] und als einflussreiches Darstellungsprinzip vor allem in der Foto- und Filmkunst nach wie vor Reproduktion findet. Obwohl ihr geschlossenes Kodierungssystem brüchig und illusorisch geworden ist und ihre Geltungsmacht auf ein relativ kurzes Zeitkontinuum und einen kulturell eingegrenzten Kunstdiskurs des Abendlandes reduziert ist, unterhält die Zentralperspektive als Raumgestaltungsprinzip immer noch einen engen Konnex mit der Idee einer ›realistischen‹ Konfiguration von Welt. Sowohl das Hollywoodkino als auch das Illusionstheater psychologisch-realistischer Provenienz täuschen eine hermetische Gerahmtheit vor, die eine für die Zuschauer manipulierte Blickperspektive anbietet. Bühnendekoration, statische Wirkung und trügerische Lichteffekte zahlreicher Populär- und Opernmusiktheaterinszenierungen sowie die Arbeiten Andrea Breths, Falk Richters oder gewisserweise auch Jürgen Goschs und Robert Wilsons[23] belegen auf unterschiedliche Weise einen inszenatorischen Glauben, zwischen Sichtbarem und Unsichtbarem, Repräsentierenden und Repräsentiertem, szenisch Darstellbarem und Außerszenischem differenzieren, die eingesetzten theatralen Mittel synchronisieren und selbst bei Verhandlung politischer Themen eine adäquate Zuschauerperspektive konstruieren zu können. Diese Expressionsformen des Räumlichen loten allesamt die ›ideologische Geschlossenheit‹[24] der Perspektive aus, die darin besteht, sich als ordnendes Prinzip unsichtbar zu machen und den Zuschau-

---

21 | Erika Fischer-Lichte, »Es werde Licht! Die Entstehung des Raumes aus dem Licht im Theater – Licht als Mittel der theatralen Inszenierung«, in: www.fu-berlin.de/presse/publikationen/fundiert/archiv/2003_01/03_01_fischer_lichte/index.html, 08. August 2011, o.S.

22 | Herta Wolf konstatiert, dass »das Konstrukt *Zentralperspektive* [...] die Grundlage der abendländischen Auseinandersetzungen über Repräsentationsmodalitäten bildet«. Herta Wolf, »Optische Kammern und visuelle/virtuelle Räume«, in: dies., *Diskurse der Fotografie*, a.a.O., S. 79-102, hier: S. 82. Kursivierung im Original.

23 | Hans-Thies Lehmann kennzeichnet sogar die Inszenierungen Robert Wilsons, die für seine postdramatische Ästhetik als paradigmatisch gelten, als gerahmte und geschlossene Räumlichkeitsformen: »Wilsons Theater ist in der Tat ein exemplarisches Theater der Rahmen. Alles beginnt, alles endet hier.« Lehmann, *Postdramatisches Theater*, a.a.O., S. 293.

24 | Als symbolische Form ist die Zentralperspektive mit einer festen Ideologie der abendländischen Kultur verbunden, die »einen institutionellen Rahmen, eine Grenzsicherung zum wilden Außen, die horizonthafte Fixierung des Außenfeldes [darstellt] und so die Illusion symbolischer Totalkonvergenz, vollständiger Reflexivität [sichert]«. Andreas Mahler, »Semiosphäre und kognitive Matrix. Anthropologische Thesen«, in: Jörg Dünne/Hermann Doetsch/Roger Lüdeke (Hg.), *Von Pilgerwegen, Schriftspuren und Blickpunkten. Raum-*

er mit einem kalkulierten, aber der Sichtbarmachung sich entziehenden Gestus zu einer ›unmittelbaren‹ Erfassung symbolischer Inhalte einzuladen.

Doch das enge Verhältnis von zentralperspektivischer Räumlichkeit und theatraler Repräsentationslogik ist nicht nur seit den künstlerischen Avantgardebewegungen einem paradigmatischen Wandel ausgesetzt, der eine Abrechnung mit der geometrisch reglementierten Zuschauerperspektive sowie eine Durchbrechung der vierten Wand mit sich brachte. Neuerdings wird die Allianz von Raum und seiner symbolischen Strukturierung auch in den immer noch zweipolig arrangierten Räumen des Regietheaters hinterfragt und gebrochen. Entsprechend stellte in den Gesprächsrunden des Berliner Theatertreffens 2007 der Begriff des ›Bühnentheaters‹ einen überraschend umstrittenen Diskussionsgegenstand dar. Im Gegensatz zum Ausdruck ›Regietheater‹ lenkt diese Bezeichnung die Aufmerksamkeit auf die vielfältigen Ausprägungen zeitgenössischer Raumästhetiken bzw. auf die künstlerische Rolle der jeweiligen Bühnenbildner selbst.[25] Die kontinuierlichen Debatten über die Nachhaltigkeit bzw. ästhetische, politische und ideologische Prägung von theatralen Raumerlebnissen geben Zeugnis von der Bewusstmachung, Ausstellung und Reflexion des Sehens in zeitgenössischen Aufführungen, eines Sehens, das sich von der Hegemonie der Zentralperspektive ablöst und als Seh*akt* selbst thematisch wird. Dieses Sehen, das eine »berechenbar« gewordene und »stereotypisierte«[26] Sehweise obsolet macht, fordert eine aktive Rezeptionshaltung heraus, vollzieht sich in Wechseln zwischen mehreren Perspektiven, entlarvt etablierte Strukturen von Bildnarration und Bildauthentizität als ideologische Konstrukte und erschüttert somit die kulturell gefestigten Regeln von Identifizierung und Identitätsbildung. In Bezug auf das Theater Dimiter Gotscheffs, Michael Thalheimers, Meg Stuarts und einer Inszenierung der Station House Opera werden wir zunächst Praktiken untersuchen, die eine objektive und totalitäre Perspektivierung des Szenischen konterkarieren und das Sehen weniger als Außenpositionierung denn als einen subjektiv-relationalen Vorgang des Blickens akzentuieren, der immer nur als eine singuläre Sichtweise unter anderen Sichtweisen gilt und sich häufig als ein permanentes Re-Framing vollzieht.

---

praktiken in medienhistorischer Perspektive, Würzburg: Königshausen & Neumann 2004, S. 57-69, hier: S. 66.

25 | Krisztián Faluhelyi, »Díszletszínház, politikai színház – csillogás és pompa [Bühnentheater, politisches Theater – Glitzer und Glanz. Bericht vom Berliner Theatertreffen 2007]«, in: *Színház* 40.9 (2007), S. 55-59, hier: S. 55.

26 | Sybille Krämer, »Zentralperspektive, Kalkül, Virtuelle Realität: Sieben Thesen über die Weltbildimplikationen symbolischer Formen«, in: Gianni Vattimo/Wolfgang Welsch (Hg.), *Medien – Welten – Wirklichkeiten*, München: Wilhelm Fink 1998, S. 27-37, hier: S. 28.

2.1 Jenseits des zentralperspektivischen Blicks

Seit ihrer Entwicklung dient die Architektur der Guckkastenbühne primär dazu, dem Zuschauer alles, was gezeigt werden kann, visuell darzubieten. Noch stets ermöglicht sie es Regisseuren, Räume zu kreieren, die ›keine‹ sind, in ihren Anordnungen dennoch aber eine finite Qualität suggerieren. Demnach ging das Verschwinden der perspektivisch gestalteten Bühnendekoration im Laufe des 18. Jahrhunderts keineswegs mit der Suspendierung eines illusorisch vorstrukturierten, kohärenten und isolierten Bühnenraums einher. Laut Hans-Thies Lehmann näherten sich selbst die maßgebenden Regieästhetiken des postdramatischen Theaters konzeptionell einer *Bildlogik*[27] an, die aber – so die These – seit dem ausgehenden 20. Jahrhundert von neuen Tendenzen der Raumgestaltung verdrängt und hinterfragt wird. Wir gehen von der Beobachtung aus, dass das Szenische im Gegenwartstheater unentwegt als eine sich neu organisierende Räumlichkeitskonfiguration akzentuiert wird und sich weniger als gerahmte Bildstruktur exponiert. Die Flüchtigkeit und Prozessualität dieser ›neuen‹ Räumlichkeit desavouiert die Konnotationen einer starren, intentional verfügbaren bzw. formbaren Bildhaftigkeit und problematisiert zugleich deren Perspektivierung und visuelle Erfassung.[28]

Dimiter Gotscheff gilt als Regisseur der ›leeren‹ Bühne, insofern er die Einrichtung eines Unendlichkeit erweckenden perspektivischen Raums meidet und die Bühnensphäre stets in ihrer Begrenztheit und bühnentechnischen Funktionalität offenlegt. Zusammen mit seiner Kollaborateurin, der Bühnenbildnerin Katrin Brack, besetzt er die Theaterbühne in jeder Inszenierung mit einer spezifischen, scheinbar willkürlich gewählten, aber jeweils sinnfällig und plastisch wirkenden Materie. Ob Konfettistürme, Seifenschaum, Nebel, grüne Äpfel, riesige Luftballons oder bunte Schlafsäcke die überdimensionalen Bühnenräume füllen, Gotscheff und Brack erschaffen jeweils physisch mobile Räume, die über haptische und olfaktorische Qualitäten verfügen und permanent auf ihre Eigendynamik und prozesshafte Beschaffenheit verweisen. Ein Gotscheff-Abend beginnt häufig mit dem Akt der Arrangierung des ›leeren‹ Bühnenraums, dessen Konstitution und kontinuierliche Neuanordnung dann bis zum Ende der Vorstellung andauert. Der

---

27 | »Mit der Autonomisierung der Bilderfahrung in der Moderne war die Voraussetzung dafür gegeben, daß die Szene sich konzeptionell der Bildlogik annäherte und sich folglich die *dem Bild eigentümliche Rezeptionsweise in gewissen Grenzen zueignete.*« Lehmann, *Postdramatisches Theater*, a.a.O., S. 294. Kursivierung im Original.

28 | Zur Applikationsmöglichkeit des erzähltheoretischen Begriffs der Perspektive (›Fokalisierung‹) für die Aufführungsanalyse vgl. Kapitel IV/2.2. Obwohl die Fokalisierung eine Sicht auf die Welt eröffnet und somit immer auch räumliche Aspekte impliziert, wird sie *per definitionem* erst im Spannungsbezug zu einem verbalen Erzählakt wahrnehmbar und rekonstruierbar. Fokalisierung haben wir entsprechend in Hinblick auf zeitgenössische Formen des Erzähltheaters diskutiert und sind dabei gleichsam der Frage nach der emotionalen Involvierung durch Perspektivübernahme nachgegangen.

Regisseur führt dieses Werden vor Augen und erhebt es zum zentralen Bestandteil der Aufführung. Er kalkuliert sogar das Prinzip des Zufalls mit ein, da sich die von ihm favorisierten, entweder aus amorphen Stoffen oder unzähligen Mengen von gleichen Gegenständen bestehenden ›Bühnenbilder‹ nicht nur während der ganzen Aufführung, sondern auch Vorstellung für Vorstellung different entwickeln und sich immer wieder der Planung des Theatermachers bzw. der Verfügungsgewalt der Akteure widersetzen. Die sich beinahe willkürlich gestaltenden Bühnenräume sowie die mit den schauspielerischen Handlungen in Wechselwirkung tretenden beständigen Neuformierungen ergeben flüchtige Räume, die die Kategorien von Innen und Außen, Nähe und Ferne, Vorder- und Hintergründigkeit, Konkretheit und Abstraktion transzendieren und keinem überlegenen Gesetz mehr entspringen. Im Gegenteil, sie emergieren aus dem unberechenbaren Zusammenwirken von Requisiteuren, Bühnentechnikern und Schauspielern. Der Aufführungsraum in Gotscheffs Theater erweist sich somit als Indikator von performativen Prozessen, die als Resultate eines Spannungsverhältnisses zwischen Inszeniertheit und Kontingenz, Intentionalität und Unvorhersehbarkeit zu denken sind.[29] In Gotscheffs performativen Räumen wird jede inszenatorische Geste erst in ihrer kontingenten Ausführung manifest.

So quillt beispielsweise in *Iwanow*[30] (2005) nach dem Auftritt des Ensembles nebliger Rauch aus den zahlreichen unsichtbaren Öffnungen des Bühnenbodens. Er dehnt sich in einem Maße aus, dass er, einem Fremdkörper ähnlich, den Raum in Länge, Breite und Tiefe belagert. »Während des Stücks bewegt er sich ständig«, berichtet die Bühnenbildnerin Katrin Brack, er »hängt mal starr in der Luft, schiebt sich vor bis an den Rand zum Zuschauersaal, zieht sich zurück, löst sich fast auf, ballt sich vor der Rückwand und ist die ganze Zeit im Fluß.«[31] Diese Nebelströme erzielen den Effekt eines materialisierten Raums, d.h. einer Sphäre der Fülle, der Ausgedehntheit und Besetztheit, die eine Augenlust entfacht, in die man aber auch haptisch eingreifen, die man betreten und in die man mit dem ganzen Körper eindringen möchte. Gleichzeitig bildet der wolkenförmige Rauch einen Raum der Potenzialitäten, ein (Dis-)Kontinuum, das sich als ein permanent im Werden begriffenes Gewebe ›ereignet‹ und eine selbstreferenzielle Dimension des Szenischen generiert.

---

29 | Vgl. Erika Fischer-Lichte, »Performativität/performativ«, in: dies. u.a., *Metzler Lexikon Theatertheorie*, a.a.O., S. 234-242, insbesondere: S. 241.

30 | Die Premiere von Dimiter Gotscheffs *Iwanow*-Inszenierung fand am 19. März 2005 in der Berliner Volksbühne am Rosa-Luxemburg-Platz statt.

31 | Katrin Brack zitiert nach Johanna Adorján, »Die Bühnenbildnerin Katrin Brack schafft aus Konfetti, Nebel oder Seifenschaum einzigartige Theaterräume«, in: *Frankfurter Allgemeine Sonntagszeitung*, 23. April 2006, S. 16. Zu Bracks Bühnenbildern vgl. ihr umfassendes und bilderreiches Buch: Katrin Brack, *Bühnenbild/Stages*, Berlin: Theater der Zeit 2010.

In der ersten Szene von Gotscheffs *Iwanow* tanzen die einsamen, ihre Partner lediglich imaginär umarmenden Schauspieler und bringen so den gesamten Nebelraum in Bewegung. Die Raumdynamik wird mithin durch das Wabern des Nebels und seine sich wandelnde Dichte signifikant. Der Nebel verwischt die Konturen der Akteure und verleiht dem Szenischen das Attribut der Unschärfe: Er schränkt zwar die Bewegungspotenziale und Handlungen der Schauspieler nicht ein, erschwert jedoch die Einsehbarkeit des Raums und beeinträchtigt derart die visuelle Wahrnehmung der Zuschauer. Der Raum verhüllt sich praktisch im Vollzug seiner Konstitution, und die Schauspieler machen gerade durch ihre Bewegungen ihre Handlungsräume opak. Entsprechend erzeugt die fortwährende Raumentwicklung gleichsam einen dramaturgischen Effekt des Suspense, denn im Bühnengeschehen sind immer wieder unsichtbare Protagonisten in einer Nebelwolke auszumachen, ohne genau erkannt werden zu können. Sie hören den sprachlichen Äußerungen der anderen Schauspieler zu und machen sich entweder durch Geräusche oder stimmliche Artikulationen wahrnehmbar. Von Zeit zu Zeit treten sie unerwartet an die Rampe, um den Figurenkonflikten schlagartig neue Wendungen zu verleihen. Die Figurenreden setzt Gotscheff als ein Konglomerat von akusmatischen Stimmen,[32] Geräuschen und Selbstgesprächen in Szene, deren unmittelbar anwesenden Adressaten zwischen Sichtbarkeit, Konturlosigkeit und Unsichtbarkeit schwanken.

Häufig entfaltet Gotscheff die Szenen aus geometrisch komponierten Tableaux, wie dies am markantesten bei der Feierszene der Lebedevs in Erscheinung tritt. So präsentiert er den Zuschauern eine frontal positionierte Reihe von stereotypisierten Figuren, einen Repräsentationskomplex von elenden Intellektuellen, spielsüchtigen Alkoholikern, jungen Utopisten, verarmten Ehemännern und schließlich einer reichen Witwe. Allesamt nehmen sie statische Posen ein und starren selbst während ihrer fragmentierten Dialogführung schweigend vor sich hin. Gotscheff greift in diesem Szenenbild den Topos des Tableau vivants auf, »eine Darstellungspraxis«, so die Theaterwissenschaftlerin Bettina Brandl-Risi, »die als theaterhistorisches wie -theoretisches Konzept zwischen ›Bild‹ und ›Theater‹ changiert und die Frage nach der Übergängigkeit und Interferenz von Leben und Kunst, Belebung und Unbelebtheit, Natur und Kultur pointiert«[33]. Gotscheff re-

32 | »Eine akusmatische Stimme ist einfach eine Stimme, deren Ursprung man nicht sehen kann, eine Stimme, deren Herkunft nicht auszumachen ist, eine Stimme, die sich nicht verorten läßt.« Mladen Dolar, *His Master's Voice. Eine Theorie der Stimme*, Frankfurt a.M.: Suhrkamp 2007, S. 82. Die Stimmen, denen die Zuschauer keine Körper zuordnen können, sind als akusmatisch zu bezeichnen, da sie nicht eins zu eins auf dramatische Figuren verweisen. Sie kommentieren und werten vielmehr Iwanows Existenz und suggerieren durch ihre technische Verstärkung und musikalische Untermalung häufig eine autoritäre Wissensposition, die an die Komplizenschaft der Zuschauer appelliert.

33 | Bettina Brandl-Risi, »Tableau vivant«, in: Fischer-Lichte u.a., *Metzler Lexikon Theatertheorie*, a.a.O., S. 325-327, hier: S. 325.

produziert in *Iwanow* einerseits die Figuration eines ›lebendigen Bildes‹ in einer rigorosen Stillgestelltheit und abrupten Vitalisierung. Andererseits rechnet er jedoch mit dem geschlossenen und totalisierenden Gestus des Tableaus ab, indem er die sorgfältige Anordnung der Schauspielerkörper durch die Dynamisierung des (Nebel-)Raums buchstäblich verschleiert und ihre Expressivität kontingent und unverfügbar macht. Gotscheff entlarvt also die Konstruiertheit des Tableaus und führt dessen Praxis der repräsentierenden Sichtbarmachung *ad absurdum*. Der szenische Raum und die zwischen Akteuren und Zuschauern zirkulierenden Nebelströme werden zum Verhängnis eines Pakts der Repräsentation, denn die Selbstreferenzialität der raumstiftenden Materie bedroht und erschüttert die Prinzipien von Intentionalität, Inszenierbarkeit und Zeichentransferierung. Wenn auch die Richtungen der Nebelschwellung bühnentechnisch bestimmbar sind, ist ihre Konsistenz und Expansion trotzdem kaum beherrschbar. Die unkontrollierbare Eigendynamik der Materie, ihre Fragilität und Schwerelosigkeit verwandeln sie zu einem gewaltigen und machtvollen Gegenspieler von Schauspiel und Rezeption gleichermaßen.

Jeder auf die szenische Darstellung fallende Zuschauerblick erfasst diese von verschiedenen Positionen und in jedem Augenblick auf ganz unterschiedliche Weise. Die Nebelmasse, die sogar in den Zuschauerraum hineinströmt und dort körperlich spürbar wird, übt eine Sogwirkung auf die Blicke aus, obwohl sie weder Ziel- bzw. Anhaltspunkte für ein kontemplatives Sehen offeriert, noch Perspektiven für die Konstitution eines Bildes ermöglicht. Die neblige Atmosphäre fungiert nicht als Projektionsfläche, sie ist nicht symbolisch oder imaginär aufladbar, vielmehr ist sie Spur und Resonanz von etwas Abwesendem und Außersymbolischem, dessen rein physische Bedrohlichkeit zugleich blendet und fasziniert, die Blicke zurückweist und anzieht. Folglich findet hier kein herkömmliches Spiel mit der Multiplikation bzw. Addierung von Perspektiven statt, die einander erweitern, kommentieren oder ausschließen. Die auf willkürliche Weise Räume erzeugende Bühnenmaterie blockiert sowohl die schauspielerische Mimesis als auch die rezeptive Sinngebung. Sie untergräbt den räumlichen ›Durchblick‹, die Etablierung einer stabilen Sehrelation und die kohärente Wahrnehmung des *eigenen* Raums einerseits, während sie andererseits den Akt der Zuschaueridentifizierung in seiner genuin uneinholbaren Aufgeschobenheit akzentuiert. Obwohl Dimiter Gotscheffs und Katrin Bracks performative Räume in anderen Inszenierungen über spielerische und komische Effekte verfügen, die das jeweilige Bühnenmaterial in die szenische Situation konkret miteinbeziehen und funktionalisieren, ist die Aisthesis in *Iwanow* vom Scheitern der symbolischen Deutung, vom Versagen einer gänzlichen Erfassung und Berechnung des Raums beeinträchtigt. Die amorphe Räumlichkeit macht die Unmöglichkeit einer finiten Identifizierung bewusst. Dieser Vorgang, den Elizabeth Cowie als die Einnahme von Positionen definierte,[34]

34 | Cowie, *Representing the Woman*, a.a.O., S. 72-73. Die Identifizierung mit einem Schauspieler bedarf demnach scheinbar der Etablierung einer Perspektive, die mit der Be-

wird in eine kontinuierliche ›Recherche‹ nach ›der‹ adäquaten Perspektive transformiert, die sich ohne Gratifikation oder Entfaltung *einer* Identität vollzieht.

Michael Thalheimers Verfremdungseffekte wirken in seiner *Katja Kabanowa*-Inszenierung[35] (2005) ebenfalls diesem Prinzip der *Raumkonstitution als Identitätskonstitution* entgegen. Durch ihre räumliche Positionierung setzte Thalheimer die Sängerkörper in ein Spannungsverhältnis zu ihren Schattenbildern und leitete die Zuschauer auf neue Wege der Körper- und Raumwahrnehmung. Sein Bühnenbildner Olaf Altmann verwandelte die Bühnenrampe mittels vier Schwebebalken in einen voluminösen (Bild-)Rahmen. Darüber hinaus installierte er auf der linken Seite des Bühnenraums eine mit roten Blumenblüten verzierte Holzwand, welche die *scena* von der linken Nebenbühne abgrenzte und sich nach Beginn der Aufführung unmerklich langsam an ihrer vorderen, fest fixierten Achse in Richtung des Zuschauerraums bewegte, bis sie in der letzten Szene die ganze Bühnenöffnung verschloss und die Protagonistin Katja zu einem symbolischen Suizid in den Orchestergraben trieb. Obgleich die Wand immer monströser in die Szenen eindrang und die Bewegungsmöglichkeiten der Darsteller einschränkte, vermehrte sie die Blickpotenziale der Zuschauer, indem sie zunehmend als Projektionsfläche für die Schattenbilder zu fungieren begann.

Bereits bei der Ouvertüre leuchtete ein greller Lichtstrahl in der rechten Kulisse auf, der auf die diagonal bewegte Wand gerichtet war und die Realkörper verdoppelnd eine inkommensurable Parallelität zwischen den Sängern und ihren zweidimensionalen Silhouetten etablierte. Die Wandprojektionen exponierten eine bildhafte Szenerie, welche die konventionalisierte Struktur der perspektivischen Bildorganisation subvertierte und umkehrte: Die Schattenfiguren, die in der Regel in ihrer Horizontalität wahrnehmbar sind und quasi als unmittelbare und unablösbare Indizes der Verkörperung gelten, traten hier auf der schrägen und mobilen Wandfläche in ihrer Vertikalität als entstellt und verzerrt in Erscheinung.[36] Proportionalität, Körperkonturen und räumliche Entfernung gehorchten keiner Repräsentationslogik mehr und luden die bewegungsarmen Szenenbilder mit einer verstörenden Spannung auf. So erzeugten die frontale Gerichtetheit der Akteure bzw. deren innerszenisch verhandelten Zu- und Abwendungen an der diagonalen Wand konträre und verkehrte Figurenkonstellationen. Das Licht als Quelle der Sichtbarkeit und Raumkonstituierung transformierte den belichteten Raum in eine flache Projektion und verdrängte die Protagonisten in den ›Zerrspiegel‹ grotesker Körperspuren.

---

trachtung gleichursprünglich ist und die jeweils ein zeitliches und räumliches Kontinuum der Betrachtung konstituiert.

35 | Michael Thalheimer hat Leoš Janáčeks Oper *Katja Kabanowa* an der Staatsoper Berlin inszeniert; die Premiere fand am 22. Januar 2005 statt.

36 | Zur Rehabilitierung des Schattens als kultur- und erkenntnisstiftende Figuration der Existenz, deren Relevanz gegenüber dem Primat des Lichts stets unterdrückt wurde, vgl. Victor I. Stoichita, *Eine kurze Geschichte des Schattens*, München: Wilhelm Fink 1999.

Da die Schattenkonstellationen anfangs noch symbolisch aufgeladen werden konnten, eröffnete die Wand einen Schattenraum, dem signifikante dramaturgische Funktionen zukamen: Gemäß dem Darstellungsprinzip Thalheimers waren ausschließlich die Schatten derjenigen Figuren sichtbar, die zum unmittelbaren sozialen Umfeld der in ihrer Ehe unterdrückten und schließlich fremdgehenden Titelheldin (Melanie Diener) gehörten. Die gesellschaftliche bzw. moralische Kontrolle verkörpernden Frauen Glascha (Carola Nossek) und Fekluscha (Borjana Mateewa) traten hingegen hinter der sich drehenden Bühnenwand als Voyeurinnen auf und gewannen als spiegelbildliche Pendants der Zuschauer immer wieder Einblick in Katjas Privatleben, ohne jedoch ihrerseits Schattenspuren an der Wand zu hinterlassen. Die Wandprojektionen fungierten darüber hinaus als Traumbilder von Katja, wie dies zu Beginn des zweiten Akts in der Dialogszene zwischen ihr und ihrer Schwiegermutter Kabanicha (Ute Trekel-Burckhardt) auffällig und manifest wurde: Als Kabanicha ihre Schwiegertochter als Rivalin behandelte und sie tyrannisierte, entfernte sich diese von der Lichtquelle und erzeugte dadurch eine Schattenkonstellation, in der die winzige Mutter-Reflektion mit der riesigen Projektion der Tochter kontrastierte. Kabanicha, die ihre rechte Hand in die Luft hob, als wollte sie Katja ohrfeigen, wirkte in der Projektion neben der größeren Katja entsprechend grotesk und ohnmächtig. Im Verlauf der Aufführung traten jedoch die Ebenen der Körper- und Schattendarstellung auseinander: Die Sänger wurden zunehmend in die Nähe der Lichtquelle verdrängt, und die Holzmauer bewegte sich in Richtung der Bühnenrampe. Auf diese Weise erschienen die Schattenbilder immer überwältigender und unschärfer, sodass die mehrfach vergrößerten Projektionen sogar jede physische Regung in irrationale Bewegungen überführten.

Die Schattenspuren erzeugten eine Bildlichkeit, die weder Raumtiefe noch Körpervolumen wahrnehmbar werden ließ und somit in der Illusionsproduktion und Repräsentationsvermittlung an ihre eigenen medialen Grenzen stieß. Die gigantisch wirkenden Schattenwesen überstiegen die Realkörper, sprengten den Rahmen ihrer Projektion, verwischten Persönlichkeitsmerkmale, wurden autonom und büßten die Korrespondenz mit ihren ›Referenten‹ ein. Die Expressivität der Körper wurde hier von ihnen selbst ›beschattet‹, sodass ikonische und symbolische Bedeutungszuweisungen der Zuschauer lediglich assoziativ verliefen.

Der intentional geleitete Bezug des Körpers zum Raum und zu den Figuren scheiterte als Versuch nicht nur innerszenisch, sondern auch in der Rezeption, denn Thalheimer forderte von seinen Zuschauern eine Wahrnehmungsweise, die sich von den idealtypischen Gesetzen euklidischer Mathematik und Optik emanzipierte bzw. Körperlichkeit und Räumlichkeit, Phänomenalität und Relationalität nicht mehr an tradierte Denkstrukturen und Wahrnehmungsmuster anzupassen gewährte. Da sich der Zuschauerblick weder die Perspektive eines Akteurs anzueignen vermochte, noch eine Perspektive der distanzierten Teilnahme etablieren konnte, mündeten sowohl imaginäre als auch symbolische Identifizierungen mit den Schattenbildern in Experimente, die vergebens auf die Stillstellung der Bilder und die Etablierung einer stabilen Blickposition zwischen Betrachter und Projektionsraum abzielten. Thalheimers Schattenräume konturierten jene »Grauzone«, die Gabriele Brandstetter zufolge keine »Trennung zwischen teilnehmender Beobachtung und einer die Beobachtung beobachtenden Perspektive [...] zulässt«[37]. Die »Grauzone« der Beobachtung zieht eine »Erschütterung des Beobachterstandpunktes« nach sich, die Brandstetter u.a. in Bezug auf William Forsythes Tanzperformance *Three Atmospheric Studies* konstatiert. Aufgrund der atmosphärischen Dislokationen und Unvorhersehbarkeiten lässt sich »die Position eines Betrachters und seines Wahrnehmungsfokus« nicht mehr bestimmen, die ›teilnehmende Beobachtung‹ wird in eine ›unbeteiligte Beteiligung‹ überführt, d.h., »Schauen als ›Wieder-Holung‹«[38] akzentuiert. Ein Theater der ›Unschärferelationen‹, wie es in Gotscheffs und Thalheimers Arbeiten zur Entfaltung kommt, ist nicht nur an der Emanzipation von einer totalisierenden Perspektive interessiert; es wendet sich gleichsam ab von jenem postdramatischen Vervielfältigungsspiel der Darstellungsebenen, die immer noch in der Matrix der Inszenierbarkeit und Repräsentierbarkeit residieren.

Die Idee einer ›unbeteiligten Beteiligung‹ klang in diesen Raumkonfigurationen nicht nur als rezeptionsästhetischer Aspekt an, sondern in Gotscheffs *Iwanow*-Inszenierung zugleich als ein dramaturgisches Thema, das erst nach der sich vollkommen auflösenden Nebelflut bewusst wurde. Der Zuschauer, der den stilisiert komponierten, von Iwanow selbst zeichnerisch dargestellten und vollzogenen Selbstmord in der Schlussszene beobachtete, konnte – ebenso wenig wie die Bühnenfiguren – kaum eine Stellung zum Gesehenen beziehen, da er zuvor in seiner visuellen Wahrnehmung gehindert und mit einer radikal fragmentierten, eine kausale Narrationslogik suspendierenden *Iwanow*-Adaption konfrontiert gewesen war. Der während der gesamten Aufführung aus einer Repräsentationslogik ausgeschlossene Zuschauer wurde zum Zeugen einer zum Suizid führenden Passion, deren Motiviertheit sich der Erklärbarkeit entzog. Dies hatte zur Folge, dass jeder im Zuschauerraum als Augen-Zeuge fungierte, ohne von der szenischen Darbietung als Zeuge mitbedacht, adressiert oder manipuliert worden zu sein. Die herausgeforderten Blickaktivitäten der Zuschauer, die im zeitgenössischen Theater von Dynamisierung und Verzerrung der Raumkongruenzen verursacht werden, verfügen insofern über einen durchaus politischen Aspekt, der sich darin Geltung verschafft, dass er alternative Sehmodalitäten erfordert und vor allem den Akt des Blickens als eine genuin aktive, räumlich und zeitlich determinierte Handlung jenseits festgeschriebener Sinnstrukturen erfahrbar werden lässt.

37 | Gabriele Brandstetter, »Figuration der Unschärfe. Der (un)beteiligte Betrachter«, in: *Texte zur Kunst* 15.2 (2005), S. 75-79, hier: S. 75.

38 | Vgl. ebd., S. 77-79, hier: S. 79.

2.2 Reale und virtuelle Räume

Identifizierung bedarf einer Relationalität, z.B. einer intersubjektiv gerichteten Blickperspektive.[39] Im Gegenwartstheater werden die sinn- und identitätskonstituierenden Funktionen solcher (visueller) Bezüge durch die Verflüchtigung, Dislokation und Öffnung von ›geschlossenen‹ Räumen allerdings vielfach ins Wanken gebracht. Analog zur multi- bzw. a-perspektivischen Organisation des Szenischen zeichnen sich in der mehr als einhundert Jahre andauernden Verwendungstradition von Film- und Videoprojektionen auf der Bühne neue Tendenzen ab, die das Verhältnis von Körperlichkeit und medialer Räumlichkeit neu organisieren.[40] Betrachtet man die Integrationsformen filmischer Realitäten in Aufführungen, und zwar sowohl deren diachrone Manifestationen seit Erwin Piscator als auch deren aktuelle Gebrauchsweisen, so scheint eine dominante Funktion filmischer Bilder auf der Bühne darin zu bestehen, in sich kohärente, von einem Blickpunkt aus organisierte Repräsentationsordnungen zu übertragen und dem zumeist physisch immobilen Zuschauer parallele und dynamisierte Immersionsräume anzubieten. Doch der Einbruch filmischer Realitäten in eine Aufführung zielt im Gegenwartstheater nicht nur darauf, durch die Aneignung eines Kamerablicks geschlossene Illusionsräume der Identifizierung zu offerieren. Ebenfalls ist er von der Bemühung begleitet – und dies wird nun zu diskutieren sein –, die auf das Szenische gerichteten Perspektiven zu vervielfältigen, die Stabilität einzelner Blickrelationen zu stören und diese sogar gegeneinander auszuspielen.

Ob das filmische Bild als Fenster auf das Außerszenische fungiert oder uneinsehbare Bühnenräume zugänglich macht, ob es die Bühnenhandlung durch *Live*-Übertragung vervielfältigt und manipuliert oder die medienreflexive Erkundung von Raumwirklichkeiten erzielt[41] – das filmische Bild fordert zweifellos Perspek-

---

39 | Da im vorliegenden Buch auf das intersubjektive Verhältnis von Sehen und Gesehenwerden rekurriert wird, wollen wir zwischen der Identifizierung mit anderen und einer einfühlenden Identifikation mit dem Raum oder einer Landschaft nicht differenzieren, sondern Identifizierung als einen immer schon räumlich organisierten Prozess untersuchen. Zur Frage einer emphatischen Bindung an den Raum vgl. Kirsten Wagner, »Die Beseelung der Architektur. Empathie und architektonischer Raum«, in: Curtis/Koch, *Einfühlung*, a.a.O., S. 49-78.

40 | Die technische Verwendungsvielfalt von Film und Video als theatrale Mittel zeichnet Greg Giesekam in seiner Monografie *Staging the Screen* nach. Er untersucht konkrete Inszenierungen vom Theater Piscators bis hin zu den Arbeiten Robert Lepages. Dazu arbeitet er die experimentellen, dramaturgischen und medienreflexiven Verwendungsweisen des audiovisuellen Mediums heraus, ohne sie jedoch von konkreten Regiearbeiten abzulösen, zu systematisieren und theoretisch zu problematisieren. Vgl. Greg Giesekam, *Staging the Screen. The Use of Film and Video in Theatre*, New York: Palgrave Macmillan 2007.

41 | Dass die Integration filmischer Sequenzen in eine Performance Wechselwirkungen von Film- und Bühnenwirklichkeit erzeugt und eine Wahrnehmungsschleife des kontinuier-

tivwechsel in der Betrachtung heraus. Der Film gilt als Medium der Perspektivierung schlechthin, filmische Bildräume vermögen das szenisch Nicht-Dargestellte als konsistente Wirklichkeit zu zeigen. Darüber hinaus gilt die vornehmliche Aufmerksamkeit des Theaterzuschauers nicht selten den Film- bzw. Videosequenzen, weil diese eine Sphäre für Immersion, emphatische Identifizierung und Nahsichten erschaffen und ihn zum privilegiert Blickenden erheben, ohne dass er von dem filmischen Bild je selbst angeblickt werden könnte.

Die Erzeugungspraxis des filmischen Raums basiert auf den Organisationsmustern der Zentralperspektive und daher folgen filmische und theatrale Identifizierungen in zeitgenössischen Aufführungen divergenten Prinzipien. Die verschiedenen Erfahrungsqualitäten sind jedoch nicht allein auf die phänomenalen Unterschiede von Aufführungs- und Bildräumen zurückzuführen, wie etwa auf die Differenz von dreidimensionaler Raumausdehnung und ihrer Flächenprojektion bzw. von physischer Anwesenheit und virtueller Körperpräsenz. Auch ihre grundverschiedenen künstlerischen, ideologischen und interaktionsökonomischen Implikationen spielen eine entscheidende Rolle. Die Performance *Roadmetal Sweetbread*[42] (1998) von Station House Opera analysierend, wollen wir zunächst die herkömmlichen Wirkungsstrategien von filmischen und realen Räumen ausloten, um anschließend anhand von Meg Stuarts häufig rezipierter Tanzperformance *Visitors Only*[43] (2003) einen konträren und innovativen, den raumstrukturierenden Effekt des Kamerablicks in sein Gegenteil verkehrenden Verwendungsmodus der Videoprojektion vorzustellen.

Während der gesamten Aufführung von *Roadmetal Sweetbread* traten die zwei Akteure in Doppelung auf: Den männlichen Akteur, Julian Maynard Smith, konnte man anfangs in einem ›filmischen Raum‹ sehen, der durch die im Bühnenhintergrund aufgestellte Leinwand zugänglich wurde. Die Kamerabilder erweckten den Eindruck von *Live*-Aufnahmen, die Smith auf dem Weg ins Theater filmten und deren Übertragung auf die Bühne in Echtzeit erfolgte. Doch nachdem der Performer den Zuschauersaal und gleich darauf die Bühne betreten hatte, offenbarte sich, dass er synchron zu vorgefertigten filmischen Bildern agierte, die im selben Theaterraum gedreht worden waren; er versuchte, die Handlungen der filmischen Aufnahme *live* zu reproduzieren. Die Akteurin, Susannah Hart, trat ebenfalls zuerst in einer filmischen Sequenz auf. Sie erschien hinter der Bühnenkulisse, lief hinaus ins Theaterfoyer, um durch den Zuschauerraum wieder auf die Bühne zu kommen. Diese Runde wiederholte sie sowohl im Film als auch in der Aufführung sechsmal, wobei Smith ihr Tun mit seinen Blicken verfolgte. Waren ihre laufenden

lichen Re-Framings stimuliert, haben wir im Zusammenhang mit der Körperwahrnehmung in Frank Castorfs Inszenierungen erörtert. Vgl. hierzu Kapitel III/2.1.

42 | Die *Roadmetal Sweetbread*-Produktion der Station House Opera hatte im Januar 1998 im Warwick Arts Centre in Coventry ihre Premiere.

43 | Die Uraufführung von *Visitors Only* von Meg Stuart & Damaged Goods fand am 30. April 2003 im Schauspielhaus Zürich statt.

Schritte ununterbrochen akustisch zu vernehmen, stellten sich auf visueller Ebene räumliche Diskrepanzen ein, die die filmischen und realen Handlungen zeitversetzt erfahrbar werden ließen: Befand sich die Akteurin in der Aufführung außerhalb des Theatersaals, betrat sie in der Projektion gerade den Zuschauerraum. Bereits beim Auftakt von *Roadmetal Sweetbread* konkurrierten demnach zwei inkongruente Realitäten um den Blick des Zuschauers. Dieses Erlebnis wurde dadurch intensiviert, dass die räumlichen Anordnungen im Film und zugleich in der unmittelbaren Realität äquivalent waren. Hinzu kam, dass Smith die Umherlaufende trotz ihrer realen Abwesenheit zu sehen und im realen Raum zu beobachten schien. So richtete er seinen Blick, Kopf und Körper selbst dann nach ihr, wenn sie nur auf der Leinwand zu sehen war.

Der filmische und der theatrale Raum konnten in dieser Anfangssequenz und ebenfalls im weiteren Verlauf des Abends nicht aufeinander abgestimmt werden, sie wiesen verschiedene Eigenschaften auf, die von ihren medialen Erscheinungsbedingungen herrührten: Der Theaterraum umgab die Zuschauer, prinzipiell konnten sie ihn rundum fokussieren bzw. sich mithilfe ihrer mobilen Blicke im Raum ›bewegen‹. Der filmische Raum eröffnete hingegen eine virtuelle Sphäre, die den Blick zwar hinter die Kulissen lenkte, gleichsam aber das Sichtfeld einengte[44] und diesen filmischen Raum ausschließlich für einen einzigen Blick zugänglich machte, für jenen, der sich der Perspektive der Kamera anpasste.

Station House Opera mobilisierte die illusionsgenerierende Wirkung des Mediums Video, indem sie die ästhetische Raumerfahrung von der »primären Identifikation«[45] mit der Kamera abhängig machte. Die immersive Wirkung des Films[46] resultierte daraus, dass die Übernahme der Kameraperspektive den vorstrukturier-

---

44 | Wie auch der Videokünstler Bill Viola hervorhebt, grenzt die Kamera immer »die Information ein. Sie ist keineswegs, wie oft behauptet wird, das offene Fenster zur Welt, sondern engt vielmehr das Blickfeld ein [...]«. Bill Viola, »*Das Bild in mir* – Videokunst offenbart die Welt des Verborgenen«, in: Maar/Burda, *Iconic Turn*, a.a.O., S. 260-282, hier: S. 262.

45 | Elizabeth Cowie bringt Christian Metz' Definition über die filmische Identifizierung auf den Punkt, wenn sie schreibt, dass »the spectator's identifications with characters in a film are called secondary, while the cinema's primary identification is found by Metz in what he describes as the spectator's identification with the camera and which is at the same time an identification with the subject's own look [...]«. Cowie, *Representing the Woman*, a.a.O., S. 75. Zu Metz' Unterscheidung zwischen primärer und sekundärer Identifizierung vgl. Metz, *Der imaginäre Signifikant*, a.a.O., S. 54-55.

46 | Der Begriff der Immersion bezeichnet das distanzlose emotionale Eintauchen in filmische oder architektonische Raumkonfigurationen, wobei »sich das Eintaucherleben in einer Verwischung der Grenze zwischen Bildraum und Realraum vollzieht«. Immersive Räume, so fährt Laura Bieger in ihrer Definition fort, »sind Räume, in denen Welt und Bild sich überblenden und wir buchstäblich dazu eingeladen sind, uns in die Welt des Bildes zu begeben und in ihr zu bewegen. [...] [E]s sind Räume, in denen sich die Wirklichkeit der Welt und die Wirklichkeit des Bildes in der unmittelbaren Wirklichkeit des Körpers konsolidieren«.

ten Charakter der Bilder vergessen und deren Manipuliertheit undurchschaubar werden ließ.[47] Während also der Filmzuschauer mit einer vorgegebenen Perspektive konform gehen und »ganz natürlich den vom Regisseur vorgeschlagenen Blickpunkt ein[nehmen muss]«[48], zeichnete sich die theatrale Raumerfahrung durch individuell unterschiedliche und kontingente Blickbewegungen bzw. Blickwechsel aus.

In *Roadmetal Sweetbread* rivalisierte der um den Zuschauer herum organisierte Raum des *Live*-Geschehens mit dem »konstruierten, homogenen und zentrierten Bildraum [des Films], der die Tatsache, daß er ein Konstrukt ist«[49] im Vollzug seiner Rezeption verbarg. Der Zuschauer war in seiner Wahrnehmung verunsichert und irritiert, weil sowohl der architektonische als auch der filmische Raum die Wirkung der unmittelbaren Realitätsvermittlung auslösten und ihn dazu trieben, durch zahlreiche Fokussierungswechsel *die eine* Raumordnung als real und *die andere* als täuschend zu verifizieren. Da die inkongruenten Wirklichkeiten für den Zuschauerblick nur wahlweise zugänglich waren, dauerte dieses Spiel mit der kontinuierlichen Suche nach der ›wahren‹ Perspektive bis zum Ende der Aufführung an.

Selbst wenn *Roadmetal Sweetbread* die Vorstellung eines konsistenten Szenenraums subvertierte und die Singularität der Zuschauerperspektive relativierte, blieb die Aufführung dennoch in den Ordnungen der Repräsentation gefangen und erzeugte sogar illusorische Raumwirkungen eines ›Spektakels‹ im Debord'schen Sinne,[50] das überraschte, ohne die Vorstellungskraft des Zuschauers zu überfordern. Zwar waren die von den Akteuren ausgeführten und mit ihren ›Doppelgängern‹ synchronisierten Bewegungen minutiös geplant und einstudiert, doch die ästhetische Qualität des Abends ging in Verblüffungseffekten und einer simplifizierenden, wirkungsvollen Narration auf. Das virtuose Spiel mit den Raumwirkungen zielte deshalb bei dieser Produktion darauf ab, die Möglichkeiten der Signifikation zu vervielfachen. Die Grenzen der Repräsentation, der Sinnproduktion und der Synchronisierbarkeit von Raumeffekten wurden allerdings nicht überschritten.

Laura Bieger, *Ästhetik der Immersion. Raum-Erleben zwischen Welt und Bild. Las Vegas, Washington und die White City*, Bielefeld: transcript 2007, S. 9.

47 | Wie filmwissenschaftliche Ergebnisse belegen, lässt sich das zentralperspektivisch organisierte Filmbild nicht von ideologischen Bedeutungen trennen, die Macht- und Begehrensstrukturen implizieren und reproduzieren. Die ideologischen Implikationen des filmischen Raums werden seit Ende der 1960er Jahre unter dem Stichwort ›Apparatus-Debatte‹ immer wieder erneut diskutiert. Für ein umfassendes Bild über die diesbezüglichen theoretischen Positionen und ihre kritische Weiterführung vgl. Hartmut Winkler, *Der filmische Raum und der Zuschauer. ›Apparatus‹ – ›Semantik‹ – ›Ideologie‹*, Heidelberg: Carl Winter 1992.

48 | André Bazin, *Was ist Film?*, Berlin: Alexander 2004, S. 91.

49 | Winkler, *Der filmische Raum und der Zuschauer*, a.a.O., S. 23.

50 | Vgl. Guy Debord, *Die Gesellschaft des Spektakels*, Berlin: Edition TIAMAT 1996.

Meg Stuarts Arbeit *Visitors Only* hingegen wich von der zeitlichen und räumlichen Geschlossenheit der Darstellung bereits vor dem eigentlichen Beginn der Vorstellung radikal ab. Diese Arbeit weitete die Grenzen einer konventionalisierten Aufführungssituation schon allein dadurch aus, dass das Theaterfoyer mit lauter Technomusik zu einem akustischen bzw. einem clubatmosphärisch geprägten Begegnungsraum wurde, der die ankommenden Zuschauer körperlich ergriff, bewegungsrhythmisch umstimmte und ihre gewohnten dialogischen und intersubjektiven Interaktionen affizierte.[51] Die Ausweitung des eigentlichen Aufführungsraums durch akustische Effekte subvertierte schon beim Auftakt der Inszenierung die etablierte Grenzziehung von Zuschauerraum und Bühne bzw. von Blickenden und Angeblickten. Sie löste die standardisierte, sich frontal an einer inszenierten Wirklichkeit orientierende Blickeinstellung der Zuschauer in einem dynamischen Geflecht von Blickrelationen auf. Diese Szenerie des Sehens und Gesehenwerdens transzendierte in *Visitors Only* die duale Struktur von Ich und anderem und integrierte – wie die Musik – jeden Anwesenden in ein Kollektiv, dessen totalisierende Erfassung und Beeinflussung menschliche Wahrnehmungs- und Handlungskompetenzen überstieg. Das anschließende Betreten des Theatersaals und die Einnahme der zugewiesenen Zuschauerplätze hatten zur Folge, dass die Orientierung der Blicke im weiteren Verlauf des Abends zwar weitgehend reglementiert, aber hinsichtlich ihrer raumkonstituierenden Kompetenz von lichtdramaturgisch, akustisch, filmisch und bühnentechnisch hervorgebrachten Atmosphären weiterhin gestört wurde, sodass das Begehren eines räumlichen Durch-Blicks bis zum Ende des Abends unbefriedigt blieb.

Der Aufführungsraum, der für die visuelle Wahrnehmung zahlreiche Dunkelzonen, optische Täuschungen und Blickfallen bereithielt, interferierte gleichzeitig mit scharf konturierten Lichträumen, filmischen Projektionsräumen, körperlich hervorgebrachten Bewegungsräumen und akustischen Räumen, die weder miteinander synchronisiert noch vollzählig wahrgenommen werden konnten. Das vielschichtig organisierte Konglomerat theatraler Mittel ergab eine gespenstisch wirkende Atmosphäre, die sich beständig veränderte und die Wahrnehmungsperspektiven und Blickachsen häufte, ohne sie auf Dauer verfügbar zu machen bzw. im Dienste einer Symbolisierung zu ordnen. Die von Anna Viebrock entworfene Bühnenarchitektur forcierte spannende Perspektivwechsel zwischen Innen und Außen, Geschlossenheit und begrenzter Einsehbarkeit, konkreter Ortsspezifizität und deren Stilisierung. Die mit einem vertikalen Schnitt geteilten und für den Zuschauerblick optisch zugänglich gemachten Innenräume eines zweistöckigen

51 | Die immersive Wirkung dieses ›Aufführungsprologs‹ hat die Theaterwissenschaftlerin Sabine Schouten als Partizipation an einem atmosphärischen Erfahrungsraum beschrieben und ihre theoretische Auseinandersetzung mit theatralen Atmosphären u.a. aus dieser Raumerfahrung entfaltet. Vgl. Sabine Schouten, *Sinnliches Spüren. Wahrnehmung und Erzeugung von Atmosphären im Theater*, Berlin: Theater der Zeit 2007, insbesondere: S. 36-47.

Hauses gewährten Einblick in vier Zimmer, die in ihren innenarchitektonischen Gestaltungen markante proportionale Verschiebungen und Asymmetrien aufwiesen. Sie erinnerten an die Installationen des amerikanischen Architekten und Performancekünstlers Gordon Matta-Clark.[52]

Der Zuschauerblick in *Visitors Only* wurde sowohl von den materiellen Eigenschaften der Architektur als auch von der Pluralität qualitativ differenter Sinnesreize gelenkt, die deren jeweilige Raumwirkungen geltend machten: Die kollektiv ausgeführten Tanzbewegungen, die Vielschichtigkeit akustischer Effekte, wie z.B. die Stimmen aus dem ›Off‹, die Bass- und Cellotöne, die Natur- und Lachgeräusche, sowie die Videosequenzen und die Tänzerkörper selbst, ihre Kostümierung und habituelle sowie ekstatische Bewegtheit tendierten dazu, immer neue Raumschichten hervortreten zu lassen, die für den Zuschauer wahrnehmbar, projizierbar oder imaginär konstituierbar wurden. Die sich ihrerseits fortwährend heterogen und inkongruent erweisenden Raumeffekte überlagerten sich, ohne einander zu erweitern, zu negieren oder zu kommentieren. Sie hinterfragten vielmehr die phänomenologische und ideelle Ontologie des physisch-materiellen Raums. Gerichtetheit und Bewegung des Zuschauerblicks unterliefen ihre konventionalisierte Funktion, raumkonstituierende Handlungen zu vollziehen, sofern andere Wahrnehmungsdimensionen, wie das Hören und das körperliche Spüren, den Sehakt als Primat der Raumbildung attackierten und den Blick zu einer raumkonstituierenden Instanz unter zahlreichen anderen degradierten. Da er im Palimpsest der visuellen Repräsetationsebenen keinen Halt für die Fokussierung fand, wurde das Sehen in den Prozessen der Perspektivierung und der Identifizierung als eine insuffiziente Wahrnehmungsaktivität akzentuiert.

Darüber hinaus unterwanderte der Videoeinsatz bei Meg Stuart jene zentrale Kompetenz des filmischen Mediums, die von ihm übertragenen Räume aus einem Blickpunkt heraus zu organisieren und diesen für den Zuschauerblick zugänglich zu machen. Im Gegensatz zu Stuarts früheren Arbeiten, wie z.B. *Splayed Mind Out*, wurden die Videobilder in *Visitors Only* nicht mehr auf eine frontal zum Publikum gerichtete Leinwand übertragen, um dem Bühnengeschehen einen bildhaften Hintergrund zu verleihen. In dieser Theaterproduktion schrieben sich die filmischen Bilder in die Facetten des Bühnensets ein, sie traten mit der Materiali-

---

52 | Zu den architektonischen Bezügen zwischen Matta-Clarks Skizzen bzw. den von ihm ausgeführten Gebäude-›Cuttings‹ und Viebrocks Bühnenbild vgl. Annamira Jochim, *Meg Stuart. Bild in Bewegung und Choreographie*, Bielefeld: transcript 2008, S. 111-124. Annamira Jochims Monografie über Meg Stuart stellt eine vielen Details großzügig Aufmerksamkeit schenkende und theoretisch sehr anspruchsvoll argumentierende Analysesammlung dar, die aber gerade in den Raumuntersuchungen auf die Idee eines geometrischen Raums als Referenz zurückgreift und auf der Getrenntheit der Bühne vom Zuschauerraum beharrt. Vgl. ebd., S. 89-90. Die Vorstellung, der zufolge ein objektivierbarer Behälterraum jenseits der performativen Nutzung und Erfahrung des Raums bestimmbar wäre, stellt jedoch eine ontologische Illusion dar, von der sich die folgende Argumentation abgrenzen wird.

tät der Wände und Objekte in räumliche Wechselwirkungen. Die Videoprojektion ließ Figuralität in ihrer Materialität aufgehen und verwirrte dadurch die Wahrnehmung von Sinnlichkeit und Sinnhaftigkeit, von Räumlichkeit und Visualität. Das Videobild etwa einer weißen Kaffeetasse, die im Raum schwebte, unberechenbare Bewegungsfiguren vollzog und zur Unerkennbarkeit tendierte, ›leuchtete‹ immer wieder anderswo auf, warf Licht oder Schatten auf die tanzenden Körper, sodass ihre Bewegungsautonomie, ihre eigene Repräsentationsordnung und zugleich die Sinnfälligkeit des menschlichen Körpers sowie dessen räumliche Positionierung zum Verschwinden gebracht wurden. Das Videobild transzendierte seine Bildhaftigkeit und fungierte als Quelle eines konturlosen Lichtstrahls, der lediglich Grauzonen bzw. Lichtschraffuren in den Raum warf und die Körper, mit denen er in Berührung kam, in selbstreferenzielle und amorphe Phänomene transformierte. Die Videoprojektion vermittelte nicht mehr einen filmischen Raum; sie verwischte vielmehr die phänomenalen Eigenschaften des Szenischen. Die Raumwahrnehmung in *Visitors Only* machte demnach eine Differenzierung zwischen dem »logischen und kontinuierlichen« theatralen Raum und dem »alogischen und diskontinuierlichen« filmischen Raum – für die u.a. Susan Sontag plädiert[53] – obsolet und entlarvte diese Differenzierung als Derivat absolutistisch-materialistischer Raumtheorien, die den (Bühnen-)Raum als einen spatial wie temporär limitierten und physikalisch begrenzten Behälterraum verstehen.

Während die Videoprojektionen in den Inszenierungen der Station House Opera, im Theater Frank Castorfs, René Polleschs, Stefan Puchers, Robert Lepages oder in den Arbeiten von Forced Entertainment und The Wooster Group die Kohärenz und Geschlossenheit des Aufführungsraums durch die Konstituierung filmischer Parallelwirklichkeiten brechen, destruieren die Projektionen in Meg Stuarts *Visitors Only*, aber beispielsweise auch diejenigen in den Arbeiten Christoph Schlingensiefs, die Ordnungen des Sichtbaren, verzichten allerdings darauf, neue Ebenen der Repräsentation zu etablieren. Stuart hinterfragt die überlieferte Funktionalität des Videobildes und exponiert es als aufblitzende Lichtfülle, als reine Textur, die, ähnlich der Effekte der fotografischen Belichtung, die »Körnigkeit« und »Stofflichkeit«[54] der visuellen Tiefenstruktur auffällig macht.

Die Erfahrung des Zuschauers in *Visitors Only* untersucht Sabine Schouten mithilfe des Begriffs der Atmosphäre und zieht damit exakt jene heterogene Schichtung von Räumlichkeitsdimensionen in Betracht, die in der Aufführung expandierten, sich miteinander unauflöslich verschränkten und die Logik des Perspektivischen attackierten. Aufgrund ihrer sinnlichen Wirkung können sich Atmo-

53 | Susan Sontag, »Theater und Film«, in: dies., *Kunst und Antikunst. 24 literarische Analysen*, Wien: Carl Hanser 1980, S. 177-195, hier: S. 184.

54 | Philippe Dubois weist auf die »Körnigkeit« und »Stofflichkeit« des fotografischen Abzugs hin, die innerhalb der bildlichen Repräsentationsordnung Diskontinuitäten eröffnen. Philippe Dubois, *Der fotografische Akt. Versuch über ein theoretisches Dispositiv*, Amsterdam, Dresden: Verlag der Kunst 1998, insbesondere: S. 103-104.

sphären des Gegenwartstheaters dem Zuschauer in einer Weise aufdrängen, dass sie alle raumdeiktischen, zur Orientierung des Blicks dienenden Markierungen ihrer richtungsweisenden Funktionen berauben[55] und die (Blick-)Logik von Sehendem und Gesehenem dahingehend subvertieren, dass sie die Differenzierung zwischen Subjekt und Objekt verkomplizieren. Wie sich in weiteren Aufführungsbeispielen zeigen wird, untergräbt die atmosphärische Wirkung sowie ihre unbeherrschbare und unberechenbare Emergenz jede Geltungsform von Vektorialität, ohne jedoch die Grenzen zwischen Betrachter und Betrachtetem gänzlich aufzulösen.

In *Visitors Only* affizierten die sich überlagernden Raumschichten sowohl die räumliche Orientierung als auch die Identifizierung des Zuschauers mit den Tänzern. An der Schnittstelle von Videobildern und *Live*-Körpern, Stillstand und Bewegung, Pose und Ekstase konnotierten Stuarts Choreografien zwar visuelle Züge, denen die Tanzwissenschaftlerin Annamira Jochim sogar einen bildhaften Charakter zuspricht.[56] Diese Visualität wies jedoch keine geometrische Strukturiertheit auf, die für die identifikatorische Erfassung oder die Produktion illusorischer Identitätsbilder hätte dienlich werden können. Denn die zitternden und vibrierenden (*shaking*) oder sich um ihre eigene Achse drehenden Leiber (*spinning*)[57] schienen gleichzeitig in einer anderen Sphäre zu existieren, in einer Sphäre, in der die (Inter-)Aktionen kaum nachvollziehbaren Regeln folgten. Durch ihre exaltiert-ekstatischen Bewegungen konstituierten die Tänzer Räume, die, um einen Gedanken André Lepeckis aufzugreifen, in einer ›Matrix der Darstellung‹[58] nicht mehr zu fassen waren und »die Szene außer sich, ja außer Sicht geraten«[59] ließen. Die zappelnden Körper verwandelten sich in die Signaturen ihrer Gegenwart, sofern sie als Resonanzkörper jenseits des szenischen Repräsentationsraums agierten und innerhalb einer logozentrischen Sinn- und Raumstruktur nicht auszuloten waren. Jeder tänzerische Körper widersetzte sich einer unmittelbaren bzw. geschlossenen Wahrnehmung und etablierte einen Resonanzraum, der dem Blickenden als »ase-

55 | Vgl. Schouten, *Sinnliches Spüren*, a.a.O., S. 44.

56 | Vgl. Jochim, *Meg Stuart*, a.a.O., S. 70-72, sowie 90.

57 | Zu den Bewegungsfiguren des *shaking* und *spinning* bei Meg Stuart vgl. ebd., S. 169-212.

58 | Lepecki bezeichnet ›Darstellung‹ und ›Choreografie‹ als Komplizen der Reproduktion westlicher Repräsentationsstrukturen, die von einem Glauben an Realitäts- und Mimesiseffekte zeugen und die ontologische Vorstellung eines modernen Subjekts implizieren. Lepecki widmet sein Buch den *darstellungs*kritischen Tendenzen im zeitgenössischen Tanz. Vgl. André Lepecki, *Option Tanz. Performance und die Politik der Bewegung*, Berlin: Theater der Zeit 2008, insbesondere: Kapitel 1, 3 und 4.

59 | Krassimira Kruschkova, »Einleitung«, in: dies./Nele Lipp (Hg.), *Tanz anderswo: intra- und interkulturell*, Münster, Hamburg, London: Lit 2004, S. 5-20, hier: S. 6.

miotisch-ereignishafte Unmittelbarkeit«[60] widerfuhr. In *Visitors Only* konvergierten Körperlichkeit und Räumlichkeit, akustische und visuell-haptische Räume in keiner konsistenten Perspektive, sodass selbst das filmische Bild ausschließlich als Resonanzfläche in Erscheinung trat. Das Medium Video fungierte hier als ein inszenatorisches Mittel, dem die Wirkkraft enteignet wurde, Räume der Identifizierung hervorzubringen. Der Betrachter von *Visitors Only* partizipierte während des gesamten Abends also an einer Atmosphäre, die nur zu ›besuchen‹ und in keiner Weise zu erfassen, zu stabilisieren oder zu verstehen war.

3. BEZIEHUNGSRÄUME DES INTERSUBJEKTIVEN

Der Unterschied zwischen realen und filmischen Räumen besteht vor allem in der prosaischen Tatsache, dass letztere den Betrachter nur virtuell einbeziehen. Bildräume kann man zwar immersiv erleben und imaginär betreten, sie reduzieren aber die Anzahl der einnehmbaren Perspektiven und beziehen ihre räumliche Wirkung aus einer vorgefertigten Struktur. Sie täuschen ein Zusammensein, einen geteilten Raum ohne die körperliche Kopräsenz von Sehendem und Gesehenem vor. Somit liegt die Differenz zwischen Aufführungsraum und bildlich oder filmisch evoziertem Raum nicht in der Qualität der identifikatorischen oder emphatischen Involvierung des Rezipienten. Anders als bei Bildern folgt in der Aufführungssituation sowohl das Sehen als auch das Gesehenwerden einem Kontingenzprinzip. Man sieht und man wird gesehen. Betrachtet man Theaterinszenierungen, für deren ästhetischen Vollzug Unvorhersehbarkeit als konstitutive und nicht als störende, destruktive und die Inszenierung gefährdende Dynamik erachtet wird, so zeichnen sich intersubjektive Handlungen als die dominanten Initiatoren der Raumerzeugung aus, weil in Aufführungen Körper- und Blickbewegungen die subjektiv erfahrbaren Raumdimensionen zuallererst konstituieren und sich weniger in Anlehnung an physische Raumstrukturen vollziehen. Entsprechend mehren sich in den Figurationen von Blickenden und Angeblickten die verkörperten Perspektiven sowie die aus den partikularen Wahrnehmungspositionen resultierenden subjektiven Räume. Im Theater können zahlreiche Raumdimensionen entstehen, die sich allesamt an demselben geteilten ›Ort‹ der Theateraufführung entfalten, sich überschneiden oder einander gegenüberstehen und sich stets aus den Positionierungen, Bewegungen und symbolischen Handlungen aller Anwesenden entwickeln.

Konstellationen des Sehens und Gesehenwerdens vermögen Sozialräume von permanenter Beweglichkeit zu eröffnen, die keinem einzigen organischen Fluchtpunkt mehr unterworfen sind. Unser Interesse, das bisher dem rezeptiven Blick galt, soll daher nun auf die Interaktionsräume gerichtet werden, deren Eigenschaf-

60 | Markus Rautzenberg, »Resonanzen zwischen Medientheorie und Ästhetik«, in: Lichau u.a., *Resonanz*, a.a.O., S. 339-352, hier: S. 341.

ten nicht mehr ausschließlich aus der Wahrnehmung des Blickenden herzuleiten und zu erklären sind. Um Blickrelationen nicht als duale Verhältnisse festzuschreiben und deren Geltung jenseits phatisch-objektivierender Bickappellationen zu erkunden, wollen wir im Folgenden kollektive und integrative Blickwirkungen analysieren. Diese sollen zunächst am Beispiel eines Ausstellungsbesuchs exemplifiziert werden, in dem sich rezeptive und reziproke Blickalternativen miteinander verschalten.

Die Partizipation an Kunstausstellungen ist keineswegs auf Akte der Bildbetrachtung reduzierbar. Einige Vertreter der bisweilen stark werk- bzw. kunstimmanent argumentierenden Kunstgeschichtsschreibung haben erkannt, dass sich die Aufmerksamkeit des Museumsbesuchers in seinem Verhältnis zu einem Werk und gleichzeitig zu anderen Betrachtern ermessen lässt. Infolgedessen wird in jüngster Zeit versucht, Fragen der Sozialität nicht allein in Bezug auf ikonische Repräsentationen und diskursive Sinnstrukturen der Bilder zu untersuchen, da im Zusammenhang dieser Fragen die intersubjektive Grundstruktur von Ausstellungssituationen eine zentrale Rolle spielt. So trivial es klingen mag: Eine Ausstellung lässt sich nicht als eine thematische Ansammlung von Bildern und Kunstobjekten definieren; vielmehr wird sie als die installative Anordnung von Exponaten bestimmbar, als eine Anordnung, deren Inszeniertheit jeweils *die Geste der öffentlichen Präsentation impliziert*. Jenseits der Inszenierungsparameter einer Ausstellung, die das sukzessive Arrangement der Bilder, ihre kontextuelle Einbettung und schriftliche Kommentierung umfasst, nimmt im Museum auch die gleichzeitige Anwesenheit von Aufsichten und Besuchern dezidierten Einfluss auf den Rhythmus, die Atmosphäre der Kunstrezeption, die Ökonomie der Aufmerksamkeit sowie die Bedeutungsproduktion, die eben nicht allein in der Relation von bildlicher Struktur und Betrachter zu verorten sind.

Der Besuch einer Ausstellung stellt eine dominant körperliche Praxis dar, die weit über die Syntheseleistung einer Bildwahrnehmung hinausgeht. Die eigenen und fremden Erfahrungsräume werden in Museen und Galerien durch Augenbewegung, Fokuswechsel und vor allem durch die Bewegung des Körpers generiert. Ein Ausstellungsbesuch zeichnet sich deshalb nicht selten durch eine Folge von Begegnungssituationen aus,[61] die flüchtig und intersubjektiv sind. Die Unmöglichkeit der adäquaten Dokumentation von Ausstellungen durch *installation shots*

---

61 | Vgl. zu dieser Ansicht die sowohl theoretisch systematisierenden als auch konkret aufführungsanalytisch argumentierenden Ausführungen von Sandra Umathum, die sie in ihrer Monografie *Kunst als Aufführungserfahrung* entfaltet. Die Autorin charakterisiert nicht nur den Ausstellungsbesuch als eine intersubjektive Erfahrungssituation, sondern zeichnet künstlerische Strategien von Felix Gonzalez-Torres, Erwin Wurm und Tino Sehgal nach, die konzeptuell auf die Herstellung zwischenmenschlicher Begegnungen angelegt sind. Vgl. Sandra Umathum, *Kunst als Aufführungserfahrung. Zum Diskurs intersubjektiver Situationen in der zeitgenössischen Ausstellungskunst. Felix Gonzalez-Torres, Erwin Wurm und Tino Sehgal*, Bielefeld: transcript 2011.

kann darüber hinaus, so die Philosophin Juliane Rebentisch, nicht allein auf die Abwesenheit »der dritten Dimension«[62] zurückgeführt werden, die im Bild notwendigerweise fehlt. Inszenierte bzw. installierte Kunstobjekte sind potenziell imstande, zwischenmenschliche Relationen zu initiieren, die sich außerdem einer Dokumentierbarkeit zwangsläufig widersetzen.

Im Rekurs auf die kunsttheoretische Debatte um die Minimal Art führt Juliane Rebentisch die Michael Frieds Aufsatz »Kunst und Objekthaftigkeit«[63] zugrunde liegende Argumentationslogik konsequent weiter und konstatiert, dass jedes Kunstwerk – unabhängig von der ihm innewohnenden sinngenerierenden ›Syntax‹, seiner Materialität oder seiner Buchstäblichkeit – *theatralisch* ist.[64] Es handelt sich folglich um ›unabgeschlossene‹ Objekte, die jeden Betrachter unterschiedlich einbeziehen, indem sie ausschließlich durch subjektive Sinnprojektion erfasst werden können. Gleichzeitig sind sie als Ding *und* als Zeichen doppelt präsentisch.[65] In den Kontroversen über das Theatralitätsmerkmal installativer Kunst blieb jedoch, wie Sandra Umathum anmerkt,[66] das intersubjektive Erfahrungspotenzial der Museumsbesucher ebenso unbeachtet, wie das Vermögen bestimmter Werke, »aufführungshafte Beziehungen«[67] zwischen Personen in Gang zu setzen.

Wenn auch Kunstobjekte keine dialogischen Handlungen unter den Besuchern induzieren, können sie doch deren Verhaltensweisen und Reaktionen bzw. die Dimensionen ihrer Zusammenkünfte stets mit prägen. In der Ausstellung sind es vor allem die fokussierenden Blicke, die zu dominanten Impulsen der Kommunikation und Partizipation gehören. Sie favorisieren oder ignorieren ein Kunstwerk, fixieren ein Objekt aus einer partikularen Perspektive bzw. in einer individuell bestimmten Zeitdauer und ›führen‹ diese Rezeptionsakte öffentlich ›auf‹. Obwohl man nicht generalisieren kann, dass im Museum Blicke getauscht werden müssen, begleitet die Potenzialität des Gesehenwerdens jeden Besucher von Werk zu

---

62 | Juliane Rebentisch, *Ästhetik der Installation*, Frankfurt a.M.: Suhrkamp 2003, S. 18.

63 | Vgl. Michael Fried, »Kunst und Objekthaftigkeit«, in: Gregor Stemmrich (Hg.), *Minimal Art. Eine kritische Retrospektive*, Dresden, Basel: Verlag der Kunst 1995, S. 334-374.

64 | Vgl. Rebentisch, *Ästhetik der Installation*, a.a.O., S. 76-77.

65 | Zu diesen paraphrasierten Thesen der Theatralität sowie zur Auflistung der einschlägigen Forschungsliteratur vgl. Rebentisch, *Ästhetik der Installation*, a.a.O., S. 21-78; Umathum, *Kunst als Aufführungserfahrung*, a.a.O., S. 61-72.

66 | Umathum weist auf die Aporie hin, dass der Aspekt des zwischenmenschlichen Austauschs in der kunsttheoretischen Verwendung des Theatralitätsbegriffs nicht denotiert ist. Vgl. ebd., S. 66.

67 | Umathum, *Kunst als Aufführungserfahrung*, a.a.O., S. 70. Nicolas Bourriaud benennt in seinem Buch *Relationale Ästhetik* hingegen lediglich das künstlerische Phänomen der Herstellung zwischenmenschlicher Begegnungen, arbeitet dieses aber weder systematisch noch theoretisch aus. Vgl. Nicolas Bourriaud, *Relational Aesthetics*, Dijon-Quetigny: les presses du réel 2002. Zur Kritik und Weiterführung des Bourriaud'schen Interaktionskonzepts vgl. Umathum, *Kunst als Aufführungserfahrung*, a.a.O., S. 165-174.

Werk. Die Erfahrung der Intersubjektivität, das Gefühl, Objekt für fremde Blicke zu sein, ist in Ausstellungen u.a. an die Potenzialität und nicht nur an die faktische Verifizierung körperlicher Kopräsenz gebunden.

Will man eine strukturelle Äquivalenz zwischen Ausstellungen und Aufführungen entfalten, so bietet Irit Rogoffs Partizipationskonzept einen produktiven Anhaltspunkt. Rogoff legt ihr Augenmerk auf die Prozessualität des Museumsbesuchs und die Unvorhersehbarkeit der Blickfixierungen. Sie betont, dass sich der Betrachter jederzeit von den inszenierten Ordnungen der Repräsentation emanzipieren kann. Anstatt eine Ausstellung in ihrer geregelten Sukzessivität zu durchqueren, besitzt er die Möglichkeit, andere Rezipienten zu betrachten bzw. ihnen zu folgen und sich von fremden Personen bzw. von deren Handlungen ›entführen zu lassen‹.[68] Der abgewendete Blick, der Moment des *looking away*[69], übersteigt die rezeptive Funktion des Auges: Sowohl in der Ausstellung als auch in der Theateraufführung vermag der Blick von der Darstellung abzuschweifen und in Handlungs- und Partizipationsdimensionen des Sehens zu wechseln, die zwischenmenschliche, aber nicht notwendig dialogisch organisierte Sphären der Potenzialität konstituieren. Auf welche Weise die visuelle Aufmerksamkeit in der Interaktion mehrerer Partizipierender Erfahrungsräume des Miteinander-zusammen-Seins generiert, wollen wir im Folgenden anhand der Theaterinstallation *You are here* und an dem im öffentlichen Raum durchgeführten Kunstprojekt *Niemandsland* von Dries Verhoeven erkunden.

---

68 | Zum Rogoff'schen Begriff des ›Sich-Entführen-Lassens‹ als kritische Handlungspraxis vgl. Pirkko Husemann, *Choreographie als kritische Praxis. Arbeitsweisen bei Xavier Le Roy und Thomas Lehmen*, Bielefeld: transcript 2009, S. 55. Den Prozess des Abschweifens von ›aufgezwungenen‹ Ordnungen der Repräsentation in Museen beschreibt Rogoff wie folgt: »[Das Museum] macht mich passiv und versucht mich dazu zu bringen, in einer bestimmten Abfolge bestimmte Schritte zu tun. Ich scheine dagegen einen großen inneren Widerstand zu haben... gegen diese Art der Rahmung und der Entmündigung. [...] Genealogien zu umgehen, die das Museum geboten hat, das ist es, was mir zur Zeit wichtig ist. Ich nenne das Partizipation, denn ich denke, dass es auch die Möglichkeit in sich birgt, eine Theorie politischen Handelns zu entwickeln.« Irit Rogoff, »›Subjektlos im Members‹ Room‹, ein Interview mit Irit Rogoff von Clemens Krümmel«, in: *Texte zur Kunst* 11.1 (2001), S. 42-48, hier: S. 44.

69 | *Looking away* versteht Rogoff als »an alternative mode of taking part in culture in which we affect a creative *bricolage* of art works and spaces, and modalities of attention and subjectivities, that break down the dichotomies of objects and viewers and allow for a dynamic manifestation of the *lived* cultural moment«. Irit Rogoff, »Looking Away: Participations in Visual Culture«, in: Gavin Butt (Hg.), *After Criticism. New Responses to Art and Performance*, Malden, Oxford: Blackwell 2005, S. 117-134, hier: S. 133. Kursivierung im Original.

3.1 Blickräume der Unvorhersehbarkeit

Bezieht Dries Verhoevens Performance *dein reich komme* ihren theatralen Reiz aus der Etablierung von wechselwirksam ausgerichteten Begegnungen zwischen Ich und anderem, steht in seiner Installation *You are here*[70] (2009) die Isolierung einzelner Zuschauer im Mittelpunkt. Jene konnten sich zunächst lediglich durch Geräusche und akustische Signale wahrnehmen und erst im Nachhinein durch Blicke registrieren. Die etwa fünfundzwanzig ›Hotelbesucher‹, die in einem verdunkelten Studiosaal eintrafen und an einem schwach beleuchteten Rezeptionstisch anstanden, erhielten ihre Zimmerschlüssel und begaben sich der Reihe nach in einen labyrinthischen Flur, der zu den nummerierten Türen einzelner Hotelzimmer führte. Nach dem Aufschließen der Türen, betrat man ein quadratisch gebautes fensterloses Zimmer und legte sich mangels anderer Optionen auf das bezogene Bett, dem einzigen Möbelstück in dem halbdunklen Raum. Von hier aus war die Reflexion des eigenen Körpers an der verspiegelten Decke zu erblicken. Die Szenerie des verdoppelten Körperganzen erinnerte an die Konfiguration des Lacan'schen Identifikationsmodells, doch die narzisstische Begegnung des Besuchers mit sich selbst war nun ausschließlich aus der motorisch ›ohnmächtigen‹ Position eines flach liegenden Blickenden möglich. Wird die subjektkonstituierende Wirkung im Spiegelstadium durch die Illusion des aufrecht stehenden Ebenbildes garantiert, findet in *You are here* aufgrund der Verkehrung in die Horizontale dessen ›Entkonventionalisierung‹ statt.

Verhoevens Hotelgebäude stellte gleichsam ein Panopticon ohne Durchblick dar, das jeden Betrachter durch dünne Holzwände individualisierte und in uniformierten Zimmern verteilte, doch keinen Einblick von außen gewährte, sodass die Anwesenheit von anderen ausschließlich durch Geräusche vernehmbar wurde. Man hörte Schritte, das Ankommen der Nachbarn und schloss auf die Bewegungen und das Verhalten der imaginierten anderen, die trotz ihrer Nähe nicht zu sehen waren. Lediglich der kleine Spalt über der Türschwelle erwies sich als Kommunikationskanal, der den Verkehr einer schriftlichen Korrespondenz mit einem unsichtbaren anderen ermöglichte. Der schriftliche Dialog entfaltete sich aus der Beantwortung eines Fragebogens, dessen Ausfüllen die Basis für ein gegenseitiges Frage-und-Antwort-Spiel ergab. Die lakonischen und doch assoziationssteuernden Fragen, wie »Woran hat es Dir heute gefehlt?«, »Was hast Du letzte Nacht geträumt?«, »Woran erinnerst Du Dich gerne?«, »Was tust Du, wenn Du nicht schlafen kannst?«, regten die Besucher an, zumindest nach der zweiten Replik sehr vertrauliche, beinahe intime Antworten zu geben. Die anonymen Antworten

---

70 | Die Premiere von Dries Verhoevens szenischer Installation *You are here* fand im Mai 2007 beim Festival a/d Werf in Utrecht statt und hatte im August 2009 bei den Salzburger Festspielen ihre deutschsprachige Erstaufführung. Zu einzelnen Zuschauerberichten und Analysen dieser Arbeit vgl. den Sammelband von Dries Verhoeven (Hg.), *80 cm away from you. performances 2002 – 2009*, Amsterdam 2009.

verhinderten die Zuordnung der Aussagen zu dem individuellen Gesicht, daher war man geneigt, aufrichtig und inhaltsreich Auskunft zu geben. Das Gefühl der Anonymität basierte im Wesentlichen auf der Tatsache, dass die Zuschauer nicht angeblickt wurden. Sie konnten ihre eigenen Aussagen für negierbar halten, da sie nicht vor den Augen des anderen agierten. Im Inkognito entstand eine Lust an der ungesehenen und scheinbar unkontrollierten Selbstinszenierung. So entfachte die Erwartung weiterer Fragen und Reaktionen auf die preisgegebenen Geschichten nicht nur eine Neugier nach dem imaginären Adressaten der Briefe, es steigerte sich auch die Motivation und Freude an der narzisstischen Selbstdarbietung und der Fortdauer eines Dialogs, der im gegenseitigen und konfrontativen Blickwechsel kaum möglich gewesen wäre.

Die im Bett liegenden und anonym korrespondierenden Zuschauer erhielten bald eine unter der Tür durchgeschobene, schriftliche Anweisung: »Danke für die Antworten«, hieß es, »Du kannst Dich hinlegen.« Aus dem Lautsprecher über dem Kopf erklang eine weibliche Stimme, die über die körperliche Nähe ihrer Urheberin erzählte und einen Monolog improvisierte, der an einen imaginären anderen adressiert war und aus den zuvor im Briefwechsel gegebenen konkreten Antworten der Zuschauer hervorging. Währenddessen erhob sich die Spiegeldecke, die bis dahin das gesamte Gebäude und alle Hotelzimmer begrenzte, in einer kaum bemerkbaren Langsamkeit und eröffnete den Ausblick auf alle benachbarten Räume und deren Besucher.

Auf dem Rücken liegend vermochte sich der Zuschauer einen Überblick über die 39 mehr oder weniger quadratisch angeordneten Zimmern zu verschaffen und einzelne Zuschauer bzw. einige sich durch den Hotelflur bewegende Akteure in den Blick nehmen. Die Möglichkeit eines potenziellen Alles-Sehens wurde in Dries Verhoevens Hotelgebäude jedoch dadurch beeinträchtigt, dass hier, im Unterschied zu Jeremy Benthams architektonischem Modell des Panopticons,[71] Sehen und Gesehenwerden Hand in Hand gingen. Verhoeven nivellierte jene »brutale Asymmetrie der Sichtbarkeit«[72], die Benthams hierarchisierende räumliche Anordnung von *einem* unsichtbaren Blickenden und *einer Vielzahl* jener, denen dieser panoptische Blick verweigert wird, charakterisiert. Da die Architektur des Panopticons nicht nur zu einer utilitaristischen Idealstruktur neuzeitlicher Institutionen, wie Schule, Gefängnis, Spital etc. avancierte, in denen körperliche Kontrolle installiert und kontinuierlich aktiviert werden musste, sondern zu einem allgemeinen Prinzip, ja zu einem Dispositiv der Macht geworden ist, die die Gesellschaft der Moderne in eine »Gesellschaft der Überwachung«[73] transformierte,

71 | Zur Bentham'schen Konzeption des Panopticons im 18. Jahrhundert vgl. Jeremy Bentham, *The Panopticon Writings*, London: Verso 1995.

72 | Jacques-Alain Miller, »Jeremy Benthams panoptische Maschinerie«, in: ders./Renata Salecl/Miran Božovic (Hg.), *Utilitarismus*, Wien: Turia und Kant 1996, S. 7-51, hier: S. 8.

73 | »Unsere Gesellschaft ist nicht eine des Schauspiels [spectacle], sondern eine Gesellschaft der Überwachung [surveillance]. [...] Wir sind nicht auf der Bühne und nicht auf

wollen wir zunächst die räumliche Konfiguration dieses Machtdispositivs rekapitulieren, um anschließend die architektonische Rekursivität auf das Panopticon in *You are here* auszuloten.

Bevor Michel Foucault seine berühmte Analyse optischer Relationen *als* Machtrelationen entwickelte,[74] hatte der Psychoanalytiker Jacques-Alain Miller die auf einer architektonischen List basierende Maschinerie disziplinierender Überwachung wie folgt zusammengefasst: Die panoptische Maschine »ist ein Gebäude. Das Gebäude ist kreisförmig. Auf der Umrundung befinden sich die Zellen, auf jedem Stockwerk. In der Mitte, ein Turm. [...] Jede Zelle hat ein Fenster nach draußen, das so gebaut ist, daß zwar Licht und Luft eindringen können, doch die Sicht nach außen verschlossen ist«[75]. Die List dieser optischen Maschinerie ist nach Miller auf die systematische Trennung von einem Observierenden und den Beobachteten, d.h. einem Kontrolle ausübenden Betrachter und den durch ihn kontrollierten Beschauten, zurückzuführen: »Von den Turmzimmern aus kann man [...] in die Zellen sehen. Diese dagegen sind durch Fensterläden verdeckt und können von den Zellen aus nicht gesehen werden.«[76] Die Architektonik der panoptischen Unterwerfungsmaschinerie, die sowohl Miller als auch Foucault in einer Theatermetaphorik beschrieben haben,[77] wurde in *You are here* als raumstrukturelles Zitat mit Analogien und einer signifikanten Differenz aufgegriffen: Alle Zuschauer wurden, dem Panopticon ähnlich, parzelliert, voneinander getrennt und in uniformierten Zellen untergebracht, doch das Spielfeld der Aufführung wurde in ein vollkommen

---

den Rängen. Sondern eingeschlossen in das Räderwerk der panoptischen Maschine, das wir selber in Gang halten.« Foucault, *Überwachen und Strafen*, a.a.O., S. 278-279. Mit dem Begriff des Spektakels bzw. des Schauspiels rekurriert Foucault jedoch nicht auf die gesellschaftskritischen Darlegungen Guy Debords, sondern auf die *antike* »Zivilisation des Schauspiels« (ebd.), die auf eine klare Trennung von vielen Beobachtern und wenigen Beschauten – im Tempel, im Theater etc. – abzielte. Die Konfiguration des Spektakels zur Zeit des panoptischen Prinzips kam zu einer radikalen Umkehrung und hegemonialisierte die Konstellation eines einzigen Überwachers und zahlloser Überwachter. Vgl. ebd.

74 | Die Architektonik des Panopticons, die auf einem einzigen Instrument, namentlich auf dem Blick und seiner Unterwerfung evozierenden Wirkung basiert, werden wir in Anlehnung an die machttheoretische Tradition Michel Foucaults noch ausführlich behandeln und weiterführen. Vgl. Kapitel VI/2.1.

75 | Miller, »Jeremy Benthams panoptische Maschinerie«, a.a.O., S. 7. Zur Reflexion der Tatsache, dass »das Benthamsche Ideal-Gefängnis in Wirklichkeit nie realisiert« wurde, vgl. Kammerer, *Bilder der Überwachung*, a.a.O., S. 122-124, hier: S. 122.

76 | Miller, »Jeremy Benthams panoptische Maschinerie«, a.a.O., S. 7.

77 | Miller charakterisiert die Animierung der Beschauten als theatralisch, da sie den externen Besuchern des Panopticons als Schauspieler erscheinen mögen. Vgl. ebd., S. 22-27. In scheinbarem Rekurs darauf bezeichnet Foucault jeden Käfig als »ein kleines Theater, in dem jeder Akteur allein ist, vollkommen individualisiert und ständig sichtbar«. Foucault, *Überwachen und Strafen*, a.a.O., S. 257.

transparentes Areal transformiert, in dem alle Anwesenden sichtbar waren. Man verzichtete in der konzentrischen Anordnung von Hotelzimmern auf den zentralen Bentham'schen Trick, genauer gesagt: auf die Vortäuschung eines zentralen Auges, das alles permanent anblickt, ohne wahrgenommen oder kalkuliert werden zu können. In der Spiegelung waren entsprechend alle Anwesenden, ihre Gesten, Posen und Relationen sichtbar und überwachbar, ohne dass die Blicke im Dienste eines ökonomisch-politischen Zwecks gestanden hätten. Die Auflösung der radikalen Asymmetrie zwischen Sehendem und Gesehenen erschütterte geradezu die Idee eines absoluten und totalitär inspizierenden Aufsehers sowie einer singulären Position der vollkommenen Observation. Verhoeven verweigerte den empirischen Subjekten die tradierte Zentralposition eines allmächtigen Überwachers und entschied sich dagegen, die Vorstellung eines unhintergehbaren und abstrakten Omnivoyeurs ›fortzuschreiben‹. Somit kippte er den »hohe[n] Turm von Wissen und Macht«[78], die vertikale Hierarchie des Panopticons in die Horizontale. Verhoeven ließ die Fragen virulent werden, ob Überwachen bzw. Überwachtwerden als bereits verinnerlichte Haltungen zu betrachten sind bzw. inwieweit sie in einer enthierarchisierten Konfiguration mit Schaulust korrelieren.

Partizipiert man an der Installation *You are here*, so wird erkenntlich, dass es in diesen Aufführungen um wesentlich mehr geht, als um Thematiken des Überwachens und der Augenlust. Denn mit der langsamen Entfernung des Spiegels verloren die Blicke, das Lächeln oder weitere gestische Zeichen der Zuschauenden ihre Wahrnehmbarkeit. Mehr noch: Die spiegelverkehrte Sicht auf den Raum sowie die in Entfernung rückenden und bis zur Verwechselbarkeit ähnlich gestalteten Zimmer verhinderten sogar, dass man sich selbst und die eigene Raumpositionierung im Spiegelbild reflexhaft erkannte. Jeder Hotelgast konnte zwar potenziell von allen Seiten und Winkeln observiert werden, doch keiner war in der Lage, genau auszumachen, ob und aus welcher Richtung Blicke auf ihn gerichtet waren. Hier wurde die normative Raumlogik des Theaters auf radikale Weise subvertiert. Die räumlichen Strukturen der Sehachsen zeichneten sich durch eine Parallelität aus, und die liegenden Zuschauer nahmen letztendlich dieselbe Spiegelfläche in Augenschein. Damit verwischte Verhoeven die luzide räumliche Differenzierung zwischen Zuschauern und Akteuren, ›Urhebern‹ und Objekten der Blicke, sodass sich die Blickenden in eine Art ›Diesseits‹ von sich verfestigten identifikatorischen und objektivierenden Blickordnungen getrieben fühlen konnten. In *You are here* wurde »eine Form von Geselligkeit« erfahrbar, ohne dass die Partizipation mit einer klaren und nachhaltigen Differenzierbarkeit zwischen einer »Subjekt- und Objektposition«[79] einherging. Im Sinne der von Gernot Böhme in seiner *Aisthetik* entwickelten Beobachtung wurde dem Betrachter die Wahrnehmung und Partizi-

78 | Ebd., S. 268.

79 | Fischer-Lichte, *Ästhetik des Performativen*, S. 297, 301. Fischer-Lichte unternimmt anhand zahlreicher Aufführungsbeispiele den Nachweis, dass ein signifikantes Transformationspotenzial der theatralen Partizipation darin bestehe, dass herkömmliche dicho-

pation mehr oder weniger im ›Diesseits‹ einer ausdifferenzierenden Spaltung zwischen Wahrnehmungssubjekt und -objekt möglich,[80] in einem atmosphärischen Gewebe der Blicke, in dem die distanzierende bzw. animierende Appellfunktion des Blickens (›noch‹) nicht erfolgreich an den anderen adressiert war. ›Blicken‹ hieß in Verhoevens Installation, sich in der visuellen Ordnung zu verlieren, vergebens nach dem Überblick über den Raum, den anderen bzw. das Selbst zu suchen. Man fokussierte per dynamischem Zufallsprinzip, außerstande, mit dem Blick wechselwirksame soziale Effekte zu erzielen. *You are here* ist demnach einer der ambitioniertesten Versuche, die mächtige und konsolidierte Raum- bzw. Rollenstruktur theatraler Repräsentation auf den Kopf zu stellen und soziale Interaktion als unvorhersehbare Partizipation herauszufordern.

Was auch Verhoeven mit seiner Installation ins Wanken bringt und erschüttert, ist das Konstrukt der Perspektive, das sich sowohl in den bildenden als auch in den darstellenden Künsten als eine *vertikale* Struktur verfestigt hat. Das filmische Bild auf der Kinoleinwand, das Gemälde im Museum und das Schauspiel in der Aufführung werden konventionell senkrecht präsentiert und wahrgenommen.[81] Darüber hinaus sind nicht nur die Ordnungen der Repräsentation und der Darstellung von dem Vertikalitätsprinzip organisiert, sondern selbst das Lacan'sche Schema der Identitätsbildung basiert auf der Idee eines ›aufrechten Spiegels‹[82], auf einer Vorstellung also, die eine vertikale Wahrnehmungsdisposition als Idealkondition der Identitätsbildung unentwegt fortschreibt. Es war Walter Benjamin, der in seinem Fragment über »Malerei und Graphik« das Problem der Blickrichtung in der Kunst angesprochen und – um seine These grob zu paraphrasieren – zwischen der Vertikalität der Malerei und der Horizontalität der Zeichnung unterschieden hat.[83] Diese Benjamin'sche Differenzierung zwischen der Logik des Sehens und der des Lesens, zwischen der Ordnung der Repräsentation und der der Zeichen, wurde später von der Kunsttheoretikerin Rosalind Krauss aufgegriffen und für die Definition der Formlosigkeit in der Kunst herangezogen: Im Kontrast zu den Räumen der Vertikalität, die in der Begegnung aufrechter Körper konstituiert wer-

---

tomische Begriffspaare der Ästhetik – wie Subjekt und Objekt, Kunst und Leben etc. – im Vollzug der Aufführung kollabieren. Vgl. ebd., S. 294-304.

80 | Vgl. Gernot Böhme, *Aisthetik. Vorlesungen über Ästhetik als allgemeine Wahrnehmungslehre*, München: Wilhelm Fink 2001, S. 45.

81 | Insbesondere die Vertreter der Minimal Art haben sich mit der vertikalen Hierarchie der bildenden Kunst kritisch auseinandergesetzt, entdeckten sie doch den Fußboden als signifikanten Präsentationsort für ihre Objekte.

82 | Vgl. Rosalind Krauss, »Gestalt«, in: dies./Yve-Alain Bois (Hg.), *Formless. A User's Guide*, New York: Zone Books 1997, S. 89-92.

83 | Vgl. Walter Benjamin, »Malerei und Graphik«, in: ders., *Gesammelte Schriften. Bd. II/2*, Frankfurt a.M.: Suhrkamp 1977, S. 602-603.

den, scheint die Sphäre der Horizontalität mit der Subvertierung von Bewusstsein, Form, Phallokratie und Kultur einherzugehen.[84]

Wie André Lepecki im Zusammenhang mit den Aktionen *It's a Draw/Live Feed* von Trisha Brown und *Panoramix* von Maria La Ribot feststellte, können horizontal verlaufende Bewegungen eines liegenden oder fallenden Körpers darauf abzielen, eine »nicht-phallogozentrische Räumlichkeit« mittels der Geste einer »nicht-kolonialistische[n] Territorialisierung«[85] zu konstituieren. Die Installation *You are here* nahm ebenfalls kritischen Bezug auf den »hierarchiegeprägten Apparat des Theaters«[86], den Verhoeven mit der asymmetrischen Architektur des Panopticons verlinkte, doch auf raffinierte Weise die konventionalisierte Trennung zwischen blickenden Zuschauern und angeblickten Akteuren in der Aufführung überwand. Dadurch dass Verhoevens Panopticon den phallisch-vertikalen Turm des Aufsehers suspendierte, die senkrechte Fensterstruktur der Zellen in ein waagerechtes Spiegelfeld transformierte und die hierarchische Machtstruktur der Überwachung unterlief, attackierte er die tradierten Rezeptionsachsen von ›Körperlichkeit‹ und ›Kultur‹, wie sie etwa in Rosalind Krauss' Konzept der Horizontalität virulent werden.[87] Die Spiegelung sublimierte die durch Zimmerwände etablierten Grenzen und Entfernungen zwischen den Hotelgästen und enthierarchisierte die visuellen und intersubjektiven Relationen auf einer ebenen Fläche der Reflexe. Obwohl der horizontale Spiegel alles sichtbar werden ließ, totalisierte er die räumliche Anordnung keineswegs; er bot für den Zuschauerblick keine vorstrukturierte Achse, die eine perspektivische Raumillusion hätte zugänglich machen können. Die Sphäre der »perspektivlose[n] Horizontalität«[88] zeichnete sich gleichsam als Sphäre der Diskontinuität und Kontingenz aus, die einerseits eine totalisierende Darstellungsstruktur sowie eine programmatische Inszenierbarkeit destabilisierte und andererseits den Blick in die Orientierungslosigkeit leitete sowie – mangels vorgegebener räumlicher Kodierungen – dessen defizitäres Erfassungs- und Konzentrationsvermögen bewusst machte.

Der theatrale Raum in *You are here* verfügte nicht über ein Zentrum, das in Form einer Bühne als Zielscheibe aller Augen hätte fungieren können. Im Gegen-

84 | Krauss bezieht sich in ihren Ausführungen u.a. auf Jackson Pollocks Unterfangen, das nach 1947 darin bestand, die vertikale Produktionsdevise der Malerei zu hinterfragen und das Segel von der Staffelei auf den Boden zu kippen, um es in der horizontalen Platzierung zu ›bespritzen‹ [*dripping*]. Vgl. Rosalind Krauss, »Horizontality«, in: Bois/Krauss, *Formless*, a.a.O., S. 93-103, insbesondere: S. 93-94. Krauss hebt die Widersprüchlichkeit von Pollocks rebellischer Geste hervor. Sie betont, dass das Gemälde nach seiner Genese wieder in die Vertikalität ›gehoben‹ und in der senkrechten Position der Rezeption angeboten wurde. Vgl. ebd., S. 97.

85 | Lepecki, *Option Tanz*, a.a.O., S. 102.

86 | Ebd., S. 114.

87 | Vgl. Krauss, »Horizontality«, a.a.O., S. 95.

88 | Lepecki, *Option Tanz*, a.a.O., S. 103.

teil, die Zuschauerblicke wurden dynamisiert und folgten einer ateleologischen Fokussierungspolitik. Folglich verwundert es auch nicht, dass beispielsweise die sich aufrecht im Raum bewegenden Akteure, die die Hotelgäste besuchten, sie zudeckten oder sie abholten und in fremde Zimmer begleiteten, eher als rein amorphe, gestaltlose Spuren ihrer aufrechten Körperlichkeit im Spiegel wahrnehmbar denn als ›Darsteller‹ identifizierbar waren. Mit der horizontalen Ausdehnung des ›Spiels‹ wurde »Räumlichkeit«, um es mit Lepecki zu pointieren, »durch Dimensionalität ersetzt«[89], d.h., die soziale Mikrostruktur der Performance rückte in den Vordergrund. Sie manifestierte sich merkwürdigerweise nicht nur in der gegenseitig ausgehandelten (Blick-)Relation zwischen Zuschauer und Akteur. Als eine partizipatorische Praxis vollzog sie sich bereits in Momenten des Unvorhergesehenen, in der zerstreuten Aufmerksamkeit und einer unscharfen Fokussierung.

Die ›Hotelgäste‹ konnten diese Dimensionalität in der Wahrnehmung noch-nicht-aktualisierter Möglichkeiten der Blickfixierung erleben, weil eine Kausallogik von visueller Lust- bzw. Erkenntnisproduktion hier nicht griff. In *You are here* bestand die Partizipation der Blicke in jenen Erfahrungsmomenten der Teilhabe, in welchen Räumlichkeit in ihrer Flüchtigkeit und Instabilität wahrgenommen wurde. Sie basierte demnach kaum auf der Konstituierung zweckorientierter Handlungsräume. Die Raumbildung ging daher mit der Produktion von Oszillationen, Brüchen und ›Leerläufen‹ Hand in Hand, die für den Blick wiederum Möglichkeitsdimensionen eröffneten und somit Sozialität unabhängig von der Logik zwischen Sehen *oder* Gesehenwerden, Fixieren *oder* Posieren, Fokussieren *oder* Abschweifen erlebbar machten. Das Blicken ereignete sich als partikulares Sich(t)-Bewegen am Horizont der Potenzialitäten, ohne dass dessen phatische Funktion, im Sinne der Herstellung von Kontakten, hätte erfüllt werden müssen. Im Unterschied zu Dries Verhoevens erster Performanceinstallation *Hartstocht* [Lust],[90] die ebenfalls mit Spiegelprojektionen arbeitete, erkundete *You are here* das Moment sozialer Partizipation in einem Kollektiv, in dem Überwachen und Appellieren, Unterworfensein und Reagieren als Effekte des Blickens aufgeschoben waren.

Auf den zurückliegenden Seiten ist ersichtlich geworden, dass Raumkonstituierung in Aufführungen immer auch mit der Genese intersubjektiver Relationen einhergeht, die nicht nur im Augenblick territorialisierender Setzungen, sondern auch als utopische, als a-topische Möglichkeitsdimensionen erfahrbar werden können. Im Gegensatz zur Vertikalität des Guckkastentheaters ist die Ordnung von räumlichen, sozialen und machtpolitischen Gefügen, die in vielen Beispielen der

89 | Ebd., S. 119.

90 | Die ›theatrale Busfahrt‹ *Hartstocht*, die Dries Verhoeven mit Roos van Geffen entwickelte, hatte am 1. April 2002 in Brügge, der Kulturhauptstadt des Jahres Premiere. In dieser Aktion nahmen die Zuschauer in einem Minibus Platz, dessen Dach geöffnet war. Mit einem auf dem Schoß liegenden Spiegel konnten sie ein *menschenloses* und auf den Kopf gestelltes Stadtbild erfassen.

Performance- und Aktionskunst präferiert werden, *horizontal* zu denken.[91] Diese Horizontalität korrespondiert gleichsam mit einer Blickhaltung, die der Besucher in Dries Verhoevens Installationen dezidiert einnimmt, denn jener ist »einerseits ganz auf sich selbst zurückgeworfen und mit den eigenen Gedanken und Assoziationen allein gelassen, andererseits nimmt er sich als Teil einer Gemeinschaft wahr«, wie es die Jury des Young Directors Project 2009 formulierte. Sie sah die ambivalente Qualität der Partizipation in *You are here* exakt in der »Gleichzeitigkeit von Intimität und Öffentlichkeit«[92], in jenem beständigen Spannungsverhältnis zwischen Eigenem und Kollektivem, das sich in ›horizontalen‹ und mehr oder weniger ›egalitären‹ Formen kopräsentischer Partizipation realisieren kann und dem wir im Folgenden anhand eines Kunstprojekts im öffentlichen Stadtraum nachgehen möchten.

3.2 Blickräume der Öffentlichkeit

Ebenso wie Dries Verhoevens Theaterinstallation *You are here* konterkariert durch die radikale Aufhebung der konventionalisierten ›Architektur‹ der Theateraufführung auch sein Audiowalk *Niemandsland*[93] (2008) die visuelle Erfassung und Totalisierung der raum-atmosphärischen Umgebung. Beide Arbeiten erschüttern die theoretisch wie empirisch festgesetzten Konfigurationen des Sehens und Gesehenwerdens und erzielen eine Unterbindung sowohl voyeuristischer als auch objektivierender Blickhaltungen. Die unvorhersehbare Zusammenkunft eines jeden Zuschauers mit einem Akteur organisierte Verhoeven im Zentrum der Stadt, durch die sich beide bewegten. Im Audiowalk konnte die Konstituierung des performativen Raums als Korrelat intersubjektiver Blickakte sondiert werden. Zudem

91 | Raumkonfigurationen, die sich durch ein »nichthierarchisch organisierte[s] Wahrnehmungsfeld[...]« zwischen mehreren Betrachtern und Objekten charakterisieren lassen und »durch spezifische Leerzonen oder Absenzen« gekennzeichnet sind, hat Barbara Gronau mit dem Konzept der ›Theaterinstallation‹ benannt. Vgl. Barbara Gronau, *Theaterinstallationen. Performative Räume bei Beuys, Boltanski und Kabakov*, München: Wilhelm Fink 2010, hier: S. 175. Inwieweit kopräsentische Partizipation in Momenten der Horizontalität und der Unvorhersehbarkeit mit Differenz- und Machtstrukturen zusammenzudenken ist bzw. inwiefern der kontingente Aufschub oder die Subversion hegemonialer Machtrelationen in der Performancekunst mittels Blickaktivitäten vollzogen werden können, wird uns im Kontext des Verhältnisses von Blick und Macht beschäftigen. Weiterführend vgl. v.a. Kapitel VI/3.2.

92 | Begründung der Jury bei der Preisverleihung im Rahmen des Young Directors Project bei den Salzburger Festspielen 2009; in: http://salzburgerfestspiele.at/ydp2011/10jahre.html, 08. August 2011, o.S.

93 | Dries Verhoevens Theaterprojekt *Niemandsland* aus dem Jahre 2008 war im deutschsprachigen Raum zuerst im Rahmen des Festivals Theaterformen in Hannover im Juni 2008 zu erleben.

wurden Blickwechsel im Spannungsfeld von Inszenierbarkeit und Kontingenz, standardisierten Verhaltensmustern und Unvorhersehbarkeiten initiiert.

Dem Zuschauer war es möglich, auf den Straßen Hannovers Raumerfahrungen zu sammeln, die sich aus dem Wirkungsgefüge vielzähliger anonymer Blicke heraus entfalteten. Dieses System des Sehens generierte sich aus fokussierenden oder abschweifenden, nahen oder fernen, jemanden tatsächlich oder nur potenziell fixierenden, appellierenden oder lediglich rezipierenden Blicken. In *Niemandsland* wurde der Stadtraum – wie Georg Simmel bereits zu Beginn des vergangenen Jahrhunderts proklamierte – als eine »Anhäufung so vieler Menschen mit so differenzierten Interessen«[94] anhand von flüchtigen Blickbeziehungen wahrnehmbar. Obwohl jeder Zuschauer an dem genau disponierten und zeitlich festgelegten Ablauf einer Inszenierung partizipierte, befand er sich gleichzeitig mitten in einer Großstadt oder – wie de Certeau es ausdrückte – in der »räumliche[n] Ordnung [...] von Möglichkeiten«[95] schlechthin. Das städtische Milieu zeichnet sich nach Simmel dadurch aus, dass sich die Menschen hier »gegenseitig anblicken [...] können oder [...] müssen, ohne miteinander zu sprechen«[96], sodass der urbane Raum seit der Industrialisierung zu einer Zone komplexer sozialer Beziehungen geworden ist, in der das Auge »wohl von allen Organen des Menschen den größten Teil der Last der Urbanisierung zu tragen«[97] hat.

Der Argumentation von Simmel folgend, die den Blickinteraktionen die signifikanteste Rolle in öffentlichen Kommunikationsformen beimisst, wollen wir Blickhandlungen ausloten, die in der anonymen Menschenmenge verhandelt werden und die bipolare Logik von Blickendem und Angeblicktem als eine Idealkonstellation entlarven und zugleich ins Wanken bringen. Mit Ausnahme der Beschreibung von *You are here* haben wir in der Analyse aller Aufführungsbeispiele bislang dort angesetzt, wo eine intersubjektive Relation entweder von einem externen Blickenden durch Objektivierung oder vom Subjekt durch Objektivierung bzw. Identifizierung hervorgebracht und aufrechterhalten wurde. Dies war immer dann der Fall, wenn die Wahrnehmung des anderen schlagartig erfolgte oder wenn sich die Interaktionsökonomie einer Aufführung stabilisiert hatte. Auf den nächsten Seiten wollen wir versuchen, ein veritables Desiderat von Blicktheorien wenigstens annähernd zu beheben, indem wir die Frage erkunden, wie soziale Blickräume diesseits stabiler und festgesetzter Intersubjektivitätsrelationen wahrgenommen und etabliert werden. Wir beschäftigen uns deshalb mit Räumen, die, wie das Fo-

94 | Georg Simmel, »Die Großstädte und das Geistesleben«, in: ders., *Brücke und Tür. Essays des Philosophen zur Geschichte, Religion, Kunst und Gesellschaft*, Stuttgart: K. F. Koehler 1957, S. 227-242, hier: S. 231.

95 | de Certeau, *Kunst des Handelns*, a.a.O., S. 190.

96 | Georg Simmel, *Soziologie. Untersuchungen über die Formen der Vergesellschaftung*, Berlin: Duncker & Humblot 1908, S. 483-493, hier: S. 486.

97 | Alfred Krovoza, »Gesichtssinn, Urbanität und Alltäglichkeit«, in: Brandes, *Sehsucht*, a.a.O., S. 43-52, hier: S. 51.

yer in *Visitors Only*, aus der Pluralität von Blickachsen entstehen und in denen *kein* ›Akteur‹ an die Aufmerksamkeit aller Anwesenden appelliert, um den Raum der ›zerstreuten Aufmerksamkeit‹ in einen Raum der (Re-)Präsentation zu verwandeln bzw. die räumliche Multiplizität von mikro-sozialen Begegnungen in eine hierarchische Konstellation von Zuschauern und Akteuren zu transformieren.

Den in der Eingangshalle des Hauptbahnhofs wartenden fünfzehn Besuchern kam das Vorzeigen der Theaterkarte wie ein Check-In-Prozedere vor, bei dem Name und Fremdsprachenkompetenz abgefragt und notiert wurden. In *Niemandsland* erhielt jeder Zuschauer einen mp3-Player samt Kopfhörer, durch welche die akustische Atmosphäre des Bahnhofs, dessen Geräusch- und Stimmengewirr verstärkt zu vernehmen waren. Da das Aufsetzen der Kopfhörer die Gespräche der einzelnen Besucher unterband, war es die auditive Isolation der Teilnehmer, die den Anfang der Performance markierte. Nachdem alle ein mit einem fremdländisch klingenden Personennamen beschriftetes Schild in die Hand gedrückt bekommen hatten, mit dem sie sich unter die riesige Informationstafel am Eingang der Bahnhofshalle begeben sollten, wartete jeder auf das unverkennbare Zeichen jenes Menschen, an den der jeweilige Eigenname auf dem Schild appellierte. Im Gewimmel des Bahnhofs, in dem die größte Aufmerksamkeit den Uhren, Informationsschildern und Wegweisern gilt, entstand ein sich sowohl zeitlich als auch räumlich permanent reorganisierendes Gewebe von Passanten und deren Perspektiven, ja ein dynamisches Menschenkollektiv, in dem jeder Blick nur den flüchtigen und partiellen Bruchteil eines Umfeldes erfassen konnte, in dem kaum ein Blick erwidert, kaum ein Voyeur ertappt und nahezu keiner zum starren Objekt degradiert wurde oder als Exhibitionist auffiel.

Die Ausgangssituation in *Niemandsland* demonstriert, dass jeder Anwesende als »Mitarchitekt der atmosphärischen Räumlichkeit« gilt, da, so die Theaterwissenschaftlerin Sabine Schouten, »die Atmosphäre erst durch seine Wahrnehmung hervorgebracht und zugleich von seiner Anwesenheit und seinem situativen Verhalten modifiziert wird«[98]. Im Gegensatz zu einer sozialen Schwarmfiguration überwog im Bahnhofsgedränge individualistisches Partizipationsverhalten, mithin ›atomisierte‹ Einzelhandlungen,[99] aus denen keine Bewegungsorganisationen oder programmatischen Affizierungsvollzüge emergierten. Die Teilhabe an diesem heterogen strukturierten Kollektiv ging hingegen mit der Erfahrung von

98 | Schouten, *Sinnliches Spüren*, a.a.O., S. 45.

99 | Vgl. Kai van Eikels, »Schwärme, Smart Mobs, verteilte Öffentlichkeiten. Bewegungsmuster als soziale und politische Organisation?«, in: Gabriele Brandstetter/Christoph Wulf (Hg.), *Tanz als Anthropologie*, München: Wilhelm Fink 2007, S. 33-63. »Wo sich keinerlei schwärmende Aktivität (vor-)findet, bleiben die Tätigen atomisiert. Das heißt, der Schwarm ist in einem neuen Sinn buchstäblich nichts als die Tatsache, *dass* ein paar Vögel zusammen fliegen.« Ebd., S. 52. Kursivierung im Original. Dazu, wie Entstehungs- und Bewegungskonditionen von Tierschwärmen auf gesellschaftliche Phänomene übertragbar sind und kollektives Handeln in sozialen Schwärmen zu charakterisieren ist, vgl. ebd., S. 33-63.

Pluralität, Orientierungsvielfalt und Potenzialität der Blick- und Körperhandlungen einher und ließ die Zuschauer an einem diffusen, aber nicht differenzlosen »Subjekt-Wir« partizipieren, an einer sozialen Konfiguration, in der Sartre zufolge »niemand Objekt [ist]«[100].

Da sich der belebte Bahnhofssaal als ein regelrechter Ort des Übergangs auszeichnet, schienen die Blicke der Passanten weder auf ein Gesicht noch einen Gegenstand dauerhaft fixiert zu sein. Sie bewegten sich insofern ›horizontal‹, als sie sich nicht an feste, stabilisierte Sehmuster anpassten und sich unaufhaltbar dynamisch und voranschreitend orientierten, um in der Wahrnehmung immer neue Räume zu generieren. In der Multiplizität der Sehachsen konnten Blickwechsel nicht intentional geregelt werden. Daher konstituierten die Akte des Sehens und Gesehenwerdens keine Rollen von Betrachtern und Beschauten, die im Sinne der Sartre'schen Modellierung oder gemäß der Theaterkonvention in eine gegenseitige Dependenzrelation integriert worden wären. Obgleich sich das Bahnhofsgebäude in seiner wohlorganisierten Architektur behauptete, entstanden für die in ihm umherlaufenden ›Touristen‹ Räume der kontinuierlichen Wandlung und Fragmentierung, multiple Sozialsphären gewissermaßen, die heterogen, fremdbestimmt und flüchtig waren.

Die Zuschauer, die sich in einem Raum der unkalkulierbaren Dynamiken befanden bzw. minutenlang auf das Auftauchen der Akteure warteten und somit nach einem sinnkonstitutiven Anhaltspunkt in einer Repräsentationsordnung suchten, wurden plötzlich auf eine weibliche, aus den Kopfhörern erklingende Stimme aufmerksam. Man hörte eine singende Stimme, die sich mit den Lippenbewegungen einzelner Passanten synchronisieren ließ, und konnte so die Akteure identifizieren. Wanderten die Zuschauerblicke zuvor von Gesicht zu Gesicht der schnell aneinander vorbeischreitenden Fußgänger, wurden sie nun in ein etabliertes System von Zuschauern und Akteuren, Szenischem und Außerszenischem eingeführt. Man sah sich mit immer mehr ›Akteuren‹ konfrontiert, deren Kleidung, Hautfarbe oder andere phänotypische Merkmale traditionell kulturelle Fremdheit indizierten. Obwohl sie womöglich seit längerem zu sehen gewesen wären, fielen sie erst durch ihre statische Haltung und das lautlose Singen auf. Für die vorbeieilenden Bahnhofspassanten waren sie trotz ihrer stummen Lippenbewegungen kaum

100 | Sartre, *Das Sein und das Nichts*, a.a.O., S. 720. Wenn Sartre die Kategorie des ›Subjekt-Wir‹ einführt und theoretisch begründet, dann versucht er interindividuelle Beziehungen zu beschreiben, in denen die Faktizität des anderen ohne den Effekt des Angeblicktseins, des Objekt-für-andere-Seins, erfahrbar ist. Doch Sartre begreift die vielzähligen Partizipierenden einer »Gemeinschaft« als schlicht äquivalente Anwesende, die ihre Differenzen zueinander aufgeben (müssen). Vgl. ebd., S. 720-752, sowie Arnim Regenbogen, *Sartres Theorie der Intersubjektivität*, Berlin: Dissertationsdruckstelle der Ernst-Reuter-Gesellschaft 1969, insbesondere: S. 161-171. Vor diesem Hintergrund sprengt die Anfangsszene von *Niemandsland* die Sartre'schen Logiken sowohl der Objektivierung als auch der ›differenzlosen Wir-Erfahrung‹.

bemerkbar, sodass der anonyme öffentliche Raum ausschließlich für die lautlos ›Singenden‹ und ›Zuhörenden‹ in einen Begegnungsraum verwandelt wurde, in dem man kollektiv Blicke miteinander wechselte. Die Zuschauer versuchten jene Menschen in der Menge ausfindig zu machen, deren Name auf den ihnen ausgehändigten Schildern stand. Dabei wandten sie sich unbekannten Personen zu und fahndeten nach einem unverkennbarem Signal ihres Guides, nach einer Geste der reziproken Annäherung. Doch im Austausch der Blicke schob sich jede intersubjektive Setzung von sinnfälligen Körperzeichen minutenlang auf.

Erst nachdem die Singstimme verklungen war und Klaviermusik ertönte, bat mit einem einladenden Wink jeder Akteur einen Zuschauer, ihm zu folgen. Mit seinem ›Fremden‹-Führer ging man durch das Menschengedränge und den frequentierten Straßenverkehr solange, bis beide in immer engere Gassen und in unbewohnte Höfe gelangten. Währenddessen behauptete eine Stimme über die Kopfhörer, dass der Akteur kein Deutsch spräche und deshalb stattdessen eine Schauspielerstimme aus seinem Leben berichtete. Ohne dass der Führende ein einziges Mal sein Gesicht gezeigt hatte, begann die Stimme in Ich-Form dessen stilisierte und typisierte Migrationsgeschichte zu erzählen und schilderte dessen Vergangenheit und Flucht aus einem ›fernen Anderswo‹.

Obwohl die Schauspielerstimme einen diegetisch geschlossenen Raum der Erzählung etablierte, blieb dieser für andere Passanten unauffällig und unzugänglich. War die auditive Kommunikation also hermetisch geschlossen und zwischen ›Sprecher‹ und Zuhörer einseitig organisiert, fungierte demgegenüber der Blick als ein kommunikatives Organ, das durch die Bewegung uneingeschränkt am unmittelbaren sozialen Umfeld partizipierte. Auf diese Weise oszillierte die Zuschauerwahrnehmung zwischen der kontemplativen Konzentration auf die Erzählstimme einerseits und dem multiplen Geschehen sowie den Handlungen im Möglichkeitsraum der Straße andererseits. Dies führte dazu, dass weniger die Räume der Inszenierung (akustischer Raum), sondern die Grenzen der intentionalen Verfügbarkeit (öffentlicher Raum) für die ästhetische Erfahrung signifikant und relevant wurden. Das körperliche (Ver-)Folgen des Fremden bot keine Gelegenheit, seine Identität in der Großstadt auszuloten. Vielmehr war der Zuschauer mit der ephemeren, instabilen und unvorhersehbaren Verlaufsstruktur öffentlicher Begegnungen konfrontiert, die klare Zu- bzw. Festschreibungen von Fremdheit und Alterität unterliefen.

Verhoevens Arbeit war nicht darauf angelegt, die Situation des Fremden in der Großstadt zu schildern oder sein Verhältnis zu den ›Einheimischen‹ zu thematisieren. Der Audiowalk exponierte stattdessen die Großstadt trotz ihres territorialen, sozial und ethnisch (vor)strukturierten Charakters als utopisches ›Niemandsland‹, in dem die Kategorien von Privatem und Öffentlichem ihre Trennschärfe verloren und die tradierten Rollen von Sprecher und Hörer, Zuschauer und Akteur sowie die Gegensätze Subjekt/Objekt, Kunst/Leben, Intentionalität/Unvorhersehbarkeit destabilisiert wurden. Hier kehrte sich die konsolidierte Rollenordnung von wegweisenden ›Inländern‹ und orientierungslosen ›Ausländern‹ um und verkomplizierte damit einerseits die dem urbanen Stadtraum eigentümlichen Hierarchisierungen. Andererseits verwandelte sich der Stadtraum samt ›seiner‹ Protagonisten durch die Akzentuierung der Sehhandlungen dabei in eine »andere Form von ›WIR‹«[101]. Er erwies sich als ein kulturell und gesellschaftlich markiertes Territorium, das trotz seiner Grenzziehungen und Hegemonien für einige Augen-Blicke Erfahrungssphären horizontaler Relationen bereithielt und als transitorisches, loses Amalgam miteinander unkontrollierbar verwobener Blicke erfahren werden konnte. Die von Verhoeven entworfene Begegnungsszene im öffentlichen Raum machte dem Zuschauer bewusst, dass der Blick nicht nur auf das Spektakuläre und Zeichenhafte, sondern auch auf das Phänomenale, das Zufällige fokussiert bzw. von unsichtbaren Dimensionen des Potenziellen ›gesteuert‹ werden kann. Die Aufmerksamkeit galt geradezu jenen Passanten, die sich unaufhaltsam fortbewegten, nur für einige Sekunden erkennbar waren und die Blickenden nicht einmal zu bemerken schienen. In der Prozessualität des ›Aneinander-vorbei-Gehens‹, des ›Sich-Verfehlens‹ und ›Sich-Verlierens‹ vermochte der Blick kaum jemanden in ein Bild zu transformieren, sodass sich der in eine narrative Erzählung auditiv involvierte Zuschauer immer wieder in diverse Schwellenzustände versetzt fühlen konnte: Er befand sich *zwischen* einer diegetischen Ordnung und einer ›chaotischen Umwelt‹, *zwischen* ›On-Stage‹ und ›Off-Stage‹, *zwischen* den Figurationen und Prä-Figurationen der Fremdheit und changierte *zwischen* Zuschauer-Sein und ›indifferentem‹ Passant-Bleiben. Daher ist die Bewegungspermanenz des Zuschauerblicks, dessen Fokus zwischen auditiv vermittelter Fiktionalität und visuell wahrzunehmender Faktizität schwankte, in *Niemandsland* mit dem Fischer-Lichte'schen Modell der Schwellenerfahrung treffend zu beschreiben. Der Betrachter befand sich tatsächlich auf der Schnittstelle von Aufführungsort und öffentlichem Raum, »in einem Zustand des ›Zwischen‹«, »zwischen unterschiedlichen Wahrnehmungsmodi, zwischen unterschiedlichen Möglichkeiten seiner Praxis«[102]. Die Erfahrung der Fremdheit, mit der die Inszenierung Verhoevens experimentierte, resultierte insofern nicht so sehr aus der Wahrnehmung eines Menschen mit sogenanntem Migrationshintergrund oder aus der ungewöhnlichen Perspektive, die man auf die mehr oder weniger bekannten Straßen einer Stadt einnahm. Eher

101 | Irit Rogoff, »We – Collectivities, Mutualities, Participations«, in: http://theater.kein.org/node/95, 08. August 2011, o.S.

102 | Erika Fischer-Lichte, »Ästhetische Erfahrung als Schwellenerfahrung«, in: Joachim Küpper/Christoph Menke (Hg.), *Dimensionen ästhetischer Erfahrung*, Frankfurt a.M.: Suhrkamp 2003, S. 138-161, hier: S. 143. Der von Fischer-Lichte aus der Ritualtheorie entlehnte Begriff der Schwellenerfahrung akzentuiert im theaterwissenschaftlichen Diskurs den permanenten ›Übergang‹ zwischen Wahrnehmungsordnungen und richtet gleichsam das analytische Augenmerk auf die ästhetische Dimension der zwischenmenschlichen Partizipation. Als Beschreibungskategorie zielt die Schwellenerfahrung jedoch nicht nur auf die Analyse ästhetischer Prozesse ab, sondern auch auf die Untersuchung potenziell auftretender und sozial signifikanter Transformationsmechanismen.

basierte sie auf Verunsicherung, Irritation oder »Unterbrechung vertrauter Zuordnungen«[103]. In diesem Schwellenzustand dominierte »eine Wirklichkeit der Instabilität, der Unschärfen, Vieldeutigkeiten, Übergänge, Entgrenzungen«[104], sodass der Wahrnehmungsfokus ins Jenseits intakter Sehanordnungen glitt und zwischen diversen räumlichen Ephemeralitäten oszillierte, ohne dabei zu einem bereits verlassenen Blickobjekt je wieder zurückfinden zu können.

Doch im Verlauf der Aufführung erfolgte plötzlich ein schlagartiger Bruch. Mit dem Verklingen der Klaviermusik drehte sich der vorauseilende Reisebegleiter um, blieb stehen und brachte den ihm hinterher eilenden Zuschauer zum Innehalten, indem er ihm in die Augen schaute. In der weder vertraulichen noch ignorierbaren Entfernung von ca. einem Meter Abstand stellte sich blitzschnell die Szenerie von zwei gegenüberstehenden, einander in die Augen blickenden Passanten ein, die von diesem Moment an durch ihre vordergründig symmetrische Figuration für die vorbeilaufenden Fußgänger auffällig und ›blickwürdig‹ wurden. Diese wechselseitige Geste der Zuwendung war jedoch lediglich für die externen Beobachter als eine ›egalitäre‹ und ›vereinende‹ Aufeinanderbezogenheit zu erfahren. Den kontemplativen Blicktausch konnten die Blickenden selbst hingegen als eine besonders intensive und dissonante, von intrinsischer Konzentration und öffentlicher Preisgabe geprägter Sozialbeziehung erfahren, die die Signifikanz der akustisch vermittelten fiktiven Geschichte sekundär und trügerisch werden ließ. In der etwa eine Minute andauernden Auge-in-Auge-Fixierung exponierte sich jeder für den anderen als ein opaker und unauslotbarer Horizont der Alterität, als eine Sartre'sche »Transzendenz«, die paradoxerweise mit der Dauer der gegenseitigen Wahrnehmung immer ›unermesslicher‹ wurde.

In der Kontinuität des Wechselbezugs trat weniger die Erkenntnisproduktion, als vielmehr die phänomenale Erfahrung des organischen Körpers und der Appellcharakter der fremden Blicke in den Vordergrund. Nicht zuletzt wurde der Zuschauer auf seine eigenen Blickhandlungen und Erscheinungsqualitäten aufmerksam. Die kulturelle Kodiertheit von Blickorientierungen wurde dem Betrachter bewusst, weil er sich nach eigenem Ermessen entscheiden musste, ob er dem anderen direkt in die Augen schaute, auf seine Kleidung, seinen Bauch oder seine

103 | Ulrich Bielefeld, »Exklusive Gesellschaft und inklusive Demokratie. Zur gesellschaftlichen Stellung und Problematisierung des Fremden«, in: Rolf-Peter Janz (Hg.), *Faszination und Schrecken des Fremden*, Frankfurt a.M.: Suhrkamp 2001, S. 19-51, hier: S. 25. Zur »Diskontinuität‹« und »Fragmentiertheit« der eigenen Wahrnehmung in sogenannten *walking performances* vgl. Patrick Primavesi, »Zuschauer in Bewegung – Randgänge theatraler Praxis«, in: Jan Deck/Angelika Sieburg (Hg.), *Paradoxien des Zuschauens. Die Rolle des Publikums im zeitgenössischen Theater*, Bielefeld: transcript 2008, S. 85-106, hier: S. 103.

104 | Fischer-Lichte, »Auf der Schwelle. Ästhetische Erfahrung in Aufführungen«, in: Sabine Gehm/Pirkko Husemann/Katharina von Wilcke (Hg.), *Wissen in Bewegung. Perspektiven der künstlerischen und wissenschaftlichen Forschung im Tanz*, Bielefeld: transcript 2007, S. 239-246, hier: S. 245.

Hand. Er war folglich gezwungen, permanent zu reflektieren, dass seine Reaktionen wie Lächeln, Erröten, Blinzeln oder Wegschauen Sichtbarkeit und soziale Relevanz erlangten.

Nach diesem Blickwechsel erfolgte kein unmittelbarer Blickkontakt zwischen Akteur und Zuschauer mehr, womit sich das Augenmerk der Teilnehmer wieder auf die unbekannten und verlassenen Terrains der Großstadt richtete. Die Öffentlichkeit konnte also erneut als ein dynamisches Geflecht von unvorhersehbaren und emergenten Beziehungsräumen des Intersubjektiven erlebt werden, als ein ›Niemandsland‹, in dem eine stabile Begegnung von Ich und anderem bzw. Eigenem und Fremdem kontinuierlich utopisch blieb und in dem der Blick neben den Ansprüchen auf Identifizierung oder voyeuristische Objektivierung vor allem von Brüchen, Leerstellen und Störungen der Sozialkontakte geleitet war. Entsprechend befand sich die Blickpartizipation »zwischen Potenzialität und Aktualität in der Schwebe« und tangierte stets die »prekäre Grenze zwischen Gewolltem und Widerfahrenem, Aktivität und Passivität, Fortsetzung und Unterbrechung«[105]. Die performative Konstituierung des Raums in Verhoevens Spaziergängen erfolgte somit als unentwegte Neuorientierung des Zuschauerblicks: Obwohl das Sehvermögen zweifelsohne einer verkörperten Perspektive, einem singulären Blickpunkt zugrunde lag, changierte der Fokus der Partizipierenden im Zwischen der Sehmodalitäten und war letztlich um keinen Preis zu hegemonialisieren, zu totalisieren oder dauerhaft zu stabilisieren.

4. Resümee

Bei der analytischen Auseinandersetzung mit performativen Räumen kristallisierte sich ein Grundcharakteristikum der Raumkonstitution heraus, das sich wie ein roter Faden durch all unsere Aufführungsbeispiele zog und das darin besteht, dass sich zahlreiche theatrale Räume des Gegenwartstheaters – im Vergleich zu filmischen und zentralperspektivischen Bildräumen – als Sphären der Pluralität und Kontingenz auszeichnen, in denen der Zuschauerblick insofern konstitutiv ist, als er die verfestigten geometrischen oder repräsentationsnormativen Wahrnehmungsordnungen destabilisiert und Räumlichkeit für jeden Partizipierenden auf partikulare und oft unvorhersehbare Weise erfahrbar macht. Zum einen werden identifikatorische Blickstrategien dadurch ›okkupiert‹, dass sich der Zuschauerblick keine vorgegebene und totalisierende Idealposition anzueignen vermag und sich permanent re-orientieren muss. Zum anderen zielen Rauminszenierungen und Rauminstallationen im zeitgenössischen Theater darauf ab, die Blickwechsel selbst in Situationen der Reziprozität und der unmittelbaren Wahrnehmungsnä-

105 | Gabriele Brandstetter/Bettina Brandl-Risi/Kai van Eikels/Ulrike Zellmann, »Übertragungen. Eine Einleitung«, in: Brandstetter u.a., *Schwarm(E)Motion*, a.a.O., S. 7-61, hier: S. 8.

he dahingehend zu stören, dass räumlich konventionalisierte Blickkonstellationen und damit der Kampf, »wer zu wessen Bild wird«[106], ihre ontologischen und hegemonialen Bestimmungen verlieren. Visuelles und Soziales verweben sich so zu einer Ordnung der Potenzialität des Zusammenseins.

Die Vielfalt der Beispiele wirft jedoch die Frage auf, welche Bedingungen sich für einen performativen Raum als konstitutiv erweisen: Inwiefern sind Raumerfahrungen im Gegenwartstheater zu systematisieren, wenn anstatt einer perspektivischen Ausrichtung der szenischen Darstellung eine Pluralität von singulären Blickperspektiven begünstigt wird, die für jeden Teilnehmer einen subjektiven Raum der Wahrnehmung, der Bewegung und der zwischenmenschlichen Partizipation eröffnen?

Dass die von Hans-Thies Lehmann vorgenommene Differenzierung zwischen zentripetalen und zentrifugalen Theaterräumen sowohl auf theoretischer Ebene als auch in der aufführungsanalytischen Instrumentalisierung wenig brauchbar ist, hat Jens Roselt in Bezug auf schauspielerisches Handeln und rezeptionsästhetisches Betrachten ebenso nachdrücklich belegt[107] wie das vorausgegangene Kapitel hinsichtlich der zeitgenössischen Raumaneignung. In seiner Unterscheidung geht Lehmann davon aus, dass aus der »physische[n] und physiologische[n] Nähe« von Akteuren und Zuschauern »ein Raum von angespannter *zentripetaler* Dynamik«[108] entsteht, dass »körperliche Nähe und [...] voyeuristische[r] Nahblick« die Anwesenden also »in den Bannkreis organischen Miterlebens«[109] hineinziehen. Von der zentripetalen Raumkonfiguration sondert Lehmann den »*zentrifugal* wirkende[n] sehr große[n] Raum«[110] kategorisch ab, in dem die Simultaneität von Handlungen charakteristisch ist. Eine derartige Differenzierung verleiht der Aufführungsanalyse jedoch eine ontologische Fassung und führt die Koordinaten subjektiver Raumwahrnehmung und die Dynamik der performativen Raumerfahrung auf rein physisch-architektonische Gegebenheiten zurück. Anstatt dem theatralen Raum eine absolutistische Fundierung zu verleihen, wollen wir nun eine Modifikation in der Lehmann'schen Terminologie vollziehen und damit die konstitutive Rolle des Blicks in zeitgenössischen Aufführungsräumen schärfen.

Zentrifugal- und Zentripetalkraft stellen zwei entgegengesetzte Dynamiken dar, die u.a. in Aristoteles' *Physik* eine richtungsweisende Ausarbeitung gefunden haben. Im Kontrast zu vektorialen Positionsveränderungen zeichnen sich Drehbewegungen Aristoteles zufolge dadurch aus, dass sie aus dem Zusammenspiel von

106 | Gertrud Koch, »Zur Ansicht: Voyeurismus und Kino«, in: Brandes, *Sehsucht*, a.a.O., 221-232, hier: S. 226.

107 | Vgl. Jens Roselt, »In Ausnahmezuständen – Schauspieler im postdramatischen Theater«, in: Heinz Ludwig Arnold (Hg.), *Theater fürs 21. Jahrhundert*, München: Text und Kritik 2004, S. 166-176, insbesondere: S. 176.

108 | Lehmann, *Postdramatisches Theater*, a.a.O., S. 285. Kursivierung im Original.

109 | Ebd., S. 286.

110 | Ebd. Kursivierung im Original.

»Zug und Stoß« resultieren. Sie entfalten sich aus der gegenseitigen Konnexion von »ich« und »anderem«, ja »*Stoßende[m]*« und »*Ziehende[m]*«[111]. Wie wir im Hinblick auf die raumstrukturelle Installierung von Aufführungen festgestellt haben, entsteht der performative Raum – zwischen der wahrgenommenen Bühnenfigur und dem Zuschauer oder unter den einander potenziell wahrzunehmenden Akteuren und Zuschauern – immer aus einem kontingenten Zusammenwirken von Wahrnehmendem und dem potenziell Wahrnehmbaren. Die räumliche Wechselwirkung von Ich und anderem kann jedoch, und hierin besteht eine qualitative Differenz zwischen zwei unterschiedlichen Formen performativer Räume, für die Etablierung einer Raumordnung entweder der Repräsentation oder aber der unvorhersehbaren Potenzialität konstitutiv sein – auch wenn diese beiden Prozesse in ein dialektisches Spannungsverhältnis treten können. Werden die inszenatorischen und rezeptiven Operationen der Raumerzeugung als eine zentripetale Dynamik begriffen, konstituieren sich Räume der hermeneutischen Geschlossenheit, der perspektivischen Durchsicht, der Sichtbarkeit und Darstellbarkeit, der Hierarchisierung und Stabilisierung sowie der Reproduktion hegemonialer Relationalitäten. Während die Praktiken abendländischer Aisthesis, Interpretation und Geschmackbildung eine zentripetale Raumkonstitution präferier(t)en, tendieren Regisseure des Gegenwartstheaters in ihren ästhetischen Entscheidungen dazu, Räume der Brechungen und Absenzen, der Partikularitäten und Instabilitäten, der Vergänglichkeiten und Unvorhersehbarkeiten zu organisieren. Die so entstandenen Dimensionalitäten der zentrifugalen Dezentralisierung appellieren an den Betrachterblick nicht mehr als »*the good eye*«[112], als Komplize von Konventionen. Im Gegenteil, der Blick des Zuschauers wird als ein skeptisches »*curious eye*«[113] herausgefordert und Visualität als singuläre Sehanordnung und nicht mehr als Totalität konsolidiert.

111 | Aristoteles, *Physik*, Buch VII, Kapitel 2, 244a. Kursivierung im Original.

112 | Irit Rogoff, »Studying Visual Culture«, in: Nicholas Mirzoeff (Hg.), *The Visual Culture Reader*, London: Routledge 1998, S. 24-36, hier: S. 27. Kursivierung im Original.

113 | Ebd., S. 28. Kursivierung im Original.

VI. Blick und Macht

1. Blickrelationen als Machtrelationen

Hinsichtlich des Machtaspekts kommt dem Blick in der Diskursgeschichte des Sehens ausschließlich die Rolle einer *destruktiven* Instanz zu.[1] Einen zerstörerischen Effekt stimulieren beispielsweise die – grundsätzlich weiblich konnotierten – ›bösen Blicke‹ von Medusagestalten, welche eine distanzlose Kastrationsdrohung, psychische Ohnmacht bzw. Mortifizierung des Angeblickten erzielen,[2] oder die magischen, bannende und lähmende Wirkungen auslösenden Blickzauber, aber auch deren technische Pendants in Form von Kameraapparaturen, die als Schreckinstrumente und Waffen in der Kolonialzeit fungierten[3] und noch stets im Dienste

1 | »Das Sehen und das Angeschautwerden«, so resümiert Hartmut Böhme in seiner Ausführung zum Blick, »ist der Hölle näher als der Erlösung. [...] Auge und Blick demonstrieren Barbarei mehr als Kultur.« Hartmut Böhme, *Natur und Subjekt*, Frankfurt a.M.: Suhrkamp 1988, S. 251. In dieser Hinsicht stellt Foucaults Analyse des produktiven und konstitutiven ›klinischen Blicks‹ eine Ausnahme dar. Dessen Ausführungen akzentuieren jedoch einen wahrnehmenden Modus des Sehens und weniger eine intersubjektive Dimension des Blickens. Foucault definiert den klinischen Blick folglich »als einen Wahrnehmungsakt [...], der auf einer Logik von Operationen beruht; er ist analytisch, da er die Genese der Zusammensetzung rekonstruiert; aber er ist frei von jedem Eingriff [...]«. Foucault, *Die Geburt der Klinik*, a.a.O., S. 123.

2 | Die Tradition des zerstörerischen und unausweichlichen Blicks der Medusa bzw. ihres Anblicks geht auf die überlieferte Mythenepisode in Ovids *Metamorphosen* zurück und sie wird seit Freud mit jener Urszene unabdingbar verbunden, in der die Mutter sowie das Mangelbild der weiblichen Genitale erblickt werden und gleichsam als die Geburtsstunde der Kastrationsangst gelten. Vgl. Sigmund Freud, »Das Medusenhaupt«, in: ders., *Gesammelte Werke. Bd. XVII. Schriften aus dem Nachlass*, Frankfurt a.M.: Fischer 1941, S. 45-48.

3 | Vgl. exemplarisch Heike Behrend, »Bilder einer afrikanischen Moderne. Populäre Fotografie in Kenia«, in: dies./Tobias Wendl (Hg.), *Snap me one! Studiofotografien in Afrika. Ausstellungskatalog Münchener Stadtmuseum*, München: Prestel 1998, S. 24-28. »[Die Fotokamera] löst Schrecken, Terror, Panik und Unterwerfung aus; die ›Wilden‹ oder ›Heiden‹

der Verhaltens-, Handlungs- und Seinskontrolle von neuzeitlichen Individuen stehen.[4] Die Idee eines repressiven Blicks wurde auch in jüngerer Zeit von Theoretikerinnen der Film- und Kunstwissenschaft, etwa von Laura Mulvey und Michael Fried, affirmiert.[5] Hier wird der Blick immer noch in der komplementären Machtlogik von Blickenden und Angeblickten, d.h. von jenen gedacht, die eine Machtposition einnehmen, und denjenigen, denen diese Macht entzogen ist. Ungeachtet dieser Positionen soll im vorliegenden Kapitel das Augenmerk nicht dem Blick als Aggressor gelten, dessen Macht einer Gewalt gleicht, sondern vielmehr dem Argument, dass jeder menschliche und technisch vermittelte Blick erst innerhalb von Machtbeziehungen ausgehandelt und konstitutiv werden kann.

Wie wir bereits aufgezeigt haben, entpuppt sich die Devise einer komplementären Machtstruktur des Blickens in kopräsentischen Blickwechseln als eine simplifizierende Einsicht, da Angeblickt-Sein immer eine paradoxe ›Machtergreifung durch Machtverlust‹, eine Subjektivation durch Objektivierung erzielt. Denn der fremde Blick übt dadurch einen blendenden und zur Senkung des Kopfes führenden Reiz aus, dass er in einem diskursiv-normativen Rahmen aktiv wird: Wie die Irritation und Verlegenheit der Blickenden in unserem Ausgangsbeispiel *dein reich komme* gezeigt haben, kann die Macht der Sehhandlungen nicht allein auf die jeweilige Blickpolitik der beiden Zuschauer zurückgeführt werden. Sie ist vor allem als Ergebnis ihrer Konstellation, ihrer diskursiven und situativen Einbettung, ihrer körperlichen Nähe und frontalen Anordnung und somit als spezifische Inszenierung und Aktualisierung eines theatralen Kommunikationsdispositivs zu betrachten. Blicke beziehen ihre Macht nicht aus den jeweiligen Handlungen der Partizipierenden. Stattdessen ist es das gesamte soziale und institutionelle System, das Macht generiert und in dessen Rahmen intersubjektive Blickpraxis überhaupt erst möglich wird.

Blickakte lassen Macht erfahrbar und produktiv werden. Indem sie zwischenmenschliche Relationen stiften, erlauben sie sogar, Macht als eine Affizierungs- und Wirkungsinstanz zu lokalisieren und zu analysieren. Sie lenken die Aufmerksamkeit nicht auf das individuelle Tun eines ›souveränen‹ Handlungssubjekts, sondern akzentuieren die relationalen Dependenzen und Handlungsprozesse der Aufführungsteilnehmer. In dieser Hinsicht scheint der Machtbegriff eine produktive Analysekategorie zu sein, um die Dynamiken intersubjektiver (Blick-)Bezie-

---

wissen die Apparate nicht zu bedienen, laufen schreiend davon, zittern vor Angst oder fallen auf die Knie und bitten um Gnade.« Ebd., S. 24.

4 | Vgl. den einschlägigen Sammelband von Leon Hempel/Jörg Metelmann (Hg.), *Bild – Raum – Kontrolle. Videoüberwachung als Zeichen gesellschaftlichen Wandels*, Frankfurt a.M.: Suhrkamp 2005 bzw. Dietmar Kammerers bereits zitierte Monografie *Bilder der Überwachung*.

5 | Vgl. Margaret Olin, »Gaze«, in: Robert S. Nelson/Richard Shiff (Hg.), *Critical Terms for Art History*, Chicago, London: The University of Chicago Press 2003, S. 318-329, insbesondere: S. 324.

hungen zu konzeptualisieren: In Anlehnung an Michel Foucault gilt Macht als ein Handlungsrepertoire, das die Handelnden weder zu Gewalt noch zu Konsens zwingen will. Im Gegenteil, Macht eröffnet eine Sphäre der Potenzialitäten, die auf »mehrere handelnde Subjekte«[6] prozessual einwirkt. Die Relationen der Macht sind kontingent. Genauer: Sie stellen Möglichkeiten bereit, ohne die Handlungen zu determinieren, und sie dynamisieren die Kommunikation, ohne die Differenzen und Asymmetrien zwischen den Partizipierenden zu nivellieren.

Die Theateraufführung ist ein strukturiertes Gefüge von Macht, in dem niemand die volle Verfügungsgewalt besitzt. Diskurse und Strukturen des Theatralen tendieren dazu, die Normen der Aufführung zu iterieren und sich soweit zu verfestigen bzw. zu standardisieren, dass sie auf die Handlungspotenziale der Teilnehmer Einfluss nehmen. Die Machtstruktur der Aufführung aktualisiert sich jedoch in den Handlungen der Akteure und Zuschauer nie bruch- und lückenlos. Insofern das theatrale Ereignis auf einer körperlichen Kopräsenz basiert, häufig sogar eine vielzählige Teilnehmerschaft zusammenschließt, ihre wechselwirksamen Formationen immer *in actu* hervorbringt und ihren Verlauf einer immanenten Handlungsstruktur verdankt, verfügt sie über multiple Verlaufsalternativen einerseits und bewirkt andererseits eine mit der Potenzierung der Handlungsmöglichkeiten einhergehende Erhöhung der Normierungen und Stabilisierungen. Die Unvorhersehbarkeit, die Carl Hegemann als »das Besondere« der Theateraufführung bezeichnet, tritt allerdings selten akut in Erscheinung. Das Gefühl, dass man grundsätzlich nicht weiß, »was passiert und ob der Abend regulär verläuft«[7], stellt sich bei den Zuschauern in der vorherrschenden Aufführungspraxis oft nur bedingt ein. Woher diese relative Stabilität der Aufführungsverläufe rührt und wie die konstitutive Paradoxie von Inszeniertheit und Unvorhersehbarkeit in der Aufführung aus der Perspektive der Macht zu beschreiben wäre, wird uns im Weiteren beschäftigen: Welche normativen Machtstrukturen sind im Regietheater aktiv und für die Handlungen der Zuschauer konstitutiv? Kann man die Zuschauerrolle bezüglich handlungstheoretischer bzw. handlungspraktischer Aspekte mit der Rolle der Performer vergleichen? Welche inszenatorischen Strategien zielen darauf ab, die Geltungskraft von Macht unsichtbar oder sichtbar zu machen?

6 | Michel Foucault, »Wie wird Macht ausgeübt?«, in: Dreyfus/Rabinow, *Michel Foucault*, a.a.O., S. 251-261, hier: S. 255. Diesem Verständnis von Macht als eine Dimension von Möglichkeiten steht das intentionale und kausalitätslogisch fundierte Erklärungsmodell von Handlungsmacht gegenüber, als dessen prominentester Vertreter Max Weber gilt. Weber führt eine Machtdefinition ins Feld, die den Gewaltaspekt dieser Instanz akzentuiert: »*Macht* bedeutet jede Chance, innerhalb einer sozialen Beziehung den eigenen Willen auch gegen Widerstreben durchzusetzen, gleichviel worauf diese Chance beruht.« Max Weber, *Wirtschaft und Gesellschaft. Grundriss der verstehenden Soziologie. Bd. 1*, Köln, Berlin: Kiepenheuer und Witsch 1964, S. 38. Kursivierung im Original.

7 | Carl Hegemann, »Was ist das Besondere am Theater?«, in: Deck/Sieburg, *Paradoxien des Zuschauens*, a.a.O., S. 55-62, hier: S. 59.

Unser Fokus wird zunächst auf den rezeptiven Blick und dessen Gebundenheit an Machtverhältnisse gerichtet sein. In Anlehnung an den Begriff des Voyeurs werden wir die konventionalisierten Formen der Teilnehmerschaft in Aufführungen untersuchen und nach den Logiken der Selbst- und Fremdbestimmtheit der Zuschauerhandlungen fragen. In Bezug auf Luk Percevals und Jérôme Bels Inszenierungen gilt es zu erkunden, welche Ökonomien von Aufmerksamkeit und Partizipation mit dem Voyeurismus verbunden sind und inwiefern die Idealisierung *von* oder die Identifizierung *mit* einem Akteur gleichsam eine Reproduktion hegemonialer Normen nach sich ziehen können. Impliziert die Rollenaufteilung von Zuschauenden und Agierenden die Möglichkeit der Perspektiv- und Machtübernahme? Welche kategorialen Differenzierungen liegen den Begriffen des Sehens und des Handelns zugrunde? Und wie lassen sich diese in der tatsächlichen Analysepraxis differenzieren?

In Anbetracht der wechselseitigen Blickinteraktionen in der Aktions- und Performancekunst wird in einem zweiten Schritt auszuloten sein, ob die Aufführung eine soziokulturelle Hegemonialisierung von ›Männlichkeitspositionen‹, aber auch von Heterosexualität, Weißsein und Eurozentrismus, kritisch oder affirmativ ausstellt respektive kulturelle Festschreibungen in zwischenmenschlichen Begegnungsakten destabilisiert. Inwieweit Blicknormen in kulturell kodifizierte Machtstrukturen bereits eingeschrieben sind und auf welche Weise oder um welchen Preis sie diese subvertieren, wird in Bezug auf Marina Abramovićs Reenactment einer Fotoserie VALIE EXPORTs zu eruieren sein.

Abschließend erläutern wir anhand einer Szene mit kollektiver (Blick-)Begegnung diejenigen Kommunikations- und Handlungspotenziale, die eine horizontal geprägte Ausrichtung von Macht zutage befördern. Wie lassen diese sich hinsichtlich der konsolidierten Vertikalitätshierarchie in den darstellenden Künsten überhaupt realisieren? Im Rekurs auf Hannah Arendts Machttheorem erkunden wir, ob und wie Subjektkonstituierung und Handlungsmotivation jenseits herrschender Identitätsbilder produziert werden können. Wenn wir im Folgenden also vielfältige Geltungsweisen der Macht in Theateraufführungen thematisieren sowie die Rezeptions- und Handlungsrelationen zwischen Zuschauern und Akteuren bzw. zwischen Zuschauern und anderen Zuschauern theoretisch beleuchten, müssen wir auf diverse Machttheorien und Machttypologien zurückgreifen, wollen dabei allerdings deren synthetische Zusammenführung oder die Bestimmung einer letztbegründeten Machtstruktur der Theateraufführung nicht ins Visier nehmen.

2. Die Machtökonomie des Voyeurismus

Der emphatischen Annahme einer grundsätzlichen Unvorhersehbarkeit von Aufführungen kann das Argument entgegen gehalten werden, dass die vorherrschende Verlaufspraxis zeitgenössischer Massenspektakel und Theateraufführungen wohl kalkuliert und radikal disseminativ organisiert ist und theatrale Kommunikation weitgehend von der elementaren Polarisierung zwischen Betrachtern und Betrachteten, Sich-Zurückhaltenden und Sich-Zeigenden geregelt und sanktioniert wird. Während die Schauspieler ihre konzentrierte und präzise Aktualisierung einer minutiös konzipierten Inszenierung darbieten, konturieren die programmatisch vorgegebenen Blickrichtungen, Körperhaltungen und Bewegungsmuster sowie die strikte Unterdrückung stimmlicher und stark affektiver Kundgebungen gewisse Grenzen der Interaktionsmöglichkeiten für die Zuschauer. Die historisch und diskursiv modulierende, sich institutionell und architektonisch wandelnde Konstellation von Zuschauern und Akteuren hat sich als ein theatrales Dispositiv verfestigt,[8] dessen Entwicklung mit der Disziplinierung des Publikums seit dem 18. Jahrhundert korrespondiert und dessen körperliche, räumliche Anordnungen sowie begehrensstrukturelle, wissen- und identitätsproduzierende Praktiken als voyeuristische Konfigurationen beschrieben werden können.

Obwohl die Kommunikationsökonomie zwischen Bühne und Zuschauerraum immer schon einem starken historischen Wandel unterlag, lassen sich sämtliche Kommunikationsparadigmen des neuzeitlichen Theaters innerhalb eines komplexen Bezugsystems reflektieren, wenn man sie als *Formationen eines voyeuristischen Dispositivs*[9] auffasst: Ob der Zuschauer ruhig und aufmerksam zuschauen bzw. lauschen muss, wie dies seit dem 18. Jahrhundert im Guckkastentheater gängig ist,[10] ob er die Artikulation seiner Kommentare und (Blick-)Wünsche nicht zurückhält, wie dies in Formen des populären Unterhaltungstheaters um die Jahrhundertwende gängig war,[11] oder ob er aber selbst zum direkten Adressaten, zum Mitgestalter oder Akteur wird, wie vor allem in Aktionen und Performances seit den Avantgardebewegungen – in jedem Fall handelt es sich um die Etablierung, Brechung oder Ausstellung von voyeuristischen Konstellationen, um Gefüge, in denen die Diskurse, Institutionen und Architekturen des Zeigens und Wahrnehmens maßgeblich sind, auch wenn sie jeweils unterschiedlich konfiguriert werden. Obschon zeitgenössische Regisseure und Choreografen Situationen kreieren, in denen sie sich für einige Augenblicke vom Drang theatralen Zeigens emanzipieren und Erfahrungen des Entzugs ermöglichen, so führen sie mit der In- oder Subversion voyeuristischer Konstellationen lediglich Ausnahmemomente vor Augen, die die

---

8 | Zur historischen Herleitung der Disziplinierung des Zuschauers vgl. Rudi Laermans, »Die Strategie der kollektiven Aufmerksamkeit«, in: Gehm u.a., *Wissen in Bewegung*, a.a.O., S. 247-254.

9 | Der Begriff des Dispositivs wird hier im Foucault'schen Sinne verstanden. Er bezeichnet ein Netz von Elementen, das historisch und diskursiv zwar moduliert, aber als eine spezifische Form der Wissensproduktion betrachtet wird und trotz der diskursiven Wandel unüberwindbar bleibt. Zur Definition des Dispositivbegriffs vgl. Michel Foucault, »Das Spiel des Michel Foucault (Gespräch)«, in: ders., *Schriften in vier Bänden. Bd. III. (1976-1979)*, Frankfurt a.M.: Suhrkamp 2003, S. 391-429, insbesondere: S. 391-396.

10 | Vgl. Fischer-Lichte, *Ästhetik des Performativen*, a.a.O., S. 214.

11 | Laermans, »Die Strategie der kollektiven Aufmerksamkeit«, a.a.O., S. 249.

Regel bestätigen, dass in der weitverbreiteten Theaterpraxis an den Zuschauer als Voyeur appelliert wird, dessen Partizipation auf Schauen und Lauschen ›reduziert‹ ist.

Wenngleich die ursprüngliche Bedeutung von Voyeurismus auf die Augenlust einer anonymen, sich versteckenden, observierenden Person zurückgeht, die den sexuellen Betätigungen Fremder zuschaut,[12] konstatierte Sean O'Shea eine Zunahme voyeuristischer Szenerien in der visuellen Kultur und eine Weitung des Voyeurismusbegriffs in den theoretischen Diskursen der Moderne.[13] Die massive Verbreitung von Kulturpraktiken visueller Aneignung und bildlicher Erkenntnisproduktion sowie die damit einhergehende Tendenz zu erotisch konnotierten und tabubrechenden Inszenierungsstrategien in Film, Fernsehen, Werbung und vermehrt in Theateraufführungen stimulieren allesamt voyeuristische Konstellationen, die sich als asymmetrische Beziehungen zwischen einem anonymen und geschützten Betrachter und dem bildhaft preisgegebenen Beschauten gestalten. In diesem weitgefassten Sinn ist ein Voyeur jemand, der an einem Geschehen partizipiert, ohne seine Teilnahme reziprok auszuhandeln, der eine Figuration gänzlich in Sicht bekommt, ohne dem anderen gegenüberzutreten. Für den zeitgenössischen Voyeur, dem das kreative Potenzial der Schaulust entzogen ist und der, wie Volker Roloff betont, es »Schauspielern, Künstlern, Malern, Theater- und Filmregisseuren [überlässt], [seine] Schaulust zu gestalten und zu reflektieren«[14], wird sogar das Gefühl des Ertapptwerdens regelrecht aufgehoben. Die Ohnmacht des Voyeurs besteht in unserer Zeit vor allem in der Angst vor dem Entzug seines Lustobjekts und nicht mehr in der Gefahr des Erblicktwerdens.

Die paradoxe Logik der fotografischen, filmischen und theaterästhetischen Illusionsproduktion basiert darauf, dass an den Betrachter von vornherein als Voyeur appelliert und demnach mit dessen Anwesenheit gerechnet wird, ohne diese in die fiktionalen Szenerien miteinzubeziehen. Obzwar die Aktivität des Theaterzuschauers nie allein auf visuelle Wahrnehmung und Lust begrenzt werden kann, bezieht das Regietheater seine Macht der Sinnvermittlung häufig aus der voyeuristischen Komplementärstruktur von in der Dunkelheit untergetauchten Zuschauern und auf der Bühne exponierten Schauspielern: Erstere werden in ihren stimmlichen und motorischen, physischen und psychischen Reaktionen normativ eingeschränkt, wohingegen Letztere willentlich in den Fokus anderer geraten.

Sofern das Dispositiv des zeitgenössischen Regietheaters weitgehend auf einer voyeuristischen Grundstruktur gründet, drängt sich die Frage auf, welche restrik-

---

12 | Zum historischen und konzeptuellen Umriss des Voyeurismusbegriffs vgl. Ulrich Stadler, »Schaulust und Voyeurismus. Ein Abgrenzungsversuch. Mit einer Skizze zur Geschichte des verpönten Blicks in Literatur und Kunst«, in: ders./Wagner, *Schaulust*, a.a.O., S. 9-37.

13 | Vgl. Sean O'Shea, *Voyeurismus. Psychologie, Ursprung und Motive einer Perversion*, München: Wilhelm Heyne 1970, S. 16.

14 | Volker Roloff, »Anmerkungen zum Begriff der Schaulust«, in: Hartl, *Die Ästhetik des Voyeur*, a.a.O., S. 26-31, hier: S. 27.

tiven und produktiven Effekte respektive Ziele mit der Etablierung von voyeuristischen und exhibitionistischen Positionen verbunden sind. Welche Strategien zielen auf die Unterdrückung und Nicht-Sichtbarmachung dieses paradoxen Pakts zwischen Voyeuren, mit deren Anwesenheit gerechnet wird, und Beschauten, deren Zurschaustellung keiner verwerfbaren Lust entspringt? Wie ist die Machtrelation zu beschreiben, die der Konvention zugrunde liegt, dass Zuschauer zwar leiblich präsent, aber quasi nicht sichtbar sind und sich Schauspieler ihrer öffentlichen Beschauung freilich bewusst sein müssen, ihr Schauspiel aber auf eine Weise vorführen sollen, als sei, wie Diderot es einmal formuliert hat,[15] das Publikum nicht da und als habe sich der Vorhang nie gehoben?

Da theatrales Zeigen im Dienste seines effizienten Vollzugs eine Machtstruktur instituiert, die den störungsfreien Transfer theatraler Zeichen garantieren soll, ist es möglich, den Voyeur zu manipulieren, seine Lust zu stimulieren, ohne dass ihm diese Beeinflussung bewusst wird. Indem man den Zuschauer in die Position des Voyeurs drängt, in eine Situation, in der er seine Bilder nicht selbst objektivieren kann, werden politische Fragen der Handlungsaktivität und Handlungspassivität des Zuschauens sowie die Problematiken und ideologischen Implikationen inszenierungsästhetischer Idealisierung akut, die Kaja Silverman in Bezug auf die dezidiert politische Instrumentalisierung machtvoller Idealbilder und ihrer Rezeption beschrieben hat: Wenn die Idealisierung eines Bildes gleichsam mit dessen identifikatorischer Aneignung korreliert, fällt dem Regisseur und den Akteuren des Regietheaters ein fundamentales Machtinstrumentarium der Identitätsbildung und Identitätsreproduktion zu.[16] Weil die inszenatorische Geste der manipulativen Identitätskonstruktion maskiert und zum Verschwinden gebracht werden kann, haftet die (identitäts-)politische Dimension theatralen Zeigens immer auch an Fragen der Hierarchisierung, ja der Bevorzugung bzw. Marginalisierung von konkreten Selbstbildern.[17]

---

15 | Vgl. Denis Diderot, »Von der dramatischen Dichtkunst«, in: Renate Petermann/Peter-Volker Springborn (Hg.), *Theater und Aufklärung. Dokumentation zur Ästhetik des französischen Theaters im 18. Jahrhundert*, Berlin: Henschelverlag 1979, S. 222-324, insbesondere: S. 270.

16 | »[W]e cannot idealize something without at the same time identifying with it. Idealization is therefore a crucial political tool, which can give us access to a whole range of new psychic relations.« Silverman, *The Threshold of the Visible World*, a.a.O., S. 2.

17 | Da Voyeurismus als eine männlich konnotierte Blickhandlung gilt, die, wie Claudia Öhlschläger unterstreicht, immer schon einen phallischen Blick voraussetzt, tendiert er als Praxis dazu, bestehende Ordnungen des Sichtbaren zu idealisieren und kontinuierlich zu affirmieren bzw. die »gewaltsame Kolonisierung des weiblichen Körpers« zu begünstigen und zu lancieren. Vgl. Claudia Öhlschläger, *Unsägliche Lust des Schauens. Die Konstruktion der Geschlechter im voyeuristischen Text*, Freiburg i.Br.: Rombach 1996, hier: S. 23. »Die Positionen ›Sehendes Subjekt‹ und ›Gesehenes Objekt‹ sind zwar umkehrbar, jedoch ändert dies nichts an der ›vergeschlechtlichten‹ Struktur der Dialektik von Sehen und Ge-

Im Folgenden werden wir argumentieren, dass Voyeurismus als die herrschende Blickpraxis des Zuschauers ein Effekt und Produkt komplexer Machtstrukturen ist und keinesfalls als eine einseitige Angelegenheit begriffen werden kann. Oder anders formuliert: Der Zuschauerblick ist keine Instanz, die, wie Ulrich Stadler betont, »tatsächlich Macht [schafft]«[18]. Er ist identitätsbildend und intersubjektiv wirksam, wenn er sich in Machtstrukturen fügt und diese aktualisiert, sie subvertiert oder fortschreibt. In Bezug auf die Machtrelationen identifikatorischer Blickakte werden wir erkunden, inwieweit Zuschauer und Akteure die Hierarchien einer voyeuristischen Konstellation auf Dauer aufrechterhalten können und unter welchen Umständen die ambivalente Verschränkung von ›Macht‹ und ›Machtlosigkeit‹[19] in voyeuristischen Settings geradezu sichtbar, instabil und unvorhersehbar werden kann.

2.1 Die phantasmatische Macht des Zuschauerblicks

Eine wohlbekannte Anekdote der jüngeren Theatergeschichte demonstriert, dass die vielfach unterdrückte und in Unsichtbarkeit gedrängte Reziprozität zwischen Akteuren und Zuschauern während der Aufführung schlagartig sichtbar und zum akuten Hindernis des normativen Kommunikationsverlaufs werden kann: In der zweiten Vorstellung von Peter Handkes *Publikumsbeschimpfung*[20] (1966) unter der Regie von Claus Peymann haben die anwesenden Zuschauer die Bühnendarstellung als wahrhafte Provokation eines vermeintlich ignoranten und auf illusorische Repräsentationswelten fixierten Publikums wahrgenommen. Einige von ihnen verließen den halb verdunkelten, räumlich abgetrennten Zuschauersaal und begaben sich auf die Bühne. Obwohl Peymann die verbalen Lästerungen über ›das‹ Theaterpublikum als eine frontale Ansprache an die Zuschauer inszeniert hatte, ging er wohl von der Unantastbarkeit der vierten Wand aus, die dem Publikum

---

sehenwerden. Der voyeuristische Blick ist, weil er der Verleugnung und Verschleierung einer Bedrohung dient, immer schon ein phallischer Blick [...].« Ebd., S. 137.

18 | Stadler, »Schaulust und Voyeurismus«, a.a.O., S. 24.

19 | Vgl. Slavoj Žižek, »Genieße Dein Opfer! Symbolische Gewalt und die Universalisierung des Opfers«, in: *Lettre International* 26 (1994), S. 22-27, insbesondere: S. 22.: »Hitchcocks große Meisterwerke von *Notorius* bis *Rear Window* lehren uns [...], daß die Dialektik von Blick und Macht [raffiniert] ist: der Blick bedeutet Macht, gleichzeitig jedoch und auf grundsätzlicherer Ebene bedeutet er das genaue Gegenteil von Macht, *Machtlosigkeit*, insofern er die Position eines zur Untätigkeit verdammten Zeugen beinhaltet, der nur noch beobachten kann, was vor sich geht.« Ebd. Kursivierung im Original.

20 | Die Premiere von *Publikumsbeschimpfung* fand im Juni 1966 im Theater am Turm in Frankfurt a.M. statt. Zu einer ausführlichen Analyse der Aufführung vgl. Fischer-Lichte, *Ästhetik des Performativen*, a.a.O., S. 25-28. Bei der vorliegenden Beschreibung wurde darüber hinaus auf einen auf 3sat am 02. November 1993 ausgestrahlten Aufführungsmitschnitt zurückgegriffen (Fernsehregie: Peter Steinbach, 121 min., 1966).

ausschließlich eine moderate Distanzierung vom Szenischen erlaubte. Nun sabotierten jedoch mehrere Theaterbesucher die hierarchischen Vorgaben der Aufführungskommunikation, zeigten sich im Rampenlicht und wurden zu Akteuren, die durchaus bereit waren, sich auf die innerszenisch verhandelten Konflikte einzulassen und gegen ihre Bezeichnung als »Glotzaugen«[21] zu protestieren. Die klare Trennung zwischen Sehenden und Sich-zu-Sehen-Gebenden sowie das Thema der Inszenierung selbst, ja die vermeintlich passive Rolle des Publikums wurden in diesem Akt des offensiven Eingriffs von den Zuschauern einer Kritik unterzogen. Abgesehen vom brisanten Kollaps der inszenatorisch-intendierten Differenzierung zwischen thematischen und medialen Aspekten einer Aufführung wirft dieses Beispiel daher die Frage auf, ob sich jene Art von ›Intervention‹ als Emanzipation von vorgesetzten (Blick-)Normen der Inszenierung verstehen lässt. Hat man es hier mit einer ›geglückten‹ oder ›gescheiterten‹ Verkehrung der Positionen zu tun?

Die repräsentationslogische und theaterhistorisch etablierte Trennung zwischen Zuschauern und Akteuren, die ungeachtet der Reformversuche der Avantgardebewegungen in vielerlei Formen der Aufführungspraxis nach wie vor zur Geltung kommt, ist als ein Gefälle aufzufassen, das der französische Choreograf Jérôme Bel einmal als die »semiotische Barriere«[22] bezeichnete. Für das theatrale Geschehen ist sie insofern konstitutiv, als sie ›Theatralität‹ von ›Realität‹ durch die Einführung einer ästhetisch-fiktionalen Dimension unterscheidet. Wie die Theaterwissenschaftlerin Josette Féral feststellte, kann Theatralität im 20. Jahrhundert nicht mehr an das Existenzkriterium eines dramatischen Textes gebunden werden. Sie emergiere vielmehr aus der perzeptuellen Dynamik zwischen dem Blickenden und dem Angeblickten. Somit spricht Féral dem intersubjektiv verhandelten Blick die Kompetenz zu, in den Prozessen der Darstellung und Wahrnehmung Alltägliches in Theatrales, Präsenz in Repräsentation zu transformieren und Handlungen aller Art eine ästhetische – fiktionale bzw. theatrale – Rahmung zu verleihen.[23]

---

21 | Peter Handke, *Publikumsbeschimpfung und andere Sprechstücke*, Frankfurt a.M.: Suhrkamp 1966, S. 44.

22 | Jérôme Bel, »›... die erste Geste der Repräsentation‹. Drei Fragen zum Vorhang an Jérôme Bel«, in: Gabriele Brandstetter/Sybielle Peters (Hg.), *Szenen des Vorhangs – Schnittflächen der Künste*, Freiburg i.Br.: Rombach 2008, S. 149-157, hier: S. 155. »Meiner Meinung nach genügt es, daß der Raum der Repräsentation nur um einige Millimeter angehoben oder abgesenkt wird, so daß die semiotische Barriere wiederhergestellt wird. Die semiotische Barriere ist da, um zu zeigen, daß der Sinn diesseits der Barriere nicht der gleiche ist wie der auf der anderen Seite der Barriere. Im großen Ganzen soll das sagen, daß man doch, wenn Hamlet seinen Dolch gegen sein eigenes Herz richtet, um Gottes willen nicht auf die Bühne klettern soll, um das zu verhindern.« Ebd.

23 | »[T]heatricality is the result of a perceptual dynamics linking the onlooker with someone or something that is looked at. [...] Without this gaze, indispensable for the emergence of theatricality and for its recognition as such, the other would share the spectator's space

Es bedarf keines konkreten Vorhangs, um eine unhintergehbare Aufteilung von Blickenden und Angeblickten zu evozieren, und es ist kein Opernglas vonnöten, das den privilegierten Voyeur-Status des Zuschauers akzentuiert, um die Regeln der Aufmerksamkeit, die Dualität von Blickenden und Angeblickten in der Ordnung der Betrachtung zu etablieren. »Es genügt«, so fährt Bel in seiner Argumentation fort, »daß in einem Raum ein Stuhl steht, der andere Raum aber leer ist, um diese Differenz zu schaffen, diese Trennungslinie; es genügt sogar, daß einer der beiden Teile im Dunkeln liegt und der andere im Licht [...]. Es genügt ein bißchen mehr Schminke, eine ein wenig lautere Stimme«[24], um die Polarisierung von ›Blickenden‹ und ›Angeblickten‹, ›Sprechenden‹ und ›Zuhörenden‹, ›(Sich-) Zeigenden‹ und ›Zuschauenden‹ zu begründen.

Wie jede konventionelle Aufführung begann auch Luk Percevals *Molière*[25] (2007) erst *nach* bzw. *mit* einem unauffälligen und zur Gewohnheit avancierten Ritual der Stabilisierung von inszenatorisch vorgesehenen räumlichen bzw. körperlichen Anordnungen. Nachdem jeder Theaterbesucher eine Karte erworben hatte, sich im Theatersaal in der vorbestimmten Position eingerichtet und auf der in der Dunkelheit abtauchenden Zuschauertribüne aufgehört hatte, mit seinen Nachbarn zu sprechen oder sich zu bewegen, nachdem er also eine konzentrierte, d.h. ›ideale‹ Rezeptionshaltung eingenommen hatte, setzte sich die innertheatrale Kommunikation in Gang. Die Akteure spielten zwar hauptsächlich an der Bühnenrampe und agierten unabhängig von ihrer szenischen und diegetischen Gebundenheit frontal zum Publikum; dennoch herrschte aber in der Aufführung eine unübersehbare, in ihrer Abgrenzung und Konfrontation deutlich markierte Zweiteilung zwischen frei beweglichen und bewegungslosen, sichtbaren und nicht sichtbaren, sprechenden und zuhörenden Teilnehmern der Aufführung. Da in *Molière* die ›semiotische Barriere‹ mit einem physisch und lichttechnisch gekennzeichneten Gefälle und einer definitiven Differenzierung zwischen Szenischem und Außerszenischem einherging, verringerte sich die Potenzialität der zwischen Akteuren und Zuschauern zu tauschenden Blicke. Doch gerade diese inszenierungspolitische Zweiteilung rief die Frage wach, auf welchen Blick die etymologische Bedeutung des Theaterbegriffs bzw. seine diskursive oder referenzielle Verwendungspraxis als *Schau*raum rekurriert, wenn der Zuschauer und sein Blick von den Akteuren in Wirklichkeit nicht zu sehen und zu identifizieren sind. Was für einen Blick meint Gerald Siegmund in seiner Behauptung, es sei »der Blick, der Zuschauer und Darsteller über die Rampe hinweg für die Dauer einer Aufführung in einem gemeinsamen Zeit-Raum zusammenschließt«[26]? Wie wären die phänomenologischen Eigenschaften

and remain part of his daily reality.« Josette Féral, »Theatricality: The Specificity of Theatrical Language«, in: *SubStance* 98/99 (2002), S. 94-108, hier: S. 105.

24 | Bel, »›... die erste Geste der Repräsentation‹«, a.a.O., S. 155.

25 | Die Uraufführung von Luk Percevals *Molière* fand am 30. Juli 2007 bei den Salzburger Festspielen statt.

26 | Siegmund, *Theater als Gedächtnis*, a.a.O., S. 117.

jenes Zuschauerblicks zu beschreiben, der mit theaterinszenatorischen Mitteln gerade der Sichtbarkeit entzogen wird? Was ist das für ein Blick, den der (sich) darstellende Schauspieler begehrt und dem er sich zugleich auf der Bühne unterwirft? Um diesem Fragehorizont näher zu kommen, werden wir erneut das Prinzip der Interpassivität aufgreifen und anschließend von den Zuschauerreaktionen einer *Molière*-Aufführung berichten.

In den räumlichen und körperlichen Anordnungen des Regietheaters gilt es als utopisch, dass zwischen einzelnen Zuschauern und Akteuren kontinuierlich Blicke gewechselt werden und der jeweilige Schauspieler sich für individuelle Betrachterblicke inszeniert. Ist eine reziproke Sicht- und Fixierbarkeit zwischen einzelnen Anwesenden nicht erfüllbar, schwingt in jeder Form kopräsentischer Kommunikation ein Strukturmoment der Interpassivität als handlungs- und motivationslogischer Aspekt des Gesehenwerdens mit. In asymmetrischen Interaktionen, in denen das Gefühl des Beobachtetwerdens erfahrbar wird, sind imaginierte Blicke aus zweierlei Gründen vonnöten: Einerseits motivieren sie die Handlungen jedes Akteurs und erlauben ihm, die nicht sichtbaren, unauslotbaren Blicke der Betrachtenden gegen subjektivierte Blicke einzutauschen. So imaginieren Schauspieler beispielsweise den Blick eines argwöhnischen Kritikers, eines (un)zufriedenen Regisseurs oder eines permanent aufmerksamen Zuschauers und adressieren ihr Handeln *hic et nunc* an diese Person, deren Anwesenheit im Moment des Agierens allerdings nur eingebildet sein kann. Dieser imaginäre Blick gewährt es den Zuschauern andererseits, dass ihre Rezeption des Bühnengeschehens nicht von der Kontingenz wechselwirksam ausgetauschter Blicke gestört wird. Der inhumane Blick, der keinem konkreten Theaterbesucher zugeordnet werden kann, dem sich jedoch in gewisser Hinsicht sowohl die Entwicklung einer Inszenierung als auch die einzelnen Aufführungen ›unterwerfen‹, ist ein handlungskonstitutiver Blick, der von ästhetischen und kulturindustriellen Trends, Zuschauerinteressen, Vermarktungspotenzialen etc. abhängig ist und dadurch die disseminative und an größere Mengen gerichtete Kommunikation im Regietheater ermöglicht. Dieser fiktive und phantasmatische Blick evoziert die Eigenschaften jenes körperlosen und alles sehenden Blicks, den Michel Foucault als konstitutive Instanz des Panopticons und der neuzeitlichen Disziplinarmacht begründete.[27]

Wenngleich Foucault das Panopticon in makrostruktureller Hinsicht von der Institution des Theaters abgrenzt,[28] so beschreibt er die ›Gefangenen‹ des Panop-

---

27 | Zur Beschreibung und Herleitung des panoptischen Prinzips als neuzeitlicher Typ der Disziplinierung vgl. Foucault, *Überwachen und Strafen*, a.a.O., S. 251-292, sowie Kapitel V/3.1. Die Konfiguration des Regietheaters, in dem viele nur Wenigen zuschauen, ließe sich mit Thomas Mathiesen als *synopticon*, als eine besondere Form des Panopticons bezeichnen. Vgl. Thomas Mathiesen, »The Viewer Society. Michel Foucault's ›Panopticon‹ Revisited«, in: *Theoretical Criminology* 1.2 (1997), S. 215-234.

28 | »Von anderen Medien [...] setzt Foucault das Panopticon ab: so vom Theater und vom Zirkus, wo, wie im Fall der Massenmedien auch, einige wenige Protagonisten den Blick der

ticons trotzdem als Akteure, die sich auf einzelnen Bühnen befinden und einem kontrollierenden Blick unterworfen sind: »Jeder Käfig ist ein kleines Theater«, schreibt Foucault, »in dem jeder Akteur allein ist, vollkommen individualisiert und ständig sichtbar.«[29] Diese theatermetaphorische Ausdrucksweise erklärt sich nicht nur aus der visuellen Relationalität von Betrachter und Betrachteten. Zutreffend ist sie auch deshalb, weil beide Dispositive – dasjenige der panoptischen Macht sowie das der Kommunikation im Guckkastentheater – nach demselben Prinzip funktionieren: Sie erschaffen eine fiktionale Bezugsstruktur durch ›Blick‹ und ›Stimme‹. Während man »im Panopticon [...] gesehen [wird], ohne den zu sehen, der uns sieht [sowie man] eine Stimme [hört], ohne den Sprecher zu sehen«[30], sind im Theater die physische Anwesenheit eines Publikums, die räumlich regulierten Blicke und unwillentlich produzierten Geräusche notwendig, um die eigene Präsenz trotz der eigenen Anonymität und Nicht-Sichtbarkeit zu bezeugen. Der für die Aufführung konstitutive Zuschauerblick löst sich im Guckkastentheater also insofern von einem empirischen Betrachtersubjekt ab, als er den Schauspieler selbst in jenen Momenten anblickt, in denen der Zuschauer ihm keine Aufmerksamkeit schenkt, ja ihn nicht ansieht. Dieser autonome Blick wird vom Schauspieler internalisiert, er etabliert den Diskurs- und Handlungsrahmen der Aufführung, hält ihn aufrecht und produziert somit Theatralität. Unabhängig von der Aufmerksamkeit des Publikums konstituieren Bühnenakteure eine konstante asymmetrisch-hierarchische Dependenzrelation im Sinne Foucaults.[31] So werden sie von einem zwar phantasmatischen, aber »unmittelbaren, kollektiven und anonymen Blick gesehen«[32]. Im Vergleich zum empirischen Blick, dessen Konzentrations- und Erfassungskompetenzen physisch und kognitiv begrenzt sind, übt der internalisierte Blick allerdings einen effizienteren und differenzierteren Aktivierungseffekt aus, indem er dem Schauspiel »permanente Sichtbarkeit« und »Publizität verheißt«[33].

Eine kontinuierliche wechselseitige Interaktion zwischen Akteuren und Zuschauern würde den Sinntransfer theatralen Zeigens vereiteln, weil sie damit die zuverlässige Aktualisierung der Inszenierungsideen untergrübe. Demzufolge kommt der Interpassivität im Regietheater die Rolle eines konstitutiven Prinzips

---

Vielen auf sich ziehen, ein Verhältnis, das im Panopticon gerade umgekehrt erscheint.« Winkler, *Der filmische Raum und der Zuschauer*, a.a.O., S. 194.

29 | Foucault, *Überwachen und Strafen*, a.a.O., S. 257.

30 | Miran Božovic, »Benthams Panoptikon und die Ontologie der Fiktionen«, in: Miller u.a., *Utilitarismus*, a.a.O., S. 52-86, hier: S. 64.

31 | Vgl. Thomas R. Flynn, »Foucault and the Eclipse of Vision«, in: David Michael Levin (Hg.), *Modernity and the Hegemony of Vision*, Berkeley, Los Angeles, London: University of California Press 1993, S. 273-286, insbesondere: S. 282.

32 | Michel Foucault, »Das Auge der Macht (Gespräch)«, in: ders., *Schriften in vier Bänden. Bd. III.*, a.a.O., S. 250-271, hier: S. 259.

33 | Peter Niesen, »Die Macht der Publizität. Jeremy Benthams Panoptismen«, in: Krause/Rölli, *Macht*, a.a.O., S. 221-244, hier: S. 223.

der optimierten Kommunikation zwischen ›Bühne‹ und ›Zuschauerraum‹ zu. Das Schauspiel bedarf keiner Objektivierung der Akteure, da diese, analog zu den Gefangenen des Panopticons, permanent »eine Außenperspektive [...] auf sich einnehmen«[34]. Aus diesem Grund funktionieren Aufführungen, in denen Dissemination betrieben wird, dank eines phantasmatischen Tricks, ja eines »theatralischen Effekt[s]«[35]. In dem Maß, wie es unmöglich ist, eine politische Rede, einen wissenschaftlichen Vortrag, eine Predigt etc. zur selben Zeit an mehrere konkrete Individuen zu richten, sie in Inhalt und Form auf die je persönlichen Interessen und Geschmäcker abzustimmen, ist es für den jeweiligen Akteur unabdingbar, seine Handlungen in Bezug auf einen imaginierten externen Betrachterstandpunkt zu entfalten. Er macht sein Agieren von einer durch ihn evozierten und produzierten Außenperspektive abhängig. Dieser virtuelle Blick setzt zum einen den Schauspieler mit einer Vielzahl von Zuschauern ins Verhältnis; zum anderen stellt er die Weichen für eine spezifische Machtstruktur zwischen den Aufführungsteilnehmern, mithin eine Relation, die Interventionen und abweichende Rezeptionsverhalten verhindert und die Partizipierenden bzw. ihre Aufmerksamkeit diszipliniert.

Die Doppelfunktion des ›fiktiven Blicks‹ im Theater setzt den Akteur mit einer in der aktuellen Situation als ideal geltenden Zuschauerschaft in Beziehung, etabliert zugleich den Zuschauer als Voyeur des Schauspiel(er)s und verweigert ihm folglich die Anerkennung als direkten Dialogpartner. Fiktionalität innerszenisch auf der Repräsentationsebene zu installieren und den Rezeptionsakt durch eine ebenfalls fiktive Gerichtetheit zu organisieren – hierin besteht ein merkwürdiges machtpolitisches Faktum der Aufführung. Im Regietheater sind Rezeption und Produktion nicht direkt aufeinander bezogen, sie sind jedoch von Wunschvorstellungen determiniert, die auf virtuelle Blickperspektiven rekurrieren.

Aufführungskommunikation lässt sich als eine Dynamik von Interaktivität und Interpassivität[36] beschreiben, die den besonderen Reiz der Teilhabe an Aufführungen tangiert. Die Unterwerfung aller Anwesenden unter den phantasmatischen Blickpunkt wird permanent mit der Gefahr verschränkt, dass die idealisierte Fiktion der Theaterkommunikation in jedem Moment subvertiert werden kann.[37] In

34 | Ebd., S. 224. Niesen weist des Weiteren darauf hin, dass die Internalisierung der Überwachung zwar als ein immer wieder sich fortschreibendes Schema der Normierung fungiert, doch nie automatisch und fehlerfrei funktioniert. Vgl. ebd.

35 | Božovic, »Benthams Panoptikon und die Ontologie der Fiktionen«, a.a.O., S. 60.

36 | Zum Interpassivitätsbegriff und dessen Applizierbarkeit für die aufführungsanalytische Betrachtung von Blickkommunikation vgl. Kapitel III/3.2, insbesondere die Fußnote 101 auf S. 107.

37 | Wenn man den Genuss an der Partizipation im Regietheater zu beschreiben versucht, so scheint die Lust am Zuschauen nicht nur in der voyeuristischen Positionierung des Theaterbesuchers zu bestehen, sondern auch in deren Gefährdung, sodass die These, die Slavoj Žižek über die konstitutive Anwesenheit der aufnehmenden Kamera bei der Pornografie aufstellte, in der Aufführung eine strukturell vergleichbare Relevanz und Gültigkeit erhält:

Luk Percevals *Molière* waren zunächst jene Aufführungsmomente für das Publikum und gleichsam die Schauspieler lästig, in denen sich einzelne Zuschauer laut oder ignorant verhielten und beispielsweise die inszenierten Sprechpausen der Schauspieler ihrer Wirkung beraubten, das Spiel mit Gelächter belästigten oder den Saal verließen. Auf diese Weise wurde die Fiktion eines aufmerksamen Zuschauerblicks als imaginär-konstitutive Instanz theatraler Bedeutungsübertragung untergraben. Diese Interventionen zerstörten jedoch nicht nur die Illusion der Schauspieler, in Bezug auf einen anerkennenden phantasmatischen Blick zu agieren; sie machten auch den voyeuristischen Status anderer Zuschauer bewusst und ruinierten ansatzweise deren geschütztes und idealisiertes Partizipationsprivileg.

Die einzelnen Aufführungen von *Molière* waren beliebtes Ziel ganzer Schulklassen, die nicht selten erst durch die zurechtweisenden Zurufe einzelner Zuschauer oder Schauspieler in Schach gehalten werden konnten. In diesen Akten der Disziplinierung wurde die Machtrelation spürbar, die den Transfer von verbalen Artikulationen lediglich in eine Richtung, nämlich vom Akteur zum Publikum vorsieht, damit sich der Zuschauer kontinuierlich als Voyeur verhalten *darf und muss*. Eine immer wieder massive Zuschauerreaktionen auslösende Sequenz stellte der Schluss der Inszenierung dar: Die Schauspieler nahmen auf riesigen schwarzen Boxen starre, artifizielle Posen des Sitzens, Hockens, Stehens ein und bildeten so ein frontales Tableau vivant. Thomas Thieme, der als Molière-Darsteller im Mittelpunkt der Bühnenrampe spielte und eine weitgehend fiktionalisierte Molière-Biografie durchlebte, verkörperte im dritten Akt eine Figur, die einerseits vom Schicksal des in der letzten Lebensdekade stehenden Molière geprägt war, andererseits von den Eigenschaften eines von Molière entworfenen Komödienhelden, nämlich des geizigen Harpagon. Doch als er aus unmittelbarer Nähe den langen Schlussmonolog über die Liebe als profane Lust und als Exzess in das Mikrofon skandierte und anschließend die lakonische Phrase »Liebe ist!« bis zur Atemlosigkeit und zum körperlichen Kollaps minutenlang wiederholte, schien Thieme nicht die Realität der Fiktion, sondern die der eigenen Existenz auf Spiel zu setzen: Der Betrachter wurde mit der realpräsentischen Erfahrung eines ›sich riskierenden‹ Körpers konfrontiert. Thieme schonte während des Schlussmonologs weder seine stimmlichen Kapazitäten noch seinen schwerfälligen Leib, um die Aufmerksamkeit auf die individuelle und verletzliche Körperlichkeit im präsentischen Zeitmodus der Aufführung zu lenken. Diese inszenatorisch kalkulierte Belagerung der Repräsentationsebene mit der risikobehafteten Ausstellung eines sich der eigenen Kontrolle entziehenden Schauspielerkörpers provozierte heftige Publikumsreak-

---

»Eine Lesart von Lacans ›*Il n'y a pas de rapport sexuel*‹ ist«, so Žižek, »daß ebendieser Störenfried, der das Spiel zu verderben scheint, *in Wirklichkeit das Genießen daran kristallisiert* – daß man ohne diesen Störenfried nur eine flache Szene sähe, die der *jouissance* beraubt wäre.« Slavoj Žižek, »Pornographie im Film. Vom Erhabenen zum Lächerlichen: Der phantasmatische Akt«, in: *Lettre International* 36 (1997), S. 64-70, hier: S. 67. Kursivierung im Original.

tionen. Die Zuschauer kommentierten die Szene lautstark, setzten mit permanentem Klatschen und lauten Buhrufen dem störungsfreien Vollzug der Aufführung ein Ende und bestimmten so – analog zum Skandal in Peymanns *Publikumsbeschimpfung* – die Macht- und Handlungsökonomie des Abends neu. Die sich nicht mehr diszipliniert verhaltenden Zuschauer kehrten weniger die Konstellation zwischen (Sich-)Zeigenden und Zuschauenden um, viel eher exponierten sie die bis dahin lediglich latente körperliche Kopräsenz sowie die doppelte Kontingenz der Aufführung. Die Machtverhältnisse der Kommunikation wurden sichtbar und dynamisch.

Die heftigen und andauernden Interventionen in den Vorstellungen von Luk Percevals *Molière* zeigen, dass die Ergreifung von Handlungsmacht durch stimmliche oder symbolische Akte keine tatsächliche Umkehrung der bipolaren Rollenstruktur der Aufführung erzielt. Sie verweist hingegen auf ihre konsolidierten Strukturen und stört ihren Verlauf nur dahingehend, dass sie den ästhetisch-dramaturgisch kalkulierten Übertragungsprozess durch dessen Destruktion kommentiert. Wie wir im Folgenden sehen werden, ist den Blickhandlungen von einzelnen Zuschauern jedoch immer auch ein eigentümliches Potenzial des Widerstands und der Gegenpositionierung eigen: Akte des Blickens können die vorstrukturierten oder manipulativen Darstellungsmuster der Aufführung kritisieren, hinterfragen und die Machtverhältnisse der Aufführung umstrukturieren, ohne den Ablauf des Abends zu behindern oder tatsächlich zu ›sabotieren‹.

2.2 Zuschauen als Handeln

Wenn zeitgenössische Regisseure, Performancekünstler und Choreografen darum bemüht sind, struktur- und medienkritische Arbeiten zu entwickeln, hegemoniale Inszenierungsgesten sichtbar zu machen oder eine aktive und reflexive Betrachtung des Zuschauers zu forcieren, dann tendieren sie jeweils dazu, die konsolidierten Strukturen zwischen Akteuren und Zuschauern offenzulegen oder zu subvertieren. Aufführungen, die die politischen Dimensionen der Kommunikation thematisieren, sind jedoch nicht nur, wie dies Patrick Primavesi nachdrücklich aufzeigte,[38] im Bereich der Performance und der experimentellen Theaterpraxis zu finden. Auch in eine breitere Öffentlichkeit adressierenden Darstellungsformen des Regietheaters sind Tendenzen zu verfolgen, die trotz der »immer noch dominante[n] Zentrierung unseres Blickes«[39] im Guckkastentheater wahrnehmungsstrukturell manipulative Inszenierungsstrategien transparent machen und kritisch hinterfragen. Besonders innovative Prinzipien der Ästhetisierung lassen sich im zeitgenössischen Tanztheater auffinden, denn hier wird der hierarchisch-stabilisierte Rezeptionspakt mit dem Zuschauer – im Sinne des Repräsentationsparadigmas – ›gekündigt‹. Die Inszenierung und Markierung von Leerstellen

38 | Vgl. Primavesi, »Zuschauer in Bewegung«, a.a.O.

39 | Ebd., S. 87.

und Bedeutungslücken fordern eine distanzierte Betrachtung heraus. Inwieweit der Choreograf Jérôme Bel an den *Zuschauer* als Handelnden appelliert, indem er einerseits die Blickpolitik des ›Spektakels‹ bzw. die ihr eigentümlichen Machtverhältnisse offenbart und andererseits die tradierten Blickstrategien des Publikums provoziert, werden wir anhand seiner choreografischen Inszenierung *The show must go on!*[40] (2001) eruieren.

Diese Inszenierung basierte auf einer klaren Musik- und Handlungsdramaturgie: Ein vor der Bühnenrampe sitzender DJ legte nacheinander 18 Popsongs auf, deren bekannte Refrainzeilen zu Instruktionen für die szenischen Handlungen avancierten: Zunächst ertönte im dunklen Theaterraum der Song *Tonight* aus dem Musical *West Side Story* in seiner vollen Länge und suggerierte einen autoreflexiven Bezug zu dem konkreten Theater*abend*. Anschließend wurde mit dem Hit *Let the Sunshine in* die graduelle Erhellung der Bühne ›herbeigesungen‹. Nachdem die Refrainzeile des gleichnamigen Beatles-Lieds *Come together* erklungen war, erschienen zwanzig Akteure auf der Bühne. Sie führten ihre individuellen (Tanz-)Bewegungen jedoch erst aus, als David Bowies *Let's dance* sowie der Erfolgssong *I like to move it* ertönten. Die Verse der Popsongs wurden zu Handlungsanweisungen und deren Befolgung zum ästhetischen Prinzip. Bels handlungsdramaturgisches Programm bestand also in der Fügung von appellativen Titelzeilen und ihrer prononcierten Verkörperung, d.h. aus einem Prozess der semantischen Doppelung, der dem Szenischen eine selbstreferenzielle Dimension verlieh und darüber hinaus die Strukturen der Aufführung aufdeckte, sodass hier nicht einmal der sonst im Off versteckte Ton- und Lichtregisseur verhüllt blieb, sondern geradezu als DJ ausgestellt wurde. Alle Popsongs, die er während des Abends auflegte, überschritten ihre popkulturelle Semantik insofern, als sie entweder die szenischen Handlungen bestimmten oder die Funktionsmechanismen des Theaters als soziale und institutionelle Praxis benannten, kommentierten bzw. reflektierten.

Bel verzichtete auf impressive Visualität, körperliche Virtuosität oder narrative Tricks und tauschte diese gegen eine klare Musik- und Handlungsdramaturgie ein, um die Evokation von Spannung und die herkömmliche ›Voyeurisierung‹ des Zuschauers dezidiert zu unterlaufen. Da er mit dem Verfahren der Zitation arbeitete und die Thematik jeder Szene an einen wohlbekannten Song band, schuf er eine Konvergenz von Zitat und Kontext, von Liedtext und theatralem Geschehen, von ausgestellten Instruktionen und deren immer schon verfestigter, meist aber unauffälliger Geltungskraft in einer Aufführung. *The show must go on!* brachte somit eine Aufführung der Aufführung hervor, eine Performance, die stets auf sich und ihre mediale und materielle Verfasstheit verwies und dadurch die der Theatralität und Repräsentation innewohnenden Machtstrukturen vor Augen führte. In dieser Hinsicht ist Bels Performance durchaus ein kritischer Impetus inhärent. Der Choreograf setzte sich mit der Kommunikation und Relation von Akteuren und Zu-

40 | Die von Jérôme Bel konzipierte und inszenierte Choreografie hatte am 04. Januar 2001 im Pariser Théâtre de la Ville Premiere.

schauern, von theaterästhetischen und inszenierungspraktischen Normierungen der Aufführung auseinander, ohne diese zu destruieren.

Trotzdem führte Jérôme Bels Regiekonzept zu einem Moment, in dem die Machtstrukturen der Aufführung plötzlich unberechenbar wurden: Zuschauer und Performer näherten sich einander an. Während des populären Songs *Every Breath You Take* wurde die Refrainzeile »I'll be watching you« als ein Kommentar des Zuschauens in Szene gesetzt und von den Performern buchstäblich realisiert. Einzeln liefen sie auf das Publikum zu und blieben nebeneinander an der Bühnenrampe stehen. Auf diese Weise nahmen sie den Zuschauern größtenteils die Sicht auf die Bühne und lenkten stattdessen die Aufmerksamkeit auf ihre blickenden Körper. Diese Aktion gipfelte in der Fixierung einzelner Zuschauergesichter. Während die Performer ›nur‹ das taten, was die Titelzeile anordnete, spiegelten sie das Verhalten des Publikums und destabilisierten die bis dahin feste Zweiteilung von Voyeuren und Beschauten. Die gegenseitige Zuwendung von Akteuren und Zuschauern annullierte folglich die strikte Rollendifferenzierung von Blickenden und Angeblickten und verhinderte deren dauerhafte Stabilisierung. Entsprechend wurde in *The show must go on!* zum einen die Geregeltheit der aktuellen Aufführung vor Augen geführt und zum anderen die der theatralen Repräsentation innewohnende Machtstruktur kenntlich gemacht und gewendet. Mehr noch: Bels Spieler setzten der Möglichkeit der Beschauung Grenzen, blickten ins Publikum zurück und problematisierten so das ›Recht auf Einsicht‹.

In der besagten Szene verweigerten die Akteure schauspielerisches Zeigen im herkömmlichen Sinn und befolgten lediglich die Anweisung, die sonst nur das Publikum betrifft, nämlich anderen *zuzuschauen*. Somit wurde die voyeuristische Theaterkonstellation in einen Akt des gegenseitigen Sich-Zeigens verwandelt. Ist die visuelle Lust der Beschauung an das »Versteckt-Sein des Voyeurs«, ja an dessen »Sich-Nicht-Zeigen«[41] gebunden, war für Bel gerade die programmatische Durchkreuzung der voyeuristischen Theaterszenerie wichtig, die in diesem Fall mit der Sichtbarwerdung von Phänomenen jenseits symbolischer Bedeutsamkeit einherging. Das Phänomenale, das Singuläre, die Ordnungen der Buchstäblichkeit, die sich nicht in der Repräsentationsstruktur theatralen Darstellens bündeln, wurden in *The show must go on!* prononciert. Die Präsenz der Körper, die Kontingenz ihrer Aktionen und Reaktionen, die Unberechenbarkeit der Blickbewegungen und Blickwirkungen bzw. die visuellen Details wie Textur und Farbe der Kleidung, die Individualität der Gesichter und der Hände, die Tönung der Haut, die Körperhaltungen und Physiognomien sowie die absichtslosen Resonanzen der einzelnen Körper in der Stillgestelltheit des Tableaus wurden aufgrund des autoreferenziellen Impetus der Darstellung zutage befördert und zum eigentlichen voyeuristischen Objekt gemacht. Der Zuschauerblick fand in keiner intakten Wahrnehmungsordnung einen Anhaltspunkt und fiel ultimativ auf *punctum*hafte Facetten des visuellen Feldes, die sich zeigten, ohne auf etwas zu verweisen. Indem Bel die Akteure nicht nur in

41 | Widmer, »Das unbewusste Begehren des Voyeurs«, a.a.O., S. 152.

ihrer phänomenalen Anwesenheit vor Augen führte, sondern sie geradewegs zurückblicken ließ, erzielte er eine regelrechte Inszenierung des *punctum*,[42] der nicht symbolisierbaren Phänomenalität des Gesehenen. Das *punctum*, das sich dem Betrachter aufdrängte, zeigte sich in der besagten Szene in der Mittelbarkeit und Unauslotbarkeit fremder Blicke, die aus dem szenischen Tableau hinausragten und den Zuschauern widerfuhren. »Das *punctum* stört den Voyeur [...]«[43], wie Gabriele Schabacher hervorhebt, weil es ihn be-trifft, seine Blickregime attackiert und die Stabilität seiner Wahrnehmungsordnung fundamental untergräbt.

Durch die Konfrontation von Akteuren und Zuschauern exponierte Bel eine dynamische und unvorhersehbare Geltungsweise der Macht und führte dem Publikum den Akt des Blickens als etwas körperlich Aktives, Singuläres und Kontingentes vor Augen. Damit plädierte er nachdrücklich für die Rehabilitierung des Zuschauens als Handlung: Blickbewegungen passen sich an aktuelle Wahrnehmungsnormen an oder sind stets mit Momenten des Übersehens und der Blendung oder Täuschung verschränkt. Dennoch ist den Blick-Akten insofern immer eine Handlungsmacht inhärent, als sie dazu tendieren, innerhalb bestimmter Grenzen eigene Spiel- und Freiräume zu produzieren.

In diesem Sinne kann man den *Blick als ein mobilisierbares Instrument des ›immobilen Zuschauers‹* beschreiben. Er ist eines der eminentesten Handlungsmittel des Betrachters, eine aktive Instanz, deren machttheoretische Grundlegung nicht zuletzt mit zwei aktuellen theoretischen Unterfangen korrespondiert, die danach streben, Zuschauen als Handeln bzw. als kreatives Handeln zu interpretieren. Jacques Rancière argumentiert auf philosophischer und diskurspolitischer Ebene dafür, Zuschauen *nicht länger* als »das Gegenteil von Wissen [und] Handeln«[44] zu definieren. In eine ähnliche Richtung bewegt sich Erika Fischer-Lichte aus theatertheoretischer und konkret aufführungsanalytischer Perspektive, wenn sie die Wahrnehmung in Aufführungen als eine »spezifische Form von kreativem Handeln«[45] beschreibt.

Im Akt des Zuschauens manifestiert sich für Fischer-Lichte eine Macht der relationalen Wissens- und Erfahrungsbildung. Ausgehend von John Cages *Untitled*

---

42 | Dieses Konzept des *punctum* rekurriert auf die Definition von Roland Barthes und umfasst visuelle Details, die eine hermeneutische (Bild-)Lektüre unterbrechen, »wie ein Pfeil aus [de]m bildlichen Zusammenhang hervor[schießen]« und sowohl die Intention des Produzenten (Fotografen) unterlaufen als auch an das subjektive Urteilen des Betrachters jenseits interpretatorischer Muster appellieren. Vgl. Barthes, *Die helle Kammer*, a.a.O., S. 35-37, 53-55, hier: S. 35.

43 | Schabacher, »›Das Auge voll Gefräßigkeit‹«, a.a.O., S. 38. Kursivierung im Original.

44 | Jacques Rancière, »The Emancipated Spectator. Ein Vortrag zur Zuschauerperspektive«, in: *Texte zur Kunst* 15.2 (2005), S. 35-51, hier: S. 36.

45 | Erika Fischer-Lichte, »Grenzgänge und Tauschhandel. Auf dem Wege zu einer performativen Kultur«, in: Uwe Wirth (Hg.), *Performanz. Zwischen Sprachphilosophie und Kulturwissenschaften*, Frankfurt a.M.: Suhrkamp 2002, S. 277-300, hier: S. 284.

Event stellt sie für die Ästhetik des Gegenwartstheaters exemplarisch fest, dass diese sich vom Paradigma der Nachahmung emanzipiert habe und die Zuschauerrezeption demnach nicht mehr in der Anpassung an vorgegebene diegetische Strukturen aufgehe. Jeder Zuschauer schaffe »seine je eigenen und in diesem Sinne subjektiven Erfahrungen [und] seine eigene Aufführung«[46]. Nach Fischer-Lichte umfasst die visuelle Wahrnehmung im Theater sowohl assoziative und kombinatorische Kompetenzen, die das Szenische als Material individuell formen, als auch die Möglichkeit, andere beim Zuschauen zu betrachten. Infolgedessen sei Wahrnehmung »als ein performativer Akt [zu denken], in dem der Blick eine transformierende Kraft entfaltet«[47]. Auch wenn Akteure und Zuschauer im Regietheater selten Blicke wechseln und für ihre Kommunikation der konstitutiven Einbildung eines phantasmatischen Blicks bedürfen, produzieren Zuschauerblicke durch ihre metaphorischen oder metonymischen, fetischisierenden oder abschweifenden Dynamiken jeweils individuelle Aufführungserfahrungen.

Rancière geht von einem traditionellen Verständnis des Betrachters aus und bricht mit der weitverbreiteten Annahme, der zufolge dem Zuschauer des Schauspiels keine ›Macht‹ eigne, da er nicht in das Geschehen einzugreifen imstande sei. In kritischer Auseinandersetzung mit Brechts und Artauds spezifischen Konditionierungen der Zuschauerrolle sowie in Abgrenzung zu anderen Theaterreformen des 20. Jahrhunderts fordert Rancière eine Neudefinition des Zuschauens im Theater. Zunächst greift er Guy Debords Gedanken auf, das Spektakel gehe mit der Einseitigkeit der Kommunikation und einer Trennung von aktiven und passiven Positionen einher,[48] und wendet sich gegen Dramaturgen und Künstler, die in der Aufführung eine gleichheitsstiftende Übertragung von Wissen erreichen wollen.[49] Rancières Beweisführung läuft auf die Neubestimmung des Gegensatzes zwischen Aktivität und Passivität hinaus, dessen Geltungsmacht sich für ihn im theatralen Kontext in der Polarisierung zwischen Zuschauenden und Handelnden manifestiert.

Ausdrücklich distanziert sich der Autor von jedweder Praxis, die auf die Verwandlung der Zuschauer in Darsteller abzielt, und wertet stattdessen die »anonymen« und individuellen Handlungen des Zuschauers auf: »Er beobachtet, wählt aus, vergleicht und interpretiert. Er verknüpft das, was er beobachtet, mit vielen anderen Dingen.«[50] Für Rancière besteht die Aktivität des Zuschauers nicht in der öffentlichen Deklaration seiner Partizipation an der theatralen Gemeinschaft, sie ist vielmehr in dessen Distanziertheit begründet: »Er nimmt an der Aufführung teil, wenn er eine eigene Geschichte über die ihm dargebotene Geschichte erzäh-

46 | Ebd.

47 | Ebd., S. 298.

48 | Vgl. Debord, *Die Gesellschaft des Spektakels*, a.a.O., § 24-27, S. 21-25.

49 | Vgl. Rancière, »The Emancipated Spectator«, a.a.O., S. 39-46.

50 | Ebd., S. 44.

len kann.«[51] Somit eröffnet die Aufführung für Rancière die Möglichkeit einer »besondere[n] Form von Interaktivität«, denn sie offeriere den Anwesenden »die Macht eines intellektuellen Abenteuers«, eines unvorhersehbaren und irreduziblen »Spiel[s] von Assoziationen und Dissoziationen«[52]. Die Chance, dass jeder Teilnehmer seine Aufführung selbst gestalte, impliziere eine ambivalente Wirksamkeit der Macht, die die theatrale Gemeinschaft zugleich bündle und teile, die Zuschauer ebenso verbinde wie trenne.[53] »Wir müssen anerkennen«, so Rancière am Ende seiner Argumentation, »dass jeder Zuschauer bereits ein handelnder Darsteller seiner eigenen Geschichte ist und dass jede Darstellerin ebenso Zuschauerin der gleichen Art von Geschichte ist.«[54]

Sowohl aus theaterwissenschaftlicher wie aus philosophischer Perspektive wird dem Zuschauerblick die Kompetenz zugesprochen, dem Szenischen eine partikulare und subjektive Rahmung zu verleihen und konsequenterweise das inszenatorisch ›Vorgegebene‹ individuell zu aktualisieren, neu zu ordnen, zu relativieren oder auch zu hinterfragen. Diese Geltung des Blicks, eine ›Betrachtung zweiter Ordnung‹ zu etablieren, gilt für das Zuschauen in jeder Theaterform; sie erfordert keine reziproke Aushandlung. Doch worin liegt die machtlogische Differenz zwischen dem Versuch der Rollenumkehrung und der Entgrenzung festgesetzter Positionen in der Aufführung?

Bel, der in *The Show must go on!* die Konventionen und Machtstrukturen theatraler Praxis systematisch offenlegt, entfaltet einen Raum für Reflexionen. Er bietet dem Zuschauer eine »kritische Haltung« an, die es Pirkko Husemann zufolge erlaubt, »virulente Fragen über die Kunst des Choreographierens [...] und das Verhältnis von Bühne und Publikum zu stellen, ohne diese aber direkt zu artikulieren oder zu repräsentieren«[55]. Es handelt sich demnach um den subtilen Versuch, die Erfahrungen von Aktivität und Passivität, Sehen und Handeln, Distanz und Engagement miteinander zu verweben und so eine besondere Form der Zuschauerhaltung, einen ›Voyeurismus zweiter Ordnung‹, zu etablieren. Bel entwickelt ein transparentes Feld der Spielregeln und Machtrelationen, wodurch der Zuschauer in die Lage versetzt wird, sich von den Akteuren nicht »dominiert«[56] fühlen zu

51 | Ebd.

52 | Ebd., S. 47.

53 | »Diese Macht bindet Individuen in dem Maße aneinander, in dem sie sie voneinander trennt, in dem die Individuen fähig sind, mit derselben Macht ihren jeweils eigenen Pfad zu legen.« Ebd.

54 | Ebd.

55 | Husemann, *Choreographie als kritische Praxis*, a.a.O., S. 23.

56 | »I did not want the performers on stage to dominate the audience. [...] We make the piece together in a way. And what I also try to use is transparency. I give you the rules in the beginning, and then we play together. And of course sometimes later on, I change the rules just for fun – but I mean I try not to hide anything of the work and not to say things that did not happen. [...] Not to dominate is my favorite political statement till now.« Jérôme Bel/

müssen. Dadurch unterdrückt er die überwiegend manipulierende Intentionalität inszenatorischer Praxis und unterbreitet dem Zuschauer den Vorschlag, Kritik als kreatives Handeln innerhalb der gegebenen Machtstrukturen und nicht als Akt der Dominierung, qua Zwischenrufe und andere Interventionen, zu begreifen. In der Interaktion von Zuschauer und Szenischem kann sich eine reflexive Haltung konstituieren, welche die Fragilität der Aufführung als Kommunikationsakt nicht ›gefährdet‹. Dennoch haben einige Zuschauer im Rahmen des Zagreber Gastspiels von *The show must go on!* in den Szenenverlauf dadurch eingegriffen, dass sie den Abend laut kommentierten, mit Zwischenapplaus ›störten‹, die Bühne betraten und mit den Akteuren zu tanzen versuchten. Über diese Zuschauer(re)aktionen äußerte sich Bel polemisch: »I want the spectators to act, as they should act. [...] Their job is not to dance, but to watch other people dancing.«[57]

Wenn sich Bel von Partizipationsformen distanziert, die die störungsfreie Teilhabe anderer gefährden können, die Machtstrukturen der Kommunikation destruieren oder ästhetische Urteile als öffentlichen Protest artikulieren, so votiert er unverkennbar für eine Partizipation der kritischen Blicke, für eine Interaktion, die sich nicht auf radikale Weise gegen die bestehenden und für die Aufführung konstitutiven Wahrnehmungsökonomien richtet. Dessen ungeachtet schwingt in der theatralen Kommunikation Dominanz auf einer elementaren Ebene immer mit, die den Ablauf szenischer Handlungen eigentlich erst ermöglicht. Wenn Bel also die Disziplinierung des Publikums fordert, führt er bereits eine gewisse Hierarchie in die Aufführung ein. Zuschauen als kritische Blickpraxis setzt demnach notwendig eine affirmative Anpassung an vorgegebene theatrale Machtrelationen voraus, schließt aber Verschiebungen und Subversionen des Rezeptionsprozesses nicht aus. Im Einklang damit, aber aus einer entgegengesetzten Argumentationsrichtung fordert die Theaterwissenschaftlerin Christel Weiler bezüglich der Expansion des zeitgenössischen Interaktions- und Mitmachtheaters, »hin und wieder auch Zuschauer bleiben« zu dürfen. Weiler begreift die Partizipation an der Aufführung als eine »dialogische Kunst des Zuschauens«, die sie folgendermaßen erörtert: »Im herkömmlichen Sinne entfaltet sich diese Beziehung auf der Grundlage des Zuhörens, des Abwartens, des genauen Hinsehens. Es wird uns die Chance gegeben, nicht sofort sprechen zu müssen, schweigen zu dürfen, nachdenken zu können.«[58]

Jan Ritsema, »Their job is not to dance, but to watch other people dancing – if they dance«, in: Martina Hochmuth/Krassimira Kruschkova/Georg Schöllgammer (Hg.), ›*It takes place when it doesn't*‹. *On Dance and Performance Since 1989*, Frankfurt a.M.: Revolver 2006, S. 28-38, hier: S. 29, 32.

57 | Ebd., S. 35. »I don't want them to clap hands during the performance. I want them to shut up and to watch the performance. And especially in the National Theatre of Zagreb. I don't perform in a kindergarden.« Ebd., S. 31.

58 | Christel Weiler, »Dialoge mit dem Publikum«, in: Deck/Sieburg, *Paradoxien des Zuschauens*, a.a.O., S. 27-39, hier: S. 39.

Ebenso wie Rancière den Akt der reflexiven Betrachtung aufwertet und darauf beharrt, dass »›die Welt zu interpretieren‹ bereits bedeutet, sie zu verändern, sie neu zu ordnen«[59], oder wie Fischer-Lichte dem Zuschauen ein transformatives Potenzial attestiert, so wird auch im aktuellen Diskurs der (visuellen) Partizipation der Blick als individuelle und relationale Instanz stark gemacht, die den Blickenden mit der Welt und den anderen verbindet und darüber hinaus – im Sinne der ambivalenten Prozesshaftigkeit der Identifizierung – das Eintauchen in das Gesehene mit der Praxis der Distanzierung und Differenzierung verschaltet. Aus handlungstheoretischer Sicht bedeutet Blicken weder zu kapitulieren noch in die Offensive zu gehen; der Blickende ist zu einer kritischen Perspektivübernahme oder Distanzierung fähig, ohne in die kollektive Kommunikation intervenieren und eine dominante Handlungsposition einnehmen zu müssen.

3. Blicke diesseits und jenseits der Machtordnungen der Repräsentation

In der raffiniert komponierten Inzest-Szenerie aus der *Purgatorio*-Episode[60] von Romeo Castelluccis Dante-Trilogie (2008) wurden darstellungsästhetische und darstellungsethische Fragen in einem Maße virulent, dass dieser Teil des Inszenierungszyklus nach der österreichischen Premiere bei den Wiener Festwochen geradezu an kulturpolitischer Brisanz gewann. Obwohl die Vergewaltigung des Sohnes durch den Vater im Off und nicht auf der Bühne ›geschah‹ und entsprechend ›nur‹ akustisch zu vernehmen bzw. zu imaginieren war, haben die Inspektoren des österreichischen Kultusministeriums dem Regisseur Castellucci »pornografische Neigungen«[61] vorgeworfen. Zweifelsohne zeugt eine solche Anklage von einem Kunstverständnis, das, unabhängig von der Ästhetik der Darstellung, mit dem szenischen Inhalt eine affirmative Intentionalität des Urhebers assoziiert. Nichtsdestotrotz klingt in dieser bildungspolitischen Direktive eben jene Problematik an, die das Sanktionieren einer ›Ordnung der Repräsentation‹ und deren Macht in der normativen Sinnbildung betrifft.

Die Ordnung der Repräsentation ist als ein komplexes Gefüge von Darstellungsmustern zu begreifen, das immer neue Wirklichkeiten und Identifikationen stiftet und dank seiner Wiederholbarkeit ein kollektives Imaginäres, ja einen Fundus von Idealbildern generiert. Kulturelle Repräsentationen definieren sich durch das Zusammenspiel von bildlichen und zeichenhaften, imaginären und

59 | Rancière, »The Emancipated Spectator«, a.a.O., S. 44.

60 | *Purgatorio*, der neben *Inferno* und *Paradiso* den zweiten Teil von Romeo Castelluccis Dante-Trilogie bildet, hatte am 11. Juli 2008 in Avignon Premiere und war im Mai 2009 bei den Wiener Festwochen zu sehen.

61 | Vgl. Thomas Hahn, »Die durch die Hölle gehen«, in: www.welt.de/welt_print/article2240726/Die_durch_die_Hoelle_gehen.html, 08. August 2011, o.S.

symbolischen Strukturen und bilden ein normatives Bildrepertoire, das insofern mit Machtrelationen korreliert, als es Identität immer um den Preis von Hierarchisierungen und Hegemonialisierungen hervorbringt, d.h. stets festlegt, welche Inhalte, Perspektiven und Praktiken sozial anerkannt respektive dominant sind. Bevorzugte Repräsentationsmuster schreiben sich in erster Linie dadurch fort, dass sie durch identifikatorische Blicke konstituiert, in ihren Wiederkehrungen jedoch moduliert und im sozialen Feld sowohl perpetuiert als auch subvertiert werden können. Inwieweit der Blick das kulturelle Bildrepertoire stabilisiert oder modifiziert, kann man in Anlehnung an Jacques Rancière und Kaja Silverman mit dem Konzept der *dominant fiction* erläutern.

Für Rancière implizieren Diskurse sprachliche und visuelle ›Texte‹, die von ideologischen und ökonomischen Mechanismen abhängig sind. Mithin sind Diskurse für ihn als »privilegierte Repräsentationsmodalitäten« zu verstehen, die »für die Mitglieder einer sozialen Formation das Image eines sozialen Konsenses bieten«[62] und den Rahmen für Identifizierungsmöglichkeiten konturieren. Darüber hinaus argumentiert Silverman, dass ›dominante Fiktionen‹ Laute, Identitäts- bzw. Verhaltensbilder, Erzählungen und narrative Muster umfassen, die allesamt vom Fernsehen, Kino und anderen populär- und massenkulturellen Darstellungsmedien geformt werden.[63] Innerhalb eines soziokulturellen Gefüges gelten beispielsweise eurozentrische, christliche, ›weiße‹ oder heterosexuelle Ideale, phallozentrische Perspektiven oder familiäre Szenarien als ›dominante Fiktionen‹. Sie werden einerseits als ›dominant‹ bezeichnet, weil sie standardisierte, aber nicht stabile Ideen sind, die einer kontinuierlichen Hegemonialisierungsdynamik entstammen. Andererseits sind sie als ›Fiktionen‹ kollektiv verfügbare und individuell formbare *Konstrukte*, die Akte der Subjektivation ermöglichen.

Wenn Silverman die Transformationen der dominanten Fiktion und deren Machtstrukturen theoretisch zu beschreiben versucht, räumt sie dem Blick die zentrale Rolle ein: Dieser vermag die Ordnungen der Repräsentation zu reproduzieren und in die Prozesse dieser Reproduktion zu intervenieren.[64] Wenngleich

62 | »[The *dominant fiction* is] the privileged mode of representation by which the image of the social consensus is offered to the members of a social formation and within which they are asked to identify themselves.« Jacques Rancière, »Interview: The Image of Brotherhood«, in: *Edinburgh Magazine* 2 (1977), S. 26-31, hier: S. 28. Übersetzung von A.C.

63 | Silverman fusioniert in ihrem Konzept der ›dominanten Fiktion‹ Louis Althussers Theorie der Ideologie mit der psychoanalytischen Theorie der Identifizierung und entwickelt ein Modell der hegemonialen Identitätsproduktion, mit dem sie eine Komplexität gesellschaftlicher und kultureller Dominanzstrukturen zu beschreiben sich bemüht. Vgl. Kaja Silverman, *Male Subjectivity at the Margins*, New York, London: Routledge 1992, S. 23-28.

64 | Was innerhalb eines raumzeitlichen und sozialen Kontextes zur dominanten Fiktion avanciert, lässt sich Silverman zufolge anhand des Zusammenspiels von drei Koordinaten analysieren: dem *screen*, dem *gaze* und dem *look*. Der *screen* bezeichnet das historisch modulierende Bildrepertoire einer kulturellen Formation und umfasst also die zu einem

jeder individuell exponierte Blick (*look*) sowohl dem kulturellen Bildfundus (*screen*) als auch den aktuellen habituellen Regeln der Bildaneignung (*gaze*) unterworfen ist, kann er nach Silvermans Konzeption die dominante Fiktion stets auch verändern.[65] Doch die subversive Kraft des Blicks besteht, wie Silverman konstatiert, nicht nur darin, die Auswahl der Bilder neu zu treffen, in kopräsentischen Situationen motiviert diese subversive Kraft überdies alternative Verhaltensweisen des anderen durch ihre Objektivierungswirkung. Dem Blickenden ist es also möglich, bestehende Kräfteverhältnisse zu affirmieren oder aber anders zu entwerfen und die kollektiven Sehpraktiken sowie das Feld des Sichtbaren zu transformieren.[66] Er ist imstande, nicht tradierte Bilder der Subjektivität und somit neue Normen des Handelns und Verhaltens zu stimulieren und schließlich dazu beizutragen, dass bis dahin exkludierte Bilder in das Bildarchiv (*screen*) aufgenommen werden.

Für Bildszenerien, die von der dominanten Fiktion abweichen, stellt die Inzestszene in Romeo Castelluccis *Purgatorio* ein eklatantes Beispiel dar: Nachdem sich der Vorhang gehoben hat, werden die Innenräume eines luxuriösen Einfamilienhauses sichtbar, in denen der spielende Sohn, die kochende Mutter und der kurz darauf von der Arbeit heimkehrende Vater einen alltäglichen Abend miteinander

---

bestimmten Zeitpunkt möglichen visuellen Darstellungsformen. Welche Bilder des *screen* jedoch in einem bestimmten historischen und kulturellen Zusammenhang rezipiert bzw. produziert werden, hängt von dem aktuellen Blickregime, dem *gaze* ab. Der *gaze* meint die Praxis des Sehens, er bestimmt, was und in welcher Weise etwas sichtbar werden kann. Schließlich ist das System der Repräsentation immer auch von der individuellen Blickhandlung eines wahrnehmenden Individuums abhängig, die Silverman als *look* bezeichnet. Vgl. Silverman, *The Threshold of the Visible World*, a.a.O., S. 195-196; dies., »Dem Blickregime begegnen«, in: Christian Kravagna (Hg.), *Privileg Blick. Kritik der visuellen Kultur*, Berlin: Edition ID-Archiv 1997, S. 41-64, insbesondere: S. 49; dies., *Male Subjectivity at the Margins*, a.a.O., S. 125. Johanna Schaffer unterzieht Silvermans Modell einer Kritik und bemängelt, dass Verhältnisse »des Ausschlusses, der Verunmöglichung und des Kampfes« in Silvermans Perspektive nicht greifbar seien. Vgl. Johanna Schaffer, *Ambivalenzen der Sichtbarkeit. Über die visuellen Strukturen der Anerkennung*, Bielefeld: transcript 2008, S. 116. Dass das Ausgeschlossene für die Ordnung der Repräsentation konstitutiv ist und das Unsichtbare kein einfaches Komplement des Sichtbaren darstellt, sind Thesen, denen wir uns in Kapitel VII/2.2 zuwenden werden.

65 | Silverman entwickelt das Lacan'sche Identifikationsmodell weiter und besteht auf der Kompetenz des identifikatorischen Blicks, kulturelle Normen sowohl bestätigen als auch verändern zu können. Vgl. Silverman, *The Threshold of the Visible World*, a.a.O., S. 172, 227.

66 | Vgl. Antke Engel, *Wider die Eindeutigkeit. Sexualität und Geschlecht im Fokus queerer Politik der Repräsentation*, Frankfurt a.M., New York: Campus 2002, S. 152. Engel schlägt vor, Repräsentation nicht als etwas ontologisch Gegebenes, sondern »als Vermittlungspraxis zwischen Subjektivierungsweisen und Herrschaftsformen« zu verstehen. Vgl. ebd., S. 222-223, hier. S. 223.

verbringen. Allerdings kommentiert Castellucci seine stereotype Familiendarstellung ununterbrochen dadurch, dass er die textuellen Beschreibungen der klischeehaften Alltagshandlungen an die Wand projiziert, *bevor* die Akteure sie ausführen: Ehe sich der Vater beispielsweise einen zweiten Whisky einschenkt, lesen die Zuschauer in weißer Schrift folgende Worte an der Zimmerwand: »The Third Star will have another sip of Whisky«. Der Satz »The Third Star and the First Star will be upset by a picture on TV« kündigt hingegen das Entsetzen der Eltern beim Fernsehen sowie dessen gestischen und verbalen Ausdruck an. Das szenische Geschehen folgt den schriftlichen Instruktionen ohne Abweichung und führt eine Familiengeschichte vor Augen, die zunächst mit der dominanten Fiktion bürgerlicher Lebensnarrative übereinzustimmen scheint.

Doch nachdem der Vater seinen Sohn gerufen hat und beide mit Cowboyhut, Maske und Taschenlampe im Kinderzimmer verschwinden, wird die Konsistenz der Darstellungsebene und somit die harmonische Kongruenz zwischen Handlungsüberschriften und ihrer szenischen Ausführung schlagartig gebrochen. Nun eröffnet sich eine Sphäre außerhalb der szenischen Repräsentation. Die Ebenen der Schrift und der Bühnendarstellung werden von Dimensionen des Nicht-Darstellbaren und visuell Nicht-Ästhetisierbaren belagert und als unzulänglich entlarvt: Die aus dem Off ertönende Aufforderung des Vaters »Let's play cowboys, like last time« wird von den flehenden und weinenden Weigerungen des Sohnes beantwortet, der sich gegen einen körperlichen Angriff zu wehren scheint. Trotz der Beteuerungen »No, Papa. [...] I love you« nimmt der stimmliche Dialog kein Ende. Er kulminiert in einem dramatischen Kampf vokaler Artikulationen: Stöhnen, Seufzer, Aufschreie sowie der Klang starker Schläge münden in einer inzestuösen Vergewaltigung, welche die bis dahin kohärente und psychologisch-realistisch geprägte Darstellungsästhetik übersteigt und diese – auch in den weiteren Szenen – mit Perspektiven der Überzeichnung verknüpft. Von diesem Moment an ist der Zuschauer dem Bühnengeschehen insofern ausgeliefert, als sich ihm das Visuelle durch akustische Reize aufdrängt.

Berichten die Projektionsüberschriften weiterhin von einem idyllischen Familienabend,[67] werden sie szenisch nicht mehr befolgt und so in ihrer harmonisierenden Konstruiertheit radikal entpuppt. In der Aufführung tut sich eine Kluft zwischen den Ebenen der »dominanten Fiktionen« und dem Tabubruch auf. Castellucci greift die bestehende Ordnung der Repräsentation an, indem er mit einem Verbot *par excellence* bricht, dem Inzesttabu, das Claude Lévi-Strauss

---

67 | Nachdem alle Darsteller das Wohnzimmer verlassen haben, breitet sich auf der Bühne vollkommene Stille aus, sodass die Vergewaltigungsszene im Off akustisch klar zu vernehmen ist. Obgleich in diesem Moment die Idealisierung der Familienszenerie gebrochen wird, erscheinen auf der Zimmerwand weiterhin harmonische und sowohl dem unbespielten Bühnenraum als auch der akustischen Ebene entgegengesetzte Überschriften: »The First Star puts some light music on.«; »The First Star and the Third Star dance together.« oder »The First, Second and Third Stars are together at home. They are listening to music.«

als universale Regel der Kulturkonstitution definierte.[68] In *Purgatorio* wird dessen Aufhebung vom Regisseur in Form einer homoerotisch-pädophilen Nötigung in Szene setzt. Castelluccis Inzestszene *evoziert* eine Bildszenerie, die sich – ohne visuell vor Augen geführt zu sein – an den ethischen Grenzen der normativen Repräsentationsordnung reibt und diese gleichsam ausstellt und reflektiert. Er verlagert das ultimativ Obszöne[69] ins Off und zeigt auf, dass (vermeintlich) ideale Gesellschaftsidentitäten auf einer Täuschung basieren, nämlich auf der konstitutiven Ausschließung von Unethischem. Castellucci betreibt nicht nur eine provokative Brechung mit standardisierten Darstellungskonventionen, überdies findet hier eine allgemeine Reflexion der idealisierenden Mechanismen von Bildproduktion und Bildrezeption statt. Jene basieren auf einer Logik der Hegemonialisierung, weil die Stabilität der Repräsentationsordnung nur durch Ausschließung (Normierung), Verwerfung (Tabuisierung) oder Marginalisierung des Nicht-Repräsentierten oder Nicht-Repräsentierbaren erreicht wird.[70]

Das Konzept der ›Hegemonie‹[71] ist in den letzten Jahrzehnten zentral für die Erläuterung individueller und gemeinschaftlicher Identitätsbildung geworden und konturiert die analytische Grundlage der *Cultural Studies*.[72] Mit der Denkfigur der Hegemonie werden jene grundsätzlichen gesellschaftlichen Dynamiken beschrieben, aus denen die Domination oder Subordination, Majorisierung oder Minorisierung von Identitätsbildern sowie der Ein- oder Ausschluss sozialer Gruppen resultieren. Soziale Prozesse werden in ihren vorübergehenden Fixierungen fokussiert

68 | Claude Lévi-Strauss, *Die elementaren Strukturen der Verwandtschaft*, Frankfurt a.M.: Suhrkamp 1981.

69 | Zum doppelten Sinn des Obszönen, das sowohl etwas symbolisch Verworfenes als auch etwas Außerszenisches bezeichnet, vgl. Kruschkova, *OB?SCENE*, a.a.O.

70 | Der konstitutiven Rolle des Ausgeschlossenen in der Produktion von Sinn, Begehren und Anerkennung werden wir uns in Kapitel VII/2 zuwenden.

71 | Die jüngste und einflussreichste Hegemonietheorie wurde von Chantal Mouffe und Ernesto Laclau in Anlehnung an Antonio Gramscis Hegemoniekonzept ausgearbeitet. Vgl. Ernesto Laclau/Chantal Mouffe, *Hegemonie und radikale Demokratie. Zur Dekonstruktion des Marxismus*, Wien: Passagen 1991. Zur sozial- und kulturwissenschaftlichen Weiterführung und Vertiefung dieser Theorie vgl. u.a. Judith Butler/Slavoj Žižek/Ernesto Laclau/Simon Critchley (Hg.), *Das Undarstellbare der Politik. Zur Hegemonietheorie Ernesto Laclaus*, Wien: Turia und Kant 1998; Ernesto Laclau (Hg.), *Emanzipation und Differenz*, Wien: Turia und Kant 2002; Martin Nonhoff (Hg.), *Diskurs – radikale Demokratie – Hegemonie. Zum politischen Denken von Ernesto Laclau und Chantal Mouffe*, Bielefeld: transcript 2007.

72 | Vgl. Oliver Marcharts einführenden Band in dieses Feld, der die *Cultural Studies* als eine Disziplin bezeichnet, die nach der hegemonialen Organisation von Kultur, Macht und Identität fragt. Oliver Marchart, *Cultural Studies*, Konstanz: UVK Verlagsgesellschaft GmbH 2008.

und die Organisation von Macht in Momentaufnahmen gesellschaftlicher Handlungspraxis aufgedeckt.[73]

Blicke, die ihre Objekte zum Bild machen und die unaufhaltbare Prozessualität der Welt für einen Augen-Blick fixieren, können bestehende Repräsentationsstrukturen entweder affirmieren und stabilisieren oder entlarven und sich von ihnen distanzieren. Dem Blick eignet in der Hervorbringung von Macht und Identität eine zweifache Rolle: Zum einen vollzieht er die *Identifizierung* mit Idealbildern und reproduziert respektive reflektiert dominante Identifikationsmuster einer Kultur, zum anderen ordnet er im sozialen Feld Verhaltensweisen an und reglementiert die Handlungen anderer normativ. In der kopräsentischen Aushandlung setzt der Blick also sowohl Normen der Identifizierung als auch die des intersubjektiven Verhaltens aufs Spiel.

Basiert eine Theateraufführung auf körperlicher Kopräsenz, so macht sie die Ordnung der Repräsentation immer als ein Feld der intersubjektiven Verhältnisse erfahrbar. Im Theater muss deshalb mit dem bedrohlichen und unerwarteten Auftreten des hegemonial Ausgeschlossenen und Nicht-Inszenierten gerechnet werden, und zwar auf akutere und intensivere Weise als in allen anderen Medien. Aus diesem Grund sollten Theateraufführungen, die sich mit der *ästhetischen* Brechung der ›dominanten Fiktion‹ oder mit tabuisierten Figurationen auseinandersetzen, keineswegs *per se* als problematisch, rassistisch, sexistisch oder anderweitig politisch inkorrekt etikettiert werden.[74] Im Gegenteil, sie sind Möglichkeitsfelder der Reflexion auf hegemoniale Logiken und Interessen. Analog zu Castelluccis Unterfangen sollen im Folgenden Aufführungsbeispiele in den Blick genommen werden, die ein kulturpolitisches Bilderverbot unterlaufen, dem Zuschauer keine vorgefassten Betrachtungsperspektiven unterbreiten und somit das Potenzial der

73 | Vgl. ebd., S. 35. In Anlehnung an Marchart möchte ich betonen, dass nicht nur die einzelnen Blickperspektiven in der sozialen Interaktion, sondern auch meine Beschreibungs- und Theoretisierungsperspektive »bereits durch Machtverhältnisse strukturiert« sind. Ebd., S. 41.

74 | Wenn Doris Kolesch für die Präsentation von behinderten oder abweichenden Körpern und eine Exponierung alternativer Identitätsbilder im Theater plädiert, hebt sie gleichsam die Rolle der Aufführung hervor, mit der Erfahrung und Aushandlung von Differenzierungen auf eine kreative Weise umgehen zu können. Sie betont, dass pauschale Ablehnungen »[...] wie ›Das darf Theater nicht‹ [...], nur bezeugen, dass man sich eben nicht auf ästhetische Wahrnehmung einzulassen gewillt ist, sondern von vornherein ein vermeintlich tolerantes und liberales Moralsystem ins Feld führt, das gerade auf die Vermeidung von Erfahrung abzielt und – in einer Art vorauseilender *political correctness* – die Prädominanz vermeintlich immaterieller, abstrakter Werte (wie Gleichheit, Gleichberechtigung, Akzeptanz des Anderen etc.) betont.« Doris Kolesch, »Verkörperung als Paradigma«, in: Christel Weiler/Jens Roselt/Clemens Risi (Hg.), *Strahlkräfte. Festschrift für Erika Fischer-Lichte*, Berlin: Theater der Zeit 2008, S. 66-78, hier: S. 71. Kursivierung im Original.

visuellen Identitätsbildung nicht nur in der Logik der Affirmation sehen, sondern auch der kreativen und reflexiven Aushandlung von Blicken Vorschub leisten.

3.1 Blickstrategien in hegemonialen Machtverhältnissen

Am dritten Abend ihrer Performance-Reihe *Seven Easy Pieces* (2005) betrat Marina Abramović leicht geschminkt, in schwarzer Jeans und hoch geschlossener Lederjacke gekleidet eine kreisförmige Bühne im New Yorker Guggenheim Museum. Lediglich das Gesicht sowie Geschlecht der Performerin waren nicht von Kleidung bedeckt. Ein entsprechender Ausschnitt in der Hose gab den Genitalbereich der Künstlerin preis. In der Performance, deren Titel *Action Pants: Genital Panic*[75] bereits auf diese Enthüllungsgeste anspielt, präsentierte sich Abramović sieben Stunden lang den Besuchern, die sie aus unterschiedlichen Entfernungen und Perspektiven beobachteten. Während der gesamten Dauer hielt die Performerin ein Maschinengewehr in der Hand. Dessen Lauf erweiterte die Blickachsen bei der Betrachtung des Geschehens, gleichzeitig evozierte die Waffe eine bedrohliche Wirkung auf die Zuschauer, deren Blicke zwischen Gewehr, Augen und Genitale der Künstlerin oszillierten. Auf einem Stuhl sitzend oder am Rand der Bühne stehend nahm sie Augenkontakt zu den Zuschauenden auf. In ihrer ›verkörperten Dokumentation‹ (*embodied documentation*)[76] rief Abramović eine Fotoserie und zwei Performances der österreichischen Künstlerin VALIE EXPORT in Erinnerung und spielte auf künstlerische Setzungen aus dem Jahr 1969 an, die in der damaligen Zeit den hegemonialen Repräsentationsformen der Frau als sexuelles Darstellungsobjekt den Kampf ansagten.

EXPORT vollzog ihre Aktionen in zwei unterschiedlichen Kunstkontexten und bezeichnete beide als »de[n] erste[n] schritt der frau vom objekt zum subjekt«[77]. Zum einen entschied sie sich, im Rahmen des mit Peter Weibel entwickelten Projekts *Kriegskunstfeldzug* beim Münchner *Underground Explosion*-Festival zu intervenieren: Neben der Lederjacke trug sie eine Bluejeans, die in der Schamgegend ausgeschnitten war und ihre Vagina enthüllte. EXPORT durchschritt die Sitzreihen des Kinos, kam mit einzelnen Zuschauern in Berührung und irritierte damit deren passive Betrachterpositionen.[78] Zum anderen soll sie, Presse- und Zeugenberich-

75 | *Action Pants: Genital Panic* fand am 11. November 2005 im New Yorker Guggenheim Museum im Rahmen von Marina Abramovićs Performance-Zyklus *Seven Easy Pieces* statt. Zur Beschreibung dieses siebentägigen Projekts vgl. Sandra Umathum, »Beyond Documentation, or The Adventure of Shared Time and Place. Experiences of a Viewer«, in: Abramović, *Seven Easy Pieces*, a.a.O., S. 47-55.

76 | Nancy Spector, »Seven Easy Pieces«, in: Biesenbach, *Marina Abramović*, a.a.O., S. 37-39, hier: S. 39.

77 | VALIE EXPORT zitiert nach Roswitha Mueller, *Valie Export – Bild-Risse*, Wien: Passagen 2002, S. 38.

78 | Vgl. Christina di Bartolomeo, *Antipornographie*, München: GRIN 2002, S. 7-9.

ten zufolge, im selben Outfit, mit einer Kalaschnikow in der Hand ein Pornokino gestürmt und die ihrer visuellen Schaulust nachgehenden Kinobesucher aufgefordert haben, ihre zur Schau gestellte Genitale zu berühren.

Mit diesen Aktionen zeigte EXPORT in beiden Fällen die Einseitigkeit der Blicksituationen im Kino auf, die handlungs- und machtpolitisch unterworfene Frauen*bilder* produziert, und überführte sie in eine direkte Reziprozität von männlichen und weiblichen bzw. weiblichen und weiblichen Körpern.[79] Ihr Protest richtete sich gegen die Tatsache, dass der Frauenkörper im klassischen Erzählkino längst vor der Filmvorführung objektiviert und verdinglicht worden ist. Da sich die Medialität filmischer Darstellung durch die Präsentation von vorproduziertem Material auszeichnet, ist das Kino imstande, Machtrelationen festzuschreiben und im Dienste männlicher Lust bzw. der Negation eines Subjektstatus der Frau zu stehen. EXPORT, die die maskulin konnotierte Position eines Blickenden einnahm, attackierte die tradierten Voyeurkonstellationen aus körperlicher Nähe und transzendierte die Festschreibung von Geschlechterrollen allgemein. Sie zwang den Kinobesuchern direkten Körperkontakt auf, und es war diese Aushandlung von Objekt- und Subjektpositionen, die zum Skandal führte und die empörten Kinobesucher aus dem Saal trieb. Paradoxerweise schien visuelle Lust an pornografischen Bildern nur öffentlich genussvoll zu sein, wenn das Wunschobjekt physisch abwesend oder nur mittelbar präsent war. In der körperlichen Kopräsenz kollabierte jedoch die in der Pornofilmrezeption stabile Machtstruktur dichotomischer Rollenzuweisungen von Voyeuren und Exhibitionisten, Subjekten und Objekten, Sadisten und Masochisten etc.

Wie John Berger bereits Anfang der 1970er Jahre darlegte, schlägt sich die Geschlechterdifferenz in der westlichen Kulturtradition gleichsam in der Blickökonomie nieder: »*Männer handeln* und *Frauen treten auf.* Männer sehen Frauen an.«[80] Diese asymmetrische Konstellation, in der Männer einen begehrenden, neugierigen und zugleich kontrollierenden Blick auf die Frau werfen dürfen, ohne ihrer-

79 | Die Idee von EXPORTs Performance korrespondiert gleichsam mit ihrer Aktion *TAPP- und TASTKINO*, in der sie ein kleines ›Filmtheater‹, ja eine Plastikbox mit einem Vorhang vor ihren entblößten Brüste befestigte und – zusammen mit Peter Weibel – Passanten im öffentlichen Raum dazu animierte, ihre Brüste mit den Händen zu berühren anstatt den Vorhang zu bewegen und zu schauen. Die beiden Aktionen lassen sich aus repräsentationspolitischer Hinsicht miteinander in Verbindung bringen. Vgl. Mueller, *Valie Export – Bild-Risse*, a.a.O., S. 34-38.

80 | »*Männer handeln* und *Frauen treten auf.* Männer sehen Frauen an. Frauen beobachten sich selbst als diejenigen, die angesehen werden. Dieser Mechanismus bestimmt nicht nur die meisten Beziehungen zwischen Männern und Frauen, sondern auch die Beziehung von Frauen zu sich selbst. [...] Somit verwandelt [sich die Frau] selbst in ein Objekt, ganz besonders in ein Objekt zum Anschauen – in einen ›Anblick‹.« John Berger, *Sehen. Das Bild der Welt in der Bilderwelt*, Reinbek b.H.: Rowohlt 1974, S. 44. Kursivierung im Original.

seits angeblickt zu sein,[81] kondensiert sich nicht nur in Aktdarstellungen und filmischen Fraueninszenierungen, die eine einseitige Blickrelationalität etablieren.[82] Sie tritt ebenfalls in räumlichen Markierungen und institutionellen Praktiken der Öffentlichkeit zutage. Besonders zur Zeit von EXPORTs Performance, aber auch gegenwärtig ist der Objektstatus der Frau als eine dominante ideologische Fiktion zu betrachten, die Subjektivationsakte regelt(e) und trotz ihres Konstruktcharakters und ihrer ›gespenstischen Präsenz‹[83] stets Realitäten und Existenzen als ihre Effekte produziert(e).

Sowohl Abramović als auch EXPORT spielten in ihren Inszenierungen auf einen konkreten theoretischen Diskurs an, namentlich auf den Machtdiskurs des Phallus, der ein Komplementärdenken von kulturellen Geschlechterrollen aufrechterhält und seine absolute Dominanz lange Zeit nicht einbüßte.[84] Nach psychoanalytischer Lesart stellten beide Künstlerinnen ihre Weiblichkeit im buchstäblichen Sinne dadurch aus, dass sie die Aufmerksamkeit auf ihre ›phalluslose Machtlosigkeit‹ lenkten und mit dem Maschinengewehr eine Differenz zwischen zwei Positionen der Signifikation – zwischen ›Phallus sein‹ und ›Phallus haben‹ – exponierten. Zeichnet sich die männliche Position durch das ›Phallus-Haben‹ aus, markiert die Frau den Phallus lediglich als Objekt, repräsentiert ihn für das männ-

81 | Vgl. Sabine Gottgetreu, *Der bewegliche Blick. Zum Paradigmenwechsel in der feministischen Filmtheorie*, Frankfurt a.M., Bern, New York, Paris: Peter Lang 1992, insbesondere: S. 7.

82 | »Mit dem Einzug der technischen Sehgeräte [...] wird der Blick einseitig. Die technischen Sehgeräte [führen] die Unmöglichkeit eines Blicks zurück [ein].« Christina von Braun, »Ceci n'est pas une femme. Betrachten, Begehren, Berühren – von der Macht des Blicks«, in: *Lettre International* 25 (1994), S. 80-84, hier: S. 82.

83 | Zum Konzept der ›gespenstischen Präsenz [ghostly presence]‹ der dominanten Fiktion vgl. George E. Haggerty, »Queer Gothic«, in: Paula R. Backscheider/Catherine Ingrassia (Hg.), *Eighteenth-Century English Novel and Culture*, Malden, Oxford, Victoria: Blackwell 2005, S. 383-398, insbesondere: S. 386.

84 | Geisteswissenschaftliche Forschungen belegen und produzieren jedoch eine Verschiebung dieser hierarchischen Hegemonie im (Kunst-)Diskurs: Judith Mayne problematisiert ausführlich die pauschale Homogenisierung des Betrachters. Vgl. Judith Mayne, *Cinema and Spectatorship*, London: Routledge 1993, S. 86. Kaja Silverman widmet sich den nicht-hegemonialen Erscheinungsformen männlicher Subjektivität und Sexualität in der filmischen und literarischen Fiktion. Vgl. Silverman, *Male Subjectivity at the Margins*, a.a.O. In kunstwissenschaftlichen Diskussionen analysiert u.a. Griselda Pollock Figurationen, in denen der männliche Blick von Frauengestalten zurückgewiesen wird. Vgl. Griselda Pollock, »Beholding Art History: Vision, Place and Power«, in: Melville/Readings, *Vision & Textuality*, a.a.O., S. 38-66. Für weitere Literatur zum Thema vgl. Williams, »Pornografische Bilder und die ›körperliche Dichte des Sehens‹«, a.a.O., S. 232.

liche Begehren und verkörpert ihn. »Der Phallus ›sein‹ heißt«, so schlussfolgert Judith Butler, »durch das Gesetz des Vaters bezeichnet zu sein.«[85]

VALIE EXPORTs Aktion wird im Kunstdiskurs als ein Ereignis beschrieben, das die Störung und Destabilisierung tradierter Geschlechterrelationen beabsichtigte. *Action Pants: Genital Panic* wird ausnahmslos als ein Versuch interpretiert, der jene Absenz reflektiert, die durch den Ausschluss der weiblichen Subjektposition aus den kulturellen Handlungspraktiken entstanden ist. Wohlgemerkt, EXPORTs provokatives Subjektbild der Frau drängt sich nicht nur als subversives Element im tradierten Repräsentationssystem auf, es untergräbt gleichsam auch dessen Kohärenz.[86] Dieses einmalige Ereignis erfuhr eine nachträgliche Stilisierung und kulturhistorische Kanonisierung.[87] Hierzu leistete nicht zuletzt das von der Künstlerin veranlasste und dokumentarisch angelegte Bildmaterial einen wichtigen Beitrag: EXPORT posierte für eine Fotoserie von 60 Exponaten und initiierte mithilfe der Vervielfältigung der Aufnahme die Verbreitung ihrer Weiblichkeitsinszenierung in zahlreichen Rezeptionskontexten. Worin aber die wirkungsästhetischen und machtpolitischen Differenzen zwischen EXPORTs Aktion bzw. Fotografien und deren Wiederbelebung im Guggenheim Museum bestehen, lässt sich anhand der Aufführungsberichte von Abramovićs Aktion beschreiben und analysieren.

Abramović rekurrierte in ihrer Performance 36 Jahre nach EXPORTs Aktionen und fotografischen Inszenierungen auf das tradierte Bild einer Frau in ›Aktionshose‹ und übertrug dieses in den Kontext eines Kunstmuseums. Sie eignete sich das inszenierte Frauenbild der Wiener Performancekünstlerin gewissermaßen an und hielt somit an der Thematik der ursprünglichen Aktion fest. Einerseits zitierte sie VALIE EXPORTs Performance, andererseits handelte es sich um das Zitat dieses Zitats, um die Freud'sche ›Urszene der Kastrationsdrohung‹ als solche. Mit der Ausstellung ihrer Genitale wies sie nicht nur auf die Rolle der Frau als sexuelles Objekt hin, sondern demonstrierte gleichsam ihre ›Macht‹, indem sie das Tabu männlicher Identitätsbildung, namentlich die Kastrationsdrohung, enthüllte und die vermeintliche Kohärenz der phallozentrisch strukturierten Repräsentations-

85 | Judith Butler, *Das Unbehagen der Geschlechter*, Frankfurt a.M.: Suhrkamp 1991, S. 78. Butler argumentiert in Bezug auf Lacans Aufsatz »Die Bedeutung des Phallus«, a.a.O.

86 | Dies ist nur denkbar, weil die soziokulturelle Degradierung der Frau zum Objekt keine totalitäre Normierung sein kann, da endgültige Marginalisierungen oder radikale Ausschließungen unmöglich sind und das Ausgeschlossene in der bestehenden Ordnung stets als eine ständige ›Präsenz der Absenz‹ bestehen bleibt. Vgl. Ernesto Laclau, »Konvergenz in offener Suche«, in: Butler u.a., *Das Undarstellbare der Politik*, a.a.O., S. 258-261.

87 | Nina Tecklenburg weist beweiskräftig nach, dass eine anschließende Stilisierung, Mythologisierung und entsprechende Fiktionalisierung einmaliger oder undokumentierter Performances keine Seltenheit ist. Vgl. Nina Tecklenburg, »Mythos Ereignis – Mythos Aufführung. Künstlerische Reenactments als Entmythisierungsverfahren«, in: Ulf Otto/Jens Roselt (Hg.), *Nicht hier, nicht jetzt – Das Theater als Zeitmaschine und die Geste des Reenactments*, Bielefeld: transcript 2012 (im Druck).

ordnung störte. Hier wurde das verdrängte Bild der Phalluslosigkeit exponiert, das nicht länger in eine – pornografische oder ästhetisch geprägte – Narration eingebettet war. Die Aktion machte einen Ort sichtbar, »an dem der Phallus eindringt«, einen Locus des Fehlens, der gerade »die Macht des Phallus widerspiegel[t]«[88] und wie ein distanzloser Medusenblick funktioniert, der nicht objektivierbar ist, zur »absolute[n] Waffe« wird und den auf ihn Blickenden erschüttert und »erstarren lässt«[89]. Eigentümlich an EXPORTs und Abramovićs Inszenierungen war, dass die Performerinnen gleichsam zuschauten, während sie ihre Genitalien enthüllten und den Betrachter bei seiner Sehhandlung ertappten, ihn beschämten und seine Macht als Blickenden untergraben konnten.[90] In ihren intensiven Blickappellen manifestierte sich sogar ein deutlicher Imperativ, der zu Augenkontakt aufforderte und somit den Besucherblick von den Genitalien wegführte. Nicht zuletzt resultierte dieser domestizierende Impetus aus der gewaltigen Wirkung ihres jeweiligen phallischen Requisits, einem Maschinengewehr, dessen Inbesitznahme einen parodistischen Akt darstellte, der darauf abzielte, ›den Phallus zu haben‹. Diese Intervention in konsolidierte Genderpositionen und Blicknormen brach die tradierte Kopplung von Männlichkeit (Penis), Phallus und Macht auf und brachte geschlechterdichotomische Kodizes in Bewegung.

Wie Erika Fischer-Lichte am Beispiel der Performance *Two Undiscovered Amerindians Visit...* von Coco Fusco und Guillermo Gómez-Peña ausgearbeitet und in Bezug auf die kopräsentische Aushandlung von postkolonialistischen Machtrelationen demonstriert hat, gehen zwischenmenschliche Blickwechsel mit einem kontinuierlichen »Wechsel der Positionen« und einer permanenten »Änderung der bestehenden Machtverhältnisse«[91] einher, sodass sich Figurationen des Sehens und Gesehenwerdens für die Festschreibung, Normierung und Hierarchisierung von Machtstrukturen als unzulänglich erweisen. In der Reziprozität der Blicke ermisst jeder, so Sartre, seine eigene Macht,[92] sowohl in der Binarität von Macht und Ohnmacht als auch in einer Logik, die gegebenenfalls zum selben Zeitpunkt auf beiden Seiten der Sehrelation das Gefühl eines Sehens (Subjekt) oder Gesehenwerdens (Objekt) erfahrbar machen kann. Als Abramović die Destabilisierung kulturhistorisch scheinbar intakter Rollen in Gang setzte, führte sie ebenfalls vor

88 | Butler, *Das Unbehagen der Geschlechter*, a.a.O., S. 76.

89 | Louis Marin, *Die Malerei zerstören*, Berlin: diaphanes 2003, S. 157, 159.

90 | Zu solcherart inszenierten Frauenblicken in der Performancekunst und im Film vgl. Maaike Bleeker, *Visuality in the Theatre. The Locus of Looking*, Basingstoke: Palgrave Macmillan 2008, S. 106; Žižek, »Pornographie im Film«, a.a.O., S. 67; Gottgetreu, *Der bewegliche Blick*, a.a.O., S. 18.

91 | Fischer-Lichte, »*Rite de passage* im Spiel der Blicke«, a.a.O., S. 309, 311.

92 | »Denn die Leute, die ich *sehe*, lasse ich zu Gegenständen erstarren [...]; indem ich sie anblicke, ermesse ich meine Macht. Aber wenn ein Anderer sie und mich sieht, verliert mein Blick seine Kraft [...].« Sartre, *Das Sein und das Nichts*, a.a.O., S. 479. Kursivierung im Original.

Augen, dass Blickinteraktionen stets von Machtrelationen durchzogen sind, die im Foucault'schen Sinne »immer *lokal* und *instabil* sind«[93]. Akte des wechselseitigen Blickens bringen keine stabilen und resistenten hegemonialen Setzungen hervor. Sie sind vielmehr als doppelt kontingente Prozesse zu begreifen, die nicht zuletzt unter Beweis stellen, dass die vermeintlich phallische Macht des Blicks weder auf einem Ursprung noch auf einer unhintergehbaren Autorität basiert. Jeder intersubjektiv verhandelte Blick gefährdet immer schon die Konsistenz von Repräsentationsordnungen und führt entsprechend die Dynamik einer Derrida'schen *différance* ins Spiel, die es verhindert, die *Erfahrungen der Blickenden* und das *Verhalten der Angeblickten* in komplementären, stabilen und tradierbaren Logiken festzuschreiben. Diese sind hingegen den Gesetzen der Verschiebung, Modifikation und Prozessualität unterzuordnen.

Abramović bestätigte somit die These, dass Blickwechsel jegliche Identitätsentwürfe einer doppelten Kontingenz unterziehen. Ihre Performance überschritt die Ordnungen der Repräsentation allerdings auf raffinierte Weise. Die darstellungsästhetische und handlungspolitische Ebene der Aktion, die auf das feministische Moment von EXPORTs Inszenierung zurückverwies, blieb merkwürdiger Weise in den Zuschauerberichten schlicht unreflektiert, ja sie fand nicht einmal Erwähnung. Dagegen war es die Erfahrung des Sehens und Gesehenwerdens selbst, die in den Interview- und Protokolltexten von Museumsbesuchern als das zentrale Thema der Partizipation bezeichnet wurde. Shinya Watanabe führte aus: »Holding a machine gun, Abramović stared at the spectators with surprising concentration, earnestly and rarely blinking, for seven hours. She does not just gaze in the direction of the spectators, but stared at each spectator's eyes at random. People stared at by Abramović could not stand the excessive pressure, and almost everyone flinched away from her staring.«[94] Abramović rückte also den Akt des Sehens in den Vordergrund und brach mit EXPORTs Aktion insofern, als sie weder hauptsächlich Männer anblickte noch mit ihrer Waffe auf Frauen oder Männer zielte. Nachdrücklich zeigte sie stattdessen auf, dass die zurückblickende Frau nicht nur als eine »radikale feministische Position«[95] zu interpretieren ist.

In den kontemplativen Blickwechseln führte Abramović sieben Stunden vor, dass Blicke weder kalkulierbar oder inszenierbar noch vollkommen in den Dienst eines politischen oder ästhetischen Programms zu stellen sind, weil sie über einen Überschusscharakter verfügen und deshalb symbolische Ordnungen stets überschreiten. Abramović griff zwar das Setting ›Woman in Action Pants‹

93 | Michel Foucault, *Der Wille zum Wissen. Sexualität und Wahrheit 1*, Frankfurt a.M.: Suhrkamp 1983, S. 93. Kursivierung von A.C.

94 | Watanabe, »Marina Abramović«, a.a.O., o.S.

95 | Barbara Paul, »Gewaltstrukturen – Arbeitsverhältnisse. Feministische Kunst als feministische Politik in den 1960er Jahren und heute«, in: Ursula Frohne/Jutta Held (Hg.), *Kunst und Politik. Jahrbuch der Guernica-Gesellschaft. Bd. 9*, Göttingen: V&R unipress 2007, S. 87-102, hier: S. 91.

auf, transformierte es jedoch in ein Zitat und stellte die mit dieser Frauenfigur verbundenen Politiken aus, ohne sie als rein feministische Intervention zu verhandeln. Sie warf zwar die Frage auf, ›ob der Blick männlich‹ ist,[96] thematisierte aber vor allem die relationale Existenz des Menschen schlechthin, wie sie in einem Blicktausch zur Disposition steht.

Über den feministischen Impetus hinaus trat in den Blickbegegnungen eine Ambivalenz hervor, die Shinya Watanabe mit den folgenden Worten zusammenfasste: »After I waited for a while, my turn came. Abramović glared at me. I glared back at her eyes, too. I could feel one of my neck muscles become stiff. I was glared at by Abramović, and it made me quite tense. It lasted for approximately 30 seconds, and I kept on being tense. Also I was not able to look at her crotches while and after I was glared at.«[97] Die Erfahrung einer intensiven Spannung im Blickdialog suggeriert, dass es sich hier nicht allein um die Konflikte von symbolisch kodierten Geschlechtsidentitäten handelte. Ebenso ging es um die Anerkennung und Erfahrung des anderen im elementarsten Sinne, nämlich in seiner Existenz. Claudia Öhlschläger bekundete in ihrer Bataille-Lektüre: »Im gegenseitigen Blick hebt sich die Geschlechterdifferenz als unsichtbare auf.«[98] Analog zu dieser – allerdings zugespitzten – Behauptung wurden Akte des Sehens und Gesehenwerdens für die Partizipierenden in Abramovićs Performance weniger als symbolische Individuierungsprozesse verhandelt. Sie fielen eher hinsichtlich ihrer Selbstreferenzialität und ephemeren Qualitäten auf, denn in ihnen wurde jene Dimension der visuellen Partizipation erfahrbar, die nur einer reziproken Begegnung von Ich und anderem zueigen ist. Daran zeigt sich, dass der Blick über die Funktion der symbolischen Identitätsbildung hinaus auch dann für Aufführungen und Kommunikationsakte konstitutiv sein kann, wenn er ›nur‹ seine primäre Funktion erfüllt, zwischenmenschliche Konnexe zu etablieren.

Entsprechend trat der Blick in der besagten Performance jenseits seiner sinn- und identitätsbildenden Rolle in den Vordergrund. Während die Sartre'schen Blickmomente einer voyeuristischen Narration verhaftet bleiben und Blicken im Modus des ›sehen *als*‹ oder ›erblickt werden *als*‹ konzipieren, geriet hier die physische Anwesenheit anderer und die Unauslotbarkeit ihrer Intentionen ins Zentrum der Wahrnehmung. Es wurden Erfahrungen virulent, die schließlich die Grenzen intersubjektiven Erkennens und Verstehens tangierten. Jene Erkenntnisgrenze der Partizipation konturiert einen Bereich der unmotivierten und nicht intendierten Signaturen menschlicher Existenz. Der andere, so argumentierte Emmanuel

96 | Die Paraphrase rekurriert auf E. Ann Kaplans bekannte Frage »Is the gaze male?«, die sie im ersten Kapitel ihrer Monografie *Women and Film* stellt. Vgl. Kaplan, *Women and Film*, a.a.O., S. 24-34.

97 | Watanabe, »Marina Abramović«, a.a.O., o.S.

98 | Öhlschläger, *Unsägliche Lust des Schauens*, a.a.O., S. 234.

Lévinas[99], wird lediglich als Spur wahrgenommen. Diese enigmatische Erscheinungsqualität des anderen als »authentische Spur«[100], ja als radikale Alterität und »ab-soluter Unterschied«[101], kommt für Lévinas im Antlitz zum Ausdruck, das in der Regel »unbekleidet«[102] und ungeschützt ist. Die Erfahrung, die man im kontemplativen Moment eines Blicktausches macht, ist die des anderen als einem absolut Fremden. In diesem Augenblick tut sich gleichsam jene Grenze auf, die sich mit keiner weiteren Sekunde des Blickens, mit keinem verbalen Dialog und keiner Berührung weiter ausdehnen oder überschreiten lässt, eine Grenze, die dennoch kein metaphysisches Jenseits herbeiführt,[103] sondern die Begegnung mit einer radikalen Alterität markiert, die laut Lévinas an ein ethisches Handeln appelliert.[104]

Im ›Antlitz‹ des anderen erkennt man keine mimischen Ausdrücke oder Gesichtszüge, denn es ist weder hermeneutisch noch phänomenologisch zugänglich. Die Aufführungsberichte von *Action Pants: Genital Panic* erzählen von einer hohen Anspannung und Konzentration der Partizipierenden und klammern jedwede Beschreibung des empirisch Wahrnehmbaren und Sichtbaren aus. Sie lenken die Aufmerksamkeit darauf, dass die Präsenz des Körpers *weder* nur in seinem phänomenalen ›Gegebensein‹ wahrnehmbar ist *noch* lediglich zu symbolisch-hermeneutischen Lektüren einlädt. Sie kann immer auch einen Horizont eröffnen, der – *tertium datur* – sowohl die Präsenz- als auch die Repräsentationsstrukturen übersteigt und somit schlicht unauslotbar ist.

Das Antlitz des anderen ist zwar irreduzibel unzugänglich, aber es ist dennoch, wie Sybille Krämer es nahelegte, als »Keimzelle einer Intersubjektivität«[105] zu betrachten, die »das Ich zum antwortenden Handeln«[106] zwingt. Der Blicktausch ist ein eklatantes Beispiel für das Aufscheinen des anderen als Spur, weil hier kein

99 | Vgl. Emmanuel Lévinas, *Die Spur des Anderen. Untersuchungen zur Phänomenologie und Sozialphilosophie*, Freiburg i.Br., München: Karl Alber 1992, insbesondere: S. 209-235.

100 | Ebd., S. 231.

101 | Dieter Mersch, *Was sich zeigt*, a.a.O., S. 401. Mersch bezeichnet die Erscheinungsdimensionen des anderen, die sich nicht in Denk- und Sprachstrukturen fügen, als Erscheinungen eines ›ab-soluten Unterschieds‹. Er weist darauf hin, dass diese Alterität sich weder auf Differenzen noch auf die Effekte der *différance* zurückführen lässt. Vgl. ebd.

102 | Lévinas, *Die Spur des Anderen*, a.a.O., S. 126.

103 | »Im Antlitz zeigt sich etwas, das *nicht* als Anzeichen verstehbar gemacht werden kann. Es ist ein Zeigen, das kein Verweisen mehr ist. [...] Das Antlitz als Spur führt nicht auf eine verborgene Welt hinter der sichtbaren Oberfläche [...].« Krämer, *Medium, Bote, Übertragung*, a.a.O., S. 288. Kursivierung im Original.

104 | Zu der Frage, inwieweit das Aufscheinen eines Antlitzes mit ethischen Dimensionen korreliert, vgl. Emmanuel Lévinas, *Ethik und Unendliches. Gespräche mit Philippe Nemo*, Wien: Passagen 1992, S. 64-71.

105 | Krämer, *Medium, Bote, Übertragung*, a.a.O., S. 294.

106 | Ebd., S. 292.

anderer als der Angeblickte antworten kann.[107] Diese Spur verweist auf keine Vergangenheit, sie drängt sich in Blickinteraktionen als die »Präsenz einer Abwesenheit« auf, »die nicht in Anwesenheit überführbar ist und uns doch ›hineinzieht‹ und involviert«[108]. In diesem Sinne ist den Akten des Blickens – nicht nur in dieser Performance – eine Potenzialität zuzusprechen, die darin besteht, die Grenzen symbolischer Macht aufzuzeigen, ohne jedoch die Überschreitung dieser Demarkationslinie zu ermöglichen. Eine stabile Emanzipierung von der hegemonialen Logik der Blicklenkungen und Blickwirkungen bleibt kontinuierlich als Utopie bestehen.

Was Abramović in ihrer Performance aufführte, war also das Vermögen des Blicks, bestehende Machtverhältnisse zu stören und Momente des Miteinander-zusammen-Seins zu ermöglichen, die auch dann Sozialität herstellen, wenn bestehende Repräsentationsordnungen instabil werden. Die Erfahrung von Intersubjektivität ist eine Dimension des Handelns im primären Sinne, eine Ordnung der Prozessualität und des beständigen Werdens, eine Sphäre der Handlungsmacht, »wo die Souveränität schwindet«[109], wo die Taktiken der Illusionierung, Domination und Affirmation hinterfragt oder effektlos werden.[110] In solchen situativen Momenten egalitärer Macht schreiben Blicke weniger die konventionelle dichotomische Machtstruktur des Sehens – sprich: die Positionen von Sehendem und Gesehenem – fort oder wenden diese um. Indessen tendieren sie dazu, eine a-hierarchische Struktur erfahrbar zu machen, in der visuelle Aufmerksamkeit keiner Teleologie unterliegt. Im nächsten Kapitel wollen wir am Beispiel von Boris Charmatz' Tanzperformance *Aatt enen tionon* kollektive Blickhandlungen untersuchen, in denen sich der Blick von den Prinzipien der Kausalität, des Kalküls und mithin von der hegemonialen Identitätsbildung und Identitätsbestätigung emanzipiert.

107 | »Das Ich wird geradezu genötigt zu antworten, und seine Einzigartigkeit liegt dann allein darin, dass niemand an seiner Stelle antworten kann.« Ebd., S. 290.

108 | Ebd., S. 296.

109 | Butler, *Haß spricht*, a.a.O., S. 32.

110 | Diese a-hierarchische und a-symbolische Dimension von Blickkonstellationen rückte Abramović in ihrer Dauerperformance *Marina Abramović: The Artist Is Present* ins Zentrum der Aufmerksamkeit. Im Rahmen ihrer Performancekunst-Retrospektive saß sie vom 14. März bis zum 31. Mai 2010 täglich in The Museum for Modern Art in New York an einem kleinen Holztisch und initiierte Blickbegegnungen mit den Museumsbesuchern. Während der Ausstellung war es den Besuchern insgesamt 700 Stunden lang möglich, ihr gegenüber einzeln Platz zu nehmen und mit ihr wortlose Blicke zu wechseln. Die Dauer dieser Blickwechsel wurde von den jeweiligen Besuchern selbst bestimmt. Die Blickdialoge konnten nicht nur von allen anwesenden Besuchern betrachtet werden, sie sind auch per Webkamera ins Internet übertragen worden und waren auf der ganzen Welt *live* zu verfolgen.

3.2 Blickhandlungen in horizontalen Machtrelationen

Neben der Unkonventionalität war es vor allem eine Unerschöpflichkeit der Erfahrungshorizonte, die Boris Charmatz in seiner Choreografie *Aatt enen tionon*[111] (1996) durch das Arrangement der Körper und die Gestaltung des Raums konfigurierte. Charmatz' Arbeit brach programmatisch mit theatralen Darstellungskonventionen und ordnete diese elementar neu zu. Die Tanzperformance, die im Rahmen des Festivals Tanz im August im Berliner Podewil zu sehen war, leistete gerade durch eine hyperbolische, fast parodistische, Verschiebung der konsolidierten ›Vertikalitätshierarchie‹[112] abendländischer Repräsentation jenen Wahrnehmungsrelationen Vorschub, die sich durch eine horizontale Bezugstruktur auszeichneten: Die eintreffenden Zuschauer fanden weder eine Tribüne noch Stühle oder andere Sitzmöglichkeiten im Raum vor. Sie waren nach dem Einlass auf das einzige Objekt im Raum verwiesen, einen ca. fünf Meter hohen Metallständer mit drei waagerechten Ebenen aus Holz, die später als Tanzflächen dienten. Auf der niedrigsten quadratischen Ebene, die sich auf der Höhe des Fußbodens erstreckte, war Boris Charmatz zu sehen, der Sprung- und Aufwärmübungen ausführte. Eine Ebene über ihm lag Vincent Druguet und auf der obersten Dachetage am Geländе führte die Tänzerin Anna MacRae Dehnungen durch. Ihr Körper war wegen der extremen Höhe der Tanzfläche visuell nicht in seiner Ganzheit zu erfassen. Je nachdem wie sich die Zuschauer räumlich positionierten oder ob MacRae aufrecht stand bzw. sich am Rand des Plateaus befand, changierte ihr Körper permanent zwischen Sichtbarkeit und Unsichtbarkeit.

Die Zuschauer, die der Reihe nach den Saal betraten und das Fehlen herkömmlicher Sitzgelegenheiten bemerkten, orientierten sich im Raum und sondierten diesen visuell und kinästhetisch. Mit ihren körperlichen und optischen Erkundungen besetzten sie den Raum und formten ihn gleichsam: Sie unternahmen in Gruppen oder individuell ›Rundgänge‹, kamen den Tänzern ganz nah, suchten nach optimalen Betrachterpositionen, beobachteten, wie andere den Raum nutzen, blieben stehen, lehnten sich an die Wand, setzten sich auf den Boden und probierten so mehrere Standorte und Blickwinkel aus. Die räumlich-körperlichen Anordnungen unterlagen einer permanenten Neukonfiguration. Die etwa neunzig Zuschauer, die den Raum füllten und kontinuierlich neu gestalteten, versuchten vergebens, den Saal zu erfassen, und es gelang ihnen nur, die anderen allenfalls temporär zu fixieren. Mehr noch, die Besucher erfuhren mit jedem Schritt und jedem Blickwechsel immer auch ›negative‹ Formen der Teilhabe: Sie liefen aneinander vorbei, ›verpassten‹ den Kontakt zum anderen oder sahen ihn nur von hinten. Darüber

111 | Die Premiere von Boris Charmatz' *Aatt enen tionon* fand am 09. Februar 1996 beim Festival Dansez Maintenant in Blois statt und war im August 2008 in Berlin zu sehen.

112 | Zur (phallischen) Vertikalitätslogik theatralen Darstellens und Identifizierens, die der Möglichkeit illusionistischen Zeigens zugrunde liegt, bzw. zu ihrer Kritik vgl. Kapitel V/3.1.

hinaus fühlte sich jeder ununterbrochen beobachtet, ohne die fixierenden Blicke und deren Initiatoren erhaschen zu können. Man partizipierte an einem diffusen Menschengebilde, das sich um eine zentral aufgebaute ›Simultanbühne‹ bewegte und in seiner Bewegungs- und Partizipationsstruktur mit der Entwicklung eines Schwarms korrelierte. Die Prinzipien einer Schwarmkonfiguration bestehen Gabriele Brandstetter zufolge darin, »der Richtung der Mehrheit zu folgen, beständig in Bewegung zu bleiben, nach der Mitte zu streben und zugleich Nähe und Abstand zu anderen Schwarm-Mitgliedern zu halten [...]«[113]. Bewegungen folgten hier also weniger funktionalen und teleologischen Parametern; in der kreisförmig begehbaren Tanz-Installation gab es ohnehin keine Plätze mit besserer oder schlechterer Sicht, sodass die Entscheidung für die eingenommenen Positionen vor allem aus der Relation zu den anderen Zuschauern ›emergierte‹. Wie Brandstetter unterstreicht, ist in menschlichen Schwarmfigurationen »die konstitutive Rolle des Betrachters anzuerkennen«[114], dessen Teilnahme weniger als individuelles Handeln denn als ein Modus des beständigen »Antwortens«[115] in Erscheinung tritt und als eine besondere interaktive Form visueller Wahrnehmung und Partizipation beschrieben werden kann.

Während sich die Zuschauer gleichmäßig im Raum verteilten, begannen die Tänzer, ihre Kleider – Pullover, Socken, Hose und Unterwäsche – nacheinander auszuziehen und auf den Boden fallen zu lassen. Schließlich standen sie nur mit einem weißen Shirt bekleidet da und begaben sich ganz an den Rand ihrer Tanzflächen, wo sie nun alle gut sichtbar waren. Ihre unverhüllten Genitalien bedeckten sie mit einer markant betonten und lang anhaltenden Geste, die die Geschlechtsorgane gleichzeitig verbarg und markierte, verhüllte und andeutete. Diese Geste parodierte jenen Diskurs, der zwischen Macht und Machtlosigkeit aufgrund einer ontologischen Differenz des Phallus unterscheidet. Der Akt der offensiven Geschlechtsmaskierung kommentierte die szenische Raumordnung – das phallische Bühnengestell oder die beinahe unsichtbare Positionierung der Akteur*in* – auf ironische Weise. Außerdem verwischte er die Grenzen zwischen Obszönem und Repräsentiertem und etablierte neue Relationen von Macht und Wahrnehmung: Obwohl die räumliche und darstellungsstrukturelle Disposition des Tanzes der Tradition vertikalen Zeigens entsprach – und diese sogar überzeichnete –, fragmentierte Charmatz den tanzenden Körper gerade durch jene hochgestellten Holzebenen, die als Tanzflächen fungierten und das aufrechte Stehen und Darstellen ermöglichten. Hinderte das Drei-Bühnen-Gerüst die vertikal bewegten Blicke an der Identifizierung und Erfassung und störte eine konstante und intentionsgeleitete Wahrnehmung von Vincent Druguet und Anna MacRae, gab es die Blicke auf andere Zuschauer frei und begünstigte geradezu eine horizontal ausgerichtete

113 | Gabriele Brandstetter, »Schwarm und Schwärmer. Übertragungen in/als Choreographie«, in: dies. u.a., *Schwarm(E)Motion*, a.a.O., S. 65-91, hier: S. 69.

114 | Ebd., S. 73.

115 | Ebd.

Aufmerksamkeit. Das Gestell präsentierte die Körper und verhüllte sie zugleich mehr oder weniger. Dadurch waren die Bewegungen der drei Tänzer weder miteinander zu synchronisieren, noch in ihrer Komposition als Ganzes zu beobachten. Die Zuschauerblicke ›switchten‹ permanent zwischen den vertikalen Ebenen.

Die visuelle Fragmentierung des Szenischen ging mit einem weiteren Restriktionseffekt des Sehens Hand in Hand: Wiewohl man dem auf Augenhöhe tanzenden Charmatz zusehen konnte, ohne in der Wahrnehmungsperspektive eingeschränkt zu sein, war man dennoch von den gegenübersitzenden Zuschauern und ihren Blicken kontinuierlich geblendet und insofern belästigt, als sie den eigenen Körper, dessen unkonventionelle Betrachterposition auf dem Boden und die eigene Aufmerksamkeit zu beobachten schienen. Im kreisförmigen Arrangement der Besucher fühlte sich jeder Zuschauer einer Gruppe von Blickenden ausgeliefert, auch wenn die genauen Blickrichtungen und Blickhandlungen in dem halbdunklen Saal nicht ganz zu bestimmen waren.

Die Rezeption der Choreografie, aber ebenfalls die individuell modulierten Raumerfahrungen, die Körperwahrnehmung, die Begegnung der Zuschauerblicke und die Eingebundenheit in ein heterogenes Kollektiv waren die wichtigsten Effekte der vornehmlich visuellen Partizipation. Die Praxis der Teilhabe emanzipierte sich folglich von einer dualistisch-voyeuristischen Machtstruktur. Da der Grad der Aufmerksamkeit, die Erkundung des Umfeldes, die Erfahrung der körperlichen Kopräsenz und die ›Bewegung‹ im Raum zunächst *mit dem Einsatz des Blicks korrelierten*, lässt sich die Partizipation in *Aatt enen tionon* anhand dieser Instanz am differenziertesten erläutern. Die Blicke oszillierten zwischen den Tänzern und anderen Betrachtern, zwischen starren und sich bewegenden, scharf oder unscharf fokussierten Körpern und changierten dabei zwischen Aufmerksamkeit und Abschweifung, fixierender und gleitender Beobachtung, zwischen intentionalen und unbewussten, strategischen und intermissiven Blickeinstellungen, sodass immer wieder ein spezifischer, von den Motiven eines ziel- und sinngerichteten Schauens unabhängiger Modus der visuellen Teilnahme erlebbar wurde, der die Anwesenden durch ihre Blickhandlungen in eine hier und jetzt stattfindende kopräsentische Situation integrierte, ohne die Differenzen des Miteinander-zusammen-Seins zu nivellieren.

Diese kontingente Modalität des Blickens überschritt die Strukturen der Inszenierbarkeit und die komplementäre Logik des Sehens bzw. Gesehenwerdens und war von der ästhetischen Erfahrung und der Rezeption des Tanzes trotzdem nicht zu trennen. Im Gegenteil, der Blick ›passte sich‹ gerade dann der partizipatorischen Blickpolitik der Aufführung an, wenn er sich hin und wieder von den ›Akteuren‹ abwendete und auf andere ›Aktionen‹ im visuellen Feld wechselte. Diese vornehmlich spontane und unbewusste Verlagerung der visuellen Aufmerksamkeit, die Charmatz durch die Gewichtung der horizontalen Sehverhältnisse geradezu begünstigte, erinnert an Irit Rogoffs Konzept des *looking away*, eine kritische Betrachtungspraxis, die mit der Idee einer planbaren, kontemplativen und störungsfreien sowie den normativen und gesellschaftlich kodierten Regeln der Kunstbetrachtung folgenden Rezeption bricht. Rogoff rekurriert auf Hannah Arendts Machtbegriff und plädiert für eine politisch konnotierte Blickpraxis, die eine Emanzipation des Sehens von tradierten Paradigmen und dominanten Mustern akzentuiert und weniger von den Machtstrukturen der Repräsentation, als vielmehr von der Machtdynamik zwischenmenschlicher Partizipationsprozesse geleitet ist.[116] Wie horizontale Blickorientierungen des Abschweifens und des unmotivierten metonymischen Voranschreitens theoretisch zu fassen sind und der Beschreibung der interaktiven Teilhabe an der Aufführung *Aatt enen tionon* dienen können, soll in Bezug auf Hannah Arendts Machttheorie vom sozialen Handeln beleuchtet werden.

Während es Boris Charmatz den Besuchern überließ, den Zuschauerraum nach eigenem Belieben zu gestalten, unterband er gleichsam die Möglichkeit voyeuristischer Positionierungen und leistete jenen Handlungsstrukturen Vorschub, die Arendt als »horizontal«[117] strukturierte »Handlungsmacht« respektive als relationales »Handlungsvermögen«[118] bezeichnete. Auf diese Weise etablierte er eine Figuration der Macht, die ausschließlich in Situationen körperlicher Kopräsenz zur Geltung kommt. Wie sich die Zuschauer auch positionierten, stets hatten sie andere Zuschauer *vor*, *neben* und *hinter* sich, Blickende also, die sichtbar und für die sie sichtbar waren, mit denen sie immer wieder teilweise unwillentliche Blicke wechselten. Insofern die ›Funktionalität‹ der Blickakte darin aufging, ein soziales Miteinander körperlich anwesender Aufführungsteilnehmer zu konstituieren, exemplifizierte diese Art von Blickpartizipation die Arendt'sche Form menschlichen Handelns auf eklatante Weise. Die Potenzialität intersubjektiver Kontakte wurde »zwar aktualisiert, aber nicht materialisiert«[119], d.h., sie konnte lediglich in ihren flüchtigen oder virtuellen Konfigurationen erfahren werden. Jene Art von Partizipationsaktivität stellt für Arendt das notwendige und hinreichende Kriterium für soziales Handeln dar, eine »Tätigkeit«, »die sich ohne die Vermittlung von Materie, Material und Dingen direkt zwischen Menschen abspielt«[120].

Arendt, die die Begriffs- und Diskursgeschichte abendländischen Handelns nachzeichnet und eine politische Theorie des Zusammenseins entwirft, argu-

116 | Vgl. Rogoff, »Looking Away«, a.a.O., sowie Kapitel V/3 im vorliegenden Buch. Rogoff bezieht sich auf Arendts Begriff des Erscheinungsraums, der das intersubjektiv organisierte Feld bezeichnet, in dem sich Machtrelationen entfalten können. Vgl. dazu ausführlich: Arendt, *Vita Activa*, a.a.O., S. 251-262.

117 | Hannah Arendt zitiert nach Andreas Grossmann, »Macht als ›Urphänomen‹ des Politischen. Überlegungen im Anschluss an Hannah Arendt«, in: Krause/Rölli, *Macht*, a.a.O., S. 49-62, hier: S. 59.

118 | Ebd., S. 50. Grossmann weist darauf hin, dass Arendts Konzept als eine politische Setzung gegenüber den totalitaristischen Denksystemen des Nationalsozialismus und des Stalinismus zu verstehen ist. Vgl. ebd., S. 51.

119 | Arendt, *Vita Activa*, a.a.O., S. 252.

120 | Ebd., S. 17.

mentiert für die Kommunikation im öffentlichen Raum, in dem keiner über ein unhintergehbares Wahrnehmungs- oder Mitteilungsprivileg verfügt, weil jeder Anwesende sehen und hören, gesehen und gehört werden kann. Aufgrund der Partikularität menschlicher Sinneswahrnehmung fundiert Arendt ihre politische Theorie von vornherein auf dem Prinzip der Pluralität: »Das von Anderen Gesehen- und Gehörtwerden erhält seine Bedeutsamkeit von der Tatsache, daß ein jeder von einer anderen Position aus sieht und hört.«[121] Indem Arendt die körperliche Kopräsenz als Voraussetzung menschlichen Handelns begründet, geht sie von einer grundlegenden Differenzerfahrung intersubjektiven Seins aus, da eine gemeinsame Welt und eine kollektive Erfahrung für Arendt »überhaupt nur in der Vielfalt ihrer Perspektiven [existieren]«[122] können. Die Akte des Blickens, die im wörtlichen Sinne partikulare (Körper-)Perspektiven manifest machen und darum als soziale Handlungsaktivitäten *par excellence* gelten, avancierten im horizontal strukturierten Theater von Boris Charmatz zu Indikatoren von »Gleichheit« und »Verschiedenheit«[123], mithin zu den zwei Arendt'schen Bedingungen von Intersubjektivität. Die Blick-Akte der Zuschauer verhandelten Macht in diesem elementaren Sinne, als eine Macht, die sich etymologisch »von [...] ›möglich‹, und nicht von ›machen‹ herleitet«[124] bzw. mit Kontingenz und Potenzialität korreliert. Arendts Interesse an sozialem Handeln richtet sich demnach auf jenes »Machtpotenzial«, das »*zwischen* Menschen [entsteht], wenn sie zusammen handeln, und verschwindet, sobald sie sich wieder zerstreuen«[125]. Es ist die verdoppelte respektive potenzierte Kontingenz, die diese Handlungen von den Zwängen des Kalküls und der Determination ablöst und die den Verlauf sowie das Ende der Interaktion nicht exakt voraussagen lässt,[126] wie dies in der Rezeption von Artefakten, deren Wahrnehmungsdauer in erster Linie vom Betrachter selbst abhängt, der Fall ist.[127]

Handlungen werden gerade nicht in Tätigkeiten des Herstellens und zweckgerichteten Tuns virulent, sie vollziehen sich vor allem in den kollektiven Akten der aktuellen und potenziellen Bezugstiftung, die nicht von »vorgefaßte[n] Ziele[n]«[128]

121 | Ebd., S. 71.

122 | Ebd., S. 73.

123 | Ebd., S. 213.

124 | Ebd., S. 252.

125 | Ebd. Kursivierung im Original.

126 | »[D]as Handeln hat zwar einen klar erkennbaren Anfang [...], [aber] auf keinen Fall hat es ein Ende, das man voraussagen und einen Zweck, den man in Gewißheit verfolgen könnte.« Ebd., S. 170.

127 | Diesen zeitlichen Aspekt der doppelten Kontingenz reflektiert Christel Weilers Unterscheidung zwischen einer ›Lust am Theater‹ und einer ›Lust am Text‹ im Barthes'schen Sinne. Vgl. Christel Weiler, »Glückspilze und Trauerklöße. Über die Lust am Theater«, in: Clemens Risi/Jens Roselt (Hg.), *Koordinaten der Leidenschaft. Kulturelle Aufführungen von Gefühlen*, Berlin: Theater der Zeit 2009, S. 267-279, insbesondere: S. 278-279.

128 | Arendt, *Vita Activa*, a.a.O., S. 226.

geleitet sind und »kein Endresultat außerhalb ihrer selbst hinterlassen«, d.h., »deren Bedeutung sich vielmehr im Vollzug selbst erschöpft«[129]. Entsprechend setzte Charmatz' Konfiguration der Zuschauerblicke genau jene Dimension der Sehhandlungen in Szene, in der nicht das ›gegenständliche Sehen‹[130] – und somit die Prozesse des Verstehens, Widererkennens, visuellen Identifizierens – dominierten, sondern sich das Blicken als unwillkürliches, ergebnisoffenes Handeln ereignete, ein diffuses »Bezugsgewebe menschlicher Angelegenheiten« entfaltete und aufrechterhielt. Charmatz wertete jene »nebensächlichen Nebenprodukte«[131] des Handelns auf, die von einem auf Kausalzusammenhänge und auf ökonomische Identitätskonstituierung ausgerichteten Partizipationsverständnis unbeachtet bleiben oder als defizitäre, Kontroll- und Konzentrationsverlust konnotierende Handlungsakte gelten. Charmatz bot Möglichkeiten für die Abwendung des Blicks oder forderte sie sogar heraus. Er kalkulierte mit Momenten des *looking away*, mit Blickbewegungen, die sich, im Gegensatz zu den Rezeptionsmodi des Spektakels, von der Zurschaustellung und Festschreibung der ›dominanten Fiktionen‹ emanzipierten und trotzdem nicht von der ästhetischen Erfahrung und sozialen Identitätsbildung zu trennen waren.

Charmatz ließ produktiv werden, dass das Theater im Arendt'schen Sinne »die politische Kunst par excellence«[132] darstellt, und verhüllte dessen auf Pluralität basierende »strikte Unordnung«[133] nicht. Stattdessen bespielte und reflektierte er einen Aufführungsraum ohne deiktische Verweise und ›semiotische Barrieren‹. Es entstanden Sphären der Potenzialität, Unwiederholbarkeit, Unvorhersehbarkeit und Flüchtigkeit. Überdies favorisierte er abrupte tänzerische Bewegungen, die ebenfalls die Matrix der Repräsentation unterliefen. Die im Raum zirkulierenden Blicke wurden immer wieder ›zurückgewiesen‹, blockiert oder verschoben. Die Tänzer, die wiederholt starre Posen einnahmen oder mit ausgestreckten Gliedern balancierten, führten oftmals plötzliche, schnelle und unberechenbare, aber fragmentarisch bleibende Bewegungen aus. Sie setzten ihre Körper der Schwerkraft

129 | Ebd., S. 261.

130 | Die Philosophin Eva Schürmann überträgt das Arendt'sche Konzept der Handlungsmacht ebenfalls auf die Prozesse des Blickens und versucht somit den »Fälle[n] von beiläufigem, unwillkürlichem, desinteressiertem, ungerichtetem Schauen« eine theoretische Anerkennung zuzuspielen. Vgl. Schürmann, *Sehen als Praxis*, a.a.O., hier: S. 76.

131 | Arendt, *Vita Activa*, a.a.O., S. 226.

132 | »So ist das Theater in der Tat«, argumentiert Hannah Arendt, »die politische Kunst par excellence; nur auf ihm, im lebendigen Verlauf der Vorführung, kann die politische Sphäre menschlichen Lebens überhaupt so weit transfiguriert werden, daß sie sich der Kunst eignet. Zugleich ist das Schauspiel die einzige Kunstgattung, deren alleinigen Gegenstand der Mensch in seinem Bezug zur Mitwelt bildet.« Ebd., S. 233-234.

133 | Charmatz bezeichnet seine Inszenierung als »[...] dance as never before in a strict disorder«. Vgl. Boris Charmatz, »Aatt enen tionon [Informationstext aus der Pressemappe der Produktion]«, S. 3.

aus, fielen auf den Boden ihrer Tanzflächen und nahmen langsam wieder eine aufrechte Haltung ein. Auf diese Weise blieb ihre Körperlichkeit unfixierbar und die ›symbolischen Konturen‹ ihrer Identität unidentifizierbar. Analog zum Titel *Aatt enen tionon* ›stotterte‹ der Blick des Zuschauers permanent und bezeugte gerade in dieser Vibration seine Dynamik und Handlungsmacht.

Charmatz verlagerte die hegemonialen Machtstrukturen in die Horizontale und transformierte das Paradigma voyeuristischen Zuschauens radikal in ein teilnehmendes Sehen. Er demonstrierte, dass ›Zuschauen‹ neben der visuellen Rezeption fundamentale Aspekte zwischenmenschlichen Handelns miteinschließt. Die hinsichtlich der Blickbewegungen beschriebenen Dynamiken der Partizipation in *Aatt enen tionon* zeigen auf, in welchem Maß intersubjektive Akte des Blickens *stets* von Machtrelationen durchzogen sind. Sie können alle anwesenden und sichtbaren Akteure in ein – wenn auch diffuses – soziales Feld einbetten sowie einen primären Handlungsraum der Potenzialitäten und der im Entstehen begriffenen Relationen konstituieren. Da die Augen in der Öffentlichkeit meist ununterbrochen offen sind und sich auch dann zeigen, wenn sie nicht intentional bewegt werden, verfügt der Blick über eine signifikante Rolle in Handlungsmomenten des ›Nichttuns‹[134], in denen das a-teleologische Sehen, das Abschweifen, das optische Sich-Verwirren und Sich-Neu-Orientieren oder die Irreführungen eines automatisierten Sehens wahrnehmungskonstitutive und produktive Intervalle für künftige Fixierungen und Identifizierungen bilden. Auf dieser elementaren Ebene des Sehens kommt jene Partizipationslogik der Blicke zum Vorschein, die in der Horizontalität verläuft und deshalb definitiv ›keinen Horizont hat‹[135].

4. Resümee

Visuelle Wahrnehmung und Blickkommunikation sind soziale Praktiken, in denen sich die Instanz der Macht als eine produktive Kraft erweist. Die Machtstrukturen umfassen, so Foucault, »positive[...], wissensproduzierende[...], diskursvermehrende[...]« und »lusterregende[...]«[136] Mechanismen. Obgleich sie einerseits im Dienste der Fortschreibung konsolidierter Handlungsstrukturen stehen, sind

134 | Zur theoretischen Ausarbeitung einer performativen Dimension des Unterlassens und Nicht-Handelns vgl. Barbara Gronau/Alice Lagaay (Hg.), *Performanzen des Nichttuns*, Wien: Passagen 2008, sowie Barbara Gronau/Alice Lagaay (Hg.), *Ökonomien der Zurückhaltung. Kulturelles Handeln zwischen Askese und Restriktion*, Bielefeld: transcript 2010.

135 | Der Gedanke der (Un)Möglichkeit einer Politik ohne Horizont spielt auf Erin Mannings Theorie einer ›politics of touch‹ an: »A politics of touch is an impossible politics. It is a politics of the future anterior (the will-have come), a politics that is impossible because it has no horizon.« Erin Manning, *Politics of Touch. Sense, Movement, Sovereignty*, Minneapolis, London: University of Minnesota Press 2007, S. 115.

136 | Foucault, *Der Wille zum Wissen*, a.a.O., S. 76.

sie andererseits von den Akten repräsentationskritischer Subversionen oder a-symbolischer Dislokationen nicht zu trennen. Für die Reflexion und Kritik kultureller und sozialer Machtrelationen scheint das Theater insofern äußerst konstruktive Erkenntnisse zu versprechen, als es Möglichkeiten der ›Betrachtung erster und zweiter Ordnung‹ konfiguriert und Gelegenheit bietet, weitere intersubjektive Effekte des Blickens zu erfahren, nämlich die des Gesehenwerdens und des relationalen Subjektivierungsvermögens.

Im vorangegangenen Kapitel wurden im Rekurs auf fünf Performancebeispiele die Machtstrukturen der Aufführung in diversen Figurationen herausgearbeitet. Obwohl die Strukturiertheit der Aufführung häufig erst durch die Emergenz von ›Pannen‹ oder Unterbrechungen beobachtet werden kann, ist davon auszugehen, dass die ›störungsfreie‹ Rezeption des Szenischen sowie die Momente des konzentrierten bzw. schweigenden Zuschauens ebenfalls von Machtmechanismen durchwoben sind. In diesem Sinne ist eine aufmerksame Beteiligung für das Bühnengeschehen und die Aufführungskommunikation genauso konstitutiv, wie die ›extremeren‹, für andere Aufführungsteilnehmer wahrnehmbaren Formen der Partizipation, die sich beispielsweise in Buhrufen, Ovationen oder im Applaudieren entladen. Demzufolge können Ohnmacht, Zurückhaltung oder Distanzierung keineswegs von Machtstrukturen und ihrem produktiven Impetus getrennt werden.

Vor diesem Hintergrund wird ersichtlich, dass eine Aufführung in ihrem Vollzug verschiedene Blickrelationen synchron miteinander verflechtet: Schauspieler und Zuschauer unterwerfen sich einem phantasmatischen Blick, der einen kollektiven symbolisch-normativen Rahmen der Aufführung hervorbringt, d.h., den ästhetischen und sozialen, ethischen und politischen Kontext theatralen Darstellens und Kommunizierens etabliert. Dieses fiktive Bezugsystem ist nicht hermetisch zu schließen und erweist sich als stets fragil. In ihm wird die ›exhibitionistische‹ Darstellung der Akteure und das ›voyeuristische‹ Verhalten des Publikums synchronisierbar, die disseminative Kommunikation kann sich an viele Zuschauer richten. Der phantasmatische Blick, der Spieler und Betrachter auf indirekte Weise verbindet, bildet keineswegs eine Synthese der alternierenden Zuschauerperspektiven. Im Gegenteil, er wird von jedem Teilnehmer der Inszenierung individuell subjektiviert. Die fiktive Organisation der Beziehungen zwischen Akteuren und Zuschauern ist Voraussetzung dafür, dass sie sich miteinander nicht direkt in Beziehungen setzen müssen, um sich gegenseitig intersubjektiv wahrzunehmen. Sie sind imstande, relativ stabile und kreative Handlungsspielräume ihrer Identitätsbildung zu konfigurieren. Für seine Voyeurposition zahlt der Zuschauer jedoch einen Preis: Er muss eine von ihm imaginierte, subjektive Position konstruieren, aus der die Theaterszene organisiert wurde bzw. wird, eine Position, aus der eine szenische Handlung, eine verbale Äußerung oder eine Körpergeste aufmerksam und kontrollierend betrachtet wird. Nur so ist es ihm möglich, als heimlicher Betrachter weiterhin ungestört auf die Szene zu schauen. In der Art, in der die Zuschauer ihre Voyeurposition gestalten und aufrechterhalten, manifestiert sich die konkrete Vielfältigkeit des Publikums. Wie John Fiske bereits für die Rezeption technischer Massenmedien festgestellt hat, kann es ›das‹ Fernsehpublikum empirisch gesehen niemals geben. Fiskes Analysevorschläge gelten darüber hinaus auch für Aufführungen, die eine heterogene Zuschauerschaft nomadischer Subjektivitäten zusammenschließen: »There is no text, there is no audience, there are only the processes of viewing, – [a] variety of cultural activities [...]«[137]. Wie wir bei der Untersuchung von Raumwirkungen eruiert haben, plädiert Fiske ebenfalls für die analytische Produktivität einer Metaphorik von Zentrifugalität und Zentripetalität. Mit diesen Begriffen beschreibt er die Machtpotenziale des Zuschauers und stellt fest, dass *zentrifugale* und *zentripetale* Wahrnehmungsdynamiken, also Instabilitäten und Aufmerksamkeitswechsel einerseits, Tautologien und Wiedererkennungseffekte andererseits, Sehoperationen sind, die einander bedingen und ablösen. Sie koppeln im Akt des Zuschauens (visuelle) Lust mit (politischer) Kritik und bestätigen oder überschreiben konsolidierte Machtstrukturen.[138]

Im Unterschied zum Fernsehen werden aber im Theater alternative Organisationsformen der Macht unter doppelter Kontingenz realisiert, sodass es in einer Aufführung möglich ist, Machtstrukturen der Repräsentation sowie mikrostrukturelle Organisationsformen der Partizipation zu kritisieren oder umzuschreiben, die bei der Konzentration auf die ästhetische Dimension von Performances unbeachtet bleiben. Kulturelle Faktoren der Identitätsbildung, wie Gender, Nationalität, Ethnizität, Alter, Klasse und Gesundheit, treten in der zwischenmenschlichen Interaktion stets in ihrer Inkonsistenz und Nicht-Totalisierbarkeit in Erscheinung, weil Akte der körperlichen Kopräsenz Intersubjektivität immer auch in ihrem elementaren, physisch-relationalen Sinne erfahrbar machen. Darüber hinaus vermögen Aufführungsszenerien des Sehens und Gesehenwerdens die hegemoniale Politik der Bildproduktion zu destabilisieren. Die Wahrnehmung des anderen – bzw. des *Anderen* im anderen – kann als ein ereignishafter, a-symbolischer Appell jenseits kommunikativer Kodizes und kultureller Identifizierbarkeit erlebt werden.

137 | John Fiske, »Moments of Television: Neither the Text nor the Audience«, in: Ellen Seiter/Hans Borchers/Gabriele Kreutzner/Eva-Maria Warth (Hg.), *Remote Control. Television, Audiences, and Cultural Power*, London, New York: Routledge 1989, S. 56-78, hier: S. 57.

138 | Vgl. ebd., S. 71-72. Die Triebkräfte dieser gegenseitigen und ambivalenten Dynamik, die den Zuschauer zwischen ›Sinnfülle‹ und ›Sinnmangel‹ changieren lassen, ja seine Aufmerksamkeit zwischen Illusionierung und Desillusionierung, Affirmation und Subversion oder Kritik hin- und herlenken, werden wir im folgenden Kapitel in Rekurs auf Jacques Lacans Konzept des Begehrens ermitteln.

VII. Blick und Begehren

1. Der »Appetit des Auges«

Ein ›Theater des Begehrens‹ funktioniert nach dem Marx'schen Prinzip des ›Mehrwerts‹:[1] In ihm werden Objekte und Körper weder in ihrer semiotischen Zeichenhaftigkeit noch in ihrem »Sosein«[2], »in der Fülle [ihrer] Erscheinungen«[3] wahrgenommen und sichtbar. Vielmehr fesselt und fasziniert das, was auf der Bühne besonders intensiv in Szene gesetzt oder zum Ausdruck gebracht wird, die Zu-

---

1 | Der Mehrwert bezeichnet in der Marx'schen Werttheorie jenen Überschuss der Wertmenge, der mit der Herstellung eines Produkts entsteht, aber über den eigentlichen Arbeits- und Produktionswert hinausgeht. Der Mehrwert ist somit jener Wertteil des fertigen Produkts, der nicht in der Summe der investierten Arbeit und der bearbeiteten Komponenten aufgeht. Vgl. Karl Marx, *Das Kapital. Kritik der politischen Ökonomie. Buch I: Der Produktionsprozeß des Kapitals*, in: ders./Friedrich Engels, *Werke. Bd. 23*, Berlin: Dietz 1968, S. 49-892, insbesondere: S. 226. Entsprechend wäre der Begriff des Mehrwerts geeignet, theatral verfasste Phänomene zu charakterisieren, deren Wirksamkeit und Faszinationskraft mittels ihrer jeweiligen Inszeniertheit die ihnen eigentümlichen phänomenalen Eigenschaften überschreiten. Zu dieser Schlussfolgerung vgl. Jacques Lacan, *Die vier Grundbegriffe der Psychoanalyse*, a.a.O., sowie Slavoj Žižek, *Mehr-Genießen. Lacan in der Populärkultur*, Wien: Turia und Kant 1992, S. 22-23. Dieses ›Mehr‹ ist keine quantifizierbare Dimension des Gesehenen, sondern eine logische Bedingung jedweder Signifikation. Vgl. Susanne Lummerding, »Mehr-Genießen: Von nichts kommt etwas: Das Reale, das Politische und die Produktionsbedingungen – zur Produktivität einer Unmöglichkeit«, in: Barbara Paul/Johanna Schaffer (Hg.), *Mehr(wert) queer. Visuelle Kultur, Kunst und Gender-Politiken*, Bielefeld: transcript 2009, S. 199-210.

2 | Hans-Thies Lehmann, »Die Gegenwart des Theaters«, in: Erika Fischer-Lichte/Doris Kolesch/Christel Weiler (Hg.), *Transformationen. Theater der neunziger Jahre*, Berlin: Theater der Zeit 1999, S. 13-26, hier: S. 17.

3 | Seel, *Ästhetik des Erscheinens*, a.a.O., S. 56. Ästhetische Wahrnehmung besteht für Martin Seel darin, das Objekt in seiner »phänomenale[n] Individualität«, ja »in der Fülle seiner Erscheinungen« zu betrachten. Ebd.

schauer und ihre Blicke dadurch, dass dessen theatrale Ausdrucksqualität nicht in den ihm eigentümlichen phänomenalen Eigenschaften aufgeht, sondern – ohne eine absente symbolische Idee zu repräsentieren – jeweils ein ›Mehr‹ birgt und zeigt. Luk Perceval exponierte in *Andromache*[4] (2003) die Schauspielerkörper auf eine Weise, die jenes ›Mehr‹ zugleich als ein ›Weniger‹ aufführte.

Die visuelle Dimension der Aufführung war auf fünf frontal positionierte, sitzende, liegende oder stehende Schauspielerkörper reduziert. Die Akteure nahmen auf einem etwa 2-3 Meter hohen Granitpodest starre Posen ein und bildeten auf dem schmalen Steg, der von grünen Flaschen und Glasscherben umgeben war, ein elementar plastisch wirkendes Figurentableau. Bis auf die mit einem silbernen Abendkleid bekleidete Andromache (Jutta Lampe) bedeckten alle Performer ihre Nacktheit mit einem schwarzen, schweren Textilgewebe, das ihren Körpern den Eindruck einer skulpturhaften Erscheinungsqualität verlieh. Zugleich unterliefen sie damit jede Form von ikonischer Zeichenhaftigkeit oder symbolischer Denotation und blockierten die konventionalisierten Sinnzuschreibungen der Zuschauer. Sie stellten sich als Blickobjekte aus, ohne dabei die stilisierte Qualität ihrer Selbstdarstellung mit ikonischer Sinnhaftigkeit zu bereichern oder ihre Posen und Relationen semantisch aufzuladen. Die weitgehend unbewegliche und statuarische Wirkung der Körper entfachte ein Begehren des Zuschauers nach bevorstehenden Wendungen und Handlungen; die Verheißung einer kausaldramaturgischen Sinnkonstitution blieb jedoch während der gesamten Aufführung nicht erfüllt. Die imaginäre bzw. symbolische Schließung des szenischen Tableaus schlug wiederholt fehl, da das unwillentliche Zittern der Körper, das Beben der angespannten Muskeln sowie das durch Mikroports verstärkte Atmen der Akteure eine nahtlose Bündelung der diegetischen Sinnstrukturen verhinderten.

Obwohl jeder Schauspieler einer konkreten mythologischen Figur Gestalt gab und in ein fiktionales Geflecht von Begehrens- und Anerkennungsstrukturen eingebettet war, ergab die szenische Konstellation kein optisches, symbolisches Ganzes: Stimmliche Appelle, innerszenisch gestellte Fragen oder an den anderen gerichtete Körpergesten erlangten keine sinnfällige Reaktion oder gar Antwort. Die Glasscherben, die die Szenerie umgaben und als Spuren von Gewalt die Existenzgrenzen der Figuren allererst begründeten, versinnbildlichten deren begrenzte Bewegungsfreiheit, ihre spannungsgeladene Abhängigkeit voneinander sowie die Unvereinbarkeit und Unerfüllbarkeit ihrer sozialen Ansprüche. Da die Figurenreden miteinander verwoben waren, erklangen die Dialoge bruchstückhaft: Ansprache und Replik, Bitte und Drohung, Geständnisse und Lügen, Versprechen und Weigerungen vermittelten keine überschaubare Beziehungsstruktur und konnten entsprechend nur als Fragmente vernommen werden, die zwischen Sprecher und Adressat in der Schwebe blieben. Die Art und Weise, wie hier Sinn und Kohärenz

4 | Das in der Bearbeitung von Luk Perceval und Peter Perceval aufgeführte Racine-Drama hatte am 05. Dezember 2003 an der Berliner Schaubühne am Lehniner Platz seine deutschsprachige Premiere.

einer permanenten Verschiebung unterworfen waren, zeigte sich vor allem in der semantischen Mutation der von Pyrrhus (Mark Waschke) beharrlich, mit konstanter Intensität intonierten Phrase ›Ich liebe dich‹,[5] die mit jeder Wiederholung an Bedeutung und Appellkraft verlor und gleichsam ihren Kontext einbüßte.

Der Blick, der an den Schauspielerkörpern entlang glitt, schritt an den Strukturen eines komplexen Beziehungsgeflechts voran und tastete die familiär, national, religiös oder sexuell bestimmten, jedoch unerfüllbaren Anspruchsrelationen der Figuren ab, ohne diese in ihrer vermeintlichen Konsistenz zu erfassen. Perceval zielte damit auf die Evokation, Reglementierung und beständige Verschiebung eines szenenimmanenten Begehrens, stimulierte jedoch gleichfalls ein Begehren auf Seiten des Publikums. Die Zuschauer wurden auf die unerfüllbaren und ambivalenten Blickwünsche, ja auf das unerschöpfliche Potenzial des Theaters aufmerksam, das darin besteht, einen »Appetit des Auges«[6] zu initiieren, aufrechtzuerhalten und bewusst zu machen.

Theateraufführungen sind Szenarien, die »Begehren realisier[en] und inszenier[en]«[7], die die Zuschauer als begehrende Subjekte konstituieren und diese zu *begehren lehren*. Zeitgenössische Aufführungen zeichnen sich sogar dadurch aus, dass sie das Begehren in seiner Ambivalenz und Uneinholbarkeit exponie-

---

5 | Luk Perceval/Peter Perceval, *Andromache*, Abgedruckt im Programmheft der Schaubühne am Lehniner Platz, 2003, S. 6-43, hier: S. 35-36.

6 | Lacan, *Die vier Grundbegriffe der Psychoanalyse*, a.a.O., S. 122.

7 | Žižek, *Mehr-Genießen*, a.a.O., S. 9. Dass Aufführungen des Gegenwartstheaters ein Begehren produzieren, ohne es zu erfüllen, ist eine These des Theaterwissenschaftlers André Eiermann, der in seiner Monografie *Postspektakuläres Theater* für die theoretische Anerkennung und analytische Aufwertung des Aspekts der ›Mittelbarkeit‹ plädiert und eine Reflexion jener Aufführungsmomente propagiert, die das Zuschauerbegehren zu stimulieren vermögen. Für Eiermann stellen zeitgenössische Regieästhetiken von Heiner Goebbels und Jérôme Bel, die Choreografien von Mette Ingvartsen sowie Installationen von Erwin Wurm eklatante Beispiele dar, in denen die tradierten Indikatoren theatralen Geschehens – wie die körperliche Kopräsenz und die Unmittelbarkeit des Szenischen – nicht mehr gegeben sind. Da Eiermanns psychoanalytisches, der Konstitution des Begehrens geltendes Interesse zweifelsohne mit den Fragestellungen des vorliegenden Kapitels korrespondiert, wird im Folgenden immer wieder auf seinen Analyseansatz verwiesen. Im Gegensatz zu Eiermann wird im Weiteren die Analyse von Leerstellen und Wahrnehmungslücken in der Aufführung sowie die Theoretisierung der wahrnehmungskonstitutiven Mangelerfahrung jedoch weder auf Regieästhetiken der ›Mittelbarkeit‹ (Theater der Aufzeichnung, Theater der Entstellung, Theater der Objekte und Theater der Information) reduziert, noch *per se* von bestehenden theaterwissenschaftlichen Paradigmen – wie die des postdramatischen Theaters oder der performativen Wende – abgegrenzt, sondern Begehren als ein strukturelles Moment der Wahrnehmung interpretiert und die Produktivität des Begehrensbegriffs als Beschreibungskategorie anhand unterschiedlicher zeitgenössischer Theaterästhetiken demonstriert. Vgl. Eiermann, *Postspektakuläres Theater*, a.a.O.

ren und somit die Möglichkeiten, Normen und Grenzen der (Inter-)Subjektivität thematisieren. Aufführungsmomente, in denen, wie in Percevals *Andromache*, die Unmöglichkeit der visuellen Identifizierung oder Objektivierung auf dem Spiel steht, fanden bereits in mehreren unserer Analysebeispiele Beachtung: Fetischisierte Körperorgane und Requisiten in *Gesäubert*, optische Fallen wie die räumlich ergossene Nebelflut in *Iwanow* oder horizontale Spiegelungen in *You are here*, unauslotbare Wirksamkeit von Blickappellen in *Action Pants: Genital Panic* sowie die unhintergehbaren und konstanten Kontrolleffekte von Kamerablicken in *Super Night Shot* stellten allesamt Phänomene dar, welche die visuelle Identifizierung an ihre Grenzen trieben. In all den besagten Momenten trat der Verlust eines körperlichen oder räumlichen Standpunktes, einer emotionalen Stabilität bzw. einer machtstrukturellen Regelhaftigkeit in den Vordergrund. Immer wenn die Relationalität von Sehendem und Gesehenem verkompliziert wurde, entfaltete sich ein unerfülltes Seh-Begehren der Blicke.

Wie die Mechanismen des Begehrens funktionieren, wurde in einer langen psychoanalytischen Theorietradition untersucht, die sich u.a. von Jacques Lacans Konzept des ›Realen‹ über Slavoj Žižeks gleichnamigen Terminus und Julia Kristevas Ausführungen zu ›Abjektion‹ bis zu Ernesto Laclaus und Chantal Mouffes Begriff der ›Universalität‹ erstreckt. Die angeführten Theoretiker bestehen auf eine Konzeptualisierung der Antriebe und Schranken des Begehrens als Indizes sozialer Handlungspraxis. Doch was ist unter dem Begriff des Begehrens zu verstehen? Und inwieweit ist er geeignet, über die Logiken der visuellen Wahrnehmung Aufschluss zu geben? ›Begehren‹ bezeichnet den Mechanismus unaufhaltbarer (Re-)Semantisierungen, die eine Annäherung von Signifikat und Signifikant anvisieren, ihre ›Komplettierung‹ jedoch beständig unterminieren. Begehren ist demnach, wie es die Theaterwissenschaftlerin Doris Kolesch auf den Punkt gebracht hat, als »Motivation für unterschiedliche Wahrnehmungs-, Verhaltens- und Denkweisen«[8] zu fassen, als ein Movens, das gerade durch die Ver- und Aufschiebung von Sinn Bedeutung und Sinnhaftigkeit produziert. Anders als Gilles Deleuze, der eine »Positivität des Begehrens«[9] proklamiert und deren »energetische, spielerische, experimentelle, erfinderische [...] Produktivität«[10] in den Vordergrund

8 | Doris Kolesch, »Begehren«, in: Ottmar Ette/Gertrud Lehnert (Hg.), *Große Gefühle. Ein Kaleidoskop*, Berlin: Kadmos 2007, S. 78-100, hier: S. 80. In ihrem Aufsatz zeichnet Kolesch die Vielstimmigkeit der Diskurse des Begehrens nach und stiftet eine konzeptuelle Analogie zwischen den Begehrensbegriffen auf der einen Seite von Platon, Hegel, Freud, Bataille und Lacan, die Begehren als ein »konstitutiv unerfüllbares Streben nach dem Anderen, Abwesenden, Fremden bestimm[en]« (ebd.), und auf der anderen Seite zwischen Spinoza, Nietzsche, Deleuze und Guattari, die Begehren schlicht als eine produktive, immer Neues hervorbringende Macht der Differenz verstehen. Vgl. ebd., S. 79-80, sowie S. 82-87.
9 | Gilles Deleuze, »Begehren und Lust«, in: Friedrich Balke/Joseph Vogl (Hg.), *Gilles Deleuze. Fluchtlinien der Philosophie*, München: Wilhelm Fink 1996, S. 230-240, hier: S. 237.
10 | Kolesch, »Begehren«, a.a.O., S. 79.

rückt, geht Lacan von einer ambivalenten Verfasstheit des Begehrens aus. Er verlinkt dessen psychische Antriebskraft mit einer Mangelerfahrung, deren positive und negative Effekte er für die Prozesse der Subjektwerdung und für die Möglichkeit der Signifikation als elementar erachtet.

Lacan versteht unter ›Bedürfnissen‹ biologische Wünsche wie Hunger oder Durst; die intersubjektiven Interessen des Menschen kennzeichnet er hingegen als ›Anspruch‹ und ›Begehren‹. Im Rekurs auf Alexandre Kojèves Hegel-Interpretation[11] setzt Lacan den Anspruch auf intersubjektive Anerkennung als eine Art *conditio humana*, die nicht auf ein Begehren nach dem anderen zielt, sondern geradezu *das Begehren des anderen begehrt.*[12] Lacan wiederholt die Kojève'sche Maxime, dass »das Begehren des Menschen das Begehren des Andern ist«[13]. Er versteht jedoch unter dem ›Anderen‹ kein menschliches Gegenüber, subsumiert darunter vielmehr die ›Andersheit‹ der symbolischen Ordnung und deren normative Regeln. Damit weitet Lacan die duale Struktur der Zwischenmenschlichkeit auf eine Triade aus: *Begehren artikuliert sich zwischen Ich und anderem immer im Geflecht gesellschaftlicher Ansprüche, die ebendieses Begehren zugleich konstituieren und zähmen.* Im Gegensatz zum Bedürfnis ist also das Begehren »dasjenige, was bei jeder Menge und jeder Qualität von Nahrung hungrig bleibt«[14], nicht zuletzt aus dem Grund, weil eigene sowie fremde Wünsche und Perspektiven asymmetrisch sind und nie ganz miteinander kongruieren können. Doch Lacan weist mehrfach darauf hin, dass man trotz der Unerfüllbarkeit menschlicher Intentionen nicht von seinem Begehren ablassen darf. Aus der negativen Dialektik des Begehrens resultiert jene motivierende Kraft, auf die er seine ›Ethik der Psychoanalyse‹[15] fundiert. Diese »veranlasst, bei keiner einmal erreichten Befriedigung und symbolischen Kristallisation stehen zu bleiben«[16].

---

11 | Vgl. Kojève, *Hegel*, a.a.O.

12 | Zu den Berührungspunkten der Kojève'schen und Lacan'schen Theorien der Anerkennung vgl. Charles Shepherdson, »The Epoch of the Body: Need and Demand in Kojève and Lacan«, in: Weiss/Haber, *Perspectives on Embodiment*, a.a.O., S. 183-211, insbesondere: S. 195-202.

13 | Jacques Lacan, »Subversion des Subjekts und Dialektik des Begehrens im Freudschen Unbewußten«, in: ders., *Schriften II*, a.a.O., S. 165-204, hier: S. 190. Dylan Evans entfaltet eine differenzierte Interpretation dieses lakonischen Diktums, indem er fünf leicht divergierende Lesarten der Lacan'schen Begehrensdefinition vorschlägt: Dylan Evans, »Begehren«, in: ders., *Wörterbuch der Lacanschen Psychoanalyse*, a.a.O., S. 53-58, insbesondere: S. 56-58.

14 | Mladen Dolar, »Die Maschine des Genießens«, in: Pfaller, *Interpassivität*, a.a.O., S. 85-106, hier: S. 98.

15 | Vgl. Jacques Lacan, *Das Seminar. Buch VII (1959-1960). Die Ethik der Psychoanalyse*, Weinheim, Berlin: Quadriga 1996, insbesondere: S. 371-388.

16 | Meyer-Kalkus, »Blick und Stimme bei Jacques Lacan«, a.a.O., S. 222.

Luk Perceval inszeniert die Körper der Akteure in ihrer ästhetischen Offenheit, ja er stellt sie als *Live*-Körper aus, die stets aus den Handlungsstrukturen herausfallen. Die ›hermeneutisch‹ oder voyeuristisch disponierten Zuschauerblicke werden immer wieder angezogen, in Bewegung versetzt und gerade dadurch gefesselt, dass er ihren sinn- und lustgeleiteten Ansprüchen, die sich auf eine ›visuelle Einverleibung‹ des Gesehenen durch Identifizierung oder Objektivierung richten, nicht entgegenkommt. Das szenische Tableau in *Andromache* mobilisiert und *reflektiert* ein visuelles Begehren, das schließlich jedem Sehakt strukturell eingeschrieben ist: Sehprozesse schaffen stets einen »Kontakt auf Distanz«[17]. *Ebenso wie die optische Erfassung bzw. Einverleibung nur aus einer Entfernung erfolgen kann, ist visuelle Aneignung schon mit Verlust und Unverfügbarkeit verschränkt.* Insofern Blick-Akte einer Wahrnehmungs*distanz* bedürfen, um sich überhaupt zu ereignen, geht die visuelle Partizipation mit ambivalent verfassten Emotions- und Körpereffekten einher. Diese Ambivalenz ist der widersprüchlichen Natur des Sehens als Fernsinn geschuldet: Zwar kann man das Sehen intentional nach Wünschen ausrichten, aber das, was man erfassen will, muss auf Distanz gehalten werden. Sehen ist, wie Georges Didi-Huberman vorschlägt, als eine »*Tast*-Erfahrung«[18] zu denken, deren Vollzug und komplette Realisierung jedoch, das bleibt zu ergänzen, nie vollständig sein wird. Das *Versprechen* auf die nahtlose Annäherung zwischen Sehendem und Gesehenem bleibt stets *uneinholbar*.

Darüber hinaus unterliegt sowohl *die skopische Wahrnehmung der Welt* als auch *die visuelle Erfassung* oder *voyeuristische Beschauung des anderen* kulturellen Mustern und sozialen Sanktionen. Akte des Blickens korrelieren beständig mit den unaufhaltbaren Verschiebungen der Sinnstrukturen. In diesem Sinne schlussfolgert Lacan: »Beim Sehen befinden wir uns nicht länger auf der Ebene des Anspruchs, sondern auf der Ebene des Begehrens, das sich an den Andern richtet.«[19] Dieses normative Reglement jedes Sehwunsches impliziert einen doppelseitigen Wirkungszusammenhang, der in kopräsentischen Situationen besonders prominent zum Tragen kommt: Erstens sieht der Blickende nie das, was er sehen will, d.h., das, was er sehen will, ist immer woanders.[20] Zweitens entzieht sich dem Blickenden ununterbrochen die Sicht auf sich Selbst, er kann sich, trotz seines Willens, nie aus der Position anderer sehen und anerkennen.[21]

---

17 | Maurice Blanchot, *Die wesentliche Einsamkeit*, Berlin: Henssel 1959, S. 41.

18 | Didi-Huberman, *Was wir sehen blickt uns an*, a.a.O., S. 13. Zum Verhältnis von Sehen und Tasten in der ästhetischen Erfahrung vgl. Steffen Siegel, »Der haptische Blick oder: Vom Begreifen der Bilder«, in: ders./Marcel Lepper/Sophie Wennerscheid (Hg.), *Jenseits des Poststrukturalismus? Eine Sondierung*, Frankfurt a.M.: Peter Lang 2005, S. 127-147.

19 | Lacan, *Die vier Grundbegriffe der Psychoanalyse*, a.a.O., S. 110.

20 | Vgl. Siegmund, *Theater als Gedächtnis*, a.a.O., S. 123.

21 | Lacan dividiert diese Prinzipien auseinander, wenn er betont, »daß – *Du mich nie da erblickst, wo ich Dich sehe.* Umgekehrt ist das, *was ich erblicke, nie das, was ich sehen will.* [...] Generell ist das Verhältnis des Blicks zu dem, was man sehen möchte, ein Verhältnis

Diesen beiden Prinzipien, die für Lacan als Springquellen des visuellen Begehrens gelten, wollen wir nun in mehreren Schritten nachgehen. Im Anschluss an eine kritische Revision des Lacan'schen Begehrenskonzepts werden wir zunächst Inszenierungsstrategien vorstellen, die eine psychoanalytische Logik der Mangelerfahrung aufgreifen, diese aber gleichzeitig ausstellen, reflektieren oder kritisieren. In einem zweiten Schritt richten wir das Interesse dann auf die intersubjektiven Dynamiken der Anerkennung, um einerseits die Formen und Funktionen der Selbstinszenierung zu analysieren und andererseits die Potenziale eines theaterwissenschaftlich konzipierten und aufführungsanalytisch verankerten Blickbegriffs im breit gefächerten Untersuchungskontext der *Visual Culture Studies* zu ergründen.

2. Zuschauen als melancholisches Begehren

Das Begehren ist keine ›natürliche‹, keine gegebene Kraft; es wird als ein kulturell und gesellschaftlich geprägtes Movens performativ hervorgebracht und unterliegt, wie jeder performative Prozess, den beiden Prinzipien der Wiederholung und des Ausschlusses.[22] Darüber hinaus dient das ›Triebobjekt‹ Blick dazu, das Begehren zu verwirklichen. Der Blick zieht die Grenzen des Ausschlusses mit jeder Bewegung neu und konstituiert somit das Begehren in einem andauernden Prozess, der nie zur endgültigen Befriedigung oder Erfüllung führt.[23] Doch wie ist das Ausgeschlossene überhaupt zu denken? Und auf welche Weise kann es im Gegenwartstheater wahrgenommen oder thematisiert werden?

Wenn in Percevals *Andromache*-Inszenierung Hermiones und Pyrrhus' Posen der Schwerkraft gehorchen oder einen animalischen Habitus preisgeben, wenn der scharfkantige Flaschenhals nach dem Aufschlagen der Wasserflasche letztlich als Waffe in der Hand bleibt, wenn die Körperlichkeit der halbnackten, schwitzenden, immerwährend balancierenden und a-mimetisch wirkenden Figuren die Sinndimensionen von Visualität, Plastizität und jedweder Repräsentation überschreiten, dann wird die Triebkraft des Zuschauerblicks bewusst, die (vergebens) versucht, die Risse des Szenischen zu schließen und das dargebotene figurative System restlos zu suturieren. Es scheint immer etwas – eine Lücke, ein Intervall, eine Leerstelle, ein Spannungsmoment, ein Außen – auf, das nicht in die Sinnstruktur integrierbar ist, das *Sinnbildung sowohl ermöglicht als auch (zer)stört.* Die begrenzte Erfassungskompetenz des Blicks kann hier erlebt werden, weil ihm in Percevals sinnlich wirkenden Tableaux stets etwas verschlossen bleibt. Diese Di-

des Trugs. Das Subjekt stellt sich als etwas anderes dar, als es ist, und was man ihm zu sehen gibt, ist nicht, was es zu sehen wünscht.« Lacan, *Die vier Grundbegriffe der Psychoanalyse*, a.a.O., S. 109, 111. Kursivierung im Original.

22 | Vgl. Butler, *Körper von Gewicht*, a.a.O., S. 260.

23 | Vgl. Evans, »Begehren«, a.a.O., S. 55-56.

mension des Ausgeschlossenen hat Judith Butler als »das Unaussprechliche, [...] das Nichterzählbare, [...] das Nichtlebbare« und »das Traumatische«[24] umschrieben, als eine Dimension des Ausschlusses also, die jedoch, so unsere These, im Gegenwartstheater hin und wieder aufscheint und ein melancholisches Blick-Begehren aktiviert.[25] Um diese Hypothese anhand von Percevals *Andromache* zu erläutern, wird zunächst der einschlägige Theoriezusammenhang rekapituliert.

Jacques Lacan, einer der prominentesten Theoretiker des Ausschlusses, geht davon aus, dass das Exkludierte als Mangel erfahrbar wird. In seiner frühen Phase waren für ihn biologisch-genetische Beobachtungen grundlegend. So führte er den Verlust auf eine vorzeitige Geburt des Menschen, ja auf letztbegründete biologische Parameter zurück.[26] Später kam er allerdings zu einem allgemeineren Schluss: Alles Verdrängte kehre wieder zurück und werde neu konfiguriert, ohne sich in das Symbolische als eine Ordnung des Verstehens einzufügen.[27] Das Aufscheinen des Verdrängten ist für Lacan als Auftritt des ›Realen‹ zu denken, als ein Moment, in dem die symbolische Ordnung brüchig wird. In seiner Verfasstheit betrachtet, zeichnet sich das aufscheinende Reale dadurch aus, dass eine Fülle und ein Mangel zusammenfallen, d.h., das ›Mehr‹ geht stets mit einem ›Weniger‹ Hand in Hand. Das Reale nämlich ist das Ergebnis einer paradoxen Verwerfung; es kann nicht restlos exkludiert werden. Es kehrt beständig wieder und beraubt jede Rationalitätsstruktur ihrer Kohärenz und Konsistenz, indem es auf sich als das Komplementäre des Aktuellen verweist.[28] Alle Theorieanschlüsse an Lacans Konzept des Realen – etwa durch Julia Kristeva, Slavoj Žižek, Ernesto Laclau und Judith Butler – fokussieren dieses konstitutive Außen, dessen paradoxe Rolle darin bestehe, eine Identität zu ermöglichen, die zugleich unerreichbar sei.

Julia Kristeva konzeptualisiert das Ausgeschlossene, das bei ihr mit dem Unpassenden, dem Unreinen und Ekelerregenden einhergeht, als ›Abjekt‹, also we-

---

24 | Butler, *Körper von Gewicht*, a.a.O., S. 260.

25 | Der psychoanalytische Begriff der Melancholie meint einen Verlust, der zwar an einem bestimmten Objekt lokalisierbar, aber nicht rationalisierbar oder überwindbar ist. Mit diesem Term hat der Tanzwissenschaftler Gerald Siegmund die Artikulation der Bewegung in William Forsythes Ästhetik und insbesondere in der thematisch einschlägigen Inszenierung *The Loss of Small Detail* analysiert. Vgl. Siegmund, *Abwesenheit*, a.a.O., S. 294-306. Im Einklang mit Siegmunds Argumentation werden wir die spezifische Logik der Melancholie im Folgenden auf die ästhetische Erfahrung des Blickens im Gegenwartstheater beziehen.

26 | Vgl. Andreas Cremonini, *Die Durchquerung des Cogito. Lacan contra Sartre*, München: Wilhelm Fink 2003, S. 128-129.

27 | Vgl. Jacques Lacan, *Das Seminar. Buch III (1955-1956). Die Psychosen*, Weinheim, Berlin: Quadriga 1997, S. 19-21. Lacan erachtet den Hang zum Verworfenen und den damit einhergehenden Realitätsverlust geradezu als Ursache der Psychose. Vgl. ebd.

28 | Vgl. Jean Laplanche/Jean-Bertrand Pontalis, »Verwerfung«, in: dies., *Das Vokabular der Psychoanalyse*, a.a.O., S. 608-612, insbesondere: S. 611.

der als Objekt noch als Subjekt. In ihrer nachhaltig rezipierten[29] und kontrovers diskutierten[30] Abhandlung *Powers of Horror* beschreibt sie das Abjekt als ein Drittes, das sich nicht in die Dualismen von Innen und Außen, Bewusstem und Unbewusstem fügt, jedoch als unabdingbare Prämisse von Gesellschafts- und Kulturkonstitution fungiert.[31] Die dem Kristeva'schen Gedankengang inhärente These, dass die Prozesse der Symbolisierung einer kontinuierlichen Änderung unterworfen seien und die Sinnproduktion fortwährend destabilisierten, haben in der kulturwissenschaftlichen Reflexion auf Kunst, Körper- und Identitätspolitiken zu bedeutenden Einsichten geführt.[32] Dennoch vollzieht Kristeva in ihrer Beweisführung eine scharf kritisierte Ontologisierung des Ausschlusses, wenn sie das Exkludierte restlos mit dem mütterlichen Körper gleichsetzt.[33] An diesem signifikanten Punkt differiert Kristevas Theorie der Abjektion von Ernesto Laclaus Vorstellung des Mangels. Laclau interpretiert den Ausschluss als ein sich kontinuierlich wiederholendes Re-Arrangement von zahlreichen antagonistischen Hegemonialisierungsversuchen, die unterschiedliche Konstellationen bilden und jeglichen Essenzialismus unterminieren.[34]

Auch Judith Butler nimmt eine Gegenposition zur Ontologisierung eines kulturkonstitutiven Ausschlusses ein. Sie wendet sich von der Lacan'schen Theorie ab, die das Ausgeschlossene, so Butler, mit der Frau und dem von ihr (nur) repräsentierten Phallus[35] gleichsetzt. Ferner entwickelt die Philosophin eine Kritik an Slavoj Žižeks Weiterführung der Lacan'schen Theorie, da sein Mangelbegriff,

29 | Die bedeutendsten Reaktionen fasst folgender Sammelband zusammen: Fletcher/Benjamin, *Abjection, Melancholia, and Love*, a.a.O.

30 | Winfried Menninghaus' Ausführungen zu Abjektion und *Abject Art* zeichnen die Wirkungs- und Rezeptionsgeschichte dieses Konzepts systematisch nach. Vgl. Winfried Menninghaus, *Ekel. Theorie und Geschichte einer starken Empfindung*, Frankfurt a.M.: Suhrkamp 2002, S. 516-567.

31 | Vgl. Julia Kristeva, *Powers of Horror: an Essay on Abjection*, New York: Columbia University Press 1982; Gail Weiss, »The Abject Borders of the Body Image«, in: dies./Haber, *Perspectives on Embodiment*, a.a.O., S. 41-59, insbesondere: S. 42-43.

32 | Vgl. Elizabeth Grosz, »The Body of Signification«, in: Fletcher/Benjamin, *Abjection, Melancholia, and Love*, a.a.O., S. 80-103.

33 | Zur Kritik an Kristevas Körperpolitik vgl. Butler, *Das Unbehagen der Geschlechter*, a.a.O., S. 123-142. In ihrem fünf Jahre später erschienenen Buch *Schwarze Sonne* führt Kristeva ihre Theorie des Ausschlusses weiter und theoretisiert die kreative Seite des Objektverlusts. Sie beschreibt das Verworfene vorderhand als etwas sich der Sinngebung entziehendes ›Reales‹. Vgl. Julia Kristeva, *Schwarze Sonne. Depression und Melancholie*, Frankfurt a.M.: Brandes & Apsel 2007.

34 | Vgl. Laclau, *Emanzipation und Differenz*, a.a.O., S. 66. Die Bedeutung der Laclau'schen Hegemonietheorie für die Analyse visueller Repräsentationsmechanismen haben wir in Kapitel VI/3 bereits angesprochen.

35 | Vgl. Lacan, »Die Bedeutung des Phallus«, a.a.O.

nach Butler, etwas Prähistorisches und etwas Mit-sich-selbst-Identisches impliziert.[36] Sie schließt sich dem Ansatz an, dem zufolge das Reale bei Lacan zuvor symbolisch und kontingent gewesen und erst durch die Verwerfung unverfügbar, ja ›real‹ geworden sei.[37] Ihre Theorie konzipiert die Grenze zwischen Innen und Außen, Symbolischem und Realem als fließend. Sie bringt »diskursive Formationen« hervor, ohne dass das, was ausgeschlossen bleibt, mit einem »verlorenen Referenten«[38] gleichzusetzen wäre.

Vor diesem Hintergrund wird erneut deutlich, dass Identifizierung als Vorgang der Identitätsbildung nicht nur als (Re-)Produktion von illusorischen Bildern und symbolischen Inhalten, mithin als Aneignung von gesellschaftlich anerkannten Werten oder *dominant fictions* erfolgt, sondern in Momenten einer ›radikalen Identifizierung‹ münden kann, in denen die Identifikation auf das verlorene Objekt gerichtet ist. Diese Form der Identifizierung ist für Freud mit einer Form der Melancholie verbunden, die »den Objektverlust in einen Ichverlust verwandelt«, denn der Betroffene kann »nicht bewußt erfassen [...], was er verloren hat«[39]. Im Anschluss daran interpretiert Butler die Verwerfung als einen Verlust, »der dem Subjekt vorausgeht, der es ermöglicht (und verunmöglicht)«[40]. Da die Genese des

36 | Vgl. Butler, *Körper von Gewicht*, a.a.O., S. 257-303. Zu Žižeks Replik vgl. Slavoj Žižek, *Interrogating the Real*, London, New York: Continuum 2005, S. 307-327. Žižek weist darauf hin, dass die Lacan'sche Stilisierung des Phallus als ein primärer Signifikant sowie die Bezeichnung der symbolischen Ordnung als ein ›Name des Vaters‹ lediglich diskursive Fakes darstellen, die ebenfalls der Kontingenz der Signifikation unterliegen. Vgl. ebd., S. 350.

37 | Zu dieser Lacan-Interpretation gelangt Butler unter Rekurs auf Michael Walsh. Vgl. Michael Walsh, »Reading the Real in the Seminar on the Psychoses«, in: Patrick Colm Hogan/Lalita Pandit (Hg.), *Criticism and Lacan: Essays and Dialogue on Language, Structure, and the Unconscious*, Athens, Georgia, London: The University of Georgia Press 1990, S. 64-83.

38 | Butler, *Körper von Gewicht*, S. 281, 298. Als wir im Rekurs auf Sarah Kanes Schreibstrategien die psychoanalytische Theorie der Fetischisierung als ein Geschlechterdifferenzen transzendierendes Konzept umschrieben haben, plädierten wir für die Revision der ontologischen Auffassung des Realen. Denn die psychoanalytische Ontologisierung des Realen zielt darauf ab, weibliches Begehren als unmöglich zu denken und nur als ein ›Begehren des Begehrens‹ Realität werden zu lassen. Vgl. Doane, *The Desire to Desire*, a.a.O., S. 9. Vgl. auch das Gegenkonzept von Theresa de Lauretis, das durch die Reformulierung des psychoanalytischen Fetischismuskonzepts ein aktives lesbisches Begehren konzeptualisiert und Begehren als heterosexuelle Lustquelle destabilisiert. Vgl. Teresa de Lauretis, *Die andere Szene. Psychoanalyse und lesbische Sexualität*, Frankfurt a.M.: Suhrkamp 1999.

39 | Sigmund Freud, »Trauer und Melancholie«, in: ders., *Studienausgabe. Bd. III.*, a.a.O., S. 193-212, hier: S. 203, 199.

40 | Butler, *Psyche der Macht*, S. 28. Für Butler impliziert die Idee der melancholischen Identifizierung zunächst ein politisches Potenzial für die Destabilisierung der Zwangshe-

Ichs nur als »schlechter Ersatz«[41] für das verlorene Objekt gilt, ziehe die Melancholie des Verlusts eine Reihe von emotionalen Resonanzen und Ambivalenzkonflikten mit sich, »in denen Haß und Liebe miteinander« um das verlorene Objekt »ringen«[42].

Gemäß unserer These zeichnen sich die visuellen Ästhetiken des Gegenwartstheaters dadurch aus, dass sie den Zuschauerblick einer oszillierenden Bewegungsdynamik zwischen imaginärer Identifikation und melancholischem Begehren aussetzen und das konstitutiv Ausgeschlossene verschleiern und gleichzeitig ›heraufbeschwören‹. Auf diese Weise gelingt es, den Konstruktionscharakter des Szenischen zu enthüllen. Zeitgenössische Regisseure lassen – um es mit Markus Verweyst zu pointieren – die Zuschauer zwischen »narzißtischem Begehren« und einem »melancholischen Begehren«[43] changieren. Sie favorisieren Aufführungssituationen, in denen die Ordnungen der Sichtbarkeit und die Ökonomien der Illusionierung permanent ins Wanken geraten. Insofern Identitätsbildung und melancholisches Verlust- bzw. Mangelgefühl einander bedingen und in eine spannungsvolle Dialektik treten, wird deutlich, dass es »kein Ich ohne Melancholie geben kann«[44]. Progressivere künstlerische Konzepte der Gegenwart stimulieren entsprechend zum einen ein ›lustvolles‹ Begehren der Blicke, zum anderen entschleiern sie die politische Geste ihrer Inszeniertheit, indem sie doch das Unsichtbare, das Unsagbare und das Unzulässige evozieren und überdies jenes Verworfene konfigurieren, »das sich dem Sichtbaren nicht einfügen läßt, das nicht ans Licht gebracht, das weder gesehen noch offen erklärt werden kann«[45].

In Luk Percevals *Andromache* kreisten die innerszenisch artikulierten Dispositionen des Begehrens ebenfalls um etwas Traumatisches und absolut Gewalttätiges, und ihr Ausschluss hätte mit der Etablierung einer neuen Ordnung, mit einem Frieden nach dem Trojanischen Krieg einhergehen sollen. Doch die Asymmetrie zwischen Hermiones, Pyrrhus', Orests und Andromaches Glücksverlangen führte zu einer Kette melancholischer Begehrensakte und schließlich zu blutigen Abrechnungen. Die Wechsel zwischen Gesellschaftsordnungen und sozialen Dispositionen, ja die Übergänge zwischen Krieg und Frieden, Gewalt und Eros erfolgten nicht rest- und reibungslos; vielmehr mündete die notorische und gespenstische Wiederkehr des Zerstörerischen in todbringende und apokalyptische

---

terosexualität. Dieses Modell der symbolischen Verwerfung dient ihr dazu, das repressive Gesetz der Heterosexualität als eine Regel zu verstehen, die auf dem systematischen Ausschluss der Homosexualität basiert. Vgl. Butler, *Das Unbehagen der Geschlechter*, a.a.O., S. 99-113.

41 | Ebd., S. 158.

42 | Freud, »Trauer und Melancholie«, a.a.O., S. 210.

43 | Markus Verweyst, *Das Begehren der Anerkennung. Subjekttheoretische Positionen bei Heidegger, Sartre, Freud und Lacan*, Frankfurt a.M., New York: Campus 2000, S. 348.

44 | Butler, *Psyche der Macht*, a.a.O., S. 160.

45 | Ebd., S. 173.

Effekte. Analog zum Szenischen, das in seiner diegetischen Immanenz und visuellen Integrität stets vom Ausgeschlossenen, Verdrängten und Nicht-Sinnhaften *bestimmt und gefährdet* war, stellte auch das Zuschauen, das rezeptionsästhetische ›Beschreiten‹ des Szenischen qua Zuschauerblick einen ebenfalls ambivalenten und prekären Vorgang dar, der die Grenzen der visuellen Identifizierung erreichte: Die Kompetenz der Akteure, in starren Posen das Gleichgewicht zu halten und über das Meer von Glassplittern zu balancieren, wurde nicht als eine sensationelle Virtuosität präsentiert. Leistung definierte sich hier gerade nicht durch das Risiko des Sturzes, welches das Spiel zum Spektakel gemacht hätte. Ohne symbolisch aufgeladen und im Paradigma des Spektakels erklärbar zu sein, wurde das unauslotbare, dem Szenischen inhärente Gefahrenpotenzial als etwas ausgestellt, das die Kohärenz von Sinn, Narration und Darstellung beständig störte und Dimensionen einer Unsichtbarkeit implizierte, die weder in phänomenale noch in semiotische Wahrnehmungsmuster zu integrieren waren. In den Rissen der Sichtbarkeit schien eine Potenzialität in Form eines virtuellen ›Mehrs‹ auf, die die illusorische Wirkung des Tableaus begründete, gefährdete sowie destabilisierte und aus spektakulär inszenierten Tableaubildern regelrecht ausgeschlossen blieb. Das in einer Dauer von etwa 60 Minuten exponierte lebendige Bild appellierte weniger also an ein Zuschauerbegehren, das als elementare Kraft menschlicher Bildfindung und Subjektwerdung praktiziert werden konnte. Vor allem wurde das melancholisch-ambivalente, desorientierende und beständig von Mängeln herausgeforderte Begehren des Betrachters thematisch.

Auf welche Weise diese nicht repräsentierbare Wiederkehr des Ausgeschlossenen ein melancholisches Begehren entfacht und in welcher Form das Unsichtbare oder das Zum-Verschwinden-Gebrachte im Szenischen (dennoch) Niederschlag finden kann, wird im Folgenden Gegenstand unserer Untersuchungen sein. Zunächst nehmen wir anhand von Michael Thalheimers *Was ihr wollt*-Inszenierung in Augenschein, ob und inwiefern die Szenerien der Maskerade ein visuelles Begehren manifestieren und aktivieren können. Und anschließend gehen wir dann der Frage nach, wie einige Regisseure des Gegenwartstheaters ein Blick-Begehren des Zuschauers in Szene setzen und sein Sehvermögen bis zu den Grenzen der Sichtbarkeit und jenen Zonen der Unsichtbarkeit locken, deren Überschreitung jedoch immer ausbleiben muss.

2.1 Die visuelle Begehrenslogik der Maskerade

Als Figuration der Verstellung und Täuschung wird die Maskerade häufig als Sichtbarmachung einer Differenz interpretiert, die eine Unentscheidbarkeit zwischen Gezeigtem und Verborgenem, Schein und Wirklichkeit, ›Rolle‹ und ›Selbst‹ suggeriert und nicht zuletzt »die Frage nach dem Dahinter«[46] stellt. Im Kontrast zu

46 | Richard Weihe, *Die Paradoxie der Maske. Geschichte einer Form*, München: Wilhelm Fink 2004, S. 13. Im vorliegenden Kapitel können die jeweiligen historischen Formationen

einem solchen dualistischen, nach Ursprüngen und nahtlosen Identitätswechseln ermittelnden, am prekären Spannungsbezug von Natur und Hülle, Maskierung und Demaskierung interessierten Verständnis wollen wir die Maskerade nicht als Identitäts*tausch* fassen. Uns geht es nicht um das Aufsetzen einer Maske oder, im metaphorischen Sinn, um ein Rollenspiel. Im Weiteren wird mit Maskerade *ein Akt bezeichnet, der die Problematik der (Geschlechts-)Identität und die Möglichkeit der Anpassung an soziale Normen und Erwartungen thematisch werden lässt.* Sie zeigt eine Verschränkung und Verschiebung von kulturell geprägten Identitätsmustern, eine fortwährende Dialektik der Ab- und Entgrenzung sozialer oder geschlechtsspezifischer Rollen, eine permanente Wechselwirkung von Aneignung und Verdrängung, Produktion und Verwerfung symbolisch kodierter bzw. repräsentationspolitisch standardisierter Identitätsbilder.

Demzufolge besteht das Begehren desjenigen, der einer Maskerade zuschaut, nicht nur in dem Wunsch, die fokussierte Person und ihr ›Spiel‹ zu enthüllen. Von Bedeutung ist gerade, *wie* in der Maskerade konsolidierte Selbstbilder stilisiert oder überzeichnet, destabilisiert bzw. revidiert werden. Um das innerszenisch motivierte Cross-Dressing der Schauspieler aus Michael Thalheimers Inszenierung *Was ihr wollt*[47] (2008) zu analysieren, um die Akteure in ihrer Ver-Kleidung »*anzusehen*« statt sie ausschließlich »zu *durchschauen*«[48], wollen wir ihren Auftritt dahingehend untersuchen, wie sie den Zuschauerblick in Bewegung setzen, identifikatorische Betrachtungsmodi dynamisieren und die Augenlust des Betrachters in ein melancholisches Begehren nach kohärenter Identitätsstiftung überführen.

Thalheimers konzeptuelle Entscheidung, die weiblichen Rollen mit männlichen Schauspielern zu besetzen und die Frauenfiguren als maskierte Protagonist(inn)en auf die Bühne zu bringen, evoziert nur auf den ersten Blick einen historisierenden, auf die Schauspielpraktiken der Renaissance rekurrierenden Effekt. Während im institutionalisierten englischen Theater des sechzehnten und sieb-

---

der Maskierung und der Maskerade nicht umrissen werden; dies leistet Richard Weihe in seiner zwar weitgehend strukturalistisch argumentierenden, aber besonders in theaterwissenschaftlicher Hinsicht sehr umfassend und systematisch angelegten Monografie. Vgl. ebd. Zum Thema der Maskerade als subversive Form der Selbstinszenierung in der Performancekunst vgl. Gabriele Brandstetter, »Selbst-Beschreibung. Performance im Bild«, in: Fischer-Lichte u.a., *Theater seit den 60er Jahren*, a.a.O., S. 92-134.

47 | Thalheimers *Was ihr wollt*-Inszenierung hatte am 28. August 2008 in einem vor dem Deutschen Theater aufgestellten Zirkuszelt Premiere.

48 | Marjorie Garber, *Verhüllte Interessen. Transvestismus und kulturelle Angst*, Frankfurt a.M.: Fischer 1993, S. 21. Kursivierung im Original. Garber kritisiert an den Theoretikern und Kritikern der Cross-Dressing-Phänomene seit der Renaissance, dass sie dazu neigten, »Cross-Dresser eher zu *durchschauen* als *anzusehen*, sich einer nahen Begegnung mit dem Transvestiten zu entziehen und statt dessen diese Gestalt lieber dem einen oder dem anderen der beiden traditionellen Sozialgeschlechter zu subsumieren«. Ebd. Kursivierung im Original.

zehnten Jahrhunderts die Männerdarsteller, vornehmlich junge Knaben, darauf trainiert waren, Frauenstimmen und feminin konnotierte Gesten möglichst ›naturgetreu‹ nachzuahmen und Weiblichkeit psychologisch-realistisch zu repräsentieren,[49] konzentriert sich Thalheimer auf die Fragen, wodurch eine partikulare Geschlechtsidentität überhaupt hervorgebracht und kommuniziert wird bzw. ob und um welchen Preis sie als finites, kohärentes und mit sich selbst identisches Bild aufrechterhalten werden könnte.

Bis auf die Figur des Narren weitet Thalheimer das Motiv der maskierten Geschlechtsidentität, das bei Shakespeare nur die Handlungen von Viola tangiert, auf alle Rollen systematisch aus. Seine Performer tragen sowohl weibliche als auch männliche Kleidungsstücke und Accessoires, die jeweils über kulturell tradierte Kodierungen verfügen, aber in ihren Kombinationen und Kumulationen zu einer Konfusion der Geschlechterzuordnung führen. Der Regisseur maskiert die Schauspieler mithilfe von sinnfälligen und prägnanten Requisiten, die die Blicke durch ihre semantische Aufgeladenheit und ihre fetischistischen Qualitäten anziehen. Im Schauspiel der Verkleidungen versprechen sie, Aufschluss über die jeweilige sozial artikulierte Geschlechtsidentität zu geben. »Ein Fetisch ist«, wie Robert J. Stoller sagt, »eine Geschichte, die sich als Gegenstand ausgibt.«[50] Er ist eine Stelle in der Signifikantenkette, in der Metapher und Metonymie zusammenfallen, ein visuelles Detail mit Überschusscharakter, das in der Ordnungsstruktur der Repräsentation auffällt und ein ›Mehr‹ an Sinnhaftigkeit produziert. Der Blick und das visuelle Begehren werden folglich nicht nur von Ähnlichkeiten und Wünschen der Wiedererkennung (Metapher) sowie der zeitlichen und räumlichen Kontiguität, Nähe und Kontextbezogenheit (Metonymie) geleitet.[51] Gerade jene Verdichtungen

---

49 | Vgl. Vern L. Bullough/Bonnie Bullough, *Cross Dressing, Sex, and Gender*, Philadelphia: University of Pennsylvania Press 1993, S. 80-88. Gertrud Lehnert sieht in der Androgynie der jungen Schauspieler jene erotische Körperwirkung, die sie befähigten, Frauen darzustellen. Vgl. Gertrud Lehnert, *Maskeraden und Metamorphosen. Als Männer verkleidete Frauen in der Literatur*, Würzburg: Königshausen & Neumann 1994, S. 81. Zu der Frage, inwieweit die als Frauenimitatoren ausgebildeten und agierenden Knaben eine homoerotische Lust der männlichen Zuschauer weckten, vgl. Lisa Jardine, *Still Harping on Daughters: Women and Drama in the Age of Shakespeare*, Totowa: Barnes & Noble 1983, S. 9-36. Zur diskursanalytischen Exegese der Maskeradenmotive in Shakespeares *Zwölfte Nacht* vgl. Stephen Greenblatt, *Verhandlungen mit Shakespeare. Innenansichten der englischen Renaissance*, Frankfurt a.M.: Fischer 1993, S. 89-123.

50 | Robert J. Stoller, *Observing the Erotic Imagination*, New Haven, London: Yale University Press 1985, S. 155. Das Kapitel III/2.2 des vorliegenden Buchs beschäftigt sich ausführlich mit der Problemstellung, wie der stark phallozentrische Diskurs des Fetischismus umgeschrieben und die naturalisierende Sicht auf den Fetisch als Repräsentant des Penis seit Lacan aufgelockert und subvertiert wurde.

51 | Zur Realisierung des Begehrens durch metaphorische und metonymische Strukturen vgl. Lacan, *Die Psychosen*, a.a.O., S. 258-259.

und Asymmetrien der Signifikantenstruktur ziehen ihn an, die Dimensionen der Mehrdeutigkeit oder der Uneindeutigkeit eröffnen.

Die Kostümierung des Kapitäns (Peter Pagel), der die schiffbrüchige Viola aus dem Wasser rettet, zeigt an, dass Fetische nicht nur von Frauen ›benötigt‹ werden, um ihre vermeintlichen anatomischen ›Mängel‹ zu verschleiern. Die spektakulären Orden auf seiner Uniform scheinen als Requisiten der Macht seine einzigen Persönlichkeitsattribute zu sein. Sie deuten an, dass weder Frauen noch Männer ›den Phallus haben‹[52], dass sie ihre sozialen Identitäten erst durch die Aufführung einer gesellschaftlichen Rolle erlangen. Identitätskohärenz erreichen Frauen wie Männer durch Aneignung eines fetischhaft wirkenden, die kulturellen Werte eines Sozialgeschlechts kondensiert evozierenden Attributs. Nach demselben Prinzip tritt auch der Herzog Orsino (Alexander Khuon) auf, der die als Mann verkleidete Viola als Page engagiert. Khuon figuriert nicht nur einen Macho, der seine Untertanen herabwürdigt und seine Männlichkeitsinszenierung durch die beständige Wiederholung eines heterosexuellen Liebesgeständnisses pointiert; er akzentuiert seinen maskulinen Heroismus auch mithilfe eines Herrschaftssymbols, eines glänzenden, hochkarätigen Brillantrings. Des Weiteren unterstreicht er seine idealtypische Männlichkeitsidentität dadurch, dass er die historische Kostümierung durch einzelne Merkmale erweitert, die heutigen Modetrends entsprechen: Die nach hinten gegelten Haare und ein ärmelloses, die muskulöse Gestalt betonendes weißes Shirt addieren sich zu seinem Herzog-Image der Renaissance-Zeit.

Bestätigen und stabilisieren der Kapitän und Orsino ihre maskulinen Figurenrollen durch die Anhäufung von Männlichkeits- und Herrscherattributen, zeigt die Bekleidung von Sir Toby und Sir Andrew an, dass Maskerade Identitäten auch verwirren und eine optische ›VerUneindeutigung‹[53] von Selbstbildern erreichen kann. Der im weißen Anzug auftretende Sir Toby (Bernd Stempel) verdeckt seine Glatze mit den schwarzen Locken einer weiblichen Perücke und verleiht sich damit einen narrenhaften Zug. Doch wenn er seine Perücke herunterreißt und die Magd Maria demütigt, tauscht er seine Androgynität willentlich gegen eine aggressive Männlichkeit ein. Die ambivalent dargebotenen Selbst-Performanzen von Sir Andrew (Niklas Kohrt) entziehen sich hingegen jeder individuellen Verfügungsgewalt hinsichtlich seiner Geschlechtsidentität. Das knabenhafte, mit Bräunungscreme sporadisch befleckte Gesicht, die künstlich blondierten Haare sowie die enge, steife hellgrüne Kleidung verleihen dem um die Gräfin Olivia werbenden

52 | »Niemand hat den Phallus.« Garber, *Verhüllte Interessen*, a.a.O., S. 174. Garber verweist mit dieser Aussage darauf, dass der Phallus als symbolischer ›Mehrwert‹ nicht mit dem realen Penis zusammenfällt. »Wäre der Penis der Phallus«, schreibt Eugénie Lemoine-Luccioni, »brauchten Männer keine Federn oder Krawatten oder Orden.« Lemoine-Luccioni zitiert nach Garber, ebd., S. 172.

53 | Zum Begriff der ›VerUneindeutigung‹, der als eine Strategie der Repräsentation darauf zielt, sowohl Normalisierungen als auch Hierarchisierungen anzufechten, vgl. Engel, *Wider die Eindeutigkeit*, a.a.O.

Jungen eine hybride Identität, in der heterosexuelles Begehren an eine homoerotische Selbstgefälligkeit gekoppelt ist. In dieser Figur wird bereits jene Melancholie spürbar, die sich später in Violas Gratwanderung zwischen diversen Geschlechtsrollen als eine unüberwindbare Kehrseite des Begehrens entpuppt.

In den Rollenfächern der Frauen fällt die Logik der Geschlechterkodierungen vielschichtiger und rätselhafter aus, werden sie doch allesamt von Männern verkörpert. Olivia (Ingo Hülsmann) stilisiert Weiblichkeit durch die Übertreibung femininer Gesten bzw. die unübertreffliche Ansammlung von erotischen, von teils jungfräulich, teils frivol konnotierten Instrumentarien und treibt diese heiklen Bilder von Weiblichkeit ins Parodistische. Ihre roten langen Haare, ihr schneeweißes Hochzeitskleid, ihre glutrot geschminkten Lippen sowie das künstliche Muttermal im Gesicht sind die Grundkoordinaten von Olivias weiblicher Erscheinungsmacht, die das lakonische Diktum ›Weiblichkeit ist Maskerade‹ als karnevaleske Karikatur in Szene setzen. All die angesprochenen Kennzeichen legen Olivias Begehren bloß, das darauf abzielt, als Objekt eines männlichen Begehrens gesehen zu werden. Dieses sexuelle Verlangen entfacht sich in Olivias Handlungen, die ihre Fetische ›aufführen‹ und ausstellen: Sie rollt sich die Haare um den Finger oder nimmt sie in den Mund, ihre Lippen sind leicht geöffnet und sie hält permanent ihren Rock in der Hand, um mit dessen Länge zu spielen und Ver- oder Enthüllungseffekte zu produzieren. Sie überschreitet die Grenzen ihrer weiblich kodierten Selbstinszenierung als erotisches Objekt jedoch, wenn sie schließlich Cesario alias Viola, der ihren Liebesbemühungen widersteht, zu Boden stürzt, um ihn zu besitzen. Olivias Maskerade gipfelt in einem breit gefächerten Handlungsrepertoire der Verführung; ihr Cross-Dressing deckt nicht nur beständig neue Schichten der Maskierung auf, sondern treibt auch ein überraschungsreiches, subversives Spiel, das mit dem Bild einer – durch den Text referenziell herbeizitierten – standhaften Gräfin oder dem Image einer Jungfrau genauso bricht, wie mit der Eindimensionalität einer durch Nymphomanie und Dominanzlust geleiteten Vampfigur. Mit der Inszenierung von Olivias Begehren wird auf übertriebene Weise vor Augen geführt, dass Maskerade keine Übernahme einer finiten Identität bedeutet. Verkleidung und Verstellung sind Synonyme für soziales Handeln und ein kontinuierliches Projekt der Individuierung, das sich in einem stetigen Spannungsverhältnis von Anpassung und Emanzipierung manifestiert.

Thalheimers Figuren, mit markanten respektive heterogenen Fetischen ausgestattet und so ihre repräsentationsstrukturelle Bündelung stets untergrabend, sind in Beziehungskonstellationen und Liebesszenarien eingebettet. Diese Inszenierung scheint eine Antwort auf die Warnung des englischen Regisseurs Neil Bartlett zu sein, der eine von ausschließlich Männern gespielte *Was ihr wollt*-Produktion als verfehlt und trivial erachtet. Bartlett insistiert: »If you did *Twelfth Night* as it was written, as an all-male Production, it would be the ›gay‹ *Twelfth Night* even before it opened.«[54] Entgegen dieser Aussage bedient sich Thalheimer nun keineswegs eines Männerensembles, um alle Liebesrelationen programmatisch in homosexuelle Begehrensstrukturen zu überführen und mittels einer solcherart einseitigen Inszenierungsdramaturgie die Ausstellung von Diversität in Konformität zu verwandeln. Lediglich Antonios dramentextuell begründete homoerotische Anziehung zu Violas Zwillingsbruder Sebastian klingt als eine explizit schwule Liebesthematik an. Thalheimer konzentriert sich stattdessen auf die vieldimensionale Einbettung der Viola-Figur in diverse Rollenzusammenhänge und verkompliziert so das sich textdramaturgisch harmonisch auflösende Maskierungsgewirr. Außerdem verweigert er das komplementäre Zusammenfinden der Liebespartner am Ende der Aufführung.

Da der männliche Schauspieler Stefan Konarske die weibliche Rolle der Viola spielt, die sich wiederum als Mann ausgibt, potenziert sich in diesem Fall die der Maskerade eigentümliche Identitätskrise deutlich. Nach ihrem ersten Auftritt tauscht sie ihr rubinrotes langes Kleid gegen die Uniform des Kapitäns. Diese Metamorphose geht aber nicht in einem nahtlosen Identitätswechsel auf: Die Selbstsuche zeigt sich einerseits in Violas verzweifelten Worten, wie z.B. in ihrer Bekundung »I am not that I play« (I, 5, 176), die sie im dritten Akt zur existenziellen Selbstskepsis »I am not what I am« (III, 1, 139) steigert. Andererseits wird Violas Identitätsverwirrung in der mehrdimensionalen visuellen Schichtung von *gender*-Kodizes an ihrem Outfit manifest: Nach der Verkleidung als Mann bleiben die einverleibten Attribute ihrer weiblichen Identität als Spuren weiterhin sichtbar. Sie trägt einen ihrer Ohrringe und einen Seidenhandschuh, schminkt ein Auge nicht ab, kämmt die Haare nur auf einer Seite nach hinten, lässt sie aber auf der anderen ins Gesicht fallen und mischt schließlich die Gesten und Körperhaltungen ihrer männlichen und weiblichen Selbstinszenierung. Wenn Konarske beispielsweise den Kopf zur Seite neigt und dann kleiner und ohnmächtiger wirkt, wiederholt er eine typische Haltung Violas, die – vor allem während der Dialoge mit Orsino – ein weibliches Begehren nach dem Herzog trotz männlicher Ver-Kleidung in Szene setzt.

Viola verhält sich gegenüber Olivia anfangs konsequent ›männlich‹. Ihr weiblicher Habitus tritt erst zutage, wenn Olivia sich in Cesario, in Violas männliches Alter Ego verliebt und ihn mit ihrer Liebe bestürmt, nach ihm greift und sich auf ihn legt. Die wortwörtliche Unterwerfung des Cesarios unter ein weibliches Begehren führt allerdings zu dessen krisenhafter Selbstverunsicherung, die in einem vielschichtig konfigurierten Szenenbild Ausdruck findet: In der körperlichen Reiberei

54 | Neil Bartlett zitiert nach Lesley Ferris, »Introduction. Current Crossings«, in: ders. (Hg.), *Crossing the Stage: Controversies on Cross-Dressing*, London: Routledge 1993, S. 1-19, hier: S. 1. »The piece«, so fährt Bartlett in seiner Argumentation fort, »would be about whether the characters in the play are really homosexual and it would be about whether gay love is as good as straight love. And quite frankly, these are questions which are behind us.« Ebd.

zwischen Cesario und Olivia öffnet sich Cesarios Hemd und fördert die palimpsestartige Schichtung der mehrfachen Maskerade zutage: Unter dem Hemd wird sowohl ein roter BH als auch der Oberkörper des Schauspielers enthüllt. Man hat es hier mit einer komplexen Figuration der Maskerade zu tun, die ein vielfältiges Spektrum an Geschlechterrollen spannungsvoll zusammenschließt, jede transvestitische Setzung aber gleichzeitig negiert und auslöscht. Stefan Konarske erscheint zunächst als Schauspieler, der durch seine muskulöse Statur als männlicher Darsteller auffällig wird und dessen Spiel zwischen mehreren fiktiv angelegten Rollen hin- und herwechselt: zwischen Viola und Cesario, zwischen einer verkleideten Frau und Orsinos Boten, zwischen einer in den Herzog verliebten Frau und eines in seinem Namen für eine andere Jungfrau werbenden Pagen, ja *zwischen den Rollen einer begehrenden Frau und eines begehrten Mannes*. Analog zum Zuschauerblick, der notorisch zwischen den Schichten der Verkleidung in Verwirrung gerät, changiert auch Konarskes Darstellung zwischen Identitäten; er verflicht in seiner Bühnenexistenz diverse stilisierte und kulturell kodierte Gesten der Geschlechterzugehörigkeit. Maskerade entfaltet sich in Thalheimers Inszenierung als ein Prozess, der sowohl zur Konfusion des eigenen Selbstbildes als auch zur Verwirrung der anderen führen kann. Die Melancholie der spannungsreichen Aneignung einer Identität wird als die Rückseite jedes Begehrens virulent. Der Regisseur erhebt diese Melancholie zum Thema, denn er zeigt einen männlichen Schauspieler, der durch mehrfache Maskierungen wieder zu einem maskulinen Selbst finden soll, doch seine männliche ›Identität‹ durch die doppelte Verkleidung und die damit einhergehenden Bedeutungsverschiebungen geradezu ›verliert‹ und unwiederbringlich vernichtet. Die herkömmlich über eine lustvolle Wirkung verfügende und als sozial produktiv geltende Kraft der Maskerade läuft Gefahr, zum Selbstverlust, zur sozialen A-Signifikation, zur Auslöschung des Begehrens zu führen, wie dies Cesario/Viola in einem Selbstgespräch reflektiert: »Verkleidung, ich stell fest, du bist ein schlimmes Ding,/ein Teufelswerk, das alles durcheinanderbringt.«[55]

Cesario/Viola steht an der Schnittstelle von zwei Begehrensfigurationen, in denen seine/ihre vor Orsino und Olivia artikulierten Geschlechterrollen einander ausschließen und ihn/sie auf eine unerbittliche Suche nach einem Orientierungspunkt der Selbstfindung treiben. Da das Cesario-Image nur in Orsinos Reich über eine Schutzfunktion verfügt und bei Olivia zur Reibungsfläche avanciert, wird der/die Verkleidete zum permanenten Switchen zwischen verschiedenen Stimmen und Selbstbildern gezwungen, um soziale Anerkennung zu erlangen. Was Cesario/Viola zur Weiterführung der Verstellungen treibt, ist eine unerfüllbare Mangelerfahrung, die die Erwartungen hinsichtlich seiner/ihrer (Geschlechts-)Identität nie miteinander harmonisieren lässt. Cesarios/Violas Gesten erscheinen somit als Zeichen der Identitätsverwirrung oder (Selbst-)Täuschung und häufen Mimesisef-

55 | William Shakespeare, *Was ihr wollt* [Deutsch von Thomas Brasch], Frankfurt a.M.: Suhrkamp 1985, S. 31.

fekte an, die die Regeln der Repräsentation durcheinanderbringen und in Krisenmomenten erschüttern.

Wenn Thalheimer die Illusionen der Geschlechterbinarität und des nahtlosen Geschlechtertauschs enthüllt, dann definiert er die Maskerade nicht nur als einen Akt der Identitätskonstitution, sondern auch und gerade als einen spannungsgeladenen Prozess des gleichzeitigen Kontrollverlusts über sich selbst. Diese Ambivalenz kommt in jenen Momenten am signifikantesten zum Tragen, in denen die Akteure in den Schlamm fallen, der den gesamten Bühnenboden bedeckt. Nach und nach werden alle Figuren mit schwarzem Matsch befleckt. In ihren gegenseitigen Konfrontationen oder Umarmungen hinterlassen sie indexikalische Spuren auf der Kleidung der anderen. Infolgedessen werden die visuellen Selbstinszenierungen der Figuren kontinuierlich untergraben. Mit diesen Aktionen bringt Thalheimer die Requisiten der Protagonisten und ihre Zeichenhaftigkeit allmählich zum Verschwinden. So relativiert er die intentionalen, produktiven Dimensionen des Cross-Dressing und erschüttert jene Funktionen der Maskerade, die sie in der Gesellschaft des Spektakels erhielt, nämlich als Motor mimetischen Handelns und Repräsentierens zu fungieren und eine patriarchal und heterosexuell geprägte voyeuristische Lust zu etablieren.[56]

Während bei Shakespeare der unerwartete Auftritt des totgeglaubten Zwillingsbruders Sebastian die Identitätsspaltungen seiner Schwester Viola behebt, blicken bei Thalheimer in der Schlussszene zwei bis zur Unerkenntlichkeit beschmutzte und entindividualisierte Geschwister ins Publikum. Ihre Geschlechterinszenierungen und fetischreichen Maskierungen werden als kulturell ›gemachte‹ Konstrukte, als gesellschaftlich angeordnete Unterwerfungsakte entlarvt, die überdies an eine Ohnmacht gegenüber der willentlichen Verfügbarkeit und an den individuell berechenbaren Einsatz ebendieser kulturellen ›Masken‹ gekoppelt sind. Die szenische Erscheinung und Wahrnehmung der von oben bis unten befleckten Geschwister können deshalb nicht auf essenzielle anatomische Differenzen, auf Geschlechtsbinarität zurückgeführt werden. Sie exponieren eine unauflösliche Spannung zwischen Identität und Differenz, Ähnlichkeit und Verschiebung. Vor diesem Hintergrund ist die Maske kein »Zeichen einer Differenz«[57], sie ist Effekt einer *différance*, eines Begehrens also, das die beständige Bewegung von Sinn- und Identitätsproduktion bewirkt.

56 | Vgl. Debord, *Die Gesellschaft des Spektakels*, a.a.O.; Luce Irigaray, *Speculum. Spiegel des anderen Geschlechts*, Frankfurt a.M.: Suhrkamp 1980, sowie die kritischen Untersuchungen Gertrud Lehnerts, die ebenfalls davon ausgeht, dass »Geschlechtertausch [...] gewöhnlich visuell inszeniert« wird. Gertrud Lehnert, *Wenn Frauen Männerkleider tragen. Geschlecht und Maskerade in Literatur und Geschichte*, München: Deutscher Taschenbuch Verlag 1997, S. 9. Dieses »männliche Blicksystem«, um Mary Ann Doanes Ausdruck aufzugreifen, bringt Thalheimer in seiner Inszenierung geradewegs durcheinander. Vgl. Doane, »Film und Maskerade«, a.a.O., S. 79.

57 | Weihe, *Die Paradoxie der Maske*, a.a.O., S. 355.

Thalheimers Enthüllung der Mechanismen der Maskerade ist keine lustvolle karnevaleske Szenerie. Sie ist eine Angst und Wut implizierende Bewusstmachung über die Paradoxie der Identitätsbildung, die immer von einem radikalen Verlust überschattet wird.[58] Selbst wenn seine Shakespeare-Inszenierung das Happy End der fallenden Masken in einen melancholischen Pessimismus überführt, bekräftigt Thalheimer dennoch die These, dass dem Spiel mit Geschlechterbildern eine kreative und produktive Dimension inhärent ist, die polemische und subversive Sozialwirkungen der Maskierung hervorbringt. Diese ambivalenten Dimensionen der Maskerade treten potenziell in jeder zwischenmenschlichen Verhandlung von Selbstentwürfen – so wie auch in den Akten des ›Posierens‹[59] – zutage, die *in* und *von* fremden Blicken initiiert werden. Eine Unterwerfung durch den Blick des anderen kann also als Maskerade erscheinen, wenn die Anpassung an die mobilisierten Geschlechtsnormen nicht restlos vollzogen wird und im Prozess des normativen Konformgehens ein inkommensurables Surplus auffällig wird. Es ist dieses Surplus, das Begehren stimuliert, weil es nicht in den aktuellen Abhängigkeitsbeziehungen und den symbolischen Sozialstrukturen aufgeht; doch es ist keineswegs als eine ursprüngliche außersprachliche Referenzialität zu betrachten, da es erst durch Signifikation selbst produziert wird.

2.2 Inszenierung von Sichtbarkeit und Unsichtbarkeit

Die Spannungsdynamik, die dem begehrenden Blick eigen ist und mit der oszillativen Wahrnehmung von Präsenz und Absenz, Fülle und Mangel, Symbolischem und Realem korreliert, stellt eine wahrnehmungsstrukturell und kulturell geprägte Erfahrungslogik des Sehens dar, die vornehmlich im Gegenwartstheater ästhetisch in Szene gesetzt wird. Zeitgenössische Aufführungen experimentieren mit der genuinen Unerfüllbarkeit der Wahrnehmungserwartung im Allgemeinen und dem dauerhaft nicht zu sättigenden Appetit des Blicks im Besonderen.[60] Das »Spiel mit dem Mangel [und] der Teilung und Störung von Präsenz«[61] sowie die Evokation einer Ohnmacht des Zuschauens in Momenten des Entzugs, der Blendung und

58 | Vgl. Verweyst, *Das Begehren der Anerkennung*, a.a.O., S. 355. Judith Butler entfaltet sogar ein Gleichnis zwischen Melancholie und Maske. Vgl. Butler, *Das Unbehagen der Geschlechter*, a.a.O., S. 82-83.

59 | Zum paradoxen Charakter der Unterwerfung, der in Situationen des Angeblicktwerdens zum Ausdruck kommt, vgl. Kapitel III/3.1.

60 | Doris Kolesch weist auf die Ambiguität einer Ästhetik der Präsenz hin, wenn sie betont, dass Anwesenheit als das notwendige Medialitätskriterium der Aufführung »nicht als erfüllter Augenblick, als Moment unmittelbarer und ungebrochener Gegebenheit verstanden werden [darf]. Die Erfahrung von Präsenz«, und damit akzentuiert Kolesch die Kehrseite der Unmittelbarkeit, »ist [...] an Erfahrungen der Fremdheit, des Entzugs und des Mangels [gebunden]«. Kolesch, »Ästhetik der Präsenz«, a.a.O., S. 262.

61 | Primavesi, »Zuschauer in Bewegung«, a.a.O., S. 89.

der Unbeobachtbarkeit entfachen ein Begehren, das nicht mehr mithilfe von Illusionsbildung zu erwecken und aufrechtzuerhalten ist. Der Betrachter wird geradezu ›hinter‹ die imaginären Schleier des Scheins, die Fassaden der Inszenierbarkeit geführt. Sein Begehren richtet sich auf jene asymmetrischen Stellen des visuellen Feldes, die als Spuren, Indizes, Reste von etwas Ausgeschlossenem oder Verdrängtem sichtbar werden. Sein Begehren ist als ein paradoxer Mangel im Überschuss oder als ein Überschuss im Mangel erfahrbar.

Das Objekt dieses melancholischen Blick-Begehrens ist das Unsichtbare. Was den begehrenden Blick fesselt, sind Spuren dieses Ausgeschlossenen, also weder eine metaphysische Substanz oder eine letztbegründete ›Essenz‹, die in der Signifikation repräsentiert werden könnte, noch ein ›Wesen‹ der Aufführung als mediale Praxis. Es ist vielmehr ein Nicht-Sinn, ein Nullpunkt des Bedeutens, der aber im Gefüge der Repräsentation als ›Mehrwert‹ erscheint und mithin für die Sinnproduktion konstitutiv ist.[62] Die (Theater-)Kunst konfiguriert und intensiviert seit den 1960er Jahren zunehmend Präsenz- bzw. Entzugseffekte, die nicht vollkommen in tradierte Sinnstrukturen zu integrieren sind. Sie erzeugen in der Rezeption einen widerständigen materiellen oder sinnlichen Rest, der jenseits phänomenaler Wahrnehmbarkeit und semiotischer Klassifizierbarkeit zu situieren ist. Diese Feststellungen sind durchaus kein Novum in theater- und geisteswissenschaftlichen Diskursen. Trotzdem wollen wir im Folgenden die prominentesten theaterwissenschaftlichen Theoriekonzepte skizzieren, die in ihren spezifischen Ansätzen damit befasst sind, die Risse, Brüche und radikalen Asymmetrien des Szenischen respektive des Sichtbaren zu problematisieren, zu diskursivieren und an divergenten ästhetischen Phänomenen festzumachen. Anschließend werden wir uns Luk Percevals grundlegender Abrechnung mit illusorischen Visualitäts- und Präsenzeffekten in seiner *Lulu live*-Inszenierung zuwenden und ermitteln, wie das ›Mehr‹ des phänomenal Wahrgenommenen in Erscheinung gebracht werden kann und in welcher Relation dieser Überschuss zu dem Außerszenischem, zum ›Off‹ steht.

Für Erika Fischer-Lichte tritt das Auratische der Aufführung durch ihre Gegenwärtigkeit und Flüchtigkeit in Erscheinung, durch jene Unmittelbarkeit, die im Theater durch die körperliche Kopräsenz der Akteure und Zuschauer garantiert wird. In ihrer *Ästhetik des Performativen* analysiert sie ein Spektrum von Beispielen, in denen der wahrgenommene Akteur, sein Körper, seine Stimme und seine Handlungen häufig nicht mehr in eingeübte Wahrnehmungsmuster gefügt werden können und eine Verunsicherung über die Identität der wahrnehmenden bzw. wahrgenommenen Personen herbeiführen. Diese »Auslösung von Krisen«[63] ziehe eine Ohnmacht des Zuschauers mit sich, weil er »in diese[n] Moment[en] seine eigene Wahrnehmung als emergent [erfährt]«, d.h., er partizipiere an der Aufführ-

62 | Dieses ›Mehr‹, das Akte des Begehrens und Prozesse der Semantisierung aktiviert, wird in der Lacan'schen Psychoanalyse mit dem Begriff des Objekts klein *a* (*objet petit a*) bezeichnet. Zur Erläuterung dieses Begriffs vgl. Žižek, *Mehr-Genießen*, a.a.O., S. 38.

63 | Fischer-Lichte, *Ästhetik des Performativen*, a.a.O., S. 341.

rung, als wäre seine Rezeption »seinem Willen und seiner Kontrolle entzogen [...] zugleich aber [...] bewußt vollzogen«[64]. Auf der Ebene des Visuellen stellen für Fischer-Lichte u.a. die Langsamkeit der in *slow motion* ausgeführten Gesten bei Robert Wilson, die gefährdeten oder sich verletzenden Körper in der Performance Art, die rhythmisch-energetische Ansteckungskraft von Bewegungen bei Einar Schleef oder die Erscheinung von Tieren auf der Bühne jene ästhetischen Phänomene dar, die einen sinnlichen Überschuss produzieren und ihre rein optische Wirkung überschreiten. Aufgrund ihrer Unverfügbarkeit und irritierenden Wirkung widersetzen sie sich zugleich der rein semiotischen Bedeutungsproduktion. Das Entscheidende liegt für Fischer-Lichte jedoch darin, dass sie die für ihre Argumentation ausschlaggebende Emergenz von Sinnstörungen nicht an bestimmten Objekten festschreibt. Im Gegenteil, diese Sinnstörungen werden in beständiger Wechseldynamik mit der Ordnung der Repräsentation und den Mechanismen der Sinnevokation gedacht. Somit unterstreicht sie, dass das A-Symbolische keineswegs als festgesetzte Substanz des Nicht-Sinns zu verstehen ist, sondern als ein im Symbolisierungsprozess selbst produzierter Rest, der im nächsten Augenblick potenziell wieder in die Sinnstruktur integriert werden kann.[65]

Während Fischer-Lichte von einer genuinen Präsenzwirkung theatraler (Re-)Präsentation ausgeht, körperliche Kopräsenz als eine historische Konstante von Theateraufführungen definiert und die qualitativ unterschiedlichen Intensitäten des Szenischen als graduelle Abstufungen von Präsenz konzipiert,[66] konstatiert Hans-Thies Lehmann in engem Bezug auf Theaterästhetiken der 1990er Jahre, dass »präsentische Intensität« als Anwesenheit sowie zugleich »als Abwesenheit, Bruch und Entzug, als Verlust, Vergehen, Nichtverstehen, Mangel, Schrecken«[67] erfahrbar ist. Für den Tanzwissenschaftler Gerald Siegmund ist der Spannungsbezug zwischen An- und Abwesenheit wiederum in der Betrachtung des tanzenden, sich bewegenden Körpers besonders eklatant, da er diesen als einen »Riss in der symbolischen Ordnung«[68], als eine Quelle von Potenzialitäten definiert. Die virtu-

64 | Ebd., S. 258.

65 | Vgl. ebd., 243-261. Zu einer ähnlichen Beobachtung gelangt die Tanzwissenschaftlerin Susanne Foellmer, die mithilfe des Begriffs des Grotesken nachdrücklich unter Beweis stellt, dass »Ästhetiken wie jene Xavier Le Roys nur für Momente vermögen, eine symbolische Ordnung zu stören«. Susanne Foellmer, *Am Rand der Körper. Inventuren des Unabgeschlossenen im zeitgenössischen Tanz*, Bielefeld: transcript 2009, S. 24. »Was gerade noch als Überstieg einer symbolischen Ordnung behauptet wurde«, so führt die Autorin ihre Argumentation fort, »gehört ihr im nächsten Moment schon wieder an oder erscheint, bei genauerer Betrachtung, je schon in diese verknüpft«. Ebd., S. 54.

66 | Zu Fischer-Lichtes ›schwachem‹, ›starkem‹ und ›radikalem‹ Konzept von Präsenz vgl. Fischer-Lichte, *Ästhetik des Performativen*, a.a.O., S. 160-175.

67 | Lehmann, »Die Gegenwart des Theaters«, a.a.O., S. 13.

68 | Gerald Siegmund, »Bewegung als Wiederherstellungsversuch. Hinter dem Spiegel: Tod, Tanz, Trieb«, in: Brandstetter/Wulf, *Tanz als Anthropologie*, a.a.O., S. 260-276, hier: S. 275.

ellen Möglichkeiten der Realisierung sind nach Siegmund zwar in der Phänomenalität und Aktualität des tanzenden Körpers unsichtbar, sie können aber in Form von Spuren trotzdem sichtbar werden, sind sie doch als solche »in den Muskeln, Nervenbahnen und Gelenken der Körper angelegt«[69]. Siegmund legt den theoretischen Schwerpunkt darauf, das Spiel von Präsenz und Absenz im Hinblick auf das Verhältnis von Sichtbarem und Unsichtbarem zu reflektieren. Er beschreibt das Begehren des Zuschauerblicks wie folgt: »Was die [Tanz-]Bewegung dem Blick offeriert, ist das ewige Versprechen nach Einheit und Erfüllung, um es gleichzeitig immer offen zu halten und zu pulverisieren. Was dieser stets fortgerissene Blick begehrt, ist das ›Objekt als Absenz‹, weil nur durch die Absenz die unaufhörliche Bewegung in Gang gesetzt werden kann.«[70] Die phänomenale Ausdrucksstruktur der Inszenierung besteht für Siegmund nicht nur aus imaginären Illusionsbildern und ihren symbolischen Kodierungen. Risse, die sich in die Strukturen der Inszenierung einlagern und als Spuren wahrnehmbar werden, die einen »Ort der Abwesenheit innerhalb der Präsenz«[71] markieren, sind in diesem Zusammenhang ebenfalls von herausragender Bedeutung. Verletzungen und Schmerzen bilden für Siegmund jene verworfenen Dimensionen des Tanzes, die aus den imaginären und symbolischen Strukturen der Repräsentation diskreditiert werden, um eine vermeintlich restlose Schließung der illusorischen Bildnarration zu ermöglichen oder die Utopie einer absoluten Inszenierbarkeit von ›Präsenz‹ zu suggerieren.[72] Wenn jedoch Schmerz im zeitgenössischen Tanz thematisch wird – wie im Fall der durch wiederholte Schläge errötenden Haut in *Jérôme Bel* von Jérôme Bel –, dann wird gerade mit der konsolidierten Grenze zwischen Sichtbarem und Unsichtbarem kritisch umgegangen.

Die Lokalisierung und Beschreibung solcherart enigmatischer und befremdender Details, die sich der vollkommenen Erfahrbarkeit entziehen und die konventionalisierten Wahrnehmungsordnungen stören, brechen oder erschüttern, stellen das privilegierte Interesse zeitgenössischer Theaterwissenschaftler dar. Eine Reihe von Autoren ermitteln die Brüchigkeit von Präsenz und Repräsentation im Gegenwartstheater, wie dies – um an dieser Stelle nur die jüngsten Arbeiten zu nennen[73] – in Jenny Schrödls Analysen der flüchtig (v)erklingenden menschlichen Stimme, in Helge Meyers Beobachtungen zum Phänomen des Schmerzes in der Performance Art, in Sabine Schoutens Ausführungen zu atmosphärischen Raumwirkungen oder in André Eiermanns Untersuchung eines ›Theaters der Mittelbarkeit‹ virulent wird. Im Unterschied zu Autoren, die unter der Gegenwärtigkeit der

69 | Siegmund, *Abwesenheit*, a.a.O., S. 45.

70 | Ebd., S. 205.

71 | Ebd., S. 60.

72 | Vgl. ebd., S. 212-214.

73 | Vgl. Jenny Schrödl, *Vokale Intensitäten. Zur Ästhetik der Stimme im postdramatischen Theater*, Bielefeld: transcript 2012; Meyer, *Schmerz als Bild*, a.a.O.; Schouten, *Sinnliches Spüren*, a.a.O.; Eiermann, *Postspektakuläres Theater*, a.a.O.

Aufführung eine »Seins-Fülle oder Seins-Erfüllung«[74] verstehen, wird dieses Phänomen in den genannten Publikationen als eine beständig gestörte Präsenz konzipiert, die Begehren oder konkrete Wahrnehmungserwartungen stimuliert, um sie dann entweder zu erschüttern, zu übertreffen oder in der Schwebe zu halten.[75]

Unsere Hypothese, dass der Auftritt eines nicht assimilierbaren und widerständigen, zugleich als ›Mehr‹ und als ›Weniger‹ erscheinenden Kontinuums beständigen historischen, kulturellen und situativen Dynamiken unterliegt und immer auf ein *hic et nunc* Ausgeschlossenes und Unsichtbares verweist, haben wir bereits anhand von Luk Percevals *Andromache* und Michael Thalheimers *Was ihr wollt* erkundet. In einem letzten Schritt wollen wir uns nun einer theaterästhetisch radikalen Tilgung körperlicher Sichtbarkeit zuwenden und uns den Eigenschaften der Körperpräsenz aus entgegengesetzter Richtung nähern, ja das Sichtbare über sein Pendant, das Unsichtbare, untersuchen.

Luk Perceval und die Bühnenbildnerin Katrin Brack verabschiedeten in *Lulu live*[76] (2005) die Konventionen theatraler Sichtbarmachung. Sie verdeckten die *scena* mit einer weißen Leinwand, die die gesamte Bühnenöffnung verschloss, und konterkarierten so Max Herrmanns Postulat vom Theater als »Raumkunst«[77]. Gleichzeitig riefen sie damit Darstellungspraktiken in Erinnerung, die vornehmlich mit der Visualisierungslogik der abendländischen bildenden und filmischen Kunst korrespondieren. Doch während der Aufführung stellte sich heraus, dass Perceval sowohl die tradierten Darstellungsparadigmen des Theaters als auch jene der Malerei und des Kinos *ad absurdum* führte, indem er die Projektionsfläche lediglich als Reflexionswand für monströse Körperspuren, grobkörnig aufgelöste

74 | Schrödl, *Vokale Intensitäten*, a.a.O., S. 63.

75 | Die drei Szenarien, die Jenny Schrödl in Rezeptionssituationen von Theaterstimmen differenziert, eignen sich zur Beschreibung jener Aufführungsmomente, in denen mit Erwartungshaltungen gespielt und experimentiert wird: »Im Bereich des Theaters, wo nicht selten mit Erwartungen der Zuschau/-hörenden gespielt wird, scheinen vor allem drei Szenarien relevant: Zum einen die Situation, dass ich in einer Theateraufführung oder Performance einen bestimmten Moment, eine bestimmte stimmlich-klangliche Konstellation erwarte, die dann aber, möglicherweise aufgrund der starken Erwartung, nicht eintrifft. Oder zum anderen der Fall, dass während einer Verlautbarung immer wieder Erwartungen über ihren weiteren Verlauf geschürt werden, die dann aber so nicht eintreffen, unvermittelt durchbrochen werden, so dass ich gewissermaßen in meiner Erwartungshaltung immer wieder enttäuscht werde. Schließlich die bekannte Situation, dass die Erwartung einer bereits bekannten Situation in der Wiederholung übertroffen wird.« Ebd., S. 152-153.

76 | Die von Günter Senkel und Feridun Zaimoglu aktualisierte Adaption von Frank Wedekinds *Lulu*-Drama wurde am 22. Oktober 2005 in der Regie von Luk Perceval in den Münchner Kammerspielen uraufgeführt.

77 | Mit seiner Definition, »Bühnenkunst ist Raumkunst«, hebt Max Hermann das seines Erachtens notwendige und hervorstechendste Merkmal der darstellenden Kunst hervor. Hermann, »Das theatralische Raumerlebnis«, a.a.O., S. 501.

und a-figurativ erscheinende Videobilder verwendete oder als eine schwach belichtete opake Projektionsfolie für unscharfe Schattenfragmente einsetzte. Er wies mit der Umfunktionalisierung der Leinwand nicht nur die Strategien mimetischer Bildkonstitution zurück, sondern unterbrach die Hegemonie einer nie enden wollenden ›Bilderflut‹[78], sowie jenen »Zeugungskreislauf« illusorischer Identitätsbildung, »in dem das Begehren Bilder erzeugt und die Bilder Begehren hervorrufen«[79].

Lulu live stellt eine an Frank Wedekinds Drama angelehnte Auseinandersetzung mit Prostitution, mit der Käuflichkeit und Verfügbarkeit des Körpers in unserer Zeit dar. Die Dialogtexte erkunden die Artikulation sexuellen Begehrens in Szenarien von Telefonsex und Internetprostitution. Sie loten gleichsam die Kehrseiten des erotisierten Körpers aus und geben die Regeln preis, die eine von normativen Bildwirklichkeiten erzwungene Beschäftigung mit Mode und *shaping* generieren oder kosmetische Eingriffe und Schönheitsoperationen zum Standard erklären. Beim Auftakt der Aufführung nehmen vier Männer vor der Leinwand Platz. Sie bleiben allerdings weitestgehend im Dunkeln, nur ihre Körperkonturen sind sichtbar. Analog zum Publikum wenden sie sich der Leinwand zu und verhalten sich den ganzen Abend wie spähende Voyeure, die allerdings keine erotischen bzw. pornografischen Szenerien zu sehen bekommen. Die Geschlechtsakte sind ausschließlich akustisch zu vernehmen, als Flüstergespräche und Atemgeräusche in der Sexhotline, die durch die technische Verstärkung in ihrer Intimität für die Zuschauer verfügbar werden.[80] Simultan erscheint die Projektion von Chat-Dialogen auf der Leinwand, in denen Männer eine Frau mit dem *nickname* Lulu instruieren, sich vor einer Webkamera als Sexualobjekt zu inszenieren.

Die präsentische Körperlichkeit der Schauspieler ist nicht sichtbar und wird vor allem durch ihre Stimmlichkeit vermittelt. Wenn Akteurinnen unterschiedlichen Alters (Julia Jentsch, Hildegard Schmahl, Annette Paulmann) allesamt im Namen von Lulu sprechen und somit mehrere Facetten einer bruchstückhaften Figur imaginieren lassen, dann sind die Verlautbarungen die einzigen Instanzen, die die Sprecherinnen erkennbar werden lassen. Die mit ihren männlichen ›Kunden‹ in Dialog tretenden oder sich untereinander über ihre Sorgen und Ängste unterhaltenden Frauen befinden sich weder diesseits noch jenseits der Leinwand,

78 | Zu den prekären politischen Konsequenzen einer durch mediatisierte Reproduzierbarkeit hervorgerufenen Bilderflut und deren wirklichkeitsgenerierender Macht vgl. Susan Sontag, *Über Fotografie*, Frankfurt a.M.: Fischer 1980, S. 145-172.

79 | W.J.T. Mitchell, *Das Leben der Bilder. Eine Theorie der visuellen Kultur*, München: C. H. Beck 2008, S. 79.

80 | Vito Pinto spricht technisch verstärkten Flüsterstimmen die paradoxe Eigenschaft zu, Eindrücke von Nähe, Intimität und Präsenz zwischen dem Sprecher und den ›Zuschauhörern‹ zu produzieren. Vgl. Vito Pinto, »(Zeige-)Spuren der Stimme: Zur technischen Realisierung von Stimmen im zeitgenössischen Theater«, in: Horst Wenzel/Ludwig Jäger (Hg.), *Deixis und Evidenz*, Freiburg i.Br.: Rombach 2008, S. 169-193.

stattdessen flüstern sie außerhalb der Theaterkulissen in Mikrofone. Was hinter der Leinwand auf der Bühne passiert und dem Zuschauer als ein zweidimensionales und verschwommenes Schattenspiel zugänglich wird, ergibt dagegen keinen narrativen Sinn. Hier gewinnt die Kehrseite der Prostitution Raum: Fragmentarische Silhouetten von einzelnen, voneinander isolierten Frauen und plötzlich aus dem Nichts auftauchenden Kindern werden gezeigt, die während der gesamten Aufführung nicht identifizierbare Handlungen ausführen, an denen kaum etwas erotisch oder theaterästhetisch begehrenswert scheint. Anfangs regen sich die Figuren minutenlang kaum. Mit der Zeit sieht man sie rauchen, auf und ab laufen und sich mit ihrer Frisur oder Kleidung beschäftigen. Diese beiläufigen und banalen Tätigkeiten werden nicht einmal als kulturelle Praktiken exponiert. Perceval visualisiert sie dagegen in einer opaken und schattenhaften Mechanik; sie werden nur als verfremdete Spuren sozialer Existenz kenntlich und erst durch die mehrfache Wiederholung der ›Choreografien‹ entziffer- und interpretierbar. Die Identifizierung mit den hinter der Leinwand Agierenden ist nahezu unmöglich, weil diese ausschließlich durch ihre monströsen Schatten und deren mediale Überblendung von den *live* aufgenommenen und in dreifacher Reproduktion wiedergegebenen visuellen Projektionen von Frauen wahrgenommen werden können. Die Videobilder, die die Schattenreflexe an der Leinwand überlagern, zeigen nur Körperfragmente. Sie präsentieren extreme Nahaufnahmen und farblose Negativbilder von Gesichtern oder Händen. Das visuelle Konglomerat von den an Röntgenfotografien erinnernden, jede Individualität, erotische Wirkkraft und Präsenz suspendierenden Torsos und den bis zur Konturlosigkeit in Unschärfe gezogenen Gesichtsbildern erzeugt ein Tableau der Mängel, dessen Sinn sich fast ausschließlich über Assoziationen erschließen lässt. Diese Diskontinuität der Bildlogik kann mit keinem der Chat- und Telefondialoge synchronisiert werden. Sie eröffnet hingegen eine diffuse Sphäre, in der Spuren des Ausgeschlossenen, Verworfenen und A-Kausalen zutage treten, ein Schauplatz jener Aktionen also, die sich nicht in die Darstellung von Prostitution fügen und deshalb aus den Sinnstrukturen einer an Psychologie oder Sozialkritik interessierten Inszenierungspolitik fallen. Was im visuellen Zentrum der Aufführung steht, sind Körper ohne Volumen und Integrität, ohne Farben und Attribute, zeichenlose Körper, die ihrer sozialen Stellung und Identität beraubt sind und deren Präsenz entweder als unverifizierbares Schattenbild ›wahrnehmbar‹ wird oder auf dem Umweg technischer Visualisierung in seiner bruchstückhaft wiedergegebenen materiellen Beschaffenheit Ausdruck findet.

Percevals experimentelle Erkundung des Körpers jenseits seiner sozialen Bedeutung ist darum so radikal, weil der Versuch mit dem Entzug des Körpers einhergeht und dazu führt, dass phänomenale Körperpräsenz nicht mehr visuell garantiert ist. *Lulu live* riskiert eine Umkehrung von *scena* und Off. Die symbolischen und sinnfälligen Dimensionen der Bühnenfigurationen sind systematisch hinter die Kulissen verlagert und werden lediglich durch akustische Übertragung zu Gehör gebracht. Stattdessen wird die Bühne von Körpern erobert, die phänomenologisch und semiotisch kaum zugänglich sind und die Zuschauerblicke entsprechend zurückweisen. Die Konturlosigkeit der Schauspieler zieht somit eine Art Verwirrung des Zuschauerblicks nach sich, die damit zu tun hat, dass in optischer Hinsicht kein Anhaltspunkt für Orientierung zu finden ist. In den Momenten des Schweigens, in denen die akustische Ausdrucksebene ausbleibt, drohen die Sinnhorizonte der Referenzialität zu verschwinden. Es bleibt vollkommen dem Zuschauer überlassen, jene sinnfrei-materiellen Reste der nicht sichtbaren, ja unsichtbar gemachten Körper als sinnfällige Indizes wahrzunehmen und in Sichtbarkeit zu überführen. Auf diese Weise entsteht eine Wahrnehmungsdynamik, in der der Blick beständige Ein- und Ausschlussleistungen vollbringt, obwohl ihm eine totalitäre Erfassung der Szenerie versagt bleibt. Da die Betrachtung von Theateraufführungen sich in einem zeitlichen Akt vollzieht, sind die indexikalischen Wirklichkeitsspuren der Körper – im Gegensatz zur Fotografie[81] – nicht materiell zu fixieren, zu identifizieren und zu tradieren. Die *Live*-Körper werden in jedem Augenblick anders wahrgenommen, als Indizes, Ikonen oder Symbole, d.h. entweder als Spuren von etwas Abwesendem oder als imaginierte Repräsentanz. Dies hat zu Folge, dass der Zuschauer zu einem unabschließbaren Wechsel von Blick-Einstellungen herausgefordert wird, die das Visuelle jeweils anders rahmen, aber zugleich stets einen Rest, die Spur eines Ausgeschlossenen produzieren.

Die Leinwand funktioniert hier als Schleier, der für keine Sekunde beiseite gezogen wird und eine diffuse Visualitätsfläche eröffnet, deren Leerstellen nicht mehr suturiert werden können, denn die Körper erscheinen als reine Extensionen und als pure Platzhalter. Sie unterlaufen die Vorstellung des ›Körpers als Logos‹. Entsprechend führt die brüchige Flut von Mangelbildern, die keine Syntax stiften, ein melancholisches Begehren herbei. Die Indizes der Realkörper zeigen sich rein »negativ«, wie in einem »schwarze[n] Spiegel«[82], der verhindert, dass die Körper dauerhaft als identifizierbare Größen von Figuralität oder Individualität wahrgenommen oder den erklingenden Stimmen zugeordnet werden können. Erst in der Schlussszene erkennt man das Gesicht von Julia Jentsch in Form einer Videoprojektion, nachdem sie sich mit einem ihrer Kunden privat verabredet und den Chatroom verlassen hat. Bis zu diesem Moment führt Perceval Körperlichkeit konsequent als eine Absenz vor Augen und versucht jenen Bereich des Sichtbaren zu konfigurieren, der in der Regel nicht sichtbar ist, übersehen oder verschleiert wird. Er konturiert jene a-signifikant wirkenden Eigenschaften des menschlichen, sich bewegenden Körpers, die man mit Lacan als ›Reales‹ bezeichnen könnte, als etwas,

81 | Dass das ›Wesen‹ der Fotografie darin besteht, eine Spur des Wirklichen zu sein, behaupten Theoretiker wie Philippe Dubois, Rosalind Krauss, Charles Sanders Peirce, Roland Barthes, Georges Didi-Huberman. Sie gehen davon aus, dass sich die Wirklichkeit im Moment des Exponierens in die Aufnahme unmittelbar eingeschrieben hat und in der Fotografie nicht nur Manifestation findet, sondern durch sie auch tradierbar wird. Vgl. Peter Geimer, *Theorien der Fotografie zur Einführung*, Hamburg: Junius 2009, S. 13-69.

82 | Dubois, *Der fotografische Akt*, a.a.O., S. 191.

das zwar »der Symbolisierung absolut widersteht«[83], aber als materielles Substrat imaginären und symbolischen ›Inhalten‹ zugrunde liegt.[84] Körperlichkeit wird in Percevals Inszenierung jenseits ihrer auratischen Wirkung und illusorischen Integrität in Szene gesetzt. Sie ist auf Körperspuren reduziert, die André Eiermann als »anamorphotische Flecken, Negativ-Bilder und körperlose Organe« beschreibt, weil sie »vollständig aus der Aufführungsrealität ›ent-stellt‹, komplett extrahiert, ausgeschnitten, sprich: symbolisch kastriert [sind]«[85].

Indem Perceval die Körper ihrer semiotischen und phänomenalen Hüllen und Individualitäten beraubt, bringt er jene Schnittstelle zum Ausdruck, an der sich Präsenz und Absenz berühren und einander existenziell bedingen. Diese (un-)mögliche Sondierung des Unsichtbaren und des Ausgeschlossenen fordert neue Strategien des Sehens heraus, weil der Blick hier ein »Schweben zwischen zuviel und zuwenig Sichtbarkeit«[86] vollzieht, *zugleich ›zuviel und nicht genug‹* sieht. Er erblickt eine »undurchsichtig[e]« und »bedrohlich[e]«[87] Absenz in Form unverfügbarer Schatten und Reflexe. Der paradoxe Auftritt der Abwesenheit begleitet und motiviert jedoch *per definitionem* den Sehakt,[88] wenn auch diese Konstituierung von Sichtbarkeit und Erkennbarkeit stets mit der Konfiguration eines Rests einhergeht.

Perceval rechnet mit der (Re-)Produktion von visuellen Illusionsbildern ab und scheint geradezu an der »*Wiederkehr des Verdrängten in der Sphäre des Visuellen*«[89] interessiert zu sein. Er fordert einen spezifischen Modus des Sehens heraus, den man mit Didi-Huberman als Erfahrung des »Verlieren[s]«[90] bezeichnen könnte,

83 | Lacan, *Freuds technische Schriften*, a.a.O., S. 89.

84 | Vgl. Dylan Evans, »real/das Reale«, in: ders., *Wörterbuch der Lacanschen Psychoanalyse*, a.a.O., S. 250-253, insbesondere: S. 251.

85 | Eiermann, *Postspektakuläres Theater*, a.a.O., S. 177.

86 | Krassimira Kruschkova, »Vorwort«, in: dies., *OB?SCENE*, a.a.O., S. 7.

87 | Mladen Dolar, »Ein Vater, der nicht ganz tot ist«, in: Žižek u.a., *Was Sie immer schon über Lacan wissen wollten*, a.a.O., S. 139-146, hier: S. 140. Kursivierung von A.C.

88 | »Kein Sehen ohne Schatten, keine Präsenz ohne Absenzen.« Kammerer, *Bilder der Überwachung*, a.a.O., S. 104.

89 | Didi-Huberman, *Was wir sehen blickt uns an*, a.a.O., S. 222. Kursivierung im Original. Hal Foster unterstreicht exakt diesen Aspekt der ›Wiederkehr‹, wenn er das Verdrängte in der Kunst des 20. Jahrhunderts analysiert. Vgl. Hal Foster, *The Return of the Real. The Avant-Garde at the End of the Century*, Cambridge, Massachusetts, London: The MIT Press 1996, insbesondere: S. 127-168.

90 | Didi-Huberman, *Was wir sehen blickt uns an*, a.a.O., S. 17. Zu Didi-Hubermans Konzept des Sehens als Verlieren vgl. Wiebke-Marie Stock, *Geschichte des Blicks. Zu Texten von Georges Didi-Huberman*, Berlin: Logos 2004. »Sehen bedeutet nicht immer Verlieren, oft dient es zur Aneignung, zur Orientierung, um Kenntnis und auf diese Weise auch Macht über die Dinge, die man ansieht, zu gewinnen. Sehen ist da kein Verlust. Verlust wäre die Blindheit, das Fehlen von Sehen. Diese Haltung gegenüber den Dingen, die man sieht, ist die alltägliche, es ist die praktikable, die einfache. Aber dieses Sehen, das der Sichtbar-

als eine melancholische Seheinstellung, die auf eine Leere fixiert ist und »im Akt des Blicke[n]s Trauer und Begehren zusammentreffen«[91] lässt. Perceval verschärft ein für die gegenwärtige Theaterästhetik symptomatisch gewordenes Inszenierungsinteresse an Körperlichkeit, das darauf zielt, diese nicht mehr als eine kohärente und mit sich selbst identische Substanz vor Augen zu führen. In *Lulu live* wird der Körper als sichtbares Objekt, ja als Signifikant in Unschärfe gezogen und von seinen ikonischen und symbolischen Kodierungen losgelöst. Was der Intentionalität eines auf Sinn fixierten Blicks widerfährt, ist Präsenz in ihrer Entzogenheit, Aktualität in ihrer Potenzialität. Die ›reine‹ Singularität theatralen Zeigens scheint auf, ein Index des Wirklichen, das unverifizierbar und absent bleibt, aber für kurze Momente und nie restlos als etwas Sichtbares, Sinnstiftendes oder Präsentisches wahrgenommen werden kann.

Durch die Verschleierung, Fragmentierung und videotechnische Vervielfältigung erschüttert Perceval die Idee eines ontologischen respektive metaphysischen Real-Körpers. Er erzeugt eine Form von Bildlichkeit, in der Sichtbarkeit und Nicht-Sichtbarkeit etwa durch zentralperspektivische Regelung oder Suturierung noch nicht auseinanderdividiert sind. Nicht zuletzt geht es ihm darum, den Blick nicht auf die Funktion eines ›Enthüllens‹ zu beschränken. Beständiges – produktives wie einbüßendes – ›Sich-Neu-Orientieren‹ und ›Re-Organisieren‹ sind daher ebenfalls charakteristische Eigenschaften des Blick-Akts. *Lulu live* zeigt, dass im Kontrast zu Platons Höhle die Ideen diesseits der Wand, im Akt der Betrachtung *entstehen*, sogar dann, wenn physische Präsenz als das exponiert wird, was sich der Sichtbarkeit entzieht und um das herum sich das Sichtbare organisiert. Obwohl die Abwesenheit nicht aufhört, uns als Blickende zu blenden, existiert sie nicht an sich. Sie täuscht nur vor, etwas Konstantes zu sein, da sie als Grenze des Sichtbaren beständig wiederkehrt und den Betrachter mit den widerständigen und unsichtbaren Dimensionen konfrontiert, die an den Konfigurationen von Präsenz und Sichtbarkeit haften.

3. Begehren und Begehrtwerden

Eins der signifikantesten Kennzeichen der Kopräsenz ist regelmäßig aus der Erfahrungsdimension von Aufführungen ausgeschlossen: Es ist die ›Kehrseite‹ des Sehens, die Erfahrung des Gesehenwerdens. Wenn sich Zuschauer als Voyeure verhalten und ihre Blickhandlungen verbergen oder sich Schauspieler vornehmlich dem imaginierten Blick des Regisseurs unterwerfen und dessen inszenato-

keit und den Bildern mehr oder minder indifferent gegenübersteht, sich vielleicht an ihnen erfreut, aber sicherlich nicht von ihnen betroffen wird, gibt es in Didi-Hubermans Texten immer nur als Gegenpol. In besonderen Momenten des Sehens ist das Sehen von Verlust geprägt […].« Ebd., S. 85.

91 | Didi-Huberman, *Was wir sehen blickt uns an*, a.a.O., S. 244.

rische Vorgaben befolgen, verdrängen sie beide die appellierende Wirkkraft der außerhalb der *scena* exponierten Blicke. Der fremde Blick, der in seinem präsentischen Erscheinungsmodus nicht zu repräsentieren, zu interpretieren und zu berechnen ist, wird im zeitgenössischen Regietheater selten in der Ordnung des Sichtbaren aktualisiert und wahrnehmbar gemacht. Nähern sich jedoch Zuschauer und Akteure an und transzendieren ihre festgesetzte Rollendifferenz als Blickende und Angeblickte, dann eröffnen sie mit ihren Blicken ein Spielfeld, in dem das Sehen mit dem Gesehenwerden korreliert, in dem alle um die Anerkennung ihrer sozialen Sichtbarkeit kämpfen, d.h., einem kulturell bedingten Wertesystem gemäß zu sehen begehren und auch *das Blickbegehren anderer begehren*.

Dadurch dass der fremde Blick die Konstituierung des erblickten Subjekts *erzwingt* und diese zugleich *ermöglicht*, verhält sich die psychisch-emotionale Erfahrung des Angeblicktseins ambivalent. Die Ansprüche über Selbst- und Fremdbezug werden in ein Spannungsverhältnis gesetzt. Demgemäß interpretiert Hartmut Böhme die alltägliche Praxis des intersubjektiven Selbst-Entwerfens im Blick des anderen nicht als einen Effekt der neuzeitlichen Strategien der Überwachung. Eher spricht er in diesem Zusammenhang von der Wiederholung einer »Urerfahrung des Menschen«, die zugleich an Sehnsucht und Angst gekoppelt ist und als »der erste Akt der Subjektwerdung«[92] angesehen werden kann. Der fremde Blick raubt zweifelsohne die ›Selbstintegrität‹, die uns eigen ist, solange wir nur ›Betrachter von Welt‹ sind. Das Angeschautsein geht mit einer Mangelerfahrung einher, die daraus resultiert, dass die Anerkennung unseres Selbstbildes von einer fremdbestimmten Position abhängt. Der Moment des Erblicktseins ist daher mit der Erfahrung eines dem Subjekt vorausgehenden Verlusts gleichzusetzen, »der es ermöglicht (und verunmöglicht)«[93].

Durch einen auf unseren Körper gerichteten Blick erfahren wir, dass das Begehren neben einer interpassiven auch eine interaktive Praxis ist. Der Blick des anderen mobilisiert nämlich nicht nur die diskursiven Verhaltensnormen einer gesellschaftlichen Formation, wie dies auch körperlose Kamerablicke tun. Er forciert gleichsam unsere Identifizierung mit den vermeintlich subjektiven Begehrenswünschen desjenigen, der uns anschaut.[94] Da die fremde Blickperspektive auf den eigenen Körper lediglich imaginiert und nicht ausgelotet werden kann, ist sie für die prozessuale Erschaffung des Selbst auf Dauer konstitutiv. Während also die Selbstinszenierung vor der Überwachungskamera einer konstanten Kontrollwirkung entspringt, die zu einer bestimmten, sozial trainierten Verhaltensweise treibt, sind wir unter dem Blick eines leibhaftigen anderen dazu gezwungen, unser Selbst beständig neu zu entwerfen und unser Verhalten von der Situation und den Wahrnehmungs- und Handlungs*prozessen* der uns Wahrnehmenden abhängig zu machen, um dauerhaft, d.h. für die Zeit des Blickkontakts, anerkannt zu werden.

92 | Böhme, *Natur und Subjekt*, a.a.O., S. 239.

93 | Butler, *Psyche der Macht*, a.a.O., S. 28.

94 | Vgl. Dolar, »Die Maschine des Genießens«, a.a.O., S. 96.

Im Unterschied zur fotografischen Pose oder dem normgerechten Handeln vor der Überwachungskamera speisen sich die intersubjektiven Verhaltens- und Umgangsformen weniger aus der pointierten Nachahmung einer adäquaten Haltung, die aus dem kulturell gängigen ›Bildrepertoire‹ stammt. Das Blickbegehren des leibhaftigen anderen geht über die Verkörperung von standbildartig gefestigten Bildszenerien der *dominant fiction* hinaus und fordert bzw. motiviert eine permanente Umgestaltung und Re-Inszenierung des Selbstbildes, das mit der Zeit und mit dem potenziellen Wandel der intersubjektiven Ansprüche anerkennbar bleibt. Der eigentümliche Reiz des kopräsentischen Blicktauschs besteht somit darin, dass die erwünschten Reaktionen und Handlungen eines ›sozial sichtbaren‹ Subjekts gerade nicht von einem starren, kontextuell konditionierten und kalkulierbaren Normrepertoire hervorgerufen werden, sondern in einer Interaktion *entstehen*, die zeitlichen Verschiebungen, Missverständnissen und einer doppelt kontingenten Handlungslogik unterliegen. Der andere blickt uns an, appelliert an unser Verhalten und zeigt im Akt der Anrufung sich selbst; er verhält sich und stellt sich folglich auf irgendeine Weise dar. Aus diesem Grund zeichnet sich die Subjektkonstituierung unter der Bedingung körperlicher Kopräsenz durch eine prozessuale Dynamik der gegenseitigen Subjektivierung aus. Diese überschreitet die Anpassung an eine normative Kontrollinstanz und entfaltet ein intersubjektives Begehren nach Anerkennung, das wechselseitig ist, kontinuierlich neu organisiert wird und mit der Dauer der Begegnung korreliert.

Das intersubjektive Begehren nach Anerkennung kann von keiner Kamera oder keinem Gefühl des Observiertseins befriedigt werden, es bleibt in einem ›Theater der Mittelbarkeit‹[95], wie es Eiermann definiert, aus. Im interaktiven Blicktausch sind wir nicht nur als Subjekte ›begehrt‹, die normkonform handeln und konsolidierte soziale Rollen spielen. Wir wollen gerade als Individuen anerkannt werden, die nicht in der Anpassung an die Norm aufgehen. Inwieweit kopräsentische Blickwechsel Interpassivität mit Interaktivität verschränken, soll nun im Zusammenhang mit Selbstinszenierungsmechanismen diskutiert und anhand verschiedener Szenerien des Sehens und Gesehenwerdens untersucht werden.

---

95 | Zeitgenössische Aufführungen, in denen die Erfahrung der körperlichen Kopräsenz von Akteuren und Zuschauern nicht mehr als selbstverständlich gegeben ist, werden von André Eiermann als postspektakulär bezeichnet. Er unterscheidet sie von den Performances des postdramatischen Theaters, da sie eine Mittelbarkeit in der Begegnung von Akteuren und Zuschauern betonen: »Unterscheidet sich das postdramatische vom dramatischen Theater durch einen Paradigmenwechsel, der als Durchbrechung der vierten Wand, als Aufhebung der Trennung von Akteuren und Zuschauern zu beschreiben ist, so hebt sich das postspektakuläre vom postdramatischen Theater aufgrund der Ablösung einer vermeintlich unmittelbaren durch eine explizit mittelbare Begegnung dieser beiden Gruppen ab.« Eiermann, *Postspektakuläres Theater*, a.a.O., S. 47.

3.1 Selbstinszenierung im Blick des anderen

Subjekte, die wir erblicken, bringen wir hinsichtlich ihres aktuellen Verhaltens mit hervor. In diesem Sinn wird der Angeblickte nicht so erfasst, wie er *ist*; vielmehr wird er so erfasst, wie es ihn vorher gar nicht gegeben hat. Das Selbst gilt daher als ein ›Produkt‹ der Szene eines Gesehenwerdens, als ein Resultat von eigenen und fremden Ansprüchen und als Indikator von normativen Handlungs- und Erscheinungsdispositionen. Doch an welchen Ansprüchen orientiert sich die soziale Selbstdarstellung? Sind es soziale ›Rollen‹, die wir im Blick des anderen annehmen und reproduzieren?[96] Welche Selbstbilder verdienen in einem Kollektiv Aufmerksamkeit, und was entzieht sich der sozialen Sichtbarkeit? Wann und inwiefern werden Momente der Selbstdarstellung und Selbstinszenierung als vorgetäuscht oder ›authentisch‹, bewusst oder unbewusst wahrgenommen und infolgedessen als intersubjektiv anerkannt oder übersehen? Unter welchen Bedingungen ist die Brechung von Verhaltenskonventionen überhaupt möglich? Diesen Fragen werden wir im Folgenden mithilfe der Analyse von kopräsentischen Blickwechseln nachgehen.

In ihrer Arbeit *Revolution now!*[97] (2010) führt die Performancegruppe Gob Squad die situative Kontextgebundenheit selbstdarstellerischer Praxis vor und thematisiert die politischen Aspekte der Rahmung sozialer Handlungen, indem sie die Geltungs- und Wirkungsweisen der Selbstinszenierung[98] durch beständige Medienwechsel sondiert. *Revolution now!* beginnt mit der Besetzung und Absperrung der Berliner Volksbühne am Rosa-Luxemburg-Patz, in der und um die herum die besagte Aufführung stattfindet. Zunächst kann man den vier Performern (Johanna Freiburg, Berit Stumpf, Sarah Tom, Simon Will) und einem Gitarristen (Christopher Uhe) auf der Bühnenleinwand dabei zusehen, wie sie die zu spät

96 | Dass nicht nur Schauspieler ein Beobachtetsein erfahren und dadurch der darstellerische Aspekt des Handelns über die Theaterbühne hinaus auch im Alltag virulent wird, hat der kanadische Soziologe Erving Goffman ausführlich analysiert und theoretisiert. Vgl. Erving Goffman, *Wir alle spielen Theater. Die Selbstdarstellung im Alltag*, München: R. Piper & Co. 1973. An Richard Sennetts Goffman-Kritik anschließend wollen wir jedoch im Folgenden nicht nur den darstellerischen Akt selbst untersuchen, sondern erkunden, wie die Selbstdarstellung mit den Ansprüchen von anderen bzw. mit der Transformation der Situationsnormen korreliert. Vgl. Richard Sennett, *Verfall und Ende des öffentlichen Lebens. Die Tyrannei der Intimität*, Frankfurt a.M.: Fischer 1986, S. 56-57.

97 | *Revolution now* hatte am 04. Februar 2010 in der Volksbühne am Rosa-Luxemburg-Platz Premiere.

98 | Im Unterschied zur Maskerade, die im Hinblick auf die Identitätsbildung vornehmlich den Aspekt der *Geschlechtskonstitution* akzentuiert, bezieht sich sowohl der Begriff der als auch der Forschungsdiskurs zur Selbstinszenierung auf jegliche Verhaltensparameter der Subjektkonstituierung, die in einem bestimmten sozialen Kontext oder einer konkreten Situation intersubjektiv hervorgebracht werden.

kommenden Zuschauer von der Straße abholen und anschließend die Türen des Hauses blockieren. Sie singen, ja skandieren Bob Dylans Song *The Times They Are a-Changin'* ungezählte Male und ziehen so durch die Gänge des Theaters. Nachdem sie mit Flaggen in der Hand in den Zuschauersaal einmarschiert sind, wird auffällig, dass ihr dynamischer Aufzug, ihre euphorischen Gesichter und triumphalen Gesten sowie die von den Akteuren verbal forcierte Begeisterung der Zuschauer ausschließlich für die videotechnische Dokumentation inszeniert werden. Wenn beispielsweise der Applaus abebbt oder das Schwenken einer Fahne nicht als ausreichend imposant erachtet werden, also immer, wenn das ›Bild‹ der vermeintlichen Revolution nicht bedeutungsvoll genug erscheint, werden die Handlungen ›authentischer‹ inszeniert, wiederholt und erneut aufgenommen.

Obwohl die Performer stets betonen, dass es sich nur um eine Probe für ›die Revolution‹ handelt, werden die technisch-medialen Bilder zu Zeugnissen, die den Eindruck eines Aufstands erwecken können. »Jeder guten Revolution geht es um Sichtbarkeit«, lautet die Erklärung für die aufwändigen Bildinszenierungen, die die Akteure untereinander und mit den Zuschauern aushandeln: Da Letztere auf weißen Säcken auf dem Boden sitzen[99] und nicht durch Sitzreihen voneinander getrennt sind, können die Performer mit ihnen leichter in Interaktion treten. Sie versuchen diese mithilfe von Requisiten, Kostümen und Closeup-Einstellungen so in Szene zu setzen, dass die Zuschauer trotz des theaterinstitutionellen Settings als Partizipierende einer ›wahrhaftigen Revolution‹ wahrgenommen, aufgezeichnet oder abfotografiert werden können. Dadurch dass die Aufnahmen der mit Handkameras ausgestatteten Akteure in Echtzeit auf eine Bühnenleinwand übertragen werden, sind die gefilmten Personen in verschiedene Blickrelationen integriert: Sie stehen zum einen in zeitweiligen Blickkontakten mit den Performern und müssen sich zum anderen einem Kamerablick unterwerfen, der sie zu spektakulären Objekten für andere macht. All die auf ausgewählte Zuschauer gerichteten Blicke appellieren sowohl an ihre Spiellust als auch an ihre darstellerischen Fähigkeiten.

Die Verlagerung des Spiels ins Auditorium hat zur Folge, dass sich das Publikum von einer einseitigen Betrachterposition emanzipieren muss. Die Zuschauer, die hier ›im Blick‹ und zur selben Zeit ›im Bild‹ sind, inszenieren sich entweder als aktive Partizipierende oder senken ihre Blicke, um eine Interaktion mit den Akteuren und eine Begegnung mit der Kamera zu unterbinden. Die Performer überreichen den Zuschauern Plakate oder Fahnen, motivieren sie zum Singen oder überreden Einzelne, sich als getötete Opfer der Revolution auszustellen und fotografieren zu lassen. Damit sprechen sie die kreativen und spielerischen Dimensionen jener humanen Handlungskompetenz an, die zwar in gewissem Maße intentional verfügbar, aber zugleich kulturellen Kodizes unterworfen ist. Die Fähigkeit des Menschen, sich im Blick des anderen oder im Fokus der Kamera zu inszenieren und durch Selbstkonstituierung oder Verstellung um soziale Anerken-

99 | In der Spielzeit 2009/2010 hat Bert Neumann die Bestuhlung im großen Saal der Volksbühne entfernt und durch weiße Sitzsäcke ersetzt.

nung zu kämpfen, ist eine Leistung, die Helmuth Plessner als anthropologische Konstante bezeichnete. Dass man sich unter dem fremden Blick nicht nur als angeschautes Objekt, sondern gerade als ein sich selbst beherrschendes Subjekt zu präsentieren vermag, stellt für Plessner die *conditio humana* dar. Erst wenn man »eine Abständigkeit [...] zu sich«[100] selbst entwickeln und sich aus einer distanzierten Position betrachten und entwerfen kann, ist man ein soziales Wesen. Es ist der fremde Blick, der dazu verhilft, eine exzentrische Position sich selbst gegenüber einzunehmen. Plessners Auffassung impliziert, dass sich die Eigen- und Fremdwahrnehmung unseres körperlichen Seins und Handelns voneinander unterscheiden: »Der Mensch verfügt«, so Plessner, »über den Sinn für die ›Reziprozität der Perspektiven‹, d.h. im anderen ›sich‹ zu sehen [...].«[101] Er kann versuchen, die Perspektiven anderer zu internalisieren und sein Verhalten danach auszurichten, um in intersubjektiven Relationen dauerhaft begehrt und anerkannt zu sein.

Gob Squad reflektiert mehrfach, dass es diese *»natürliche Künstlichkeit«*[102] der Selbstinszenierung ist, die unsere Stellung im sozialen Feld hervorbringt. Die schnappschussartigen Zuschauerporträts der Videokamera versuchen dadurch fast jeden als politisch engagiertes Mitglied der ›Revolution‹ zu ›authentifizieren‹, dass sie nach zahlreichen Inszenierungsstrategien verfasst sind: Es ist ein Zusammenspiel von im Voraus getroffenen Absprachen, geprobten Posen und technischen Einstellungen am Werk, das den Akt der Selbstinszenierung als eine individuell beeinflussbare, aber auch als manipulierbare und technisch reproduzierbare Handlung präsentiert. Die später projizierten Aufnahmen der zoomenden Kameras untergraben jedoch immer wieder die ästhetische Wirkung der aufwändig inszenierten Porträtbilder, da sie die Selbstdarstellungen neu kontextualisieren. Damit setzen sie die abfotografierten Handlungen mit einer unglaubwürdigen Umgebung, nämlich dem theatralen Setting eines Aufführungskontextes, in Beziehung und stellen die Produktionsbedingungen der Bildkonstruktionen aus. Gob Squad macht darauf aufmerksam, dass die Kamera eine Animierung und Ma-

---

100 | Helmuth Plessner, »Zur Anthropologie des Schauspielers«, in: ders. *Gesammelte Schriften. Bd. VII: Ausdruck und menschliche Natur*, Frankfurt a.M.: Suhrkamp 1982, S. 399-418, hier: S. 407. Diese Fähigkeit, sich aus einer exzentrischen Position heraus nicht nur zu reflektieren, sondern auch zu ›inszenieren‹, ja sich aus einer gewissen Distanz heraus zu bestimmten Verhaltensweisen zu animieren, ist eine Qualität, die Plessner zufolge menschliches Handeln mit der Profession des Schauspielers verlinkt. Diese Idee geht auf Georg Simmel zurück, der die Arbeit des Schauspielers an seinem Körper philosophisch fundiert und als paradigmatisches Beispiel für soziales Handeln konzeptualisierte. Vgl. Georg Simmel, »Zur Philosophie des Schauspielers«, in: ders., *Fragmente und Aufsätze aus dem Nachlaß und Veröffentlichungen der letzten Jahre*, München: Drei Masken 1923, S. 229-265.

101 | Helmuth Plessner, »Trieb und Leidenschaft«, in: ders., *Conditio humana. Gesammelte Schriften VIII.*, Frankfurt a.M.: Suhrkamp 2003, S. 367-379, hier: S. 371.

102 | Ebd., S. 368. Kursivierung im Original.

nipulierung des Selbst ermöglicht und dessen Aufgenommensein sogar zu speichern und, so insistieren die Akteure, »in Geschichte zu transformieren« vermag. *Revolution now!* führt mithin vor Augen, dass *die Ergebnisse der medialen Selbstinszenierung singuläre Subjektentwürfe darstellen, die sowohl die Identität des Angeblickten konstituieren als auch in kollektive Begehrens- und Machtstrukturen Eingang finden und die Koordinaten der Identitätsbildung unter allen Anwesenden beständig neu organisieren*. Mehr noch: Die Tradierbarkeit der Selbstinszenierungen stellt die Weichen für die künftige, über die aktuelle Situation ihrer Erzeugung hinausgehende Verbreitung der hervorgebrachten Formationen. Das bedeutet, dass diese Formationen potenziell fähig sind, die Norm zu modifizieren, nach der bestimmte Selbstbilder kulturell begehrt oder verworfen, als wertvoll oder wertlos klassifiziert werden.

Über die Gründe und Motive für die ›Revolution‹ gibt die Aufführung keine Auskunft. Stattdessen verschiebt Gob Squad die Semantik jeder symbolisch-politischen Artikulation und entpuppt deren manipulatorische Verfasstheit. Den Akteuren zufolge hängt das Gelingen einer Revolution davon ab, ob es möglich ist, einen Protagonisten zu finden, der von außen kommt, leibhaftig auftritt und als gemeinschaftstiftende Projektionsfläche für das Kollektiv fungiert. Es soll eine Person gefunden werden, so heißt es in der Aufführung, die fähig ist, alle Zuschauer zu mobilisieren und die partikularen Ansprüche der Einzelnen in ein ›universales Gemeinschaftsinteresse‹ zu transformieren. Zudem treiben die Akteure ihr Vorhaben mit der Forderung nach einer Idealperson voran, die nicht nur in Form einer fotografischen Inszenierung erscheinen, sondern gerade durch ihren realpräsentischen Auftritt imstande sein soll, die sozialen Zukunftsvisionen *in persona* zu repräsentieren und aus den Anwesenden eine, wie verlautbart wird, ›konsistente Gemeinschaft‹ zu formieren. Nachdem die Performerin Berit Stumpf den Auftrag erhalten hat, einen emblematischen Revolutionshelden zu engagieren, begibt sie sich zusammen mit einer Kamerafrau auf die Straße, um mit Menschen des öffentlichen Raums Kontakt aufzunehmen. Die meisten der von ihr angesprochenen Personen wenden sich jedoch schnell von der Kamera ab und sind deshalb lediglich von der Seite oder von hinten zu sehen. Andere wiederum geben eilig dringende Beschäftigungen als Grund für ihre mangelnde Partizipationslust an. Doch ausgerechnet dieses Zögern und diese Verweigerung machen sie zu handelnden Subjekten, zu angeschauten Akteuren. Dieses Verhalten stellt sogar ihre Individualität in den Vordergrund; die spontanen, teilweise unbewusst und unwillkürlich wirkenden Reaktionen ziehen die allgemeine Aufmerksamkeit auf sich. Die Passanten können das plötzliche Geschehen im ersten Moment nicht sofort einschätzen und sind deshalb verunsichert bezüglich der Regeln und Normen, an denen sich ihr Handeln orientieren soll. Ihre Reaktionen lassen darauf schließen, dass sie die Situation und ihre Selbstdarstellung nicht vollkommen beherrschen. So scheinen sie irritiert oder skeptisch zu sein und verwickeln sich in widersprüchliche Argumentationen in Hinsicht auf das Für und Wider ihrer Teilnahme.

Wie auch immer sich die Passanten verhalten, sie werden zu Protagonisten der Aufführung. Ihre Expressivität besteht gewissermaßen in der Singularität ihres von ihnen im Vorfeld nicht erwarteten ›Auftritts‹. Was an den Akteuren vor der Kamera auffällig wird und sie zum Objekt der ästhetischen Betrachtung avancieren lässt, ist somit die ›nicht-perfekte‹ Dimension[103] ihres Verhaltens. Aufgrund der Unvorhersehbarkeit evozieren ihre Selbstdarstellungen eine ›authentische‹ Wirkung, die jedwede Kausaldramaturgie konterkariert. Der Reiz der Rezeption dieser Kameraaufnahmen basiert demnach auf der ausgestellten Prozessualität dieser Subjektkonstituierung: Die Passanten werden mitten ›im Akt ihrer Selbstfindung‹ gefilmt, d.h., man exponiert sie auf der Suche nach adäquaten Identitätsbildern. Ihre Selbstinszenierungen fallen gerade wegen der offenen und imperfekten Qualität ihres Verhaltens auf, das von der Relation zu einem menschlichen Gegenüber abhängt. In den videotechnisch vermittelten Dialogen mit Berit Stumpf demonstrieren sie, dass die Selbstinszenierung in reziproken und doppelt kontingenten Blickwechseln mit einer *prozessualen und unabschließbaren* Selbstgenese einhergeht. Anders als in porträtfotografischen Exponaten oder in Akten schauspielerischer Figurendarstellung werden hier keine vorab inszenierten oder materiell bereits fixierten Selbstbilder präsentiert, die als kohärent und illusorisch zu erscheinen vermögen.

Kopräsentische Selbstdarstellungen unterliegen Normen, deren Effekte von ihrer interdependenten Aushandlung abhängig sind. Dieses Grundprinzip wird bei Gob Squad in einem eklatanten Zufallsmoment der Aufführung manifest, in dem Performer und Zuschauer plötzlich auf einen etwa sechzehnjährigen Jungen aufmerksam werden, der wegen einer Fahrradpanne ausgerechnet vor der Volksbühne hält. Das Timing seiner Ankunft und seine Bereitschaft, sich auf die Performance einzulassen, koinzidieren mit den Ansprüchen des Gob-Squad-Castings so perfekt, als wären sie minutiös kalkuliert worden. Tom, so der Name des Jungen, wird zum gesuchten Helden der Revolution. Seine Individualität und sein spontanes Verhalten verkomplizieren allerdings jede dramaturgisch geleitete Identifizierung der Zuschauer. So gibt Tom beispielsweise unberechenbare und widersprüchliche Antworten, Ausreden und Vorbehalte kund, die beständig für überraschende Wendungen sorgen. Eine stereotype Einordnung des Jungen wird damit permanent unterwandert.

Indem Gob Squad die Produktionsschleife exklusiver bzw. perfektionalisierter Illusionsbilder unterbricht und Repräsentationsideale nach dem Zufallsprinzip

---

103 | Vgl. Jens Roselt, »Die Arbeit am Nicht-Perfekten«, in: Fischer-Lichte u.a., *Wege der Wahrnehmung*, a.a.O., S. 28-38. Für Roselt zeichnet sich im Gegenwartstheater ein zunehmendes Interesse am Nicht-Perfekten ab, insofern dieses für Überraschungsmomente sorgt, standardisierte Rezeptionseinstellungen stört und hinterfragt: »Die Arbeit am Nicht-Perfekten verunsichert, indem sie konventionelle, an der Perfektion ausgerichtete Bewertungskriterien in Frage stellt, ignoriert oder lustvoll gegen sie verstößt.« Ebd., S. 31. Gabriele Brandstetter konstatiert ferner, dass im allgemeinen Kunstgenre der Selbstinszenierung immer wieder jene Momente des Zeigens als begehrenswert erscheinen, »die eine Spur des Dilettantischen, des ›Nicht-Vollends-Beherrschens‹, des leicht Peinlichen zulassen und übermitteln«. Brandstetter, »Selbst-Beschreibung«, a.a.O., S. 129.

wählt, entlarven die Performer die allgemeine kulturelle Praxis der Selbstdarstellung als einen Normierungsprozess, der seine Funktionsmechanismen in der Regel verbirgt. *Revolution now!* entwickelt dabei ein alternatives Modell der kollektiven Identitätsbildung. Die zufälligen Protagonisten des öffentlichen Raums werden nicht durch Strategien der Stereotypisierung ins Blickfeld gerückt und idealisiert. Im Gegenteil, die Kamera zeigt sie als handelnde und tradierte Typisierungsraster permanent durchkreuzende Individuen. Gob Squad führt auf diese Weise gerade jenen Aspekt der Selbstinszenierung vor Augen, der bei der Produktion von fotografischen oder filmischen Repräsentationen in den meisten Fällen nicht zum Zuge kommt, nämlich die traditionell verborgene *Kontingenz der Illusionsproduktion*, die eine Potenzialität des Scheiterns und die Gefahr der Wirkungslosigkeit impliziert.[104] Die Mehrzahl der medial gespeicherten und verbreiteten Bilder unserer visuellen Kultur – wie z.B. Plakate, Modefotografien, Videoclips, Kino- und Fernsehfilme – beziehen ihre illusorische Wirkkraft und normative Macht daraus, dass ihre Form bereits vor der Rezeption feststeht. Die Kontingenz sowie das Risiko ihrer intentional vermittelten – glückenden oder scheiternden – Selbstinszenierungen ist weitestgehend minimiert. Im Unterschied dazu benennt und exponiert Gob Squad die doppelte Kontingenz als Bedingung theatralen Darstellens und Zeigens. Sie gefährdet eine störungsfreie Vermittlung von illusorischen respektive hegemonialen Selbstidentitäten. Der kritische Impetus der doppelten Kontingenz liegt in ihrem Potenzial, die normkonformen (Selbst-)Identitäten des hegemonialen Regimes zu untergraben. *Revolution now!* verleiht somit den Dimensionen des Scheiterns und des Anti-Konformismus eine reflektierte Sichtbarkeit. Überdies erhebt die Inszenierung die Unvorhersehbarkeit geradezu zum primären dramaturgischen und ästhetischen Prinzip. Das politische Moment der Gob Squad'schen Inszenierungsästhetik liegt nicht darin, Bilder zu produzieren und sichtbar zu machen, die sonst aus den kulturellen Begehrensstrukturen ausgeschlossen sind. Vielmehr besteht es in dem Versuch, *das verdrängte Kontingenzprinzip der Bildproduktion als solches sichtbar zu machen.*

104 | Bei der Herstellung von Fotografien bzw. Film- und Videoarbeiten sind mehrere Ebenen der Inszenierbarkeit und somit der Manipulierbarkeit zu nennen, so etwa die Auswahl des Sujets, die Einstellung der Kamera, die anschließende Bearbeitung der Aufnahme und nicht zuletzt deren kontextuelle Einbettung im Akt der Ausstellung oder Vorführung. Zu den Inszenierungsstrategien in der Fotografie bzw. im Video vgl. Matthias Weiß, »Was ist inszenierte Fotografie? Eine Begriffsbestimmung«, in: Lars Blunck (Hg.), *Die fotografische Wirklichkeit. Inszenierung – Fiktion – Narration*, Bielefeld: transcript 2010, S. 37-52; Christine Walter, *Bilder erzählen! Positionen inszenierter Fotografie: Eileen Cowin, Jeff Wall, Cindy Sherman, Anna Gaskell, Sharon Lockhart, Tracey Moffatt, Sam Taylor-Wood*, Weimar: Verlag und Datenbank für Geisteswissenschaften 2002; Anja Osswald, *Sexy Lies in Videotapes. Künstlerische Selbstinszenierung im Video um 1970. Bruce Nauman, Vito Acconci, Joan Jonas*, Berlin: Gebr. Mann 2003.

Die in der Performance initiierten Szenerien des Angeblicktwerdens demonstrieren, dass Selbstinszenierung im unverfügbaren Blickappell eines Gegenübers nicht im Prozess der Nachahmung und Reproduktion idealisierter Selbstbilder aufgeht. Sie muss hingegen als eine prozessuale und individuelle Form sozialen Handelns, als eine »Praxis der Improvisation im Rahmen des Zwangs«[105] aufgefasst werden. Während die Bildmedien gerade die Unverfügbarkeit und Unvorhersehbarkeit körperlichen Seins und Handelns verdrängen, erweist sich die Aufführung als ein Dispositiv, in dem die Vortäuschung, Konstruktion und Inszenierung einer ›konsistenten Selbstidentität‹ komplizierter und risikoreicher ausfällt als in tradierbaren Medien. *Revolution now!* verleiht den Blickpraktiken der Aufführung die politisch-kritische Chance, verbreitete, eingeübte und begehrte soziale Rollen zu hinterfragen, zu subvertieren, neu zu entwerfen und andere Zuschreibungen sozialer Anerkennung zu forcieren. Die Performance von Gob Squad praktiziert also – ganz im Butler'schen Sinne – Anerkennung als eine »kommunikative[...] Praxis«[106], ja »als prozessuales Ergebnis von Kommunikation«[107].

Jede Subjektkonstituierung wird von einem Begehren geleitet, das wir gemäß der Hegel'schen Denktradition als ein »Begehren nach Anerkennung«[108] fassen können. Für die Analyse von Aufführungssituationen wollen wir diese Wendung jedoch mit der Kunsthistorikerin und Gendertheoretikerin Johanna Schaffer als ein ›Begehren nach sozialer Sichtbarkeit‹ reformulieren. Bezieht sich der Begriff der Anerkennung auf die soziale Geltung des Einzelnen, so akzentuiert die Idee der Sichtbarkeit die (An-)Erkennbarkeit des Subjekts innerhalb der Normstruktur eines Kollektivs. Das Konzept der Sichtbarkeit impliziert sowohl die visuelle Wahrnehmbar- und Lesbarkeit als auch die Wertschätzung eines Selbstkonzepts innerhalb eines sozialen Gefüges.[109] Das Begehren nach eigener Sichtbarkeit ist historisch und kulturell bedingt und situativ variabel; es ändert sich prozessual, ist von

105 | Judith Butler, *Die Macht der Geschlechternormen und die Grenzen des Menschlichen*, Frankfurt a.M.: Suhrkamp 2009, S. 9.

106 | Ebd., S. 218.

107 | Schaffer, *Ambivalenzen der Sichtbarkeit*, a.a.O., S. 151. Mit diesem Ausdruck fasst Johanna Schaffer Judith Butlers Ausführungen zur intersubjektiven Praxis der Anerkennung zusammen. Vgl. Butler, *Die Macht der Geschlechternormen*, a.a.O., S. 215-220.

108 | Diese Hegel'sche Maxime führt Judith Butler wie folgt weiter: »Die hegelianische Tradition verbindet Begehren mit Anerkennung und behauptet, dass das Begehren immer ein Begehren nach Anerkennung ist und dass wir alle nur durch die Erfahrung der Anerkennung zu sozial lebensfähigen Wesen werden.« Ebd., S. 10.

109 | »In den theoretischen Debatten der letzten Jahre wird ›Sichtbarkeit‹ zunehmend durch ›Anerkennung‹ ersetzt. Vielleicht ließe sich aber sagen, dass die Schwergewichtsetzung auf einer kollektiven Dimension von Unterdrücktheit das Konzept der Sichtbarkeit von dem der Anerkennung unterscheidet, und dass im Rahmen der Anerkennung tendenziell stärker von den einzelnen ausgehend argumentiert wird.« Schaffer, *Ambivalenzen der Sichtbarkeit*, a.a.O., S. 19.

einer Reihe individueller Blickwünsche abhängig, instabil und transformierbar. In kopräsentischen (Blick-)Interaktionen zieht jeder Akt der Selbstinszenierung die Reorganisation der Normen im gesamten sozialen Feld der Aufführung nach sich und definiert permanent neu, was im Kreis der Teilnehmer als sichtbar und unsichtbar, als dominant und marginal, anerkannt und ausgeschlossen gilt.

Gob Squads Theater exemplifiziert, dass Sichtbarkeit zum einen durch illusorische Bildproduktion stimuliert und aufrechterhalten wird. Zum anderen treten in der Aufführung Individualität und Singularität als Erscheinungsqualitäten hervor, die ebenfalls imstande sind, Anerkennung zu fordern und Stereotypisierungen gerade zu verhindern. In der wechselseitigen Aushandlung von Selbstidentitäten kann eine visuelle ›Botschaft ohne Kode‹[110], eine gewisse ›Rauheit in der Stimme‹[111] oder die Virtualität bevorstehender Handlungen auffällig werden und ›Sichtbarkeit‹ bzw. Anerkennung beanspruchen. Im Gegenwartstheater progressiverer Provenienz werden entsprechend die Partikularität und Unverfügbarkeit des Körpers begehrt, die nicht in der Matrix der konsistenten Selbstdarstellung aufgehen. Hier appelliert ausgerechnet *jenes Etwas* an die Aufmerksamkeit, das die ultimative Festschreibung einer Identität verschiebt und die konditionierte Ordnung von Sichtbarkeit, Hörbarkeit und Diskursivierbarkeit transzendiert. Die Dimensionen des Kontingenten und Nicht-Interpretierbaren verhindern auch in *Revolution now!*, dass die Akte der Selbstinszenierung eine finite Form finden. Die Sichtbarmachung des Unvorhersehbaren und Nicht-Konformen ist bei Gob Squad ästhetisches Programm, das blinde Flecken zwischenmenschlicher Anerkennbarkeit exponiert und stattdessen intersubjektive Aufmerksamkeit fordert. Die unberechenbaren Momente sozialen Handelns halten zwar ein Aufführungskollektiv zusammen, durchkreuzen aber gleichsam deren Transformation in ein konsistentes Ganzes. In diesem Sinn lässt sich auch das im Bühnenhintergrund permanent laufende Schriftbild auf einem Display interpretieren: »Revolution now... coming soon... not yet ...«

3.2 Individuelles Blickbegehren und dessen Handlungsmacht in der ›visuellen Kultur‹

Im Brennpunkt interdisziplinärer Fragestellungen zur sozialen Sichtbarkeit kommt der Analytik von Blickstrategien eine signifikante Rolle zu. Die gesellschaftlichen, ökonomischen, ethischen und ästhetischen Implikationen von Anerkennung sind unabdingbar mit repräsentationspolitischen Akten und daher mit den Strategien des (Sich-)Zeigens oder (Selbst-)Inszenierens, des Verbergens oder Ausschließens verbunden. Dies bedeutet allerdings nicht, dass die medial vermittelten und manipulativ wirkenden Bildinszenierungen eines kulturellen Blickregimes sowie de-

110 | Vgl. Roland Barthes, »Die Fotografie als Botschaft«, in: ders., *Der entgegenkommende und der stumpfe Sinn*, Frankfurt a.M.: Suhrkamp 1990, S. 11-27.

111 | Vgl. Roland Barthes, »Die Rauheit der Stimme«, in: ebd., S. 269-278.

ren technische Reproduzierbarkeit die Prozesse der Wirklichkeitskonstitution in Gänze bestimmen könnten. Obwohl die *dominant fiction* Leitbilder unseres kollektiven Gedächtnisses produziert und *dominante*, etwa männliche, ›weiße‹, heterosexuelle *Blickwarten* und Rezeptionseinstellungen essenzialisiert, ist es immer von den individuell ausgehandelten Blickstrategien und Einstellungen abhängig, in welcher Form und Anerkennungsintensität sich die Akte der partikularen Kultur- und Identitätskonstitution vollziehen. Da die Gerichtetheit eines Blicks auch für andere sichtbar ist und potenziell in jedem Moment besehen und reflektiert werden kann, wird es für die Relationalität des visuellen Begehrens entscheidend sein, ob sich der Blick-Akt in der Anwesenheit anderer ereignet. Die Frage, die sich hier stellt, zielt auf den Aufführungscharakter von Blickhandlungen und darauf, wie eine interaktive Dimension des Blickens theaterwissenschaftlich zu erkunden wäre. Laut unserer Hypothese könnte eine aufführungsanalytische Perspektivierung von sozialen Blick-Akten zu neuen Einsichten in den *Visual Culture Studies* führen. Doch welche Argumente genau sprechen für eine mögliche Annäherung der beiden Wissenschaften und einen produktiven Austauschprozess?

Es sind vor allem methodologische Gemeinsamkeiten, die die Theaterwissenschaft – als eine Wissenschaft von Aufführungen – und die *Visual Culture Studies* miteinander in enge Verwandtschaft rücken: Beide überschreiten disziplinäre Grenzziehungen, wenn sie wahrnehmende, ja soziokulturell handelnde Subjekte untersuchen und sich mit jenen körperlichen, emotionalen und gesellschaftlichen Effekten beschäftigen, die aus dem Umgang mit Objekten und anderen Subjekten resultieren. Analog zur Theaterwissenschaft, deren Entstehung auf ihre Emanzipation von der Literaturwissenschaft zurückgeht, verdankt sich die Genese der *Visual Culture Studies* einer zunehmenden Abgrenzung zur Kunstgeschichte.[112] Die Untersuchungsprinzipien beider Disziplinen bestehen darin, nicht von vorab bestimmten Objekten oder Medien auszugehen, sondern eher Phänomene in Kunst, Politik und Alltag analytisch zu perspektivieren.[113]

112 | Vgl. James Elkins, *Visual Studies. A Skeptical Introduction*, New York, London: Routledge 2003, S. 23. James Elkins begründet die Notwendigkeit der *Visual Culture Studies* mit symptomatischen Entwicklungstendenzen im akademischen Bereich: »Here is a typical scenario. In a university I won't name, the Art History Department has watched passively while film, video, and television have been taught by faculty in the English Department, the Communications Department, and the Department of Modern Languages.« Ebd., S. 21. Zum widersprüchlichen, aber sich produktiv und dynamisch wandelnden Verhältnis von Kunstgeschichte und den *Visual Culture Studies* vgl. ebd., S. 21-23, sowie Margaret Dikovitskaya, *Visual Culture. The Study of the Visual after the Cultural Turn*, Cambridge, Massachusetts, London: The MIT Press 2005, S. 3-27.

113 | Zu dieser Analyseperspektive vgl. Irit Rogoffs Paraphrase von Gayatri Chakravorty Spivaks Forschungsdevise: »It is the questions that we ask that produce the field of inquiry and not some body of materials which determines what questions need to be posed to it.«

Die Forschungsdiskurse der *Visual Culture Studies* schließen eine Bandbreite theoretischer Perspektiven sowie Analysemethoden zusammen und regen Dialoge zwischen Wissenschaftlern unterschiedlicher fachlicher, nationaler und (sub-) kultureller Provenienz an. Bei der Erforschung der biologischen Voraussetzungen, kulturellen Prägungen und sozialen Wirkungen des Sehens greifen die *Visual Culture Studies* auf Konzepte der Kultur-, Literatur- und Filmwissenschaft, der Philosophie, Kunstgeschichte, Anthropologie, Psychologie, Soziologie, Linguistik, *gender*- und *queer*-Theorie, des russischen Formalismus, der Psychoanalyse oder der Kritischen Theorie zurück. Nicht zuletzt werden in die wissenschaftliche Arbeit Impulse aus der Medizin oder den Natur- und Rechtswissenschaften produktiv integriert. Dieser methodologische Anti-Dogmatismus korrespondiert mit den flexiblen Analyseverfahren der Theaterwissenschaft, die sich ebenfalls durch plurale Ansätze auszeichnet. Im Sinne dieser Korrespondenz könnte die ausschließlich aus einer subjektiven Position und Reflexion praktizierbare Aufführungsanalyse das Spektrum der Herangehensweisen in den *Visual Culture Studies* erweitern. Mit der Kooperation zwischen Theaterwissenschaft und den *Visual Culture Studies* wäre es möglich, die Vielfalt der individuell und situativ variierenden Rezeptionskontexte zu untersuchen und den analytischen Fokus auf partikulare soziokulturelle Praktiken zu legen, in denen bildliche Repräsentationen hinsichtlich ihrer ästhetischen, epistemologischen und politischen Dimensionen[114] *wirkmächtig* werden.[115] Gerade im Zuge zunehmender Globalisierung ist eine Ignoranz der partikularen Wahrnehmungspositionen ein kapitaler methodischer Fehler. Die zentrale Fragestellung wäre, wie Inszenierungen von Dominanz oder Diversität *aus den Positionen der Diversität* zu erfassen sind. Wenn es nicht ausreicht, alternative, von den hegemonialen Repräsentationen differierende Identitäten zu inszenieren und zu

Rogoff, »Studying Visual Culture«, a.a.O., S. 26. Zur Produktivität dieses methodologischen Prinzips vgl. Schaffer, *Ambivalenzen der Sichtbarkeit*, a.a.O.

114 | Vgl. Schaffer, *Ambivalenzen der Sichtbarkeit*, a.a.O., S. 13.

115 | Eine theaterwissenschaftlich geprägte Analytik von kopräsentischen Blickaktionen scheint für die *Visual Culture Studies* sogar ausgesprochen notwendig zu sein, weil diese nicht nur Filme, Videoarbeiten, Computerspiele, Comics, Fotografien, Werbungen und Internetseiten zum Untersuchungsgegenstand hat, sondern auch theatral verfasste (Kunst-)Ereignisse, die einen aufführungsanalytischen Fokus geradezu herausfordern: Freizeitparks, Las Vegas, Rockperformances, Shopping Malls, Installationskunst, Gartendesign, zeitgenössische Kunst- und Wunderkammern, Restaurantdekorationen, Architektur, Minigolf und Sportereignisse stellen neben Phänomenen wie Mode, subkulturellen Selbstimages, Tattoos oder Sexualität Forschungsobjekte der *Visual Culture Studies* dar, die Aufführungssituationen implizieren und ausschließlich in intersubjektiven Relationen kulturkonstitutiv sind. Dieser unvollständigen Auflistung der Analyseterrains liegen die umfangreichen Register von John Walker, Sarah Chaplin und James Elkins zugrunde. Vgl. John A. Walker/Sarah Chaplin, *Visual Culture: An Introduction*, Manchester, New York: Manchester University Press 1997, S. 33; Elkins, *Visual Studies*, a.a.O., S. 34-36.

analysieren, wenn es methodisch dringlich ist, die Wahrnehmungspositionen als kulturell markierte, dynamische und keinesfalls neutrale Betrachterperspektiven ins Auge zu fassen, dann verspricht eine aufführungsanalytische, von individuellen Erfahrungen ausgehende, nicht aber in ihnen aufgehende Perspektivierung der visuellen Kultur wichtige Erkenntnisse.

Ein Dialog zwischen Theaterwissenschaft und *Visual Culture Studies* wäre jedoch nicht nur für die Analysepraxis von Belang. Theaterwissenschaftler beschäftigen sich bevorzugt mit den ›reinen‹ Materialitäts-, Gegenwärtigkeits- bzw. Sinnlichkeitsdimensionen der Darstellung und vernachlässigen dabei häufig kultur- und hegemoniekritische Fragestellungen. Diese Einschränkung des Forschungshorizonts steht in eklatantem Gegensatz zu den Arbeiten vieler zeitgenössischer Regisseure, die sich explizit mit vielfältiger Schichtung und Problematisierung soziokulturell geprägter Identitätsbilder auseinandersetzen. Anders als in der Theaterwissenschaft gilt das primäre Interesse der *Visual Culture Studies* der Verschränkung von individueller Wahrnehmung und Subjektkonstituierung im Geflecht gesellschaftlicher Begehrensstrukturen. Eine Aufführungsanalyse, die also gleichzeitig für ästhetische *und* sozialpolitische Dimensionen der visuellen Identitätsbildung sensibilisiert wäre, hätte die Chance, kollektive Verhandlungsprozesse sozialer Anerkennung sowie deren diskursive Möglichkeiten (Repräsentation) und Grenzen (Materialität/Präsenz vs. Abwesenheit) zu ermitteln. Sie könnte das Szenische sowohl auf die *Inszenierbarkeit von sozialer Sichtbarkeit* hin befragen als auch *dessen kontingente Artikulation* fokussieren. Eine theaterwissenschaftliche Perspektive auf unsere ›visuelle Kultur‹ müsste darüber hinaus das partikulare Blickbegehren als einen mikrosozialen, individuell bestimmten und öffentlich artikulierten Re-Organisator gemeinschaftlicher Anerkennungsnormen erforschen. Mit der aufführungsanalytischen Methode wäre somit die bisher aus den *Visual Culture Studies* ausgeschlossene Wirkkraft von zwischenmenschlichen, *in situ* initiierten und wahrgenommenen Blickhandlungen zu erfassen.

Blicke sind für andere Blickende verhaltenskonstitutiv, da sie die Handlungen und Relationen der Anwesenden beeinflussen. Vor diesem Hintergrund ist es nicht sekundär, in welcher Situation die Subjekte erscheinen oder sich wahrnehmen. Die räumliche Konfiguration und Machtrelationalität der Anwesenden, d.h. die Konstellation der blickenden, hörenden und an der Situation Partizipierenden, entscheidet maßgeblich darüber, wie eine bestimmte Bild- oder Selbstinszenierung wahrgenommen, anerkannt und reflektiert wird. Wohlgemerkt, nicht nur die tatsächlichen Blickrelationen der Interagierenden determinieren die intersubjektiven Handlungen, sondern auch und vor allem die Potenzialität des Sehens und Gesehenwerdens als solche.

Kaja Silverman, die die individuelle Handlungsmacht der Blicke und ihre sozialkritische Impulsivität theoretisch fundiert hat, ließ deren partizipatorische Wirkungsdimension in der kollektiven Aushandlung außer Acht. Kopräsentisch verhandelte Blick-Akte ermöglichen die Erfahrung, dass die Repräsentationsnormen der Sichtbarkeit und die gesellschaftlich zuerkannten Werte dominanter Selbstimages nicht gegeben sind. Sie sind stets *von jenen singulären und (inter-)subjektiven Akten des Blickens abhängig, die Selbstentwürfe in spezifische Macht- und Geltungsrelationen einbeziehen oder diese Anerkennungsbeziehung öffentlich und kollektiv aufführen und aushandeln.*

Die kultur- und sozialkritische Macht des Blickens ist ein Phänomen, das bereits in unserem Anfangsbeispiel, bei Dries Verhoevens *dein reich komme* virulent wurde. Verhoeven stellte Zuschauer und Zuschauerin nicht nur aus, er integrierte sie außerdem in fiktionale Erzählakte. Die fremden Stimmen, die eine virtuelle Wechselrede zwischen ihnen etablierten, sollten die Wirkung eines innigen Liebesdialogs evozieren. Doch die Inszenierbarkeit der Kommunikation schlug häufig fehl, weil Mann und Frau einander anblickten und ihr Verhältnis zueinander in einem offen angelegten Setting gestalten konnten. Sie befanden sich in einer konfliktreichen und unvorhersehbaren Blickinteraktion, die die wirklichkeitskonstituierende Macht der fiktionalen Erzählakte sekundär werden ließ. Die akustisch vermittelte und aus männlich respektive weiblich kodierten Perspektiven simultan entfaltete Liebesthematik versuchte vergebens, die Blickbewegungen der Zuschauer zu synchronisieren, da sie zwangsläufig eine Spannung zwischen Gehörtem und Gesehenem erzeugte.

Die akustische Darstellungsebene zielte eigentlich darauf, die Zuschauer als Subjekte zu adressieren, die mit der *dominant fiction* konform gehen. Sie ordnete der Frau ein naives, aber geheimnisvolles und ›unauslotbares‹ weibliches Image zu. Der männliche Zuschauer sollte dagegen als ein leicht verängstigter und sensibler Mann erscheinen, der trotzdem immer wieder die ›Initiative‹ ergreift, um unaufdringliche, eindeutige Zeichen der Bezugstiftung zu artikulieren. Verhoeven wendete in seiner Textdramaturgie die Praxis der Typisierung von Frauen- und Männeridentitäten an und schrieb deren soziale Relationalität scheinbar fest. Die Konfrontation individueller Blickpräferenzen arbeitete jedoch gleichzeitig vehement gegen die Prozesse der Stereotypisierung, die als normierende Kraft der Repräsentation in zahlreichen kommerziellen Bildprodukten angelegt ist. Durch ihre Blicke, die sich eigendynamisch bewegten und nicht an die Erzählstruktur anpassten, eröffneten die beiden Zuschauenden eine Dimension der hegemonialen Identitätskritik, ohne zwangsläufig alternative Identitätskohärenzen hervorzubringen. Das kritische Potenzial ihrer Blickaktivitäten beruhte sowohl auf ihrer unkalkulierten und unverfügbaren Bewegung sowie auf der Tatsache, dass sie für den anderen permanent sichtbar waren und ihn verunsicherten.

Die mikrosoziale Bedeutung des Blicks basiert einerseits also auf der intakten Orientierung an der hegemonialen Repräsentationsordnung: Er folgt den konsolidierten Vektoren der visuellen Anerkennung. Andererseits kann er ›abweichende‹ Bewegungen vollziehen oder abschweifende, irritierende Wendungen nehmen und visuelle Ordnungen respektive Relationen in einzelnen Aufführungssituationen destabilisieren bzw. neu entwerfen. Die Dauer, Intensität und die Unterbrechungen individueller Blickhandlungen sowie deren mimische, akustische oder kinästhetische ›Begleiterscheinungen‹ exponieren jeweils partikulare Aufmerksamkeitsrelationen. Durch sie tritt der Blickende als individualisierter und kulturell markierter Handelnder in Erscheinung. Verhoeven verlieh in seiner Installation den Zuschauern und vor allem deren Fokussierungen eine gegenseitige Sichtbarkeit. Auf diese Weise verschränkte er den idealisierten, symmetrischen und heteronormativen Liebesdiskurs mit singulären Blickaktionen, die sich der Dramaturgie der vernehmbaren Stimmen nicht fügten und ephemere Blickräume schufen, in denen sie *hic et nunc* Anerkennung für das ›Einmalige‹ forderten und zugleich gewährten.

Neben den diskursiven Anordnungen der soziokulturellen Blicknormen entscheiden auch die individuelle Blickpraxis und somit das dynamische Wechselverhältnis zwischen der ›Norm‹ und der ›Aufführung der Norm‹ über die Sozialwirkung exponierter Repräsentationsfigurationen. Hierin liegt der kritische Impetus von Blickhandlungen. Dem individuell gerichteten Blick eignet folglich ein Potenzial des ›Kritischen‹ (*criticality*)[116], artikuliert und exponiert er doch die Argumente seiner Urteilskraft quasi in der Bewegungspraxis selbst. Demzufolge kommt jedem zwischenmenschlich getauschten Blick eine soziale Signifikanz zu, da er selbst die wohl kalkulierten Wirkungskoordinaten einer ›spektakulären‹ Bild- bzw. Selbstinszenierung verunsichern oder unterminieren kann.

Diese bisher von der Wissenschaft ausgeblendete soziale Blick-Kritik, die in kollektiv artikulierten Sehhandlungen angelegt ist, erweitert zugleich die Eindimensionalität der theaterwissenschaftlichen Ökonomiekritik am Spektakel. In der von Guy Debord diagnostizierten ›Gesellschaft des Spektakels‹ wird Wirklichkeit beständig als Repräsentation angenommen, ohne dass die Geste der Inszenierung, die alle Subjekte in Betrachter von disseminativ organisierten Bildern transformiert, sichtbar würde.[117] Theater- und Performanceaufführungen wird hingegen die Möglichkeit zugesprochen, eine ›antispektakuläre‹ Gegenwärtigkeit zu konstituieren, die die manipulative Affizierungskraft der Bilderflut und ihre weitreichen-

116 | Pirkko Husemann übersetzt Irit Rogoffs Begriff *criticality* als ›das Kritische‹ und weist darauf hin, dass es eine Prozedur meint, »die über ein kritisches Urteil oder eine kritische Analyse hinausgeht und zugleich eine selbstbezügliche Kritik an der Kritik vermeidet. Damit unterscheidet sie sich insofern vom kritischen Verfahren des Kantischen Kritizismus und [...] der kritischen Theorie, als das Subjekt keine kritische Distanz zu seinem Gegenstand einnimmt, sondern sich erst im Vollzug der Praxis positioniert«. Husemann, *Choreographie als kritische Praxis*, a.a.O., S. 54.

117 | Die Etablierung der visuellen Illusionsherrschaft in der Gesellschaft des Spektakels korreliert nicht nur mit der historischen Entwicklung der patriarchalen Sozialordnung und der Verbildlichung der Frau, sondern auch mit der Unterdrückung von ethnisierten Subjektpositionen, deren favorisierte Sichtbarmachung besonders auf den Kultur- und Unterhaltungssektor und somit auf das ›Spektakel‹ reduziert wird. Vgl. Kleinspehn, *Der flüchtige Blick*, a.a.O., S. 145, sowie Schaffer, *Ambivalenzen der Sichtbarkeit*, a.a.O., S. 102.

den sozialpolitischen Folgen zu untergraben sucht.[118] Diesen kritischen Impetus spricht André Eiermann der Aufführung ab: Im Rekurs auf Juliane Rebentischs Argument behauptet er,[119] dass unter aktuellen Bedingungen »die Forderung nach Unmittelbarkeit dem Spektakel mittlerweile in die Hände spielt«[120].

Vor dem Hintergrund unserer Analysen ist gegen Eiermanns Beweisführung einzuwenden, dass im Gegenwartstheater – und gleichsam in der zeitgenössischen Ausstellungs- und Installationskunst – eine Tendenz zu verfolgen ist, die sich durch die wechselseitige Sichtbarkeit der Aufführungsteilnehmer auszeichnet und die daran gekoppelten Irritationen und Verunsicherungen eingeübter Verhaltensreflexe und Handlungsmuster geradezu in den Erfahrungshorizont rückt. Da diese Gegenwärtigkeit in den Blickwechseln bei Dries Verhoeven, Laurent Chétouane, Marina Abramović, bei She She Pop, Gob Squad, Ligna, Lose Combo, Signa oder Theater im Bahnhof in ihrer radikalen Unkalkulierbarkeit konfiguriert wird, kommt ihr eine Dimension des ›Kritischen‹ zu, die intakte Selbstinszenierungen torpediert. Die unmittelbaren, keinem zentralen Organisationsprinzip unterlie-

118 | Vgl. Peggy Phelan: *Unmarked. The Politics of Performance*, London, New York: Routledge 1993. Gerald Siegmund stellt Phelans Argumentation entgegen, dass die Performance als einmaliges, unwiederholbares und flüchtiges Ereignis eigentlich mit den Illusionsstrategien der Spektakelkultur neoliberaler Gesellschaften korrespondiert. Vgl. Gerald Siegmund, »Erfahrung, dort, wo ich nicht bin: Die Inszenierung von Abwesenheit im zeitgenössischen Tanz«, in: Gabriele Klein/Wolfgang Sting (Hg.), *Performance. Positionen zur zeitgenössischen szenischen Kunst*, Bielefeld: transcript 2005, S. 59-75, insbesondere: S. 62-63.

119 | Vgl. Juliane Rebentisch, »Spektakel«, in: *Texte zur Kunst* 17.1 (2007), S. 120-122. Rebentisch plädiert dafür, dass »die diffuse Rede von der Herrschaft des Spektakels [...] auf unbestimmte Zeit suspendier[t]« (122) werden müsse, weil diese Form von ›Kritik des Spektakels‹ lediglich »als gratisradikale Leerformel« funktioniere, die »gerade das Verständnis der ökonomisch-politischen Verhältnisse, auf das sie Anspruch erhebt«, verstelle (120).

120 | Eiermann, *Postspektakuläres Theater*, a.a.O., S. 16. Eiermann konstatiert allerdings eine spektakelkritische Praxis in den Regiestrategien des Gegenwartstheaters, wenn er unter dem von ihm geprägten Begriff des ›postspektakulären Theaters‹ Aufführungsästhetiken subsumiert, in denen die Beziehung zwischen Akteuren und Zuschauern nur mittelbar durch Objekte, Videoprojektionen, Spuren etc. gegeben ist. Diese Vermittlung durch die symbolische Ordnung evoziert Zuschauererwartungen und unterwandert sie gleichzeitig. Die Neukonfiguration der Akteur-Zuschauer-Achse im Gegenwartstheater beschreibt Eiermann anhand der veränderten Blickkommunikation: »Vollzieht das postdramatische Theater gegenüber dem dramatischen Theater einen Wechsel vom unbeteiligten, ungesehenen Sehen des Publikums zu einem gegenseitigen Sehen und Gesehenwerden von Akteuren und Zuschauern, so wird im postspektakulären Theater der intervenierende Blick eines Dritten ausgespielt, der beide dieser Gruppen gleichermaßen und bereits unabhängig von ihrem gegenseitigen Sehen und Gesehenwerden betrifft.« Ebd., S. 47.

genden Konstellationen der Interaktivität werden in einer ›Gesellschaft des Spektakels‹ nicht akzentuiert, weil sie zu Verunsicherungen und Missverständnissen führen und konsolidierte Handlungsakte stören können. Die politische Dimension der Blickkommunikation besteht in der Sichtbarwerdung von partikularen Positionen im Kollektiv und im Aufscheinen virtueller, aber unauslotbarer Wahrnehmungsmanöver.

Während die *scopophobia*, die Angst vor dem Gesehenwerden, in der Gegenwart des Spektakels regelrecht unterdrückt wird, gerät die Unverfügbarkeit der Blickkommunikation in den sozialkritisch geprägten Formen des Gegenwartstheaters in den Fokus. Das Favorisieren von Situationen des (potenziellen) Angeblicktseins oder der horizontalen Blickrelationen lässt Unsicherheiten, Ambivalenzen, Asymmetrien und Dissense auftauchen, die die Konventionen der Sichtbarwerdung kontinuierlich gefährden. Die emanzipatorische Macht singulärer Blickhandlungen zeigt sich besonders in zwischenmenschlichen, doppelt kontingent organisierten Situationen. Demnach sind Mittelbarkeit und der Entzug von Kopräsenz, die Eiermann ausdrücklich präferiert, nicht die einzigen potenziell kritischen Praktiken, die eine Auflehnung gegen die Wirkungslogik des Spektakels demonstrieren.[121]

Die *Visual Culture Studies* verstehen sich vor allem als eine Disziplin des rezeptiven Blicks. Aus diesem Grund ist die Analytik kopräsentischer Blickerfahrungen und Blickwirkungen aus ihrem Gegenstandsbereich überwiegend ausgeklammert.[122] Die singulären Blickpraktiken können jedoch individuelle Sehhandlungen zu Indikatoren intersubjektiver Sinnproduktion erheben. Deshalb sind sie nicht uneingeschränkt zu abstrahieren oder zu pauschalisieren. Die Vorstellung eines (Kunst-)Rezipienten, der von einer unmarkierten, neutralen und nicht sichtbaren Betrachterposition ausgeht, muss ebenso verabschiedet werden wie die Idee, dass die Wahrnehmung von fotografischen, filmischen und theatralen Menschenbildern aus einem universalistischen und transkulturellen Blickpunkt erfolgt. Blicke unserer Weltwahrnehmung sind als individualisierte und partizipatorische Handlungen zu konzipieren, die zwar fragile und nicht-tradierbare, aber diskursivierbare und politisch relevante Praktiken der Wirklichkeitskonstitution innerhalb der ›visuellen Kultur‹ eröffnen.

121 | Weder Siegmund noch Eiermann thematisieren die intersubjektive Ambivalenzerfahrung des (potenziellen) Angeblicktseins, wenn sie die von Phelan überschätzte und »›manisch aufgeladene[...] Gegenwart‹ der Tanz- oder Theateraufführung« kritisieren und für Erfahrungsmomente einer »Absenz« plädieren, die uns »anblickt«. Siegmund, *Abwesenheit*, a.a.O., S. 451. Mit ihrer Argumentation schreiben sie jedoch die dualistische Dichotomie von Präsenz und Absenz fort, anstatt die Subversions- und Transformationspotenziale von An- und Abwesenheit gerade dahingehend anzuerkennen, dass Präsenz und Absenz respektive Sicht- und Unsichtbarkeit im Gegenwartstheater nicht als Gegensätze thematisch werden, sondern vielmehr in ihrem beständigen Spannungsbezug erfahrbar sind.

122 | Vgl. Elkins, *Visual Studies*, a.a.O., S. 27. Eine bereits im Kapitel V/3 ausgeführte Ausnahme stellen die Analysen von Irit Rogoff dar.

Individuelle Blickhandlungen, die sich unter der Potenzialität des Gesehenwerdens vollziehen, stellen die Keimzelle ästhetischer Erfahrung in Theateraufführungen und eine elementare kulturstiftende und soziale Praxis dar. Sie erlangen außerdem in der bildenden Kunst zunehmend an Signifikanz.[123] Aufführungsanalytische Erforschungen visueller Aneignungsprozesse erweisen sich folglich innerhalb eines breiten Kulturkontextes als produktiv bzw. notwendig. Dass die Singularität individueller Blickhandlungen in der bildenden Kunst gleichfalls zu einer zentralen Rezeptions- und Interpretationstechnik geworden ist, hat Tino Sehgal mit seiner Arbeit radikalisiert. Streng verbietet er jede Art von Aufzeichnung oder Dokumentation seiner Ausstellungsereignisse.[124] Trotz oder vielmehr gerade wegen des Verbots der Aufzeichnung sorgen Sehgals Ausstellungen für lebhafte Diskussionen, plastische und anschauliche Beschreibungen, imaginäre Einschreibungen und deren sprachliche Resonanz und Verbreitung. Sie stellen den Beweis dar, dass eine Partizipation der Blicke nicht in singulären Akten ihrer Gerichtetheit aufgehen – und sich somit verflüchtigen – muss, sondern sich über die Situationen hinaus in den Diskursen und Imaginarien niederschlagen sowie künftige Erwartungen, Aufmerksamkeitsdispositionen und Blickhandlungen prägen kann.

4. Resümee

Wie die zurückliegenden Ausführungen gezeigt haben, wird das bedeutungskonstitutive Ausschließen in zahlreichen Inszenierungen des Gegenwartstheaters nicht mehr kaschiert. Diese Tatsache ist zum einen ein Zeichen der Überwindung psychologisch-realistischer Regieästhetiken, zum anderen impliziert sie gravierende Konsequenzen für die Blickpartizipation in der Aufführung. Heben realistisch geprägte Strategien der Sichtbarmachung auf einen Modus der Sinnproduktion ab, der einen »passiven Konsum statt der aktiven Lektüre von Bildern provoziert«[125], geht es zeitgenössischen Theatermachern um dezidiert andere Logiken

123 | Vgl. exemplarisch die Rauminstallationen von Olafur Eliasson, Stephen Taylor, Jannis Kounellis oder Felix Gonzalez-Torres.

124 | Sandra Umathum konzeptualisiert und beschreibt Sehgals Arbeit, indem sie deren Aufführungscharakter in den Vordergrund rückt, der aus den singulären und nicht-dokumentierbaren Blickwarten der Partizipierenden zu diskursivieren ist. Vgl. Umathum, *Kunst als Aufführungserfahrung*, a.a.O., S. 117-157. Die radikale Weigerung Sehgals gegen die Verfertigung von Ausstellungsdokumentationen beleuchtet Umathum mit zahlreichen historischen, diskurskritischen, wahrnehmungs- und marktpolitischen Argumenten. Vgl. ebd., S. 128-134.

125 | Schaffer, *Ambivalenzen der Sichtbarkeit*, a.a.O., S. 86. Schaffer rekurriert auf John Taggs Konzeption des ›Realismus‹ und bezeichnet damit eine statische Form diskursiver Produktion, die ihre manipulativen Sinnbildungsstrategien verschleiert, die wenig variabel und nicht dynamisierbar ist, doch in der bürgerlich-kapitalistischen Gesellschaft den

des Zeigens, die Niklas Luhmann als »verschiedene Formen des Umgangs mit dem, was durch Beobachtung unbeobachtbar wird«[126] beschreibt. Entsprechend bilden Sichtbarkeit und Unsichtbarkeit im Gegenwartstheater keinen Gegensatz mehr, weil sie, anstatt sich gegenseitig auszuschließen, einander bedingen. In den theatralen (Re-)Konfigurationen dynamisiert ihr interdependentes Verhältnis die Zuschauerblicke und leitet jeden Betrachter auf neue, individuelle Wege der Wahrnehmung.

Wenn der Blick von einer Spur des Ausgeschlossenen angezogen wird, dann konfrontiert ihn keine Abwesenheit, die im Sinne des Repräsentationsparadigmas in Anwesenheit, in phänomenale oder semiotische Präsenz zu überführen wäre.[127] Die Risse des Sichtbaren bewirken hingegen Störungsmomente, in denen sich zwischen Szenischem und Off ein unübersichtliches Verhältnis etabliert, das zu beständigen Perspektivwechseln herausfordert. Imaginäre Identifizierung und narzisstisches Blick-Begehren verschränken sich im Gegenwartstheater mit melancholischen Erfahrungsmomenten, in denen das Sehen seine vermeintliche Fähigkeit zur Totalisierung verliert: Der Betrachter ist ständig mit einem Rest konfrontiert, der in der partikularen Perspektivierung nicht aufgeht. Das Unsichtbare lässt sich daher als ein Objekt des Begehrens bezeichnen, das weder statisch noch ontologisch oder metaphysisch zu fassen ist. Unsere Analysen der (Blick-)Partizipation haben nachgewiesen, dass die Dynamiken der Zuschaueraufmerksamkeit diese Idee fester oder voneinander emanzipierter Größen untergraben und die Ordnungen des Aktuellen und Ausgeschlossenen beständig neu perspektivieren. Da Nicht-Sinn immer einen Sinnzusammenhang voraussetzt, genauso wie Sinnfälligkeit nur auf der Ausdifferenzierung von Nicht-Sinn basiert,[128] transformiert die Dialektik dieser Dynamiken sowohl die zeitlichen, räumlichen und körperlichen wie auch die symbolischen und semiotischen,[129] phänomenalen und virtuellen Koordinaten einer Aufführung kontinuierlich.

---

dominanten Modus der Bedeutungsproduktion ausmacht. Vgl. John Tagg, *The Burden of Representation: Essays on Photographies and Histories*, Minneapolis: University of Minnesota Press 1993, S. 99-101.

126 | Niklas Luhmann, »Weltkunst«, in: ders./Frederick D. Bunsen/Dirk Baecker (Hg.), *Unbeobachtbare Welt. Über Kunst und Architektur*, Bielefeld: Haux 1990, S. 7-45, hier: S. 45.

127 | »Repräsentation, aus dem lateinischen repraesentare (vergegenwärtigen) hergeleitet, bedeutet wörtlich etwas Abwesendes anwesend machen.« Schaffer, *Ambivalenzen der Sichtbarkeit*, a.a.O., S. 78.

128 | Dieses Prinzip hat Jacques Rancière auf der Ebene des Visuellen genauer analysiert. Im kritischen Rekurs auf Roland Barthes' Begriffe von *punctum* und *studium* argumentiert er dafür, dass das Moment des *punctum* lediglich in Bezug auf die Sinnstruktur des *studium* denkbar ist. Vgl. Jacques Rancière, *Der emanzipierte Zuschauer*, Wien: Passagen 2009, S. 125-151.

129 | Die Begriffe des Symbolischen und des Semiotischen werden hier nicht synonym gebraucht, sondern im Rekurs auf Julia Kristeva als zwei qualitativ unterschiedliche Ebe-

Die Blickhandlungen der Zuschauer unterliegen in zeitgenössischen Aufführungen einer kontingenten Dynamik, die das Verhältnis von Sichtbarem und Unsichtbarem andauernd neu organisiert. Konventionen, gesellschaftlich akzeptierte Regeln und Normen sind hier nicht transparent oder unsichtbar. Stattdessen werden sie als konstitutive Voraussetzungen für theatrale Präsentation, Bedeutungsproduktion, Wahrnehmung und Begehren markiert oder entlarvt. Wie der theatertheoretische Begriff der Inszenierung[130] zeigt, setzt der Vollzug einer Aufführung unsichtbare bzw. nicht sichtbar gemachte Reglementierungen voraus. Ob in einer Aufführung die ihr zugrunde liegenden Inszenierungsnormen jedoch gänzlich kaschiert werden können, ist nicht restlos gesichert.

Besonders die zwischenmenschliche Relationalität ermöglicht die Erfahrung, dass die Theateraufführung aus mehreren Perspektiven entsteht, die sogar aufeinander einwirken können. Die einzelnen Blick-Perspektiven sind Indizes individueller Aufmerksamkeit und singulärer Begehrensprozesse. In zahlreichen Theaterinszenierungen werden sie räumlich und lichtdramaturgisch zu verbergen versucht. In horizontal organisierten Aufführungssituationen sind sie hingegen für die Betrachtungsprozesse und Verhaltensdispositionen aller Anwesenden prägend und in ihrer potenziellen Wirksamkeit konstitutiv. Die individuellen Perspektiven und Blickhandlungen können den Essenzialismus von Signifikation und eine totalisierende Vorstellung von Gemeinschaft *ad absurdum* führen. Sie halten das Aufführungskollektiv dennoch zusammen und dynamisieren seine Kommunikation.

Indem eine Aufführung eine Vielzahl unterschiedlicher Blickbegehren zusammenschließt, fordert sie ihre eigenen konsolidierten und regelhaften Wiederholungen ständig neu heraus. Sie impliziert das Unsichtbare und lässt es als ein potenziell Sichtbares aufscheinen. Dadurch vermag sie auch unsere habitualisierten Sehhandlungen neu zu formieren.

---

nen der Bedeutsamkeit und Wirksamkeit verwendet, als Dimensionen des Diskursiven (›das Symbolische‹), des Prädiskursiven und Nicht-Semantisierbaren (›das Semiotische‹). Vgl. Julia Kristeva, *Die Revolution der poetischen Sprache*, Frankfurt a.M.: Suhrkamp 1978.

130 | Fischer-Lichte zufolge umfasst der Inszenierungsbegriff verschiedene Regeln, Strategien, Überlegungen und Konventionen, die allererst die Erscheinung von etwas bewirken bzw. die Aufführung hervorbringen. »Nur in und durch Inszenierung vermögen [Sein, Wahrheit, Authentizität] uns gegenwärtig zu werden.« Erika Fischer-Lichte, »Inszenierung und Theatralität«, in: Herbert Willems/Martin Jurga (Hg.), *Inszenierungsgesellschaft. Ein einführendes Handbuch*, Opladen: Westdeutscher Verlag 1998, S. 81-90, hier: S. 89.

VIII. Schlussbetrachtung

Das Ziel dieser Arbeit war es aufzuzeigen, inwieweit visuelle Wahrnehmung in zeitgenössischen Theateraufführungen einen körperlichen, affektiven, intersubjektiven und politischen Vorgang darstellt, der den Blickenden zu einem individualisierten und raumzeitlich verankerten Teilnehmenden erhebt. Für die systematische Ergründung visueller Aufmerksamkeit und Bezugstiftung sowie die vielschichtigen partizipatorischen Funktions- und Wirkungsweisen des Sehens haben wir den *Blickbegriff* als Analysekategorie vorgeschlagen und auf seine Reichweite hin ermittelt. Die Entfaltung eines blicktheoretischen und blickanalytischen Instrumentariums erwies sich als produktiv insofern, als es imstande ist, ästhetische, soziokulturelle und kommunikative Aspekte des Zuschauens differenziert zu erfassen.

Wir haben *Theateraufführungen* als Untersuchungsgegenstand gewählt, um zu demonstrieren, dass Blicke in der Produktion von semantischen und selbstreferenziellen Bedeutungen, Körpernormen, Geschlechtsidentitäten, sozial markierten Subjektpositionen und Verhaltensregeln zum Tragen kommen und dass Blickhandlungen diese Kulturpraktiken nicht zuletzt intersubjektiv verhandeln. Exemplarisch herangezogen wurden Eins-zu-eins-Begegnungen und kontemplative Blickdialoge ebenso wie voyeuristische Blickkonstellationen oder mediatisierte Performances, in denen jeweils unterschiedliche Formen des Zuschauens zutage traten. Wie sich herauskristallisierte, ist der Blick für Aufführungen in vielerlei Hinsicht konstitutiv, weil die partikularen Blickbewegungen und Blickfixierungen unsere Sehrelationen etablieren und gleichsam öffentlich ausstellen. Körpererfahrung und Körpereinsatz, Raumwahrnehmung und Raumerzeugung, emotionale Betroffenheit und Affizierung sowie Identitätsaneignung und Identitätsverdrängung sind als soziale Handlungen im Gegenwartstheater wesentlich an Blickerfahrungen gekoppelt; sie initiieren und halten Sozialpraktiken jenseits verbaler Sprechakte in Gang.

Im Verlauf der Analysen ist ersichtlich geworden, dass Blickakte keineswegs entlang eines umfassenden Modells zu eruieren sind, da sie hinsichtlich ihrer ästhetischen Wirkung, semiotischen Relevanz und sozialen Resonanz heterogene Transformations- und Austauschprozesse induzieren. Entsprechend wurde jedwede konzeptuelle Festschreibung, Kategorisierung oder Letztbegründung des Blickbegriffs vermieden. Konstruktiver war es stattdessen, die einschlägigen Diskurse des Sehens und Betrachtens aufzugreifen und sie in Bezug auf die Aufführungskommunikation zu spezifizieren und gleichsam zu erweitern. Das bewusste Ressentiment gegenüber der Klassifizierung respektive Typologisierung von Blickerfahrungen wird unsere abschließenden Schlussfolgerungen begleiten, die wir in drei Thesen zuspitzen.

1. *Im Akt des Blickens verschränken sich Sehen und Blindheit.* Ungeachtet der Frage, ob das Szenische Leerstellen impliziert, von semantischen Rissen durchkreuzt oder in Unschärfe gezogen ist, steht fest, dass in der zeitgenössischen Theater- und Performancekunst vor allem die defizitäre Erfassungs- und begrenzte Erkenntniskompetenz des Blicks virulent wird. Visuelle Wahrnehmung tritt hier als ein Vorgang in den Vordergrund, der nicht mehr im Dienste einer kontemplativen und intakte Selbstidentitäten konstituierenden Betrachtung steht; vielmehr werden die Sehprozesse von Momenten des Suchens, Hin- und Herspringens, Verlierens, der Täuschung oder Blendung durchzogen. Zuschauen geht insofern keineswegs mit einer latenten Blindheit Hand in Hand, die das Sehen zu einem automatisierten Akt degradiert und den Rezipienten manipuliert. Eher scheint der Blickende *zwischen* konsolidierten Sehmodalitäten zu oszillieren und beständig mit blinden Flecken seiner Sehpraxis konfrontiert zu sein, die die Dynamik und Intensität der Blickhandlungen erhöhen oder auf die Eigentümlichkeiten des individuellen Sehprozesses reflexiv verweisen. Sehen und Blindheit bilden im zeitgenössischen Theater weder eine ›komplizenhafte‹ Symbiose noch eine binäre Dichotomie. Sie treten hingegen in ein dialektisches Spannungsverhältnis und lassen den Zuschauerblick nicht selten zwischen ›zu viel‹ und ›nicht genug‹ Sichtbarkeit schwanken. Der Blick wird weniger als ›Adressat‹ der Illusionierung aktiviert, vor allem wird er als partizipatorischer und kritischer Initiator ästhetischer Erfahrung herausgefordert.

Vergegenwärtigt man sich vor diesem Hintergrund die Rolle des Gesichtssinns in der Theatergeschichte, so zeichnen sich hinsichtlich der Sinneswahrnehmung in Aufführungen diachrone Qualitätsverschiebungen ab. Blicken und Berühren sowie optische und haptische Erfahrungen waren im Theater nicht immer miteinander zu vereinigen. Sie galten geradezu als Gegensätze, die ihre diskreten erkenntnisgenerierenden Funktionen wechselseitig gefährdeten.[1] In den Aufführungen und Festen der griechischen Antike, die maßgeblich an die Fernsinne wie Auge und Ohr appellierten, kam vor allem dem Sehvermögen die prominente Rolle der Sinn- und Identitätskonstituierung zu. Diese Bevorzugung verschärfte sich mit der Herausbildung des abendländischen psychologisch-realistisch geprägten Theaters im 18. Jahrhundert, denn dort war der Zuschauerblick für die kohärente und störungsfreie Illudierung und ›distanzlose‹ emotionale Involvierung konstitutiv. Während es im Illusionstheater darum ging, das Auge stärker zu privilegieren

1 | Vgl. Fischer-Lichte, *Ästhetik des Performativen*, a.a.O., S. 101-105.

und es zu einem getäuschten und fremdgesteuerten Sinn zu formieren, werden in Aufführungen der Gegenwart Blick-, Tast- und andere Sinnesempfindungen verknüpft und Strategien einer rein optischen Illusionsevokation untergraben. Inszenierungsästhetische Mittel und atmosphärische Wirkungsgefüge bieten dem Blick keine konsistenten Bildszenerien, sie locken ihn jedoch in Sphären heterogener Sinnesreize und multisensorischer Signale, in denen sich die optische Erfassung des Szenischen, die Differenzierung zwischen Sichtbarkeit und Unsichtbarkeit verkomplizieren.

Wie aufgefallen sein wird, schwang das in Rede stehende Verhältnis von Blickeinsatz und Bedeutungsproduktion, von Sehen und Wissen in der vorliegenden Arbeit stets mit, ohne jedoch explizite Beachtung zu finden. Die epistemologische Leistung einer fragmentierten, dynamisierten und multi- bzw. a-perspektivisch ausgerichteten Sehweise, welche die visuelle Aufmerksamkeit der Zuschauer zwischen Einsicht und Blindheit, Sehen und Nicht-Sehen changieren lässt, kann an keinem Erkenntnisanspruch im Sinne eines Objektivitätspostulats gemessen werden. Vielmehr sind den Blick-Akten in der aktuellen Aufführungskunst kritisch-dekonstruktive Praktiken der Bedeutungsverschiebung, intersubjektive und körperlich-sensuelle Dimensionen der Erkenntnisbildung inhärent. Infolgedessen ist das Auge nicht als ›der Nobelste aller Sinne‹ zu begreifen, der Aufschluss über eine hermeneutisch oder funktional erfassbare Welt gebe. Es handelt sich dagegen um einen Sinn, der einem permanenten Wechselspiel von optisch Erfassbarem und Unverfügbarem ausgesetzt ist.

2. *Eine theaterwissenschaftliche Blickanalyse macht darauf aufmerksam, dass Blickwirkungen nicht in der Dualität von Blickendem und Angeblicktem gedacht werden können.* Relationen des Sehens und Gesehenwerdens sind nicht auf die Interaktion von Blickenden und Angeblickten zu reduzieren. Diese These lässt sich in Situationen doppelter Kontingenz in zweierlei Hinsicht belegen: Zum einen ist jeder Sozialeffekt des Blicks auf eine sozionormative Rahmung angewiesen, welche die Blickenden in eine Dependenzstruktur von Macht- und Anerkennungsansprüchen einbettet. Zum anderen sind über die Blickwechsel hinaus jene virtuellen und jederzeit aktualisierbaren Blickrelationen für unser Seh- und Sozialverhalten konstitutiv, die den Handlungspotenzialen der Aufführungsteilnehmer innewohnen.

Identifizierung und visuelle Unterwerfung entfalten sich nicht in der Polarität von Ich und anderem, sie schließen in die Blicksituation zwangsläufig die symbolische Ordnung als eine dritte Perspektive ein, in deren Fokus man als anerkennenswert erscheinen will. Blickwirkungen setzen ausnahmslos eine Dreiecksbeziehung von *Blickendem, Angeblicktem* und *Blickkontext* voraus. Diese asymmetrische Triade der Blickrelation ist in beständigem Wandel und Werden begriffen, denn sie koppelt Interaktivität mit Interpassivität, Körperlichkeit mit Diskursivität. Diese Konstellation ist für die Theater- und Kulturwissenschaften wesentlich, da sie über die basalen medialen Konditionen einer wechselwirksamen Intersubjektivität Aufschluss gibt: Die irreduzible ›Trinität‹ der Perspektiven ist nämlich ausschließlich Aufführungssituationen inhärent, wohingegen die Blickwirkung von Kameraaugen, Bild- oder Filmgestalten die doppelte Kontingenz suspendiert und lediglich Effekte stimuliert, die nicht in Interaktion überführt werden können. Blicke leibhaftig zu wechseln, bedeutet demnach, Beziehungen zwischen Menschen zu stiften, die erst in dieser prozessualen Bezugstiftung als Subjekte einer Situation hervorgebracht und individuiert werden.

Eine Aufführungskommunikation zeichnet sich durch die multiple Relationalität ihrer Teilnehmer aus. Die latente und potenzielle Wechselseitigkeit ihrer Beziehungen verfügt über eine aktivierende Kraft, welche die Vorstellung einer dualen Blickbeziehung im sozialen Feld erschüttert. Momenten des Sich-Zeigens und Sich-Zeigen-*Könnens* sowie des Blickens und potenziellen Er-Blickens kommen gleichermaßen Sozialisierungswirkungen zu, nicht zuletzt deshalb, weil man die zeitlichen und situativen Koordinaten der potenziellen Bildwerdung nicht individuell bestimmen kann. In der Aufführungssituation ist eine Pluralität von künftig realisierbaren Möglichkeiten des Sehens und Gesehenwerdens angelegt. Das Gefühl des potenziellen Angeblicktwerdens oder die Einstellung auf bevorstehende Blickwechsel stellen Erfahrungen dar, die auf eine elementare Form der Anerkennung anderer zurückzuführen sind. Diese noch-nicht-erfassten anderen achtet und wertet man nicht in ihren wahrgenommenen Erscheinungen, sondern in ihrer Existenz und ›puren‹ Anwesenheit. Ihre ›soziale Sichtbarkeit‹ besteht in jener Nicht-Sichtbarkeit, die in jedem Moment sichtbar werden kann. Erfahrungen einer unberechenbaren Zukunft und einer unmittelbaren Vergangenheit, die auch anders hätte sein können, beeinträchtigen unsere Aufführungspartizipation beständig. Auf diese Weise schwingen im Theater die tatsächlichen und virtuellen Möglichkeiten des Anders-Werdens, des Sich-Anders-Bewegens, Anders-Reagierens und Sich-Anders-Benehmens kontinuierlich in den Dimensionen ästhetischer Erfahrung mit. Im Kontrast zu filmisch, bildlich oder literarisch dargestellten Blickhandlungen, die den Aspekt der doppelten Kontingenz und Momente des Missverstehens, des Scheiterns und der Subversion nur repräsentieren, nie jedoch in ihrer Unvorhersehbarkeit konfigurieren können, zeichnet sich die Blickpartizipation in Aufführungen dadurch aus, dass die Sehrelationen unabhängig von den eigentlichen Blickwechseln (multi-)relational und interaktiv angelegt sind.

3. Die breit gefächerten ästhetischen und sozialen Implikationen des Sehens lassen sich mit einem aufführungsanalytisch fundierten Blickbegriff weitgehend bündeln. Dieser ist für soziokulturelle und körperlich-sinnliche, politische und gesellschaftskritische Aspekte der Intersubjektivität sensibilisiert. Resümiert man die Beobachtungen zur Blickpartizipation, so lässt sich sagen, dass Blickakte weder durch hermeneutische und neutralisierte Repräsentationsanalysen noch durch singuläre Erfahrungsberichte adäquat zu ermitteln sind, da sie jeweils Partikularität mit Normativität, Aktualität mit Virtualität, (Ko-)Präsenz mit Absenz verschränken. Kurzum: Individuelle Blickhandlungen fügen sich immer in soziokulturell etablierte und kodierte Strukturen ein, gehen in diesen aber nie ganz auf. Inwieweit die Aufführungsanalyse die entscheidende Vielschichtigkeit von Blickakten erfassen und problematisieren kann, gilt es nun pointiert zusammenzufassen.

Blickwechsel geben Aufschluss über die intersubjektive Aushandlung sozialer Sichtbarkeit. Denn es sind nicht nur Bilder, die normativ auf den Körper und das Verhalten einwirken, vielmehr stellt der Blick jene transformative Instanz dar, die durch ihre Selbst- und Fremdbezüglichkeit Identitäten und »die Landschaft des Möglichen«[2] verändert. Jeder Blicktausch setzt Sozialnormen dahingehend aufs Spiel, dass er diese in partikularen Akten der Identifizierung und Selbstinszenierung mobilisiert, (inter-)subjektiv verhandelt und potenziell auch verschiebt. Aus einer aufführungsanalytischen Warte werden vor allem unsere verkörperten Wahrnehmungspositionen diskutierbar, die sich keineswegs abstrakt und regelhaft, sondern immer in einer bestimmten diskursiven Figuration bzw. zwischen konkreten, kulturell markierten Perspektiven abspielen. Im Spiel der Blicke ist jede Position raumzeitlich, physisch und soziokulturell personifiziert oder im Falle von körperlosen Blicken subjektivierbar. Ohne die kulturkonstitutive und -kritische Relevanz dieser Partikularität zu überschätzen, scheint es in der zeitgenössischen Aufführungskunst und einer globalisierten Kultur entscheidend zu sein, repräsentationspolitische Fragen in singulären Blickakten zu erwägen und unsere soziokulturelle Handlungsmacht in situativ bedingten Sehrelationen zu fokussieren.

Hegemoniale Wertordnungen reglementieren zwar soziale Sichtbarkeit und gesellschaftliche Identität weitgehend, sie sind aber nicht unabhängig von den Betrachterperspektiven zu denken. Diese implizieren auf der physisch-räumlichen und sensomotorischen Ebene der Partizipation elementare Differenzen und sind in beständiger Wechselwirkung mit den dominanten Blicknormen, deren ›Assimilierbarkeit‹ und Gültigkeit mit jeder partikularen Aushandlung verschoben werden. Da jeder Einzelne »von einer anderen Position aus sieht und hört«[3], erweist sich die raumzeitliche Differenzialität der Betrachtersubjekte als elementare Signatur sozialen Handelns. Selbst die diskursiv fest verankerten und habitualisierten Praktiken der Intersubjektivität sind auf Aktualisierungen und deren Wahrnehmung angewiesen, die die Geltungsmacht einer vermeintlich majoritären Position durchkreuzen und bis zu einem gewissen Grad formieren und verschieben müssen.

Ohne die handlungspraktische Reichweite besagter Partikularität des Sehens übermäßig aufzuwerten, sei auf das wissenschaftliche Desiderat dieses kulturtheoretischen Aspekts hingewiesen. Die kritische Potenz des ephemeren Blicks, die intersubjektiv verhandelt wird, geht nicht notwendig im Akt seiner Aushandlung auf, sofern er die künftige Geschichte individueller Identifizierungen und zwischenmenschlicher Sehhandlungen prägen kann.

Theateraufführungen verschalten normative und potenzielle Blickstrategien; dennoch fallen die bisherigen Analysekonzepte ästhetischer und sozialer Blickwirkungen mangelhaft aus: Während die Performancetheoretikerin Peggy Phelan von

2 | Engel, *Wider die Eindeutigkeit*, a.a.O., S. 93.

3 | Arendt, *Vita activa*, a.a.O., S. 71.

einem *einmaligen* Tausch der Blicke in der Performance ausgeht und die *Singularität* sozialer (Re-)Präsentierbarkeit aufwertet,[4] favorisieren Gerald Siegmund und André Eiermann Erfahrungsmomente, in denen man aus einer Leere, aus einer Absenz erblickt wird und in denen sich keine Blickinteraktion vollzieht.[5] Doch insofern diese Dimensionen sich in kopräsentischen Blickwechseln jeweils verschränken, zeigen jene Konzepte notwendig ihre Grenzen auf, sobald man den Spannungsbezug zwischen Gegenwärtigem und Virtuellem, Sichtbarem und Unsichtbarem in den Fokus nimmt. In Aufführungen des Gegenwartstheaters ist gerade die Kopplung von dominanten und partikularen, kollektiven und individuellen Blickhandlungen von Belang. Ihre Aufdeckung konturiert neue Richtlinien eines aufführungsanalytischen Ansatzes und erfordert eine entsprechende Weitung des Analysehorizonts.

---

4 | Phelan schließt die Verknüpfung von Performance und Normierung, Präsenz und Wiederholung bereits im Auftakt ihrer Argumentation radikal aus: »The pleasure of resemblance and repetition produces both psychic assurance and political fetishization. Representation reproduces the Other as the Same. Performance, insofar as it can be defined as representation without reproduction [...].« Phelan, *Unmarked*, a.a.O., S. 3.

5 | Vgl. v.a. Eiermanns Ausführungen zum Thema ›Abwesender Blick und erblickte Abwesenheit‹ sowie Siegmunds Konzept des Angeblicktseins, nach dem der Zuschauer zunächst von einer Abwesenheit, Latenz oder dem aufscheinenden Tod her visuell erfasst wird. Vgl. Eiermann, *Postspektakuläres Theater*, a.a.O., S. 172-176; Siegmund, *Abwesenheit*, a.a.O., S. 206 bzw. ders., »Bewegung als Wiederherstellungsversuch«, a.a.O., S. 275.

IX. Literatur

Abramović, Marina: *Artist Body. Performances 1969 – 1997*, Milano: Charta 1998.

Adam, Meike: »Soziomotorische Resonanz. Spiegelneuronen und ihre mögliche Bedeutung für menschliche Kommunikation«, in: Lichau, Karsten/Tkaczyk, Viktoria/Wolf, Rebecca (Hg.): *Resonanz. Potentiale einer akustischen Figur*, München: Wilhelm Fink 2009, S. 325-338.

Adorján, Johanna: »Die Bühnenbildnerin Katrin Brack schafft aus Konfetti, Nebel oder Seifenschaum einzigartige Theaterräume«, in: *Frankfurter Allgemeine Sonntagszeitung*, 23. April 2006, S. 16.

Adorno, Theodor W.: »Schönberg: Von heute auf morgen, op. 32 (I)«, in: ders.: *Gesammelte Schriften. Bd. 18. Musikalische Schriften V*, Frankfurt a.M.: Suhrkamp 1984, S. 376-381.

Alberti, Leon Battista: *Kleinere kunsttheoretische Schriften*, Osnabrück: Otto Zeller 1970.

Althusser, Louis: »Ideologie und ideologische Staatsapparate (Anmerkungen über eine Untersuchung)«, in: ders.: *Ideologie und ideologische Staatsapparate. Aufsätze zur marxistischen Staatstheorie*, Hamburg, Westberlin: Verlag für das Studium der Arbeiterbewegung 1977, S. 108-153.

Anders, Sonja: »Mitte-Rampe-Vorn: Jedem sein Regietheater. Über Zuschauerreaktionen auf Thalheimer-Inszenierungen«, in: Gutjahr, Ortrud (Hg.): *Regietheater! Wie sich über Inszenierungen streiten lässt*, Würzburg: Königshausen & Neumann 2008, S. 115-122.

Apter, Emily/Pietz, William (Hg.): *Fetishism as Cultural Discourse*, Ithaca, London: Cornell University Press 1993.

Arendt, Hannah: *Vita Activa oder Vom tätigen Leben*, München, Zürich: R. Piper & Co. 1987.

Argyle, Michael: *Körpersprache & Kommunikation*, Paderborn: Junfermann 1987.

Argyle, Michael/Cook, Mark: *Gaze and mutual gaze*, Cambridge: Cambridge University Press 1976.

Aristoteles: *Physik. Vorlesung über Natur. Zweiter Halbband: Bücher V–VIII*, Hamburg: Felix Meiner 1988.

Aristoteles: *Rhetorik*, München: Wilhelm Fink 1993.

Atack, Tim: »I Wanna Hold Your Hand«, in: www.liveartuk.org/writingfromliveart/indexoc8e.html, 08. August 2011, o.S.

Auslander, Philip: *Liveness: Performance in a Mediatized Culture*, New York: Routledge 1999.

Auslander, Philip: »Zur Performativität der Performancedokumentation«, in: Clausen, Barbara (Hg.): *After the Act. Die (Re)Präsentation der Performancekunst*, Wien: Museum Moderner Kunst Stiftung Ludwig 2005, S. 21-34.

Bak, Robert C.: »Fetischismus«, in: Pontalis, Jean-Bertrand (Hg.): *Objekte des Fetischismus*, Frankfurt a.M.: Suhrkamp 1972, S. 113-129.

Bal, Mieke: *Kulturanalyse*, Frankfurt a.M.: Suhrkamp 2006.

Bal, Mieke: »Looking at Love: An Ethics of Vision«, in: *Diacritics* 27.1 (1997), S. 59-72.

Bal, Mieke: »*Mise en scène*: Zur Inszenierung von Subjektivität«, in: Früchtl, Josef/ Zimmermann, Jörg (Hg.): *Ästhetik der Inszenierung. Dimensionen eines künstlerischen, kulturellen und gesellschaftlichen Phänomens*, Frankfurt a.M.: Suhrkamp 2001, S. 198-221.

Bal, Mieke: *Narratology: Introduction to the Theory of Narrative*, Toronto, Buffalo, London: University of Toronto Press 1985.

Bal, Mieke: »Reading the Gaze: The Construction of Gender in ›Rembrandt‹«, in: Melville, Stephen/Readings, Bill (Hg.): *Vision & Textuality*, Durham: Duke University Press 1995, S. 147-173.

Bal, Mieke: »The Commitment to Look«, in: *Journal of Visual Culture* 4.2 (2005), S. 145-162.

Bal, Mieke: »Visual Essentialism and the Object of Visual Culture«, in: *Journal of Visual Culture* 2.1 (2003), S. 5-32.

Baraldi, Claudio: »Doppelte Kontingenz«, in: ders./Corsi, Giancarlo/Esposito, Elena (Hg.): *GLU. Glossar zu Niklas Luhmanns Theorie sozialer Systeme*, Frankfurt a.M.: Suhrkamp 1998, S. 37-39.

Barthes, Roland: »Auge in Auge«, in: ders.: *Der entgegenkommende und der stumpfe Sinn*, Frankfurt a.M.: Suhrkamp 1990, S. 315-319.

Barthes, Roland: »Die Fotografie als Botschaft«, in: ders.: *Der entgegenkommende und der stumpfe Sinn*, Frankfurt a.M.: Suhrkamp 1990, S. 11-27.

Barthes, Roland: *Die helle Kammer. Bemerkungen zur Photographie*, Frankfurt a.M.: Suhrkamp 1989.

Barthes, Roland: »Die Rauheit der Stimme«, in: ders.: *Der entgegenkommende und der stumpfe Sinn*, Frankfurt a.M.: Suhrkamp 1990, S. 269-278.

Bartolomeo, Christina di: *Antipornographie*, München: GRIN 2002.

Baßler, Moritz/Gruber, Bettina/Wagner-Egelhaaf, Martina: »Einleitung«, in: dies. (Hg.): *Gespenster. Erscheinungen – Medien – Theorien*, Würzburg: Königshausen & Neumann 2005, S. 9-21.

Bastian, Till: *Der Blick, die Scham, das Gefühl. Eine Anthropologie des Verkannten*, Göttingen: Vandenhoeck & Ruprecht 1998.

Bataille, Georges: »Die Geschichte des Auges«, in: ders.: *Das obszöne Werk*, Reinbek b.H.: Rowohlt 1972, S. 6-53.

Bazin, André: *Was ist Film?*, Berlin: Alexander 2004.

Behrend, Heike: »Bilder einer afrikanischen Moderne. Populäre Fotografie in Kenia«, in: dies./Wendl, Tobias (Hg.): *Snap me one! Studiofotografien in Afrika. Ausstellungskatalog Münchener Stadtmuseum*, München: Prestel 1998, S. 24-28.

Bel, Jérôme: »›... die erste Geste der Repräsentation‹. Drei Fragen zum Vorhang an Jérôme Bel«, in: Brandstetter, Gabriele/Peters, Sibylle (Hg.): *Szenen des Vorhangs – Schnittflächen der Künste*, Freiburg i.Br.: Rombach 2008, S. 149-157.

Bel, Jérôme/Ritsema, Jan: »Their job is not to dance, but to watch other people dancing – if they dance«, in: Hochmuth, Martina/Kruschkova, Krassimira/ Schöllhammer, Georg (Hg.): *›It takes place when it doesn't‹. On Dance and Performance Since 1989*, Frankfurt a.M.: Revolver 2006, S. 28-38.

Belting, Hans: *Bildanthropologie. Entwürfe für eine Bildwissenschaft*, München: Wilhelm Fink 2001.

Belting, Hans: »Blickwechsel mit Bildern. Die Bilderfrage als Körperfrage«, in: ders. (Hg.): *Bilderfragen. Die Bildwissenschaften im Aufbruch*, München: Wilhelm Fink 2007, S. 49-75.

Belting, Hans: »Die Herausforderung der Bilder. Ein Plädoyer und eine Einführung«, in: ders. (Hg.): *Bilderfragen. Die Bildwissenschaften im Aufbruch*, München: Wilhelm Fink 2007, S. 11-21.

Belting, Hans: »Echte Bilder und falsche Körper – Irrtümer über die Zukunft des Menschen«, in: Maar, Christa/Burda, Hubert (Hg.): *Iconic Turn. Die neue Macht der Bilder*, Köln: DuMont 2004, S. 350-364.

Belting, Hans: *Florenz und Bagdad. Eine westöstliche Geschichte des Blicks*, München: C. H. Beck 2008.

Belting, Hans: »Zur Ikonologie des Blicks«, in: Wulf, Christoph/Zirfas, Jörg (Hg.): *Ikonologie des Performativen*, München: Wilhelm Fink 2005, S. 50-58.

Benjamin, Walter: *Das Kunstwerk im Zeitalter seiner technischen Reproduzierbarkeit*, Frankfurt a.M.: Suhrkamp 1977.

Benjamin, Walter: »Malerei und Graphik«, in: ders.: *Gesammelte Schriften. Bd. II/2*, Frankfurt a.M.: Suhrkamp 1977, S. 602-603.

Bentham, Jeremy: *The Panopticon Writings*, London: Verso 1995.

Berger, John: *Sehen. Das Bild der Welt in der Bilderwelt*, Reinbek b.H.: Rowohlt 1974.

Bersani, Leo: *The Freudian Body: Psychoanalysis and Art*, Columbia: Columbia University Press 1986.

Biedermann, Hans: »Auge«, in: ders.: *Knaurs Lexikon der Symbole*, München: Droemer Knaur 1989, S. 42-44.

Bieger, Laura: *Ästhetik der Immersion. Raum-Erleben zwischen Welt und Bild. Las Vegas, Washington und die White City*, Bielefeld: transcript 2007.

Bielefeld, Ulrich: »Exklusive Gesellschaft und inklusive Demokratie. Zur gesellschaftlichen Stellung und Problematisierung des Fremden«, in: Janz, Rolf-

Peter (Hg.): *Faszination und Schrecken des Fremden*, Frankfurt a.M.: Suhrkamp 2001, S. 19-51.

Biernoff, Suzannah: »Carnal Relations: Embodied Sight in Merleau-Ponty, Roger Bacon and St Francis«, in: *Journal of Visual Culture* 4.1 (2005), S. 39-52.

Biesenbach, Klaus (Hg.): *Marina Abramović: The Artist is Present*, New York: Museum of Modern Art 2010.

Birkenhauer, Theresia: »Bild – Beschreibung. Das Auge der Sprache«, in: Haß, Ulrike (Hg.): *Heiner Müller – Bildbeschreibung. Ende der Vorstellung*, Berlin: Theater der Zeit 2005, S. 93-111.

Bismarck, Beatrice von: »Hoffnungsträger – Foucault und de Certeau«, in: *Texte zur Kunst* 12.3 (2002), S. 137-139.

Blanchot, Maurice: *Die wesentliche Einsamkeit*, Berlin: Henssel 1959.

Bleeker, Maaike: »Visualität als Ereignis«, in: Röttger, Kati/Jackob, Alexander (Hg.): *Theater und Bild. Inszenierungen des Sehens*, Bielefeld: transcript 2009, S. 77-91.

Bleeker, Maaike: *Visuality in the Theatre. The Locus of Looking*, Basingstoke: Palgrave Macmillan 2008.

Blumenberg, Hans: »Paradigmen zu einer Metaphorologie«, in: *Archiv für Begriffsgeschichte* 6 (1960), S. 1-147.

Blümle, Claudia/Heiden, Anna von der (Hg.): *Blickzähmung und Augentäuschung. Zu Jacques Lacans Bildtheorie*, Zürich, Berlin: diaphanes 2005.

Boehm, Gottfried: »Die Wiederkehr der Bilder«, in: ders. (Hg.): *Was ist ein Bild?*, München: Wilhelm Fink 1994, S. 11-38.

Boehm, Gottfried: *Studien zur Perspektivität. Philosophie und Kunst in der frühen Neuzeit*, Heidelberg: Carl Winter 1969.

Böhme, Gernot: *Aisthetik. Vorlesungen über Ästhetik als allgemeine Wahrnehmungslehre*, München: Wilhelm Fink 2001.

Böhme, Hartmut: *Fetischismus und Kultur. Eine andere Theorie der Moderne*, Reinbek b.H.: Rowohlt 2006.

Böhme, Hartmut: *Natur und Subjekt*, Frankfurt a.M.: Suhrkamp 1988.

Bolla, Peter de: »The Visibility of Visuality: Vauxhall Gardens and the Siting of the Viewer«, in: Melville, Stephen/Readings, Bill (Hg.): *Vision & Textuality*, Durham: Duke University Press 1995, S. 282-295.

Borch-Jacobsen, Mikkel: *The Emotional Tie. Psychoanalysis, Mimesis, and Affect*, Stanford: Stanford University Press 1993.

Bourriaud, Nicolas: *Relational Aesthetics*, Dijon-Quetigny: les presses du réel 2002.

Božovic, Miran: »Benthams Panoptikon und die Ontologie der Fiktionen«, in: ders./Miller, Jacques-Alain/Salecl, Renata (Hg.): *Utilitarismus*, Wien: Turia und Kant 1996, S. 52-86.

Brack, Katrin: *Bühnenbild/Stages*, Berlin: Theater der Zeit 2010.

Brandl-Risi, Bettina: »Tableau vivant«, in: Fischer-Lichte, Erika/Kolesch, Doris/Warstat, Matthias (Hg.): *Metzler Lexikon Theatertheorie*, Stuttgart, Weimar: J. B. Metzler 2005, S. 325-327.

Brändle, Ilka: »Das Foto als Bildobjekt. Aspekte einer Medienanthropologie«, in: Belting, Hans (Hg.): *Bilderfragen. Die Bildwissenschaften im Aufbruch*, München: Wilhelm Fink 2007, S. 83-100.

Brandstetter, Gabriele: »Figuration der Unschärfe. Der (un)beteiligte Betrachter«, in: *Texte zur Kunst* 15.2 (2005), S. 75-79.

Brandstetter, Gabriele: »Schwarm und Schwärmer. Übertragungen in/als Choreographie«, in: dies./Brandl-Risi, Bettina/Eikels, Kai van (Hg.): *Schwarm(E)Motion. Bewegung zwischen Affekt und Masse*, Freiburg i.Br., Berlin, Wien: Rombach 2007, S. 65-91.

Brandstetter, Gabriele: »Selbst-Beschreibung. Performance im Bild«, in: Fischer-Lichte, Erika/Kreuder, Friedemann/Pflug, Isabel (Hg.): *Theater seit den 60er Jahren. Grenzgänge der Neo-Avantgarde*, Tübingen, Basel: A. Francke 1998, S. 92-134.

Brandstetter, Gabriele/Brandl-Risi, Bettina/Eikels, Kai van (Hg.): *Schwarm(E)Motion. Bewegung zwischen Affekt und Masse*, Freiburg i.Br., Berlin, Wien: Rombach 2007.

Brandstetter, Gabriele/Brandl-Risi, Bettina/Eikels, Kai van/Zellmann, Ulrike: »Übertragungen. Eine Einleitung«, in: Brandstetter, Gabriele/Brandl-Risi, Bettina/Eikels, Kai van (Hg.): *Schwarm(E)Motion. Bewegung zwischen Affekt und Masse*, Freiburg i.Br., Berlin, Wien: Rombach 2007, S. 7-61.

Braun, Christina von: »Ceci n'est pas une femme. Betrachten, Begehren, Berühren – von der Macht des Blicks«, in: *Lettre International* 25 (1994), S. 80-84.

Bredekamp, Horst: »Drehmomente – Merkmale und Ansprüche des Iconic Turn«, in: Maar, Christa/Burda, Hubert (Hg.): *Iconic Turn. Die neue Macht der Bilder*, Köln: DuMont 2004, S. 15-26.

Bredekamp, Horst: *Theorie des Bildakts. Frankfurter Adorno-Vorlesungen 2007*, Berlin: Suhrkamp 2010.

Bronfen, Elisabeth: »Killing Gazes, Killing in the Gaze: On Michael Powell's *Peeping Tom*«, in: Salecl, Renata/Žižek, Slavoj (Hg.): *Gaze and Voice As Love Objects*, Durham, London: Duke University Press 1996, S. 59-89.

Bryson, Norman: *Das Sehen und die Malerei. Die Logik des Blicks*, München: Wilhelm Fink 2001.

Bryson, Norman: »The Gaze in the Expanded Field«, in: Foster, Hal (Hg.): *Vision and Visuality. Discussions in Contemporary Culture. Nr. 2*, Seattle: Bay Press 1988, S. 87-108.

Bullough, Vern L./Bullough, Bonnie: *Cross Dressing, Sex, and Gender*, Philadelphia: University of Pennsylvania Press 1993.

Burgin, Victor: »Geometry and Abjection«, in: Fletcher, John/Benjamin, Andrew (Hg.): *Abjection, Melancholia, and Love: The Work of Julia Kristeva*, New York: Routledge 1990, S. 104-123.

Butler, Judith: *Das Unbehagen der Geschlechter*, Frankfurt a.M.: Suhrkamp 1991.

Butler, Judith: *Die Macht der Geschlechternormen und die Grenzen des Menschlichen*, Frankfurt a.M.: Suhrkamp 2009.

Butler, Judith: *Gefährdetes Leben. Politische Essays*, Frankfurt a.M.: Suhrkamp 2005.

Butler, Judith: *Haß spricht. Zur Politik des Performativen*, Frankfurt a.M.: Suhrkamp 2006.

Butler, Judith: *Körper von Gewicht. Die diskursiven Grenzen des Geschlechts*, Frankfurt a.M.: Suhrkamp 1997.

Butler, Judith: *Psyche der Macht. Das Subjekt der Unterwerfung*, Frankfurt a.M.: Suhrkamp 2001.

Butler, Judith/Žižek, Slavoj/Laclau, Ernesto/Critchley, Simon (Hg.): *Das Undarstellbare der Politik. Zur Hegemonietheorie Ernesto Laclaus*, Wien: Turia und Kant 1998.

Campbell, Kirsten: *Jacques Lacan and Feminist Epistemology*, London, New York: Routledge 2004.

Cassirer, Ernst: *Philosophie der symbolischen Formen. Zweiter Teil: Das mythische Denken*, Darmstadt: Wissenschaftliche Buchgesellschaft 1969.

Charmatz, Boris: »Aatt enen tionon [Informationstext aus der Pressemappe der Produktion]«, S. 3.

Clausberg, Karl: »›Wozu hat der Mensch zwei Augen?‹ Der Mythos der Perspektive«, in: Müller-Funk, Wolfgang/Reck, Hans-Ulrich (Hg.): *Inszenierte Imagination. Beiträge zu einer historischen Anthropologie der Medien*, Wien, New York: Springer 1996, S. 163-183.

Cohen, Tom: »Beyond ›The Gaze‹: Žižek, Hitchcock, and the American Sublime«, in: *American Literary History* 7.2 (1995), S. 350-378.

Cowie, Elizabeth: *Representing the Woman: Cinema and Psychoanalysis*, Minneapolis: University of Minnesota Press 1997.

Crary, Jonathan: *Techniken des Betrachters. Sehen und Moderne im 19. Jahrhundert*, Dresden, Basel: Verlag der Kunst 1990.

Cremonini, Andreas: *Die Durchquerung des Cogito. Lacan contra Sartre*, München: Wilhelm Fink 2003.

Curtis, Robin: »Einführung in die Einfühlung«, in: dies./Koch, Gertrud (Hg.): *Einfühlung. Zu Geschichte und Gegenwart eines ästhetischen Konzepts*, München: Wilhelm Fink 2009, S. 11-29.

Curtis, Robin/Koch, Gertrud (Hg.): *Einfühlung. Zu Geschichte und Gegenwart eines ästhetischen Konzepts*, München: Wilhelm Fink 2009.

Czirak, Adam: »Das Paradox des Zuschauers. Argumente für eine rezeptionsästhetische Schauspieltheorie«, in: Roselt, Jens/Weiler, Christel (Hg.): *Schauspielen heute. Die Bildung des Menschen in den performativen Künsten*, Bielefeld: transcript 2011, S. 53-72.

Damisch, Hubert: *The Origin of Perspective*, Cambridge, London: The MIT Press 1995.

Danto, Arthur C.: *Jean-Paul Sartre*, Göttingen: Steidl 1997.

de Certeau, Michel: *Kunst des Handelns*, Berlin: Merve 1988.

de Man, Paul: *Allegorien des Lesens*, Frankfurt a.M.: Suhrkamp 1988.

de Man, Paul: *Die Ideologie des Ästhetischen*, Frankfurt a.M.: Suhrkamp 1993.

Debord, Guy: *Die Gesellschaft des Spektakels*, Berlin: Edition TIAMAT 1996.

Deleuze, Gilles: »Begehren und Lust«, in: Balke, Friedrich/Vogl, Joseph (Hg.): *Gilles Deleuze. Fluchtlinien der Philosophie*, München: Wilhelm Fink 1996, S. 230-240.

Derrida, Jacques: *Marx' Gespenster. Der Staat der Schuld, die Trauerarbeit und die neue Internationale*, Frankfurt a.M.: Suhrkamp 2004.

Diderot, Denis: »Von der dramatischen Dichtkunst«, in: Petermann, Renate/Springborn, Peter-Volker (Hg.): *Theater und Aufklärung. Dokumentation zur Ästhetik des französischen Theaters im 18. Jahrhundert*, Berlin: Henschelverlag 1979, S. 222-324.

Didi-Huberman, Georges: *Was wir sehen blickt uns an. Zur Metapsychologie des Bildes*, München: Wilhelm Fink 1999.

Dikovitskaya, Margaret: *Visual Culture. The Study of the Visual after the Cultural Turn*, Cambridge, Massachusetts, London: The MIT Press 2005.

Doane, Mary Ann: »Film und Maskerade: Zur Theorie des weiblichen Zuschauers«, in: Weissberg, Liliane (Hg.): *Weiblichkeit als Maskerade*, Frankfurt a.M.: Fischer 1994, S. 66-89.

Doane, Mary Ann: *The Desire to Desire: The Woman's Film of the 1940s*, Houndmills: Macmillan Press 1987.

Dobbe, Martina: »Video – the aesthetics of voyeurism? Zur medialen Struktur des Blicks in der frühen Videokunst«, in: Hartl, Lydia/Hoffmann, Yasmin/Hülk, Walburga/Roloff, Volker (Hg.): *Die Ästhetik des Voyeur*, Heidelberg: Winter 2003, S. 5-17.

Dolar, Mladen: »Die Maschine des Genießens«, in: Pfaller, Robert (Hg.): *Interpassivität. Studien über delegiertes Genießen*, Wien, New York: Springer 2000, S. 85-106.

Dolar, Mladen: »Ein Vater, der nicht ganz tot ist«, in: ders./Žižek, Slavoj/Zupancic, Alenka/Pelko, Stojan/Božovic, Miran/Salecl, Renata (Hg.): *Was Sie immer schon über Lacan wissen wollten und Hitchcock nie zu fragen wagten*, Frankfurt a.M.: Suhrkamp 2002, S. 139-146.

Dolar, Mladen: *His Master's Voice. Eine Theorie der Stimme*, Frankfurt a.M.: Suhrkamp 2007.

Dolar, Mladen: »Jenseits der Anrufung«, in: Žižek, Slavoj (Hg.): *Gestalten der Autorität. Seminar der Laibacher Lacan-Schule*, Wien: Hora 1991, S. 9-25.

Dolar, Mladen: »The Object Voice«, in: Salecl, Renata/Žižek, Slavoj (Hg.): *Gaze and Voice As Love Objects*, Durham, London: Duke University Press 1996, S. 7-31.

Dreyfus, Hubert L./Rabinow, Paul: *Michel Foucault: Beyond Structuralism and Hermeneutics*, Brighton, Sussex: Harvester Press 1982.

Dubois, Philippe: *Der fotografische Akt. Versuch über ein theoretisches Dispositiv*, Amsterdam, Dresden: Verlag der Kunst 1998.

Dünne, Jörg: »Soziale Räume. Einleitung«, in: ders./Günzel, Stephan (Hg.): *Raumtheorie. Grundlagentexte aus Philosophie und Kulturwissenschaften*, Frankfurt a.M.: Suhrkamp 2006, S. 289-303.

Eggs, Ekkehard: »Metapher«, in: Ueding, Gert (Hg.): *Historisches Wörterbuch der Rhetorik*, Tübingen: Max Niemeyer 2001, S. 1099-1183.

Eggs, Ekkehard: »Metonymie«, in: Ueding, Gert (Hg.): *Historisches Wörterbuch der Rhetorik*, Tübingen: Max Niemeyer 2001, S. 1196-1223.

Ehlich, Konrad/Rehbein, Jochen: *Augenkommunikation. Methodenreflexion und Beispielanalyse*, Amsterdam: Benjamins 1982.

Eiermann, André: *Postspektakuläres Theater. Die Alterität der Aufführung und die Entgrenzung der Künste*, Bielefeld: transcript 2009.

Eikels, Kai van: *Die Kunst des Kollektiven. Performance zwischen Theater, Politik und Sozio-Ökonomie*, München: Wilhelm Fink 2012.

Eikels, Kai van: »Schwärme, Smart Mobs, verteilte Öffentlichkeiten. Bewegungsmuster als soziale und politische Organisation?«, in: Brandstetter, Gabriele/ Wulf, Christoph (Hg.): *Tanz als Anthropologie*, München: Wilhelm Fink 2007, S. 33-63.

Elkins, James: *Visual Studies. A Skeptical Introduction*, New York, London: Routledge 2003.

Engel, Antke: *Wider die Eindeutigkeit. Sexualität und Geschlecht im Fokus queerer Politik der Repräsentation*, Frankfurt a.M., New York: Campus 2002.

Evans, Dylan: »andere/Andere«, in: ders.: *Wörterbuch der Lacanschen Psychoanalyse*, Wien: Turia und Kant 2002, S. 38-40.

Evans, Dylan: »Begehren«, in: ders.: *Wörterbuch der Lacanschen Psychoanalyse*, Wien: Turia und Kant 2002, S. 53-58.

Evans, Dylan: »Das Imaginäre«, in: ders.: *Wörterbuch der Lacanschen Psychoanalyse*, Wien: Turia und Kant 2002, S. 146-148.

Evans, Dylan: »Identifizierung«, in: ders.: *Wörterbuch der Lacanschen Psychoanalyse*, Wien: Turia und Kant 2002, S. 143-146.

Evans, Dylan: »real/das Reale«, in: ders.: *Wörterbuch der Lacanschen Psychoanalyse*, Wien: Turia und Kant 2002, S. 250-253.

Faluhelyi, Krisztián: »Díszletszínház, politikai színház – csillogás és pompa [Bühnentheater, politisches Theater – Glitzer und Glanz. Bericht vom Berliner Theatertreffen 2007]«, in: *Színház* 40.9 (2007), S. 55-59.

Fauser, Markus: »Chiasmus«, in: Ueding, Gert (Hg.): *Historisches Wörterbuch der Rhetorik*, Tübingen: Max Niemeyer 1994, S. 171-173.

Fenichel, Otto: »Schautrieb und Identifizierung«, in: *Internationale Zeitschrift für Psychoanalyse* 21.4 (1935), S. 561-583.

Féral, Josette: »Theatricality: The Specificity of Theatrical Language«, in: *SubStance* 98/99 (2002), S. 94-108.

Ferenczi, Sándor: »Zur Augensymbolik«, in: *Internationale Zeitschrift für Psychoanalyse* 1 (1913), S. 161-164.

Ferris, Lesley: »Introduction. Current Crossings«, in: ders. (Hg.): *Crossing the Stage: Controversies on Cross-Dressing*, London, New York: Routledge 1993, S. 1-19.

Fichte, Johann Gottlieb: *Grundlage des Naturrechts nach Prinzipien der Wissenschaftslehre*, Hamburg: Felix Meiner 1979.

Fischer-Lichte, Erika: *Ästhetik des Performativen*, Frankfurt a.M.: Suhrkamp 2004.

Fischer-Lichte, Erika: »Ästhetische Erfahrung als Schwellenerfahrung«, in: Küpper, Joachim/Menke, Christoph (Hg.): *Dimensionen ästhetischer Erfahrung*, Frankfurt a.M.: Suhrkamp 2003, S. 138-161.

Fischer-Lichte, Erika: »Auf der Schwelle. Ästhetische Erfahrung in Aufführungen«, in: Gehm, Sabine/Husemann, Pirkko/Wilcke, Katharina von (Hg.): *Wissen in Bewegung. Perspektiven der künstlerischen und wissenschaftlichen Forschung im Tanz*, Bielefeld: transcript 2007, S. 239-246.

Fischer-Lichte, Erika: »Einleitende Thesen zum Aufführungsbegriff«, in: dies./Risi, Clemens/Roselt, Jens (Hg.): *Kunst der Aufführung – Aufführung der Kunst*, Berlin: Theater der Zeit 2004, S. 11-26.

Fischer-Lichte, Erika: »Einleitung: Theatralität als kulturelles Modell«, in: dies./Horn, Christian/Umathum, Sandra/Warstat, Matthias (Hg.): *Theatralität als Modell in den Kulturwissenschaften*, Tübingen, Basel: A. Francke 2004, S. 7-26.

Fischer-Lichte, Erika: »Es werde Licht! Die Entstehung des Raumes aus dem Licht im Theater – Licht als Mittel der theatralen Inszenierung«, in: www.fu-berlin.de/presse/publikationen/fundiert/archiv/2003_01/03_01_fischer_lichte/index.html, 08. August 2011, o.S.

Fischer-Lichte, Erika: »Grenzgänge und Tauschhandel. Auf dem Wege zu einer performativen Kultur«, in: Wirth, Uwe (Hg.): *Performanz. Zwischen Sprachphilosophie und Kulturwissenschaften*, Frankfurt a.M.: Suhrkamp 2002, S. 277-300.

Fischer-Lichte, Erika: »Inszenierung und Theatralität«, in: Willems, Herbert/Jurga, Martin (Hg.): *Inszenierungsgesellschaft. Ein einführendes Handbuch*, Opladen: Westdeutscher Verlag 1998, S. 81-90.

Fischer-Lichte, Erika: »Performance Art – Experiencing Liminality«, in: Abramović, Marina (Hg.): *Seven Easy Pieces*, Mailand: Charta 2007, S. 33-45.

Fischer-Lichte, Erika: »Performativität/performativ«, in: dies./Kolesch, Doris/Warstat, Matthias (Hg.): *Metzler Lexikon Theatertheorie*, Stuttgart, Weimar: J. B. Metzler 2005, S. 234-242.

Fischer-Lichte, Erika: »*Rite de passage* im Spiel der Blicke«, in: Gernig, Kerstin (Hg.): *Fremde Körper. Zur Konstruktion des Anderen im europäischen Diskurs*, Berlin: dahlem university press 2001, S. 297-315.

Fischer-Lichte, Erika: *The Show and the Gaze of Theatre. A European Perspective*, Iowa City: University of Iowa Press 1997.

Fischer-Lichte, Erika: »Verkörperung/Embodiment. Zum Wandel einer alten theaterwissenschaftlichen in eine neue kulturwissenschaftliche Kategorie«, in: dies./Horn, Christian/Warstat, Matthias (Hg.): *Verkörperung*, Tübingen, Basel: A. Francke 2001, S. 11-25.

Fischer-Lichte, Erika: »Zuschauen als Ansteckung«, in: dies./Schaub, Mirjam/Suthor, Nicola (Hg.): *Ansteckung. Zur Körperlichkeit eines ästhetischen Prinzips*, München: Wilhelm Fink 2005, S. 35-50.

Fischer-Lichte, Erika/Kreuder, Friedemann/Pflug, Isabel (Hg.): *Theater seit den 60er Jahren. Grenzgänge der Neo-Avantgarde*, Tübingen, Basel: A. Francke 1998.

Fiske, John: »Moments of Television: Neither the Text nor the Audience«, in: Seiter, Ellen/Borchers, Hans/Kreutzner, Gabriele/Warth, Eva-Maria (Hg.): *Remote Control. Television, Audiences, and Cultural Power*, London, New York: Routledge 1989, S. 56-78.

Fletcher, John/Benjamin, Andrew (Hg.): *Abjection, Melancholia, and Love: The Work of Julia Kristeva*, New York: Routledge 1990.

Flynn, Thomas R.: »Foucault and the Eclipse of Vision«, in: Levin, David Michael (Hg.): *Modernity and the Hegemony of Vision*, Berkeley, Los Angeles, London: University of California Press 1993, S. 273-286.

Foellmer, Susanne: *Am Rand der Körper. Inventuren des Unabgeschlossenen im zeitgenössischen Tanz*, Bielefeld: transcript 2009.

Foster, Hal: *The Return of the Real. The Avant-Garde at the End of the Century*, Cambridge, Massachusetts, London: The MIT Press 1996.

Foucault, Michel: »Das Auge der Macht (Gespräch)«, in: ders.: *Schriften in vier Bänden, Bd. III. (1976-1979)*, Frankfurt a.M.: Suhrkamp 2003, S. 250-271.

Foucault, Michel: »Das Spiel des Michel Foucault (Gespräch)«, in: ders.: *Schriften in vier Bänden, Bd. III. (1976-1979)*, Frankfurt a.M.: Suhrkamp 2003, S. 391-429.

Foucault, Michel: *Der Wille zum Wissen. Sexualität und Wahrheit 1*, Frankfurt a.M.: Suhrkamp 1983.

Foucault, Michel: *Die Geburt der Klinik. Eine Archäologie des ärztlichen Blicks*, Frankfurt a.M.: Fischer 1988.

Foucault, Michel: *Überwachen und Strafen. Die Geburt des Gefängnisses*, Frankfurt a.M.: Suhrkamp 1994.

Foucault, Michel: »Wie wird Macht ausgeübt?«, in: Dreyfus, Hubert L./Rabinow, Paul: *Michel Foucault. Jenseits von Strukturalismus und Hermeneutik*, Frankfurt a.M.: Athenäum 1987, S. 251-261.

Freud, Sigmund: »Das Medusenhaupt«, in: ders.: *Gesammelte Werke. Bd. XVII. Schriften aus dem Nachlass*, Frankfurt a.M.: Fischer 1941, S. 45-48.

Freud, Sigmund: »Das Unheimliche«, in: ders.: *Studienausgabe. Bd. IV. Psychologische Schriften*, Frankfurt a.M.: Fischer 2000, S. 241-274.

Freud, Sigmund: »Die Ichspaltung im Abwehrvorgang«, in: ders.: *Studienausgabe. Bd. III. Psychologie des Unbewußten*, Frankfurt a.M.: Fischer 2000, S. 389-394.

Freud, Sigmund: »Drei Abhandlungen zur Sexualtheorie«, in: ders.: *Studienausgabe. Bd. V. Sexualleben*, Frankfurt a.M.: Fischer 2000, S. 37-145.

Freud, Sigmund: »Fetischismus«, in: ders.: *Studienausgabe. Bd. III. Psychologie des Unbewußten*, Frankfurt a.M.: Fischer 2000, S. 379-388.

Freud, Sigmund: »Massenpsychologie und Ich-Analyse«, in: ders.: *Studienausgabe. Bd. IX. Fragen der Gesellschaft; Ursprünge der Religion*, Frankfurt a.M.: Fischer 1982, S. 61-134.

Freud, Sigmund: »Psychopathische Personen auf der Bühne«, in: ders.: *Studienausgabe. Bd. X. Bildende Kunst und Literatur*, Frankfurt a.M.: Fischer 1982, S. 161-168.

Freud, Sigmund: »Trauer und Melancholie«, in: ders.: *Studienausgabe. Bd. III. Psychologie des Unbewußten*, Frankfurt a.M.: Fischer 2000, S. 193-212.

Fried, Michael: »Kunst und Objekthaftigkeit«, in: Stemmrich, Gregor (Hg.): *Minimal Art. Eine kritische Retrospektive*, Dresden, Basel: Verlag der Kunst 1995, S. 334-374.

Friedberg, Anne: »A Denial of Difference: Theories of Cinematic Identification«, in: Kaplan, E. Ann (Hg.): *Psychoanalysis & Cinema*, New York: Routledge 1990, S. 36-45.

Garber, Marjorie: »Fetisch-Neid«, in: Weissberg, Liliane (Hg.): *Weiblichkeit als Maskerade*, Frankfurt a.M.: Fischer 1994, S. 231-248.

Garber, Marjorie: *Verhüllte Interessen. Transvestismus und kulturelle Angst*, Frankfurt a.M.: Fischer 1993.

Gehmacher, Philipp: »vom ich«, in: ders./Glechner, Angela/Stamer, Peter (Hg.): *Incubator*, Wien: Passagen 2006, S. 29-33.

Geimer, Peter: *Theorien der Fotografie zur Einführung*, Hamburg: Junius 2009.

Genette, Gérard: *Die Erzählung*, München: Wilhelm Fink 1994.

Gethmann, Carl F.: »Interaktion«, in: Mittelstraß, Jürgen (Hg.): *Enzyklopädie Philosophie und Wissenschaftstheorie. Bd. 2*, Stuttgart, Weimar: J. B. Metzler 1995, S. 264-266.

Gibbs, Raymond W. (Hg.): *The Cambridge Handbook of Metapher and Thought*, Cambridge: Cambridge University Press 2008.

Giesekam, Greg: *Staging the Screen. The Use of Film and Video in Theatre*, New York: Palgrave Macmillan 2007.

Goffman, Erving: *Wir alle spielen Theater. Die Selbstdarstellung im Alltag*, München: R. Piper & Co. 1973.

Gondek, Hans-Dieter: »Der Blick – zwischen Sartre und Lacan. Ein Kommentar zum VII. Kapitel des *Seminar XI*«, in: *RISS. Zeitschrift für Psychoanalyse* 37/38 (1997), S. 175-196.

Görling, Reinhold: »Kleist und der Cyberspace«, in: Baßler, Moritz/Gruber, Bettina/Wagner-Egelhaaf, Martina (Hg.): *Gespenster. Erscheinungen – Medien – Theorien*, Würzburg: Königshausen & Neumann 2005, S. 189-200.

Gottgetreu, Sabine: *Der bewegliche Blick. Zum Paradigmenwechsel in der feministischen Filmtheorie*, Frankfurt a.M., Bern, New York, Paris: Peter Lang 1992.

Greenblatt, Stephen: *Verhandlungen mit Shakespeare. Innenansichten der englischen Renaissance*, Frankfurt a.M.: Fischer 1993.

Gronau, Barbara: *Theaterinstallationen. Performative Räume bei Beuys, Boltanski und Kabakov*, München: Wilhelm Fink 2010.

Gronau, Barbara/Lagaay, Alice (Hg.): *Ökonomien der Zurückhaltung. Kulturelles Handeln zwischen Askese und Restriktion*, Bielefeld: transcript 2010.

Gronau, Barbara/Lagaay, Alice (Hg.): *Performanzen des Nichttuns*, Wien: Passagen 2008.

Grossmann, Andreas: »Macht als ›Urphänomen‹ des Politischen. Überlegungen im Anschluss an Hannah Arendt«, in: Krause, Ralf/Rölli, Marc (Hg.): *Macht. Begriff und Wirkung in der politischen Philosophie der Gegenwart*, Bielefeld: transcript 2008, S. 49-62.

Grosz, Elizabeth: »Lesbian Fetishism?«, in: Apter, Emily/Pietz, William (Hg.): *Fetishism as Cultural Discourse*, Ithaca, London: Cornell University Press 1993, S. 101-115.

Grosz, Elizabeth: »The Body of Signification«, in: Fletcher, John/Benjamin, Andrew (Hg.): *Abjection, Melancholia, and Love: The Work of Julia Kristeva*, New York: Routledge 1990, S. 80-103.

Groys, Boris: *Unter Verdacht. Eine Phänomenologie der Medien*, München, Wien: Carl Hanser 2000.

Haggerty, George E.: »Queer Gothic«, in: Backscheider, Paula R./Ingrassia, Catherine (Hg.): *Eighteenth-Century English Novel and Culture*, Malden, Oxford, Victoria: Blackwell 2005, S. 383-398.

Hahn, Thomas: »Die durch die Hölle gehen«, in: www.welt.de/welt_print/article2240726/Die_durch_die_Hoelle_gehen.html, 08. August 2011, o.S.

Handke, Peter: *Publikumsbeschimpfung und andere Sprechstücke*, Frankfurt a.M.: Suhrkamp 1966.

Haß, Ulrike: *Das Drama des Sehens. Auge, Blick und Bühnenform*, München: Wilhelm Fink 2005.

Haß, Ulrike (Hg.): *Heiner Müller – Bildbeschreibung. Ende der Vorstellung*, Berlin: Theater der Zeit 2005.

Hauschild, Thomas: *Der böse Blick. Ideengeschichtliche und sozialpsychologische Untersuchungen*, Berlin: Mensch und Leben 1982.

Heath, Stephen: »Notes on Suture«, in: *Screen* 18.4 (1977/1978), S. 48-76.

Hebdige, Dick: »Posing... Threats, Striking... Poses: Youth, Surveillance, and Display«, in: *SubStance* 37/38 (1983), S. 68-88.

Hegel, Georg Wilhelm Friedrich: *Phänomenologie des Geistes*, Frankfurt a.M.: Suhrkamp 1973.

Hegemann, Carl: »Kunst und Gemüse, A. Hipler – Theater ALS Krankheit. Eine Christoph-Schliengensief-Produktion«, in: www.volksbuehne-berlin.de/praxis/kunst_und_gemuese_a_hipler__theater_als_krankheit/, 08. August 2011, o.S.

Hegemann, Carl: »Was bewirkt die Kamera auf der Bühne bei den Schauspielern«, in: Umathum, Sandra (Hg.): *Carl Hegemann: Plädoyer für die unglückliche Liebe. Texte über Paradoxien des Theaters 1980-2005*, Berlin: Theater der Zeit 2005, S. 234-237.

Hegemann, Carl: »Was ist das Besondere am Theater?«, in: Deck, Jan/Sieburg, Angelika (Hg.): *Paradoxien des Zuschauens. Die Rolle des Publikums im zeitgenössischen Theater*, Bielefeld: transcript 2008, S. 55-62.

Heil, Reinhard: *Subjekt und Ideologie. Althusser – Lacan – Žižek. Magisterarbeit, eingereicht am Institut für Philosophie an der Technischen Universität Darmstadt*, in: www.demokratietheorie.de/home/documents/ideologie_und_subjekt.pdf, 08. August 2011, o.S.

Hempel, Leon/Metelmann, Jörg (Hg.): *Bild – Raum – Kontrolle. Videoüberwachung als Zeichen gesellschaftlichen Wandels*, Frankfurt a.M.: Suhrkamp 2005.

Henley, Nancy M.: *Körperstrategien. Geschlecht, Macht und nonverbale Kommunikation*, Frankfurt a.M.: Fischer 1988.

Herkert, Petra: *Das Chiasma. Zur Problematik von Sprache, Bewußtsein und Unbewußtem bei Maurice Merleau-Ponty*, Würzburg: Königshausen & Neumann 1987.

Hermann, Max: »Das theatralische Raumerlebnis«, in: Dünne, Jörg/Günzel, Stephan (Hg.): *Raumtheorie. Grundlagentexte aus Philosophie und Kulturwissenschaften*, Frankfurt a.M.: Suhrkamp 2006, S. 501-514.

Herrmann, Steffen K./Krämer, Sybille/Kuch, Hannes (Hg.): *Verletzende Worte. Die Grammatik sprachlicher Missachtung*, Bielefeld: transcript 2007.

Hocquenghem, Guy/Schérer, René: »Formen und Metamorphosen der Aura«, in: Kamper, Dietmar/Wulf, Christoph (Hg.): *Das Schwinden der Sinne*, Frankfurt a.M.: Suhrkamp 1984, S. 75-86.

Holly, Michael Ann: »Past Looking«, in: Melville, Stephen/Readings, Bill (Hg.): *Vision & Textuality*, Durham: Duke University Press 1995, S. 67-89.

Holmes, John: »A lighter perspective«, in: *Metro Life*, 22. Januar 2008, S. 23.

Honneth, Axel: *Unsichtbarkeit. Stationen einer Theorie der Intersubjektivität*, Frankfurt a.M.: Suhrkamp 2003.

Hopkins, Juliet: »The Probable Role of Trauma in a Case of Foot and Shoe Fetishism: Aspects of the Psychotherapy of a Six Year Old Girl«, in: *International Review of Psychoanalysis* 11 (1984), S. 79-91.

Huebner, Michael: »Der elektronische Doppelgänger«, in: Krafft, Alexander/Ortmann, Günther (Hg.): *Computer und Psyche. Angstlust am Computer*, Frankfurt a.M.: Nexus 1988, S. 217-235.

Hüppauf, Bernd/Wulf, Christoph (Hg.): *Bild und Einbildungskraft*, München: Wilhelm Fink 2006.

Hüppauf, Bernd/Wulf, Christoph: »Einleitung. Warum Bilder die Einbildungskraft brauchen«, in: dies. (Hg.): *Bild und Einbildungskraft*, München: Wilhelm Fink 2006, S. 9-44.

Husemann, Pirkko: *Choreographie als kritische Praxis. Arbeitsweisen bei Xavier Le Roy und Thomas Lehmen*, Bielefeld: transcript 2009.

Husserl, Edmund: *Zur Phänomenologie der Intersubjektivität. Texte aus dem Nachlass. Dritter Teil 1929-1935*, Den Haag: Martinus Nijhoff 1973.

Irigaray, Luce: *Ethik der sexuellen Differenz*, Frankfurt a.M.: Suhrkamp 1991.

Irigaray, Luce: *Speculum. Spiegel des anderen Geschlechts*, Frankfurt a.M.: Suhrkamp 1980.

Jackob, Alexander/Röttger, Kati: »Theater, Bild und Vorstellung. Zur Inszenierung des Sehens«, in: dies. (Hg.): *Theater und Bild. Inszenierungen des Sehens*, Bielefeld: transcript 2009, S. 7-39.

Jakobson, Roman: »Linguistik und Poetik«, in: ders.: *Poetik. Ausgewählte Aufsätze 1921-1971*, Frankfurt a.M.: Suhrkamp 1993, S. 83-121.

Janecke, Christian: »Performance *und* Bild/Performance *als* Bild«, in: ders. (Hg.): *Performance und Bild/Performance als Bild*, Berlin: Philo Fine Arts 2004, S. 11-113.

Jappe, Elisabeth: *Performance – Ritual – Prozeß. Handbuch der Aktionskunst in Europa*, München, New York: Prestel 1993.

Jardine, Lisa: *Still Harping on Daughters: Women and Drama in the Age of Shakespeare*, Totowa: Barnes & Noble 1983.

Jay, Martin: *Downcast Eyes: The Denigration of Vision in Twentieth-Century French Thought*, Berkeley: University of California Press 1993.

Jay, Martin: »Photo-unrealism: The Contribution of the Camera to the Crisis of Ocularcentrism«, in: Melville, Stephen/Readings, Bill (Hg.): *Vision & Textuality*, Durham: Duke University Press 1995, S. 344-360.

Jentsch, Ernst: »Zur Psychologie des Unheimlichen«, in: *Psychiatrisch-Neurologische Wochenschrift* 22 (1906), S. 195-198.

Jochim, Annamira: *Meg Stuart. Bild in Bewegung und Choreographie*, Bielefeld: transcript 2008.

Johnson, Mark L.: »Embodied Reason«, in: Weiss, Gail/Haber, Honi Fern (Hg.): *Perspectives on Embodiment: The Intersections of Nature and Culture*, New York: Routledge 1999, S. 81-102.

Kammerer, Dietmar: *Bilder der Überwachung*, Frankfurt a.M.: Suhrkamp 2008.

Kamper, Dietmar: *Die Ästhetik der Abwesenheit. Die Entfernung der Körper*, München: Wilhelm Fink 1999.

Kane, Sarah: »Gesäubert«, in: dies.: *Sämtliche Stücke*, Reinbek b.H.: Rowohlt 2008, S. 117-162.

Kaplan, E. Ann: *Women and Film: Both Sides of the Camera*, New York: Methuen 1983.

Khurana, Thomas: »Was ist ein Medium? Etappen einer Umarbeitung der Ontologie mit Luhmann und Derrida«, in: http://userpage.fu-berlin.de/~sybkram/medium/khurana.html, 22. Juni 2009, o.S.

Kittler, Friedrich: »Kurzgeschichte des Scheinwerfers...«, in: Wetzel, Michael/Wolf, Herta (Hg.): *Der Entzug der Bilder. Visuelle Realitäten*, München: Wilhelm Fink 1994, S. 183-189.

Kleinspehn, Thomas: *Der flüchtige Blick. Sehen und Identität in der Kultur der Neuzeit*, Reinbek b.H.: Rowohlt 1989.

Koch, Christof: »Zu den neurobiologischen Grundlagen des Bewußtseins«, in: Brandes, Uta (Hg.): *Sehsucht. Über die Veränderung der visuellen Wahrnehmung*, Göttingen: Steidl 1995, S. 182-195.

Koch, Gertrud: »Nähe und Distanz: Face-to-Face-Kommunikation in der Moderne«, in: dies. (Hg.): *Auge und Affekt. Wahrnehmung und Interaktion*, Frankfurt a.M.: Fischer 1995, S. 272-291.

Koch, Gertrud: »Zur Ansicht: Voyeurismus und Kino«, in: Brandes, Uta (Hg.): *Sehsucht. Über die Veränderung der visuellen Wahrnehmung*, Göttingen: Steidl 1995, S. 221-232.

Kofman, Sarah: *The Enigma of Woman. Woman in Freud's Writings*, Ithaca, London: Cornell University Press 1985.

Kojève, Alexandre: *Hegel. Eine Vergegenwärtigung seines Denkens. Kommentar zur Phänomenologie des Geistes*, Frankfurt a.M.: Suhrkamp 1975.

Kolesch, Doris: »Ästhetik der Präsenz: Theater-Stimmen«, in: Früchtl, Josef/Zimmermann, Jörg (Hg.): *Ästhetik der Inszenierung. Dimensionen eines künstlerischen, kulturellen und gesellschaftlichen Phänomens*, Frankfurt a.M.: Suhrkamp 2001, S. 260-275.

Kolesch, Doris: »Begehren«, in: Ette, Ottmar/Lehnert, Gertrud (Hg.): *Große Gefühle. Ein Kaleidoskop*, Berlin: Kadmos 2007, S. 78-100.

Kolesch, Doris: »Die Schmerzen anderer betrachten«, in: Caduff, Corina/Wälchli, Tan (Hg.): *Schmerz in den Künsten*, Zürich: Zürcher Hochschule der Künste 2009, S. 88-101.

Kolesch, Doris: *Theater der Emotionen. Ästhetik und Politik zur Zeit Ludwigs XIV.*, Frankfurt a.M.: Campus 2006.

Kolesch, Doris: »Verkörperung als Paradigma«, in: Weiler, Christel/Roselt, Jens/Risi, Clemens (Hg.): *Strahlkräfte. Festschrift für Erika Fischer-Lichte*, Berlin: Theater der Zeit 2008, S. 66-78.

Koss, Juliet: »Über die Grenzen der Einfühlung«, in: Curtis, Robin/Koch, Gertrud (Hg.): *Einfühlung. Zu Geschichte und Gegenwart eines ästhetischen Konzepts*, München: Wilhelm Fink 2009, S. 105-126.

Krämer, Sybille: »Boten, Engel, Geld, Computerviren. Medien als Überträger«, in: *Paragrana. Internationale Zeitschrift für Historische Anthropologie* 14.2 (2005), S. 15-24.

Krämer, Sybille: »Kann eine performativ orientierte Medientheorie den ›Mediengenerativismus‹ vermeiden?«, in: Lischka, Gerhard Johann/Weibel, Peter (Hg.): *ACT! Handlungsformen in Kunst und Politik*, Bern: Benteli 2004, S. 66-83.

Krämer, Sybille: *Medium, Bote, Übertragung. Kleine Metaphysik der Medialität*, Frankfurt a.M.: Suhrkamp 2008.

Krämer, Sybille: »Subjektivität und Neue Medien. Ein Kommentar zur ›Interaktivität‹«, in: Sandbothe, Mike/Marotzki, Winfried (Hg.): *Subjektivität und Öffentlichkeit. Kulturwissenschaftliche Grundlagenprobleme virtueller Welten*, Köln: Herbert von Halem 2000, S. 102-116.

Krämer, Sybille: »Was haben ›Performativität‹ und ›Medialität‹ miteinander zu tun? Plädoyer für eine in der ›Aisthetisierung‹ gründende Konzeption des Performativen. Zur Einführung in diesen Band«, in: dies. (Hg.): *Performativität und Medialität*, München: Wilhelm Fink 2004, S. 13-32.

Krämer, Sybille: »Zentralperspektive, Kalkül, Virtuelle Realität: Sieben Thesen über die Weltbildimplikationen symbolischer Formen«, in: Vattimo, Gianni/Welsch, Wolfgang (Hg.): *Medien – Welten – Wirklichkeiten*, München: Wilhelm Fink 1998, S. 27-37.

Krauss, Rosalind: »Gestalt«, in: dies./Bois, Yve-Alain (Hg.): *Formless. A User's Guide*, New York: Zone Books 1997, S. 89-92.

Krauss, Rosalind: »Horizontality«, in: dies./Bois, Yve-Alain (Hg.): *Formless. A User's Guide*, New York: Zone Books 1997, S. 93-103.

Krauss, Rosalind: »Video: The Aesthetics of Narcissism«, in: Battcock, Gregory (Hg.): *New Artists Video. A Critical Anthology*, New York: Dutton 1978, S. 43-64.

Kristeva, Julia: *Die Revolution der poetischen Sprache*, Frankfurt a.M.: Suhrkamp 1978.

Kristeva, Julia: *Geschichten von der Liebe*, Frankfurt a.M.: Suhrkamp 1989.

Kristeva, Julia: *Powers of Horror: An Essay on Abjection*, New York: Columbia University Press 1982.

Kristeva, Julia: *Schwarze Sonne. Depression und Melancholie*, Frankfurt a.M.: Brandes & Apsel 2007.

Krovoza, Alfred: »Gesichtssinn, Urbanität und Alltäglichkeit«, in: Brandes, Uta (Hg.): *Sehsucht. Über die Veränderung der visuellen Wahrnehmung*, Göttingen: Steidl 1995, S. 43-52.

Kruschkova, Krassimira: »Einleitung«, in: dies./Lipp, Nele (Hg.): *Tanz anderswo: intra- und interkulturell*, Münster, Hamburg, London: Lit 2004, S. 5-20.

Kruschkova, Krassimira: »Vorwort«, in: dies. (Hg.): *OB?SCENE. Zur Präsenz der Absenz im zeitgenössischen Tanz, Theater und Film*, Wien: Böhlau 2005, S. 7.

Kues, Nikolaus von: »De visione Dei (Die Gottes-Schau)«, in: ders.: *Philosophisch-theologische Schriften, Bd. 3*, Wien: Herder 1967, S. 93-219.

Kurz, Gerhard: *Metapher, Allegorie, Symbol*, Göttingen: Vandenhoeck & Ruprecht 1982.

Lacan, Jacques: »Das Drängen des Buchstabens im Unbewußten oder die Vernunft seit Freud«, in: ders.: *Schriften II*, Olten, Freiburg i.Br.: Walter 1975, S. 15-59.

Lacan, Jacques: *Das Seminar. Buch I (1953-1954). Freuds technische Schriften*, Olten, Freiburg i.Br.: Walter 1978.

Lacan, Jacques: *Das Seminar. Buch III (1955-1956). Die Psychosen*, Weinheim, Berlin: Quadriga 1997.

Lacan, Jacques: *Das Seminar. Buch VII (1959-1960). Die Ethik der Psychoanalyse*, Weinheim, Berlin: Quadriga 1996.

Lacan, Jacques: *Das Seminar. Buch XI (1964). Die vier Grundbegriffe der Psychoanalyse*, Olten, Freiburg i.Br.: Walter 1980.

Lacan, Jacques: »Das Spiegelstadium als Bildner der Ichfunktion, wie sie uns in der psychoanalytischen Erfahrung erscheint«, in: ders.: *Schriften I*, Olten, Freiburg i.Br.: Walter 1973, S. 61-70.

Lacan, Jacques: »Die Bedeutung des Phallus«, in: ders.: *Schriften II*, Olten, Freiburg i.Br.: Walter 1975, S. 119-132.

Lacan, Jacques: »Subversion des Subjekts und Dialektik des Begehrens im Freudschen Unbewußten«, in: ders.: *Schriften II*, Olten, Freiburg i.Br.: Walter 1975, S. 165-204.

Laclau, Ernesto (Hg.): *Emanzipation und Differenz*, Wien: Turia und Kant 2002.

Laclau, Ernesto: »Konvergenz in offener Suche«, in: ders./Butler, Judith/Žižek, Slavoj/Critchley, Simon (Hg.): *Das Undarstellbare der Politik. Zur Hegemonietheorie Ernesto Laclaus*, Wien: Turia und Kant 1998, S. 258-261.

Laclau, Ernesto/Mouffe, Chantal: *Hegemonie und radikale Demokratie. Zur Dekonstruktion des Marxismus*, Wien: Passagen 1991.

Laermans, Rudi: »Die Strategie der kollektiven Aufmerksamkeit«, in: Gehm, Sabine/Husemann, Pirkko/Wilcke, Katharina von (Hg.): *Wissen in Bewegung.*

Perspektiven der künstlerischen und wissenschaftlichen Forschung im Tanz, Bielefeld: transcript 2007, S. 247-254.

Landweer, Hilge: *Scham und Macht. Phänomenologische Untersuchungen zur Sozialität eines Gefühls*, Tübingen: Mohr Siebeck 1999.

Laplanche, Jean/Pontalis, Jean-Bertrand: »Identifizierung«, in: dies.: *Das Vokabular der Psychoanalyse*, Frankfurt a.M.: Suhrkamp 1973, S. 219-223.

Laplanche, Jean/Pontalis, Jean-Bertrand: »Verwerfung«, in: dies.: *Das Vokabular der Psychoanalyse*, Frankfurt a.M.: Suhrkamp 1973, S. 608-612.

Lauretis, Teresa de: *Die andere Szene. Psychoanalyse und lesbische Sexualität*, Frankfurt a.M.: Suhrkamp 1999.

Lehmann, Annette Jael: *Kunst und Neue Medien. Ästhetische Paradigmen seit den sechziger Jahren*, Tübingen, Basel: A. Francke 2008.

Lehmann, Hans-Thies: »(Sich)Darstellen. Sechs Hinweise auf das Obszöne«, in: Kruschkova, Krassimira (Hg.): *OB?SCENE. Zur Präsenz der Absenz im zeitgenössischen Tanz, Theater und Film*, Wien: Böhlau 2005, S. 33-48.

Lehmann, Hans-Thies: »Das Welttheater der Scham. Dreißig Annäherungen an den Entzug der Darstellung«, in: ders.: *Das Politische Schreiben. Essays zu Theatertexten*, Berlin: Theater der Zeit 2002, S. 39-58.

Lehmann, Hans-Thies: »Die Gegenwart des Theaters«, in: Fischer-Lichte, Erika/Kolesch, Doris/Weiler, Christel (Hg.): *Transformationen. Theater der neunziger Jahre*, Berlin: Theater der Zeit 1999, S. 13-26.

Lehmann, Hans-Thies: *Postdramatisches Theater*, Frankfurt a.M.: Verlag der Autoren 1999.

Lehmann, Hans-Thies: »Theater der Blicke. Zu Heiner Müllers *Bildbeschreibung*«, in: Haß, Ulrike (Hg.): *Heiner Müller – Bildbeschreibung. Ende der Vorstellung*, Berlin: Theater der Zeit 2005, S. 63-78.

Lehmann, Johannes Friedrich: *Der Blick durch die Wand. Zur Geschichte des Theaterzuschauers und des Visuellen bei Diderot und Lessing*, Freiburg i.Br.: Rombach 2000.

Lehmann, Thomas: *Augen zeugen. Zur Artikulation von Blickbezügen in der Fiktion. Mit Analysen zum Sehen in J. W. Goethes Roman »Die Wahlverwandtschaften« (1809) und in Peter Greenaways Film »The Draughtsman Contract« (1982)*, Tübingen, Basel: A. Francke 2003.

Lehnert, Gertrud: *Maskeraden und Metamorphosen. Als Männer verkleidete Frauen in der Literatur*, Würzburg: Königshausen & Neumann 1994.

Lehnert, Gertrud: *Wenn Frauen Männerkleider tragen. Geschlecht und Maskerade in Literatur und Geschichte*, München: Deutscher Taschenbuch Verlag 1997.

Lepecki, André: *Option Tanz. Performance und die Politik der Bewegung*, Berlin: Theater der Zeit 2008.

Lévi-Strauss, Claude: *Die elementaren Strukturen der Verwandtschaft*, Frankfurt a.M.: Suhrkamp 1981.

Lévinas, Emmanuel: *Die Spur des Anderen. Untersuchungen zur Phänomenologie und Sozialphilosophie*, Freiburg i.Br., München: Karl Alber 1992.

Lévinas, Emmanuel: *Ethik und Unendliches. Gespräche mit Philippe Nemo*, Wien: Passagen 1992.

Lietzmann, Anja: *Theorie der Scham. Eine anthropologische Perspektive auf ein menschliches Charakteristikum*, Hamburg: Dr. Kovač 2007.

Lipps, Theodor: *Grundlegung der Ästhetik*, Leipzig: Leopold Voss 1923.

Lischka, Gerhard Johann: »Die Aktualität des Virtuellen«, in: www.artechock.de/kunst/magazin/re/aktvir.htm, 08. August 2011, o.S.

Lischka, Gerhard Johann: *Über die Mediatisierung. Medien und Re-Medien*, Bern: Benteli 1988.

Löw, Martina: *Raumsoziologie*, Frankfurt a.M.: Suhrkamp 2001.

Luhmann, Niklas: *Die Gesellschaft der Gesellschaft, 2 Bde.*, Frankfurt a.M.: Suhrkamp 1997.

Luhmann, Niklas: *Die Kunst der Gesellschaft*, Frankfurt a.M.: Suhrkamp 1997.

Luhmann, Niklas: *Soziale Systeme. Grundriß einer allgemeinen Theorie*, Frankfurt a.M.: Suhrkamp 1984.

Luhmann, Niklas: »Weltkunst«, in: ders./Bunsen, Frederick D./Baecker, Dirk (Hg.): *Unbeobachtbare Welt. Über Kunst und Architektur*, Bielefeld: Haux 1990, S. 7-45.

Lummerding, Susanne: »Mehr-Genießen: Von nichts kommt etwas: Das Reale, das Politische und die Produktionsbedingungen – Zur Produktivität einer Unmöglichkeit«, in: Paul, Barbara/Schaffer, Johanna (Hg.): *Mehr(wert) queer. Visuelle Kultur, Kunst und Gender-Politiken*, Bielefeld: transcript 2009, S. 199-210.

Luther, Martin [Übers.]: *Die Bibel*, Stuttgart: Deutsche Bibelgesellschaft 1994.

Mahler, Andreas: »Semiosphäre und kognitive Matrix. Anthropologische Thesen«, in: Dünne, Jörg/Doetsch, Hermann/Lüdeke, Roger (Hg.): *Von Pilgerwegen, Schriftspuren und Blickpunkten. Raumpraktiken in medienhistorischer Perspektive*, Würzburg: Königshausen & Neumann 2004, S. 57-69.

Manning, Erin: *Politics of Touch. Sense, Movement, Sovereignty*, Minneapolis, London: University of Minnesota Press 2007.

Marchart, Oliver: *Cultural Studies*, Konstanz: UVK Verlagsgesellschaft GmbH 2008.

Marin, Louis: *Die Malerei zerstören*, Berlin: diaphanes 2003.

Marx, Karl: *Das Kapital. Kritik der politischen Ökonomie. Buch I: Der Produktionsprozeß des Kapitals*, in: ders./Engels, Friedrich: *Werke. Band 23*, Berlin: Dietz 1968, S. 49-892.

Marx, Karl: »Manifest der Kommunistischen Partei«, in: ders.: *Frühe Schriften. Zweiter Band*, Darmstadt: Wissenschaftliche Buchgesellschaft 1971, S. 813-858.

Mathiesen, Thomas: »The Viewer Society. Michel Foucault's ›Panopticon‹ Revisited«, in: *Theoretical Criminology* 1.2 (1997), S. 215-234.

Mattenklott, Gert: *Der übersinnliche Leib. Beiträge zur Metaphysik des Körpers*, Reinbek b.H.: Rowohlt 1982.

Mayne, Judith: *Cinema and Spectatorship*, London: Routledge 1993.

Menninghaus, Winfried: *Ekel. Theorie und Geschichte einer starken Empfindung*, Frankfurt a.M.: Suhrkamp 2002.

Merleau-Ponty, Maurice: *Das Auge und der Geist. Philosophische Essays*, Hamburg: Felix Meiner 2003.

Merleau-Ponty, Maurice: *Das Sichtbare und das Unsichtbare*, München: Wilhelm Fink 1986.

Merleau-Ponty, Maurice: *Phänomenologie der Wahrnehmung*, Berlin: Walter de Gruyter 1966.

Mersch, Dieter: »Aisthetik und Responsivität. Zum Verhältnis von medialer und amedialer Wahrnehmung«, in: Fischer-Lichte, Erika/Horn, Christian/Warstat, Matthias/Umathum, Sandra (Hg.): *Wahrnehmung und Medialität*, Tübingen, Basel: A. Francke 2001, S. 273-299.

Mersch, Dieter: »Körper zeigen«, in: Fischer-Lichte, Erika/Horn, Christian/Warstat, Matthias (Hg.): *Verkörperung*, Tübingen, Basel: A. Francke 2001, S. 75-89.

Mersch, Dieter: *Was sich zeigt. Materialität, Präsenz, Ereignis*, München: Wilhelm Fink 2002.

Mersmann, Birgit: »Das Bild als Spur. Transgressionen und Animationen«, in: Belting, Hans (Hg.): *Bilderfragen. Die Bildwissenschaften im Aufbruch*, München: Wilhelm Fink 2007, S. 195-215.

Metz, Christian: *Der imaginäre Signifikant. Psychoanalyse und Kino*, Münster: Nodus Publikationen 2000.

Meyer, Helge: *Schmerz als Bild. Leiden und Selbstverletzung in der Performance Art*, Bielefeld: transcript 2008.

Meyer-Kalkus, Reinhart: »Blick und Stimme bei Jacques Lacan«, in: Belting, Hans (Hg.): *Bilderfragen. Die Bildwissenschaften im Aufbruch*, München: Wilhelm Fink 2007, S. 217-235.

Miller, Jacques-Alain: »Jeremy Benthams panoptische Maschinerie«, in: ders./Salecl, Renata/Božovic, Miran (Hg.): *Utilitarismus*, Wien: Turia und Kant 1996, S. 7-51.

Miller, Jacques-Alain: »Suture. Elements of the Logic of the Signifier«, in: *Screen* 18.4 (1977/1978), S. 24-34.

Mitchell, W.J.T.: *Das Leben der Bilder. Eine Theorie der visuellen Kultur*, München: C. H. Beck 2008.

Modleski, Tania: *The Women Who Knew Too Much. Hitchcock and Feminist Theory*, New York: Routledge 2008.

Müller, Heiner: »Bildbeschreibung«, in: ders.: *Shakespeare Factory 1*, Berlin: Rotbuch 1985, S. 7-14.

Mueller, Roswitha: *Valie Export – Bild-Risse*, Wien: Passagen 2002.

Müller-Schöll, Nikolaus: »Imagination«, in: Fischer-Lichte, Erika/Kolesch, Doris/Warstat, Matthias (Hg.): *Metzler Lexikon Theatertheorie*, Stuttgart, Weimar: J. B. Metzler 2005, S. 142-144.

Müller-Schöll, Nikolaus: »Raisonner sur scène. Über zwei Arbeiten Laurent Chétouanes«, in: Lichau, Karsten/Tkaczyk, Viktoria/Wolf, Rebecca (Hg.): *Resonanz. Potentiale einer akustischen Figur*, München: Wilhelm Fink 2009, S. 291-305.

Mulvey, Laura: »Afterthoughts on ›Visual Pleasure and Narrative Cinema‹ inspired by *Duel in the Sun*«, in: Kaplan, E. Ann (Hg.): *Psychoanalysis & Cinema*, New York: Routledge 1990, S. 24-35.

Mulvey, Laura: »Visual Pleasure and Narrative Cinema«, in: Nichols, Bill (Hg.): *Movies and Methods. Vol. II*, Berkeley, Los Angeles: University of California Press 1985, S. 303-315.

Nancy, Jean-Luc: *Porträt und Blick*, Stuttgart: Legueil 2007.

Newman, Beth: »›The Situation of the Looker-On‹: Gender, Narration, and Gaze in Wuthering Heights«, in: *PMLA* 105 (1990), S. 1029-1041.

Niesen, Peter: »Die Macht der Publizität. Jeremy Benthams Panoptismen«, in: Krause, Ralf/Rölli, Marc (Hg.): *Macht. Begriff und Wirkung in der politischen Philosophie der Gegenwart*, Bielefeld: transcript 2008, S. 221-244.

Nonhoff, Martin: »Diskurs, radikale Demokratie, Hegemonie – Einleitung«, in: ders. (Hg.): *Diskurs – radikale Demokratie – Hegemonie. Zum politischen Denken von Ernesto Laclau und Chantal Mouffe*, Bielefeld: transcript 2007, S. 7-23.

Öhlschläger, Claudia: *Unsägliche Lust des Schauens. Die Konstruktion der Geschlechter im voyeuristischen Text*, Freiburg i.Br.: Rombach 1996.

Olin, Margaret: »Gaze«, in: Nelson, Robert S./Shiff, Richard (Hg.): *Critical Terms for Art History*, Chicago, London: The University of Chicago Press 2003, S. 318-329.

O'Shea, Sean: *Voyeurismus. Psychologie, Ursprung und Motive einer Perversion*, München: Wilhelm Heyne 1970.

Osswald, Anja: *Sexy Lies in Videotapes. Künstlerische Selbstinszenierung im Video um 1970. Bruce Nauman, Vito Acconci, Joan Jonas*, Berlin: Gebr. Mann 2003.

Oudart, Jean-Pierre: »Cinema and Suture«, in: *Screen* 18.4 (1977/1978), S. 35-47.

Owens, Craig: »Posieren«, in: Wolf, Herta (Hg.): *Diskurse der Fotografie. Fotokritik am Ende des fotografischen Zeitalters*, Frankfurt a.M.: Suhrkamp 2003, S. 92-114.

Panofsky, Erwin: »Die Perspektive als ›symbolische Form‹ (1924/25)«, in: ders.: *Deutschsprachige Aufsätze II*, Berlin: Akademie 1998, S. 664-757.

Paul, Barbara: »Gewaltstrukturen – Arbeitsverhältnisse. Feministische Kunst als feministische Politik in den 1960er Jahren und heute«, in: Frohne, Ursula/ Held, Jutta (Hg.): *Kunst und Politik. Jahrbuch der Guernica-Gesellschaft. Bd. 9. Schwerpunkt: Politische Kunst heute*, Göttingen: V&R unipress 2007, S. 87-102.

Penley, Constance: *The Future of an Illusion: Film, Feminism, and Psychoanalysis*, London: Routledge 1989.

Perceval, Luk/Perceval, Peter: *Andromache* [nach Racine]. Abgedruckt im Programmheft der Schaubühne am Lehniner Platz, 2003, S. 6-43.

Peters, John Durham: *Speaking into the Air. A History of the Idea of Communication*, Chicago, London: University of Chicago Press 1999.

Pfaller, Robert (Hg.): *Interpassivität. Studien über delegiertes Genießen*, Wien, New York: Springer 2000.

Phelan, Peggy: *Unmarked. The Politics of Performance*, London, New York: Routledge 1993.

Phillips, Adam: »Die Sache in Gang halten. Kommentar zu Judith Butlers ›Melancholisches Geschlecht/Verweigerte Identifizierung‹«, in: Butler, Judith: *Psyche der Macht. Das Subjekt der Unterwerfung*, Frankfurt a.M.: Suhrkamp 2001, S. 143-150.

Pinto, Vito: »(Zeige-)Spuren der Stimme: Zur technischen Realisierung von Stimmen im zeitgenössischen Theater«, in: Wenzel, Horst/Jäger, Ludwig (Hg.): *Deixis und Evidenz*, Freiburg i.Br.: Rombach 2008, S. 169-193.

Piper, Adrian: »Passing for White, Passing for Black«, in: Mirzoeff, Nicholas (Hg.): *The Visual Culture Reader*, London: Routledge 1998, S. 546-555.

Plessner, Helmuth: »Trieb und Leidenschaft«, in: ders.: *Conditio humana. Gesammelte Schriften VIII*, Frankfurt a.M.: Suhrkamp 2003, S. 367-379.

Plessner, Helmuth: »Zur Anthropologie des Schauspielers«, in: ders.: *Gesammelte Schriften. Bd. VII: Ausdruck und menschliche Natur*, Frankfurt a.M.: Suhrkamp 1982, S. 399-418.

Ploebst, Helmut: »Per Taxi nach Wien. Roger Bernat bringt ›Rimuski‹ zu den *Festwochen* ins brut Konzerthaus«, in: *corpus. Internet Magazin für Tanz, Choreografie, Performance*, in: www.corpusweb.net/index.php?option=com_content&task=view&id=785&Itemid=35, 08. August 2011, o.S.

Pollock, Griselda: »Beholding Art History: Vision, Place and Power«, in: Melville, Stephen/Readings, Bill (Hg.): *Vision & Textuality*, Durham: Duke University Press 1995, S. 38-66.

Primavesi, Patrick: »Zuschauer in Bewegung – Randgänge theatraler Praxis«, in: Deck, Jan/Sieburg, Angelika (Hg.): *Paradoxien des Zuschauens. Die Rolle des Publikums im zeitgenössischen Theater*, Bielefeld: transcript 2008, S. 85-106.

Quinet, Antonio: »The Gaze as an Object«, in: Feldstein, Richard/Fink, Bruce/Jaanus, Marie (Hg.): *Reading Seminar XI: Lacan's Four Fundamental Concepts of Psychoanalysis: The Paris Seminars in English*, New York: State University of New York Press 1995, S. 139-147.

Rancière, Jacques: *Der emanzipierte Zuschauer*, Wien: Passagen 2009.

Rancière, Jacques: »Interview: The Image of Brotherhood«, in: *Edinburgh Magazine* 2 (1977), S. 26-31.

Rancière, Jacques: »The Emancipated Spectator. Ein Vortrag zur Zuschauerperspektive«, in: *Texte zur Kunst* 15.2 (2005), S. 35-51.

Rautzenberg, Markus: »Resonanzen zwischen Medientheorie und Ästhetik«, in: Lichau, Karsten/Tkaczyk, Viktoria/Wolf, Rebecca (Hg.): *Resonanz. Potentiale einer akustischen Figur*, München: Wilhelm Fink 2009, S. 339-352.

Rebentisch, Juliane: *Ästhetik der Installation*, Frankfurt a.M.: Suhrkamp 2003.

Rebentisch, Juliane: »Spektakel«, in: *Texte zur Kunst* 17.1 (2007), S. 120-122.

Regenbogen, Arnim: *Sartres Theorie der Intersubjektivität*, Berlin: Dissertationsdruckstelle der Ernst-Reuter-Gesellschaft 1969.

Reitler, Rudolf: »Zur Augensymbolik«, in: *Internationale Zeitschrift für Psychoanalyse* 1 (1913), S. 159-161.

Riviere, Joan: »Weiblichkeit als Maskerade«, in: Weissberg, Liliane (Hg.): *Weiblichkeit als Maskerade*, Frankfurt a.M.: Fischer 1994, S. 34-47.

Roedig, Andrea: *Foucault und Sartre. Die Kritik des modernen Denkens*, Freiburg i.Br., München: Karl Alber 1997.

Rogoff, Irit: »Looking Away: Participations in Visual Culture«, in: Butt, Gavin (Hg.): *After Criticism. New Responses to Art and Performance*, Malden, Oxford: Blackwell 2005, S. 117-134.

Rogoff, Irit: »Studying Visual Culture«, in: Mirzoeff, Nicholas (Hg.): *The Visual Culture Reader*, London: Routledge 1998, S. 24-36.

Rogoff, Irit: »›Subjektlos im Members' Room‹, ein Interview mit Irit Rogoff von Clemens Krümmel«, in: *Texte zur Kunst* 11.1 (2001), S. 42-48.

Rogoff, Irit: »We – Collectivities, Mutualities, Participations«, in: http://theater.kein.org/node/95, 08. August 2011, o.S.

Roloff, Volker: »Anmerkungen zum Begriff der Schaulust«, in: ders./Hartl, Lydia/Hoffmann, Yasmin/Hülk, Walburga (Hg.): *Die Ästhetik des Voyeur*, Heidelberg: Winter 2003, S. 26-31.

Román, David: »Editor's Comment: Theatre and Visual Culture«, in: *Theatre Journal* 53.1 (2001), S. iv–viii.

Roselt, Jens: »Die Arbeit am Nicht-Perfekten«, in: Fischer-Lichte, Erika/Schouten, Sabine/Gronau, Barbara/Weiler, Christel (Hg.): *Wege der Wahrnehmung. Authentizität, Reflexivität und Aufmerksamkeit im zeitgenössischen Theater*, Berlin: Theater der Zeit 2006, S. 28-38.

Roselt, Jens: »Einfühlung«, in: Fischer-Lichte, Erika/Kolesch, Doris/Warstat, Matthias (Hg.): *Metzler Lexikon Theatertheorie*, Stuttgart, Weimar: J. B. Metzler 2005, S. 83-85.

Roselt, Jens: »In Ausnahmezuständen – Schauspieler im postdramatischen Theater«, in: Arnold, Heinz Ludwig (Hg.): *Theater fürs 21. Jahrhundert*, München: Text und Kritik 2004, S. 166-176.

Rosolato, Guy: »Der Fetischismus, dessen Objekt sich ›entzieht‹«, in: Pontalis, Jean-Bertrand (Hg.): *Objekte des Fetischismus*, Frankfurt a.M.: Suhrkamp 1972, S. 62-75.

Roudinesco, Elisabeth: »The mirror stage: an obliterated archive«, in: Rabaté, Jean-Michel (Hg.): *The Cambridge Companion to Lacan*, Cambridge: Cambridge University Press 2003, S. 25-34.

Sartre, Jean-Paul: *Das Sein und das Nichts. Versuch einer phänomenologischen Ontologie*, Reinbek b.H.: Rowohlt 2006.

Schabacher, Gabriele: »›Das Auge voll Gefräßigkeit‹. Zum Verhältnis von Photographie und Voyeurismus«, in: Hartl, Lydia/Hoffmann, Yasmin/Hülk, Walburga/Roloff, Volker (Hg.): *Die Ästhetik des Voyeur*, Heidelberg: Winter 2003, S. 32-39.

Schaffer, Johanna: *Ambivalenzen der Sichtbarkeit. Über die visuellen Strukturen der Anerkennung*, Bielefeld: transcript 2008.

Schaub, Mirjam/Suthor, Nicola/Fischer-Lichte, Erika (Hg.): *Ansteckung. Zur Körperlichkeit eines ästhetischen Prinzips*, München: Wilhelm Fink 2005.

Schlingensief, Christoph: »Kunst & Gemüse, A. Hipler [Informationstext auf der Internetseite der Produktion]«, in: www.schlingensief-als.de/index2.html, 08. August 2011, o.S.

Schöne, Günter: *Die Entwicklung der Perspektivbühne von Serlio bis Galli-Bibiena. Nach den Perspektivbüchern*, Leipzig: Leopold Voss 1933.

Schor, Naomi: »Weiblicher Fetischismus: Der Fall George Sand«, in: Weissberg, Liliane (Hg.): *Weiblichkeit als Maskerade*, Frankfurt a.M.: Fischer 1994, S. 217-230.

Schouten, Sabine: *Sinnliches Spüren. Wahrnehmung und Erzeugung von Atmosphären im Theater*, Berlin: Theater der Zeit 2007.

Schröder, Jan Konrad: *Handlungskräfte des Bildes*, Berlin: Akademie 2011 (im Erscheinen).

Schrödl, Jenny: *Vokale Intensitäten. Zur Ästhetik der Stimme im postdramatischen Theater*, Bielefeld: transcript 2012.

Schuller, Alexander: »Der böse Blick«, in: ders./Rahden, Wolfert von (Hg.): *Die andere Kraft. Zur Renaissance des Bösen*, Berlin: Akademie 1993, S. 288-302.

Schulz, Martin: »Blick und Anblick. Zur Ent-Larvung der TV-Gesichter«, in: Röttger, Kati/Jackob, Alexander (Hg.): *Theater und Bild. Inszenierungen des Sehens*, Bielefeld: transcript 2009, S. 43-60.

Schürmann, Eva: *Sehen als Praxis. Ethisch-ästhetische Studien zum Verhältnis von Sicht und Einsicht*, Frankfurt a.M.: Suhrkamp 2008.

Schweitzer, Bernhard: *Vom Sinn der Perspektive*, Tübingen: Niemeyer 1953.

Seel, Martin: *Ästhetik des Erscheinens*, München, Wien: Carl Hanser 2000.

Seligmann, Siegfried: *Der böse Blick und Verwandtes. Ein Beitrag zur Geschichte des Aberglaubens aller Zeiten und Völker. 2 Bde.*, Berlin: Hermann Barsdorf 1910.

Sennett, Richard: *Verfall und Ende des öffentlichen Lebens. Die Tyrannei der Intimität*, Frankfurt a.M.: Fischer 1986.

Servadio, Emilio: »Die Angst vor dem bösen Blick«, in: *Imago* 22 (1936), S. 396-407.

Shakespeare, William: *Was ihr wollt.* [Deutsch von Thomas Brasch], Frankfurt a.M.: Suhrkamp 1985.

Shepherdson, Charles: »The Epoch of the Body: Need and Demand in Kojève and Lacan«, in: Weiss, Gail/Haber, Honi Fern (Hg.): *Perspectives on Embodiment: The Intersections of Nature and Culture*, New York: Routledge 1999, S. 183-211.

Siegel, Steffen: »Der haptische Blick oder: Vom Begreifen der Bilder«, in: ders./Lepper, Marcel/Wennerscheid, Sophie (Hg.): *Jenseits des Poststrukturalismus? Eine Sondierung*, Frankfurt a.M.: Peter Lang 2005, S. 127-147.

Siegmund, Gerald: »Abwesenheit: Eine performative Ästhetik des Tanzes«, in: Kruschkova, Krassimira (Hg.): *OB?SCENE. Zur Präsenz der Absenz im zeitgenössischen Tanz, Theater und Film*, Wien: Böhlau 2005, S. 71-83.

Siegmund, Gerald: *Abwesenheit. Eine performative Ästhetik des Tanzes. William Forsythe, Jérôme Bel, Xavier Le Roy, Meg Stuart*, Bielefeld: transcript 2006.

Siegmund, Gerald: »Bewegung als Wiederherstellungsversuch. Hinter dem Spiegel: Tod, Tanz, Trieb«, in: Brandstetter, Gabriele/Wulf, Christoph (Hg.): *Tanz als Anthropologie*, München: Wilhelm Fink 2007, S. 260-276.

Siegmund, Gerald: »Erfahrung, dort, wo ich nicht bin: Die Inszenierung von Abwesenheit im zeitgenössischen Tanz«, in: Klein, Gabriele/Sting, Wolfgang (Hg.), *Performance. Positionen zur zeitgenössischen szenischen Kunst*, Bielefeld: transcript 2005, S. 59-75.

Siegmund, Gerald: *Theater als Gedächtnis. Semiotische und psychoanalytische Untersuchungen zur Funktion des Dramas*, Tübingen: Gunter Narr 1996.

Silverman, Kaja: »Dem Blickregime begegnen«, in: Kravagna, Christian (Hg.): *Privileg Blick. Kritik der visuellen Kultur*, Berlin: Edition ID-Archiv 1997, S. 41-64.

Silverman, Kaja: *Male Subjectivity at the Margins*, New York, London: Routledge 1992.

Silverman, Kaja: *The Acoustic Mirror. The Female Voice in Psychoanalysis and Cinema*, Bloomington, Indianapolis: Indiana University Press 1988.

Silverman, Kaja: *The Subject of Semiotics*, New York: Oxford University Press 1983.

Silverman, Kaja: *The Threshold of the Visible World*, New York: Routledge 1996.

Simmel, Georg: »Die Großstädte und das Geistesleben«, in: ders.: *Brücke und Tür. Essays des Philosophen zur Geschichte, Religion, Kunst und Gesellschaft*, Stuttgart: K. F. Koehler 1957, S. 227-242.

Simmel, Georg: *Soziologie. Untersuchungen über die Formen der Vergesellschaftung*, Berlin: Duncker & Humblot 1908.

Simmel, Georg: »Soziologie der Sinne«, in: ders.: *Soziologische Ästhetik*, Darmstadt: Wissenschaftliche Buchgesellschaft 1998, S. 135-149.

Simmel, Georg: »Zur Philosophie des Schauspielers«, in: ders.: *Fragmente und Aufsätze aus dem Nachlaß und Veröffentlichungen der letzten Jahre*, München: Drei Masken 1923, S. 229-265.

Simon, Holger: »Bildtheoretische Grundlagen des neuzeitlichen Bildes bei Nikolaus von Kues«, in: *Concilium medii aevi. Zeitschrift für Geschichte, Kunst und Kultur des Mittelalters und der Frühen Neuzeit*, 7 (2004), S. 45-76.

Smirnoff, Victor N.: »Die fetischistische Transaktion«, in: Pontalis, Jean-Bertrand (Hg.): *Objekte des Fetischismus*, Frankfurt a.M.: Suhrkamp 1972, S. 76-112.

Sobchack, Vivian: *The Address of the Eye: A Phenomenology of Film Experience*, Princeton: Princeton University Press 1992.

Sontag, Susan: »Theater und Film«, in: ders.: *Kunst und Antikunst. 24 literarische Analysen*, München, Wien: Carl Hanser 1980, S. 177-195.

Sontag, Susan: *Über Fotografie*, Frankfurt a.M.: Fischer 1980.

Spector, Nancy: »Seven Easy Pieces«, in: Biesenbach, Klaus (Hg.), *Marina Abramović: The Artist Is Present*, New York: The Museum of Modern Art 2010, S. 37-39.

Spivak, Gayatri Chakravorty: »Verschiebung und der Diskurs der Frau«, in: Vinken, Barbara (Hg.): *Dekonstruktiver Feminismus. Literaturwissenschaft in Amerika*, Frankfurt a.M.: Suhrkamp 1992, S. 183-218.

Stadler, Ulrich: »Schaulust und Voyeurismus. Ein Abgrenzungsversuch. Mit einer Skizze zur Geschichte des verpönten Blicks in Literatur und Kunst«, in: ders./Wagner, Karl (Hg.): *Schaulust. Heimliche und verpönte Blicke in Literatur und Kunst*, München: Wilhelm Fink 2005, S. 9-37.

Stock, Wiebke-Marie: *Geschichte des Blicks. Zu Texten von Georges Didi-Huberman*, Berlin: Logos 2004.

Stoichita, Victor I.: *Eine kurze Geschichte des Schattens*, München: Wilhelm Fink 1999.

Stoller, Robert J.: *Observing the Erotic Imagination*, New Haven, London: Yale University Press 1985.

Straus, Erwin: *Vom Sinn der Sinne*, Berlin, New York, Heidelberg: Springer 1956.

Studlar, Gaylyn: »Schaulust und masochistische Ästhetik«, in: *Frauen und Film* 39 (1985), S. 15-29.

Sturken, Marita/Cartwright, Lisa: *Practices of Looking: An Introduction to Visual Culture*, Oxford, New York: Oxford University Press 2001.

Suthor, Nicola: »›Triumph, über das Auge, des Blicks‹. Der opake Schleier in Jacques Lacans Bildtheorie«, in: Endres, Johannes/Wittmann, Barbara/Wolf, Gerhard (Hg.): *Ikonologie des Zwischenraums. Der Schleier als Medium und Metapher*, München: Wilhelm Fink 2005, S. 35-58.

Tagg, John: *The Burden of Representation: Essays on Photographies and Histories*, Minneapolis: University of Minnesota Press 1993.

Tan, Ed: »Wenn wir uns so gut auf die Kunst des Einfühlens verstehen, praktizieren wir es dann nicht ständig?«, in: Curtis, Robin/Koch, Gertrud (Hg.): *Einfühlung. Zu Geschichte und Gegenwart eines ästhetischen Konzepts*, München: Wilhelm Fink 2009, S. 185-210.

Tecklenburg, Nina: »Mythos Ereignis – Mythos Aufführung. Künstlerische Reenactments als Entmythisierungsverfahren«, in: Otto, Ulf; Roselt, Jens (Hg.), *Nicht hier, nicht jetzt – Das Theater als Zeitmaschine und die Geste des Reenactments*, Bielefeld: transcript 2012 (im Druck).

Tiedemann, Jens León: *Die intersubjektive Natur der Scham*, in: www.diss.fu-berlin.de/diss/receive/FUDISS_thesis_000000002943, 08. August 2011, o.S.

Tisseron, Serge: »Unser Umgang mit Bildern. Ein psychoanalytischer Zugang«, in: Belting, Hans (Hg.): *Bilderfragen. Die Bildwissenschaften im Aufbruch*, München: Wilhelm Fink 2007, S. 307-315.

Torok, Maria: »Die Bedeutung des ›Penisneides‹ bei der Frau«, in: Chasseguet-Smirgel, Janine (Hg.): *Psychoanalyse der weiblichen Sexualität*, Frankfurt a.M.: Suhrkamp 1974, S. 192-232.

Umathum, Sandra: »Beyond Documentation, or The Adventure of Shared Time and Place. Experiences of a Viewer«, in: Abramović, Marina (Hg.): *Seven Easy Pieces*, Mailand: Charta 2007, S. 47-55.

Umathum, Sandra: *Kunst als Aufführungserfahrung. Zum Diskurs intersubjektiver Situationen in der zeitgenössischen Ausstellungskunst. Felix Gonzalez-Torres, Erwin Wurm und Tino Sehgal*, Bielefeld: transcript 2011.

Verhoeven, Dries (Hg.): *80 cm away from you. performances 2002 – 2009*, Amsterdam 2009.

Vertov, Dziga: »From Kino-Eye to Radio-Eye«, in: Michelson, Annette (Hg.): *Kino-Eye: The Writings of Dziga Vertov*, Berkeley: University of California Press 1984, S. 85-92.

Verweyst, Markus: *Das Begehren der Anerkennung. Subjekttheoretische Positionen bei Heidegger, Sartre, Freud und Lacan*, Frankfurt a.M., New York: Campus 2000.

Viola, Bill: »*Das Bild in mir* – Videokunst offenbart die Welt des Verborgenen«, in: Maar, Christa/Burda, Hubert (Hg.): *Iconic Turn. Die neue Macht der Bilder*, Köln: DuMont 2004, S. 260-282.

Voss, Christiane: *Narrative Emotionen. Eine Untersuchung über Möglichkeiten und Grenzen philosophischer Emotionstheorien*, Berlin, New York: Walter de Gruyter 2004.

Wagner, Kirsten: »Die Beseelung der Architektur. Empathie und architektonischer Raum«, in: Curtis, Robin/Koch, Gertrud (Hg.): *Einfühlung. Zu Geschichte und Gegenwart eines ästhetischen Konzepts*, München: Wilhelm Fink 2009, S. 49-78.

Waldenfels, Bernhard: *Das leibliche Selbst. Vorlesungen zur Phänomenologie des Leibes*, Frankfurt a.M.: Suhrkamp 2000.

Waldenfels, Bernhard: *Sinnesschwellen. Studien zur Phänomenologie des Fremden Bd. 3*, Frankfurt a.M.: Suhrkamp 1999.

Walker, John A./Chaplin, Sarah: *Visual Culture: An Introduction*, Manchester, New York: Manchester University Press 1997.

Walsh, Michael: »Reading the Real in the Seminar on the Psychoses«, in: Hogan, Patrick Colm/Pandit, Lalita (Hg.): *Criticism and Lacan: Essays and Dialogue on Language, Structure, and the Unconscious*, Athens, London: The University of Georgia Press 1990, S. 64-83.

Walter, Christine: *Bilder erzählen! Positionen inszenierter Fotografie: Eileen Cowin, Jeff Wall, Cindy Sherman, Anna Gaskell, Sharon Lockhart, Tracey Moffatt, Sam Taylor-Wood*, Weimar: Verlag und Datenbank für Geisteswissenschaften 2002.

Warstat, Matthias: »Theatralität«, in: ders./Fischer-Lichte, Erika/Kolesch, Doris (Hg.): *Metzler Lexikon Theatertheorie*, Stuttgart, Weimar: J. B. Metzler 2005, S. 358-364.

Warstat, Matthias: »Vom Lampenfieber des Zuschauers. Nervosität als Wahrnehmungserlebnis im Theater«, in: Fischer-Lichte, Erika/Schouten, Sabine/Gronau, Barbara/Weiler, Christel (Hg.): *Wege der Wahrnehmung. Authentizität, Reflexivität und Aufmerksamkeit im zeitgenössischen Theater*, Berlin: Theater der Zeit 2006, S. 86-97.

Watanabe, Shinya: »Marina Abramović: ›Seven Easy Pieces‹ at the Guggenheim Museum. Looking for Others Whom You've Never Seen«, in: www.shinyawatanabe.net/en/writings/content57.html, 08. August 2011, o.S.

Weber, Max: *Wirtschaft und Gesellschaft. Grundriss der verstehenden Soziologie. Bd. 1*, Köln, Berlin: Kiepenheuer und Witsch 1964.

Weihe, Richard: *Die Paradoxie der Maske. Geschichte einer Form*, München: Wilhelm Fink 2004.

Weiler, Christel: »Dialoge mit dem Publikum«, in: Deck, Jan/Sieburg, Angelika (Hg.): *Paradoxien des Zuschauens. Die Rolle des Publikums im zeitgenössischen Theater*, Bielefeld: transcript 2008, S. 27-39.

Weiler, Christel: »Glückspilze und Trauerklöße. Über die Lust am Theater«, in: Risi, Clemens/Roselt, Jens (Hg.): *Koordinaten der Leidenschaft. Kulturelle Aufführungen von Gefühlen*, Berlin: Theater der Zeit 2009, S. 267-279.

Weiss, Gail: »The Abject Borders of the Body Image«, in: dies./Haber, Honi Fern (Hg.): *Perspectives on Embodiment: The Intersections of Nature and Culture*, New York, London: Routledge 1999, S. 41-59.

Weiß, Matthias: »Was ist inszenierte Fotografie? Eine Begriffsbestimmung«, in: Blunck, Lars (Hg.): *Die fotografische Wirklichkeit. Inszenierung – Fiktion – Narration*, Bielefeld: transcript 2010, S. 37-52.

Widmer, Peter: *Angst. Erläuterungen zu Lacans Seminar X*, Bielefeld: transcript 2004.

Widmer, Peter: »Das unbewusste Begehren des Voyeurs«, in: Stadler, Ulrich/Wagner, Karl (Hg.): *Schaulust. Heimliche und verpönte Blicke in Literatur und Kunst*, München: Wilhelm Fink 2005, S. 141-159.

Widmer, Peter: *Subversion des Begehrens. Jacques Lacan oder Die zweite Revolution der Psychoanalyse*, Frankfurt a.M.: Fischer 1990.

Wiesing, Lambert: *Artifizielle Präsenz. Studien zur Philosophie des Bildes*, Frankfurt a.M.: Suhrkamp 2005.

Wihstutz, Benjamin: *Theater der Einbildung. Zur Wahrnehmung und Imagination des Zuschauers*, Berlin: Theater der Zeit 2007.

Williams, Linda: »Pornografische Bilder und die ›körperliche Dichte des Sehens‹«, in: Wolf, Herta (Hg.): *Diskurse der Fotografie. Fotokritik am Ende des fotografischen Zeitalters*, Frankfurt a.M.: Suhrkamp 2003, S. 226-266.

Winkler, Hartmut: *Der filmische Raum und der Zuschauer. ›Apparatus‹ – ›Semantik‹ – ›Ideologie‹*, Heidelberg: Carl Winter 1992.

Wolf, Herta: »Optische Kammern und visuelle/virtuelle Räume«, in: dies./Wetzel, Michael (Hg.): *Der Entzug der Bilder. Visuelle Realitäten*, München: Wilhelm Fink 1994, S. 79-102.

Wulf, Christoph: »Auge«, in: ders. (Hg.): *Vom Menschen. Handbuch Historische Anthropologie*, Weinheim, Basel: Beltz 1997, S. 446-458.

Wulf, Christoph: »Das gefährdete Auge. Ein Kaleidoskop der Geschichte des Sehens«, in: ders./Kamper, Dietmar (Hg.): *Das Schwinden der Sinne*, Frankfurt a.M.: Suhrkamp 1984, S. 21-45.

Wurmser, Léon: *Die Maske der Scham. Die Psychoanalyse von Schamaffekten und Schamkonflikten*, Berlin, New York, Heidelberg: Springer 1993.

Žižek, Slavoj: »Class Struggle or Postmodernism? Yes, please!«, in: ders./Butler, Judith/Laclau, Ernesto (Hg.): *Contingency, Hegemony, Universality. Contemporary Dialogues on the Left.*, London, New York: Verso 2000, S. 90-135.

Žižek, Slavoj: *Der erhabenste aller Hysteriker. Psychoanalyse und die Philosophie des deutschen Idealismus*, Wien, Berlin: Turia und Kant 1992.

Žižek, Slavoj: *Die Furcht vor echten Tränen. Krzysztof Kieslowski und die »Nahtstelle«*, Berlin: Volk und Welt 2001.

Žižek, Slavoj: »Genieße Dein Opfer! Symbolische Gewalt und die Universalisierung des Opfers«, in: *Lettre International* 26 (1994), S. 22-27.

Žižek, Slavoj: *Körperlose Organe. Bausteine für eine Begegnung zwischen Deleuze und Lacan*, Frankfurt a.M.: Suhrkamp 2005.

Žižek, Slavoj: *Mehr-Genießen. Lacan in der Populärkultur*, Wien: Turia und Kant 1992.

Žižek, Slavoj: »Pornographie im Film. Vom Erhabenen zum Lächerlichen: Der phantasmatische Akt«, in: *Lettre International* 36 (1997), S. 64-70.

Žižek, Slavoj: *Interrogating the Real*, London, New York: Continuum 2005.

Žižek, Slavoj: *The Sublime Object of Ideology*, New York: Verso 1989.

Zupancic, Alenka: »Ein perfekter Platz zum Sterben. Theater in Hitchcocks Filmen«, in: dies./Žižek, Slavoj/Dolar, Mladen/Pelko, Stojan/Božovic, Miran/Salecl, Renata (Hg.): *Was Sie immer schon über Lacan wissen wollten und Hitchcock nie zu fragen wagten*, Frankfurt a.M.: Suhrkamp 2002, S. 70-103.

Theater

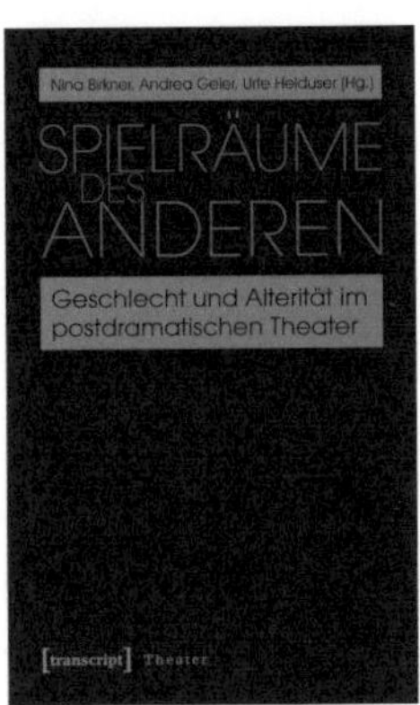

Nina Birkner, Andrea Geier, Urte Helduser (Hg.)
Spielräume des Anderen
Geschlecht und Alterität im postdramatischen Theater

Juli 2012, ca. 300 Seiten, kart., ca. 29,80 €,
ISBN 978-3-8376-1839-6

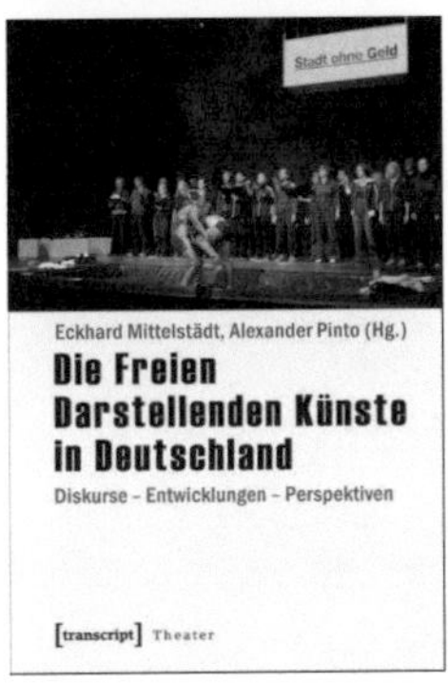

Eckhard Mittelstädt, Alexander Pinto (Hg.)
Die Freien Darstellenden Künste in Deutschland
Diskurse – Entwicklungen – Perspektiven

Mai 2012, ca. 280 Seiten, kart., zahlr. Abb., 29,80 €,
ISBN 978-3-8376-1853-2

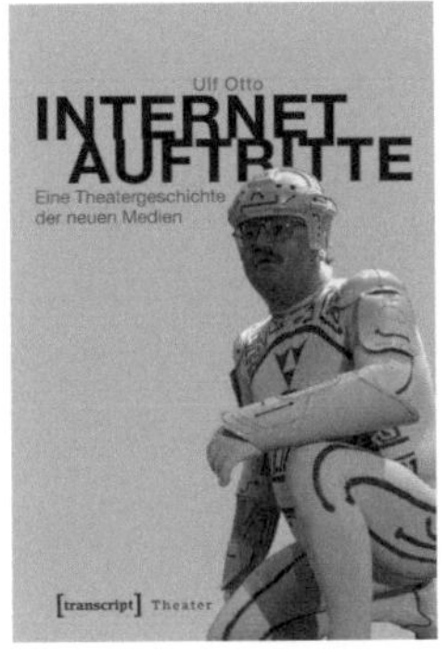

Ulf Otto
Internetauftritte
Eine Theatergeschichte der neuen Medien

März 2012, ca. 300 Seiten, kart., zahlr. Abb., ca. 28,80 €,
ISBN 978-3-8376-2013-9

Leseproben, weitere Informationen und Bestellmöglichkeiten finden Sie unter www.transcript-verlag.de

Theater

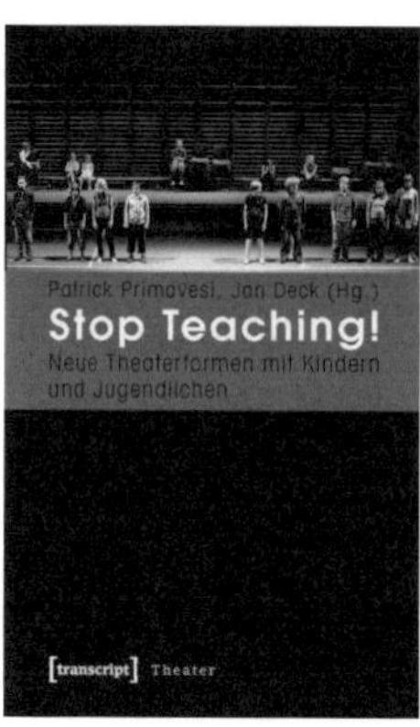

Patrick Primavesi, Jan Deck (Hg.)
Stop Teaching!
Neue Theaterformen mit Kindern und Jugendlichen

März 2012, ca. 300 Seiten, kart., zahlr. Abb., ca. 29,80 €,
ISBN 978-3-8376-1408-4

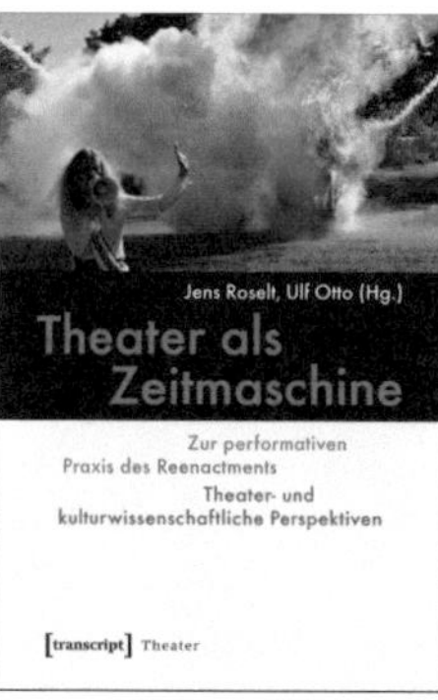

Jens Roselt, Ulf Otto (Hg.)
Theater als Zeitmaschine
Zur performativen Praxis des Reenactments. Theater- und kulturwissenschaftliche Perspektiven

Juni 2012, ca. 250 Seiten, kart., zahlr. Abb., ca. 26,80 €,
ISBN 978-3-8376-1976-8

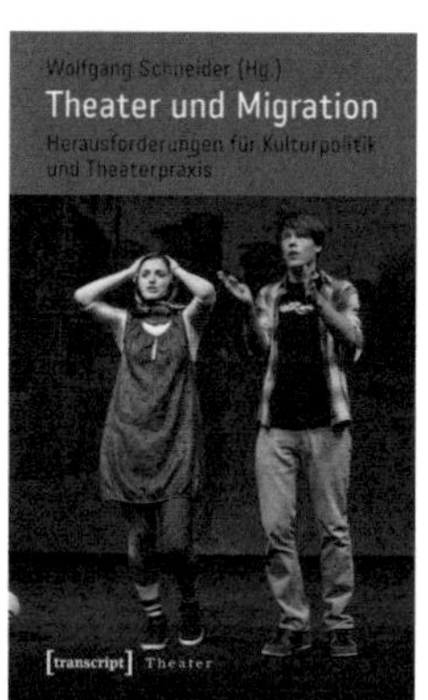

Wolfgang Schneider (Hg.)
Theater und Migration
Herausforderungen für Kulturpolitik und Theaterpraxis

2011, 236 Seiten, kart., 24,80 €,
ISBN 978-3-8376-1844-0

Leseproben, weitere Informationen und Bestellmöglichkeiten finden Sie unter www.transcript-verlag.de

Theater

Johanna Canaris
Mythos Tragödie
Zur Aktualität und Geschichte einer theatralen Wirkungsweise
2011, 370 Seiten, kart., 34,80 €,
ISBN 978-3-8376-1565-4

Nicole Colin
Deutsche Dramatik im französischen Theater nach 1945
Künstlerisches Selbstverständnis im Kulturtransfer
2011, 784 Seiten, kart., mit CD-ROM, 55,80 €,
ISBN 978-3-8376-1669-9

Jan Deck, Angelika Sieburg (Hg.)
Politisch Theater machen
Neue Artikulationsformen des Politischen in den darstellenden Künsten
2011, 186 Seiten, kart., 24,80 €,
ISBN 978-3-8376-1409-1

Andreas Englhart, Artur Pelka (Hg.)
Junge Stücke
Theatertexte junger Autorinnen und Autoren im Gegenwartstheater
April 2012, ca. 300 Seiten, kart., ca. 29,80 €,
ISBN 978-3-8376-1734-4

Ralph Fischer
Walking Artists
Über die Entdeckung des Gehens in den performativen Künsten
2011, 316 Seiten, kart., zahlr. Abb., 32,80 €,
ISBN 978-3-8376-1821-1

Susanne Valerie Granzer
Schauspieler außer sich
Exponiertheit und performative Kunst. Eine feminine Recherche
2011, 162 Seiten, kart., 19,80 €,
ISBN 978-3-8376-1676-7

Eva Krivanec
Kriegsbühnen
Theater im Ersten Weltkrieg. Berlin, Lissabon, Paris und Wien
Januar 2012, 380 Seiten, kart., zahlr. Abb., 33,80 €,
ISBN 978-3-8376-1837-2

Artur Pelka, Stefan Tigges (Hg.)
Das Drama nach dem Drama
Verwandlungen dramatischer Formen in Deutschland seit 1945
2011, 494 Seiten, kart., 39,80 €,
ISBN 978-3-8376-1488-6

Katharina Pewny
Das Drama des Prekären
Über die Wiederkehr der Ethik in Theater und Performance
2011, 336 Seiten, kart., 32,80 €,
ISBN 978-3-8376-1651-4

Jens Roselt, Christel Weiler (Hg.)
Schauspielen heute
Die Bildung des Menschen in den performativen Künsten
2011, 268 Seiten, kart., zahlr. Abb., 25,80 €,
ISBN 978-3-8376-1289-9

Jenny Schrödl
Vokale Intensitäten
Zur Ästhetik der Stimme im postdramatischen Theater
April 2012, 319 Seiten, kart., mit CD-ROM, ca. 35,80 €,
ISBN 978-3-8376-1851-8

Berenika Szymanski
Theatraler Protest und der Weg Polens zu 1989
Zum Aushandeln von Öffentlichkeit im Jahrzehnt der Solidarnosc
Februar 2012, 310 Seiten, kart., 32,80 €,
ISBN 978-3-8376-1922-5

Leseproben, weitere Informationen und Bestellmöglichkeiten finden Sie unter www.transcript-verlag.de